浴風園ケース記録集

― 戦前期高齢者施設の「個人記録」110 ―

社会福祉法人　浴 風 会
高齢者施設処遇史研究会

浴風園ケース記録集

― 正誤表 ―

正誤表

論文 ケースNo.	頁	記事 事項	行	誤	正
第Ⅰ部 第1章	6		26	看護室	看護人室
			27	80名	40名
007	53	死亡通知	4	佐記	左記
033	74	戸籍謄本、、、ノ件	7	申上致主	申上候也
053	85	大正14年8月14日	7	重セ	重ネ
		老人ホーム交渉案	27	住宅弟68	住宅第68
163	88	養老収容願	3	アラセラレルル	アラセラルル
188	91	生立及経歴	2〜3	1人ノ前職人	1人前ノ職人
224	93	生立及経歴	4	67歳　1年ヨリ	67歳ヨリ
300	99	収容者台帳　経歴	2	馬丁トナ	馬丁トナリ
547	113	震災後ニ於ケル	1	状況・程度等ノ程度等	ノ程度等　を削除
690	121	震災後ニ於ケル	20	僅カニ	僅カニ生活ス
	124	生立及経歴	17	伊藤方	萬藤方
836	144	震災後ニ於ケル	13	困窮ニモ不抱	困窮ニモ不拘
886	151	10.3.9	1	清太郎	清市郎
969	157	震災後ニ於ケル	1	状況・程度等ノ程度等	ノ程度等　を削除
	159	経歴	10	13年10月	昭和3年10月
		保護経過　10.1.26		10.1.26	10.1.6
		10.1.26	1	相老寮	相生寮
988	162	生立及経歴	15	助本屋高助	助本屋高吉
			21	子女のノ	子女ノ
989	167	震災後ニ於ケル	1	状況・程度等ノ程度等	ノ程度等　を削除
1007	179	病床日記　8.14	9	速縛する	速（ママ）縛する
1145	201	生立及経歴　（4）	2	程ナクなく	程ナク
1241	207	保護経過	4	11.1.21	11.12.21
			23	13.2.31	13.2.31（ママ）
	209		30	10.12	12.23
1251	211	13.11.28	1	惣太郎郎	惣太郎
1253	215	保護経過　12.5.10	1	差丈	差支
1464	294	○○発第165号	11	署歴	略歴

1477	316	生立及経歴 4.縁事	1	子女のノ	子女ノ
1510	348	11.1.26	1	今日か手伝ふ	今日から手伝ふ
1586	361	保護経過　8.2	1	8.2	8.27
1642	372	保護経過　3.10.18	4	千葉県長城郡	千葉県長生郡
1651	379	家族ノ状況	10	腎臓病当	腎臓病等
	380	生立及経歴 3.職業	10	40歳ノ時父ノ	40歳ノ時父ハ
1665	397	身心ノ状態	1	56年前	5,6年前
1666	403	保護経過　12.9.1	1	左上肢はハ	左上肢ハ
1667	406	本籍地	1	一ノ坪	△△△
		震災当時ノ住所	1	一ノ坪	△△△
	408	本籍地	1	瀬〇町	〇〇町
	409	14.10.21	1	健存	健在
		3.6	1	ツベルリン	ツベルクリン
1668	412	生立及経歴 　　3　青壮年期	3	直ちチ	直チ
1679	424	震災後ニ於ケル	3	道家ニ	同家ニ
	425	生立及経歴 　　3　青壮年期	6	（軍人シ）	（軍人）
		保護経過　14.5.9	1	常磐線	常磐寮
	426	保護経過　13.12.27	4	コレラノ店	コレラノ点
1728	430	震災後ニ於ケル	5	力蔵	雄三
	434			10.9〜11.5の間の年は	10年9月〜11年5月
1798	443	生立及経歴	2	3女	4女
		家族親族等ノ現況	2	妹	姉
1823	446	家族ノ状況	11	栄一	永一
1826	452	震災後ニ於ケル	9	小久保	大久保
1909	470	12.4.9	3	言っても実の子	言っても「実の子
2252	488	退園願	3	自覚	自活
2604	497	「調書」	5	昭和20年10月20	昭和20年10月20（ママ）
第IV部 第1章	542	参考文献	4	(2000)（1990）	(1990)（2006）

ご挨拶

　浴風会創立90周年を迎え、ここに当会創設時から戦前期にかけての入園者のケース記録翻刻本を公刊することが出来ましたことをうれしく思っております。

　当会の経営する浴風園は、大正12年に発生した関東大震災の被災高齢者等の保護を目的とし、大正14年に創設された当時日本を代表する大規模の高齢者施設でございました。

　入園者の処遇につきましては方法論は元より受入れ事務さえ確立されていなかった時代に、当会では、アメリカのソーシャルワークを参考にその方法を定め、書式を統一し、当時のモデルとなるべく体系を形作ってスタートしていきました。

　これに当っては、ケース記録の重要性を理解していた当時の初代保護課長である赤堀郁太郎と2代目保護課長である小澤一の両氏の尽力によるものと思われます。又その指導の下に、職員たちは入園者の調査に奔走し、詳細な記録を残すことになりました。これらの記録は、入園者の入園に至るまでの生活記録のみならず、入園してからの生活や同室者、職員とのかかわり合い、又、職員の判断や対応をも含み、当時の資料としては日本で唯一のものと考えられています。本資料は今後の高齢者施設の処遇改善等においても、大変参考になるものと思われます。

　今回、本会90周年記念事業の一環として岡本多喜子先生を中心とする「高齢者施設処遇史研究会」ほかの皆様の多大なご協力のもとに本書が完成し公刊に至りました。ここに、関係各位の皆様に深く感謝し、我が国の高齢者施設サービスの原点を提供できることを喜び、それが将来の高齢者処遇研究発展の一助となることを願ってやみません。

平成27年7月18日

社会福祉法人　浴　風　会
理事長　京　極　髙　宣

目　次

ご挨拶　　　　　　　　　　　　　　　　　　　　　　　　　理事長　京極髙宣

グラビア
　　浴風園鳥瞰図
　　本館・西館と東館
　　梓寮
　　高砂寮と葵寮
　　病室
　　葵寮食事風景
　　東館・西館内部
　　葬儀風景

第Ⅰ部　浴風園創設の意義
　　第1章　戦前期の浴風会の状況 ……………………………………………… 3
　　　　　　　　　　　　　　　　　　　　　　　　　　　　岡本多喜子
　　第2章　戦前期 浴風園の入園者日々記録・「保護経過」の意義 ………… 23
　　　　　　―養老院・高齢者施設初のケース記録か？―　　　小笠原祐次

第Ⅱ部　「個人記録」110人の記録
　　第1章　「翻刻」の出版にあたって（「凡例」を含む）……………………… 37
　　第2章　個人記録の「翻刻」 ………………………………………………… 43

第Ⅲ部　資料
　　浴風園構内配置図 ………………………………………………………… 507
　　◆ 書式写真 ◆
　　　保護願 ……………………………………………………………………… 508
　　　保護願許可の件 …………………………………………………………… 509
　　　要救護者調書 ……………………………………………………………… 510
　　　入園者身分帳 ……………………………………………………………… 512
　　　保護経過 …………………………………………………………………… 514
　　　入園者身分概要・保護経過 ……………………………………………… 516

第Ⅳ部　個人記録に関する解題
　　第1章　戦前の養老院に入居するまでの要救護高齢者の生活の特質 ……… 521
　　　　　　―開園から「救護法」期までの浴風園の個人記録文書分析から―
　　　　　　　　　　　　　　　　　　　　　　　　　　　　中村　律子
　　第2章　昭和初期の養老院における記録と入所者への支援に関する考察 …… 543
　　　　　　―入所の諸要因の分析と処遇困難事例への対応―　鳥羽　美香
　　第3章　戦前期の浴風園における「個人記録」を通して見える「処遇」の過程 …… 567
　　　　　　―事例分析から―　　　　　　　　　　　　　　　山本　智子

あとがき ……………………………………………………………………… 583

浴風園鳥瞰図

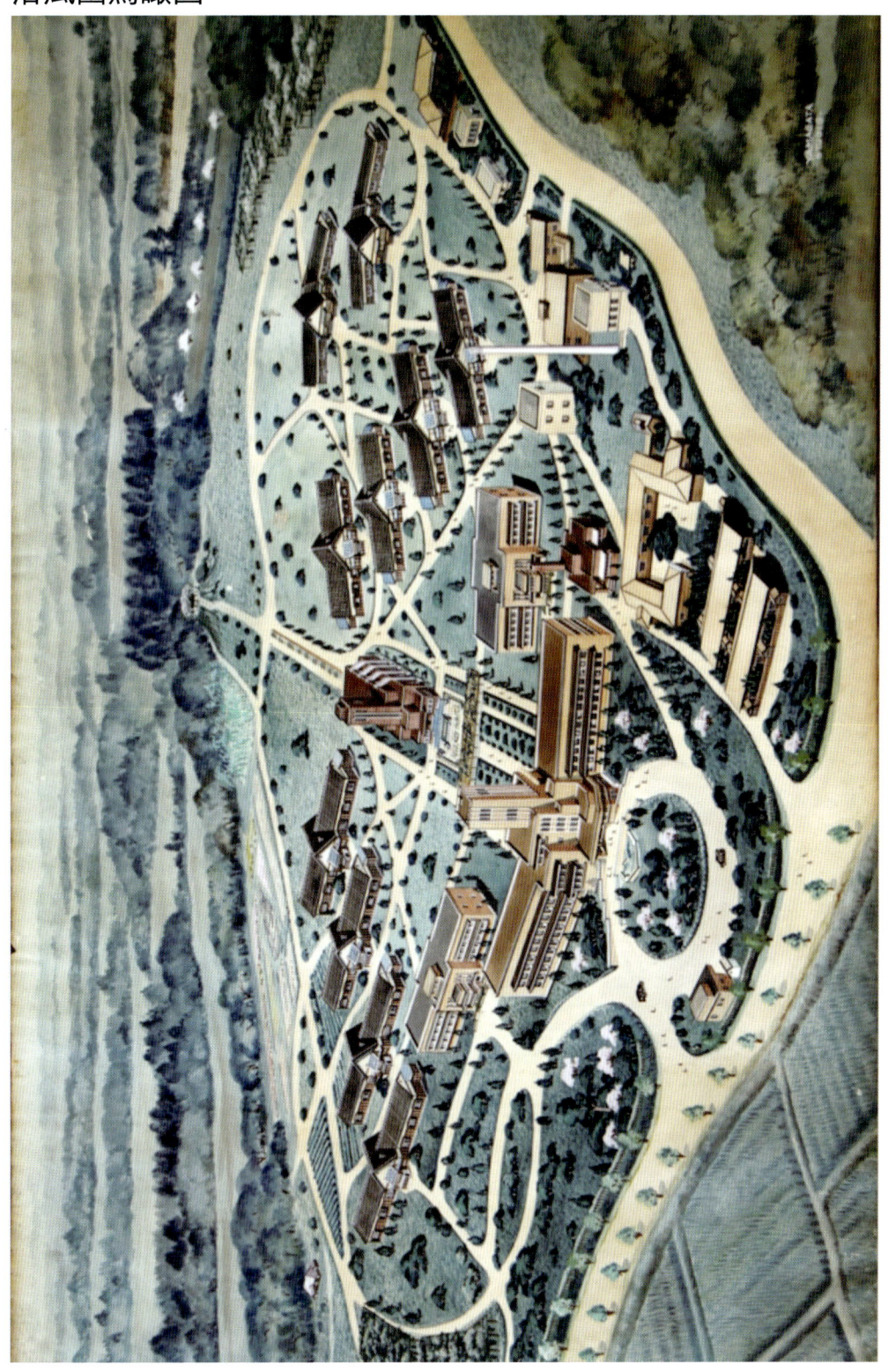

本館・西館（上）と
東館

梓寮

高砂寮（上）と
葵寮

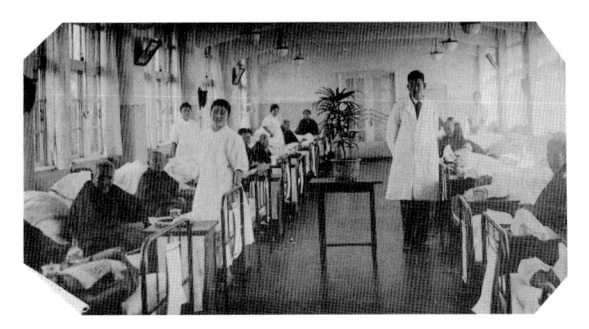

病室

葵寮食事風景

東館・西館内部

葬儀風景

第Ⅰ部

浴風園創設の意義

第1章 戦前期の浴風会の状況

岡本 多喜子

はじめに

　浴風会は、1923（大正12）年9月1日に発生したマグニチュード7.9の関東大震災で被災した、高齢者の生活支援を目的とした財団法人の養老院として、内務省主導で設立された。その設立は1925（大正14）年1月15日で、2015年に90周年を迎えた社会福祉法人である。

　浴風会は、最初に利用者のための建物を建設して受け入れを始めた東京都杉並区の地で、現在も高齢者関連の社会福祉事業を継続している。ここでは浴風会の設立から敗戦までの期間を取り上げ、浴風会がこれまで刊行している記念誌のいくつかを利用して、この間の浴風会の状況について述べていく[1]。つまりこの論文は浴風会という高齢者施設を一つの事例として、災害からの復興と戦争へと動く時代の中での変化を見ていくものである。

1．浴風会の設立
（1）設立の経緯

　関東大震災による被害は、東京府と神奈川県を中心に死者、行方不明者が約92,000人、東京市の総面積の46％、横浜市の総面積の28％が焼失し、東京市では総人口の63％、横浜市においても総人口の64％が住居を失うという惨事であった（大霞会：626－629）。政府は9月2日に臨時震災救護事務局を設置し、ここで震災の被害救護に関する事務を執ることになった（大霞会：631）。『浴風会十周年記念誌』によると「…又摂政宮殿下には九月四日内閣総理大臣を召され、救恤の資として御内帑金1千万円下賜の優諚を給わり、（中略）此の時皇族各宮殿下よりも罹災救恤として金五十万円を下賜せられた。…義捐金品の寄付を受けたること、大正十四年十一月の調査に依れば、実に六千四百万円余にして、…合計金六千四百五十九万八百九十七円余に達した。」（浴風会10：2）とある。

　1924（大正13）年3月末日に臨時震災救護事務局が廃止され、その事務は内務省社会局第2部に救護課を設けて残務の整理をすることとした（大霞会：633）。内務省では、東京府・神奈川県、東京市及び横浜市などの被災地の関係者と協議をした。その結果、震災で被災した扶養者のいない障害者や高齢者の施設を、ど

こかの団体に委託することを考えていたが、金額が大きいため、関東大震災の被災者救済のみではなく、その後も継続的に事業を行うことが可能となる施設を建設して運営することにした。そのために、新しく財団法人を設立することとなった。当時の内務大臣であった若槻礼次郎に対し下賜金50万円と寄付金150万円の合計額200万円を交付し、若槻が設立者となって寄付行為を定め、1925（大正14）年1月15日付けで内務大臣の許可を得て、財団法人浴風会が設立された。

　内務省は当初、高齢者施設の運営を関東大震災後の住宅再建を主な目的として設立された同潤会に委託することを検討していた。「浴風会八十周年史編集委員会ニュース」5号にはその間の状況についての記載がなされている。「大正十三年七月十六日、内務省は『震災義捐金ニ依ル老廃失収容所建設ニ関スル件』を起案した。その写しが保管されている。内容を意訳すると『関東大震災によって扶養者を失い、その為に自活の能力の無くなった老衰者及廃失者数が六百名を超えるので、老廃者の収容所を建設してその余生を保護し天寿をまっとうしてもらうよう、(中略)この件は震災救護の目的をもって設立された財団法人同潤会に委託し、同会の特別事業として経営されることが適当と思う。(後略)。』というものであって、別紙として同潤会長宛の協議書案も作られている。しかし、これは社会局長官までの決済は済んだのだが、次官の印はなく、ここで廃案となってしまったらしく、廃案という字を丸で囲んで書いてある。その二ヵ月後の九月二十三日、今度は同じ案件名で、起案内容も、前段は殆ど同じ内容であるが、『(中略)結局一つの財団法人を組織してその法人に本事業の経営をさせるのが適当であるとの結論に達した。(後略)。』とあって、こちらの方は大臣まで決裁が済んでいる。」（浴風会80：192）としている。このような紆余曲折があったが、ともかく浴風会は誕生する。

　内務省が浴風会に期待していたことは、「由来我国の養老事業は古くより施設せられたに拘らず、他の社会事業に比して事業甚だ振はざるものもあり、規模設備の上にも改善を要するものが多々あった。斯る実情に鑑み、浴風会収容所建設に関しては第一に収容定員を出来得るだけ大にし、第二に建設設備に於いても模範を示し、第三には収容者処遇の上に遺憾なからしめることを主眼とした。斯くて将来益々その必要の感ぜられる養老事業設備の先駆たらんことを期待したのである。」（浴風会10：8）とあり、浴風会への大きな期待があったことがわかる。

　内務省社会局が関東大震災から1年が経過した1924（大正13）年9月に実施した「罹災要救護者調」では、「年齢六十歳以上ノ者」は586名、その他「不具者」「癈疾者」を含めた要救護者は654名であった（浴風会10：8）。この数字から、浴風会の定員は500名と決められた。先の浴風会への期待のなかの「第一に収容定員

を出来得るだけ大にし」については、500名定員という十分に大きな数が決められたことになる。

　1925（大正14）年1月15日に浴風会が許可されたときの事務所の住所は、東京市麹町区元衛町1番地の内務省社会局内に置かれた（浴風会10：212）。会長は若槻礼次郎、7名の理事は元徳島県知事三宅源之助、社会局長官長岡隆一郎、社会局社会部長守屋栄夫、東京府知事宇佐美勝夫、神奈川県知事清野長太郎、そして窪田清太郎および桑田熊蔵の2名の法学博士であった（浴風会10：5－6）。三宅源之助は1925（大正14）年2月10日に常務理事となり、1930（昭和5）年に死去するまでその職にあった。その後、内務省社会局出身の福原誠三郎が第2代の常務理事となる。

（2）浴風会の建物

　浴風会は1925（大正14）年9月24日に東京府豊多摩郡高井戸町上高井戸848番地に2万7千坪余りの土地を購入し、そこを本園として建物の建築を始めた。「…更に大正十五年五月、本会資金として、曩に大震災に際し御下賜あらせられたる恩賜金中二百八十万円を政府より交付せられ、経済的基礎は益々鞏固なるを得たのである。而して、右恩賜金交付に際し、内八十万円は大震災の被害最も甚だしかりし横浜市に於ける分園経営費に充つべしとの条件を附せられたのであった。」（浴風会10：9）。そこで1926（大正15）年11月に、横浜市元保土ヶ谷町大字下星川1094番地を中心とした土地を購入して、1927（昭和2）年8月から横浜分園の建設に取り掛かった（浴風会10：9）。

　浴風会で生活を送る高齢者の住まいをどのように考えるかは、かなり苦労があったようである。「…さて五百人を収容すべく幾何の病床を要するかが次の問題であったが、先づ収容者の二割は病者と見て、百の病床を用意する必要がありました。次に収容所の形態を如何にすべきかも重大な問題であった。収容保護施設としては、全部家庭寮組織とすることが最も望ましいけれども、経営即ち管理上又経済上集団寮組織も考えねばならぬ為、並びに本会は両組織を併せ採用することとなったのである。」（浴風会10：8－9）とある。浴風会に期待されていた内容の「第二に建設設備に於いても模範を示し」については、経済上の問題から集団寮を取り入れることになってしまった。

　本園は1925（大正14）年11月に施設建設に着工し、翌年8月には本館（事務室及病室）、西館（集団寮）、東館（集団寮）、至誠寮（看護婦宿舎）が竣工した。同年10月には家庭寮である清風寮・芙蓉寮・静和寮・常盤寮・千歳寮と炊事場、消毒場、洗濯場が竣工し、当初に新入者寮として使用していた春日寮が同年11

月に竣工した。

　そして1926（昭和元）年12月25日に事務所を高井戸に移し、1927（昭和2）年2月1日から浴風会の養老施設である浴風園として入園者を迎え、事業を開始した。「即ち、未だ委託先にある者は同日以後急速に本園に引取り、且新たに入園する者は原則として本園に収容のこととした。」（浴風会10：7）。

　その後も1927（昭和2）年10月に家庭寮である長生寮・梓寮・弥生寮と夫婦寮である相老寮と高砂寮が竣工した。同年12月には医務室と礼拝堂、翌年3月には作業場、5月には納骨堂も竣工した。各建物の落成に合わせて給水設備・消火設備なども完備し、1927（昭和2）年5月には売店も置かれ、創設時に計画した設備は完成した。さらに1929（昭和4）年度には作業場・病室・洗濯場等の増築や倉庫の新設等があり、1930（昭和5）年度には医務室の増築、1932（昭和7）年12月には虚弱者の増加のために保養寮として葵寮が竣工して、同月27日から収容を開始している。1933（昭和8）年2月には養豚舎、5月には研究用動物舎、医務室・職員宿舎の増設、1934（昭和9）年7月には在園者の理髪所を設置するなど、その後も施設の増設が続いた（浴風会10：41－42）。

　礼拝堂の存在が浴風園の一つの特徴ともいえるが、これについては「尚、在園者の将来に希望を持たせ宗教的訓練と精神慰安の為に、荘厳なる礼拝堂を建築し阿弥陀仏を安置した。此礼拝堂は仏前のシャッターに依り映画・演芸等の娯楽場とすることも出来るようになって居る」（浴風会10：9）というように、多目的な活用も考えられていた。

　先に述べたように、浴風会では本来は家庭寮が望ましいとしたが、経費の関係で集団寮も設置した。家庭寮は一部屋が10畳で左右に2部屋の4部屋と左右に便所・食堂・玄関・控えの間、中心に寮母室と浴室・物置がついている設計である。利用者は10畳に6人、一つの寮で24名が一人の寮母とともに生活をする。集団寮は約25畳の部屋が左右に2室とそれぞれの玄関がある2階建てで、屋上もあった。各階には食堂兼娯楽室・浴室・洗面所・トイレと看護室がある。1室は10名で一つの寮で80名が生活していた。夫婦寮は4.5畳の居室で左右に5部屋があり、中央に玄関・食堂・浴室・洗面所・便所・物置・寮母室があった。それぞれの寮の図面は図1～図3に掲載した（浴風会10：43、浴風会80：7－9）。

　横浜分園は定員が100名ということもあり、1927（昭和2）年8月に工事を開始し、1928（昭和3）年5月1日に竣工、前日の4月30日から入園者の受け入れを開始した。横浜分園では家庭寮が和光寮・静雲寮・橘寮・旭寮の4棟、夫婦寮が松風寮、虚弱者のための梅香寮と病室で構成されている。家族寮は1室10畳で1室あたりの定員は6名と本園と同様である。ただ本園にはあった集団寮は横

第Ⅰ部　浴風園創設の意義

図1　家庭寮

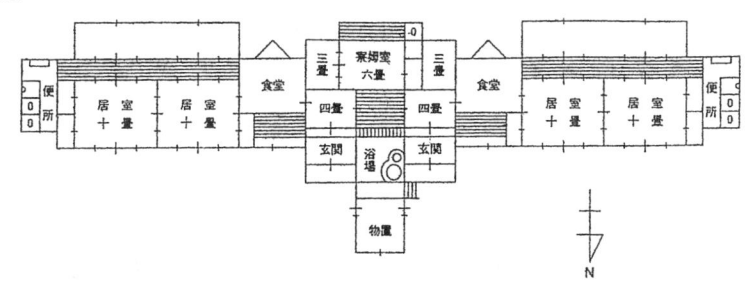

（出典：『浴風会八十年の歩み』浴風会　2005年　8頁）

図2　集団寮

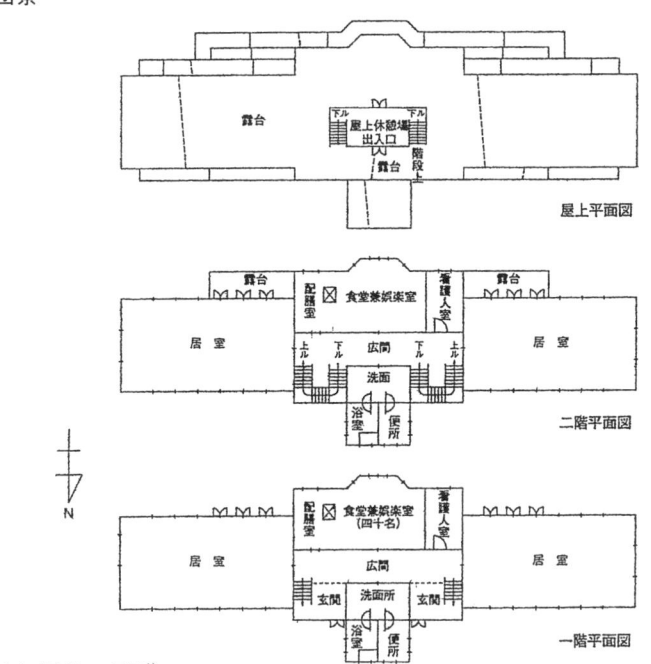

屋上平面図

二階平面図

一階平面図

（出典：図1に同じ　7頁）

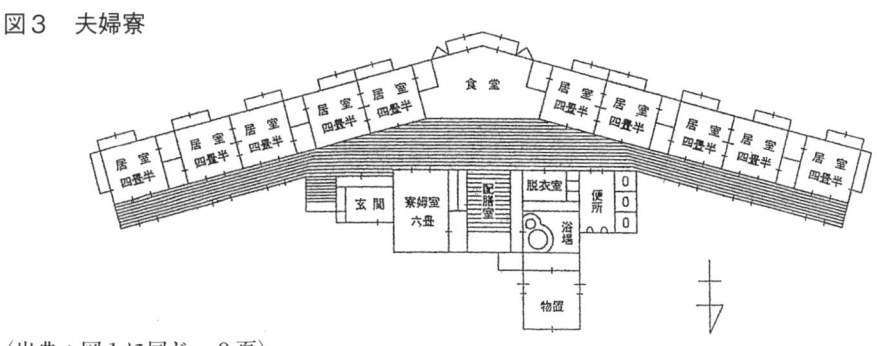

図3　夫婦寮

（出典：図1に同じ　9頁）

浜分園にはなく、すべてが家庭寮と夫婦寮であった。本園と同様に事務室・医務室・寮母室・礼拝堂・食堂・炊事場・作業場・消毒室・洗濯室・職員宿舎なども配置されていた（浴風会10：158－159）。

（3）浴風会の職員と定員

　入園希望者への対応は、「分課規程」によると保護課の事務とされている。入園者の実情調査は保護課職員、書記とされる職員の仕事であったと考えられる。また入園者規則の附則には、浴風会が設立されてから実際に建物が出来るまでの期間、委託収容という形式で対象者の保護を行うことが記されており、実際に行われていた。その業務も保護課の仕事であった。

　1927（昭和2）年2月頃の様子を、根本幸代元寮母は次のように記している。「『…私には職名がなくて、その日いただいた辞令には見習看護婦を命ず、日給八十銭也とありました。…私は名前も仮の名ですので仕事もありません。毎日小遣いさんと寮の掃除に明け暮れまして、一週間目位に玉泉寺へ出張と云う命令が出たときはとび立つ思いでした。玉泉寺出張と云うのは預けてある老人を迎えに行くことでした。それから毎日のように五名、八名と入園者を迎え職員も整備が出来て、それから二ヶ月後には私達にも寮母と云う名前がつきました（略）。』（「尼子冨士郎」：340）。玉泉寺養老院に委託保護されていた方々は、昭和二年二月十五日浴風園に引き取られてきたと年譜にはある。」（浴風会80：193）。

　浴風会の事務系の勤務形態は、当時の内務省の勤務形態に準じていた。そのため当初は「一、四月一日より七月二十日迄　午前八時より午後四時迄　但し土曜日は正午十二時とす　二、七月二十一日より八月三十一日迄　午前八時より十二時迄とす　三、九月一日より十月三十一日迄　午前八時より午後四時迄　但し土曜日は正午十二時とす　四、十一月一日より三月三十一日迄　午前九時より午後四時迄　但し土曜日は正午十二時とす」（浴風会80：201）とされていた。ただ、浴風会の門は、正門、西通用門、東小門とも午前六時から午後六時まで開いており、正門の小門は午後十時まで開門していた。そのため門衛は、午前六時から午後十時までは門衛所に勤務することとなっている（浴風会80：199）。寮母は基本的に、各担当寮に住み込んで入園者の支援をしていたため、この勤務形態には当てはまらない。

　浴風園で、最初に入所者を受け入れたのは1927（昭和2）年2月1日以降である。しかしそれ以前に、「これより先、本会は事業所竣工迄の間、要救護者を他団体に委託収容することとなし、大正14年5月1日以降収容委託を実施していたが、」（浴風会10：7）とあるように、関東大震災を原因として東京府内や神奈川

県内の救護施設や養老院に収容保護されていた高齢者を、収容施設が建設される以前から浴風会として委託収容している。先の根本幸代元寮母の記録にある玉泉寺養老院も、浴風会が委託収容をした横浜市にある施設の一つである。

　委託救護者とは別に、1926（大正15）年度から1927（昭和2）年度にかけては、入園出願者の確保のために、浴風会は宣伝努力をしている。1927（昭和2）年1月には東京市小石川区小石川町東京府職業紹介所の中に浴風会出張所を設置して、職員2名を配置し、入園出願者の受付調査を行った。また1928（昭和3）年4月からは麹町区元衛町社会局構内に出張所を移し、専任職員を1名配置した。この出張所は1934（昭和9）年8月まで継続した。その後は交通・通信も便利になり、本園で入園出願者の受付を行った（浴風会10：47）としている。

　しかし浴風会の本来の目的である関東大震災で被災した60歳以上の高齢者に該当する者の入園は、それほど多くはなかった。1927（昭和2）年度末では関東大震災による罹災者は62.2％、1928（昭和3）年度末は54.1％、1932（昭和7）年度末は47.9％とその割合は徐々に低下している（浴風会10：73）。それは浴風会の設置が関東大震災から2年を経過していたことによる。そのため、委託救護者も必ずしも増加せず、開設しても定員がすぐに埋まることはなかった。先の出張所の職員が浴風園への入園出願者を開拓する必要が生じたのはこのような現状を打破するためであった。さらに方面事務所や警察署を職員が訪問して、要救護者の有無を尋ねたりもしている。このような活動の結果が、1927（昭和2）年度の新規入園者は278名、1928（昭和3）年度は222名となって現れたのである。

　この活動も1928（昭和3）年末までの約2年間で終了した。この他には、入園者を広くあつめるために、1927（昭和2）年7月5日付東京府公報では「財団法人浴風会ヘ窮民収容救護ノ件通牒」が出され、市町村より「要救護申報」を受けることとなった。これは1932（昭和7）年5月まで継続されたが、実際には1930（昭和5）年8月を最後にこの申請はなくなっている。この申請で入園した方は34名である（浴会10：50-54）。

　1928（昭和3）年度末の人員は418名となり、翌年度には各寮や病室の収容余力は1名から2名という状況となった。普通はこの程度の余裕がないと急を要する入園出願者の収容や寮と病室との移動が難しくなるため、1930（昭和5）年度の初めまでは収容定員の標準を450名とし、死亡や退園があった場合に新入園を許可することを原則とした。しかしその後に入園出願者は増加し、寮母や看護婦が経験と訓練を積むことで高齢者への処遇能力が高くなったとして、収容定員の標準を高い数で設定した。1930（昭和5）年5月以降は460名まで可とし、1931（昭和6）年度は470名、1932（昭和7）年度には480名、1933（昭和8）年度には

前年度に葵寮ができたことで収容定員の標準を490名とした。入園許可者も毎年100名前後で推移し、「四百九十人を以つて普通の収容標準をしても、尚当分は入園資格のある出願者の要求を満たし得ないやうなことは決してないと考えられる。」(浴風会10：58) としている。この根拠としては他の養老施設の増加、救護法による居宅救護の割合の高まりをあげている (浴風会10：56 − 58)。

2．寮母の役割

　浴風会での利用者の生活、職員と利用者との関わりを考えるとき、保護課長であった小澤一の存在が大きく影響していたと考えられる。小澤は1884 (明治17) 年に山梨県で生まれ、23歳で早稲田大学哲学科を卒業し、東京市養育院巣鴨分院乳幼児保護係に就職している。1920 (大正9) 年に36歳で内務省社会局嘱託となった。小澤が1927 (昭和2) 年に43歳で浴風会に来たときは、社会局嘱託の身分のままであった。その後に1929 (昭和4) 年に保護課長となり、55歳で退職するまでその職にあった (吉田、597)[2]。

　小澤は浴風会の入所者処遇にケースワークの手法を導入したとされる。小澤の著書『救護事業指針』(1934) の「院内救護の方法」では、かつて勤務していた東京市養育院と浴風会横浜分園を事例として記載している。小澤は救護施設での組織管理の重要性、院長は入所者の健康の改善のみではなく、労務や宗教的慰安への考慮を行なうこと、また直接入所者に接する職員の重要性を指摘し、施設に入所したときからの医療との連携について述べている (小澤、187 − 188)。

　浴風園の組織は、常務理事が本園の園長を兼ねており、その下に庶務課、保護課、分園となる。保護課長の下に医長が位置付き、医長が調剤係、医務係を管理している。保護課長の下には調査係、教養係、炊事係の3係があり、さらに寮母・看護婦・医務助手・炊事夫・炊事婦の職種が配置されている。寮母の職には主任の2人の外に14人が在籍している。寮母は医務係・教養係・調査係の下で職務を遂行するようになっており、看護婦は見習いを含めて25人、教養係と医務係の下で職務を遂行するとされている。医務助手は2人で医務係の下に配置され、炊事夫・炊事婦は炊事係の下に配置されている。寮母は3つの係 (調査係・教養係・医務係) との連携、医務係は寮母・看護婦・医療助手との連携が業務となり、各係が入園者の日々の生活に関わる職種と複層的に関わりを持てるような組織となっている (浴風会10：91)。

　「寮母執務要綱」では「寮母ハ保護課職員ト協力シテ直接在園者ノ監督指導ト寮館ノ管理ニ当リ特ニ個別的処遇ニ勤メ且附帯セル事務ヲ取扱フモノトス」(浴風会10：95) としている。この要綱には起床就寝時間をはじめ様々な寮内の生活の基

準が述べられている。その中からいくつか見てみる。

「第一綱　在園者ノ規律的生活ノ指導（教育的衛生的標準）」では、起床就寝時間には幅を持たせている。例えば「自四月一日至一〇月三十一日　午前五時乃至五時半」となっている。11月1日から3月31日までは午前6時乃至6時半で、就寝は4月から10月が午後8時乃至8時半、11月から3月は午後6時半乃至7時である。掃除は在園者が行うが、第1と第3土曜日は大掃除をすることになっている。朝礼は掃除の後に食堂に集まって神仏に礼拝し、相互に朝の挨拶をしてお茶を飲むとしている。食事は寮母が居るときは一緒に摂り、配膳と後片付けは在園者が当番を決めて行う。入浴は週3回で、在園者から風呂当番を決める。作業は在園者の健康上・精神上に最も大切なこととして「寮母ハ在園者各個ノ健康・能力・嗜好ニ応ジテ作業労務ヲ奨励スベシ」（浴風会10：96）と書かれている。診療日は火曜と水曜で、緊急の場合は他の曜日の受診が可能としている。

老人福祉法が制定され、施設内処遇の最低基準が戦前の浴風会の在園規則を参考にしていれば、施設入所者の入浴回数は現行の週2回ではなく、週3回になっていたかもしれない。また起床時間や就寝時間に幅を持たせている点も注目すべき点ではないだろうか。

「第二綱　慰安及訓練（個別的処遇ノ徹底）」では、個別的処遇を徹底するために、寮母は情愛を持って在園者に接し、個人的に話をして観察をし、各人の性格・健康・精神状態や抱えている問題などを知るようにすること、在園者の抱えている問題を知ったときは速やかに取り計らい、重要な内容のときは職員に申し出て協議するとしている。このときの職員とは保護課職員で、寮母の記録の中でも「〇〇先生」という表現で職員のことが書かれている。このことから、当時、本部の職員は先生と呼ばれていたのである。

「第三綱　寮内ノ管理（事務的経済的標準）」として支給品の取扱、在園者の役割である世話人や当番、整理整頓や洗濯、外出（近距離は寮母の許可、遠距離は医員の診断を受けてから寮母を通して事務に出願して保護課長の許可を受ける）、喫煙は火鉢の傍で行うこと、飲酒は厳禁、訪問者の訪問時間などについて述べている。

「第四綱　事務及連絡」では日誌、連絡などについて書かれている。連絡では「寮母ハ執務上ノ円滑ヲ期シ相互ニ連絡協力スベシ　寮母ハ在園者処遇・寮内管理ニ関シ実務ノ標準ヲ高ムル為東西各部ニテ隔週一回ノ座談会ヲ開キ協議討究シタル事項中適当ト認ムルモノハ当該職員ニ提示スベシ」としている。寮母が公休日に外出するときは保護課長に届け出を出して主任寮母に伝えるとしている（浴風会10：97 – 98）。

3．入園者数の変化

　入園者が徐々に増加し、本園・横浜分園ともに定員に近い人数が利用していた。しかし定員500名の本園では入園者にゆとりをもっており、1925（大正14）年度から1934（昭和9）年度までの年度末人員をみると、最大で1932（昭和7）年度の476名である（浴風会10：61）。横浜分園も1934（昭和9）年度末で100名の入園者となった（浴風会10：159）。

　浴風会の本来の対象者は関東大震災の被災高齢者であるが、先にも述べたように、年月とともにその数は当然のこととして減少していった。また1932（昭和7）年に救護法が実施されると、救護法対象の入園者も増えてきた。

　救護法による委託収容は、1932（昭和7）年4月23日から開始している（浴風会10：218）。1933（昭和8）年2月25日では、1345番の退園者の記録に救護法委託の50号とのメモが残されている。1937（昭和12）年9月27日現在、救護法対象者は118名（男52名、女66名）で全入所者457名（男207名、女250名）中の25.8％である（1675番の退園者の資料の中に書かれているメモによる）。救護法による委託収容者は、浴風会ではそれほど多くはなかったようである。

　浴風会は順調に利用者を保護し、養老事業の日本におけるモデルとして多くの来園者を迎えていた。しかしその一方、救護法が施行された1932（昭和7）年9月には、満州国が独立し世界の中の日本は、世界からの孤立を深めていった。そして、日本は軍需景気となる。その当時の本園の状況を、『浴風会創立四十周年記念誌』では以下のように述べている。「昭和十年度から日華の武力紛争が起り、軍需工業の好況に伴い、下層階級の困窮状況が多少緩和されたためか、前年度、即ち昭和九年度の入園出願者は227名であったが、昭和十年度は177名となり、50名の減少を示すに至った。（略）更に昭和十一年度に入って、入園出願者は130名に過ぎない状態となり、愈々入園出願者の数は減少の一途を辿るにいたった。其の原因を探求して見ると、救護法による居宅救護が次第に行き渡り、下層階級の困窮状態が多少緩和された結果によるものではないか、と推定される。」（浴風会40：26）としている。

　さらに「尚昭和十一年度に入って、顕著にあらわれた事項は、入園出願者数及び入園者数に於いて、女子が多数となったことである。この現状に対応するため、男子寮1棟を女子寮に変更しなければならない状態となった。また従来作業場のみで行っていた作業を、各寮内に於ても行うようになったことである。寮内作業の結果は非常に良好で、従来とかく拭いきれなかった寮内の暗い気分が一掃され、無為徒然に苦しむ者がなくなり、病弱者でない限りは、軽い仕事から得られる生活の希望を持つことが出来るようになった。」（浴風会40：26－27）とあり、入園

者は減少したが比較的健康状態の良い方が多く、また女性が増加したことで本園の雰囲気は変化したようであった。1937（昭和12）年度はさらに入園出願者は減少したうえに、流行性感冒（インフルエンザ）により十数名が死亡した。

　入園希望者の減少に対し、浴風会としては方面事務所との連絡を密にするなどの対策を講じていた。だが、1940（昭和15）年頃からは、物資の欠乏と物価の騰貴におそわれることになる。「その結果、医療、栄養、保温、衛生等の面で、処遇上行届かぬことが多くなったためと思われる。」（浴風会40：27）とされ、死亡率が上昇している。

　1937（昭和12）年には日華事変が起こり、軍事扶助法が公布される。浴風会にも軍事扶助法の対象者が入園するようになった。また1938（昭和13）年1月に厚生省が誕生する。その結果、歴代の会長は内務大臣であったが、厚生省が誕生してからは厚生大臣が浴風会の会長となった。

　1941（昭和16）年は日本社会にとって、戦争の大きな影響が人々の生活に及び始めた年ではないだろうか。浴風会においても状況は同じであった。その年の4月から米穀通帳制（お米の配給制）が始まった。そのため、浴風会の主食には米の他に麦・大豆・玉蜀黍（トウモロコシ）を加え、一日は2合3勺、後には2合1勺となった。そのため入園者は消化不良を起こし、栄養失調により死亡する者が続出した。1941（昭和16）年度の死者は170名となった（浴風会40：32）。主食である米が配給制となった当時、当然であるが副食も十分ではなかったと思われる。その結果、在園者の中での健康者の割合は低下し3割たらずとなり、「園全体が老人病院のような状態を呈することになった。」（浴風会40：28）という状況であった。

　1941（昭和16）年10月に医療保護法が施行され、浴風園の病室は医療保護法第6条の規程による厚生大臣の認可を受けて、医療保護施設となった。1941（昭和16）年度末の医療保護法による被保護者は35人であった（浴風会40：28）。

　1941（昭和16）年12月8日に太平洋戦争が始まった。浴風会では高齢者の「保護の万全を期することが出来なくなった。それは収容者の健康状態の低下、死亡率の上昇という現象となって表れている。更に戦争による労働不足の結果、働ける老人には各方面から雇用の申込があり、収容人員は低下の一途を辿った。しかし一方に於いては、入園出願者は漸増している。このことは戦争の影響で、一般社会の状況が混乱し始めていることを示すものではあるまいか。即ちこの頃から、社会情勢の急激なる変化に伴い、恩給、扶助料、または多少の財産を有する人々が生活の安定を欠き、本会に保護を求めるものが増加してきたことに表れているといえよう。」（浴風会40：28）と述べられている。

表1　浴風会人員移動数（昭和8年度〜20年度）　　（人）

	本園 入園者数	本園 退園者数	本園 死亡者数	本園 年度末在園数	横浜分園 入園者数	横浜分園 退園者数	横浜分園 死亡者数	横浜分園 年度末在園数	合計
昭和8年度	105	15	102	464	26	2	23	98	562
9年度	95	20	86	453	20	1	17	100	553
10年度	101	15	83	456	20	2	21	96	553
11年度	94	9	78	463	24	2	15	104	567
12年度	70	14	95	424	19	1	22	101	525
13年度	115	14	80	445	13	3	25	105	550
14年度	110	14	96	445	25	5	22	103	548
15年度	109	15	131	407	33	3	41	92	499
16年度	108	8	170	337	28	7	57	56	393
17年度	138	17	186	272	62	7	52	59	331
18年度	259	27	255	249	11	63	7	―	249
19年度	159	34	221	153	―	―	―	―	153
20年度	250	33	229	141	―	―	―	―	141

【出典】：『浴風会十周年記念誌』61頁、179頁および『浴風会創立四十周年記念誌』12-14頁、32-34頁を参考に筆者作成。但し昭和18年度の横浜分園退園者63名中には、分園閉鎖により本園に移送した52名の外、済生会神奈川県病院へ委託した5名を含む。

　このような情勢の変化に対して、浴風会では1942（昭和17）年から「軽費入園」の道を開くことになる。この「軽費入園」とは必要経費の全額を入園者が自分で支払うことで、浴風会での保護を受けられるというものであった。軽費入園者は、1942（昭和17）年度末で14名、1933（昭和18）年度末で49名となっている（浴風会40：28）。死亡率は、1942（昭和17）年度が39.2％、1943（昭和18）年度は48.0％であった（浴風会40：28）。

　表1で示したように、浴風園の在園者数は1933（昭和8）年度末では464名、1934（昭和9）年度末では453名、1935（昭和10）年度末では456名で、1940（昭和15）年度末までは400名を維持していたが、1941（昭和16）年度末からは入園者は増えるが死亡者も増え、年度末の在院者数は1941（昭和16）年度末が337名、1942（昭和17）年度末は272名、1943（昭和18）年度末が249名、1944（昭和19）年度末は153名、1945（昭和20）年度末には141名となった。横浜分園は1939（昭和14）年度末までは100名を維持していたが、1940（昭和15）年度末は92名、1941（昭和16）年度末が56名、1942（昭和17）年度末は59名であった。

　職員数は1928（昭和3）年12月31日現在では本園88名、横浜分園22名となっている。本園では1938（昭和13）年3月31日の職員数101名が戦前期では最も多

い数である。横浜分園では1931（昭和6）年3月31日と1940（昭和15）年3月31日の24名が最も多い職員数となっている。本園では1937（昭和12）年度末の101名から徐々に職員数は減少し、1944（昭和19）年3月31日では68名となっているが、1945（昭和20）年8月では73名と増加した（浴風80：236）。

　このように定員に満たない状況のなか、横浜分園に対し、「神奈川県当局から、この施設を健民修練所並びに新規徴用者訓練所に使用したい、との申込があり、昭和十八年三月の理事会で横浜分園の閉鎖譲渡の方針が決定した。なおこれには、有料施設に使用すべき土地建物を提供する、という条件がついていたが、この条件を保留して、同年七月理事会で分園を三十万円で神奈川県に譲渡することが正式に決定した。」（浴風会40：29）。その結果、当時横浜分園にいた63名中52名は本園に移り、5名は済生会神奈川県病院に委託した。他の5名のその後は不明である。同年8月31日に横浜分園は正式に閉鎖され、15年の歴史を閉じた。

　敗戦後の1946（昭和21）年6月20日に浴風会の福原誠三郎常務理事名で神奈川県知事あてに、神奈川県に譲渡した横浜分園の土地の返還を求める文書を出している。それによると、横浜分園譲渡の目的であった「健民修練所並びに新規徴用者訓練所」の必要は敗戦でなくなったので、浴風会としては「本会に於いては現下最も緊要なる外地引揚者及び戦災者等の収容保護施設をして横浜分園再建致したく候。」（浴風会80：200）と願い出ているが、神奈川県からの返還は行われなかった。

4．入園者の生活

　浴風会の入園者は16項目の「入園者心得」に従った生活を求められた。他の入園者に迷惑をかけない、礼儀を守る、報恩感謝の念を持つように、本園を我が家と心得て清潔整頓に心がけること、身体の強弱に応じて作業をし、なるべく日光浴をして新鮮な空気に触れること、起床・就寝時刻、食事に制限はないが暴食は身体に良くないこと、禁酒、喫煙は食堂で、火気の注意、被服は本園から交付されたものを着用し私服は着ない、外出の届け出、理髪、所持品の処分、金銭の保管は係員に依頼する、模範となる入園者は賞するが迷惑をかけたときは罰することもあるなどが書かれている（浴風会10、100－101）。

　浴風会では入所者への食事の献立は10日分を作成して、その献立を1ヶ月に3回提供するというものである。主食の白米と押麦で1,457kcal、副食で450kcal以上、これに調味料と香の物のカロリー量を合計して、1日1人分のカロリー総量を約2,000kcalとしている。

　朝食は主食と味噌汁、昼食か夕食には魚又は肉料理が隔日に1回提供され、さ

らに野菜料理が用意されている。魚料理の調理法としては煮魚、焼魚、フライなどで、肉料理の調理法はシチュー、甘煮、薩摩汁、コロッケなどとなっており、それぞれ付け合わせとして焼豆腐、蒟蒻、野菜、大根おろし、浸し物、酢の物などが魚や肉の調理法に合わせて提供されている。これ以外には香の物として漬物が出された。月に4回はお菓子や果物のおやつもあった。

　1933（昭和8）年5月のある日の横浜分園の献立を見てみる。朝食は玉葱の味噌汁、昼食は筍、人参、油揚、白滝、酢の五目寿司、夕食は小麦粉、大根、人参のスイトンである。おやつとしてはリンゴや甘納豆が出ていることがわかる。1935（昭和10）年2月のある日の本園での献立は、朝食が若布の味噌汁、昼食は大根と玉子焼き、夕食は里芋、大根、牛蒡を味噌で味付けしたごった汁であった。四季の行事・記念日・祝祭日等には一般の習慣に従って特別食を出しており、毎月1日には小豆飯を出している（浴風会10：103－106、横浜分園：13－14）。

　浴風会では様々な入園者調査・研究を実施している。医学的な側面は尼子富士郎が中心となって、東京大学医学部との協力で実施していた。また心理・社会的な側面も調査研究がなされた。その成果は「浴風園調査研究紀要」として1928（昭和3）年12月の第1輯から1943（昭和18）年12月の第18輯まで出されている。第1輯には尼子の2つの論文「老令者の生理及び病理研究」と「入園者病類別等諸調査表」が掲載されている。心理・社会的な側面での調査研究が初めて掲載されたのは、1932（昭和7）年12月の第4輯で、谷口政秀「老廃者の職業生活」と橘覚勝の4つの論文からである。橘はこの編で「老人に於ける聯想の一研究」「老人の性格研究の一つの試み」「向老期に於ける自我の発見」「我国に於ける養老思想及び養老事業の史的考察」を発表している（浴風会40：20－21）。

　浴風会では設立当初から、入園者の保護処遇の一環として労務及び作業を重視していた。そこには、健康の許す限り仕事を持つことは心身に緊張を与え、生活に変化があるように努めるためとしている。労務及び作業の種類は多く、紙袋貼、熨斗折、裁縫、除草、園芸、養豚、養鶏などをはじめ、日常生活のなかでの家事、例えば食堂の仕事、風呂焚き、居室内外の清掃や整理整頓、病室の手伝い、炊事場の手伝いなどである。労務や作業には成績に応じて作業賃や小遣銭が支給された。働けない者には必要に応じて、たばこや切手、葉書などを支給している。衣服をはじめ日用品は殆どもれなく支給されていた。浴風会としては、そこでの暮しは入園者にとって苦痛のある生活ではないと考えていた（浴風会40：19）。

　浴風会では入園者全員が最初は男女別の新入寮に入所する。そこでは衣類をすべて脱がせて入浴させることから始まる。脱がせた衣類や持参した物などは洗濯や消毒をしてから本人に返却している。入園者には新しい衣類その他必要な品を

行李に入れて渡す。行李の中身は、男性は木綿の棒縞か格子縞で、女性は格子縞の羽織紐付・綿入・袷・単衣・浴衣・袖無が各1枚、冬襦袢と冬腰巻、夏襦袢と夏腰巻をそれぞれ2枚、足袋1足などや手拭、下駄、掛布団、敷布団、敷布、毛布、枕、手拭などである（浴風会10：108－109）。新入寮の担当寮母は熟練者を充て、新しい環境に出来るだけ速やかに適応できるように支援している。伝染病の予防のためにレントゲン撮影などの医療検査を行い、必要があれば医長が診断して入院させる。新入寮にいる間に、寮母は入園者の性格などを詳細に観察して、身分帳を作成し、新しく移る寮の寮母に引きつぐことになっていた。入園者が生活する寮を決めるのは保護課の主任で、入園者の身体状況などを考慮して、適切な寮を決める（浴風会40：34）。

　寮に配属が決まると、入園者は浴風会の処遇観である「老人が充実した生活を続け、人格を昂めさせるためには、老人が興味を持ち、老人にも参加できる仕事を考えることが必要である。かくして老人の持つ能力を最大限に生かし、幸福の増進はからねばならない。それがためには、在園者に種々の日課を課して、時間を守って生活をさせ、各種の作業を奨励し、又、宗教的行事、法要等にも参加させる必要がある。」（浴風会40：35）により　入園者の好みや能力に応じた作業に参加するようにさせた。宗教は入園者の精神的要求に応じるものとして位置付けている。浴風会は特定の宗教は持たないが、仏教徒が多いので礼拝堂には阿弥陀仏を安置し、毎週月曜日に委嘱している老師の法要法話が行われ、各宗各派の人々にも宗教的な講話を依頼していた。キリスト教信者のためには、篤志家の好意で、ほぼ週1回位集会を催した。春と秋の彼岸や盆には大法要を営んでいる（浴風会40、35－36）。

　この生活は昭和10年代の中頃までは続いた。軍部による浴風会施設の接収や戦争の激化により、このような入所者処遇は行えなくなっていく。1938（昭和13）年11月12日には　在園者の手に成る菊花、盆栽、手芸品の展覧会を開催している。その後、1941（昭和16）年5月29日には「在園者制作作品展覧会」をこの日から3日間開催しているとの記述があるが、それ以降は記述がみられない（浴風会40：142－144）。入所者の楽しみに気を配るゆとりがなくなったのであろう。

　この時期の職員の移動として注目したいのは、1939（昭和14）年1月31日に保護課長の小澤一が退職をして、横浜分園長であった芦澤威夫が保護課長になり、書記の長谷部亮男が横浜分園長となった点である。その長谷部も1942（昭和17）年11月18日に退職し、庶務課長の朝比奈泰が横浜分園長となる。朝比奈は横浜分園が廃止と決まった後の1943（昭和18年）7月10日に退職し、朝比奈の後に庶務課長となっていた桑原重義が横浜分園長となり、横浜分園の廃止を行うこと

になった（浴風会40：143 – 144）。

5．全国養老事業協会と浴風会

　1932（昭和7）年1月30日に全国養老事業協会が設立され、その事務局は浴風会に置かれた。養老事業者が一堂に会したのはそれより先で、1925（大正14）年10月の大阪での第1回全国養老事業大会が最初である。この大会で事務局を大阪養老院内におき、全国養老事業大会は毎年開催することが決められた。しかし大阪養老院は個人経営であること、また1927（昭和2）年2月に入所者の付け火による火災が発生し、主要な建物を焼失してしまうという事件が発生した。このような中では、養老事業の全国組織を運営することは難しかったと考えられる（岡本、120）。

　その後、1931（昭和6）年7月17日、18日の2日間、東京で開催された第1回救護事業協議会の前日、7月16日に中央社会事業協会で、養老事業関係者の連絡機関の設立に関する相談会がもたれた。その結果、第1回救護事業協議会に参加している養老事業関係者が発起人となり、「全国養老事業協会」の設立を決議することが決まった。同協会の設立の一切は在京発起人に一任された。浴風会の常務理事であった福原誠三郎は発起人の一人として参加している。また内務省関係者が社会事業関係の会議には多く参加しており、それらの中での協議により、事務所は職員体制の整っている浴風会が引き受けることとなったと考えられる（岡本、121 – 122）。

　全国養老事業協会の設立総会を兼ねた第2回全国養老事業大会は、1932（昭和7）年7月に内務省社会局大会議室で開催された。この第2回全国養老事業大会開催時点までの入会申込者は、団体会員・個人会員を合わせて69名である。また、会長は枢密院顧問官・中央社会事業協会副会長窪田静太郎、副会長は内務省社会局社会部長富田愛次郎、理事長は浴風会常務理事の福原誠三郎であった（岡本、122）。

　浴風会が全国養老事業協会の事務所となったことで、同協会の活動は活発に行われていく。全国養老事業協会の主な事業としては、雑誌『養老事業』の発行、養老事業研究会の開催、全国養老事業調査、養老事業実務者講習会、全国養老事業大会、養老事業従事員表彰がある（岡本、125）。これらの事業は、浴風会を実践の場として展開された。雑誌『養老事業』の編集・発行人は浴風会嘱託の相田良雄である。この雑誌には、浴風会関係者も多く執筆しているが、現場の寮母も「寮母日誌」として浴風会の処遇実績を掲載している。雑誌『養老事業』は1944（昭和19）年1月に発行した第34号までが終戦前に発行された。

養老事業研究会は当初は懇談会と称して、不定期に内務省社会局会議室で開催されていたが、会員の養老院の見学もかねて研究会を開催されることもあった。その時々のテーマで各養老施設の実態が議論された。テーマとしては、飲酒、就労、男女関係など多岐にわたっていた。

全国養老事業調査は第3回まで実施された。養老事業実務者講習会は、第1回を1939（昭和14）年10月に開催され、1942（昭和17）年の第4回までそれぞれ約1週間にわたり実施された。講習科目としては「養老事業管理法」「老人心理」「社会事業法令大要」などであった。

全国養老事業大会は第4回まで実施された。養老事業従事員表彰は、養老事業に10年以上従事し、職責を尽くしている人に対して表彰状と金一封を贈呈した。1935（昭和10）年から1940（昭和15）年まで毎年実施され、毎回10名から18名の人々が表彰された（岡本、125－129）。

『浴風会創立四十周年記念誌』に掲載された浴風会の年表には、全国養老事業協会に関する記事がいくつか掲載されている。それを見ると、戦中期は「昭和18年1月8日　本会主催養老事業懇談会を丸の内会館に於て開催、各理事、関係職員、東京、横浜両市関係団体代表等20余名出席有料施設に関し懇談を行う」との記載が最後となり、終戦後は「昭和20年11月10日本園に於て養老事業懇談会開催、昭和21年10月29日30日本園に於て全国養老事業協会主催の養老事業従事員講習会開催、昭和23年10月10日全国養老事業大会本園に於て開催、昭和26年11月7日全国養老事業大会を本園において開催となる。」（浴風会40：144－149）などが記載されている。このように全国養老事業協会の事務局が浴風会にあったことで、終戦後もいち早く養老事業者が集まっている。このように浴風会が、養老事業全体の発展に寄与した面は大きいと考えられる。終戦後の浴風会はかなりの痛手をうけていたが、全国養老事業協会の事務局としての役割を果たしていたことがわかる。

6．陸軍による建物の接収と敗戦

陸軍による建物の接収は、1942（昭和17）年9月1日に浴風園の東館上下を陸軍中央通信調査部に貸与したことから始まる。東館上下が接収されても、入園者は定員の500名を大きく下回っていたため、「本園の事業遂行上の特別な支障はなかった。（略）昭和19年に入る頃から、戦況は緊迫をつげ、空襲がかなりはげしくなり、本会の事業は、物資の全般的不足と相俟って極度に困難の度を増した。」（浴風会40：29）という。その後、陸軍の申し出により1944（昭和19）年3月25日には西館上を陸軍中央通信調査部に無期限貸与、同年5月11日には西館下も

閉鎖し同調査部に貸与した（浴風会40：144）。このとき、『浴風会創立四十周年記念誌』では礼拝堂も陸軍に貸与したと記載されている（浴風会40：30）。その後も1945（昭和20）年5月25日には第2、第3病室を同調査部に貸与、5月28日には常盤寮、6月18日には千歳寮、6月25日には第1、第4病室、6月29日には事務室も同通信部に貸与したため、至誠寮に事務室を移している。さらに7月13日には梓寮も同通信部に貸与し、浴風会のほとんどの建物は陸軍中央通信調査部によって占められることになった。

　その間、1944（昭和19）年7月23日には東京都からの懇請で八丈島と三宅島からの引き揚げ者を静和寮と芙蓉寮に収容した。その後、1945（昭和20）年4月5日には島からの引き揚げ者は長野県に移転したが、4月7日には新たに島からの引き揚げ者45人が芙蓉寮に収容されている（浴風会80：137, 258）。

　このように陸軍に建物を接収されるなか、1945（昭和20）年3月15日には本会創立二十周年記念式が挙行されている。当時の状況を芦澤威夫は次のように記している。「本会の目的である老人の保護は、食料衣料薬品等の不足と職員の応召等の関係で十分その任務を果たすことが困難となった。（中略）男子職員にはカーキー色の国民服女子職員にはもんぺいが支給され本務の傍ら空地を開墾して野菜を作り又樹木を伐って薪を作った。闇物資を手にいれることも出来ず少しでも食料燃料の補充を念願したからである。（中略）空襲が頻繁になるにつれ軍部は浴風会に対して疎開をしきりに強要してきた。老人の安全をはかるため出来得れば疎開したいと考えたが老人の疎開はまことに容易ではない。引受け手がなく又輸送も困難である。昭和19年の末から浦和の尚和園及び栃木養老院にお願いして数次にわたり若干名を引取っていただいて感謝した。この疎開には梅田三七主任が混雑した汽車に乗せ困難をしのんで輸送を全うした。」（浴風会80：137）。『浴風会創立四十周年記念誌』の年表には「昭和19年10月1日に尚和園に委託収容をなす。男1名、女1名　昭和20年7月2日　栃木婦人協会養老院に5名の老人を委託」（浴風会40, 145）との記載がなされている。

　戦争の影響を受けた高齢者施設は浴風会のみではない。芦澤によると「都立養育院は昭和20年4月13日の大空襲により本園分院の9割が灰燼と化した。東京養老院は3月13日の空襲により全焼し、焼け出された老人は芝の増上寺に移されたが其の後増上寺も罹災し一部の老人は浴風園に収容された。」（浴風園90, 139）。その他には大阪市弘済院生野分院、名古屋市東山寮、和歌山市仏教厚生会、広島養老院、前橋養老院などが被災した（浴風会80, 139）。聖ヒルダ養老院からも利用者が浴風会に移ってきている。

　1945（昭和20）年8月15日に玉音放送が流され、日本は終戦を迎える。終戦と

同時に軍の徴用は解除されたが、「軍が使用した部分は、畳、襖、床板、ベッド、医療器具、薬品等に莫大な損害を受け、さなきだに困難な戦後復旧作業が、一層困難となったのである。」(浴風会40：31)とあるように、ひどく荒れ果てた状況で各寮などの建物が戻されたことがわかる。

浴風会は設立当初から経営的には安定した組織であった。しかし「元々本会の資産は他の外郭団体同様南満州鉄道株式会社（以下、満鉄という）株が主なものであった。ところが敗戦によって満鉄はつぶれその株は無価値のものとなった。昭和15年横浜分園は神奈川県の要請により同県に委譲し（5,600坪、30万円）それらによって漸く会の経営が出来ていたのである。」(浴風会80：139)という状況であった。「かくして終戦の翌年、昭和21年を迎えたのであるが、食料事業は却って窮迫化し、多くの栄養失調者が発生していた。」(浴風会40：31)というなかで、浴風会の戦後は始まるのである。

7．浴風会の歴史が示すもの

浴風会は関東大震災により被災した高齢者のための入所施設として、また関東大震災の被災高齢者がいなくなった後も存続可能な高齢者施設として、当時のモデル養老院として内務省の強い関与の下に設立・運営されていた。そのことは、日本社会が安定している時代は会の発展に大きく寄与したといえる。当時の理想に近い建物配置、入園者の生活空間への配慮、寮母をはじめ事務系の職員の数も当時の他の養老院とは比較にならないほどに多く、また高学歴者の集団であった。医療設備も充実し、東京大学医学部との連携も強化されていた。このことは、日本の高齢者を科学的に研究する上で浴風会の担った役割の大きさを示している。

もちろん入園者は研究対象ではなく、日々の生活においても当時の考えうる範囲で快適で、安全な生活の保障がなされていたといえる。寮母を中心として入園者へのケースワークが行われた事実は、入園者の記録を見ることによって明らかである。このような実践が行われていたことは、戦前期の日本では浴風園のみといえよう。しかしそのような状況を約束されていた反面、日本の社会情勢が変化することで、浴風会はその波を大きく受けることになる。それは陸軍による建物の接収であり、終戦後の財政破たんである。戦中期から戦後にかけては日本中どこでも生活は大変であったであろう。しかしその影響を浴風会がより強く受けたのは、内務省との強い関係があったからではないだろうか。

社会が「強者」の論理を中心に動くとき、最初に犠牲になるのは「強者」にはなれない人々、社会的に保護されて生活を送る人々であるということを、浴風会の歴史は示しているのではないだろうか。

（明治学院大学・社会学部）

【注】
(1) 浴風会が発行している年史や概要には、以下のものがある。
　　『浴風会横浜分園事業概要　昭和8年度』発行年不明．
　　『浴風会事業概要』昭和1935（昭和10）年3月．
　　『浴風会十周年記念誌』1935（昭和10）年12月．
　　『浴風会創立三十周年記念誌』1955（昭和30）年11月．
　　『浴風会の歩み　三十五周年』1960（昭和35）年．
　　『浴風会創立四十周年記念誌』1967（昭和42）年9月．
　　『浴風会六十年の歩み』1986（昭和61）年12月．
　　『創立70周年社会福祉法人浴風会の沿革』1996（平成8）年4月．
　　『浴風会八十年の歩み』2005（平成17）年4月．
(2) 浴風会に残っている小澤一の履歴書によると、以下のようになっている。
　　明治17年9月13日生まれ
　　明治40年7月　早稲田大学大学部哲学科卒業
　　明治40年9月より同2年3月迄　同大学研究科在学
　　明治42年6月22日　東京市養育院育児係拝命
　　大正9年10月11日　依願東京市養育院巣鴨分院主任退職
　　大正9年10月22日　内務省社会局事務取扱嘱託
　　大正14年3月5日　財団法人浴風会事務取扱嘱託
　　昭和4年2月12日　依願社会局社会部嘱託退職

【引用一覧】
(1) 岡本多喜子（1981）「昭和初期における養老事業の動向―全国養老事業協会の成立をめぐって―」日本事業大学『社会事業研究所年報』No.17.
(2) 大霞会（1971）『内務省史　第3巻』地方財務協会．
(3) 小澤一（1934）『救護事業指針』厳松堂書店．
(4) 浴風会横浜『浴風会横浜分園事業概要　昭和8年度』浴風会．
(5) 浴風会10（1930）『浴風会十周年記念誌』浴風会．
(6) 浴風会40（1967）『浴風会創立四十周年記念誌』浴風会．
(7) 浴風会80（2005）『浴風会八十年の歩み』浴風会．
(8) 吉田久一編・解説（1982）『社会福祉古典叢書6　渡辺海旭・矢吹慶輝・小澤一・高田慎吾集』鳳署員．

第2章 戦前期 浴風園の入園者日々記録・「保護経過」の意義
―養老院・高齢者施設初のケース記録か？―

小笠原 祐次

はじめに

浴風園には、大正14年から入園していた在園者の個人記録が、ほぼ全員分保存されており、戦前期について見ると、それは関東大震災後の戦前期養老院の歴史、特に処遇史、処遇（援助）方法を検討する上で、きわめて貴重な史料である。その中で、特に「入園者身分概要」の一部である「保護経過」が入園者処遇を見る上では、最も重要だと考えられる。

「保護経過」は、浴風園入園者の詳細な日々記録であり、浴風園において入園者がどのような生活を送り、他の入園者とどのような関係の下で日々を過ごし、何を考え、どのような行動特徴を示していたかを知る貴重な記録である。このような個人記録は、これまでの養老院関連の史料では見られないものであり[1]、戦前期養老院における初めての「ケース記録」と考えられる。

「保護経過」は、昭和10年頃から記述されていることが、個人記録の年代別の点検から見えているが、本稿では「保護経過」がどのような意図で、どのような経過の中で実施されてきたのかについて明らかにしたい。あわせて、わが国に「ケースワーク」を紹介した一人でもある小澤一（こざわはじめ）が、浴風園の保護課長を務めていた時期に重なっており、小澤一がこれにどう関わってきたのかについて検討しておきたい。

1．浴風園に所在する記録

浴風園は、大正14年から横浜市救護所や玉泉寺養老院への委託保護から、被災救護者の救護を開始したが、開始から昭和20年末までの入園者は、2,854名に上り、その内の約2,600名分の個人記録が個人別に保管されている。浴風園では個人記録だけでなく、法人理事会記録、諸規定、庶務関係書類、人事記録の保管をはじめ、昭和戦前期としては希少な建物関係の写真、入園者の写真なども保管されており、きわめて丁寧な文書保管が行われている。

また、浴風園では本園を開設した昭和2年から、入園者の詳細な調査（健康状態、疾病、出生地、職業、家族関係、貧困原因など）結果を『入園者概況』や『老齢者保護』として公刊し、昭和5年には初めてとなる『昭和4年度　浴風会事業報告』や『研

究紀要』を刊行し、その後継続して発刊している。それらの事業実績のまとめが、昭和10年の『浴風会十周年記念誌』に結実している。

　これらの公刊文書によって、浴風会の事業の内容、経過を社会に発信すると共に、養老事業、老年医学、老年心理学などの研究を前進させてきた役割は、計り知れない。中でも、戦前期入園者の9割強の個人記録は、他の養老院などでは殆んど見出せない記録だけに、内容からいっても量にしても、きわめて貴重なものである。ただ、『昭和4年度　浴風会事業報告』などでも、日常業務の中で「事務必携」として重要視していくべきことが強調されており、現実にその内容が『事業報告』で紹介されている、「日誌」(寮母日誌、看護日誌、事務日誌など)の所在が、今もって不明であることは、日常業務を知ることができる最も重要な証人であるだけに、残念である。

２．入園者の個人記録の内容と「要救護者調書」「入園者身分概要」

　入園者の個人記録は、浴風園を退園(死亡、家族引取、無届退去など)した順に、通し番号を付して簿冊として綴られている。個人記録の文書の内容は、「保護願い」、「貧困証明」「収容者台帳」(これが昭和4年頃から「入園者身分帳」に変わっている)、「要救護者調書」、「入園者身分概要」、「来歴書」、役場など行政機関との「交換文書」(多くは、戸籍・身元調査関連)、「退園、身柄引き取り文書」、「始末書」、「診断書」、「死亡診断書」、「埋葬許可証」など、多種多様な記録が含まれ、数枚の文書のみの入園者から、50枚以上の文書がつづられている入園者まで多様である。

　中でも入園者の個人記録として重要な文書は、「要救護者調書」と「入園者身分概要」である。「要救護者調書」は、入園者の入園出願にあたっての調査内容を、詳細に記述した調書であり、「入園の出願があれば、東京又は横浜市の内外は勿論、他地方の場合にも大概は係員が速かに出張して懇切詳細に実地調査を行」[2]った内容が、記述されている。それ以外にも、新入園から2～3週間生活する新入園寮(男が清風寮、女が常盤寮)が開園当初からあり、そこで心身の安定を図り、園内生活に慣れるまでの居住場所となっていたが、新入寮での調査、観察結果なども、「要救護者調書」には加味されていたようである。

　その書式には(資料参照、Ⅱ部末尾の通り)、氏名、生年月日、年齢、出生地、本籍地、震災当時の住所、現住所、戸主との続柄、宗教、家族状況、身心の状態、収入、仕事、教育程度、趣味・嗜好、震災による罹災状況とその後の経過、生立ち、保護依頼者など、相当詳細な調査項目が記載されており、入園者のフェースシートであり、初期段階のアセスメント内容になっている。特に生立ち、入園に至る背景や経過、震災被害や避難後の経過などが詳しく記述されており、生活史

調査になっているケースが少なくない。

　一方、「入園者身分概要」は、入園者の日常の生活上の世話、保護を直接に行う「寮母」（この用語は、浴風園が最初である）が、担当する寮（家庭寮の場合は、1寮母24人、集団寮の場合には、1寮母40人の担当となっていた）の入園者の基礎情報の文書であり、入園者のフェースシートとして使ったものと考えられる。

　その書式には、氏名、性別、生年月日、年齢、戸主との続柄、本籍地、入園前住所、家族親族の状況、経歴、宗教、教育、健康状態、労務能力、性情・習癖、趣味・嗜好、入園時の所持金品などにわたっての項目があり、「要救護者調書」の内容の転記、要約が中心である。本稿で課題とするのが、この「入園者身分概要」の一連の書式である「保護経過」の内容の検討であるが、この「保護経過」の記述担当者は寮母であり、担当する寮の受け持ち入園者の日々の保護処遇記録が、この「保護経過」なのである。その内容は、本書「翻刻版」に掲載されている事例の通りである。

　「入園者身分概要」は、「要救護者調書」とは異なり、浴風園開設当初から使われていた書式ではない。『昭和4年度　浴風会事業報告』で初めて登場する「寮母執務要綱（摘録）」の「第4綱　事務及連絡」の項に常備簿冊の一つとして指定された「入園者身分概要」であり、昭和4年頃から企図されていたことが窺われる。しかし昭和4、5年の個人記録では、書式の存在の形跡はなく、収録した個人記録を精査すると、昭和7～8年になって使われ始めた模様である[3]。昭和4年に小澤一が保護課長として赴任し、保護処遇体制を整え、その年から「保護経過」などの帳票化を企図していたものの、現実には寮母の育成が進み、十分な保護処遇体制が出来上がる時期まで、待たなければならなかったのではないかと考えられる。

3．浴風園の保護処遇体制と寮母の教育、記録の位置づけ
（1）浴風園の保護処遇体制

　これまでに述べてきた通り、浴風園が現在地で入園者（浴風園では、当初から表記が「入園者」であり、「収容者」表記はほとんど見られない）の本格的な受け入れと保護を開始するのは、昭和2年2月以降であった。当初は、委託保護をしていた玉泉寺養老院や東京老人ホーム（当時は杉並老人ホームの記載もある）から「委託収容者」を引きとり、保護を開始した。昭和2年の新規入園者は278名に上り、昭和3年は222名で、開設2～3年間は新規受け入れと保護体制を整えるために、手一杯であったと考えられる。そのためか、『入園者概況』などの刊行はあったが、『事業報告』などはなく、昭和2～3年の組織体制、保護処遇の方針

などは、明らかになっていない。

　戦前期の浴風園の保護処遇体制が詳しく紹介されるのが、『浴風会十周年記念誌』（昭和10年刊）であるが、その基本的な形や保護処遇方針が、文字として明記されているのが、『昭和４年度　浴風会事業報告』であり、昭和４年頃には、戦前期の保護処遇体制の原型が形づくられていたということを示している。

　『昭和４年度　浴風会事業報告』には、処遇方針として「在園者の心身状態に応じて適度の労務と療養を授け、又精神的慰安と安楽を与えることが最も緊要である」（その後明確にされる「個別処遇」は、この処遇方針の中にはまだ登場していない）ことを強調していた。その処遇体制として、「寮舎及病室の組織」では「小舎（家庭寮）制度」を主として、健康な入園者の家庭寮（１寮24人、１寮母）、集団寮（１寮40人、１寮母）、夫婦寮と病人の病室を設け、予め健康者と虚弱者、病者の区分を行い入園者の分類配置の方針を示している。また「小舎」とはいえ、24人、40人の単位での共同生活であるところから、寮生活に慣れるまでの２～３週間の間生活する「新入寮」を設け、そこでの観察をもとに初期のアセスメントを適切に行い、新入園者に適合した寮舎への配置の工夫を行っている。

　保護処遇を行う「寮母」の教育訓練に併せて、保護処遇の標準を示した「寮母執務要綱（摘録）」を定め、寮母の業務内容と業務運営の指針を示している。その中で、「事務及連絡」の項で、「常備簿冊」として「日誌、入園者身分概要、要保護者調書等」を挙げ、「連絡」の課題として、「在園者の処遇、寮内管理に関し、実務の標準を高むる為、隔週１回の座談会を開き、協議研究」すべきことを示している。あるいは、「館寮世話掛ノ掟」「入園者心得」「寮内ノ火ノ用心」「在園者外出ニツキテノ定」などを規定し、「在園者処遇の方法」を示している。

　このように相当にまとまった保護処遇体制を定めているが、開設後わずか２～３年で、こうした保護処遇組織、体制を整えた浴風園の力量には目を見張るものがある。この『昭和４年度　浴風会事業報告』の「第２節　保護状況（処遇の組織、処遇方法などを含む）」を中心となってまとめたと考えられる小澤一が、浴風園に赴任したのがこの昭和４年２月であるが、小澤一は内務省嘱託でありながら、大正14年３月には浴風会嘱託となっている。浴風会の事業については、創設当初から内務省に在籍しながら一定の役割を負っていたと考えられ、赴任と同時に保護処遇体制を整えていくことができたのは、大正14年から昭和４年の間の準備期間があったことと無関係ではなかったのであろう。小澤は、「私も本園の設計等の御相談に預ったのであるが」[4]と開設準備段階からの関与があったことを語っていることでも、そのことを裏付けている。

（2）寮母の教育、訓練と記録の重視

「日誌」は、『浴風会事業報告』でも、寮内での生活状態を紹介する具体的記録として活用され、4年度、5年度の『事業報告』などには、多数の日誌記述が引用されている。また、昭和7年に設立された、全国養老事業協会の事務局を引き受けた浴風会では、翌昭和8年9月に創刊した雑誌『養老事業』に、寮母日誌を掲載し、以後毎号のように「寮母日誌」の頁を設けている。小澤の論文にも、この「寮母日誌」が引用され、生活実態、処遇実践の具体的記録として、多様に活用している。それだけ小澤が、日誌を重視していたことを示している。日誌など、施設内での記録について小澤は、「この事業内容は直接の体験に依らねば之を把握し、充分理解することが出来ないのであって日々の事業と生活現象を如実に記録していくことが大切である」[5]と、記録の重要性を強調し、『救護事業指針』[6]の中で、一層明確に示している。

小澤は、『救護事業指針』の中で、「居宅救護」の「事件記録」（筆者・ケース記録のこと）として、家族の一般状況、居住状況、家計などの「社会調査」の記録と家庭訪問、家族への社会的処置などの経過を記述する「社会的処置の経過」の二つの記録の必要を述べ、「院内救護」においても、その二つの記録の重要性を指摘している。その内容は、浴風園で用いている「要救護者調書」のものとほぼ同様であり、「処置の経過」については、本論で検討する「保護経過」に当たるものである。記録の代表として日誌を取上げ、次のように施設運営、入園者処遇、研究にとって記録が重要だということを強調している。

「院の管理を善く行ふ為には仕事の各部に於て日誌を成るべく詳細に記す必要がある。日誌簿には日々の出来事を漏れなく記載し、且つ研究的な態度で仕事の観察・感想等をも記録すべきである。第一に保護日誌が必要であって在院者個々についての出来事、寮舎内の生活状態、在院者と外部との通信、来訪、外出等を記す。患者日誌には発病日時、診察日時、病症等を記入する。　（中略）

日誌帳を毎日記入すれば重要な観察並に研究資料となり、何等か問題の起った時貴重な参考資料となる。肝要なのは規則正しく毎日記入し、且つ形式的な無味乾燥な記録に了らないやうにすることである。」[7]

併せて入園者への直接の保護・指導の中心を担う寮母の教育・訓練についても、心を砕いていた。「寮母執務要綱」の連絡の項でもふれたが、寮母の座談会や保護課事務打合会は、寮母の教育訓練に大きな役割を担ったようである。『昭和4年度　浴風園事業報告』では、「（保護課）事務打合会は、毎週開かれ、保護課長出席の下に、各係員、看護長、寮母全部及看護婦等参集し、在園者の保護処遇、寮内管理等に関する諸事項について協議を重ね、課長の指示、講話等がなされ、実

務の改善発達に勤める。尚ほ寮母の自発的研究と懇談との為に、東西各部に於て2週間毎に1回の寮母座談会を開き、寮内の出来事、在園者の取扱等に関する談話と意見の交換をなし、その結果を取纏めて事務打合会に報告し、協議の資料とする」としている。

　例えば昭和4年10月の寮母座談会では、「方面委員等に対する寮母よりの希望」（浴風園を安楽な場所などと説明して入園させないでほしいなどの要望）、「慰安について」（催し、金銭による慰安、おやつの回数を増やす事など）、「在園者配置換へ」（部屋替え）などについて協議している[8]。あるいは、年代がやや先になるが、昭和12～3年頃の協議題として、「在園者の精神的指導の問題、寮内作業の問題、寮内世話係の諸問題、小遣銭支給、老人の転寮、飲酒の取締、寮母自身の向上及び自重の問題」[9]などを取上げ、協議している。幅広い保護処遇課題を話し合っていたことがわかる。

　このような寮母を含む打合せ、懇談、協議は、「検討し合った諸問題に就いては、保護課長さん始め、事務の先生方が、充分御考慮下され御指導下さった上」[10]で、現実的な対応が行われるところから、「寮母相互の向上を計り、且つまた研究的に実際問題を検討し合ひ、斯くて一層深く仕事の意義を再認識し（中略）寮母の仕事の充実を図る重要な一機関」[11]と寮母自身も評価している。保護課長・小澤一等の指導、スーパーヴィジョンが行われていたことが窺われるところである。

　小澤の赴任を契機に、昭和4年頃から明確に組織化されてきた、浴風園の保護処遇体制の整備、そして記録についての重要な位置づけ、あるいは会議、懇談などを通しての保護処遇業務の組織的取り組みと寮母の教育訓練、このような一連の準備を通して、「個別処遇」・ケースワークの実践的試みが行えるようになったのではないか。その一つの形として、「入園者身分概要」の1書式・「保護経過」の記録にたどり着いたのではないかと考えられるのである。

4．「入園者身分概要」の「保護経過」の内容と特徴
（1）「保護経過」が記録されるまでの経過

　浴風園における保護処遇関係の記録書式は、主には「要救護者調書」と初期には「収容者台帳」（昭和4年頃以降「入園者身分帳」）、「入園者身分概要」があるが、「要救護者調書」は先にもふれたように入園に当たっての「調査書」であり、「収容者台帳」（入園者身分帳）は、それをもとにした「入園者管理簿」の役割を果たしていた。「要救護者調書」、「収容者台帳」は開設当初から用いられていたが、時代と共に書式や記載内容が変化していき、概ね昭和4年頃に形式が整い、昭和6～7年頃に定式化（活版印刷）されている。一方、入園者への直接の保護処遇関連

記録は、各『事業報告』の記載内容から「日誌」類であったと考えられる。

　今ひとつ、保護処遇関連の記録として所在が確認されているのが、「入園者身分概要」と、その一部の書式としての「保護経過」である。これは、寮担当の寮母が常時携帯し、「保護経過」には、入園者の状態や指導事項などを日々記録するものである。『昭和4年度　浴風会事業報告』の「寮母執務要綱」では、常備簿冊の一つとして「入園者身分概要」が挙げられているが、入園者個人記録を収録し、綴られている書式を確認すると、「入園者身分概要」は、昭和7〜8年頃の入園者の記録からしか見出されていない。昭和7〜8年頃の入園者に確認できる「入園者身分概要」の書式は手書き謄写印刷で、まだ準備段階、試作段階にあったことを示している。書式が定式化され、活版印刷で一般的に使われるようになるのが、昭和9〜10年頃の入園者からである。当初、入園者処遇の重要な1書式として考えられていたものの、先に述べた保護処遇体制の整備の手順から、昭和4〜5年頃からの実施ではなく、数年先に延ばされたもののようである。

　特に「入園者身分概要」に伴う「保護経過」への日々記録記載は、「入園者身分概要」の採用からさらに1〜2年遅れている。個人記録の諸書類を年代別に精査していくと、この「保護経過」が記載されているケースは、収録した約2000ケースの約3割に当たる573ケースである。入園年別には、ほぼどの入園年でも記載されているが、退園年で見ると、昭和10年以前には殆んどないことが確認できる。「保護経過」記載が昭和9年にもあるが、このケースを精査すると、昭和9年の記載記事が、昭和10年の記事と同一筆跡、同一インクであり、その内容も事務の記録からの転記のもの、入園日、転寮日などの後日の記載、あるいは「○○寮母ノ日誌ニヨリ知レリ」など、他の記録からの後日の転載などで、「保護経過」が昭和10年頃から実施されたことを確認させる。

　このように、「保護経過」は、昭和10年頃から各寮担当寮母（一部、病室入院などの場合には、病状、処置、終末の記録は、看護婦が行っている）が記述を始めたが、昭和16〜17年頃をピークにその後減少し、19、20年頃にはあまり見られなくなっていく。

（2）「保護経過」の内容と特徴

　これまでにも述べたが、「入園者身分概要」は、寮母が担当する入園者のフェースシートと日常生活記録の書式（「保護経過」）を備えたものである。「保護経過」には、入園者の日々の生活状態や保護・処遇の状況が、寮母によって記述されている。記述内容や記述量は、入園者、寮母によって相当にまちまちで、記述量だけを見れば、最も短い入園者で「入園日」「訪問者」「退園」または「死亡通知」など

3～5日程度から、最も長いものでは93日にも及ぶケースもある。ある一人の入園者の「保護経過」も、寮の移転などがあり、移動した寮の担当寮母が記述することになるので、何人もの寮母の手になり、筆跡、対応状況も違っていたりしている。

　記録を記述したのは寮母であるが、担当の寮にいる入園者が対象であるので、家庭寮では1寮母24人の入園者、集団寮では1寮母40人の入園者の日々の生活状態を記録することになる。記録は寮母の日常の「老人の話相手、来訪者の応対、作業の世話、病人の世話・医局への付添い、寮日誌、保護処遇簿の記入」[12]、時に外出の付き添いなどの保護処遇を行いながらの日々記録であることを考えると、たとえ住込みであったとはいえ、大変な業務の中での記録であったことがわかるであろう。これらの状況を考えると、寮母の教育・訓練に果たした懇談会や保護課打合せ会などの役割は大きかったが、寮母の資質も見逃すことはできない。

　浴風園には、現在も戦前1時期の人事記録が残されており、そこからわかったことは、当時の寮母が、基本的に高等女学校卒業程度の学力のある女性を採用しており、昭和7～8年頃から昭和20年までの寮母の約7割が、高等女学校卒業であり、約2割が看護学校卒業の女性であった。当時はまだ、「寮母」職や「介護」職などの専門資格のない時代であり、その時代に「高等女学校卒業」約7割は、寮母の資質を示す一つのデータといえよう。

　これは国吉氏（仮名、入園当時83歳 男性）の「保護経過」記録の一部である。
昭和8年11月30日　入園　清風寮に入る
（この間の記録なし）
昭和10年4月27日　静和寮へ転入（西館下より）
（以下、昭和年月日を省略）
10.5.8　　　日比谷公園への遠足に参加
10.6.4　　　本人入園前の質物整理のため明朝医局の御許可あれば寮母付き添いの上、向島区〇〇町西×星野直助方に外出させて頂く事に決定この度大金の入手と共に是非補聴器を求め度ひ希望である。
　　　　　　高齢者を1人で外出させる事の危険を慮かるこちらの心労等は全く意には無く明日の向島への外出の帰途には補聴器の事で日本橋にまわり度ひとの話、保護課の御方の前と寮母の前とでは態度から言ひ方から、又言はむとする考えまでがらりと変って了ふ癖を持って居る様に思はれる故途中の事が不安である。
10.6.5　　　昨日許可になった向島への外出の帰途、補聴器の事で日本橋にまはる

願ひも本人の希望切なるがため許可となり、そのために保管金40円の中を金10円也丈引き下げて頂ひた。

　出発の折赤司主任より途中の事をねんごろに御諭し頂きしが結局、最初より帰園まで付き添ひ行きし寮母の言葉は殆ど用ひられず強情と言はんか我がままと言はんか利己と言はんか、他の事等余り眼中に無ひ様なその勝手なふる舞ひには最早寮母は抗がう勇気もなく、ただ帰園のかなう様にとその心労に疲れた次第である。

10.6.11　処遇困難をしみじみ感ずるため要注意者一覧に挙げて御願ひいたし置く。

11.5.21　午後9時、突然看護室の窓を開て「お前のような女房を持っている事は考えて見たが因果だから殺してやる」と言ひ出して所持せる剃刀を取出し、洋杖を振上げたり。やっと静めて就床させるも又排尿時に起上り明朝離縁状をやるから嫁にでも奉公にでも勝手に行く様にするがいいと看護婦の方に文句を言ひ初め何やら書き初めたるもそのままに眠れり。

11.5.22　朝、昨夜の事は寝呆ての行動かと思ひて尋ねたるも、相変らず離縁状の事を口になす。紙の良いのを欲しいと申すにより与えるに離縁状を書く。他の事には異状を認ず。

11.5.23　夜半「杖を出せ」言ひ、明朝にしませうとなだめる看護婦に対し「殺す」とて拳固を振り上げ追い駆けたり。

11.6.17　午前7時40分頃病室に居たが何時もの通り礼拝堂へ参詣に行ったものと思って怪しまなかったが8時過ぎても帰らないので園内を探したが見当らないし小さい置時計を持って出た様だから事務から自転車で志甫質店、京王電車停留所、時計屋を尋ねたが来て居らないので、大和屋魚店へ行くと先程立寄ったと言ひ新川屋では蓋物に生姜を入れたのを帰りに立寄るからとて預けて行ってあったので9時40分、牛山看護婦に大和屋に待って居って連れて帰ることとし、無事帰園した。

11.8.26　葵寮へ移ってからでも日に何度となく所持品を出したり入れたりする、それも整理するといった気持ではなく折角世話係がきれいに畳んで呉れたものでも又揉みくちゃにして所かまわず押し込むといった遣り方である。寮に落ちついて居ること少く一日の大部分を病室に行ったり女子部の方へ行ったり庭を歩いたり出たり入ったりして居る。

　このように日々の生活状態が記述され、入園者の状態や行動特徴を観察して、次の保護処遇につなげている。この入園者への保護処遇方針は明確ではないが、

相当に困難な状況でありながら、否定ではなく、まず受容することから始めている。まず受け止めながら次の保護を考えているのである。

また、この記述でも明らかなように、国吉氏は認知症状が現れている入園者である。既に戦前期の養老院でも認知症の高齢者は相当に入園しており、本書「翻刻版」に掲載されている「保護経過」事例を見ても約2割の入園者に、認知症状と考えられる記述が見られるのである[13]。

「保護経過」が記述されている事例について、その内容をキーワードで記述頻度を見てみると、寮母や寮内での人間関係や疾病とその処置、入院、終末の状態と世話など、人間関係や医療の関係が最も多く、次に多かったのが保護処遇として重視していた労務に関する寮内の仕事、世話係についてであった。次が、来訪者記録、次いで入園者の行動特徴、異常行動などで、認知症状による特異行動なども含まれている。次に金銭小遣銭など、身体状態（老衰状態や失禁に関する記述も含む）、そして外出・外泊、遠足や行事、入園者の性格などの記述が、半数近い入園者の記録に登場していた。家族や趣味などの記述はあまり多くはなかった。

「保護経過」にこのような入園者の生活、行動、状態が描かれることによって、当時の養老院入園老人が、どのような考えや生活意識を持ち、生活行動とその特徴を示し、どのような人間関係をつくり、施設内の生活を楽しみ、耐えていたのか、それに施設はどのように対応していたのか、浮き出てくる。あわせて入園者の個々人の行動、性格、生活状態や態度、身体的特徴や変化を観察し、寮内の人間関係の調整に努め、入園者の状態や性格に応じた役割を考え、勧誘、説得で役割を持たせ、寮内生活、園内生活での自立や活性を維持する寮母の姿が描き出される。先に挙げた国吉氏のような約束、規律を守ろうとしない入園者には、「事務の方」の応援を得た説得、説諭などの指導的言辞も記述されており、寮内のとりまとめ、入園者管理の苦労がよく示されている。

「殊に、養老事業は、精神的のお仕事であって、単に老人を保護し監督するだけのものではなく、また表面に現れた問題ばかりを処理する事でもなく、老人と朝夕起居を共にしながら、境遇を異にする老先きの短かい人達の一人一人に就いてその精神的向上を計りながら少しでもよい生活を日々深め合う様に導いて行くのが根本の目的」[14]と考えて保護処遇していたことが、「保護経過」の文面からも読み取れるのである。

5．まとめ ―「保護経過」の意義―

浴風園における「保護経過」記録は、「個別処遇」を目指した保護処遇実現の、

一つの貴重な実践であった。入園後の生活状態の記録によって、園内、寮内の生活実態—寮内の生活、寮内での老人の人間関係の諸相、老人同士のいさかい、その間に立って調整する寮母、世話人の仕事ぶり、認知症状に困惑する同居老人たちとその助け合いの姿、病気や終末の世話などを生き生きと語ると共に、入園者の生きてきた証を最期の時まで記録して残している。

「保護経過」は、それだけでなく記録することによって、「寮母」が入園者の状態像の変化を理解し、入園者の心身の状態、生活・行動特徴を把握し、人間関係、生活態度などの観察眼を育て、保護処遇方法の糸口を見出し、保護処遇の検討の大切な手掛かりとして活用している。

「ケースワークの基本となる在園者の生活記録の整理は施設として一番大切な仕事である」[15]と位置づけていたように、「保護経過」だけでなく、未発見の「寮母日誌」なども活用しながら、寮母座談会や保護課事務打合せ会での懇談、協議の場での指導、調整、相談も力にして、新入園者の生活適応援助や保護処遇方法の工夫、処遇困難ケースへの対応など、「個別処遇」を展開する大切なツールとして用いていたと考えられる。

確かに、入園者一人ひとりの保護処遇方針を明確にしつつ、その方針に基づいての処遇に取り組み、その方針に従っての記録、検証にまでは至っていないが、日常の生活状態の詳細な記録があり、その記録を参考にしながら日常の保護処遇を工夫し、取り組んだことは明らかである。小澤一を中心として浴風園においてケースワークの実践を試みたと考えられる取り組みの重要な「記録」であり、明らかに「ケース記録」の端緒である。

「保護経過」のような、入園者個々の日々記録は、戦前期の他の養老院では見当たらない。まだ一般にはケースワークが普及していない戦前期におけるケースワーク実践の段階から見ても、他の養老院で類似の記録が見出せていないのは、当然と考えられるところである。このような状況を踏まえれば、浴風園でのケースワークの取り組みを含む一連の保護処遇の実践から、「保護経過」記録は、わが国養老院・高齢者施設での初めての「ケース記録」と評価できるであろう。

【注】

(1) 戦前期の養老院の記録としては、神戸養老院、大阪養老院、報恩積善会、京都養老院、岩国養育院などの事務（業務）日誌や大阪養老院、岩手養老院、報恩積善会、秋田上宮会養老院、別府養老院などの収容者台帳、退院者名簿などが発掘されているが、浴風園の個人記録のような個人ごとの生活経過記録は発見されていない。

(2) 浴風会（1930）『昭和4年度　浴風会事業報告』,21.

(3) 収録した1400ケースの個人記録の内容を年代別に精査すると、「入園者身分概要」が登場してくるのは昭和7～8年で、この頃の「入園者身分概要」の書式は手書き謄写印刷で、書式が確定し、活版印刷になるのが、昭和9～10年頃である。(1400ケースは2013年秋頃までに収録したもの。その後2014年末までに収録したものを加えると、現在は2008ケースになっている。)
(4) 小澤一 (1934)「実験上から見た養老事業の根本問題」『養老事業』(2),5.
(5) 小澤一 (1937)「養老事業の実践と研究」『養老事業』(11),21.
(6) 小澤一 (1934)『救護事業指針』厳松堂書店.
(7) 同上,208.
(8) 浴風会 (1930)『昭和4年度 浴風会事業報告』,53-54.
(9) 北村彫子 (1939)「寮母を志す人々へ—寮母読本 (2)」『養老事業』(15),58.
(10) 同上,59.
(11) 同上,57.
(12) 芦澤威夫 (2005)「昔ばなし—浴風会の40余年—」『浴風会80年の歩み』,135.
(13) 入園者の行動特徴が、明らかに認知症状と考えられる「保護経過」の記述を、あげてみよう。

当時76歳　女性の場合
　「昭和15年6月30日　老耄して失禁勝で大便出ても一向に解らず同僚たちに注意されるもしまつが出来ずにへらへらと笑って居るのみ」「昭和15年8月12日　老耄が日増に加りて自他の区別がつかず自らの物も人に取られはしないかといった疑心もあり又品物をしまい忘れなどして朝早くより一同の起き間より押入れに首を入れてゐたり一日中何回となく荷物を出したり入れたり繰返すのである」

当時82歳　男性の場合
　「昭和15年7月6日　この2ヶ月以来老衰はげしく夜も他の老人の寝床と間違ひては騒ぎとなって居ったが防空演習の今夜も夜中間違ひ通し夜昼の区別なく便所を間違ひ寮一同殆んど寝られぬので本日四病に入院となる」

　このような記述が、「保護経過」には見えている。昭和15年9月に開催された、全国養老事業協会の第2回「養老事業実務者講習会」で、「老耄者の取扱に就て」という講座が設けられている事情には、このような実態が反映しているものと考えられる。
(14) 北村彫子 (1939) 前掲,56.
(15) 芦澤威夫 (2005) 前掲,131.

第Ⅱ部

「個人記録」110人の記録

第1章 「翻刻」の出版にあたって
（「凡例」を含む）

1．本書について

　本書『浴風園ケース記録集』は、浴風会に残されている戦前期の入園者約2,600人分の一部、110人の個人記録を翻刻して紹介するものである。個人記録は退園年別に簿冊に綴られており、その内容は「要救護者調書」「収容者台帳」「入園者身分帳」「入園者身分概要」行政との交換文書、死亡診断書など多種多様である。本書はこれら個人記録の内、浴風園での処遇、生活状態を伝える諸記録を中心に紹介するものである。（重要文書例については「第Ⅲ部資料」に掲載）

2．「翻刻」について

　個人記録の内、「要救護者調書」「入園者身分概要（の内、「保護経過」を最も重視）」を中心にして「翻刻」した。復刻ではなく、「翻刻」としているのは、原文は縦書きであるが、すべて横書きとして読みやすくしたこと、上記文書（「調書」「身分概要」）の大部分を「読み起し」ているが、一部削除した項目があること、一部の文書については原文がそのままでは読み下し困難と考えられる筆記状態であるため、「原文に忠実に」を原則に「読み起し」ているが、判読困難な箇所や不鮮明な個所については、□□としていること、また旧漢字は常用漢字にしていること、記録の性格から、個人が特定できない配慮の必要があり、個人名などは仮名にし、住所は自治体名までしか表記していないなど、全てについて原文通りとはなっていないことなどの理由からである。

3．「翻刻」の内容について

○本「翻刻版」では、個人記録文書のうち最も重要な文書と考えられる「要救護者調書」及び「入園者身分概要」を中心に、行政等との交換文書、病院送致文書など重要と考えられる文書についても「翻刻」した。「要救護者調書」「入園者身分概要」のほぼ全ての項目を、写真撮影オリジナル版の順番に添って「翻刻」した。

○大正14年～昭和2、3年の入園者については、手書き・謄写印刷の「要救護者調書」「収容者台帳」が使用されていたが、記載事項が詳細ではなかったの

で、「来歴書」「遺留金品文書」などによって補充したケース、及びそれでも「収容者台帳」などの項目の記載が少ない場合は、「要救護者調書」に一括記載したケースがある。

○「要救護者調書」と「入園者身分概要」には項目の重複があるが、そのまま「翻刻」した。但し、「調書」の内、入園直前の住居の間数、本人の足のサイズなどの記述、「その他」事項などについては繁雑になるため削除している。

○入退園年月日については、大正14年〜昭和2、3年頃については、「収容者台帳」「死亡診断書」「遺留金品文書」などから該当事項を転記し、「入園者身分帳」（入園者の基本事項の記載書式、本「翻刻版」には掲載していない）が定式化される昭和4〜5年頃以降は、「入園者身分帳」から転記した。「入園者身分帳」に記載されていない場合には、「保護経過」「死亡診断書」などの記述から、日付を転記した。

○大正14〜昭和2、3年頃の入園者についての「収容者台帳（旧）」には「性情」「人相」などの項目が含まれている。当時の入園者の評価の視点が見える事項として、「収容者台帳」の下記項目に転載しているケースがある。

　　　（「翻刻」版「収容者台帳」　　←　　「収容者台帳（旧）」）
　　　「個性」　　　　　　　　　　　←　　　　「性情」
　　　「性格」　　　　　　　　　　　←　　　　「性質」
　　　（上記の項目の次に）　　　　　←　　　　「人相」

○「要救護者調書」「入園者身分概要」の項目の中で、記述されていない項目については、（記載なし）とした。

○写真撮影オリジナル版には明らかに記載されてはいるが、不鮮明なため読み切れない項目については（不鮮明なため読み起せず）などの注記を付していることがある。

○行政との交換文書、家族への通知、病院送致文書等の文書類については、重要と判断される文書を「翻刻」し、同一事項に関する文書ごとにまとめ、発受信日付順に配列している。なお、浴風会起案、発文書については、起案者、確認者の表記があったが、文書内容を重視して、発信日、宛先、代表者（発信者）、本文以外は割愛した文書が多い。

4．表記について

○「原資料（「要救護者調書」「入園者身分概要」、行政との交換文書等）の内容」（以下「原文」という。）の表記に当たっては、原文縦書きを横書きとする。原文で漢字の場合には漢字で、片仮名の場合には片仮名で、平仮名の場合には平

仮名で表記した。「保護経過」（日々記録）の記述には、片仮名と平仮名が日によって混じっている場合があるが、原文通りとした。
○原文の文章には、多くの場合句読点が付されていないため、読みにくい場合があることから、明らかに句読点が付せられると考えられる箇所については、1字空けて表記していることがある。但し、2, 3年、3, 4ヵ月などの表記が、23年、34ヶ月などとなっていることがあったが、その場合には判読が困難になるので、2、3年、3、4ヵ月などと句点を入れている。
○個人を特定されない配慮から
　① 入園者個人については仮名とした。
　② 入園者と関係のある家族、親族、友人知人についても仮名とした。
　③ 住所、勤先事業所（商店、会社など）についても、個人の特定につながると判断した場合には住所については下記の通りとし、事業所名などは仮名とした。住所は、都道府県郡市区などまでを実名で表記し、以下については町村を○○、町村名に続く地名を△とし、丁目、番地の数字を×で表記している。

　　但し、浴風会の職員、従事していた医師などについては実名で表記している。浴風園周辺の入園者が利用していた商店、交通機関・駅名などは、実名で表記している。公的機関、社会事業施設、病院、寺院・教会など、一般に認知されている機関、施設については実名とし住所も原文記載通りとした。
○漢字表記は、下例のとおり旧漢字を常用漢字で表記した。
　　縣　→　県
　　續　→　続
　　國　→　国
○文体表記で、言ふ、逢ひたい、探しまはる、などの旧仮名遣いについては、原文の通りの表記とした。平仮名表記についても、ゐ、ゑ、などは、原文の通りの表記とした。人名の場合のくづし字（変体仮名）については、ひらがな表記に直している。
○原文中、明らかな誤記（字）、当て字については、（ママ）表記とした。
　　例：（合いて（ママ）　→　相手）
　　　　（肉身（ママ）　→　肉親）
○日付、生年月日、文中の漢数字については、算用数字とした。
○「保護経過」などの記録の日付記載についても原文のままである。
　　通常は年月日の記載であるが、月日のみの記載や月のみの記載などは、そ

のまま月日のみ、月のみの記載としている。
○文書中、不鮮明のため読み起し不能の文字や判読不能の文章、文字は、□□□（1文字1□）で表記した。
○レプラ、癩、盲（めくら）など、今日では使用しない差別的用語については、事例ごとに慎重に判断しつつ、基本的には当時の歴史的状況を反映する用語として、原文のままの表記とした。なお、「保護経過」（日々記録）の中で、現在では差別的印象を与えるような記述が含まれるケースもあるが、関係機関と協議した上で、当時の認識、意識状況を反映した表記として、原文のまま記載している。
○原文に記載はないが、編集上の理由及び文書理解の必要から編集側で付記した文章、語句については（　　　）（「編集担当」）などと表示している。

第Ⅱ部 「個人記録」110人の記録

読み起しケース数一覧

(2014・12 現在)

年次	浴風園入園者総数 入園者数		入園年別 個人記録収録数	内読み起しケース数	退園年別 個人記録収録数	内読み起しケース数
大正14	85	2.9	46	10	15	6
大正15	69	2.4	20	3	23	6
昭和 2	278	9.7	274	6	47	3
3	222	7.7	223	9	155	3
4	157	5.5	149	7	59	4
5	117	4.1	108	2	103	4
6	117	4.1	112	3	94	2
7	96	3.3	91	5	101	3
8	105	3.6	79	5	88	4
9	95	3.3	81	7	116	4
10	101	3.5	85	7	61	3
11	94	3.3	66	5	79	4
12	70	2.4	57	7	92	3
13	115	4.0	72	10	82	3
14	110	3.8	60	6	54	4
15	109	3.8	72	1	76	16
16	108	3.7	73	4	119	5
17	138	4.8	79	1	194	20
18	259	9.0	96	6	132	4
19	159	5.5	37	2	82	3
20	250	8.7	77	4	122	6
21			3		7	
不明			48		107	
合　計	2,854	100.0	2,008	110	2,008	110

第2章 個人記録の「翻刻」

第Ⅱ部 「個人記録」110人の記録

１１０ケース一覧の名簿（目次）

ケース番号	氏名（仮名）	要救護者調書	収容者台帳	身分概要	文書添付	ケース番号	氏名（仮名）	要救護者調書	収容者台帳	身分概要	文書添付
3	佐々木 兼三	○	○		○	690	仁平 熊十郎	○			
6	橋本 栄三	○	○		○	691	尾野 雅嘉	○			
7	本田 常吉	○	○		○	707	下村 たえ	○			
8	杉田 ハナ	○	○		○	721	岡野 伸秀	○			○
10	高山 久吉	○	○		○	827	斉藤 草次	○			○
12	岩本 ナツ	○	○		○	830	橋本 民治	○		○	
16	山本 永一郎	○			○	831	星島 重郎	○			○
19	田辺 カネ	○	○			836	飯塚 国次	○			
21	岡田 恒次郎	○			○	874	長山 かめ	○			
28	泉水 伊与吉	○			○	886	中澤 ふき	○			
33	大澤 為吉	○			○	952	北川 道一	○			
40	村沢 ふみ	○	○		○	969	谷津 たま	○		○	
42	加島 サダ	○	○			988	川田 松次郎	○		○	
48	矢部 ギン	○			○	989	山田 まさ	○		○	
53	藤田 竹男	○			○	1007	大井 善吉	○		○	○
163	小原 勝	○			○	1119	国吉 嘉一	○		○	○
167	岡田 美津	○			○	1132	本田 留吉	○			
188	中田 三郎	○			○	1145	石川 末蔵	○			
224	関本 清次	○				1241	小津谷 みつ	○		○	
273	隈部 トミ	○			○	1251	羽田 亀吉	○		○	
291	山崎 とみ	○				1253	中田 みえ	○			
300	大野 市藏	○	○			1261	後藤 志の	○		○	
368	北村 しほ	○	○		○	1311	戸山 彌吉	○		○	○
376	藤田 さよ	○			○	1315	鈴木 イチ	○			
393	藤木 太助	○	○			1345	吉田 彦太郎	○			
469	戸部 喜助	○				1434	尾辻 孫次	○		○	
498	髙田 茂藏	○				1438	山本 久治	○			
504	山崎 あき	○				1447	桃井 とよ	○		○	○
547	金井 爲夫	○	○			1449	村越 善蔵	○		○	
577	松山 みえ	○				1451	田川 チネ	○		○	
628	岡田 万太郎	○				1461	美作 喜代	○		○	

ケース番号	氏名（仮名）	要救護者調書	収容者台帳	身分概要	文書添付	ケース番号	氏名（仮名）	要救護者調書	収容者台帳	身分概要	文書添付
1462	黒坂　みつ	○		○		1668	瀬戸　さき	○		○	
1464	岩野　たえ	○		○	○	1669	峰岸　フジ	○		○	
1467	四谷　久蔵	○			○	1675	植木　楓	○		○	○
1474	大野　勝二	○		○	○	1679	榎本　スエ	○			
1475	富山　サキ	○		○		1782	大山　キン	○			
1476	岩崎　クメ	○		○	○	1795	百々田　さき	○			
1477	藤沢　次吉	○		○		1798	田中　サエ	○			
1478	戸田　正	○		○	○	1823	橋本　とき	○			
1479	渡辺　さき	○		○		1826	江角　とき	○			
1480	根津　千太	○		○		1834	白川　俊幸	○			
1502	古田　トヨ	○		○		1840	増田　ふみ	○			
1506	遠藤　博太郎	○		○		1909	山下　みき	○			
1510	中山　久兵衛	○		○		2040	渡辺　繁男	○			
1520	津島　楽太郎	○		○	○	2051	大崎　鉄次郎	○		○	
1586	南原　清吉	○		○	○	2075	近江　ワカ	○		○	
1641	老川　一郎	○		○		2252	野本　善吉	○			○
1642	須田　米吉	○		○		2267	梅田　うた	○			○
1651	根本　鶴吉	○		○	○	2456	相原　なみ	○			○
1654	山崎　健次郎	○		○		2457	安藤　弘太郎	○			
1655	金村　とめ	○		○		2604	南　栄治	○			○
1662	国吉　銀次	○		○		2610	古井　クミ	○		○	○
1665	津山　きん	○		○	○	2612	竹田　英二	○		○	○
1666	大野　キミ	○		○		2632	岩田　さと	○			
1667	佐藤　善司	○		○		2636	石本　とら	○			

No.003　佐々木兼三　（男）

入園日	大正14年5月1日
退園日	大正14年5月27日　（死亡　　慢性腎臓炎）

（要救護者調書）

出　　生	嘉永6年4月24日　　当73歳
出　生　地	東京府○○町△△△不詳
本　籍　地	横浜市○○町字△××××番地
震災当時ノ住所	本籍地ニ同シ
現　住　所	横浜市南太田町1947番地　横浜市救護所
戸主又ハ続柄	戸主
宗　　教	日蓮宗
家族ノ状況　並 扶養親族関係	一切ナシ
身心ノ状態不具 廃疾ノ程度　及 疾病ノ有無	老衰ニテ何等生業ヲ営ム能ハス 脳出血ノ為漸ク歩行スルニ過キス 身体ノ状況　　半身不随四肢浮腫
震災当時の職業及 現在ノ作業　収入	水夫 現在　作業不能
教育程度 趣　　味 嗜　　好	（記載なし） （記載なし） 喫煙
震災後ニ於ケル 生活ノ経路　並ニ 現況	家屋家財一切焼失（大正12年9月1日） 　　恩賜金12円拝受 　　其後知人ノ扶助ヲ受ケシカ大正14年1月29日当所ニ収容サル
生立及経歴	壮年時肴屋ヲ為シ其後妻ヲ迎ヘシモ離別シ独身ニテ50歳ノ時ヨリ水夫ヲ為ス
保護依頼者	（記載なし）
その他	（記載なし）
保護経過　（記載なし）	

（収容者台帳）

続　　柄	（記載なし）
性　　別	（記載なし）
氏　　名 生年月日　年齢	佐々木兼三 （記載なし）
本　籍　地	横浜市○○町字△××××番地
入園前住所	震災当時　　本籍地ニ同シ 震災後　　　横浜市南太田町1947番地
家族親族等ノ現況	（記載なし）
経　　歴	（記載なし）

宗　　教	日蓮宗
教　　育	（記載なし）
健康状態	（記載なし）
労務能力	（記載なし）
個　　性	（記載なし）
性　　格	（性質）温順 （人相）身長５尺４寸　　額広　鼻高
習　　癖	煙草ヲ喫ス
趣　　味	（記載なし）
嗜　　好	喫煙
保護経過　（記載なし）	
入園時ノ所持金品	金銭　（記載なし） 品物　　瓦斯黒黄細縞袷一枚 処置顛末　　右入棺ス

《死亡通報》
大正14（1925）年５月27日
横浜市救護所㊞
財団法人浴風會御中
貴会委託収容者中左記ノ者死亡ニ付及御通知候也
１．死亡者　本籍　　横浜市○○町字△××××番地　佐々木兼三　　嘉永６年４月24日
１．死亡年月日其他　　別紙死亡診断書ノ通
１．死体処置　　遺骸ハ火葬シ遺骨ハ当所ニ保管ス
１．死亡届ノ件　　当所ヨリ成規（ママ）ノ通届出ス
１．遺留品　　ナシ
　　　　　但シ着衣ハ入棺ス

《遺骨引取届》
元浴風會収容者　佐々木兼三遺骨
　　　　　　　　　　74歳
右者大正14年11月30日午前11時０分
引渡相成正ニ引取候也
追テ遺骨ハ同人祖先墓地ヘ埋葬可致候
住所　市内○○町字△××××
大正14年11月30日
患者ト続柄　知人　佐藤重藏
財団法人浴風會御中
横浜市長　有吉忠一殿

No.006　橋本栄三　（男）

入園日	大正14年5月1日
退園日	大正14年8月16日　（死亡　　慢性腎臓炎）

（要救護者調書）

出　　生	嘉永5年3月15日　　当74歳
出　生　地	本籍地ニ同シ
本　籍　地	横浜市○○町字△△△××××番地
震災当時ノ住所	本籍地ニ同シ
現　住　所	横浜市南太田町1947地　横浜市救護所
戸主又ハ続柄	戸主
宗　　教	真宗
家族ノ状況　並ニ扶養親族関係	皆無
身心ノ状態不具廃疾ノ程度　及疾病ノ有無	老衰シテ何等作業スル能ハズ 身体ノ状況　　身体弯曲ス
震災当時の職業及現在ノ作業　収入	飴行商ヲ為シタルカ現在作業能力ナシ
教育程度 趣　味 嗜　好	（記載なし） 図画 〈記載なし〉
震災後ニ於ケル生活ノ経路　並ニ現況	大正12年9月1日　家屋全潰シ家具一切破損 其後知人ノ扶助ヲ受シカ大正13年3月15日当所ニ収容セラル
生立及経歴	壮年ノ時玩具商ヲ為シ妻帯セズ全ク独身ニテ生計ヲ営ミ其後飲食店ニ奉公シ近時飴行商ヲ営ミタリ
保護依頼者	（記載なし）
その他	（記載なし）
保護経過　（記載なし）	

（収容者台帳）

続　　柄	戸主
性　　別	男
氏　　名 生年月日　年齢	橋本栄三 （記載なし）
本　籍　地	神奈川県横浜市○○町字△△△××××番地
入園前住所	震災当時　本籍地ニ同シ 震災後　　神奈川県横浜市南太田町1947番地
家族親族等ノ現況	（記載なし）

経　　歴	壮年ノ時玩具商ヲナシ妻帯セスシテ全ク独身生活ヲ続ケ後飲食店ニ奉公シ 最後ニハ飴行商ヲ営ミ居レリ
宗　　教 教　　育 健康状態 労務能力 個　　性 性　　格	真宗 （記載なし） （記載なし） （記載なし） （記載なし） （性質）温順 （人相）身長4尺5寸　髪白毛交　耳並 　　　　口並　目並　額並　鼻並
習　　癖 趣　　味 嗜　　好	ナシ 図画 （記載なし）
保護経過	（記載なし）
入園時ノ所持金品	金銭　　ナシ 品物　　ナシ 処置顛末　着衣ハ入棺ノ上焼却ス

```
通牒
大正15年1月28日
横浜市臨時保護所　㊞
財団法人浴風会御中
収容者在籍調査ノ件
橋本栄三
右ノ者大正14年11月13日貴会へ入園手続致候者ニテ其ノ後調査ノ結果在籍判明稲森寅吉
ノ誤リニ付別紙戸籍謄本写シ及○○村長往復書類添付及送附候間右御了知相成度
```

```
《臨保発第95号》
大正14年12月8日
横浜市臨時保護所長
千葉県長生郡○○村長殿
窮民身元調査ノ件
千葉県長生郡○○村字△△
亡父栄吉　亡母サネ　戸主栄次郎弟　橋本栄三
右者窮民トシテ当所ニ収容救護中ニ有之救護事務上必要ニ候間右者ニ対スル左記事項御取
調何分ノ御回答相煩度候
　　　　　　記
1，亡父栄吉戸主当時ノ除籍謄本
1，橋本栄三横浜市ニ分家当時ノ戸籍謄本
1，兄栄次郎並ニ其ノ他ノ扶養義務者ノ生活状況資産
```

《水乙第752号》
大正14年12月10日
長生郡○○村長

横浜市臨時保護所長殿
窮民身元調査ノ件回答
本月8日附臨保発第95号ヲ以テ標記ノ件ニ関シ調査左記ノ通リ此ノ段回答候也
　　　　　　記
1，亡父栄吉戸主当時ノ除籍謄本別紙ノ通リ
1，栄三ハ分家シタルコトナシ依テ橋本姓ハ誤リナリ
1，兄栄次郎ハ10数年来消息不明ナリ　其ノ他扶養義務者タルベキモノナシ

《死亡通知》
大正14年8月17日
横浜市救護所　　印
財団法人浴風会御中
貴会委託収容者中左記ノ者死亡ニ付及通知候
1，死亡者　本籍横浜市○○町字△△△××××番地
　　橋本栄三
　　　　嘉永5年3月15日生
1，死亡年月日其他別紙死亡診断書ノ通リ
1，死体処置　遺骸ハ火葬シ遺骨ハ當所ニ保管ス
1，死亡届ノ件　当所ヨリ成規ノ通リ届出ス
1，遺留品ナシ
　　　但シ着衣ハ入棺ス

No.007　本田常吉　（男）

入園日	大正 14 年 5 月 1 日
退園日	大正 14 年 8 月 21 日　（　死亡　萎縮腎）

(要救護者調書)

出　　生	嘉永 2 年 7 月 8 日　　当 77 歳
出 生 地	本籍地ニ同シ
本 籍 地	徳島市〇〇町無番地
震災当時ノ住所	横浜市〇〇町×丁目××番地
現 住 所	横浜市南太田町 1947 地　横浜市救護所
戸主又ハ続柄	戸主
宗　　教	真言宗
家族ノ状況　並 扶養親族関係	皆無
身心ノ状態不具 廃疾ノ程度　及 疾病ノ有無	目下老衰シテ何等作業ヲ為ス能ハズ 身体ノ状況　老衰
震災当時の職業及 現在ノ作業　収入	人力車夫ナリシカ 現在作業不能
教育程度 趣　　味 嗜　　好	(記載なし) (記載なし) ナシ
震災後ニ於ケル 生活ノ経路　並ニ 現況	家具衣類焼失（大正 12 年 9 月 1 日） 恩賜金 12 円 50 銭拝受 以後知人ノ扶助ヲ受ケシカ大正 13 年 3 月 19 日当所ニ収容サル
生立及経歴	30 年以前横浜へ単身来リ　人力車夫ヲ営メリ　明治 28 年 5 月頃妻離婚ス
保護依頼者	(記載なし)
その他	備考　大正 14 年 8 月 21 日死亡
保護経過　(記載なし)	

(収容者台帳)

続　柄	戸主
性　別	男
氏　名 生年月日　年齢	本田常吉 (記載なし)
本 籍 地	徳島県徳島市〇〇町無番地
入園前住所	震災当時　神奈川県横浜市〇〇町×丁目××番地 震災後　　神奈川県横浜市南太田町 1947 番地
家族親族等ノ現況	(記載なし)
経　歴	30 年以前横浜ニ単身来人力車夫ヲ営メリ

宗　　　教	真言宗
教　　　育	（記載なし）
健康状態	（記載なし）
労務能力	（記載なし）
個　　　性	（記載なし）
性　　　格	（性質）温順ナルモ頑固ノ癖アリ （人相）身長5尺2寸5分　　髪白色交　耳並　口並 　　　　目並　額並　鼻並
習　　　癖	ナシ
趣　　　味	（記載なし）
嗜　　　好	ナシ
保護経過　（記載なし）	
入園時ノ所持金品	金銭　　　ナシ 品物　　　ナシ 処置顛末　衣類ハ入棺ノ上焼却ス

《徳島市役所宛書簡》

主任　　　　　　　書記赤司小四郎
14年7月1日発送
年月日　　会名
　徳島市役所宛
　拝啓　　別紙客月27日第34号ヲ以テ　貴市○○町本田常吉ニ係ル戸籍謄本送付方御依頼申上候処　本日2日3789号ヲ以テ手数料15銭並郵税3銭送付候様　御申越相成候ニ付手数料ハ為替ヲ以テ送金致スヘキ筈ナルモ　便宜ニテ全部18銭共郵券ニテ御送付申上候ニ付　可然御取計被下度此段重テ御願申上候　以上

《死亡通報》

大正14年8月24日
横浜市救護所
財団法人浴風会御中
貴会委託収容者中左記ノ者死亡ニ付及通知候也
1，死亡者　　　　　　　本籍　徳島県徳島市○○町無番地
　　　　　　　　　　　　本田常吉
　　　　　　　　　　　　嘉永2年7月8日生
1，死亡年月日其他　　　別紙死亡診断書ノ通リ
1，死体処置　　　　　　遺骸ハ火葬シ遺骨ハ当所ニ保管ス
1，死亡届ノ件　　　　　当所ヨリ成規ノ通リ届出ス

No.008 　杉田ハナ　（女）

入園日	大正14年5月1日
退園日	大正14年9月2日　（死亡　急性腸加答児）

（要救護者調書）

出　　生	安政2年3月2日　　当71歳
出 生 地	本籍地ニ同シ
本 籍 地	東京府八王子市○○町×丁目番地不詳
震災当時ノ住所	横浜市○○○町×××番地
現 住 所	横浜市南太田町1947番地　横浜市救護所
戸主又ハ続柄	戸主
宗　　教	禅宗
家族ノ状況　並扶養親族関係	皆無
身心ノ状態不具廃疾ノ程度　及疾病ノ有無	老耄　何等作業ニ得ス 身体ノ状況　老耄甚タシ　腰変曲ス
震災当時の職業及現在ノ作業　収入	子守奉公セシモ 現在作業能力ナシ
教育程度 趣　　味 嗜　　好	（記載なし） （記載なし） ナシ
震災後ニ於ケル生活ノ経路　並ニ現況	家具衣類全焼　其後知人ノ扶助ヲ受ケシカ大正12年11月7日当所ニ収容ヲ受ク
生立及経歴	18歳ノトキ養子喜七（養蚕業）ヲ貰ヒシモ40歳ノトキ離縁シ以来独身ニテ手内職ヲ営ミ糊口ヲ凌ク
保護依頼者	（記載なし）
その他	（記載なし）
保護経過　（記載なし）	

（収容者台帳）

続　　柄	戸主
性　　別	女
氏　　名 生年月日　年齢	杉田ハナ （記載なし）
本 籍 地	東京府八王子市○○町×丁目　番地不詳
入園前住所	震災当時　神奈川県横浜市○○○町×××番地 震災後　　神奈川県横浜市南太田町1947番地
家族親族等ノ現況	（記載なし）

経　　歴	18歳ノ時養子喜七ヲ（養蚕業）ヲ貫ヒシモ　40歳ノ時離縁シ以來独身ニテ 手内職ヲ営メリ
宗　　教 教　　育 健康状態 労務能力 個　　性 性　　格	禅宗 （記載なし） （記載なし） （記載なし） （記載なし） （性質）　温柔 （人相）　身長3尺8寸　髪白色交 　　　　　口並　耳並　目並　鼻並
習　　癖 趣　　味 嗜　　好	ナシ （記載なし） ナシ
保護経過	（記載なし）
入園時ノ所持金品	金銭　　ナシ 品物　　ナシ 処置顛末　死骸ハ火葬シ遺骨ハ横濱市救護所ニ保管ス

大正14年5月27日
財団法人浴風会　常務理事
東京府八王子市長殿
　　戸籍謄本送付依頼ノ件
拝啓　陳者本会ハ財団法人トシテ本年1月内務大臣ノ許可ヲ受ケ　別紙寄附行為ニ基キ救護事業開始致候処設備完成ニ至ルマテ　他ノ収容所ニ委託収容スル事トシ　目下横浜市救護所及横浜市所在玉泉寺養老院ニ総計52名ヲ収容委託救護致居リ候　然ニ該収容者中左記ノ者ハ貴市ニ本籍ヲ有スル様申立候ニ付　誠ニ御手数ノ至ニ存上候ヘ共　本会処理上必要ニ付右在籍者ニ候ハヾ　戸籍謄本御送付被下候様御願申上度此段得貴意候　追テ市番地氏名生年月日等ハ本人ノ申立ニ依リ其ノ儘記載致候モノニ付　或ハ誤謬等有之哉モ難計候ニ付其ノ辺御諒察ノ上御調査願上度此旨申添候
　　　　　記
本籍　東京府八王子市○○町×丁目番地不詳
　杉田ハナ
　　安政2年3月2日生
　　14年9月2日死亡
　　（返信用切手3銭添付ス）

左記事由ニ依リ及返戻候也
大正14年6月4日
東京府八王子市役所㊞
　　浴風会御中
別紙杉田ハナノ戸籍謄本御請求ノ処　指定地ナル○○町ヲ全部調査セルモ見当ラズ　尚色々ト心当リヲ取調ベシモ見当ラズ候間返戻候也．
尚本人ニ付キ参考マデニ　戸主ナルヤ否ヤ非戸主ナレバ戸主ノ名御取調ベノ上再請求有之候ハヾ　尚々調査仕ル可ク候也．

《死亡通報》
大正14年9月18日
横浜市臨時保護所㊞
財団法人浴風会御中
貴会委託収容者中　左記ノ者死亡ニ付及通知候也
1．死亡者本籍東京府八王子市○○町××番地
　　　杉田ハナ
　　　安政2年3月2日生
1．死亡年月日其他別紙死亡診断書ノ通リ
1．死体処置遺骸ハ火葬シ遺骨ハ横浜救護所ニ保管ス
1．死亡届ノ件当所ヨリ成規ノ通リ届出ス
1．遺留品ナシ
追テ本人氏名（杉ハ椙ノ誤）生年月日及住所台帳ニ相違之有前記ノ如ク訂正致シ候㊞

No.010　高山久吉　（男）

入園日	大正14年5月1日
退園日	大正14年10月13日　（退園　扶養者ヲ発見シタルニ依ル）

(要救護者調書)

出　生	安政元年11月14日　　当72歳
出　生　地	本籍地ニ同シ
本　籍　地	静岡県清水市△無番地
震災当時ノ住所	横浜市○○町×丁目××番地
現　住　所	横浜市南太田町1947地　横浜市救護所
戸主又ハ続柄	戸主本人
宗　教	真宗
家族ノ状況　並 扶養親族関係	長男アリシモ所在不明　他ニ扶養ヲ為シ得ル親族ナシ
身心ノ状態不具 廃疾ノ程度　及 疾病ノ有無	疾病ナキモ老衰シ労働ニ堪ヘス
震災当時の職業及 現在ノ作業　収入	震災当時迄火ノ番ヲナシ居リシモ 現在無職　作業能力ナシ
教育程度 趣　味 嗜　好	（記載なし） （記載なし） ナシ
震災後ニ於ケル 生活ノ経路　並ニ 現況	大正12年9月1日震災ニテ住家及家財道具全焼　当市○○町×丁目ニバラックニ住居シ居リシガ大正13年10月29日当救護所ニ収容　妻ハ震災ニテ死亡
生立及経歴	26歳マテ本籍地ニ於テ農業ニ従事シ其後当市ニ来リ労働ナシツヽ生活シ居リ　震災マデ本市ニ於テ住シ現在ニ至リシモノナリ
保護依頼者	（記載なし）
その他	備考　大正14年10月13日退園
保護経過　（記載なし）	

(収容者台帳)

続　柄	戸主
性　別	（記載なし）
氏　名 生年月日　年齢	高山久吉 （記載なし）
本　籍　地	静岡県清水市○無番地
入園前住所	震災当時　神奈川県横浜市○○町×丁目××番地 震災後　　神奈川県横浜市南太田町1947番地
家族親族等ノ現況	住所　　静岡県庵原郡○○町△△×××番地 續柄　　戸主高山久吉長男 職業　　農業 氏名　　高山作太郎

経　　歴	26才迄本籍地ニ於テ農業ヲ営ミ其ノ後横浜市ニ来リ労働生活ヲナシ居レリ
宗　　教	真宗
教　　育	（記載なし）
健康状態	（記載なし）
労務能力	（記載なし）
個　　性	（記載なし）
性　　格	（性質）温順
習　　癖	ナシ
趣　　味	（記載なし）
嗜　　好	ナシ
保護経過	（記載なし）
入園時ノ所持金品	（記載なし）

大正14年7月15日
　　　　　　　　　静岡県庵原郡○○村長㊞
財団法人浴風会常務理事殿
本年6月16日付第34号ヲ以テ御照会ニ係ル　貴会被救護者高山久吉ノ家族ニ関スル生計調ノ件　左記ノ通リニ有之候條及回答候也
現住所　○村△△×××番地
　久吉長男　高山作太郎
１，現住　職業小作農兼日雇　1ヶ年収入　金500円
１，大正14年度　村税戸数割附加税賦課額金6円85銭（但前半期分）
　　賦課等級ノ等位ハ等級ノ設定無之ニ付不明
　　但本村一戸平均額ハ金20円（半期分）ナルヲ以テ下級ニ属ス

14年7月17日発送
年月日　　常務理事
庵原郡○○村長宛
　　収容者引取ニ関スル件
左記ノ者　横浜市○○町×丁目ニ於テ震災ニ罹リ自活ノ能力ナク　且扶養者ナキノ故ヲ以テ客年10月29日ヨリ横浜市救護所ニ収容中ナリシヲ　去5月1日ヨリ本会ノ保護者トシテ引続キ同所ニ委託収容中ニ有之候　然ルニ本会ハ客月16日第34号ヲ以テ御依頼ノ際添付セシ寄附行為ノ通リ　扶養者ナキ者ヲ保護スル趣旨ニ候ヘハ相当扶養者アル場合ニ於テハ　可成其ノ義務者ニ於テ引取ヲ希望致シ居リ候処　本月15日乙第69号御回答ニ依レハ右久吉ニハ確実ナル扶養者（長男作太郎）有之候ニ付　甚御手数ノ至ニ存候ヘ共右引取候様御懇諭被成下度共引取難キ事情有之節ハ　其ノ事由並久吉ノ保護収容ニ関シ異議ナキ旨ノ書面徴収ノ上御回付ニ預リ度此段御依頼申上候
追テ返信用トシテ郵券1銭封入致シ候
　　　　　記
静岡県清水市○
　高山久吉
　　安政元年11月14日生

起案年月日　　　　14年9月5日 年月日　　常務理事 　静岡県庵原郡○○村長宛 　　収容者引取ニ関スル件 　貴村△△×××番地高山作太郎ノ実父久吉ヲ　本会ニ於テ委託収容中ノ処　客月17日第34号ヲ以テ 　右作太郎ニ対シ引取候様御懇諭方御依頼致置候処　今ニ御回答ニ不接処理上取急候ニ付至急何分ノ御回答相煩度此段重テ御依頼候也

No.012　岩本ナツ　（女）

入園日	大正14年5月1日
退園日	大正14年12月4日　（死亡　慢性腎臓炎）

（要救護者調書）

出　　生	慶応元年2月9日　　当61歳
出　生　地	福島県岩代国○○○
本　籍　地	東京府東京市深川区○○町　番地不詳
震災当時ノ住所	神奈川県横浜市○○町×丁目××番地
現　住　所	神奈川県横浜市南太田町1947番地　横浜市救護所
戸主又ハ続柄	戸主
宗　　教	真宗
家族ノ状況　並扶養親族関係	（記載なし）
身心ノ状態不具廃疾ノ程度　及疾病ノ有無	四肢ノ運動不自由 疾病ナキモ老衰シ労働ニ堪ヘス
震災当時ノ職業及現在ノ作業　収入	下宿業 現在　無職　作業能力ナシ
教育程度 趣　　味 嗜　　好	（記載なし） （記載なし） 喫煙
震災後ニ於ケル生活ノ経路　並ニ現況	大正12年9月1日家屋家財道具全焼　本人ハ両手及背部ニ負傷 22歳当時本市○○町××××常田三郎方ニ扶養セラレ大正13年12月19日当所ニ収容 恩賜金12円拝押受
生立及経歴	22歳ノ時岩本秀夫ニ嫁シ46歳ニシテ夫ト死別シ其ノ後独身ニテ横浜ニテ下宿屋ヲ営ム
保護依頼者	（記載なし）
その他	（記載なし）
保護経過　（記載なし）	

（収容者台帳）

続　　柄	戸主
性　　別	女
氏　　名 生年月日　年齢	岩本ナツ 慶応元年2月9日
本　籍　地	東京府東京市深川区○○町　番地不詳
入園前住所	22歳ノ時岩本秀夫ニ嫁シ46歳ニシテ夫ト死別シ其ノ後独身ニテ横浜ニテ下宿屋ヲ営ム
家族親族等ノ現況	（記載なし）

経　　歴	（記載なし）
宗　　教	真宗
教　　育	（記載なし）
健康状態	四肢ノ運動不自由
労務能力	疾病ナキモ老衰シ労働ニ堪ヘス
個　　性	（記載なし）
性　　格	（記載なし）
習　　癖	（記載なし）
趣　　味	（記載なし）
嗜　　好	喫煙
保護経過	（記載なし）
入園時ノ所持金品	銭金　　　ナシ 品物　　　ナシ 処置顛末　着衣ハ入棺ノ上火葬ス

```
保発第94号
        死亡通報
大正14年12月7日
              横浜市臨時保護所㊞
財団法人浴風会御中
当所ニ於テ収容中ノ貴会委託者中左記ノ者死亡ニ付処ニ通知候
1、死亡者　本籍不詳
        （自称東京市深川区〇〇町番地不詳）
                          岩本ナツ
                          慶応元年2月9日生
1、死亡年月日　　其他別紙死亡診断書ノ通リ
1、死体処置遺骸ハ火葬シ遺骨ハ横浜市救護所ニ保管ス
1、死亡届ノ件横浜市臨時保護所ヨリ成規ノ通リ届出ズ
1、遺留品ナシ
    但着衣ハ入棺ス
```

No.016　山本永一郎　(男)

入園日	大正14年11月15日
退園日	大正15年1月12日　(病死　萎縮腎)

(要救護者調書)

出　　生	天保12年12月31日　　　当85歳
出　生　地	宮城県仙台市以下不詳
本　籍　地	宮城県仙台市○○番地不詳
震災当時ノ住所	横浜市○○町×××　(または×××)番地
現　住　所	横浜市南太田町1947番地
戸主又ハ続柄	戸主
宗　　教	(記載なし)
家族ノ状況　並ニ扶養親族関係	両親ハ幼少ニシテ死亡子供3人アリシモ皆死亡他ノ扶養スベキ親族等ナシ内縁ノ妻アルモ扶養スベキ能力ナシ
身心ノ状態不具廃疾ノ程度　及疾病ノ有無	萎縮腎為腰痛
震災当時の職業及現在ノ作業　収入	(当時) 土工 (現在) 作業能力ナシ
教育程度 趣　味 嗜　好	(記載なし) (記載なし) (記載なし)
震災後ニ於ケル生活ノ経路　並ニ現況	家屋全焼 震災後市内○○町バラックニ居住シ日雇等ヲナシ生活セシガ腰痛ノ為労働スルコト能ハズ 　　大正14年11月15日ニ当所ニ収容
生立及経歴	右地ニテ出生シ17ノトキ横浜ニ来リ土工トナリテ諸所ニ廻リ歩キ現今ニ至ル 17歳ノトキ国ヲ出テ30歳ノトキ妻帯ナシ現在マデ同棲ス 　　~~両親ハ4才ノ頃死別兄弟3人アリシモ死亡子供3人アリシモ☐~~
保護依頼者	横浜市臨時保護所
その他	(記載なし)
保護経過　(記載なし)	

入園時ノ所持金品	金銭ナシ 品物ナシ 処置顛末　着衣ハ入棺ノ上焼却ス

保発第 99 号
　　大正 14 年 12 月 23 日
　　　　　　　　　　　　　　横浜市臨時保護所
仙台市長殿
　　窮民戸籍調査ノ件
　　　　　　　　　　　収容者　　山本永一郎
　　　　　　　　　　　　　　　　天保 12 年 12 月 31 日生（85 歳）
右者別紙照会ニ対シ貴市内ニ該当者無之由ニテ御返戻相成候ニ付　更ニ再調候処同人ハ今ヨリ 60 余年前即チ 16,7 歳ノ頃　故郷ヲ後ニ諸国ヲ流浪シ其後一度モ故郷ヲ顧ミズ　今日ニ至レルモノニシテ父母兄弟姉妹ノ生死サエ不明ニテ　御調査困難トハ被存候得共左記ニ依リ今一応御取調ベノ上戸籍謄本或ハ除籍謄本至急御回附相煩処候
　　　　　　　　　　　　　　　記
1, 本人父母居住地（67 年前）及父母兄弟　姓名
　　　仙台市○町△△△町（番地不明）
　　　　　　父　　山本庄太郎
　　　　　　母　　　つえ
　　　　　　姉　　　みつ
　　　　　　妹　　　こう
　　　　　　弟　　　満男
1, 母ノ生家　　仙台市○○○町（番地不明）
　　　　　　母ノ父　　中里惣吉

大正 15 年 1 月 14 日
　　　　　　　　　　　　　　　横浜市臨時保護所長　　印
財団法人浴風会常務理事殿
　委託収容者本籍調査ニ関スル件
本月 9 日附第 126 号御照会ニ係ル山本喜三郎及山本永一郎ノ件　取調候処左記ノ通リニ付御了知相成度
　　　　　　　　　　　　　　山本喜三郎
右者数日前ヨリ外出シタルマ、今以テ帰所セズ　従テ調査不能　本人帰所ヲ待ッテ調査更ニ可致回答候
　　　　　　　　　　　　　　山本永一郎
右者老耄其言フ所一定セズ　最近仙台市△△△町ニ本籍ヲ有スル旨申立ニ依リ客月 24 日同市ニ照会中
本人ハ本月 12 日死亡ニ付在籍判明ノ上ハ更ニ御通報可致候

大正 15 年 1 月 23 日
　　　　　　　　　　　　　　横浜市臨時保護所長
財団法人浴風会御中
　　収容者山本永一郎外 1 名在籍調査ノ件
本件ニ関シ本月 15 日附保発 10 号ヲ以テ及御答置候処右ハ左記ノ通リニ付御了知相成度候
　　　　　　　　　　　　記
　　　　　　　　　　　　　　山本永一郎
仙台市長往復書類添付ノ通リ　其申立符合スルモ結局在籍不明ノモノ

収第10号
大正15年1月15日
　　　　仙台市長　鹿又武三郎㊞
　横浜市臨時保護所長殿
　戸籍謄本送附ノ件
去年12月23日付保第99号ヲ以テ山本永一郎　戸籍謄本送附方御照会ノ処別紙ノ通リ調製候間及送付候也　追而明治5年以降ノ戸籍及ビ除籍全部調査シタルニ該当者無ク　尚ヲ山本庄太郎其他関係者ニモ在籍無之ニ付　別紙山本庄太郎其ノ他関係者之在籍無之ニ付　別紙山本庄太郎ノ戸籍謄本参考迄及送附候也

No.019　田辺カネ　（女）

入園日	大正14年5月1日
退園日	大正15年2月4日（死亡　萎縮腎）

（要救護者調書）

出　　生	弘化元年8月28日生　当84歳
出　生　地	千葉県君津郡○○○村 埼玉県入間郡　以下不詳
本　籍　地	東京府東京市神田区○○町××番地
震災当時ノ住所	神奈川県横浜市○○町　番地不詳
現　住　所	神奈川県横浜市南太田町1947番地　横浜市救護所
戸主又ハ続柄	戸主　荘次郎妻
宗　　教	禅宗
家族ノ状況　並ニ 扶養親族関係	両親ハ死亡　兄アリシモ死亡　18歳ノ時　田辺荘次郎ニ嫁グ　市内○ ○町ニテ水菓子商ヲ営ミ　震災ニテ夫死亡セシニヨリ知人ノ所ニ厄介 ニナリ居リ　兄弟親族アリシモ皆死絶　他ニ扶養ヲ為シ得ル者ナシ
身心ノ状態不具 廃疾ノ程度　及 疾病ノ有無	性質従順 壮健ナレドモ腰湾曲ス 疾病ナキモ老衰シ労働ニ堪ヘズ
震災当時ノ職業及 現在ノ作業　収入	水菓子商 震災後無職　作業能力ナシ
教育程度 趣　　味 嗜　　好	（記載なし） ナシ ナシ
震災後ニ於ケル 生活ノ経路　並ニ 現況	大正12年9月1日震災ニテ住家　家財道具全焼　当時知人ノ所ニ厄介 ニナリ居リ大正13年1月23日当救護所ニ収容ス
生立及経歴	両親ノ氏名 生立　埼玉県入間郡□□□□□□□・・・・
保護依頼者	（記載なし）
その他	（記載なし）
保護経過　（記載なし）	

（収容者台帳）

続　柄	故戸主　荘次郎妻
性　別	女
氏　名 生年月日　年齢	田辺カネ 弘化元年8月28日生　当84歳
本　籍　地	東京府東京市神田区○○町××番地
入園前住所	（記載なし）
家族親族等ノ現況	（記載なし）

経　　　歴	18歳ノ時田辺荘次郎ニ嫁シ　市内〇〇町ニテ水菓子商ヲ営ミ　震災ニテ夫死亡セシニ依リ知人ノ所ニ厄介ニナリ居リ
宗　　　教 教　　　育 健康状態 労務能力 個　　　性 性　　　格 習　　　癖 趣　　　味 嗜　　　好	禅宗 （記載なし） 壮健ナレドモ腰湾曲ス 疾病ナキモ老衰シ労働ニ堪ヘズ （記載なし） 従順 （記載なし） ナシ ナシ
保護経過	（記載なし）
入園時ノ所持金品	（記載なし）

No.021　岡田恒次郎　（男）

入園日	大正14年11月15日
退園日	大正15年2月7日　（死亡　慢性腎臓炎）

（要救護者調書）

出　　　生	万延元年5月4日　当66歳
出　生　地	（記載なし）
本　籍　地	埼玉県北足立郡〇〇町××
震災当時ノ住所	横浜市〇〇町×
現　住　所	（記載なし）
戸主又ハ続柄	戸主
宗　　　教	（記載なし）
家族ノ状況　並扶養親族関係	（記載なし）
身心ノ状態不具廃疾ノ程度　及疾病ノ有無	（記載なし）
震災当時ノ職業及現在ノ作業　収入	葬儀人夫
教育程度 趣　　味 嗜　　好	（記載なし） （記載なし） （記載なし）
震災後ニ於ケル生活ノ経路　並ニ現況	（記載なし）
生立及経歴	（記載なし）
保護依頼者	（記載なし）
その他	（記載なし）
保護経過　（記載なし）	

```
起案年月日    14年10月15日
年月日                        常務理事
    埼玉県入間郡○○町長宛
拝啓　陳者本会ハ財団法人トシテ本年1月15日内務大臣ノ許可ヲ受ケ　別紙寄附行為ニ
基キ保護事業開始致居候処　本籍貴県北足立郡○○町大字○○××番地　岡田恒次郎ハ
大正12年ノ震災ニ罹リ生活困難ニ依リ以テ　現住地横浜市長ヨリ本会ニ右収容保護ノ儀
申出有之　収容上参考ニ供シ度候條御多用中御迷惑之至ニ存候ヘ共　右恒次郎ノ娘智ニ
当タル左記ノ者ニ関シ　左記事項御取調ノ上御回答相願度御返信用郵券3銭添付此段御
依頼申上候、敬具
                    記
    埼玉県入間郡○○町大字△△△×××番地
                村上良吉
                    年齢（不明）
1    現住所（現在貴村ニ居住シ居候左ノ事項共）
1    現在職業及其ノ収入
1    大正14年度村税戸数割附加税ノ賦課額及其ノ賦課□□□□（□□□□□）
```

```
大正14年11月9日              川越市役所
    財団法人浴風会御中
    現住所及其他ニ関スル件

    客月16日附第126号ヲ以テ御照会ニ係ル左記ノ者ニ対スル首題ノ件　調査候処本市ニ本
籍ヲ有スルモ本人現住セザルニ付此段及回答候也
                    記
            川越市大字○○○××××
                村上良吉
                慶応3年11月3日生
    追テ本会明治40年11月9日付入間郡○○○町×××番地へ出寄留ニ付為念申添候為念
申添候也
```

```
大正15年1月16日              入間郡○○○町長
財団法人　浴風会常務理事殿
    現住所　○○○町×××番地
            村上良吉
    本月9日付第126号ヲ以テ御照会ニ相成度右ノ者ニ対スル取調ノ件左記ノ通リ及回報候也
                    記
1、    ○○○町×××番地
1、    折箱製造及氷小売    金355円
1、    金16円45銭        税ニ賦課等級扱ハ戸数割賦課
                規則改正ノ結果廃止セリ
```

```
大正15年1月26日    埼玉県入間郡○○○町役場
財団法人浴風会　常務理事殿
    岡田恒次郎引取ニ関スル件
当方村上良吉ニ於テ　右岡田恒次郎ヲ引取ル場合ニハ　従来収容中ノ費用ヲ負担スル
コトト相成ル儀ニ候ヤ否ヤ　折返シ御回答相成度候也
```

大正15年2月3日	横浜市臨時保護所長　五味豊六		
財団法人浴風会主事　鮫島推介殿			
記			
計算書			
金　118円92銭也　　岡田恒次郎　徴収費			
内訳			
種目	摘要	単価	金額
救護料	明治24年6月10日本日 □□‥‥157日半	75	118.15
御人陸送費	同年11月14日本日 人力車　1人	80	80

No.028　泉水伊与吉　（男）

入園日	大正14年5月1日
退園日	大正15年6月4日（死亡　慢性腎臓炎）

（要救護者調書）

出　　生	嘉永元年11月　日生　当78歳
出　生　地	（記載なし）
本　籍　地	神奈川県横浜市〇〇町×丁目××番地
震災当時ノ住所	神奈川県横浜市〇〇町×丁目××番地
現　住　所	神奈川県横浜市〇〇町××××番地
戸主又ハ続柄	戸主
宗　　教	真言宗
家族ノ状況　並扶養親族関係	ナシ
身心ノ状態不具廃疾ノ程度　及疾病ノ有無	虚弱ゼンソク 疾病ナシ 性情　静ナレドモ善良ナラズ
震災当時ノ職業及現在ノ作業　収入	風船玉売 震災後無職　恩賜金拝受　自己ノ分　12円
教育程度 趣　　味 嗜　　好	（記載なし） ナシ ナシ
震災後ニ於ケル生活ノ経路　並ニ現況	ナシ
生立及経歴	魚商ノ家ニ生ル　20歳迄家事ヲ手伝ヒ　東京へ出テ〇〇〇〇町飯屋川中屋方へ奉公シ　1年ノ後車夫トナリ在京5年横浜へ来リ車夫ニテ大正10年迄トル推移シタリシガ　爾後〇〇町×丁目××番地ニテ玩具商ヲ営ム中　大正12年9月1日罹災後病ヲ得　監視　人夫等ヲ働キツヽアル中　玉泉寺養老院へ救助サル
保護依頼者	（記載なし）
その他	（記載なし）
保護経過　（記載なし）	

（収容者台帳）

続　　柄	戸主
性　　別	男
氏　　名 生年月日　年齢	泉水伊与吉 嘉永元年11月　生　当78歳
本　籍　地	神奈川県横浜市〇〇町×丁目××番地
入園前住所	神奈川県横浜市〇〇町××××番地
家族親族等ノ現況	（記載なし）

経　　　歴	魚商ノ家ニ生ル　20歳迄家事ヲ手伝ヒ　東京へ出テ○○○○町飯屋川中屋方へ奉公シ　1年ノ後車夫トナリ在京5年横浜へ来リ車夫ニテ大正10年迄トル推移シタリシガ　爾後○○町×丁目××番地ニテ玩具商ヲ営ム中　大正12年9月1日罹災後病ヲ得　監視　人夫等ヲ働キツヽアル中　玉泉寺養老院へ救助サル
宗　　　教	真言宗
教　　　育	（記載なし）
健康状態	虚弱ゼンソク　疾病ナシ
労務能力	疾病ナキモ老衰シ労働ニ堪ヘズ
個　　　性	（記載なし）
性　　　格	静ナレドモ善良ナラズ
習　　　癖	（記載なし）
趣　　　味	ナシ
嗜　　　好	ナシ
保護経過	（記載なし）
入園時ノ所持金品	（記載なし）

```
起案年月日　　　15年5月13日　　　主任　庶務課長㊞
　　　職業其他調査ノ件　　　　　　　　常務理事
　　静岡県榛原郡○○町長
　　石川県能美郡○○村長
　　茨城県鹿嶋郡○○村長
　拝啓陳者本会ハ財団法人トシテ大正14年1月15日内務大臣ノ許可ヲ受ケ別紙寄附行為
ニ基キ事業開始致居候処　建物完成迄他ノ団体ニ委託収容ノ法ヲ取リ居候　然ニ貴村在
籍左記ノ者ノ（甥ニ関ル泉水伊与吉）ナル者ノ横浜市在住中　大正12年9月1日ノ震火
災ヲ罹リ目下自活ノ途ナキノ故ヲ以テ　本会保護者トシテ横浜市（所在玉泉寺養老院）
ニ委託収容中ニ有レ之ガ　処理上必要ニ候間左記ノ事項御取調御回報被下度此段御依頼
申上候也　但返信用郵券3銭添付致候
　　　　　　　　　鹿嶋郡○○村×××番ノ×
　　　　　　　　　　　戸主　　泉水健吉
1，健吉職業及其年収額並生活状況（家族人数共）
1，納税セバ其税種及税額
1，若シ他町村ニ転住致居候ハ其転住先
1，健吉　伊与吉相互間通信ノ有無

右茨城県都留郡○○村長宛
　　　能美郡○○村△△△××番地　戸主　　　　浜野久次郎
1，久次郎職業及其年収額並生活状況（家族人数共）
1，納税セバ其税種及税額
1，若シ他町村ニ転住致居候ハ其転住先
1，久太郎　清次郎相互門通信ノ有無

右能美郡○○村長宛
　　　本籍　神奈川県横浜市○○町字△△町××××番地
　　　現住所　榛原郡○○町△△××××番地
　　　戸主　徳志2男
```

15年6月12日　　　　　催促ノ件　　常務理事
　茨城県鹿嶋郡○○村長宛
　拝啓陳者御部内×××番ノ×　戸主泉水伊与吉ニ対スル調査方　去月14日庶第78号ヲ以テ御依頼　申上置候処　未ダ御回報ニ接セズ右ハ御多忙中恐入候得共　何分之儀至急御回示ヲ預リ度重テ此如御依頼申上候也

15年7月7日　　　　主任　庶務課長㊞
　　　　両町村長　催促ノ件　　　　常務理事
　茨城県鹿嶋郡○○村長
　静岡県榛原郡○○町長
　拝啓陳者御部内泉水伊与吉（榎田竜次郎）ニ関スル件調査方　去5月14日（去6月8日）庶第78号ヲ以テ御依頼申上置候処　于今御回報ニ接セズ　右ハ御取調中ト存候得共多忙中恐入モ何分至急御回報ニ預リ度　重テ此段御依頼申上候也

15年8月12日　　　　主任　庶務課長
　　　　両町村長　催促ノ件　　　　理事
　茨城県鹿嶋郡○○村長
　静岡県榛原郡○○町長
　拝啓陳者御部内泉水伊与吉（榎田竜次郎）ニ関スル件調査方　去5月14日（去6月8日）庶第78号ヲ以テ御依頼申上其後更ニ至急御回報ニ預リ度旨　重テ御依頼致置候得共　于今御回報ニ接セス　処理上ノ都合モ有之候間　御多忙中御迷惑至存上候得共　何分速ニ御回報ニ預リ度　此段重テ御依頼申上候也

大正15年9月10日
　　　　　茨城県鹿島郡○○村長　　松下賛㊞
　　　財団法人浴風会御中
　　　　泉水伊与吉ニ関スル件回答
庶第78号ヲ以テ御照会ノ標記ノ件左ニ回答候也
　　　　　　　　記
1　泉水健吉ハ戸主ニ非ズ　現在戸主泉水健作ナリ
　　×××番屋敷××　明治32年1月「××××番地」ニ変更　大正10年12月9日
　　健作戸主ト為ル　伊与吉ハ健作ノ祖父ナリ
　　家族9人ヲ有シ生計豊ナラズ
1　戸数割90銭ヲ納ム
1　健吉　伊与吉間ニハ文通ナシ

No.033　大澤為吉　（男）

入園日	大正14年5月1日
退園日	大正15年7月30日　（　退園　扶養者引取）

（要救護者調書）

出　　生	安政4年3月15日　当63歳
出　生　地	茨城県水戸市○○×丁目×番地
本　籍　地	横浜市○○町××××番地
震災当時ノ住所	神奈川県横浜市○○町××××番地
現　住　所	神奈川県横浜市南太田町1947番地　横浜市救護所
戸主又ハ続柄	戸主　鉄太郎　養叔父
宗　　教	真宗
家族ノ状況　並 扶養親族関係	兄弟9人アリシカ震災前死亡他ニ扶養ヲ為スベキ親族ナシ
身心ノ状態不具 廃疾ノ程度　及 疾病ノ有無	レウマチスニテ腰痛ム 疾病ナクモ　老衰シ労働堪ヘス
震災当時ノ職業及 現在ノ作業　収入	震災当時迄ハ人夫稼ヲナシ居シモ 現在無職　作業能力ナシ
教育程度 趣　　味 嗜　　好	不明 不明 甘味品ヲ嗜ム
震災後ニ於ケル 生活ノ経路　並ニ 現況	大正12年9月1日震災ニテ住家及家財道具全焼　当時中村町バラック ニ居住シ居リシ所 大正14年2月11日当所ニ収容
生立及経歴	13歳ノ時水戸ノ小間物屋ニ奉公シ　20歳ノ時東京市浅草区○○ノ小間 物屋ニ奉公　後横浜ニ来リテ各所ニ奉公　又ハ労働ヲナシ現在ニ至ル 未タ妻帯セシコトナシ
保護依頼者	（記載なし）
その他	（記載なし）
保護経過　（記載なし）	

戸籍謄本徴達ノ件
　　　茨城県久慈郡○○町長宛　　　　　　　　　　　　　　常務理事
　拝啓陳者本会ハ財団法人トシテ大正14年1月15日内務大臣ノ許可ヲ受ケ
　別紙寄付行為ニ基キ事業開始致居候処目下建物建築中ニ付　其完成迄他ノ団体ニ
　委託収容致候　然ニ御町在籍左記ノ者ハ大正12年9月ノ震災ニ罹リ自活ノ能力
　ナキノ故ヲ以テ本会保護者トシテ目下横浜市臨時保護所ニ委託収容中ニ有シ
　之カ管理上本人ニ係ル戸籍謄本必要ニ付御多忙中恐入候得共　該謄本御受付被
　下度右御依頼申上致主
　　　　　　　4月12日
　追テ返信用郵券3銭相添御
　□各番地氏名ハ本人ノ申立ニ依リ候モ或ハ誤謬ナキヤ難儀候
　ニ付御含被下候尚
　本籍　茨城県久慈郡○○町××××番地
　　　　　　　戸主　大澤鉄太郎養叔父
　　　　　　　　　　　　大澤為吉
　　　　　　　　　　　安政4年3月15日生

　本所区長宛
　　所在職業等調査依頼ノ件
　拝啓　陳者本會ハ財團法人トシテ客年1月15日内務大臣ノ許可ヲ受ケ
　別紙寄附行為ニ基キ救護事業開始致居候処　左記卯之吉実兄本籍茨城縣久慈郡
　○○町×××番地大澤為吉（安政4年3月15日生）ハ大正12年9月ノ震火
　災ニ罹リ生活困難ニ陥リ候為　目下横濱市臨時保護所ニ委託収容致居□□
　管理上参考ニ資シ度儀有之候ニ付御手数御迷惑之儀ト存候ヘ共左記事項取調ノ
　上御回答相煩度　返信用郵便切手参銭相添ヘ此段御依頼申上候敬具
　　　　　　　　　記

　本籍東京市本所○○○×××番地
　　　　　　　　　大澤卯之吉
　　　　　　　　安政2年11月12日生
　1　現住所（貴区内ニ現住ノ場合ハ次ノ事項共）
　1　職業 及収入年額及生活ノ状況
　1　大正14年□町税戸数割附加税ノ賦課額及1戸平均賦課額
　1　現在家族ノ数
　1　納税者ナレハ其税種及税額

　　大澤為吉ニ対シ4月26日第68号照会ノ件
　左記回答候也
　　　大正15年4月20日　　　東京市本所区役所
　財団法人浴風会御中
　1　本区戸籍除籍寄留簿同部大正12年9月1日震火災ニ依リ焼失シ
　　タルニ依リ送附不能（目下再□中）
　1　御指定地及当管内ニ在住ナシ（大澤卯之吉）
　1　本区公簿上本会□□者ハ無資産
　1　其他ノ事項□□セザル□□不□

```
　　　　茨城県久慈郡○○町長宛
　　　　　住所職業等調査依頼ノ件
貴町×××番地大澤為吉ニ係ル戸籍謄本送付方本月13日第68
号ヲ以テ御依頼申上候処御多忙中ニモ不拘早速御送付被成
下感謝致候就テハ尚重テノ御願候へ共参考ニ資シ度儀有
之候ニ付左記ノ者ニ係ル現住所職業収入等御取調ノ上御回答相
煩度返信用郵券参銭モ添此段御頼申上候也

　　　　　　記
　　本籍茨城縣久慈郡○○町×××番地
　　　　　　　　　　戸主　大澤鉄太郎
　　　　　　　　　　　明治4年3月23日生
1　現住所（○町内ニ現在ノ場合ハ次ノ事項共）
1　職業 及収入年額及生活ノ状況
1　大正14年度町税戸数割附加税ノ賦課額及1戸平均賦課額
1　現在家族ノ人員
```

```
番号　　68　　年月日　15年5月21日
　　　　茨城県久慈郡○○町役場宛
　　　　　住所職業等調査依頼ノ件
貴町×××番地戸主大澤鉄太郎ニ係ルノ住所職業等ニ関スル
調査方客月26日第68号ヲ以テ御依頼申上置候処
右ハ差急必要有之候ニ付御多忙中御迷惑ノ儀ト存候へ
共可成至急御回答相煩度此段重テ御依頼申上候也
```

```
大正15年6月11日
　　茨城県久慈郡○○町役場
　　　　財団法人浴風会御中
庶第68号ヲ以テ御照会ニ成候当町大澤鉄太郎ニ対スル左記事項及御回答候
　　　　記
1　職業ヨリ生スル収入年額及生活ノ状況
　　収入年額1,600円位ニシテ当町ニ於ケル中流以上ノ生活ヲナシ居レリ
1　大正14年度町税戸数割付加税ノ賦課額1戸平均賦課額
　　大正14年度賦課額　36円4銭
　　1戸平均16円11銭
1　現在家族ノ人員　　　5人
```

```
　　　茨城県久慈郡○○町長宛
　　　　　収容者引取ニ関スル件
大澤鉄太郎ニ係ル住所職業等調査方御依頼申上候処去11日第407号ヲ以テ
御回答被下感謝致候就テハ本会ハ本年4月13日第68号ヲ以テ御依頼ノ際
添付セシ寄附行為ノ通リ大正12年9月ノ大震火災ニ因リ自活ノ能力ナク且
扶養者ナキ者ヲ収容救護スル趣旨ニ有之候然ルニ目下収容中ナル為吉ノ戸主
鉄太郎ハ貴町内ニ於テモ中流以上ノ生活ヲ為セル者トノ御回答ニ候ヘハ　右
為吉ノ扶養ハ□□出来得ル者ト存候ニ付キ引取扶養スル様御懇諭被下度此重テ
御依頼申上候也
```

茨城県久慈郡○○町長宛
　　　　収容者引取ニ関スル件
貴町在住者大澤鉄太郎ニ対シ養叔父為吉ヲ引取扶養スヘキ様懇諭方
客月14日庶第68號ヲ以テ御依頼申上置候処右ハ差急居候ニ付可成至急
其ノ結末御回報相煩度郵券参銭相添此段重テ御依頼申上候也

大正15年7月27日
　　　　　茨城県久慈郡○○町長立川嬉太郎
　　浴風会常務理事殿
庶第68号ヲ以テ御依頼ニ相成候貴会収容者大澤為吉引取方扶養義務者
大澤鉄太郎ニ説諭申候処本月中ニハ引取申スベク候旨ニ付キ御諒承相成度
別紙ノ通リ受書相添ヘ此段及御回答候也
　　　　　　　　　　浴風会収容者　大澤為吉
右引取方本日私ニ御説諭相成候ニヨリ本月中ニハ必ス引取可申候間此
段御受申候也
　　　大正15年7月25日
　　　茨城県久慈郡○○町
　右扶養義務者　　大澤鉄太郎

　　横浜市臨時保護所宛
　　　　収容者引取ノ件
貴所ニ委託収容中ノ大澤為吉ヲ本月中ニ引取扶養スベキ旨
右戸主大澤鉄太郎ヨリ申越来候ニ付或ハ直接貴所ニ出頭引
取方申出ツルヤモ不図候故其ノ際ハ直ニ御引渡相成度而シテ
其ノ顛末御報告相成度此段豫メ得貴意候也

No.040　村沢ふみ（女）

入園日	大正15年2月20日
退園日	昭和元年12月31日　（死亡　気管支拡張症）

（要救護者調書）

出　　生	万延元年12月20日生　当67歳
出　生　地	福井県越前国足羽郡○○○町
本　籍　地	横浜市○○町×丁目×番地
震災当時ノ住所	横浜市○○町×××番地
現　住　所	横浜市中村町890番地　横浜市臨時保護所
戸主又ハ続柄	戸主三吉妻
宗　　教	（記載なし）
家族ノ状況　並扶養親族関係	夫三吉ハ横浜市臨時保護所ニ収容中ニテ本人ヲ扶養スベキ能力ナク　養女しずハ市内○○町田中利夫内縁ノ妻トシテ暮シ居シモ貧困ニシテ扶養能力ナシ　妹たか子（57歳）ハ埼玉県○○町女学校前木田与三郎ニ嫁ギ居シモ　貧困ニシテ扶養スベキ能力ナク　其他父荘吉　母なつ　兄仁八等　震災後音信不通所在不明ナリト申立ツ　姉アリテ死亡其子供ハ震災ニテ死亡
身心ノ状態不具廃疾ノ程度　及疾病ノ有無	壮健ナリ
震災当時ノ職業及現在ノ作業　収入	夫三吉彫刻業ニ従事セシヲ以テ本人ハ何等職業ニ従事セズ。現在ハ保護所内ニ於テ洗濯婦手伝トシテ従事ス
教育程度 趣　　味 嗜　　好	（記載なし） （記載なし） （記載なし）
震災後ニ於ケル生活ノ経路　並ニ現況	大正12年9月1日震災ニテ家屋半壊シ家具破損　其後夫三吉（68歳）ハ脳出血ヲ病ミ生業ニ従事スル不能ヲ以テ生活困難ニ陥入リタルニ付大正15年2月20日横浜市臨時保護所ニ収容ス
生立及経歴	両親ノ氏名　父　内野荘吉　母　なつ 続柄　　　三女 福井県越前国足羽郡○○○町内野荘吉3女トシテ生レ同町内　村沢三吉ニ嫁シ其後三吉ト共ニ上京シ神田区ニ居住シ明治27年横浜市へ移住ス
保護依頼者	（記載なし）
その他	（記載なし）
保護経過　（記載なし）	

（収容者台帳）

続　　柄	戸主三吉妻
性　　別	女
氏　　名 生年月日　年齢	村沢ふみ 万延元年12月20日生　当67歳

本　籍　地	横浜市○○町×丁目×番地
入園前住所	横浜市○○町×××番地
家族親族等ノ現況	しず（養女）　たか子（妹）　仁八（兄）　震災後音信不通　所在不明
経　　歴	（記載なし）
宗　教 教　育 健康状態 労務能力 個　性 性　格 習　癖 趣　味 嗜　好	（記載なし） （記載なし） 壮健ナリ （記載なし） （記載なし） （記載なし） （記載なし） （記載なし） （記載なし）
保護経過　（記載なし）	
入園時ノ所持金品	（記載なし）

◎　　庶恤収第1154号
　　　　　大正15年6月22日
　　　　　　　　東京市神田区役所
　　　横浜市臨時保護所長殿
　　　　窮民村沢ふみ引取示達ニ関スル件回答
　本年4月26日付保発第16号ノ2ヲ以テ御照会ニ相成候標記ノ件調査候処左記ノ通リ
ニ付御了承相成度候
　　　　　　　　　　　　　　　　　　記
１，被救護者並ニ扶養義務者ハ指定地ニ本籍寄留ナク且又義務者現住セズ御来意示達致
　　難候
１，被救護者並ニ扶養義務者ハ当区公簿上資産ナク且義務者ノ生活状態等不明迫而大正
　　4年以前ノ除籍簿ハ大正12年9月1日震火災ノ為焼失大正14年以降ハ該当者ナシ

No.042　加島サダ（女）

入園日	大正15年3月10日
退園日	昭和2年1月30日　（死亡　萎縮腎）

（要救護者調書）

出　　生	慶応元年11月10日　当62歳
出 生 地	名古屋市○○○町
本 籍 地	横須賀市○○町××
震災当時ノ住所	横須賀市○○町×××番地
現 住 所	横須賀市深田町140番地横須賀救済院
戸主又ハ続柄	戸主
宗　　教	禅宗今ハ日蓮宗
家族ノ状況　並ニ扶養親族関係	現在家族ナシ　扶養親族ナシ 　母ハ3歳ノ時父ハ9歳ノ時死亡セシ故12歳迄父ノ実家ニ居リ　19歳ノ時新潟県○○ノ加島市之助ニ嫁セシガ　7年ニシテ死別セリ（31年4月17日） 　全クノ一人娘ナリシ故　兄弟モナク親ノ兄弟又皆早世セリ
身心ノ状態不具廃疾ノ程度　及疾病ノ有無	目下病気臥床中ナレドモ意識明瞭ナリ 　4年前流感ニ罹リシヨリ言語ヲ使フニ困難ヲ覚ヘ今ハ又腎臓炎を併発シ且手足痲痺シテ 　歩行困難ナリ 　老衰且疾病ノ為身体衰弱心神耗弱セルニヨリ歩行デキズ
震災当時ノ職業及現在ノ作業　収入	震災前職業　飲食店 　震災当時職業　一定ノモノナク娘キヨコノ師匠ヲナシテ生活セリ
教育程度 趣　　味 嗜　　好	（記載なし） （記載なし） （記載なし）
震災後ニ於ケル生活ノ経路　並ニ現況	震災ノ程度　家屋焼失　海軍病院ニ入院ノ儘収容セラル 　震災ノ際頭部ヲ負傷シ横須賀海軍病院の治療ヲ受ク　単独者ニテ平素生活ニ窮シ居リアリシモ　震災ノ影響ニ寄リ一層生活難ニ至シ遂ニ今日ノ境遇ニ至リシナリ
生立及経歴	本人ハ商家ニ生シ3歳ニシテ母死亡　9歳ノ時父死亡　12歳迄名古屋市外父ノ実家ニ引取ラレ　13歳ノ頃長野県方面ノ旅館ニ女中奉公シ　19歳ノ時新潟県○○在　加島市之助ニ嫁ス7年間ニシテ死別夫レヨリ横須賀市ニ来リ奉公ヲ為シ　同市○○町ニ飲食店ヲ開キシモ明治31年同42年ノ2回ニ涉ル大火ニテ全焼ニアイ　夫レヨリ他家ノ手伝ヲ為シ居リシモ老衰ノ為メ遂ニ今日ノ境遇ニ至ル 明治31年夫死亡 本人ハ元女中奉公ヲ為シ続ケ飲食店ヲ営ミタルモノニシテ　飲食店開業当時世帯ヲ持チタル外独立ノ世帯ヲ持チタル事ナシ 故郷学校5年級ヲ卒ヘ　17歳ヨリ縁組サルコト二回及ビ子供ナシ　養女ヲ貰ヒ受ケ三弦ノ　師匠ヲ渡世シ暮シ居ル内ニ　養女死亡シ今日ニ至ル 職業　震災当時ハ勿論現在ニ於テモ一定ノ職業ナシ
保護依頼者	（記載なし）
その他	（記載なし）

保護経過	（記載なし）

（収容者台帳）

続　　柄	本人戸主
性　　別	女
氏　　名 生年月日　年齢	加島サダ （記載なし）
本　籍　地	横須賀市〇〇町××
入園前住所	神奈川県横須賀市〇〇町×××番地借家
家族親族等ノ現況	（記載なし）
経　　歴	（記載なし）
宗　　教 教　　育 健康状態 労務能力 個　　性 性　　格 習　　癖 趣　　味 嗜　　好	禅宗　今ハ日蓮宗 5年級卒業 病弱　歩行困難 （記載なし） （記載なし） （性質）温厚 （人相）　身長5尺1寸　顔長　色白　鼻高　他ハ普通ナリ 悲観 （記載なし） 肴又ハ肉類
保護経過　（記載なし）	
入園時ノ所持金品	（記載なし）

No.048　矢部ギン　（女）

入園日	昭和2年3月4日
退園日	昭和2年3月5日　（死亡　慢性腎臓炎）

（要救護者調書）

出　　生	安政6年12月12日　　　当69歳
出 生 地	日本橋区〇〇町　番地不詳
本 籍 地	東京市牛込区〇〇〇町×丁目×番地
震災当時ノ住所	日本橋区〇〇町　番地不詳
現 住 所	東京市牛込区〇〇〇町×丁目×番地　沢村サダ方
戸主又ハ続柄	戸主
宗　　教	（記載なし）
家族ノ状況　並 扶養親族関係	家族ナシ 　甥吉永定男（44,5歳）ハ前述ノ通ニシテ扶養ノ資力ナシ 　戸籍面上養女シヅナルモノアルモ　右ハ藤田カズオト内縁関係ヲ結 　フニ付家名継承ノ為吉永定男2女ヲ入籍セシメタルモノナリト（本 　年16歳）
身心ノ状態不具 廃疾ノ程度　及 疾病ノ有無	病身ニシテ（チューキノ如キモノ）服薬中（済生会）ナリ
震災当時ノ職業及 現在ノ作業　収入	震災当時ハ内縁ノ夫ト共ニ株式仲買店ニ奉公シ居タリ 現在ハ無職
教育程度 趣　　味 嗜　　好	（記載なし） （記載なし） （記載なし）
震災後ニ於ケル 生活ノ経路　並ニ 現況	（主家）ノ全焼ニ困リ内縁ノ夫ナル藤田カズオノ郷里福井県ニ一時参リ約1ヶ月后単身上京シ現住所ニ同居シタルモ　其ノ後内縁ノ夫藤田カズオハ音信ヲ絶チ　家主ノ沢村サダナル者ハ甥ノ吉永定男ノ内縁ノ妻ニシテ本人及吉永定男ガ病身ニシテ　且ツ子供ハ多ク生活ニ困ルトコロヨリ近頃ハ何彼ニツケ別居ヲ迫ラレ詮方ナク警察ニ相談シタル処区役所ヘ廻サレ区役所ヨリ又本会ヲ教ヘクレ救護方ヲ願出タリト
生立及経歴	本人ノ来歴 　出生地　日本橋区〇〇町　番地不詳 　生立　矢部吉三郎ノ長女ニ生レ12歳ノ時父ニ死別シ母ハ20歳ノ時ニ死亡ス　18歳ノ時夫常雄ヲ迎ヘ女児1人ヲ挙ケタルモ5歳ニシテ死亡ス　夫ハ放蕩者ニシテ本人カ27歳ノ時離別ス　其ノ後ハ女中奉公ヲナシ地震当時ニ及ヘリ地震前半年位ノ時、藤田カズオト内縁関係ヲ結ビタルモ地震後間モナク別レタリ　母ハ父ノ死去後妹ヲ連レ他ヘ再縁シタルモ今ハ両人共死亡シテナシ 職業及世帯ノ変遷 　父ハ日本橋〇〇町ニテ魚屋ヲ営ミ居リタルモ父死亡後ハ之ト言フ定マリタル職業ナシ 　他ハ右ノ通リ
保護依頼者	（記載なし）
その他	（記載なし）

保護経過　（記載なし）

◎　保護願
　　　　　　本　籍　東京市牛込区○○○町×丁目×番地
　　　　　　現住所　〃
　　　　　　　　　　　沢村サダ　方
　　　　　　　　　　　矢部ギン
　自分儀60歳以上ニシテ大正12年9月震火災ニ因リ　自活ノ能力ナク且扶養者ナキニ至リ生活困難罷在候ニ付キ　貴会ニ御収容保護被下度　御収容ノ上ハ御規定ニ依リ御処置ノ儀異議無之ハ勿論総テ規則其ノ他御指示ノ事項ハ堅ク遵守可仕候戸籍謄本相添此段相願候也
　　昭和2年2月16日
　　　　　　右本人　　　矢部ギン
　　財団法人　浴風会御中

添書
矢部ギンに対し震災当時住居致せし日本橋○○○町××番地　寄留地の日本橋区役所へ来り取調べ方託し候処　帳簿焼失の為め不明との事に付色々と事情申候処別紙に証明願の外致し方なき由の事に付此段添書1通差入候也
　　昭和2年2月16日
　　　　　牛込区○○○町×ノ×
　　　　　　沢村サダ方
　　　　　　矢部ギン甥　　吉永定男
　財団法人浴風会御中

　　嘆願書
　　　　　　牛込区○○○町×ノ×
　　　　　　東京府平民
　　　　　　戸主　矢部ギン
　　　　　　安政6年12月12日生
　私ハ本年69歳デ中風ト子宮病ニテ　只今神楽坂警察署ノ御証明ニ依リテ　済生病院麹町分院ノ無料診察ヲ受ケテ居リマシテ　身体ガ遣エズ実ニ難儀シテ居リマスシ甥ガ1人アリマスガ震災ト其后商売上ノ失敗ニ依リ　只今牛込区○○○町×ノ×沢村サダ方ニ食客ノ身トナッテ居ルノデ　同所ニ私モ食客シテ居リマスガ　続ク不景気ノ為メ沢村方モ困難ノ場合故私モ気ノ毒ニテ致シ方ナク　女中奉公ニ出タクモ体ヲ遣フ事出来ズ　私モ大正12年迄ハ多少ノ金モ有リマシタシ　体モ遣エタ故ニ各所ト奉公シテ歩イテ居マシテ　大正12年ノ8月頃藤田ト言フ者ト夫婦ニナルニ付イテ　戸籍ノ都合上甥ノ娘デ本年14歳ノ者ニ姓ダケ残ス考エニテ養女トシ　私ハ藤田ト夫婦ニナリ日本橋○○○町ニ住居致シテ居リマシタ処　大震災ノ為メ一物モ持タズ　此ノ時ヨリ1文ノ貯エモナク逃ゲ出シ　藤田ノ郷里福井県エ共ニ親ト1ヶ月程同居致シテ居リマシタ処　都合アル故一ト足先エ帰京セヨト言ワレシ為東京ニ参リ　其后再三4,5度手紙ヲ藤田ニ差出セ共返事ナク　気ノ毒トハ知リツツモ沢村方ニ食客トナリ居ルモ　養女ハ震災前ヨリ沢村方ニテ通学サセテモラッテ居ルシ　甥ハ脳神経痛ニテ働ク事モ出来ズ　沢村氏モ此処心臓病ニテ外出モ出来ズ　子供ハ多ク有ル故此場合私トシテ1日々食客シテ居ル事出来ズ　病気モ日々重ル斗リ非常ニ困難致シテ居リマスカラ誠ニ申訳ナキ次第デスガ　此際是非養老院エ入院出来得ル様御取計願度候也
　　昭和2年2月9日
　　　　　本人　矢部ギン

No.053　藤田竹男　（男）

入園日	昭和2年2月25日 　　（東京老人ホームに委託　大正15年1月23日）
退園日	昭和2年5月18日　（死亡　　　　　　）

（要救護者調書）

出　　　生	万延1年12月5日　　当67歳
出　生　地	（記載なし）
本　籍　地	東京市深川区〇〇町××番地
震災当時ノ住所	東京市深川区〇〇町××番地　山田留蔵方
現　住　所	東京府南葛飾郡砂町同潤会仮住宅第68号
戸主又ハ続柄	戸主
宗　　　教	（記載なし）
家族ノ状況　並ニ扶養親族関係	家族ノ状況並ニ　庶子女1人（24才） アルモ目下娼妓年期中 扶養親族関係　庶子男1人（10才） アルモ目下小学校就学中　　　　　ニテ扶養義務者アルモ能力ナシ
身心ノ状態不具 廃疾ノ程度　及 疾病ノ有無	半心（ママ）不随中風症及老衰
震災当時ノ職業及 現在ノ作業　収入	震災当時迄ハ労働人夫稼ヲナセシモ 現在ニテハ病気老衰ノタメ労働能力ナシ
教育程度 趣　　味 嗜　　好	（記載なし） （記載なし） （記載なし）
震災後ニ於ケル 生活ノ経路　並ニ 現況	罹災後ニ於ケル生活　全焼無一物　深川区深川小学校ニ収容サレ大正13年12月15日迄深川区役所ヨリ救護ヲ受ク
生立及経歴	現在他ノ団体ニテ収容セラレ居ル者ハ其ノ者ノ希望並其ノ団体意向　被収容者ハ浴風会収容ヲ希望シ同潤会又其希望ニ異議ナシ 生地付近ニテ15歳頃ヨリ20歳マデ木箱製造職人トナル後ニハ　鳶職手伝トシテ震災ノ当時迄労働シ来ル此ノ間庶子4子ヲ挙ゲシモ　1女ハ死シ1女ハ他ニ養女ニ遣シ1女1男ガ現存中ナルモ　扶養能力ナシ本人ハ震災後身体自由ヲ欠キ老衰病弱ニシテ大正13年12月15日迄深川区役所ヨリ毎月金4円50銭ノ救護ヲ受ケ　現住所ニ引越シテ後ハ友人ノ食客トナル
保護依頼者	（記載なし）
その他	（記載なし）
保護経過　（記載なし）	

大正14年10月13日
　　　　　　　　財団法人同潤会砂町仮住宅管理事務所
　　　　　　　　　　　主管　森　雅材

　浴風会長　　殿
　　　　　収容者依頼ニ関スル件
　8月14日付砂発153号ニテ当住宅民　藤田竹男（66）ヲ貴会収容方御依頼候処
　右ニ就テ何等ノ御回報モ無之　本人生活愈ニ急迫致居始末ニテ候條　右者収容方
　緊急御斡旋賜度重テ及御依頼候也
1、竹男ハ中風症ニ罹リ　左ノ手足自由ヲ失ヒ臥床ニ在リ用便モ他人ノ手ニ依ルト
　　言ウ（本年7月1日ヨリ歩行ノ自由ヲ失フ）
1、戸籍上竹男ノ庶子タル「トミ」ハ内実　当時内縁ノ妻タリシ高橋サトノ連レ子
　　ニシテ　竹男ノ実子ニアラスト言フ　本人ハ目下東京市○○○町×丁目××番地
　　田中ヨネ（千秋樓）方ニ6年ノ年期ニテ娼妓ヲ勤メ　明15年ヲ以テ年期明ナリト言フ
1、同上男亀吉ハ竹男ノ実子ニシテ　5才ノ時内縁ノ妻離別ト同時ニ母引取　今日マデ
　　養育シツツアリト云フ
1、震災ノ当時ノ居所山田留蔵ハ木賃宿ナリト云フ
1、庶子「トミ」ヨリ毎月金10円ヲ父竹男ニ送金シ
　　尚弟亀吉ノ学校用諸費用ハ「トミ」ヨリ支給シツツアリト言フ
1、竹男収容ノ希望曰々元内縁ノ妻タリシ縁故ニ依リ今日佐藤ノ家ノ
　　厄介ヲ受ケツツアリト　雖夫タル勝春ハ酒気ニ乗シ時々退去ヲ強要シツツアリ
　　之カ苛責ニ湛ヘサルカ故ニ　1日モ早ク救護ヲ願タシト言ヘリ
　　　　附記
　　　佐藤勝春（41年）内縁ノ妻高橋サト（47年）勝春ハ労働稼ニ従事シツツアリ
　　　サトトハ六年間ノ同棲ナリト言フ
右本人病床ニ就キ聴取ス但住宅事務員立会

　　　　　　　　　保護願
本籍　　東京府東京市深川区○○町××番地
現住所　東京府南葛飾郡砂町同潤会仮住宅第68号
　　　　　戸主　　　　藤田竹男
　　　　　無職　　　万延1年12月5日生

自分儀（60歳以上ニシテ大正12年9月震災ニ因リ自活ノ能力ナク且扶養者ナキニ至リ）生
活困難罷在候ニ付　貴会ニ御収容保護被成下度　御収容ノ上ハ御規定ニ依リ御処置ノ儀異
議無之ハ勿論総テ規則其ノ他御指示ノ事項ハ堅ク遵守可仕候戸籍謄本相添此段願候也
　　　大正14年8月　　　　日
　　　　　　　　右本人　　　藤田竹男
　　　　　　　　戸　主　　　藤田竹男

第Ⅱ部 「個人記録」110人の記録

```
　　　　大正14年8月14日
　　　　　　　　　　財団　同潤会　砂町　管理事務所
　　　　　　　　　　法人　仮住宅
　　　　　　　　　　　　　　主管　森　雅材

　　浴風会長　　　　　　殿
　　　　収容者依頼ニ関スル件
　左記ノ者ハ当住宅第68号ニ居住スルモノニテ候モ　老衰ニ加テ中風病ニテ扶養義務者ハ就
学児童ナル致末ニテ　其日ノ生活ニ困難致居ル状況ニテ候間　何卒貴会ノ御援助賜度重セ
テ特別緊急収容方御依頼及候也
　　　　　　　　　　記
　　　　　　　藤田　竹男（66歳）
```

```
　受　付15年1月15日　決　裁
　　　　常務理事　　　　　　　　　　　会計課長
　　　　　老人ホーム交渉案
　　　　　　　　　　　　　　　　　　　　　　　　浴風会
府下　杉並町高円寺３３
　日本福音ルーテル教会
　　老人ホーム宛
拝啓　陳者予テ旧臘御相談致置候収容御委託申上度　左記人名ニ有之候ニ付約１週間以内ニ
貴所ニ引連レ御委託申上度御差支無之哉何分至急御返事被下度
尚御委託ニ関スル条件ハ大体別記ノ通ニ御諒承被下度右得貴意候　　頓首

　　　　　本籍東京市深川区○○○町××番地
　　　　　現住所　東京府下南葛飾郡砂町同潤会仮住宅68号　佐藤方
　　　　　　　　藤田竹男
　　　　　　　　万延元年12月5日生
１、半身不隨中風症
　（理由）本件竹男ノ保護願ハ同潤会住宅管理事務所ヲ経テ提出ノ処遇至実地調査ノ結果
　本会収容資格者ト認定シ得ルモノニ付　之ヲ本会保護者ニ決定致度　就テハ予テ内交渉
　致置候
　老人ホームニ対シ１度公式交渉致候上収容時ヲ決定致度候

　　　　　　　御委託条件
１、収容者ニ要スル一切ノ経費トシテ一日金60銭ノ割ヲ以テ本会ヨリ支出ス
　　但看護手当及死亡ノ場合ニ要スル費用ハ別ニ之ヲ支出ス其額ハ協定ニ依ルコト
２、前項本文ノ費用及看護手当ハ毎月分ヲ翌月初旬ニ之ヲ支払フコト
３、本会ニ於テ指定スルモノノ外収容者ノ処遇其他ニ関シテハ総テ貴所ノ規定ニ依ル
　　コト　但収容者退所申出ノ場合ハ予メ本会ノ承認ヲ受ケラレタキコト
４、収容者死亡其他異常ノ事故起リタル場合ハ　其都度速ニ詳細報告アリタキコト
　　ニテ本会報告ト同時ニ左記ノ保証人ニモ同シ通知シ但病気危篤ニ陥リタル場合
　　又ハ死亡ハ電報　其他ハ緊ヲ要セサル場合ハ書面報告ノコト
　　　　東京府南葛飾郡砂町同潤会仮住宅弟６８号
　　　　　　　　　　　　　佐藤　勝春
５、収容者ノ起居状況ハ毎翌月５日限報告アリタキコト
６、本会ハ随時職員ヲシテ収容上ノ状況ヲ視察セシメ　必要ノ場合ハ取扱方法ノ変更
　　ヲ協定シ又ハ都合ニ依リ其委託ヲ取消スコト　以上
```

謹啓
15日附の書信落手仕候
扨て委託條件お提示の條項中毎月報告云々の項は
当方□無人にも有之お約束致兼候　最も必要の折に
当方より自発的にお報知申上べく候
当方の希望として□□受依託者が依託者よりとの
感じも□□然ホーム収容者と同様の待遇と精神を
以てお扱り申度候
尚若しお受託□□被下とせバ万一受託者のために
在来収容者管理上不都合の点有之候折ハ何時にても
依託を解除する事をお承認被下度候
先つ右　至急お返答申上ル　　　　敬具

　　　19日　　　　　　ルーテル教会老人ホーム
　　　　　浴風会御中

15年1月26日　　　主任　赤司書記
　　　　　　常務理事
左記ノ者予テ財団法人同潤会砂町仮住宅管理事務所主管ヲ経テ本会ヘ保護収容方願出居候
処実地調査ノ結果要救護ノ資格アル者ト被認候ニ付収容方御決定ノ上曩ニ指示セル委託條
件ニ基キ府下杉並村高円寺老人ホーム収容御委託相成可然哉
右仰高裁候也
　　　　　本籍東京市深川区○○町××番地
　　　　　現住所東京府下南葛飾郡砂町同潤会仮住宅第68号
　　　　　　　　　藤田　竹男
　　　　　　　　　　万延1年12月5日生

　　　　　　　　　　　　　　　　　浴風会
年1月23日
　　府下杉並村高円寺303番地　　日本福音ルーテル教会老人ホーム宛

　　　　　　収容者委託ノ件
本月15日第11號ヲ以テ得貴意候標記ノ件ニ関シ　本月19日附御回答ノ趣了承仕候
就テハ本会収容者藤田竹男ヲ　本月23日ヨリ貴老人ホームニ収容御委託申上候條万事
宜敷御依頼申上候也

　　　　年　　　月　　　　　　　　　　　浴風会
同潤会砂町仮住宅主管宛
豫テ御申越相成居候貴管理ニ属スル砂町仮住宅第68号　佐藤方
居住ノ藤田竹男ハ去23日ヨリ本会収容者ニ決定シ同日ヨリ
府下杉並村高円寺303番地　日本福音ルーテル教会老人ホーム
ニ委託収容致候ニ付此段及通知候也

No.163　小原　勝　（男）

入園日	昭和2年6月13日
退園日	昭和3年8月22日　（死亡）

（要救護者調書）

出　　生	弘化2年2月15日生　当83歳
出　生　地	鳥取県鳥取市
本　籍　地	東京市本郷区○○○○○町×番地
震災当時ノ住所	東京市本郷区○○○○○町×番地　福井正男方
現　住　所	東京市本郷区○○○○○町×番地　福井正男方
戸主又ハ続柄	戸主
宗　　教	（記載なし）
家族ノ状況　並扶養親族関係	家族トシテハ妻よねト2人ノミ 　現在同居中ノ福井志ほハ　本人ノ2女ニシテ福井祐之助ニ嫁シタル者ニシテ　夫ニ死別シ子供（14歳ト12歳）2人ヲ抱ヘ　前記ノ通生活ニ困難シ居ルモノニシテ　先々本人ヲ扶養スルコト困難ナリ　妻よねヲ扶養中ノ川上ナルモノハ　4女冬子ノ養家ニシテ冬子ハ精神病者ニシテ　川上寅吉ナル養父ハ77歳ヲ超エタル老人ニシテ勝手仕事モ自分ニテナシ居レリト云フ　尚ホ本人ノ妻よねノ外3女春子ノ嫁先モ生活困難ノ為　其ノ子供ヲ2人引取リ扶養中ナルモ裕福ナルニハアラズ　3女春子ノ夫ハ4,5年前ヨリ失職シ　目下ハ自分ノ子供ノ扶養モ出来ズ　前記ノ通リ川上ニ2人ノ子供ヲ扶養サレツツアリ
身心ノ状態不具廃疾ノ程度　及疾病ノ有無	壮健
震災当時の職業及現在ノ作業　収入	震災当時及現在共素人下宿
教育程度 趣　　味 嗜　　好	（記載なし） （記載なし） （記載なし）
震災後ニ於ケル生活ノ経路　並ニ現況	震災直接ノ被害ナシ　震災前ヨリ福井志ほ（本人ノ2女）ト同居シ素人下宿ヲ営ミ居ルモ　生活困難ニシテ且ツ福井志ほハ病身ニテ　現在家賃（月45円）モ3,4ヶ月滞リ居ル有様ニシテ　本人ノ妻よねハ4女冬子ノ養家ニ寄食中ナリ
生立及経歴	小原順平ノ長男ニ生レ26歳ノ年上京シ　東京府庁ニ約9年間奉職シ辞シテ5,6年間北海道物産店ヲ営ミタルモ失敗シ其ノ後三菱ノ社員トナリ約3年間ニテ辞ス其ノ後ハ種々職業ヲ変更シタルモ生活ニ不自由ナキ程度ニテ成功シタルコトナシ　本人ハ26,7歳ノ頃妻よねヲ迎ヘ2男4女ヲ挙ケタル処　長男ハ明治42年ノ頃死亡シ長女ハ明治39年ニ死亡他娘3人ハ他ヘ縁付　老夫婦ト2男ノ3人暮シニテ些シタル不自由モナク生活居タルモ大正9年右2男モ死亡スルニ及ヒ老夫婦ノミトナレリ
保護依頼者	（記載なし）

その他	遺留金　　　4円88銭也
	遺留物品　　　65点
	内訳
	二重コート　1枚　　羽織　2枚　　道行　2枚
	綿入　2枚　　帯　1本　　帽子　4個　　袷　2枚
	単衣　6枚　　襦袢　9枚　　袍衣　8枚　　股引　3枚
	腰巻　2枚　　□□毛糸　1個　　算盤　1個
	バスケット　1個　　懐炉　1個　　石鹸入　1個
	毛ヌキ　1個　　煙管　1個　　本　1冊　　足袋　3足
	洗面器　1個　　扇子　1本　　風呂敷　3枚
	缶切　1本　　ナイフ　1本　　平袋　1個　　肩掛　1筋
	行李　1個
	以上
	右市外○○町△△△××× 　福井志ほ氏ニ渡ス
	昭和2年8月23日
保護経過	（記載なし）

　　　　　　　　　　　　　養老収容願
　　　東京日々新聞第17867号記事一見候処
　　貴局内浴風会ニ於テハ予テ震災地老衰者60歳以上ノ者ヲ収容相成リ仁恤ヲ蒙リ居リタル本年末ヨリハ其外一般老衰者ヲモ詮衡ノ上収容ノ設備アラセラレルル趣之レアリ右ニ就キ其義挙ノ救助ヲ蒙リ度私モ切望仕候然シ是　等煩ハシキ救恤ノ願意ヲ抱キタルハ恐縮慚愧ノ至リニ候得共元来無資産ニシテ不幸嗣子ノ世帯ヲ失ヒ其後親類ノ扶養ヲ受ケ居リシモ其親類者モ死亡致シ所謂よるへなき老人ニテ生活ノ道無ク困窮状態己ム得ス貴会へ収容仁恤ノ恵ヲ蒙リ度此義切ニ願上候
　　追テ家族ハ妻1人ナルモ是ハ或ル関係者ノ扶養ヲ受居リ候私ハ身体健全ニシテ四肢耳目等ニハ不自由ナキ者ニ候
　　大正15年6月12日
　　　　　　　　　本郷区○○○○○町×番地
　　　　　　　　　　　福井正男方
　　　　　　　　　　　　小原　勝
　　　　　　　　　　　　　82歳（弘化2年2月生）
内務省社会局内
　　浴風会御中

No.167　岡田美津　（女）

入園日	昭和2年5月13日
退園日	昭和3年8月31日　（死亡　脳出血）

（要救護者調書）

出　　生	嘉永5年2月2日　当76歳
出　生　地	愛知県海部郡○○村大字△△△
本　籍　地	東京市本所区○○町××番地
震災当時ノ住所	東京市本所区○○町××番地
現　住　所	東京市本所区○○町××　中澤捨吉方
戸主又ハ続柄	戸主
宗　　教	門徒宗
家族ノ状況　並ニ扶養親族関係	家族ナシ　扶養親族関係者ナシ　郷里ニ兄ノ一家在ル筈ナルモ上京後殆ント音信不通ニテ現在如何ナル模様ナルヤ不明
身心ノ状態不具廃疾ノ程度　及疾病ノ有無	昨年9月発病　半身不随
震災当時ノ職業及現在ノ作業　収入	震災当時ハ露店焼鳥屋 現在ハ無職
教育程度 趣　　味 嗜　　好	（記載なし） （記載なし） （記載なし）
震災後ニ於ケル生活ノ経路　並ニ現況	震災迄ハ一家ヲ持チ焼鳥屋（露店）ヲ営ミ居タルモ全焼ノ為メ府下○○ニ一戸ヲ借リ受ケ小間物ノ行商ヲ営ミ少シ計リノ貯蓄モ有リタレトモ昨年9月13日ヨリ病気ノ為メ本年4月マデ病床ニテ徒食シ無一物トナリ其ノ上半身不随トナリ詮方ナク諸所知己ヲ頼リテ厄介ニナリ先月20日頃ヨリ現住所ニ厄介ニナリツツアルモ之トテモ単ニ知己ニ過キスシテ将来扶養ヲ受クルコト不可能ナリ（震災時恩賜金12円ヲ受ク）
生立及経歴	岡田富男ノ長女ニ生レ兄一人アリシモ死亡 本人ハ16歳ノ年上京シ絹糸取リニ約20年位奉公シ居ル内縁アッテ櫻井勘助ト内縁関係ヲ結ヒ約8年同棲シタルモ子供ナクシテ離別ス 其ノ後ハ独身ニテ露店焼鳥屋及小間物ノ行商等ヲ為シ生計ヲ立テ来リシモ老衰ト病気ノ為今ハ生業に就クコトヲ得ス
保護依頼者	（記載なし）
その他	（記載なし）
保護経過　　（記載なし）	
入園時ノ所持金品	(1) 遺留金　　　3銭也 (2) 遺留物品　19点　内訳　　袷 4枚　襦袢 3枚　羽織 3枚 　　　　　　　　　　　　　　前掛 2枚　単衣 2枚 　　　　　　　　　　　　　　ガマ口 1個　帯 1本 　　　　　　　　　　　　　　小切入袋 1個　腰巻 2枚　以上

罹災証明願
本籍　　東京市本所区○○町××番地
現住所　東京市本所区○○町××番地車力中澤捨吉方　無業　岡田美津　嘉永5年2月2日生
一　罹災年月日　大正12年9月1日
一　罹災場所　　東京市本所区○○町××番地
一　罹災　　　　大震火災
右ノ通リ罹災以後今日ニ至リ　老病衰体生活困難且ツ扶養者ナクニ付キ今回財団法人浴風会ニ収容保護出願致度候間罹災御証明相成度此段願上候也

昭和2年4月26日
　　　　　右
　　　出願本人　　　　　　　　　　　　　　岡田美津

右罹災ヲ認メ候也　　○○町々会長　塚本藤太郎
本所区長　田村瑞穂殿

庶証第176号　右証明ス　昭和2年4月26日
東京市本所区長　　田村瑞穂

No.188　中田三郎　（男）

入園日	昭和2年4月22日
退園日	昭和3年10月31日　（死亡　）

（要救護者調書）

出　　生	明治19年12月28日　当42歳
出　生　地	本籍地ト同ジ
本　籍　地	宮城県栗原郡〇〇〇町字△町××
震災当時ノ住所	右（本籍地）ニ住居ス
現　住　所	埼玉県北埼玉郡〇〇村大字△△△××××
戸主又ハ続柄	戸主　伊助　叔父
宗　　教	法華宗
家族ノ状況　並扶養親族関係	本籍ニ於ケル家族ハ今日何レニ住居スル哉モ不明風説ニハ北海道アタリニ転住セリトノ事ナルモ定カナラズ本籍ハ絶家ノ有様随テ親族トテモ無之扶養スベキ者モナシ
身心ノ状態不具廃疾ノ程度　及疾病ノ有無	松葉杖ニテ僅カニ1,2丁歩行出来得ル程度ナルモロイマチス神経痛以外ニハ病気ナシ
震災当時ノ職業及現在ノ作業　収入	大正7年4月発病以来現在ニ於テモ無職ナリ
教育程度 趣　　味 嗜　　好	（記載なし） （記載なし） （記載なし）
震災後ニ於ケル生活ノ経路　並ニ現況	罹病臥床中ニテ穴居同様ノ住家被害ナキモ罹災地タル本村ノコトニテ一般世人ノ同情モ薄ラギ生活上極度ノ困難ニ陥リタリ
生立及経歴	12歳迄父母ノ膝下ニ成長シ　13歳ニシテ埼玉県北埼玉郡〇〇村字△△紺屋業後藤八郎方ニ年季奉公トシテ住込　同家ニ7年間奉公ノ後1人ノ前職人トナリ　転々シテ現住地ニ住居スルニ際シ　紺屋職関口次郎方ニ雇ワレ染物業職人トシテ稼キ居リタルモ　不幸大正7年4月発病不具者同様ニ陥リタリ 職業及世帯 　発病前世話スルモノアリテ　本村内ヨリ妻ヲ娶リ共稼致シ居ルモ罹病後数年ナラザルニ薄情ニモ妻ハ本人ヲ見捨テ突然家出ヲナシ　是亦住所不明ナルヲ以テ戸籍上離縁ノ手続ヲナシ　目下全ク孤独ニ陥リタリ
保護依頼者	（記載なし）
その他	（記載なし）
保護経過　（記載なし）	

入園時ノ所持金品	遺留金　　　5円46銭也 遺留物品　　綿入　1枚　　靴　1　　風呂敷　1　　半ずぼん　1 　　　　　　がま口　1　　きせる　2　　以上

浴風会入園許可願
原籍　宮城県栗原郡〇〇〇〇町字△△××番地
寄留地　埼玉県北埼玉郡〇〇村大字△△△××××番地
戸主　伊助叔父
中田三郎
明治19年12月28日生
私儀今ヲ去ル20歳 前紺屋職人トシテ郷里ヲ立出テ諸所出稼ノ後前記寄留地ニ落付同職後藤八郎方ニ職人トシテ傭用稼キ居候処不幸ニモ大正7年4月突然関節ロイマチス神経痛ニ罹リ労働不可能ニ陥リ随テ傭用者トテモ無之加之生活難ヨリ妻はるトハ去月24日離婚ノ止ムナキニ至リ不止得原籍地ニ引取方照会候処現戸主伊助ヲ始メ別紙戸籍上ノ一族ハ四分五裂行衛不明ニシテ原籍ニハ単ニ空籍ノ存スルノミトノ回答ニ接シ茲ニ全ク孤立ノ身ト相成住ニ家ナク本村内愛宕神社境内に穴居同様ノ居ヲ構ヒ只管他人ノ恵ニ依リ僅カニ露命ヲ保チ居リ候次第ニ付何卒事情御賢察ノ上貴会御収容ノ恩典ニ浴シ度別紙医師診断書　証明書並ニ戸籍謄本相添ヘ此段奉願上候
昭和元年12月30日
右　中田三郎
浴風会常務理事　三宅源之助殿

No.224　関本清次　（男）

入園日	昭和3年6月2日
退園日	昭和4年2月21日　（死亡　萎縮腎）

（要救護者調書）

出　　生	安政3年5月23日生　当72歳
出　生　地	和歌山市〇〇〇町
本　籍　地	東京市神田区〇〇〇町××番地
震災当時ノ住所	東京市浅草区〇〇町××番地　石原方
現　住　所	東京市浅草区〇〇町××番地　石原方
戸主又ハ続柄	単身戸主
宗　　教	浄土宗
家族ノ状況　並ニ扶養親族関係	家族ナシ 本人ノ甥（兄ノ子）ニシテ小田原ニ居住スルモノアルモ音信斗絶ヲ再三手紙ヲ出シタルモ返事モナキ有様ニテ　到底本人ヲ引取リ扶養スルカ如キハ困難ナリ現住所石原ナルモノハ単ニ知人ニ過ギズ
身心ノ状態不具廃疾ノ程度　及疾病ノ有無	大正12年7月発病（中気様ノ病気）半身不随トナル歩行困難ナリ
震災当時ノ職業及現在ノ作業　収入	震災当時及現在共無職
教育程度 趣　　味 嗜　　好	（記載なし） （記載なし） （記載なし）
震災後ニ於ケル生活ノ経路　並ニ現況	震災ノ際ハ病床ニ在リシカ　全焼ノ為身ヲ以テ逃レ　間モナク石原家カ現住所ニ帰ルヤ同時ニ同所ニ来リタルモ　病気ノ為就業不能ナル為今日迄石原家ニ食客トナリ来リタリ
生立及経歴	大竹留次ノ二男ニシテ　20歳ノ年関本ツネト養子縁組ヲナシタル処養母ハ2,3年后ニ死亡シ　29歳ノ頃単身上京シ写真材料卸ヲ営ミ居リシカ　57,8歳ノ頃ヨリ神籤製造業ニ変リ之又思ハシカラス　大正11年67歳　1年ヨリ世帯ヲ畳ミ石原方ニ手伝トシテ厄介ニナリ来リタリ　然レトモ大正12年7月ヨリ病気ノ為手伝モ出来ス同家ノ同情ニ依リ生活シ来リタリ　45歳ノ年一度妻帯シタルモ　同棲2,3ヶ月ニシテ離別シ殆ント独身生活ヲ以テ終ル
保護依頼者	（記載なし）
その他	備考 　　本人入園后ノ身元ニ就テハ（事件） 　　浅草区〇〇町××番地石原久志ニ於テ引受ヲナスト
保護経過	（記載なし）

```
遺留金品　8点
　　羽織　1枚　　単衣　1枚　　鳥打帽子　1個　　風呂敷　1枚
　　綿入着物　2枚　　書類　1包　　着物　1枚　　　以上
```

No.273　隅部トミ　（女）

入園日	昭和3年8月17日
退園日	昭和4年7月11日　（死亡　肺炎）

（要救護者調書）

出　　生	嘉永3年2月10日生　当79歳
出　生　地	三重県鈴鹿郡○○村字△△
本　籍　地	東京市牛込区○○○○○町×××
震災当時ノ住所	東京市外○○町△△△番地不詳　大橋方
現　住　所	東京市牛込区○○○○○町×××　川崎平次郎方
戸主又ハ続柄	戸主
宗　　教	（記載なし）
家族ノ状況　並ニ扶養親族関係	兄弟5人アルモ全テ死亡シ 姪甥ハアルラシキモ全テ三重県ノ田舎ニ百姓ヲナシ居ルモノナレバ今更帰リ世話ニナリ得ズ
身心ノ状態不具廃疾ノ程度　及疾病ノ有無	不具者ニアラザルモ左足ニ神経痛ヲ患フ故ニ少々身体ノ不自由ハアルモ大シタル事ナシ
震災当時ノ職業及現在ノ作業　収入	針仕事
教育程度 趣　　味 嗜　　好	（記載なし） （記載なし） （記載なし）
震災後ニ於ケル生活ノ経路　並ニ現況	震災時ハ上記ノ場所ニ居住シ　毎日○○町44染物屋ニ針仕事ヲナシニ通勤シ　食事付30銭ノ収入アリ　今年5月迄継続スルモ老衰ノ為メ中止シ　低脱脂綿等ノ行商ヲナシ川崎方ノ世話ニナリ生活スルモ　コレモ永続ノ見込ナク且ツ神経痛サヘ加リ　警察ノ世話ニテ区役所ヲ経テ本園ニ来ル
生立及経歴	小田平八（農）ノ長女ニ生レ本人19歳ノ時ニ父ハ死亡シ　母ハ23歳ノ時ニ死亡ス　コレヨリ本人ハ19歳ノ時某男（農）ニ嫁シタルモ　1子（23歳ニ出産）ヲ挙グルト間モナク夫ト子供ハ死亡シ離縁シテ里方ニ帰リ　兄ノ農業ヲ手伝ヒ居ル折ニ　28歳ノ時隅部清次（当時農）ト再婚ス　23歳（ママ）ノ時男子ヲ分娩スルモ　80日位シテ死亡シ　夫モ57歳ニテ今ヨリ21年前ニ死亡ス 本人41歳ノ時農業ヲ中止シテ上京シ　小売商人ヲナシテ夫婦ハ生活ス　夫ノ死後ハ針仕事ニテ辛ジテ生活ヲ持続シ来ル
保護依頼者	（記載なし）
その他	（記載なし）
保護経過　（記載なし）	

| 入園時ノ所持金品 | 遺留金　　11円41銭也　内金9円ハ保管証書
遺留物品　13点　右内訳
　襟巻　1枚　　ネル襦袢　2枚　　洒襦袢　1枚
　木綿袷羽織　1枚　縮白腰巻　1枚　　白足袋　3足
　黒足袋　1足　　木綿袖無袷襦袢　1枚　　前掛　1枚　　帯　1本 |

証明願
　本籍　　東京市牛込区〇〇町××番地　　　平民　　　戸主
　現住所　東京市牛込区〇〇町×××番地
　　　　　川崎平次郎方
　　　　　　　　　　　隈部　トミ　　嘉永3年2月10日　生
　右者明治41年7月11日夫清次ニ死別后単身戸主トナリ　他ニ扶養ヲ受クベキ親族等無之為メ市内諸所ニ間借シテ　他人ノ洗濯家事手伝等ヲ為シ　辛ウシテ今日迄生活ヲ続ケ来リ　本年6月10日頃ヨリ牛込区〇〇町××番地畑中かな方ニ寄寓シ　更ニ本月14日ヨリ現住所川崎平次郎方ノ厄介ニナリ居レルモ　老齢ニ達シ立居サヘモ不自由ナルニ至リ　此上到底自活ノ道ナク且ツ他人ノ扶養ヲ受クル事モ出来難キ事情ニ有之候ニ付テハ　財団法人浴風会ヘ入園保護出願致度候間　貧困孤独ノ老衰者トシテ御証明被成下度此段奉御願候也
　　　昭和3年8月15日
　　　　　　　　　右　隈部　トミ
　牛込区長殿

No.291　山崎とみ　（女）

入園日	昭和3年8月31日
退園日	昭和4年9月7日　（死亡）

（要救護者調書）

出　　生	安政4年7月15日　当72歳
出　生　地	東京市深川区○○町番地不詳
本　籍　地	東京市
震災当時ノ住所	東京市深川区○○町×番地　里見駿太郎方
現　住　所	東京市深川区○○○町×番地
戸主又ハ続柄	戸主
宗　　教	神徒
家族ノ状況　並 扶養親族関係	実家及子供ナク妹ふみハ横浜市○○町大工田端真吉ニ嫁シ子供ナク25、6年前死亡 弟八郎ハ本人12歳ノ時死亡　内縁夫直次郎アルモ半身不随ニテ扶養能力ナシ 他ニ扶養親族関係者ナシ
身心ノ状態不具 廃疾ノ程度　及 疾病ノ有無	右眼失明（10年前頃ヨリ眼病ニテ苦シミ本年4月頃右眼失明ス）
震災当時ノ職業及 現在ノ作業　収入	子守 無
教育程度 趣　　味 嗜　　好	（記載なし） （記載なし） （記載なし）
震災後ニ於ケル 生活ノ経路　並ニ 現況	子守ニ雇ハレテ生活中震災ニ遭遇シテ全焼セシカバ　越中島ニ避難シ程ナク里見方ノ仮建ニ入リシガ　10月末日胃腸病トナリ病勢漸時加ハリ12月上旬知人ナル戸崎直次郎ガ同情シテ引取看護ヲ受ケシ結果　大正13年1月上旬全快シテ内縁関係ヲ結ビ　直次郎ノ収入ニテ生活セシガ　昭和2年2月上旬新道開設ノタメ立退ヲ命ゼラレシカバ　同町×番地ノ現住所ニ移転セシモ　本年4月12日夫直次郎ハ脳溢血ニテ半身不随トナリ　従ツテ収入ノ途絶エ　町内ノ有志並ニ知人ノ同情ニテ辛ジテ生活スルモ　区画整理ニテ本月15日限リ立退ヲ命ゼラレ居レリ　尚恩賜金12円拝受ス

生立及経歴	石屋山崎為五郎ノ長女ニ生レ（3人兄弟）18,9歳ノ時　○○町×丁目呉服商　古田清助方ノ女中トナリ　24,5歳ノ頃海軍2等兵曹上川直之ト内縁関係ヲ結ビ　横須賀市○○町××番地ニ旅人宿川崎屋ヲ開業シ24,5年継続セシモ思ハシカラザリシカバ　48,9歳ノ時廃業シ　附近ニ一戸ヲ借家シテ海軍々人ヲ目的ニ　素人下宿ヲナシ居リシガ　50歳ノ折夫直之死亡シ　程ナク元下宿人タリシ陶器絵師大山忠ノ次男昌男ヲ戸籍上養子トシ（本人ハ大山方ニ居リテ全々来ラズ　後ニ至リテ大山忠ガ亡夫ノ恩給当時8円計リヲ横領セントノ計画ナリシヲ悟リシモ如何共ナシ難ク其ノ儘トナル）　2ヶ年計リ居住中生活難ニ陥リシタメ従弟ナル東京市深川区○○町川並業田端銀次郎ヲ頼リテ上京シ　2ヶ月後○○○○町貸座敷新富屋ニ奉公セシヲ初メニテ　2,3ヶ月宛所々ニ手伝婦ヲナシ　57歳ノ頃深川区○○町×里見駿太郎方ノ子守トナリ震災ニ及ブ（以下　震災状況欄ニ同ジ） 父母ハ何レモ40歳ノ時死亡セリ 職業及世帯ノ変遷　同前
保護依頼者	（記載なし）
その他	（記載なし）
保護経過　（記載なし）	

```
遺留物品　15点　内訳
　　単衣　1枚　　ネル単衣　1枚　　浴衣　3枚　　綿入半纏　1枚　　袷半纏　1枚
　　帯　2本　　メリヤス襦袢　1枚　　衿巻　2枚　　足袋　2足
　　小切風呂敷包　1個　　　以上
```

No.300　大野市藏　（男）

入園日	昭和4年4月30日
退園日	昭和4年10月7日　（死亡　）

（要救護者調書）

出　　　生	慶応元年2月5日　当65歳
出　生　地	群馬県前橋市〇〇町××番地
本　籍　地	東京府荏原郡〇〇町△△△△××××
震災当時ノ住所	横浜市〇〇〇町字△△町番地不詳　川井達吉方
現　住　所	東京府荏原郡〇〇町△△××番地　〇〇町役場内
戸主又ハ続柄	戸主亡大野三太郎ノ弟
宗　　　教	真言宗
家族ノ状況　並扶養親族関係	1　妻ノ有無　ナシ　直系尊卑属ノ有無　ナシ 1　其他ノ親族ノ有無　ナシ 　　永年ノ知人　雇主等ノ有無　ナシ
身心ノ状態不具廃疾ノ程度　及疾病ノ有無	青壮年時代ノ主ナル疾患　ナシ　現在ノ疾病　老衰（1ヶ年半計リ前ヨリ老衰シ歩行不自由且ツ腰ニ痛ミアルモ自分用ハ充分）精神障礙等　ナシ　性情　強情
震災当時ノ職業及現在ノ作業　収入	広告配リ其ノ他ノ日雇人夫 無職
教育程度 趣　　味 嗜　　好	無教育 ナシ 煙草
震災後ニ於ケル生活ノ経路　並ニ現況	1　震災当時ノ被害ノ状況　程度等　全焼 震災後今日迄ノ家庭生活　其ノ他生活程度状況ノ変遷等　中村町バラックニ収容セラレ　鳶ノ手伝ヲ初メ日雇人夫ニテ生活セシガ　大正13年4月末日立退ヲ命ゼラレシカバ　止ムヲ得ズ同町木賃宿ニ止宿シテ葬儀ノ花持及広告又ハ日雇人夫等ニテ生活セシモ　昭和2年10月頃ヨリ老衰ノタメ歩行不自由トナリシガ辛ジテ継続シ　昭和4年4月10日遂ニ就職困難トナリシタメ　廃業シ従ツテ収入ノ途ナク本籍地ニ戻リシガ　知人モナク全ク困窮ノ結果当役場ノ保護ヲ本月23日ヨリ受ケ居レリ

生立及経歴	1．両親ノ氏名　大野市太郎　同かよ 　本人トノ戸籍関係　次男　職業　農 　　34,5歳ニテ横浜ニ居住ノ折同郷人ヨリ父母共ニ病没セシ由ヲ聞キシノミニテ死亡ノ時及疾病等不明 2．出生時　幼少年時代ノ住所　家庭状況　教育等 　群馬県前橋市○○町××番地　両親兄弟2人ノ4人家族ニテ農家ナリシモ至ッテ貧困ニテ10歳ヨリ馬丁見習小僧トナル　無教育 3．本人ノ職業関係　住居　生活状況ノ変遷等 　10歳ニテ前橋馬車会社ノ住込小僧トナリテ1ヶ年次イデ高崎　松枝　伊勢崎　宇都宮等ノ馬車屋ニ馬丁トシテ住込　17,8歳ノ頃上京シ○○町所在ノ品川馬車会社　ノ馬丁トナリテ5,6ヶ年　横浜市○○町××××番屋敷米国人「セレツ」方ノ小使ニ住ミ込ミテ12,3年勤続セシガ　主人帰国ノタメ30円ノ手当金ヲ支給サレテ解雇セラレシカバ　中村町ノ木賃宿花屋中屋等ヲ初メ所々ニ転宿シ広告配リ　花持日雇人夫ニテ生活ヲナス 4．縁事関係　子女ノ有無 　25,6ノ頃須崎ちえト内縁ヲ結ビ男児2名ヲ挙ゲシモ　長男ハ出産後3日次男市之助ハ半ヶ年ニテ何レモ死亡シ　30歳ノ折妻ハ火傷（洋燈ガ頭上ニ落チテ身体一面火トナル）ニテ死亡後独身生活 5．本人ノ性行　放蕩ニシテ強情 6．特ニ貧窮ト認ムベキ事項　一定ノ職ヲ有セザリシ事。（壮年時代ニ於テ）妻子ノ死 　賞罰　罰　21,2歳ノ時賭博犯ニテ東京監獄ニ1ヶ月入監シ其上罰金5円
保護依頼者	東京府荏原郡○○町長　小島富次郎
その他	一．調査箇所　東京府荏原郡○○町役場内
遺留金品	遺留金　2円28銭 遺留物品　スエーター　1枚　背広服　1枚　ズボン　1枚 煙草入　1個　墓口　1個

（収容者台帳）

続　　柄	亡戸主ノ弟
性　　別	（記載なし）
氏　　名 生年月日　年齢	大野　市藏 慶応元年2月5日　65歳
本　籍　地	府荏原郡○○町大字△△△△××××
入園前住所	府下○○町役場内
家族親族等ノ現況	両親ハ死亡ス　妻ハ30歳ノトキ死亡ス　子供2人アリシモ生後1ヶ年以内ニテ2人トモ死亡　実兄アリシモ死亡　親戚知人ナシ
経　　歴	貧農ノ次男ニ生レ10歳ニテ前橋馬車会社ノ小僧ニ住込ミ　後高崎　伊勢崎　宇都宮　等ノ馬車屋ノ馬丁トナ18歳ノトキ上京品川ノ馬車会社ノ馬丁トナル　5,6年ノ後横浜外人ノ小使トナル　12年勤メ解雇（主人帰国ノタメ）セラレ後横浜ニテ広告配リ　花持チ　日雇人夫トナル 　震災ニ居所ハ全焼ニ逢ヒ以前同様ノ仕事ヲナシタルモ　昭和2年頃ヨリ老衰セシ傾キアルモ　今月全ク就職ノ途ナク本籍地ニ戻リ役場ノ世話ニナル

宗　　教	真言宗
教　　育	（記載なし）
健康状態	老衰
労務能力	（記載なし）
個　　性	性質：強情
性　　格	（記載なし）
習　　癖	（記載なし）
趣　　味	（記載なし）
嗜　　好	（記載なし）
保護経過　（記載なし）	
入園時ノ所持金品	（記載なし）

No.368　北村しほ　（女）

入園日	昭和4年6月17日
退園日	昭和5年4月6日　（死亡　萎縮腎）

（要救護者調書）

出　　生	文久元年6月18日　当69歳
出 生 地	山口県阿武郡○町△△町
本 籍 地	同上
震災当時ノ住所	同上
現 住 所	東京市牛込区○○町××番地　北村重一方
戸主又ハ続柄	戸主
宗　　教	真宗
家族ノ状況　並ニ扶養親族関係	1　夫　ナシ 1　直系尊卑属　ナシ 1　其ノ他ノ親族　ナシ 1　永年ノ知人雇主　ナシ 　　目下厄介ニナリツツアル北村重一方ハ同郷人ト言フノミニテ同卿人川本某ノ紹介ニテ厄介トナリシモ　家内狭小ニテ是以上世話ニナリ難シ
身心ノ状態不具廃疾ノ程度　及疾病ノ有無	青壮年時代ノ主ナル疾病　　ナシ 現在ノ疾病　　腰痛（腰曲リテ時々痛ミヲ感ズルモ軽症ナリ） 精神障害等　　ナシ 性　情　　温順
震災当時ノ職業及現在ノ作業　収入	裁縫兼手伝婦　　収入　ナシ 無職　　　　　　収入　ナシ
教育程度 趣　味 嗜　好	（記載なし） 芝居 ナシ
震災後ニ於ケル生活ノ経路　並ニ現況	1　震災ノ被害　ナシ 1　震災後ノ生活状況ノ変遷　裁縫又ハ手伝婦ニテ生活セシガ　漸次収入減ジ困窮ニ陥リシカバ昭和2年12月10日同町川本某ノ上京ヲ好機トシテ同人ニ伴ハレテ上京シ　其ノ知人ナル現住所北村方ノ厄介トナリ所々ニ手伝婦又ハ留守番トシテ1ヶ月位宛住込ミ昭和3年11月1日就職口ナキタメ北村方ニ厄介ニナリ居リシガ同月下旬腎臓病トナリ　昭和4年3月全快セシモ病後ノ事トテ到底手伝婦等ヲ勤メ難キニヨリ　同家ニ厄介トナリ傍々家事ヲ手伝ヒ居リシモ　目下北村方ハ7人家族ニテ家内狭小ナル上　近々2名帰宅スル筈ナレバ到底厄介ニナリ居リ難キニ至ル

生立及経歴	1　両親　北村　直幸　りゅう 　　　　続柄　長女 1　出生時　幼少年時代ノ住所　家庭状況　教育等 　　　　山口県阿武郡〇町△△町 　　　　相当ノ資産（土地）ヲ有シ5人家族ニテ裕福ノ生活ヲナス 　　　　7, 8歳ヨリ4, 5年寺子屋ニテ勉学ス 1　本人ノ職業関係　住居　生活状況ノ変遷等 　　　　12, 3歳ヨリ母ニ就キテ裁縫　機織等ヲ習得シ　16歳ノ折同町無職佐藤隆之助ニ嫁セシモ　2ヶ年ニテ離縁シ以後独身生活ヲナス　26歳ニテ父病死セシカバ母ト共ニ賃仕事等ニテ生活シ　44, 5歳ノ頃ヨリ弟国之（台南郵便局員）ヨリ毎月10円宛生活費ノ補助トシテ送金ヲ受ケ居リシガ　52歳ノ時国之（当時46歳）病死シ　其ノ後ハ扶助料年額45円ヲ受ク　61歳ノ折母病死セシモ引続キ賃仕事シテ生活セシガ　収入少キタメ時々手伝婦等ニ雇ハルルニ至ル（末弟幸太ハ写真師ナリシガ28歳ニテ死亡ス） 1　縁事関係　子女ノ有無 　　　　16歳ノ時　〇町無職　佐藤隆之助ニ嫁セシモ2ヶ年ニテ離縁シ　以後独身生活ス　子女ナシ 1　特ニ貧窮ノ事由ト認ムベキ事項　父ノ死
保護依頼者	東京市牛込区〇〇町××番地　北村重一
その他	同上
保護経過	（記載なし）

（収容者台帳）

続　　柄	戸主（単身）
性　　別	女
氏　　名 生年月日　年齢	北村しほ 文久元年6月18日　当69歳
本　籍　地	山口県阿武郡〇町大字△△×××
入園前住所	牛込区〇〇町××番地　北村重一
家族親族等ノ現況	夫ナク　直系尊属ナシ 目下ノ住所ハ同郷人ト称スルノミニテ　家内狭小ニシテコレ以上世話ナリ難シ
経　　歴	16歳ノトキ結婚スレ共　18歳ニ離婚ス　爾来独身ナリ　26歳ノトキ父は病死シ母ト共ニ賃仕事ヲナシ傍ラ44, 5歳頃ヨリ弟ヨリ（台南郵便局員）月10円ノ仕送リヲ受ケテ生活ス　52歳ノトキ弟ハ死亡セシニヨリ（母宛）年額45円ノ扶助料ヲ受ク61歳ノトキ母ハ死亡シ収入少ナキタメ手伝婦ヲナシテ生活ス　昭和2年12月同郷人川本某ノ上京ニ伴ハレテ東京ニ来リ　同ジク同郷人北村重一方ノ世話ニナル2, 3手伝婦ヲツトメタルモ　昨年末ヨリ腎臓病ニカヽリ北村ノ世話ニナリ　病気全快セシモ永ク世話ニナリ難シ

宗　　教	真宗
教　　育	（記載なし）
健康状態	身心ノ状態　　現在腰痛　腰曲ル
労務能力	（記載なし）
個　　性	（記載なし）
性　　格	温順
習　　癖	（記載なし）
趣　　味	（記載なし）
嗜　　好	（記載なし）
保護経過　（記載なし）	
入園時ノ所持金品	遺留金　　1円11銭 遺留品　　銘仙袷着物1　半巾女帯1　銘仙袷羽織1　襦袢1 　　　　　夏襦袢1　夏羽織1　銘仙綿入1　白襦袢1　風呂敷3 　　　　　小袋2個　紐2本　綿入被布1枚　ジャケツ1枚 　　　　　パッチ1枚　□□1個

```
　　貧困者御証明願
　　　　　東京市牛込区〇〇町××番地　　北村重一方　滞在
　　　本籍　山口県阿武郡〇町大字△△×××番地
　　　　　　　　　　　　士族　　無職
　　　戸主　北村　しほ　　文久元年6月18日生
　右　私儀　別紙戸籍謄本ノ通リ孤独ニシテ一族皆死亡致シ数年前ヨリ因ルヘキ縁者無之無
職無財産ノ為メ目下生活ニ差支日々困難罹在候間貧困者タル事ハ御証明相成之□段御願□也
　　　昭和4年6月13日
　　　　　　　　　　　　　右　北村　しほ
　　　右申出ノ事実相違ナキ事ヲ証明ス
　　　　　　　　牛込区〇〇町　会長
　　　　　　　　　　　　　　　村田　重之
　　　東京市牛込区長　　松永和一郎　殿
　庶證第35大号
　　　　　　右　証明候也
　　　昭和4年6月13日
　　　　　　　　　東京市牛込区長　松永和一郎　印
```

No.376　藤田さよ　（女）

入園日	昭和4年4月22日
退園日	昭和5年4月21日　（死亡　気管支性喘息）

（要救護者調書）

出　　生	安政3年6月15日　当73歳
出　生　地	東京市本所区○○町
本　籍　地	東京市麹町区○○町×丁目×番地
震災当時ノ住所	東京市浅草区○○
現　住　所	東京市外○○○町△△△××××番地
戸主又ハ続柄	戸主
宗　　教	真宗
家族ノ状況　並扶養親族関係	31，2歳の時　私生子　経夫アリシモ目下住所不明
身心ノ状態不具廃疾ノ程度　及疾病ノ有無	（記載なし）
震災当時ノ職業及現在ノ作業収入	（記載なし）
教育程度 趣　　味 嗜　　好	無 （記載なし） 煙草
震災後ニ於ケル生活ノ経路　並ニ現況	震災に会ひしかば　無一物となり久米太は飾職であったので　新粉屋を開業して浅草区○町に住みしも大正15年に久米太中風となりしかば生活に困り　大正15年7月2日○○町△△××番地の東京府営○○住宅へ移転し　久米太の先妻の子供□□の100円の送金にて生活して居りしも　本年10月15日久米太死亡せしかば送金なく生活費の出所なく困り居る次第　久米太の内縁の妻が育しかば　久米太の子供は新宿に住むも厄介になる事が出来ぬ
生立及経歴	藤田直次郎の末子に生れ　男4人女3人の7人の兄弟ありき　植木職にして○○○○町に住みしも23歳の時に父に死に別れ　10歳にして母が死亡し　○○町×丁目に姉の夫が左官職をして居たので　父母死亡後姉の厄介になり19歳まで居り19歳の時陸軍省に勤めて居った河田吉次と結婚して○○○○町に家を持つ　その間10年住む　子供2人ありしも幼くして死し後夫吉次も死せしかば　次兄藤田三平（古物商）の厄介になること2，3年にして○町×丁目にて豆腐屋をして居った多田の後妻となる　38，9歳の頃多田は豆腐屋を廃し一緒に長野県の高山と言ふ処へ行く（夫の故郷）　高山で豆腐屋を開業して居りしも42，3歳の時離婚して上京して牛込区○○○の親類に2，3年厄介になり　○○○○○町にて古着商を開業し4，5年商売して後　48，9歳の時浅草区○○町で飾鍛冶をして居った藤田久米太と同棲し　震災まで○○町に住み震災に会ふ　豆腐屋と再婚する前に私生子経夫ありしも目下住所不明
保護依頼者	東京府社会事業協会　石井清之助
その他	（記載なし）

保護経過	（記載なし）
遺留金品	遺留金　ナシ
	遺留物品　風呂敷　5　　袖無　2　　綿入袢纏　3　　ボロ　1包
	前掛　2　　メリヤスシャツ　3　　サラシ襦袢　4
	足袋　3　　袷　1　　銘仙ハンテン　1　　ハサミ　5
	目鏡　1　　朱子帯　1　　印　1

貧困證明願

　　　　　　　　東京府北豊島郡○○町字△△××××番地
　　　　　　　　東京府社会事業協会　○○住宅　藤田　さよ
　　　　　　　　　　　　　　　　　安政3年6月15日生
　右者藤田久米太ト夫婦トナリ　大正15年7月2日以来本住宅ニ居住スルモ
其当時ヨリ夫久米太ハ脳溢血ノ為身体不自由ノ為妻ナルさよ　シンコ屋ヲ営ミ
生計ノ資ニセルモ収入細ク　藤田久米太ノ知己ヲ頼リ救助ヲ受ケ生活シ来レリ
然ルニ本年10月15日夫久米太死亡セルニヨリ救助ハ途絶エ生活頗ル困難ニ
陥リタリ
　　右御證明相成度此段相願候也
　　　　　　　　　　　　　　昭和3年11月15日
　　　　　　　　　　　　　　　　　右　藤田　さよ
　○○町長　　中西　鐘也　殿

No.393　藤木太助　（男）

入園日	昭和4年11月15日
退園日	昭和5年7月5日　（死亡　肺炎）

（要救護者調書）

出　　生	安政3年2月17日　当74歳
出　生　地	千葉県東葛飾区〇〇村番地不詳
本　籍　地	東京市下谷区〇〇町××番地
震災当時ノ住所	同上
現　住　所	東京市浅草区〇〇町×丁目××番地　　大村伊郎方
戸主又ハ続柄	戸主
宗　　教	日蓮宗
家族ノ状況　並扶養親族関係	1　妻ノ有無　　　ナシ 1　直系尊卑属ノ有無　　ナシ 1　其ノ他ノ親族ノ有無　　ナシ 1　永年ノ知人雇主等ノ有無　　ナシ 　　（現住所ノ大村ハ面識モナキ者ニテ　其ノ妻とよノ亡父重村辰之助ノ知人ナリシタメ　其ノ縁故ニテ厄介トナリ居レ共　伊郎ハ生活困難ナレバ到底永住シ難キ状態ナリ）
身心ノ状態不具廃疾ノ程度　及疾病ノ有無	青壮年時代ノ主ナル疾患　　ナシ 現在ノ疾患　　老衰　症状（昭和4年3月老衰ノタメ歩行不自由トナル　但シ自分用ヲ達スルニハ充分） 性情　　温和
震災当時ノ職業及現在ノ作業　収入	震災当時　　　宿車業 現在　　　　　ナシ
教育程度 趣　味 嗜　好	寺子屋ニテ1ヶ年修学 ナシ ナシ
震災後ニ於ケル生活ノ経路　並ニ現況	1　被害　　全焼 1　生活状況ノ変遷　　　上野精養軒内ニ約20日間避難シ　所持金400円ヲ頼リニ知人等ヲ訪ヒテ2,3日宛宿泊シ　約2ヶ月ニテ罹災地ニ仮住宅建設セラシカバ　此レヲ借家セシモ居住1ヶ月ニシテ下谷区〇〇町××番地農益舎主石井三郎ノ同情ニ依リ　同家ノ夜間留守番ニ雇ハレテ住込ミ　程ナク同人　周旋ニテ昼間ハ下谷西町小学校ノ小使トナリ2ヶ年半勤続セシモ　老年ニテ勤マリ難キタリ辞職シ2ヶ月計リシテ　500円ノ貯金ヲ持シ幼少時ノ知人ナル千葉県東葛飾郡〇〇村満々寺住職　青野某ヲ頼リテ厄介トナリシガ　昭和4年3月末日青野ハ向フ3ヶ年京都大徳寺ニ勤ムル事トナレシカバ　止ムナク同日〇〇〇木賃宿吉野屋ニ止宿シテ「マッチ」ノ行商ヲ開始シテ1ヶ月ニテ上京　市内各所ノ木賃宿ニ宿泊シテマッチノ行商ヲ続ケルモ所持金ハ消費シ10月末資本欠乏シ廃業

生立及経歴	1　両親ノ氏名　　藤木　茂之助　　八重 　　続柄　　　次男 　　親ノ職業　　　農兼建具職 　　親ノ死亡時ノ疾病　　父　脳溢血 　　　　　　　　　　　　母　老衰 2　出生時住所　幼少年時代ノ家庭状況等 　　千葉県東葛飾郡○○村番地不詳（出生後　21歳（マデ）ノ住所） 　　5人兄弟（兄弟7,8人有アレ由ナルモ病死　兄喜重　弟五郎ノ 　　3人兄弟トナル　但シ喜重ハ本人22歳　五郎ハ本人24歳ノ 　　時何レモ死亡セリ）シテ辛ジテ生活ス 　　1ヶ年寺子屋ニテ修学ス 3　職業関係 　　10歳ヨリ建具職トナリ　父ニ就キテ修業セシガ　21歳ノ時知 　　人ナル元千葉県○○町松葉屋蕎麦店遠藤二郎ガ東京市下谷区 　　○○町ニ人力宿車営業ヲナシ居リシカバ同人ヲ頼リテ上京シ 　　其ノ挽子トナリテ住込ミシガ　二郎ハ胃病ノタメ帰国スル事 　　トナリシカバ　同家ヲ譲リ受ケテ営業ヲ継続シ　相当ノ生活 　　ヲシテ震災ニ及ブ 4　縁事関係 　　37歳ノ時　神田とよヲ娶リシガ　68歳ノ折妻病死ス　子女ナ 　　シ 5　本人ノ性行　　普通 6　貧窮ノ事由　　震災
保護依頼者	東京市浅草区○○町×丁目××番地　大村　とよ
その他	調査箇所　　同上　　　　　大村伊郎方
保護経過 4.11.15　　清風寮ニ入寮ス 5.1.24　　遠外ヲ希望スルモ精神異常ニテ外出不能 5.2.9　　大村伊郎妻　来訪ノ上　藤木姪ノ左記住所ヲ告グ 　　　　　本所区○○○○×××　古田つた（2人幼児アリ生活豊ナラズ）	

（収容者台帳）

続　　柄	単身戸主
性　　別	男
氏　　名 生年月日　年齢	藤木　太助 安政3年2月17日　当74歳
本　籍　地	東京市下谷区○○町××番地
入園前住所	（現住所）　浅草区○○町×丁目××番地　大村伊郎方
家族親族等ノ現況	妻子　ナシ　　　親戚　ナシ 　現在厄介ニナリ居ル大村氏ハ　亡妻ノ父ノ知人ニシテ生活困難 ナレバコレ以上世話ニナリ難シ
経　　歴	21歳ノトキ郷里千葉県ヨリ上京シ人力車夫ノ挽子トナル　1ヶ年ノ後 主人ハ帰国スル事トナリ　同家ヲ引キ受ケテ相当生活ス　震災時400 円ヲ持参シテ避難シ留守番　小学校ノ子使ヲナセルモ勤マリ難ク　郷 里ノ菩提寺ノ厄介ニナリシガ住職ハ3ヶ年間　京都○○大徳寺ニ勤ム ル事トナリ詮方ナク上京シ　木賃宿ニ止宿シテ　マッチノ行商等ナシ 遂ニ現住所ノ厄介トナレリ

宗　　教	日蓮宗
教　　育	（記載なし）
健康状態	身心ノ状況　老衰ノ為歩行不自由トナレルモ自分用ハ充分ナリ
労務能力	（記載なし）
個　　性	性質　温和
性　　格	（記載なし）
習　　癖	（記載なし）
趣　　味	（記載なし）
嗜　　好	（記載なし）

保護経過	（記載なし）
入園時ノ所持金品	（記載なし）

No.469　戸部喜助　（男）

入園日	昭和3年12月3日
退園日	昭和6年3月10日（死亡　　肋膜炎）

（要救護者調書）

出　　生	万延元年2月2日生　　当69歳
出 生 地	東京市神田区○○町番地ナシ
本 籍 地	東京市牛込区○○○町××番地
震災当時ノ住所	東京市下谷区○○○町×番地　佐藤大吾方
現 住 所	東京府北豊島郡○○町△△△××××番地　府営住宅××号内
戸主又ハ続柄	戸主
宗　　教	禅宗
家族ノ状況　並扶養親族関係	子供ナク弟磯吉ハ独身ニテ左官ノ手傳ヲナシ神田区○町ニ居住シ居リシモ19年前死亡 其ノ他ニ扶養親戚関係者ナシ 妻たえアルモ老衰シテ何事ヲナシ難シ
身心ノ状態不具廃疾ノ程度　及疾病ノ有無	脳神経痛（大正13年6月発病シ左半身不自由ナルモ10丁位ノ歩行ヲナシ得）
震災当時ノ職業及現在ノ作業　収入	（当時）白木屋洋服裁縫職　　月収　7,80円 （現在）洋服裁縫職人　　　　月収　22,3円
教育程度 趣　味 嗜　好	寺子屋ニテ1ヶ年修学 芝居 煙草
震災後ニ於ケル生活ノ経路　並ニ現況	白木屋呉服店洋服裁縫職工トシテ妻たえト生活中震災ニ全焼セシカバ妻ト共ニ下谷区○○町寺院（弘法大師）方ニ4日間　入谷市電車庫内ニ約1ヶ月避難シ　区営金龍小学校バラックノ急設ト共ニ同所ニ収容セラレシモ1ヶ月計リニテ立退ヲ命ゼラレシカバ　浅草区田中町バラックニ移リ引続キ白木屋ニ勤メシガ　大正13年6月脳神経痛ノタメ左半身不自由トナリシカバ止ムヲ得ズ白木屋ヲ辞職シ　○○○町ノ知人ナル川田洋服店ニ職工トシテ雇ハレ居ル内大正14年2月2日バラック撤退ニヨリ現住所ニ移転シ　川田方ハ約1ヶ年ニテ下谷区○○町知人洋服屋香田竜夫ニ雇ハレテ1ヶ年　府下○○町×丁目××番地洋服店渡部斎方裁縫職人知已小川某ヲ頼リテ　同家ニ雇ハレテ今日ニ及ブモ　渡部方ニテハ今月中ニテ仕事ハ全部終了ノ予定ニテ　其ノ上半身不自由ノタメ休ミ勝トナ□居レバ　生活困難ニテ今後ノ方針立タズ困窮セリ

生立及経歴	小道具商鉄太郎ノ長男ニ生レ（実際ハ兄2人アリシモ何レモ幼少ニテ病死セシタメ戸籍上長男トナル外ニ弟1人アリ）8才ニテ寺子屋ニ入リシモ約1ヶ年ニテ退学シ　16才ノ時日本橋区〇〇町宮内省御用ノ洋服店大木重右衛門方ニ年期奉公シ　21才ニテ年期終了セシカバ　日本橋区〇〇×丁目太田洋服店ニ6ヶ年　本所区〇〇町安田洋服店ニ1ヶ年　〇〇〇〇〇町遠山洋服店ニ4，5年ヲ初メ　市内ノ洋服店ニ1ヶ年或ハ半ヶ年ノ職人生活ヲナシ　34，5才ノ時芝区〇〇ニ1戸ヲ借家シテ洋服店ヲ開業シ　10ヶ年継続ノ後〇〇町×丁目ニ移転シテ1ヶ年　〇〇町ニ1ヶ年半　神田区〇〇〇町××番地ニ3ヶ年　同〇〇町ニ7，8年　牛込区〇〇〇町ニ4，5年ト転々シ　遂ニ失敗シ　60才ノ時白木屋洋服裁縫工場ノ職工ニ入リ通勤中　家屋改築ノタメ下谷区〇〇〇町×番地加藤方2階6畳ヲ間借生活シ　2，3ケ月ニテ震災ニ至ル　28，9才ノ時妻さんヲ娶リ　直助　たかノ一男一女ヲ挙ゲシモ　同棲10ヶ年ニテ　たかノミハ妻ニ附ケテ離縁シ　40才ノ頃現在ノ妻たえヲ娶リシモ子供ナシ　直助ハ〇〇町近江屋下駄店ニ8ヶ年々期ニテ奉公セシメ　年期完了後帰宅シテ家事ヲ手伝ヒ居リシモ　本人27才ニテ病死ス
保護依頼者	東京府北豊島郡〇〇町△△△　東京府社会事業協会〇〇住宅　管理者石井清之助
その他	記載なし
保護経過　（記載なし）	

No.498　髙田茂藏　（男）

入園日	昭和4年1月19日
退園日	昭和6年6月5日　（死亡　萎縮腎）

〔要救護者調書〕

出　　生	嘉永5年3月5日　当78歳
出 生 地	東京市深川区○○町×丁目×番地
本 籍 地	東京市下谷区○○町××番地
震災当時ノ住所	東京市四谷区○○町×番地　戸田屋方
現 住 所	東京市四谷区○○町×番地　戸田屋支店方
戸主又ハ続柄	戸主
宗　　教	真宗
家族ノ状況　並扶養親族関係	実家妻子等ナク全ク孤独ナリ （長男兄藤太郎ハ出生地ニアリテ魚屋ヲ業トシ居リシガ30年前死亡シ其子甥仙太郎モ亦魚屋ヲナセシモ　本人ノ32,3歳ノ折病死ス）
身心ノ状態不具廃疾ノ程度　及疾病ノ有無	歩行不自由（昭和3年12月25日感冒ニ罹リテヨク特ニ息切咳アリテ歩行不自由トナル但シ4,5丁は十分ナリ）
震災当時ノ職業及現在ノ作業　収入	車力 無業
教育程度 趣　　味 嗜　　好	2ヶ年手習師匠ニ就キテ修学ス ナシ ナシ
震災後ニ於ケル生活ノ経路　並ニ現況	車力ニテ生活中　震災ニ遭遇セシモ何等被害ヲ蒙ラズ　昭和3年8月1日現住所ニ転宿シ　引続キ車力継続セシガ　同年12月25日感冒ニ罹リ　就職困難トナリテ廃業セシカバ　他ニ収入ノ途ナク甚ダ困窮ノ状態ニアリ
生立及経歴	魚屋久吉ノ次男ニ生レ（兄1人）4,5歳ニテ母えんニ死別シ　10歳ノ時手習師匠ニ就キテ修学セシガ2ヶ年ニテ中止シ　同年日本橋区○町×丁目乾物問屋古屋喜助方ニ住込奉公シ　9ヶ年勤続セシモ主家破産ニヨリ　本所区○町乾物屋中田太郎方へ21歳ニテ養子トナリシガ　約1ヶ年半ニテ離縁シ　京橋区○○ナル酒問屋酒井田ニ2ヶ年奉公ノ後　横浜市○○町人力宿車業房州屋ノ挽子トナリテ1ヶ年　其後ハ市内人力部屋ヲ転々シ　7,8ヶ年ヲ過シテ上京シ　下谷区○○町××番地ニ1戸ヲ借家シテ　妻さえヲ娶リシガ子供ナク　同棲2ヶ年ニテ妻ハ病死セシカバ　○○○町×番地ニ移転シテ妻のぶヲ娶リシモ　2,3年ニテ離縁シ　島中いとト内縁ヲ結ビシモ4ヶ年計リシテ離縁シ　以後独身ニテ各所ノ人力部屋ニ挽子トシテ生活セシモ55,6歳ノ頃車力ニ転業シ　四谷○○町木賃宿戸田屋ニ止宿シテ震災ニ及ブ 父定吉ハ32,3歳ノ時病死ス
保護依頼者	○○方面事務所
その他	記載なし
遺留金品 　遺留金　　11銭 　遺留物品　　ハッピ　2枚　　シャツ　3枚　　腰□　1枚　　股引　1枚 　　　　　　　エリ巻　1枚　　風呂敷　1枚	

No.504　山崎あき　（女）

入園日	昭和3年5月16日
退園日	昭和5年11月4日　（死亡　肺炎）

（要救護者調書）

出　　生	安政元年9月14日　　当75歳
出　生　地	愛知県名古屋市○○町（番地不詳）
本　籍　地	東京市神田区○○町×丁目×番地
震災当時ノ住所	横浜市○○町（番地不詳）　宇崎長吉　方
現　住　所	東京市本郷区○○町×丁××番地　手川重富　方
戸主又ハ続柄	戸主
宗　　教	禅宗
家族ノ状況　並扶養親族関係	実家及子供ナク長女（姉）つねハ旧尾州藩士加藤某ニ嫁セシガ7,8年前ニ死亡シ1男2女3人ノ子供アリシモ死亡後ハ全ク音信不通　3女りんハ同藩士山本某ニ嫁セシモ10年前死亡シ女児1人アリシガ居住不明○○○○○○×××会社員山田栄一ニ（姪）はる（当35歳）ハ嫁シ居レ共往来セズ 其他ニ扶養親族関係者ナシ
身心ノ状態不具廃疾ノ程度　及疾病ノ有無	腰曲リテ仕事ハ成シ難キモ（昨年12月頃ヨリ）身体健康ナリ
震災当時ノ職業及現在ノ作業　収入	看護婦 無
教育程度 趣　　味 嗜　　好	（記載なし） （記載なし） （記載なし）
震災後ニ於ケル生活ノ経路　並ニ現況	有田看護婦会派出看護婦トシテ十全病院ニ就職中震災ニ遭遇シテ全焼シ○○町バラックニ避難シ11月頃大阪市○区△△町看護婦会ニ入リテ約1ヶ年半ノ後○○町駿南看護婦会ニ入リテ1ヶ年半計リ勤メ次デ田辺看護婦会ヨリ養生院ニ勤務セシガ約1ヶ年ニテ横浜市有田看護婦会ニ入リシモ老衰ニテ勤リ難キニヨリ昭和2年10月40年以前ヨリ神道統一教会ノ信者ナリシ関係ニテ同教会ナル現住所ニ厄介トナリ居ルモ是以上世話ニ成リ難シ
生立及経歴	尾州藩士田山重吉ノ次女ニ生レ（4人姉妹）22歳迄家事ニ従事シ同年同藩士市野某ニ嫁セシガ子供ナク約1ヶ年半ニテ離縁シ25歳ノ時東京市下谷区○○町逓信省勤人西川祐市ニ再縁シ25ヵ年同棲セシモ子供ナクシテ離縁シ○○○杏雲堂病院ニテ見習看護婦トナリシカバ辞シテ本郷区○○○看護会ニ7,8年派出看護ヲナシ雇ハレ4ヶ年ニテ準看護婦トシテ其後ハ東京及横浜ノ看護婦会ヲ転々シテ大正9年頃横浜市有田看護婦会ニ派出看護婦トシテ住込シ震災ニ至ル（以下震災状況欄ニ同ジ）
保護依頼者	（記載なし）
その他	（記載なし）
保護経過　（記載なし）	

No.547　金井爲夫　（男）

入園日	昭和4年10月3日
退園日	昭和7年1月1日　（死亡　気管支肺炎）

〔要救護者調書〕

出　　生	安政2年6月15日　当75歳
出　生　地	東京府豊多摩郡○○町番地不詳
本　籍　地	東京市四谷区○○町×丁目××番地
震災当時ノ住所	東京都豊多摩郡○○町××番地
現　住　所	東京都豊多摩郡○○町××番地
戸主又ハ続柄	戸主
宗　　教	真宗
家族ノ状況　並扶養親族関係	(1) 妻ノ有無　内縁ノ妻　現住所ニ同ジ　野川タマ　64歳　無職　タマハ昭和3年12月4日ヨリ左足神経痛ニテ何事ニモ従事シ難ク扶養能力ナシ (1) 直系尊属ノ有無　ナシ (1) 其ノ他ノ親族ノ有無　ナシ (1) 永年ノ知人雇主等ノ有無　ナシ
身心ノ状態不具廃疾ノ程度　及疾病ノ有無	青壮年時代ノ主ナル疾患　30歳ノ時睾丸炎ヲ病ミシモ半年ニテ全快 　　現在ノ疾病　　左足神経痛　聾 　　病状　　大正13年左足神経痛トナリ歩行困難ナルモ辛ジテ10丁位ヲ歩行ス 　　　　大正10年頃ヨリ両耳聴力弱キモ大声ナレバ談話可 　　精神障害　　ナシ 　　性　情　　甚ダ強情
震災当時の職業及現在ノ作業　収入	古物商 無職
教育程度 趣　　味 嗜　　好	寺子屋ニ2ヶ年修学 将棋 煙草
震災後ニ於ケル生活ノ経路　並ニ現況	(1) 震災当時ノ被害ノ状況・程度等ノ程度等　被害ナシ (1) 震災後今日迄ノ家庭生活　其他生活状況ノ変遷等　引続キ古物商ニテ内縁ノ妻野川タマト同棲生活中大正13年3月8月頃ヨリ左足神経痛トナリシガ治療ノ結果約1ヶ年ニテ殆ド全快シ昭和2年12月5日現住所ニ移転シ古物商ヲ継続セシモ昭和4年8月左足神経痛ノ再発トナリ歩行困難ニヨリ遂ニ止ムヲ得ズ廃業セシカバ他ニ収入ナク且ツ内縁野川タマモ左足神経痛ニテ何業ニモ就ク能ハズ家財ヲ売リ払ヒ辛ジテ生活シ居レ共今ヤ残リ少ナク困窮セリ尚2階6畳ヲ1ヶ月6円50銭ニテ間貸シヲナシ妻ト共ニ階下4畳ニ居住シ居レ共14円ノ家賃2ヶ月分不納ナリ

生立及経歴	(1) 両親ノ氏名　金井文夫　同はな　戸籍関係　長男 　　父母ノ年齢　父29歳　母27歳 　　職業　米屋 　　父母死亡時の疾病等　父母共ニ不明 (2) 出生時　幼少時代ノ住所　家庭状況　教育等 　　東京府豊多摩郡○○町 　　一家6人（姉さき（22,3歳ニテ死亡）妹すゑ（20歳ニテ死亡） 　　妹つや（17,8歳ニテ死亡）ノ4人兄弟）辛ジテ生活ス 　　2ヶ年寺子屋ニテ修学ス (3) 職業関係　住居　生活状況ノ変遷等 　　11歳ニテ日本橋○○町×丁目小間物商越後屋福吉方ニ住込奉公シ14歳ノ折父死セシカバ自宅ヨリ通勤スル事トナリシガ17歳ノ時暇取リテ神田区○○町ニ1戸ヲ借家シ（単身）同町ノ唐物店大田屋方ノ運搬夫トナリシモ4ヶ年ニテ京橋区○○町×丁目請負師森口忠吉方ニ住込ミ電信局工夫トナリテ10ヶ年横浜市○○町材木屋日下屋ニ住込ミ5ヶ年勤続セシモ胃病ノタメ暇取リ東京府荏原郡○○町××千代木そのト結婚シテ菓子・団子ノ販売ニ従事セシガ3ヶ年ノ後知人ナル浅草区○○町周施業山本孝太郎方ニ同居シ程ナク○町×丁目××番地ニ1戸ヲ借家シテ小間物商ヲ開始シ同年その弟千代木福太郎（当時20歳）ヲ養子トシたつヲ其ノ妻トナセシガ福太郎ノタメニ破産シ妻その及福太郎ヲ離別シ居住7ヶ年ニテ府下○○町××番地ニ移転シテ古物商ニ転ズ (4) 縁事関係　子女ノ有無 　　30歳の時千代木そのト結婚セシモ42歳ノ時離縁シ63歳ノ折野川タマト内縁関係ヲ結ビ同棲シテ今日ニ及ブ　子女ナシ (5) 本人ノ性行 　　強情ニシテ放縦 (6) 特ニ貧窮ノ事由ト認ムベキ事項 　　(1) 福太郎ヲ養子トセシ事 　　(2) 夫婦現在ノ疾病
保護依頼者	東京都取多摩郡○○町役場
その他	調査箇所　東京府豊多摩郡○○町××番地
保護経過	（記載なし）

（収容者台帳）

続　柄	戸主
性　別	男
氏　名 生年月日　年齢	金井　為夫 安政2年6月15日　75歳
本　籍　地	東京市四谷区○○町×丁目××番地
入園前住所	現住所：豊多摩郡○○町××
家族親族等ノ現況	内縁ノ妻　野川タマ（64歳）アレ共左足神経痛ニテ何事モ従事シ難シ其他直系卑尊属共ニナク親戚モナシ

経　　歴	11歳ノトキ己ニ住込奉公ニ出 17歳ノトキ1戸ヲ独身ニテ借リ運搬夫トナル　21歳ノトキ電信局ノ工夫トナリ10ヶ年後横浜ニ行キ材木屋ニ住込ミ5ヶ年後結婚シテ菓子・団子ノ販売ヲナシ程ナク浅草ニテ小間物店ヲ出ス　妻ノ弟ヲ養子トセシニ破産セシカバ両人トモ離縁シ本人1人ニテ古物商ヲナス　後現在ノ妻ト内縁関係ヲ結ビ来リシガ大正13年頃ヨリ左足神経痛トナリ　一時治リシモ今年又再発シ妻モ同病ニテ生活ハ日日困難ヲ加ヘ入園ヲ申込ム到レリ
心身ノ状態	強情　左足神経痛　聾
宗　　教 教　　育 健康状態 労務能力	浄土真宗 （記載なし） （記載なし） （記載なし）
個　　性 性　　格 習　　癖 趣　　味 嗜　　好	（記載なし） （記載なし） （記載なし） （記載なし） （記載なし）
保護経過　（記載なし）	
入園時ノ所持金品	（記載なし）

No.577　松山みえ　（女）

入園日	昭和5年2月18日
退園日	昭和7年3月26日　（記載なし）

（要救護者調書）

出　　　生	安政2年2月10日　当76歳
出　生　地	宮城県宮城郡〇〇村　以下不詳
本　籍　地	仙台市〇〇××番地
震災当時ノ住所	仙台市〇〇町×番地　山田リン方
現　住　所	東京市浅草区〇〇町××番地　江川文蔵方
戸主又ハ続柄	戸主松山銀左ヱ門ノ母
宗　　　教	真宗
家族ノ状況　並扶養親族関係	(1)　夫ノ有無　ナシ (1)　直系尊属ノ有無　ナシ (1)　直系卑属　養女　東京市浅草区〇〇町×番地　京高楼方　松山すえ子　35歳娼妓（戸籍養女トアレ共実ハみえノ次女ニ生レ　本人5歳ノ時　姪本木きんノ養女トセシガ　きんハ自分ノ私生子トシテ届出居リきんハ生活困難ニテすえ子ヲ芸妓トナシ　所々ニ転々センタメ戸籍上養女トシテ大正8年3月14日入籍セシ者ナリシ）すえ子ハ目下娼妓ニシテ尚昭和7年5月6日迄年期中ニヨリ扶養能力ナシ　姪　仙台市〇〇町番地不詳其方同居　本木きん（亡兄本木清一ノ長女）64歳三味線師匠　きんハ独身ニテ辛ジテ生活ス　新潟県ニ　甥本木儀一57歳　姪本木はな50歳　北海道ニ　姪本木りつ60歳アル筈ナレ共全々居所不明 (1)　其ノ他ノ親族ノ有無　ナシ (1)　永年ノ知人　雇主等ノ有無　ナシ
身心ノ状態不具廃疾ノ程度　及疾病ノ有無	青壮年時代ノ主ナル疾患　26歳ノ時右足リュウマチスニテ不自由ナリシガ半年ニテ全快 　　　現在ノ疾病　　　　ナシ（但シリュウマチスニヨリ右足長ク跛行ス　両手指モハヤ病ニテ「ユガミ」居レ共何事ヲナスニモ□□ナン） 　　　精神障疑等　　ナシ 　　　性情　　　　　温良
震災当時ノ職業及現在ノ作業　収入	手伝婦 無職　月収　ナシ　　日収　ナシ
教育程度 趣　　味 嗜　　好	無教育 芝居　活動 煙草

震災後ニ於ケル生活ノ経路 並ニ現況	(1) 震災当時ノ被害ノ状況程度等　被害ナシ (1) 震災後今日迄ノ家庭生活　其他生活状況ノ変遷等 引続キ手伝婦ヲナシ居リシガ　生活難ニヨリ昭和4年7月23日上京シ浅草区○○町×番地京高楼方抱娼妓八千代コト松山すえ子（戸籍上養女トアレ共実際ハ次女）ヲ頼リテ同家ニ厄介トナリシモ何分勤メノ身トテ永住シ難ク　遠方ニ暮シシ折柄同家ノ雑仕婦川本きくノ同情ニテ現住所ナル　きくノ実家江川方ニ昭和4年8月13日引取ラレ程ナク　同家ノ親族□芝区○○町瓦職小柳栄太郎方ノ子守リニ住込ミシガ　昭和4年12月29日腰痛ニテ到底勤マリ難ク　再ビ江川方ニ引取ラレ厄介トナリ居レ共　江川方ニテハきくガ雑仕婦人ニテ得ル収入ヲ以テ老年ナル両親ヲ辛ジテ扶養シ居ル有様ニ付　是以上厄介ニナリ難尚老衰ニテ何事ニモ従事スルヲ得ズ困窮セリ
生立及経歴	(1) 両親ノ氏名　本木兼蔵　同ノリ 本人トノ戸籍関係　長女 年齢　父42歳　母41歳 職業　農兼木挽 存否　否 死亡時ノ疾病等　父：老衰　母：中風 (2) 出生時　幼年時代ノ住所　宮城県宮城郡○○村以下不詳 家族状況　6人家族（兄弟3人）ニテ普通生活ヲナス 教育等　無教育 (3) 職業関係　住居　生活状況ノ変遷等 12歳ヨリ農業ニ従事シ　20歳ノ時仙台市○○町×大工松山銀一郎ニ嫁センガ　40歳時　夫銀一郎ハ胃病ニテ死亡センニヨリ農業ノ手間取リニ雇ハレテ□□　新右ヱ門ノ二児ヲ養育シ　44歳ノ折鳶頭今川辰兵ヱヲ内縁ノ夫ニ迎ヘシガ　49歳ノ時　辰兵ヱモ又病死セシカバ手伝婦ヲナシテ生活シ　長女えつヲ定禪寺通リ茅場邸ヘ女中トシ新右ヱ門ハ同市堤通車鍛冶屋沼田金吉方ニ住込奉公ヲナサシメ　自分ハ今川トノ間ニ挙ゲタルすえ子ヲ養育　すえ子5歳ノ時　姪本木キヨノ養女トス　50歳ノ折　えつヲ大町菊地煎餅店ヘ嫁セシメ67歳ノ時　生活難ノタメ同市○○町×番地山田リン（妾）方ニ間借シテ手伝婦トシテ生活セシガ　今年えつハ死亡　69歳ノ時長男新右ヱ門（新右ヱ門ハ車鍛冶方ヲ56年ニテ暇取リ「ヴァイオリン」ノ教師トナリテ生活セリ）モ同病死セシカバ孤独トナリテ生活ス (4) 縁事関係　子女ノ有無 20歳ニテ松山銀一郎ニ嫁センガ　40歳ノ時夫死亡シ　44歳ノ時今川辰兵ヱヲ内縁ノ夫トセシモ　49歳ノ折　辰兵ヱ死亡ス　辰兵ヱトノ間ニ挙ゲシ次女すえ子ハ本人5歳ノ折　亡兄本木清一ノ長女本木きんガ子供ナキタメ養女トセシガ　きんハ自分ノ私生子トシテ届出ヲナシ三味線引ニテすえ子ヲ養育セシモ　すえ子ガ18歳ノ折　生活困難ノタメ仙台ノ芸妓ニ売リ其後　負債ノタメすえ子ハ相馬　秋田　大曲ト転々芸妓生活ヲナセ共　負債ニ揚ヱズ　25歳ノ時浅草区○○町××番地京高楼ヘ昭和7年1月6日迄ノ年期ニテ娼妓トナリ目下勤メ中 (5) 本人ノ性向　普通 (6) 特ニ貧窮ノ事由ト認ム可キ事項　長男ノ死
保護依頼者	東京市浅草区○○方面事務所 　備　考　調査個所　東京市浅草区○○町××番地　江川文蔵方 　　　　　　　　　　同　　　　方面委員　峯山志吉方
その他	（記載なし）
保護経過	（記載なし）

No.628　岡田万太郎　（男）

入園日	昭和7年9月27日
退園日	昭和7年10月12日　（退園　　引取）

（要救護者調書）

出　　生	万延元年4月5日　当69歳
出 生 地	東京市浅草区○○町番地不詳
本 籍 地	東京市本所区○○　×番地
震災当時ノ住所	本籍地ニ同ジ
現 住 所	東京市浅草区○○町×番地　東京市宿泊所
戸主又ハ続柄	戸主
宗　　教	日蓮宗
家族ノ状況　並扶養親族関係	妻子ナク実弟岡田千次郎ハセルロイド玩具製造ヲナシ居リシガ本年4月7日66歳ニテ死亡シ其ノ長女（姪）はつ（38歳）ハ栃木県○○町岡田料理店ニ次女（姪）うた（35歳）ハ房州小湊某料理店ニ共ニ奉公中ニ付扶養能力ナク且音信不通ナリ其他ニ扶養親族関係者ナシ　うめノ妹はま（34歳）○○町×丁目×番地
身心ノ状態不具廃疾ノ程度及疾病ノ有無	胃痙攣（本年6月1日ノ発病ニテ同時ニ盲腸炎併発セシモ目下殆ンド全快セリ）
震災当時ノ職業及現在ノ作業　収入	（当時）セルロイド玩具製造業　月収約40円 （現）　大道将棋教授書販売　月収約10円
教育程度 趣　味 嗜　好	○○町岡本市之助ノ寺子屋ニ入リ4ケ年修業 将棋 講談
震災後ニ於ケル生活ノ経路　並ニ現況	セルロイド玩具製造ヲ業トシテ生活中震災ニ全焼シ千葉県○○町ニ避難シテ同所ノ救護所ニ収容セラレシガ9月13日府下○○町××番地玩具製造職実弟岡田千次郎ヲ頼リテ厄介トナリシモ千次郎ハ生計困難ナリシニヨリ永住スル能ハズ同月22日区営安田邸バラックノ急設セラルルヤ同所ニ収容救護ヲ受ケ同29日煙草小売ノ許可ヲ受ケテ生活ノ安定ヲ得シガ同年12月31日限リ販売ハ禁止セラレシニヨリ玩具行商ニ転業シ大正14年3月末日同所撤退ニ先チテ退去シ府下○○町同屋知人ナル挽物職岩本育吉方ニ寄寓シテ約1ケ年ヲ経過シ其後ハ再ビ玩具ノ行商人トナリテ知人ヲ頼リ又ハ木賃宿ニ止宿シ昭和2年4月頃ヨリ行商ヲ廃シ大道ニ於テ将棋教授書ノ販売ヲナシテ生活セシガ本年6月1日胃痙攣ニ盲腸炎併発シ同10日浅草寺病院ニ入院加療ノ結果6月30日殆ンド恢復して退院シ引続キ将棋教授書ノ販売ヲナシ7月30日現住所ニ止宿シ居ルモ病後且老年ニテ収入モ思シカラズ今尚服薬シ困窮セリ

生立及経歴	飛脚岡田万左エ門ノ長男ニ生レ（実際ハ次男ナリシモ長男ハ幼少ニテ死亡セシカバ戸籍上長男トナリシ由ニテ弟1人ノ2人兄弟ナリ）10歳ノ時○○町岡本市之助ノ寺子屋ニ入リテ4ケ年学修シ14歳ノ折○○町花簪商佐藤多一方ニ奉公セシモ約1ケ年ニテ胃病ノタメニ暇ヲ取リ専ラ療養ニ務メシ結果半ケ年計リニテ殆ンド全快セシカバ神田区○○町ノ父ノ知人ナル餅菓子商青柳屋方ニ手伝トシテ住込ミシモ病弱ノタメ1ケ年ニテ帰宅セシガ当時弟千次郎ハ玩具製造ニ従事シ居リシカバ其ノ手伝ヲナシ19歳ノ頃父死亡シ43歳ノ時弟ト別レ独立シテ「セルロイド」玩具ノ製造ヲ開始シ45歳ニテ橋本てつト内縁関係ヲ結ビ翌年母きよ病死ス妻てつトノ間ニ子供ナク同棲3、4年ニテてつハ中風トナリ大正8年2月12日遂ニ死亡セシガ引続キ玩具製造ニ従事シテ震災ニ及ブ（以下震災状況欄ニ同ジ）
保護依頼者	本人直接
その他	賞罰　ナシ 備考　恩賜金20円拝受
保護経過 7.9.27　退園希望ニ付キ引受人府下○○町××　杉本角一郎夜店商人ヲ訪問調査　相当期間扶養シ呉ルルモノト認ム 7.10.12　本日退園ス	

No.690　仁平熊十郎　（男）

入園日	昭和7年12月28日
退園日	昭和8年 （昭和8年7月、退園前提に自活の道さぐるも不確か　結果は不明）

（要救護者調書）

出　　生	安政4年5月10日　当76歳
出　生　地	福岡県久留米市○町××番地
本　籍　地	福岡県久留米市○町×番地
震災当時ノ住所	東京市芝区○○町××番地　松田三次郎方
現　住　所	東京市麻布区○町××番地　古野平次方
戸主又ハ続柄	戸主
宗　　教	無
家族ノ状況　並 扶養親族関係	家族の状況並妻　無　　正系尊卑属の有無　無 扶養親族関係　その他の親族　甥（亡兄　盛明ノ長男）仁平新一　当65歳 新一ハ45年前久原工業会社ニ勤務シ○○町○○○ニ居住シ4人ノ使用人アリテ裕福ナル生活ヲナシ居リシガ全々扶養ノ意志ナク金品ノ補助等ハ多少ニ不拘拒絶セシガ音信不通ニヨリ引続キ○○町ニ居住セルヤ否ヤ不明ナリ尚新一ノ弟某ハ福岡市所在ノ明治保険会社員妹2名ハ他ニ嫁シ居ル筈ナレ共音信不通ニテ生活状況其他一切不明　亡兄粂一郎ニモ男6女2ノ子女アリテ内3，4人ハ教師ヲナシ居ル筈亡兄茂三郎ノ子良雄（31歳）アルモ居所不明　従弟岡田正吾（59歳）芝区○○○○町×××番地ニ居住シ居リシガ音信不通永年知人　米穀取引所理事長雲川信太郎（小学校時代ノ教ヘ子）ヨリ今後多少金品ノ補助ハ受ケ得ル見込
身心ノ状態不具 廃疾ノ程度　及 疾病ノ有無	老衰　4年前ヨリ老衰セシモ軽症ニテ自分用ハ充分 性格　甚ダ強情
震災当時ノ職業 現在ノ作業収入	震災当時の職業　無 現在の収入　無
教育程度 趣　　味 嗜　　好	師範卒業 （記載なし） （記載なし）

震災後ニ於ケル生活ノ経路　並ニ現況	震災当時の被害の状況　　　被害なし 病後ニテ無職中震災ニ遭遇シ被害ナカリシモ生活困難且ツ松田方ハ其ノ縁故ノ避難者ノタメニ家屋狭ク立退ヲ命ゼラレシニ付赤坂区○○町××番地甥久原工業会社員仁平新一ヲ頼リテ扶養義務ナシトテ拒絶サレシカバ青山警察署ヲ経テ○○○町×丁目梅慧院ニ収容サレシガ1ヵ月ニテ立退ヲ追ラレシニヨリ芝増上寺ニ1ヵ月　次デ芝園宿泊所ニ止宿セシモ1ヵ月ニテ心臓病及ビ腎臓病ノ併発トナリ協調会診療所ニ入所シ治療ノ結果3ヵ月ニテ退所シ芝園宿泊所ニ止宿セシガ3日間ニテ修養園宿泊所ニ移リ更ニ3週間ニテ○○○○町×丁目小橋方ニ間借移転シ裁判筆耕トナリ2ヶ月ニテ同業者本郷某ト共ニ同区○町ニ転居シ2ヵ月ニテ黒川某ト3名ニテ○○○○町×丁目某提灯店ニ間借セシモ2ヵ月ニテ　本郷、黒川両名ハ行方不明トナリシカバ芝園宿泊所ニ止宿セシガ大正14年4月22日同所改築ニ付赤坂区溜池所在ノ黒龍会宿泊所ニ転宿セシモ痔疾ニテ筆耕ヲ中止シ約3ヵ月ノ後（大正14年7月上旬）養育院ニ入院シ大正15年1月31日全快退院シ芝園宿泊所ニ宿泊シ　3月末日同区○○町××番地根本方ニ間借ス其後ハ半月或ハ1，2ヵ月宛芝　麻布　赤坂区内ヲ転々シテ小学校教師時代ノ教ヘ児ナリシ米穀取引所理事長雲川信太郎ヨリ毎月10円ノ恵ヲ受ケ生活シ不足額ハ方面事務所ヨリ救助セラレ居リテ辛ジテ生活セシモ昭和7年9月ヨリ雲川ノ送金絶エ11月15日現住所ニ入リテ近隣ノ同情ニテ僅カニ
生立及経歴	両親ノ氏名　父　仁平信芳　母　正 父母ノ死亡年齢　　父　61歳　母　49歳 　　　　　　続柄　4男 父親ノ職業　有馬藩納戸役 幼少年期　福岡県久留米市○町××番地　14人家族（12人兄弟ナリシガ何レモ病死シ現存者ナシ）ニテ普通生活ヲナス師範学校卒業 職業関係　22歳ニテ師範学校ヲ卒業シ　同年福岡県嘉穂郡○○町小学校ニ奉職セシガ約1ヵ年ニテ穂波郡飯塚小学校ニ転勤セシモ1ヵ年ニテ父死亡セシカバ辞職シテ大阪市ニ出デ同市及ビ堺　三重県　横浜　八王子　東京　千葉　奈良等ノ小学校ニ1，2年宛奉職シテ転々シ51歳ノ時通信省電話交換局ノ雇トナリシガ1ヵ年ニテ辞職シ　福岡県三井郡高良田小学校ノ教員ニ奉職セシモ53歳ノ時上京シテ大蔵省ノ守衛トナリテ普通生活シ10ヵ年勤務シテ辞職シ　芝区○○○町某方ノ留守番ニ住込ミテ2ヵ月務メンヲ初メトシテ短時日宛留守番掃除夫等ニ住込ミ居リシモ66歳ノ時失職シテ芝園宿泊所ニ止宿シ其ノ紹介ニテ神田区○○町文瑞社ノ筆耕トナリシガ約10ヶ月ニテ胃腸加答児ニテ吐血セシカバ芝区○○町××番地松田三次郎方ニ間借リシテ筆耕ヲ廃業シ甥（亡兄盛明ノ長男）ナル赤坂区○○町××番地久原工業会社員仁平新一ヨリ月40円ノ仕送リヲ受ケテ療養シ震災ニ及ブ 縁事関係　30歳ノ折　妻うらヲ娶シガ同棲3ヵ月シテ離別シ以後独身生活ヲナス子女等ナシ 本人性行　放縦 貧窮ノ事由　老衰
保護依頼者	東京市方面委員○○方面事務所
その他	（記載なし）

保護経過
7.12.28　入園　清風寮ニ入ル

8.6.14　約1ヵ月前ヨリノコトカ予テ本人ガ世話ヲ受ケシ上村某氏ノ妻　病没ニツキ御見舞ニ上リ度トテ外出ヲ願出タルニ端ニ発シ結局外出困難ナレバ退園ヲシタシト申出アリタリ　退園後ノ生活手段ニツキ色々聴取スルニ従前扶助ヲ受ケタル雲川信太郎氏ニ前通リノ補助ハ受ケ得ベシトノコトニテ　ソレトシテモ退園スル前ニ一度先方ヘ相談ナシ置クヨウ話シ　本人ハ近々オ伺ヒスル旨ヲ申遣リタルモノノ如ク　当方ヨリモ別案ノ如キ照会ヲ至シオク　如何様ニ説諭スルモ在園ノ気持ニハナリガタキモノナリ

8.7.4　前記雲川氏ヨリモ添付ノ如キ返書アリ到底自活不可能ナルコトヲ種々ノ方面ヨリ諭スモ　本人納得セザルニ依リ止ムナク約10日間ノ期限ヲ附シテ本日一先ズ外出セシム　コノ期間内ナレバ自活ノ道ノ見込立タザル時ハ帰園シテ　ヨロシキモ期間ヲ過ギタル時ハ即時退園ノ手続ヲナス約定ナリ　故ニ本人ノ退園願ハ預リ置ケリ

No.691　尾野雅嘉　（男）

入園日	昭和7年5月28日
退園日	昭和8年7月11日　（死亡）

（要救護者調書）

出　　生	明治3年10月7日生　　当62歳
出 生 地	東京市芝区○○○町
本 籍 地	東京市本所区○○○町×番地
震災当時ノ住所	神奈川県川崎市○○○
現 住 所	東京市本所区○町×丁目××番地　第二須藤屋　岸谷晴五郎方
戸主又ハ続柄	戸主
宗　　教	浄土宗
家族ノ状況　並扶養親族関係	1　妻ノ有無　ナシ 1　直系尊属　ナシ 1　直系卑属　ナシ 1　姪　姉亡まきノ子ニふさ　つたノ二女アリシガふさハ西田某ニ嫁シ府下大久保アタリニ居住スル筈ナルモ交際ナクつたハ台湾ニ居ルト聞クモ音信不通ノ状態ナレバ扶養ヲ受クルコト能ハズ 1　永年ノ知人　宮川泰介浅草区○○町××ハモト本人ガ浦上物店ニ奉公中　同ジク同所ニ奉公シ居タル関係ニテ現ニ時々厄介トナリ且ツ同人宅ニテ製造スル包帯止メ外交ヲナスコトアルモソノ収入殆ド無ク又コレ以上ノ厄介ヲ受クルコトモ不可能ナリ
身心ノ状態不具廃疾ノ程度　及疾病ノ有無	幼時ヨリ健康ニシテ現在トテモ身体上些程ノ故障ナク唯老衰ノタメ労働ニ堪エザルモノナリ
震災当時ノ職業及現在ノ作業　収入	遊廓仲男　　　日収　4,5円位 冬帽子洗濯業（但シ注文殆ドナシ）　　日収（但シ仕事ナキ日多シ）
教育程度 趣　味 嗜　好	○○小学校卒業 講談　活動写真 喫煙セズ
震災後ニ於ケル生活ノ経路　並ニ現況	1　震災ニ依ル被害ナシ 2　大正12年9月中旬川崎市内ノ遊廓ナルモノニ見限リヲツケ横浜ヨリ乗船（無賃）シテ神戸市ニ至リ女郎屋番頭沢田民次郎ヲ頼リテ同地ノ遊廓ニ職ヲ求メシガ思ハシカラズ約10日後上京浅草区○○町××宮川泰介方ニ10数日厄介トナリ神奈川県○○町ニ牧田多平次ヲ頼リテ同地ノ遊廓ニ入リシガ永続セズ約4ヶ月ニシテ横浜市○○町ニ合田百助ヲ頼リ遊廓仲男トシテ約1ヶ年半ヲ過ス　然ルニ同所ニテモ失業勝チナリシ為自活スル能ハズ次イデ埼玉県北足立郡○○村東円寺住職ガ古クヨリノ知人ナレバ同寺ニ食客トナリ約2ヶ月次イデ下関市ニ赴キ○○○町清水征次郎ヲ頼リ遊廓ニ入ラントセシガ思ハシカラズ約2ヶ月ニシテ上京シ再ビ前記東円寺ニ食客トナリテ約10日後　○○○○町福島県若松市ト転ジ夫々遊廓仲男トシテ手間稼ギヲナセシガ昭和5年3月埼玉県○○町字△△町旅館泉屋方ノ食客トナリ約1ヶ年翌6年6月現住所須藤屋ニ止宿シ冬帽子洗濯外交又ハ包帯止行商等ニ従事ス

生立及経歴	1	父母ノ氏名　父　尾野國光　母　らん　長男 職業　旗本八百石　　父母ノ死亡　雅嘉2歳ノ時死亡　病名 等不詳　父　静岡市○○町ニテ没　　母　雅嘉42歳ノ時死亡 老衰　本所区○○○町ニテ没
	2	出生後間モナク父ハ慶喜公ト共ニ静岡市ニ赴キタレバ従ツテ一家ハ静岡市ニ移リシガ本人2歳ニシテ父死亡セシニ依リ母ハ子女ヲ連レテ帰京シ浅草区○○町ニ居住ス　父死亡後ノ生活費ハ当時下ゲ渡サレタル公債ノ利子ニ依レリ5歳ノ頃生活困難ノタメ一家ハ母ノ生家ナル小石川区○○町萬藤正重方ニ同居シソノ厄介トナル姉まきアリシガ8歳ノ頃○○町△△△△春山佳ノ養女トナリ長シテ夫任三郎ヲ迎ヘ相当生活ヲセシガ42歳ノ頃死亡シ任三郎モ7年前病没ス
	3	12歳ニテ横浜市○○町谷戸田陶器画工寒川雲見方ニ住込奉公ヲナシ約2年ノ後京橋区○○×ノ×銅版画工江嶋鴻山方ニ住込ミ幾何モナクシテ16歳ノ頃日本橋区○○町×ノ×袋物屋浦上方ニ住込奉公ヲナス　21歳ノ時下谷区○○町×ノ×ニ借家シ洋物小売店ヲ出シ母ヲ前記伊藤方ヨリ引取ル　然ルニ約5年ニシテ洋物屋ヲ失敗シ母ヲ姉ノ養家春山ニ預ケ浅草吉原遊廓仲男トナル　約1年ニシテ須崎遊廓ニ入リ3年ノ後横浜市○○町ノ遊廓ニ移リ同所ニ約3年生活ノ後浅草区○町×ノ×浦上（前記浦上ノ子ノ経営セルモノ）ゴム雑貨製造所ノ売店ニ勤ム　38才ノ頃本所区○○町ニテ2階借リヲシ母ヲ引取リテ洋物ノ地方卸売業ヲ開始シ　約4年後府下○○○町ニ移リシガ1ヶ月足ラズニシテ本籍地ナル本所区○○○町ニ転ジ約3ヶ年引続キ洋物卸売業ヲナセシガ再ビ失敗シ43才横浜市○○町×ノ×ニ2階借リヲシ日本蓄音機商会ノ外交員トナル　約3年ニテ辞職シ独力蓄音器ノ外交販売ヲナスコト約1年後千葉市○町用品雑貨商川口某方次イデ宇都宮市○○町同用品雑貨商某方ニ住込ミシガ孰レモ1年足ラズニシテ永続セズ再ビ遊廓仲男トナリテ横浜　横須賀　北千住　川崎市ト短年月宛転々シ川崎市ニテ震災ニ遭フ
	4	本籍地在住当時某ゑい迎ヘ内縁関係ヲ結ビシガ数年ニテ離縁シ以後独身　子女出生セズ
保護依頼者	本人直接	
その他	1	本人ハ比較的健康ナレドモ老年ノ故最早遊廓ニ雇ハルルコトヲ得ズ且ツ過去ノ職業ガ職業ナルダケニ目下人夫ノ如キ自由労働ニ就ク能ハズ現在ノ如キ仕事ハ恰好ナル筈ナレドモ殆ド需要ナキタメ収入ナク欠食スル事往々ニシテ栄養不良従ツテ喪心状態ニ陥ルコト少カラズ他ニ転業セントスルモ無資力　無気力ノタメソレモ不可能ナリ

保護経過	
7.5.28	入園清風寮ニ入ル
8.6.25	宮川泰介氏面会ニ来ル
8.6.23	浅草区○○町×番地平橋将三郎妻平橋みち（尾野雅嘉ノ姉）及浅草区○○町××宮川泰介（知人）宛危篤ノ電報を発ス （参考）平橋将三郎ノ子平橋政春宅ニハ電話アリ（浅草××××番）
8.7.11	午後11時25分死亡
8.7.12	午前6時50分電話ニテ平橋政春氏ヲ通シ平橋みち及宮川泰介氏ニ死亡ノ通知ヲナス

No.707　下村たえ　（女）

入園日	昭和7年10月27日
退園日	昭和8年　　　　　（死亡） （昭和8年8月頃に死亡の模様　「編集担当」）

（要救護者調書）

出　　生	嘉永3年12月13日　当84歳
出　生　地	東京市浅草区〇〇町当時番地ナシ
本　籍　地	東京市牛込区〇〇〇〇〇町×××番地
震災当時ノ住所	東京市牛込区〇〇〇〇〇〇町××番地　豊川作造方
現　住　所	東京市牛込区〇〇〇〇〇〇町××番地　豊川作造方
戸主又ハ続柄	戸主亡下村卯吉ノ母
宗　　教	禅宗　〇〇町〇〇　常円寺
家族ノ状況　並 扶養親族関係	1　夫ノ有無　ナシ 1　直系尊卑族ノ有無　孫（亡長男下村卯吉ノ養女）下村ヨネ　当41歳　ヨネハ亡卯吉ノ妻ヨシノ姪ヲ養女トセシ者ニシテ其ノ18歳ノ折北米合衆國オレゴン州ポートランド北市街ニテ雑役夫野矢某ノ内縁ノ妻トナリシガ2ヶ月ニテ夫婦共行方不明トナリ居所判明セズ 1　其他ノ親族ノ有無　ナシ 1　永年ノ知人（亡長男卯吉ノ亡養女留子ノ元養父）東京市芝区〇〇〇〇町×番地ノ×号　神田川麻夫　当65歳　洋食店　麻夫ハ4人家族ニテ生計豊ナラズ 　　同知人（麻夫ノ兄）牛込区〇〇〇〇町××番地　醤油醸造業　吉川象吉 　　同（象吉ノ次男ニテ現住所）牛込区〇〇〇〇〇〇町××番地　自動車業　豊川作造ノ両人ハ裕福ナル生活ヲナシ居レ共是以上厄介ニナリ難シ 1　永年ノ雇主等　ナシ
身心ノ状態不具 廃疾ノ程度　及 疾病ノ有無	青壮年時代ノ主ナル疾病　ナシ　現在ノ疾患　老衰 病状　4,5年前ヨリ心身共ニ老衰セシモ自分用ハ達シ得ル程度 精神障礙等　ナシ　性情　良
震災当時ノ職業及 現在ノ作業収入	無職　収入　ナシ
教育程度 趣　　味 嗜　　好	2,3年寺子屋ニテ修学 芝居 煙草
震災後ニ於ケル 生活ノ経路　並ニ 現況	1．震災当時ノ被害ノ状況程度等　被害ナシ 1．震災後今日迄ノ家庭生活其他生活状況ノ変遷等 　　引続キ現住所豊川作造方ニ手伝傍々厄介トナリテ生活セシガ4,5年前ヨリ心身共ニ老衰シ目下辛ジテ1丁位ヲ歩行シ得ルノミニテ漸ク自分用ヲナシ居ルニ付今後厄介ニナルニ忍ビズ實ニ困リ居レリ

生立及経歴	1．両親ノ氏名　川北良蔵　母きく 　　　本人トノ戸籍関係　2女（戸籍上叔父金田吉三郎2女） 　　　職業　鍛冶職 　　　両親ノ死亡年齢　父　62,3才　母　45,6才 　　　同上疾病等　両親共ニ不明 1．出生時　幼少年時代ノ住所　家庭状況　教育等 　　　東京市浅草区○○町当時番地ナシ（10才迄ノ住所）　群馬県碓氷郡○○○（10才後ノ住所）　4人家族（3人姉妹ナリシガ姉ハ生後間モナク病死セシ由ニテ妹ヨネハ本人ノ21,2才ノ時病没セリ）ニテ普通生活セシガたえガ10歳ノ折母きく病死セシニヨリ叔父（父ノ弟）ナル群馬県碓氷郡○○○貸座敷業金田吉三郎方へ程ナク引取ラレテ養育セラル　2,3年寺子屋ニテ修學ス 1．職業関係　住居　生活状況ノ変遷等 　　　15歳ヨリ家事ヲ手伝ヒ20歳ノ時同郡○○町乾物商下村平蔵ニ嫁シ普通生活セシガ30歳ノ折生活難ノタメ夫ニ伴ハレテ上京シ芝区○○町××番地ニ居住シテ夫平蔵ハ神田区○○河岸博善株式会社（葬儀社）ノ事務員ニ通勤シ2ヵ年ニテ神田区○○○ニ転居シ普通生活中40歳ノ時長男卯吉ハ当時合衆国ニテ開業中ナリシ黒田医師ノ書生トナリテ渡米シ同年夫平蔵ハ脳溢血ニテ急死セシカバたえハ頼ル可キ所ヲ失ヒ程ナク日本橋区○○町荒物問屋森田方ノ子守ニ住込ミシガ47歳ノ時卯吉ハ北米合衆国華盛頓シアトル市ニテ妻ヨシヲ娶リ同市於テ貸座敷ヲ開業シたえニ渡米スル様ニトノ来書アリシニヨリ49歳ノ時黒田医師ノ妻某料理店大川某ノ妻　料理業生稲某等ニ伴ハレテ渡米シテ卯吉ト同居セシガ約半ヶ年ニテ卯吉妻ヨシハ強度ノヒステリートナリシカバ廃業シ卯吉夫婦ト共ニ帰国シテ牛込区○○○○○町ニ1戸ヲ建築シテ卯吉ハ文房具店ヲ開始セシモ3ヵ年ニテ失敗セシニヨリ卯吉ノ養女留子ノ元養父ナリシ府下○○町△△△××番地自転車業神田川麻夫ヨリ自転車ヲ借受ケテ貸車ニ転業セシガ2ヶ年ニテ生活困難トナリシニ付雑貨店開業ノ目的ニテ卯吉ハ母たえ妻ヨシ養女留子　同ヨシ（妻ヨシノ姪ニテ養女セシ者）ノ4名ヲ伴ヒテ渡米シ華盛頓州シアトル市ニテ開店準備中1ヶ月後卯吉ハ所用ニテ外出シ同市ジャクソン街ト南第4街角ニテ電車ヨリ降リントセシ節妻ヨシノ情夫ナル日本人林某ニ銃殺サル林ハ急ニ日本ニ送還サレ　妻ヨシハ家出行方不明トナリシカバ10日計リヲ経テ当時料理店ヲ営業シテ居リシ神田川麻夫ニ養女ヨシ　留子ト共ニ伴ハレテオレゴン州ポートランド北市街××番地ノ同家ニ同居シ手伝傍々厄介トナリ程ナク「ヨシ」ヲ雑役夫野矢某ノ内妻トセシガ2ヶ月ニテ野矢夫婦ハ行方不明トナリ64歳ノ時養女留子ハ本人10歳ニテ感冒ニ罹リテ死亡シ66歳ノ折神田川麻夫ニ伴ハレテ帰国シ神田川ノ兄ナル牛込区○○○○町××番地醤油醸造業吉川粂吉方ニ手伝傍々3ヵ年厄介トナリ次デ芝区○○○○町×番地×号洋食店神田川麻夫方ニ世話ニナリ居リシモ大正10年3月3日麻夫ノ甥（粂吉ノ次男）ナル現住所自動業豊川作造方ニテ家事ヲ手伝ヒ乍ラ厄介トナリテ生活ス 1．縁事関係　子女ノ有無 　　　20才ニテ下村平蔵ニ嫁セシガ40才ノ時夫死亡シ以後独身生活ヲナス　子女等ナシ 　　本人ノ性行　普通 　特ニ貧窮ノ事由ト認ムベキ事項 　　　イ．長男卯吉ノ死亡　亡卯吉ノ養女留子ノ病死
保護依頼者	東京市方面委員牛込区方面事務所
その他	備考　調査箇所　東京市牛込区○○○○○○町××番地　豊川作造方

保護経過
7.10.27　　入園清風寮ニ入ル
7.11.17　　左記ノ者面会ニ来ル　方面委員牛込区○○○町××番地　吉川粂吉　前扶養者　豊川作造知人神田川麻夫 妻さち（吉川方面委員ノ弟）
8. 6.25　　同上吉川夫妻来訪
8.8.25　　牛込区方面委員吉川氏ヨリ電話アリ甞テ下村たえヨリ遺骨ハ淀橋区○○常円寺ニ埋葬願ヒタク依頼シアリタルヨリ意趣ニ添フベケレバ遺骨ヲ引渡シ呉レル様相談アリ

No.721　岡野伸秀　（男）

入園日	昭和8年9月1日
退園日	昭和8年10月8日　（無断外出）

（要救護者調書）

出　　　生	文久3年11月10日　当71歳
出　生　地	本籍地に同じ
本　籍　地	富山県中新川郡○○○村△△△××××
震災当時ノ住所	東京市本郷区○○×丁目　三塚里次郎方
現　住　所	東京市深川区○○町　紀州屋方
戸主又ハ続柄	戸主
宗　　　教	真宗
家族ノ状況　並ニ扶養親族関係	妻ナツハ伸秀44歳ノ時　離縁シ実家ニ帰リ現存セル筈ナルモ音信セズ　子女　長女アキハ20歳ノ頃上京シ黒川公人ノ世話ニテ看護婦ヲナシ居タリシガ25歳ノ時郷里ニ帰リ母方祖父海原正蔵方ニテ病気療養中死亡ス　次女ミヤハ16歳ノ頃上京シ姉ト同様　黒川ノ世話ニテ看護婦トナリ後　同村人山下竹次郎ニ嫁セシガ　24歳産後ニテ没　前記　黒川　山下共現存セズ　三女フキハ本人ガ伴ヒテ上京シ　黒川方ヨリ小学校ニ通学セシメ　卒業後　子守又ハ女中奉公ナドシ　大正11年婿養子桃次郎ヲ迎ヘシガ　翌12年産後ニテ死亡　夫桃次郎モ大正15年死亡セリ
身心ノ状態不具廃疾ノ程度　及疾病ノ有無	青少年時代ヨリ今日ニ至ル迄コレト言フ疾患ヲ持タズ　現在ハ老衰セルモ　若干労務能力アリ 性質　善良ト認ム
震災当時ノ職業及現在ノ作業収入	下男奉公 現在：ナシ
教育程度 趣　　味 嗜　　好	小学卒業程度 ナシ 10年前ヨリ禁煙 飲酒セズ
震災後ニ於ケル生活ノ経路　並ニ現況	上京シテ従前ノ生活ヲ続ケ　大正11年株式取引員三塚里次郎（本郷○○×丁目）方下男ニ住込　同家ニテ震災ニ遭遇ス 翌13年1月同家ヲ暇取リ 5,60円ノ金ヲ持ッテ一旦郷里ニ帰リ墓参ヲ済マセテ直チニ神戸市ニ赴ク　同市ニテ程ナク　横浜止金銀行支店員島野長行方（同市○○○○）ニ下男奉公シ　翌14年9月暇取リ同家ニ在ル中約100円ノ貯金ヲ得タレバ各地ノ神社仏閣参詣ヲ志シ　九州ヲ一巡シ山陽山陰ヲ徒歩旅行シテ　同15年4月名古屋ニ到ル　同地木賃宿又ハ宿泊所ニ止宿シナガラ日雇人夫ヲナシ程ナク知多郡○○町天沢院寺男トナル　翌2年6月暇取リテ名古屋市ニ帰リシガ　同年11月頃中区○○町光地寺ノ寺男トナル 4年3月暇取リテ日雇人夫又ハ縫針行商　蠅取紙行商ニ従事セシモ　何分ニモ老年ノ為生活ヲ支ヘ難ク唯一ノ希望トシテ残ル孫美貴子（当11歳）ヲ尋ネテ当リシラ　昭和8年6月20日名古屋ヲ出発シ途中縫針行商ヲシナガラ徒歩ニテ東海道ヲ下リ　8月4日東京着　深川区○○町木賃宿大黒屋ニ一旦落着キ孫ヲ極力捜セシモ全ク不明ニテ　最早何等ノ希望モナクソノ上自活ノ気力 体力共ニ失セ為ス可キ方途ヲ知ラザルニ至レリ

生立及経歴	父　岡野寛平　　母　すま　　農（自称）　　　次男 死亡年齢　父　明治17年没（本人22歳ノトキ）母　明治40年頃（本人45歳頃） 死因　　父　中風病　　母　老衰死 本籍地ニテ父ハ農ヲ営ミ多少ノ田畑ヲ所有シタレバ相当生活ノ環境ニ生ヲ受ク　兄俊平　姉ヨシ　シウ　妹マサノ5人兄妹ナリシガ何レモ現存セズ　兄ハ本籍地ニテ農ヲ営シガ晩年ハ極貧ニ陥リ大正5年死亡　一子正次（当60歳位）アリシガ半低能ニシテ自活能力ナク　現在富山市某請負師方ニテ下男奉公ノ如キコトヲナシ妻子無シト□　姉ヨシハ下新川郡○○村村井佐次郎ニ嫁シタルモ明治45年頃没シ　子女アリタル筈ナルモ現況不明　恐ラク極貧ナラント　姉シウハ同村新沢勝三ニ嫁セシガ明治19年頃没　跡絶エノ筈　妹マサハ下新川郡○○村谷口兆治郎ニ嫁シタルモ大正5年死亡　ソノ跡ニツイテハ不詳 　　20歳マデ父母ヲ手伝ヒ　農ニ従事セシガ　コノ年別ニ一戸ヲ持チテ父母ト分レ田地ヲ分ケ与ヘラレ　独力農ニ従事ス　27歳本籍地役場ノ収入役ヲ奉ジ以後前後2回助役ヲモ奉職シ相当ノ社会的地位ヲ得シガ　辞職後　米相場ニ手ヲ出シテ失敗セシカバ　再起ヲ期シテ40歳単身北海道ニ赴キ　鰊漁ニ手ヲ染メタルモコレ又失敗セシニ依リ44歳帰宅セシガ自分留守中妻ハ離縁シテ実家ニ帰リタルコトナレバ　残レル家財ヲ凡テ売却シ末女フキヲ伴ニ上京　同村人ナル黒川公人ヲ頼リ（当時本郷区○○○町）同家ニ間借シテ　日雇人夫トナル約6ヶ月ノ後　○○○○町ニ一戸ヲ借リ素人下宿ヲ試ミシガ　約1年ニテ廃業以後ハ諸所ニ間借又ハ止宿シテ日雇人夫トナリ49歳ノ時　約2年大阪市ニテ人夫ヲナセシガ　再度上京シテ従前ノ生活ヲ続ケ　大正11年株式取引員三塚里次郎（本郷○○×丁目）方下男ニ住込　同家ニテ震災ニ遭遇ス
保護依頼者	（記載なし）
その他	（記載なし）

保護経過
8.9.1　　　　仮入園許可

8.10.8　　　午後零時30分煙草買ヒニ行クト言ヒ寮ヲ出タル儘　無断外出ス　本園ノ着物着用ノママ

　昭和8年9月1日
　　　　　　　　　　　　　　　常務理事　　福原
　　　　　　　　　　　　　　　保護課長　　小沢
　　　仮入園許可の件
本籍　富山県中新川郡○○○村△△△××××
現住所　東京市深川区○○町　紀州屋
　　　　　　　　　　岡野伸秀
　　　　　　　　　　文久3年11月10日　生　当71歳
　右者本日唐突ニ入園出願候ニ依リ　種々事情聴取候処最早老衰ノ為自活為ス能ハズ　頼ル可キ家族親族等無之収容救護ヲ要スル者ト認メラレ候ヘ共　現住所ナル簡易旅館紀州屋ニ止宿セルハ近々数日前ヨリノコトニテ　且ツ別紙調書ノ通リ上京後1ヶ月ニ満タズ謂ハバ一定ノ住所ナキモノニテ　又他方行路病者ニモ非ル為　止ムナク所定ノ手続並調査完了迄仮入園許可ノコトトナシ本日ヲ以テ仮入園セシメ可然哉
仰高裁

昭和8年10月7日

市ノ瀬治

常務理事　福原　誠三郎　殿

　　　　仮入園者　岡野伸秀孫岡野美貴子　所在調査ニ関スル報告書

　客月1日仮入園御許可相成タル岡野伸秀　孫岡野美貴子当11歳及同人ノ元義母ニテ元後見人タル近藤佐紀ノ所在調査ノ為メ市内蒲田区〇〇町×××番×号地ニ出張調査候処左記ノ通リ有之候條此段及報告候也

記

1　蒲田区〇〇〇町×××番×号地ハ近藤佐紀（28）ノ両親タル　無職近藤梅吉（62）同人妻イヨ（60）ノ2人家族ノ貧困者ナリ　目下救護法ニ依リ居宅扶助ヲ受ケ居レリ

1　近藤佐紀ハ大正14年頃伸秀三女亡フキ（大正13年死亡）ノ養子婿ナル蒲田区〇〇〇町居住　近藤万二郎ノ後妻（内妻）トナリシガ万二郎ハ原籍ナル富山県ニ於テ大正15年12月没シ　同棲期間約1ヶ年半位ナリ近藤佐紀ハコノ約1ヶ年半位ガ美貴子ノ義母タリシナリ

1　近藤佐紀ハ夫万二郎ノ死亡後　暇ヲ貰ヒ〇〇町居住者ニテ鉄道省蒲田工場職工　浦賀進（30）ニ再嫁シタリ夫進ハ　昭和7年7月頃同省大阪工場ニ移動転勤セシヨリ彼女又夫ニ従ヒ大阪ニ転居シ　目下大阪市旭区〇〇町×××番地ノ×号ニ居住シ居レリ

1　近藤佐紀子（ﾏﾏ）ハ昭和2年6月5日　岡野美貴子ノ後見人ニ就任シ　昭和7年7月8日後見人辞任届出ヲナシタリシガ如何ナル理由ニ依リ後見人トナリシカ　佐紀子（ﾏﾏ）不在ニテ判明セズト雖モ亡夫万二郎ニハ相当多額ノ債務アリシヨリ　幼少ノ美貴子ニ債務精算ノ能力ナカリシヨリ債務精算上後見人トナリタルモノノ如シ

1　近藤佐紀ト被後見人美貴子ノ関係ハ1ヶ年半位ノ義母タリシト雖モ　事実ニ於テハ美貴子ハ生後3ヶ月目ニ生母フキニ死別セシヨリ　伸秀ノ前妻ナツガ美貴子ヲ引取リ慈愛ヲ込メ養育ニ務メ居リシ趣ニテ　今尚美貴子ハ同人ノ許ニ養育セラレツツアラザルナキヤト思料ス　一面佐紀ハ美貴子トノ面識2, 3回ニテ1日ダニ同居セシコトナク　佐紀ノ許ニ美貴子ハ居住シ居ラザルモノト看做サル

1　伸秀ハ美貴子ニ対シ未ダニ祖父トシテノ至情モッテヲレドモ思ヒ遣リ深ク美貴子ノ所在　境遇ヲ知リタク心遣ヒ居レリ

以上

No.827　斉藤草次　（男）

入園日	昭和7年8月15日
退園日	昭和9年9月11日　（死亡　狭心症）

（要救護者調書）

出　　生	万延元年3月5日　当73歳
出　生　地	東京市芝区〇〇〇町（当時番地なし）
本　籍　地	東京市芝区〇〇〇町×丁目×番地
震災当時ノ住所	同上
現　住　所	東京市芝区〇〇町××番地　西下優二方
戸主又ハ続柄	戸主
宗　　教	浄土宗
家族ノ状況　並扶養親族関係	（原文不鮮明のため　読み起せず）
身心ノ状態不具廃疾ノ程度　及疾病ノ有無	（原文不鮮明のため　読み起せず）
震災当時ノ職業及　現在ノ作業収入	（原文不鮮明のため　読み起せず）
教育程度 趣　　味 嗜　　好	1ヵ年寺子屋　修学 記載なし 煙草
震災後ニ於ケル生活ノ経路　並ニ現況	（原文不鮮明のため　読み起せず）

生立及経歴	1．両親氏名　父　斉藤収二　母　不明　職業　水野出羽守ノ徒士 　　　　続柄　　長男 2．出生　幼少時ノ住所 　　東京市芝区〇〇〇町番地ナシ（1歳） 　　東京市日本橋区水野出羽守上邸内（3歳迄） 　　静岡県駿東郡沼津　水野邸内（4歳迄） 　　東京市日本橋区〇〇町　水野邸内（12歳迄） 　　千葉県市原郡〇〇村△△（12歳以後） 　　草次ノ出生後ハ□□□□父収二ハ一家ヲ伴ヒ藩主ニ従ヒ転々センガ　幕府瓦解後ハ〇〇村ニ居住シ艾業ニ従事シテ家族3名（兄弟ナシ）普通生活ヲナス 3．職業関係　14歳ニテ日本橋区×丁目××番地ノ目黒久太郎方ニ住込奉公セシガ18歳ノ時　帰宅シテ艾業ノ手伝ヒヲナシ　程ナク父ハ一家ヲ伴ヒテ印旛郡〇〇町字△△ニ移転シ雑貨商ニ転業シ草次ハ刺繍ヲナシ居リシガ3ヵ年ニテ母ノ実家（母ノ父　満田次助ハ無職）ノアリシ静岡県田方郡〇〇町△△ニ転居シテ荒物商トナリ　草次ハ上京シテ浅草区〇〇町×番地ニ一戸ヲ借家シ刺繍職ニテ普通生活ヲセシガ　1ヵ年シテ父母ヲ迎ヘテ扶養シ当所ニ6ヵ年居住シ　本所区〇〇町×丁目××番地ニ移リテ2ヵ年　四谷区〇町××番地ニ移転シテ5ヵ年居住セシガ　父病死セシニヨリ間モナク浅草区〇〇町（番地不詳）ニ転居シテ半ヵ年　芝区〇〇町××番地ニ移リテ3ヵ年　同区〇〇〇町×丁目××番地ニ2ヵ年　更ニ同町×丁目×番地ニ移転シ　其間引続キ刺繍職トシテ母ト共ニ普通生活ヲナセシモ　50歳ノ時母ハ老衰病ニテ死亡セシニ付　同年吉田むらヲ内縁ノ妻トシテ同棲セシガ　62歳ノ折離別シ独身ニテ刺繍ヲ継続シ普通生活ヲナス 4．縁事関係　27歳ニテ某まさヲ内縁ノ妻トセシモ1ヵ年ニテ離縁シ　37歳ノ時　西田まさト内縁関係ヲ結ビテ同棲セシガ　44歳ノ折まさ脚気ニテ病死セシカバ　50歳ノ時　吉田むらヲ内縁ノ妻トセシモ　62歳ノ折　離縁シ以後独身生活ヲナス　まさトノ間ニ庶子女むめアリシガ　むめハ11歳ニテ病死まさノ先夫ノ子　西田徳康ハ本人15歳ノ時　まさノ実家ナル三重県多気郡〇〇村農中山久右衛門方ヨリ引取リ3～4年世話セシガ其後ハ行方不明ニテ曾ヒ住所判明スル事アリテモ全ク扶養意志等ナシ　尚徳康ハ当38歳ノ筈他ニ子女ナシ
保護依頼者	東京市芝区〇〇〇〇方面事務所
その他	調査箇所　東京市芝区〇〇町××番地　西下優二方

保護経過
7.8.15　　入園　清風寮ニ入ル

7.8.16　　入園通知発送

7.10.31　　午前8時過ギ　高井戸町迄ト称シ外出ノセル処午前中帰園セズ　午後3時頃電話ニテ入園前住所タル西下宅ヘ到着ノ旨伝ヘ来リ　夕刻7時帰園

8.2.23　　去ル19日朝　高井戸迄ト称シ外出ノ儘帰園セズ　午後5時過　電話ヲ以テ翌朝帰園ト申寄セタルモ　20日尚帰園セズ　21日午後4時頃漸ク帰園ス　前回同様　西下宅ニ参リタルモノニテ用件ハ西下ノ内輪話ト本人自身ノ品物整理ノタメラシク数日前コノ件ニツキ外出ヲ願出タルモ血圧高キ為差止メラレ居リシモノナリ　再三戒告シ今後ノコトニツキ注意シタルニ自分ノ行為不届ナルヲ覚リ致度ト申出タルモ　方面事務所ヨリ委託ヲ受ケタルモノナレバ先方ヘ了解ナシニ許可ナリ難ケレバ退園ヲ保留シ置キ一方外出ノ上　方面事務所ニ赴キ身ノ振方ヲ相談スルヨウ申含メ外泊ヲ許可ス　通常外泊ノ手続ヲ取ラズ方面事務所ニハコノ旨電話シ可然取計ヲ依頼シ置ケリ

8.2.27　　昨26日　午後5時過帰来
　　　　　今朝出頭シテ今後絶対ニ無断外出等ノ事無キヲ誓ヒ　且ツ方面事務所ヨリノ依頼アルコトナレバ帰園ヲ許可サル

9.2.9　　旧友ト称スル左記ノ者　来訪（横田次郎　坂崎重七）
　　　　　年賀状ヲ頂イタノデ久振リニ慰問セルモノナリト

9.9.11　　狭心症ニテ午前3時死亡シ　満田治明宛打電ス
　　　　　救護変更並ニ救護廃止ノ届出ヲ東京市ニ発案ス

始末書
　　去ル19日無断ニテ芝区〇〇町
　知人宅迄参リ2泊ノ後21日帰園
　致候仕儀実ニ御園ノ御手厚キ御保護
　ヲ紊リ恐縮至極ニ有之候処　今後ハ
　絶対ニ右様ノコト仕リ不申　此段
　申入ル也
　　　　昭和8年2月27日
　　　　　　　　　　　　斉藤草次
　　常務理事　福原誠三郎殿

No.830　橋本民治　（男）

入園日	昭和8年2月13日
退園日	昭和9年9月20日　（退園　救護廃止）

（要救護者調書）

出　　生	文久元年5月25日（当73歳）
出 生 地	東京市神田区○町当時番地なし
本 籍 地	東京市京橋区○町×丁目×番地×
震災当時ノ住所	東京市京橋区○○町×丁目××番地
現 住 所	東京市京橋区○○○○×丁目××番地　狩野作蔵方
戸主又ハ続柄	戸主
宗　　教	真宗
家族ノ状況　並扶養親族関係	妻ノ有無　　ナシ 直系尊属ノ有無　　ナシ 直系卑属　　長男　橋本末吉　当39歳　鍛冶仕上職　末吉は大正13年1月15日横浜へ出稼ギニ行クトテ家出セシママ音信不通ニテ居所判明セズ
身心ノ状態不具廃疾ノ程度　及疾病ノ有無	現在　　老衰 症状　2,3年前ヨリ全身幾分老衰セルモ甚ダ軽症ナリ 性情　　良
震災当時ノ職業及現在ノ作業収入	当時　　粟餅行商　　　　月20円 現在　　甘酒行商　　　　月　3円
教育程度 趣　　味 嗜　　好	3ヵ年寺子屋修学 ナシ 煙草
震災後ニ於ケル生活ノ経路　並ニ現況	1　震災当時ノ被害状況　　　　　全焼 1　震災後今日迄ノ家族生活其他生活状況ノ変遷等　罹災直後日比谷公園ニ避難シ同年11月上旬次女みえノ嫁シ先ナル長野市○○○ノ旅館○○○方ヲ頼リ行キシガみえ扶養意志ナク事毎ニ衝突シテ永住スル事能ハザリシタメ1ヶ月ニテ上京シ　罹災地ニ4畳半1間ノバラックヲ建築シテ居住シ（長男末吉ハ災前ヨリ市内ノ鍛冶屋ヲ転々トシテ住込ミ居レリ）粟餅行商ヲ2ヶ年　車力ヲ半ヵ年ナセシモ生活困難ナリシガ「バラック」ヲ月1円50銭ニテ貸家トナシ　同区○○○○町甘酒屋津山吉太方ニ同居シ甘酒及ビ納豆ノ行商ニ転業シテ2ヶ年経過セシガ　次女みえガ長野市○○○○町××××番地ニ芸妓屋ヲ開業セシニヨリ手伝傍々其ノ扶養ヲ受ケルタメ同家ニ同居セシモ不和トナリシカバ10日間ニテ上京シ　京橋区○○町×丁目××番地ノバラックニ入リ甘酒納豆ノ行商ニテ普通生活中　昭和3年6月末日　区画整理ニテ立退キヲ命ゼラレシカバ津山吉太方ニ同居シ行商ヲ継続セシモみえ長野市ノ某夫ト離縁シ静岡市○○町××番地洋食店ヲ開業セシカバ今後民治ニ扶養セルトノ手紙ニテ　昭和7年4月3日みえ方ニ同居シ同月15日上京シテ家財道具ヲ取纏メテみえ方ニ送リテ同居セシ処僅カ1週間ニテみえハ民治ノ家財道具全部ヲ売却シ　日々折合悪シク遂ニ民治ハ居住スルコト能ハズシテ9月15日上京シ現住所ニ間借シテ甘酒納豆ノ行商ヲナシ居レ共老齢且ツ世上不況ニテ生活難ニ陥リ月5円ノ間代ハ10月ヨリ不納トナリ長男ノ行方ハ全々不明ニテ極度ニ困窮セリ

生立及経歴	1　両親ノ氏名　　橋本魚次　　同　とめ　　職業　粟餅行商 　　両親ノ死亡年齢　　父　70歳（老衰）　　母　30歳（産後） 　　本人トノ関係　　長男 2　幼少時代ノ住所　　東京市神田区〇町当時番地ナシ 家族状況　教育等 4人家族（弟誠次ト2人兄弟ナリシガ誠次ハ本人ノ42歳ノ時　脚気ニテ死亡セリ　但シ誠次ニハ子女ナシ）ニテ普通生活ヲナス　3ヶ年寺子屋ニテ修学ス 3　職業関係　住居　生活状況ノ変遷等 14歳ニテ本郷区〇〇町ノ某刀剣商方へ奉公セシガ1ヶ年ニテ帰宅シ17歳ノ時神田区〇〇町餅菓子店萩野屋ニ住込奉公中　21歳ニテ徴兵検査ニ合格シテ横須賀鎮守府ニ入営セシモ　28歳ノ折満期除隊トナリテ京橋区〇〇〇×丁目×番地ヘ移転セシ実家ニ帰宅シ程ナク同番地ニ一戸ヲ借家シテ別居シ粟餅行商ニ従事シテ普通生活ヲナシ居リシガ　45歳ノ時生活難ニ陥リシカバ同区〇〇〇〇町甘酒屋津山吉太方ニ同居シテ甘酒行商ニ転業シ50歳ノ折同区〇〇町×丁目××番地ニ借家移転シテ粟餅行商ニ転ジ普通生活ヲナス 4　縁事関係　子女ノ有無 27歳ニテ某ヲ内縁ノ妻トセシガ1ヶ年ニテ離縁シ28歳ノ時岩崎ゑみヲ娶リシモ同棲3ヶ年ニテ離別シ　34歳ノ折橋本さえヲ内妻トシテ同棲セシガ　42歳ノ時さえハ産後死亡セシカバ　45歳ニテ鈴木くえヲ娶リシモ50歳ノ折離縁シ51歳ニテ再ビ前記岩崎ゑみヲ娶リシガ60歳ノ時離縁シ以後独身生活ヲナス亡妻トノ間ニ長男末吉(39歳)次女みえ(34歳)ノ2名有レ共何レモ所在不明ナリ
保護依頼者	東京市方面委員　京橋区〇〇方面事務所
その他	記述なし

保護経過	
8.2.13	入園　清風寮ニ入ル
8.5.14	京橋区〇〇〇〇×丁目××　山田三太面会ニ来ル
8.7.18	京橋区〇〇〇〇×丁目××番地ノ×号ナル知人山田三太他3名　面会ニ来ル
8.9.10	静岡県静岡警察署長宛本人ノ次女みえ（34）ノ所在方調査ヲ依頼ス（往復ハガキ使用）
9.6.17	京橋区〇〇〇〇×丁目××番地　知人山本しか　来訪
9.7.5	退園シテ納豆類ノ行商又ハ粟餅行商ヲナシ自活シタシト申出タレ共一応外出シテコレカラ寄寓セントスル先ニツキ相談シテ来ルヨウ申置ク
9.7.7	外出セシニツキ取扱方面ヘ電話シ本人ガ訪ネテ行ケバ尚ヨク説諭サレ度シト申伝フ
9.7.8	昨夜12時近イ頃帰園　何処ヲ訪ネテモ当テハズレニテ到底自活ノ見込立タザレバ引続キ御保護受ケ度シトノコトナリ

（入園者身分概要）

続　柄	（記述不明）
性　別	（記述不明）

氏　　　名 生年月日　年齢	橋本民治 文久元年5月25日　当73歳
本　籍　地	東京市京橋区〇町×丁目×番地×
入園前住所	東京市京橋区〇〇〇〇×丁目××番地　狩野作蔵方
家族親族等ノ現況	妻　ナシ　　子女　所在不明ノ単身者 長男　末吉（39）ハ大正13年1月ニ横浜ニテ働ク可ク云ヒ残シ家出ノ儘音信不通　居所不明 二女　みえ（34）ハ静岡市〇〇町ニ於イテ洋食店ヲ営ミ　コック某ト同棲シ居リシモ昭和7年12月何レヘカ転居セリ　所轄署ニ捜査願ヲ出シタルニ静岡市ニ在住セザル旨回答行方不明　其ノ他関係者ナシ
経　　　歴	亡父橋本魚次ノ長男ニ出生　弟誠次ト2人兄弟ナリ　弟誠次ハ既ニ死亡ス3ヶ年寺子屋ニ就学後　14歳ニテ本郷区〇〇町某刀剣商方へ住込奉公ス而シテ17歳ノ折神田〇〇町萩野屋餅菓子店ニ住込奉公中徴兵検査ノ結果之ニ合格　横須賀鎮守府ニ入営セリ　28歳満期除隊　京橋〇〇〇ニテ粟餅行商ヲ営メルニ営業稍当リ相当生活ヲナス　然ルニ之モ永続ノ可能ヲ失ヒ45歳頃ハ生活難ニ陥リ甘酒行商ニ転職　然ル後又元ノ粟餅行商ニ戻レリ　63歳大震災ニ遭遇シ所有品全焼ス　ソレ故40日間長野市ニ居住シ　更ニ上京上野ニ4畳半ノバラックヲ建テ粟餅行商　甘酒行商又ハ納豆売トナリ辛ジテ生計ヲ営ム中　2女みえガ長野市ニテ芸妓屋ヲ開業セリ　ソレヲ幸ニ同家ニ身ヲ寄セシ処　忽不和ヲ生シタルヨリ上京　京橋ニテ甘酒　納豆売ヲナシ居リシニ2女みえガ静岡市ニ転居シ洋食店ヲ始メ本人ヲ引寄セシモ又モヤ不仲トナリショリ上京　昔慣シ甘酒　納豆行商ヲシテ生活シタルモ老衰ノ為メ活動能力ヲ失ヒ随テ生活困難ニ陥ル　縁事　5回
宗　　　教 教　　　育 健康状態 労務能力 個　　　性 性　　　格 習　　　癖 趣　　　味 嗜　　　好	真宗 3ヶ年寺子屋ニ就学 良 （記載なし） 良 （記載なし） （記載なし） （記載なし） 煙草
保護経過 8.2.13　入園　清風寮に入る 9.9.5　弥生寮へ転寮　西上からす	
入園時ノ所持金品	不明

保護課長　　　　小澤
　　　救護法ニ依ル委託入園者退園許可ノ件

　　　　　本籍地　　東京市京橋区○町×丁目×番地×
　　　　　入園前住所　京橋区○○○○×丁目××番地　狩野作蔵方

　　　　　　　昭和8年2月13日　入園　　弥生寮
　　　　　　　京橋区○○方面事務所扱a　　橋本民治　　当74歳

　右者平素　兎角他ノ在園者ト折合ハズ本人モソレヲ苦ニシテ従前再々退園ヲ申出タルコ
トアリ其都度本人ノ不心得ヲモ諭シ　兼ネテ転寮ソノ他ノ方法ニ依リ他トノ調和ヲモ計
ルヨウ努メ来リ候処其効ナク今回又又退園願出候次第ニテ此上斯ル事ノ繰返サルルハ他
ノ在園者ニ対スル影響モ甚大ナルベク　一応退園セシムルヲ適当ト認メラレ候ニツキ
取扱方面事務所ニ電話ヲ以テ照会セシ処　救護廃止可然トノ内諾ヲ得候條退園願許可ノ
コトトナシ本人希望ノ日ヲ以テ退園セシメ可然哉仰高哉
尚　御決裁ノ上ハ左案ノ通り　東京市長ヘ届出ノコトト致度
本人ヘ支給払ト致サレ度モノ無之
尚本人ハ74歳ノ高齢ナレドモ比較的壮健ニシテ永年扱ヒ馴レタル納豆行商程度ノモノハ
出来ル見込ミ有之

　　　　私儀
　　　永ラク本園ニ御世話相成居処
　　　今般自活ノ途相立チ候ニ付退園致度
　　　此段相願候也
　　　　　　行先　京橋区○○○○×丁目×ノ×　津山　吉太方
　　　　　　　　　　（入所前寄寓セシ　甘酒納豆屋）
　　昭和9年9月18日
　　　　　　　　　　　　　　　橋本民治
　　財団法人　浴風会
　　　　常務理事　福原　誠三郎　殿

　　　拝啓　御蔭様ニテ本日無事ニ
　　　帰京仕候是迄永々御厚志ニ
　　　預カリ難有奉謝候尚赤司様ヘ
　　　宜敷御願申上候先ハ右御礼迄
　　　尚々事務員ノ方々様　宜敷願上候
　　　　　9月　　　橋本民治
　小澤　様

No.831　星島重郎　（男）

入園日	昭和5年4月12日
退園日	昭和9年9月13日（無断外出　退園） （一度　昭和7年3月　退園し　昭和9年6月　直接　再入園　「編集担当」）

（要救護者調書）

出　　生	慶応元年11月7日　当66歳
出　生　地	埼玉県北足立郡○○村大字△△×××番地
本　籍　地	東京市下谷区○○○町××番地
震災当時ノ住所	東京市本所区○○○町×××番地
現　住　所	東京府豊多摩郡○○町大字△△△×××番地　　多田　太助方
戸主又ハ続柄	戸主
宗　　教	真言宗
家族ノ状況　並 扶養親族関係	妻の有無　　ナシ 直系尊卑属ノ有無　　ナシ 其ノ他ノ親族ノ有無　　ナシ 永年　雇主ノ有無　　ナシ 永年　知人ノ有無　　ナシ 　　目下　厄介ニナリ居レル多田太助42歳　株式外交員ハ自分ガ48歳（19年前）ノ時　○町大本俊男商店々員タリシ当時ノ知人トシテ現在　多田ハ世上不況ノタメ生活甚ダ困窮シ　家賃滞納トナリ家主ヨリ立退キヲ命ゼラレ本月13日　止ムヲ得ズ移転スルコトニ決定シ居レリ
身心ノ状態不具 廃疾ノ程度　及 疾病ノ有無	青年時代　現在　疾病ナシ 精神障碍等　　ナシ 性情　　　　温良
震災当時ノ職業及 現在ノ作業　収入	当時　　日雇人夫 現在　　無職　　　収入　　ナシ
教育程度 趣　　味 嗜　　好	中学3年修了 ナシ ナシ

震災後ニ於ケル生活ノ経路 並ニ現況	震災当時ノ被害ノ状況程度等　　　全焼 震災後　今日マデノ状況　　罹災直後　府下〇〇町×丁目××番地　峯口たつ（内縁ノ夫ハ大工）方ニ同居シ　日雇人夫ニテ生活中　大正13年8月頃ヨリ腹痛トナリシガ辛ジテ就職セシモ遂ニ堪エ難キニ至リ大正14年6月27日泉橋慈善病院ニ入院シ　胆石病ト診断ニテ手術ノ結果　同年9月15日　殆ンド全快シテ退院シ　其後ハ200円ノ貯金ヲ頼リニ約1ヶ年自宅療養セシガ　到底労働ハ成シ難キ迄ニ身心衰弱セシカバ　櫛ヲ行商人トナリ主トシテ　市外及群馬　栃木　埼玉ヲ行商シ　昭和3年6月30日　府下〇〇町×丁目××番地　大工熊田賢方ニ同居セシガ　約3ヶ月ニテ熊田ノ移転ニヨリ　再ビ地方行商ニ出デシガ　昭和5年10月28日不況ノタメ生活困難ニ陥リシカバ廃業シテ上京シ浅草区〇〇町宿泊所ニ3日　府下〇〇町×ノ××鉄工所職工松山某方ニ同居セシモ　生活困難ニヨリタレバ知人ナル現住所多田方ノ厄介トナリシガ多田ノ貧窮ヲ見ルニ忍ビズシテ　4月3日江東橋宿泊所ニ止宿セシ所宿泊料ニ窮シ再ビ多田方ノ世話トナリシガ　多田ハ家賃滞納ニヨリ4月13日立退ヲ命ゼラレテ移転ニ決定シ困窮セリ
生立及経歴	出生　埼玉県北足立郡〇〇村大字△△×××番地　3人家族ニテ普通生活ヲナス中学3年修了 24歳ノ時　埼玉・群馬両県ニテ木綿交ゼ織ヲ買ヒ出シ東京市内ノ木綿問屋ニ卸シ売ヲ開始　（木綿仲買業）34歳ノ折上京シ浅草区〇〇町×丁目×番地ニ家屋ヲ建テ居住シ仲買ヲ継続セシガ　上京後約3ヵ年ニテ生活難ニ陥リシカバ廃業シ　38歳ノ時　下谷区〇〇〇町××番地ニ移転シ程ナク　越中島所在ノ陸軍糧秣廠倉庫係トナリシガ約1ヵ月半ニテ横浜市内田町陸軍糧秣臨時出張所ニ転勤ヲ命ゼラレシカバ単身其ノ官舎ニ入ッテ勤務シ　44歳ノ時同所廃止ト共ニ本所区錦糸町陸軍糧秣廠ニ勤務セシガ　約1ヵ年半シテ辞職シ京橋区〇〇町×丁目勧業債券月賦販売業　大谷治助商店ノ店員トナリシモ3ヵ年ニテ同店ノ破産ニヨリ日本橋区〇町株式仲買店　大本俊男商店ノ店員トナリテ住込セシガ3ヵ年ニテ家没落ノタメ止ヲ得ズ府下〇〇町×丁目××番地×ニテ借家ニテ移転シ　巣鴨郵便局集配人トナリ4ヶ年勤務シテ辞職シ　本所区〇町×××番地　田□定太郎方に同居シテ日雇人夫トナリテ普通生活ス
保護依頼者	本人直接
その他	調査箇所　　多田太助方
保護経過 5.4.12　　入園　清風寮ニ入ル 7.3.28　　退園 9.9.13　　午前10時頃　無断退園ス	

（入園者身分概要）

続　柄	戸主
性　別	男
氏　名 生年月日　年齢	星島　重郎 慶応元年11月7日　　当66歳
本　籍　地	東京市下谷区〇〇〇町××番地
入園前住所	東京府豊多摩郡〇〇町大字△△△×××番地　多田太助方

家族親族等ノ現況	永年ノ知人　現住所多田太助42歳　株式外交員　19年前ヨリノ知人ナルモ現在不景気ノ為　生活困窮シ家賃滞納ノ為　今月13日限リ立退ヲ命ゼラレ居レリ　扶養意志ナシ
経　　歴	24歳ヨリ木綿織物ノ仲買業ニ従事シ　34歳ノ折　上京　同業ヲ続ケシガ3ヶ年ニシテ廃業シ　翌年陸軍糧秣廠倉庫係トナル　約1ヶ年ニシテ横浜出張所ニ転勤　44歳ノ時同所廃止ト共ニ再ビ東京ニ転勤セシガ約1ヶ年半シテ辞職シ　勤業債券月賦販売大谷商店ニ雇ハルモ3ヶ年ニシテ同家破産ノ為　解雇サレ次デ株式仲買店大本商店ノ店員トナリシガ　之モ3ヶ年ニシテ主家破産ノ為　解雇サレ　巣鴨郵便局ノ集配人トナル　4ヶ年勤続ノ後辞職シ　日雇人夫トナルモ　大正14年胆石病ノ為　泉橋病院ニテ手術ヲ受ケ　同年9月全快セルモ到底労働シ難キ迄ニ身心衰弱セシカバ　櫛ノ行商トナリ各地ヲ転々トセシガ収入少ナク生活困難トナリ　知人多田方ノ厄介トナリシガ　多田モ貧困ニシテ且家賃滞納ノ為　同月15日限リ立退ヲ命ゼラレ共ニ困窮シ居レリ
宗　　教 教　　育 健康状態 労務能力 個　　性 性　　格 習　　癖 趣　　味 嗜　　好	真言宗 (記載なし) 心身状態：健 (記載なし) 性情：良 (記載なし) (記載なし) (記載なし) (記載なし)
保護経過 9.6.26　　直接再入園シ　清風寮ニ入ル 9.9.13　　午前9時　無断退園ヲナス	
入園時ノ所持金品	(記載なし)

起案年月日　　　　昭和7年3月25日
常務理事　　福原　　　　　　　　　保護課長　　　小澤

　　　　　　　　　退園願許可ノ件
1　　本籍　東京市下谷区○○○町××番地
1　　入園前住所　東京府豊多摩郡○○町大字△△△×××　多田太助方
　　　入園　　昭和5年4月12日　　　　清風寮
　　　　　　　　　　　　　　星島　重郎
　　　　　　　　　　　慶応元年11月7日生　当　68歳
　右者今回別紙ノ通リ退園願出候ニ依リ種々調査致候処　同人ガ退園ヲ希望スルニ至リシハ去ル12月頃ヨリノコトニテ　其原因タリシハ入園当時ニ比シ予想外ニ健康体トナリシ以上　充分自活ノ可能性アリ　荏苒日ヲ送ルニ忍ビズト言フニアリソノ後　寮母等ヨリ退園ノ無謀ナルヲ諭サレ再四熟考シ来ルモ初志ニ変ラズ今回是非ニ退園致度旨ノ如クニ有之更メテ説諭ヲ試ミ候モ　本人ノ意向ヲ枉グルコト能ハズ強ヒテ引キ止ムル中ハ　無断退園或ハ返ッテ本人ヲ苦シムル等ノ懼有之候條退園願許可ノコトトナシ　来ル28日ヲ以テ退園セシメ可然哉　仰高裁
尚本人退園ノ上ハ嘗テ奉職セシ深川区○○町所在東京瓦斯株式会社所属ノ瓦斯精製所（自称）又ハ新橋駅荷物扱所ニ就職シ得ル見込アリト申居リ右ニ就職不可能ノ場合ト雖モ本人ノ健康並頭脳ヨリスレバ或程度ノ自活ハ可能ト認メラレ候

浴風園清風寮
　　　　　星島　重郎　　　慶応元年 11 月　生

私儀去ル昭和 5 年 4 月 12 日病気ノ為メ全ク自活ノ能力ヲ失ヒ　御園ニ収容御許可相成今日ニ及ビ候処　今回病気モ全然快復仕自活シ得ル自信ヲ有スルニ至リ候ニ付　特別之御詮議ヲ以テ退園之儀御許可被成下度此段奉願候也
昭和 7 年 3 月 24 日　　　　　右　　星島　重郎

浴風会　常務理事　　福原　誠三郎　殿

再保護願
　　　　本籍　東京市下谷区〇〇〇町××番地
　　　　現住所　同本所区〇町×丁目××番地　野田テツ方
　　　　　　　星島重郎
　　　　　　　　　　慶応元年 11 月 7 日　生

　自分儀年齢 60 歳ヲ越エ老衰且ツ病気ノ為メ去ル昭和 5 年 4 月貴会ニ収容御保護被為下候処　其後病気モ快復候ニ付本年 3 月退園ノ御許可ヲ得示後労働ニ従事罷在候処　予想外ノ不景気ノ為メ漸次生活困窮ニ陥リ最早全ク自活不可能ニ相成候ニ付再ビ貴会ニ収容御保護被為下度御保護ノ上ハ御規定ニ依リ御処置ノ儀異議無之勿論総テ御規則其他御指示ノ事項堅ク遵守可仕ニ付此段及御願候也
昭和 7 年 10 月 29 日
　　　　右本人　　　星島　重郎

財団法人　浴風会　御中

9 年 6 月 25 日
再入園許可ノ件

本籍　　東京市下谷区〇〇〇町××番地
現住所　東京市本所区〇町×丁目××番地　愛知屋事　　野田テツ方
　　　　　星島　重郎
　　　　　　　慶応元年 11 月 7 日生　　当 70 歳

　右ノ者　昭和 7 年 3 月 28 日　退園許可セラレ再来自活シ来リ候処最近自活ノ途ヲ失ヒ困窮ノ結果　再ビ本会ヘ再入園願出アリタルニ依リ実地調査ノ処　別紙再入園出願者調書ノ通リ自活不能ニツキ再入園ヲ許可シ来ル 6 月 26 日ヲ以テ入園セシムルコトニ取計ヒ可然哉御高裁

尚　通知文ハ予テ経伺ノ甲例文ニ依リ度　引取時間ハ午前 10 時ニ致度候

再保護願
　　　　本籍　　東京市下谷区○○○町××番地
　　　　現住所　東京市本所区○町×丁目××番地　愛知屋事　　野田テツ方
　　　　　　　　星島　重郎
　　　　　　　　　　慶応元年11月7日生　　当70歳

　　自分儀　去ル昭和5年3月28日御会之御保護ニテ病気モ全快致シ候事故何トカシテ自活ノ途ヲ求メ度希望ニテ御会之御許可ヲ得テ退会　爾後2ヶ年余半相当ノ労働ニ従事致居辛ジテ今日迄生命ヲ継ギ居候処今不景気ノ為メ失業仕居リ彼レ是レト従職口奔走相求メ居リ候モ適当ノ所無之仮リニ若シ有之トスルモ漸々老衰ニ傾キ意ノ如ク活働スルヲ不得自活能力ヲ失ヒ且扶養者絶無ニテ全ク生活困窮罷在候ニ付再ビ貴会ニ収容御保護被為下度御保護ノ上ハ御規定ニ依リ御処置ノ儀異議無之ハ勿論総テ御規則其他御指示ノ事項堅ク遵守可仕此段及御願候也
昭和9年6月19日
　　　　　　　　　右　本人　　星島重郎
　　財団　　　　浴風会　御中

　　再入園出願者調書　　　　　　　昭和9年6月19日調査
　　　　　　　　　　　　　　　　　　　22日　梅田
　　本　籍　　東京市下谷区金杉上町85番地
　　現住所　　東京市本所区緑町4丁目24番地　　愛知屋（野田　テツ方）
　　　　戸主　　星島　重郎
　　　　　　　　慶応元年11月　7日生　　当70歳

　　重郎ハ身体虚弱ニテ生活難ニ陥リ　昭和5年4月12日　浴風園ニ収容保護ヲ受ケ居リシ処　昭和7年　3月28日　健康体トナリシカバ自活ノ目的ニテ退園ヲ出願シ許可ヲ得テ現住所ナル簡易旅館愛知屋方ニ止宿シ　同年4月4日頃ヨリ日本橋区兜町東京株式取引所ビルデング内株式短期取引員上商店外交員　山本政夫ノ手伝トシテ株式外交ニ従事シ辛ジテ生活セシガ2ヶ月ニテ得意先ナリシ中野区○町×丁目峰本鰹節店方ノ4畳半ヲ月5円ニテ間借シ外交ヲ継続セシモ生活困難ナリシカバ　同年11月15日元郷里埼玉県北足立郡○○村○○小学校ノ助教員ナリシ板橋区○○○町謡曲指南　結川邦一ヲ頼リシ結果　同人ノ周旋ニテ邦一ノ姉ノ嫁シ先ナル大森区○○○○町×××番地無職　鈴木善太郎方ノ雑役ニ月給3円ニテ住込ミ　程ナク邸内ニ住宅ヲ貰ヒテ居住シ　同町○会（15戸）ノ小使ヲ兼ネテ普通生活セシガ　昭和9年2月28日外出シテ不在中　子供ノ焚火ニテ住宅焼失セシニ付責任上暇取リ所持金50円ヲ頼リニ先年簡易旅館ニ宿泊当時　知人トナリシ京橋区○○○○×丁目×番地ノ　下駄歯入業　杉岡方ニ同居シ就職先ヲ探求セシモ適業ナク　杉岡ハ3人家族ナレ共家屋至ッテ狭小且ツ貧困ナリシカバ　3月13日現住所ナル簡易旅館愛知屋方ニ止宿シ引続求職セシガ就職口ナク老齢ニテ日雇人夫等ニハ従事シ得ズシテ遂ニ今月上旬ニハ所持金全部ヲ費消シ　6月10日ヨリ1泊25銭ノ宿泊料モ不納リ僅カ計リノ衣類ヲ入質シテ辛ジテ生活セリ
　　尚　鈴木善太郎（当78歳）　善太郎ノ妻かめ　姪大泉中（53歳）3人家族ナリシモ　重郎ガ暇取リテ間モナク　○○町二ツ和派出婦会ヨリ手伝婆2名ヲ雇ヒ居リ　1ヶ月前ヨリ中風ニテ臥床中ナリシ妻かめ（75歳）ハ　6月21日病没セシガ今後モ手伝婦ノ必要ハ有シ共雑役ハ全々不用ニヨリ重郎ニハ何ノ失策モ無カリシガ雇入レハ致シ難キ由ナリ
　　調査箇所　東京市本所区○町×丁目××番地　愛知屋方（現住所）
　　　　　　　京橋区○○○○×丁目×番地ノ　杉岡下駄屋方（知人）
　　　　　　　大森区○○○○町×××番地　鈴木善太郎方（元雇主）

```
起案年月日　　　　9年9月20日

　　　　無断退園者除籍処分ノ件
本籍地　　　東京市下谷区○○○町×番地
入園前ノ住所　　　本所区○町×丁目××番地　　愛知屋事　野口テツ方
　昭和9年6月26日　再入園　　　　星島　重郎　当70歳

本籍地　　　愛知県豊橋市○町字○××番地
入園前ノ住所　　　深川区濱園町1番地　　市設　深川一泊所内
　昭和9年6月29日　入園　　　　糸川　良之助　当75歳

　此両名ハ入園後互ニ昵懇ニナシ居リ　両名共人物ハ比較的温健ノ者ト目サレ居リシガ去ル9月13日同時　ニ無断退園シ今日ニ至ルモ消息ナク　次イデ19日梅田書記心当リヲ調査ノ処添付報告書ノ通リ共々自活ノ目的ヲ以テ退園セルモノナルコト確信セラレ候ニツイテハ止ムナク本日ヲ以テ両名共除籍ノコトトナシ可然哉仰高裁
追テ　糸川吉之助支給品中　本人ノ着用シ行ケル左記5点ハ支給払ト致サレ度
尚　星島重郎ニハ支給払ト致サレ度モノナシ
　単衣　1　　夏襦袢　1　　帯　1　　□　1　　□　1
```

　星島重郎・糸川良之助　退園後ノ所在調査　並　自活方法ニ対スル予想　　　　（梅田）
　　　西館上　　　星島　重郎　　　当70歳
　　　清風寮　　　糸川　良之助　　当75歳

　右両名ハ昭和9年9月13日　朝食後無断退園セシニ付直チニ糸川ガ入園前ノ居所ナリシ　深川区○○町×番地　東京市濱園1泊所へ電話ヲ以テ糸川ノ立寄リシ節ハ本人ヲ止メ置キテ取急ギ御通知アリ度キ旨依頼セシガ　其後何ノ音信モナキタメ　同19日星島重郎ノ以前止宿セシ本所区○町×丁目××番地簡易旅館愛知屋号　野田テツ方ニ赴キテ調査セシ処　去ル13日夕刻　星島ハ一老人ヲ伴ヒ共ニ風呂敷包ヲ背負来リテ宿泊シ宿帳ニハ星島重郎70歳　知人田村清65歳ト記入（宿主ヨリ田村ノ人相風貌ヲ尋ネシ結果糸川ニ相違ナシ）シ　星島ハ宿主ニ今度当地ニテ働ク事ニ決定セシ旨申述ベ居リシガ　同15日午前10時頃千葉県○○町へ所用ニテ出張スレ共　2,3日ニテ帰宅スルト両名何レモ私物ヲ取纒メ之ヲ所持シテ出掛ケシママ杳トシテ音信ナク　当時ノ服装ハ浴衣ヲ着シ何等特異ノ点ハ認メザリシトノ事ナリ
尚両名今後ノ自活方法等ヲ予想スルニ　糸川ハ入園前　弘法大師ノ修行者トシテ托鉢ヲナシ居リ　無職ナルモ星島ハ糸川ヨリ3日前ニ入園シ　性格上互ニ意気投合シ居リシトノ事ナレバ　彼岸ガ目睫ニ迫リシ此ノ好機ヲ逸セズ　共々托鉢修行ヲセシテ生活スルモノト察セラル　次ニ星島ガ野田へ○○へ行クト申残セシト雖必ズシモ千葉方面ヘト赴キシモノトモ考ヘラレズ　却テ糸川ノ亡妻まつノ兄ニテ昵懇ノ間柄ナル大木豊次郎ハ豊橋市○町ニ甥（弟末藏ノ子）松井政太郎ハ京都市下京区○○通リ△△△△△ニ　義妹糸川セツ　姪（亡妹つねノ子）3名モ共ニ京都市ニ在住スルニヨリ東海道又ハ仏教盛ンナル新潟方面ヨリ京都ニ落付クモノト思考セラル

No.836　飯塚国次　（男）　　　　　　　　　　　　　　　　医療扶助

入園日	昭和9年1月26日
退園日	昭和9年9月23日　（死亡　急性腸加答児）

（要救護者調書）

出　　生	元治元年7月18日　当71歳
出　生　地	神奈川県足柄下郡〇〇〇町△△×丁目××番地
本　籍　地	東京市下谷区〇〇〇町×××番地
震災当時ノ住所	東京市浅草区〇〇〇町××番地　某琴次方
現　住　所	東京市下谷区〇〇町×丁目××番地　横田万助方
戸主又ハ続柄	戸主
宗　　教	日蓮宗
家族ノ状況　並扶養親族関係	1　妻ノ有無　ナシ 1　直系尊卑属ノ有無　ナシ 1　其ノ他ノ親戚　甥及姪　兄友次ハ横浜ニテ巡査ヲナシ居リシガ本人ハ42歳ニテ病死シ男3女1ノ子女アリシ筈ニテ次兄秀次ハ京橋区〇〇町ニテ彫刻師ナリシモ32歳ニテ死亡シ女児1人アリ　姉某ハ神田区〇〇〇町ニテ金物商ニ嫁シ居リシガ27歳ニテ死亡シ男児1人アリシガ何レモ永年音信不通ニテ氏名　居所　其ノ他一切不明ナリ 1　永年ノ知人　現住所ナル東京市下谷区〇〇町×丁目××番地　錺職横田万助　当49歳　万助ハ14,5年前ヨリノ知人ナレ共目下不況ニテ妻とめ（43歳）長男義助ノ一家3名辛ジテ生活シ居ルニ付今後金品ノ補助等ハ受ケ難シ
身心ノ状態不具廃疾ノ程度　及疾病ノ有無	青壮年時代ノ主ナル疾患ナシ 現在ノ疾病　胃腸病 病状　昭和7年5月ノ発病ニシテ時々痛ミアレ共軽症ナレバ自分用ハ充分達シ得
震災当時ノ職業及現在ノ作業　収入	錺職
教育程度 趣　　味 嗜　　好	寺小屋ニテ1ヶ年修学 ナシ 煙草
震災後ニ於ケル生活ノ経路　並ニ現況	1．震災当時ノ被害の状況　程度等　全焼 1．震災後今日迄ノ家庭生活其他生活状況ノ変遷等　罹災直後府下〇〇町△△××××番地ニ借家シ引続キ麹町区〇〇町井村象眼株式会社ノ錺職ニ通勤シテ普通生活中　大正15年4月18日長男ナル〇〇町三古社機械職工留助ハ胃癌ニテ死亡シ同年5月19日内妻田村みきハ神経衰弱ニテ病死シ其上漸次世上不況トナリシカバ昭和2年6月頃ヨリ給料ハ従来ノ3分ノ1ニ減ジテ生活困難トナリシカバ昭和6年7月末日辞職シテ下谷区〇〇町×丁目××番地無職麻生連方ニ間借移転シ井村象眼株式会社ニテ同職ノ知人ナリシ現住所横田万助方へ錺職トシテ通勤シ　辛ジテ生活セシモ昭和7年6月15日ヨリ生活難ノタメ横田方ニ同居シ錺職ニ従事セシガ昭和8年8月末ヨリ胃腸病昂進シテ職ニ堪エズ止ムナク廃業セシモ頼ル辺ナキニヨリ横田ノ厄介トナリ居レ共横田ハ収入僅少ニテ生活困窮ニモ不抱万事ノ世話ヲナシ呉レ居ルモ其ノ貧困ノ度ヲ熟知スルニ付是以上到底永住スルニ忍ビズ実ニ困窮シ居ル状態ニアリ

生立及経歴	1．両親ノ氏名　飯塚邦助　母ノ名不明　戸籍関係　3男 　職業　　　小田原藩主大久保加賀守ノ臣 　両親ノ死亡年齢　父57歳　母42,3歳　　死亡原因、疾病　父瘡毒　母産後 2．出生時　幼少年時代ノ住所　家庭状況　教育等 　神奈川県足柄下郡○○○町△△×丁目××番地（13歳迄ノ住所） 　東京市浅草区○○町×丁目（13歳以後ノ住所） 　8人家族（6人兄弟ナリシガ現存者ナシ）ニテ普通生活ヲナセリ 　寺小屋ニテ1ヶ年修学 3．職業関係　住居　生活状況ノ変遷等 　17歳ニテ浅草区○○町×番地錺職山村方へ7ヶ年年期ニ住込ミ年期終了後ハ同家ノ職人トシテ生活シ居リシガ29歳ノ時主人病死ノタメ下谷区○○○町×番地ニ借家シ錺職ニテ普通生活セシモ11ヶ年ノ後浅草区○○町×丁目×××番地ニ移転シ錺職ヲ継続セシガ57歳ノ折収入減少シテ生活難トナリシカバ同区○○○町××番地某駄菓子店方ヘ間借移転シ下谷区○○町ノ錺職ニテ麹町区○○町井村象眼店ノ下職横田万助方ノ職人ニ通勤シ辛ジテ生活シ60歳ノ時横田万助ト共ニ株式会社トナリシ井村方ニ通勤シテ普通生活ヲナセリ 4．縁事関係　子女ノ有無 　31歳ノ時田村きみヲ内妻トシテ同棲セシガ64歳ノ折きみハ神経衰弱ニテ死亡セシニ付以後独身生活ヲナス 　きみトノ間ニ子女ナカリシガ府下△△村某飲食店ノ女中上田ともトノ間ニ留助出生セシカバ戸籍上ともノ姉くみノ長男トシテ届出ヲナシ其ノ3歳ノ時養子トシテ引取リ養育セシモ留助ハ本人27歳ニテ胃癌ヲ病ミテ死亡セリ 5．本人ノ性行 　普通 6．特ニ貧窮ノ事由ト認ムベキ事項 　イ．養子留助ノ死 　ロ．本人ノ胃腸病老衰等
保護依頼者	東京市方面委員下谷区○○方面事務所（小野田平助委員受持）
その他	調査個所　東京市下谷区○○○○町×丁目××番地　横田万助方
保護経過 　寮日誌	

保護経過
　寮日誌

9.1.26　　入園清風寮ニ入ル

9.1.29　　中野区○町通り×－××　舟木与兵衛（息　留助ト懇意）訪問

9.5.8　　下谷区○○町×－××横田万助来妻来訪

9.9.23　　午後10時半舟木与兵衛・横田万助両名ニ死亡通知（電報）ヲナス

9.9.24　　芝区○○町×－×　田中貞助（電　三田××××番）及舟木氏来訪

9.9.25　　救護変更　廃止　埋葬費申請ノ案提出

9.9.28　　舟木（電　三田××××　田中）氏ヨリ遺骨引取ニツキ電話照会アリ
　　　　　　但シ埋葬場所　月島××丁目×番地　東陽院

委託収容救護廃止ニ関スル件
東京市ヨリ委託ヲ受ケ居リシ救護法ニ依ル被救護者飯塚国次去ル23日死亡致候條左案通リ
届出 尚埋葬ハ従前ノ通リ本会ニテ執行ノ事トナシ可然哉仰高裁
　　　　　　　　　　　　　　　　案
　　年月日　　　　　　　　　　　　　　　　　常務理事
　　東京市長宛

救社発第12115号（昭和9年1月8日付）御委託ニ係ル飯塚国次ハ左記理由ニ依リ救護廃
止可然ト被認候條御決定相成度御届候也
　　　　　　　　　　　　　　　記
　　1．方面別　　　　　　下谷○○
　　1．被救護者住所氏名　　元下谷区○○○○町×－××　横田万助方　飯塚国次
　　1．年齢　　　　　　　　当71歳
　　1．救護種類　　　　　　生活扶助　　医療
　　1．廃止年月日　　　　　昭和9年9月23日
　　1．廃止理由　　　　　　死亡（別紙死亡診断書ノ通リ）
　　　　備考　　発送先ハ下谷区○○○○町×－×号
　　　　　　　　　　下谷○○方面事務所宛

No.874　長山かめ　（女）

入園日	昭和9年3月10日
退園日	昭和10年2月6日　（死亡）

（要救護者調書）

出　　生	安政3年4月8日　　当79歳
出　生　地	東京市京橋区〇〇町×丁目××番地
本　籍　地	東京市浅草区〇〇町×丁目××番地
震災当時ノ住所	東京市浅草区〇〇町×丁目××番地
現　住　所	東京市浅草区〇〇町×番地　原島作太郎方
戸主又ハ続柄	失踪中ノ戸主長山太蔵ノ妻母
宗　　教	日蓮宗
家族ノ状況　並 扶養親族関係	(1) 夫ノ有無　ナシ (2) 直系尊卑属ノ有無　ナシ 　（長女亡つねノ入夫ニテ現戸主ナル長山太蔵当53歳ハ当時上野駅ノ駅夫ナリシガ14年前ノ大正13年8月10日出勤セシママ行方不明トナリ生死判明セズ） (3) 其ノ他親族ノ有無　ナシ (4) 永年ノ雇主ノ有無　ナシ (5) 永年ノ知人 　東京市浅草区〇〇町×番地左官職原島作太郎（現住所） 　作太郎ハ浅草区〇〇町×番地ニ居住セシ時昭和2年2月5日かめハ同家へ間借居住シ原島ガ現住所移転後モ引続キ間借リシ居ル関係上昵懇ノ間柄ニテかめハ長女つねガ本年1月30日ニ死亡セシタメ収入ノ途絶エ原島ガ其ノ境遇ニ同情シ居レ共原島ハ63歳ニテ殆ド失業同様ナレバ長男冬吉（22歳）ガ同町田山メーター工場の職工ニ通勤シ日給60銭　次女和子（16歳）ガ待合ノ女中ニ住込ミテ得ル薄給ニテ一家3名辛ジテ生活シ居ルニ付到底其ノ厄介ニハナリ難ク且ツ今後金銭ノ補助等モ受ケ難シ
身心ノ状態不具 廃疾ノ程度　及 疾病ノ有無	(1) 青壮年時代ノ主ナル疾患　ナシ (2) 現在ノ病気　老衰 (3) 病状　2,3年前ヨリ身心タ少老衰ト感ズル言フ程度 (4) 精神障疑等　ナシ (5) 性情　良
震災当時ノ職業及 現在ノ作業　収入	賃仕事 無職
教育程度 趣　味 嗜　好	寺子屋ニテ1カ年修学 ナシ ナシ

震災後ニ於ケル生活ノ経路 並ニ現況	(1) 震災当時ノ被害ノ状況.程度　　全焼 (2) 震災後今日迄ノ家庭生活其他生活状況ノ変遷等 罹災直後つねニ伴ハレちよノ知人ナリシ府下〇〇〇町産婆小澤はる方に避難シつねガ同家手伝ヲナシ乍ラ厄介トナリ居リシガ約3カ月ニちよト共ニ罹災地ナル東京市浅草区〇〇町×丁目××番地ノ妾野本ふみ方ニ間借移転シつねガ手伝婦及ビ賃仕事ニテ得ル収入ニテ普通生活セシモ野本ハ病気ニテ実家ナル滋賀県犬上郡〇〇ノ女髪結野本留千代（ふみノ姉）方へ帰国スルコトトナリシカバ昭和2年2月5日同区〇〇町×番地左官職原島作太郎方へ間借移転シ引続キつねノ収入ニテ普通生活ヲセシガつねハ持病ノ肝臓病ノ昂進ト感冒トニヨリテ僅カ5日間臥床シテ昭和9年1月30日死亡セシニ付かめハ収入ノ途絶エシヲ貸間主ナル原島ガ同情シ今日マデ厄介トナリ居ルモ原島ハ極貧ナレバ是以上厄介トナルニ忍ビザル状態ニアリ
生立及経歴	(1) 両親ノ氏名　　　田邉勘一　同　ちよ 　　本人トノ戸籍関係　六女 　　職業　　　　　　味噌屋 　　両親ノ死亡年齢　57歳（父）　45歳（母） 　　同上疾病等　　　父　中風　母　感冒 (2) 出生時　幼少年時代ノ住所　東京都京橋区〇〇町×丁目××番地 　・家庭状況 　　5人家族（7人兄弟ナリシ由ナレ共姉まつ　弟梅太郎以外ハ何レ幼少ニテ死亡シまつ梅太郎モ亦既ニ病死シテ現存セズ）ニテ普通生活セシガかめノ7歳ノ時父病死セシカバ母ちよハ味噌及荒物商ヲナシテ一家ヲ維持セシモかめガ12歳ノ折母モ亦病死セシニヨリ姉まつは家業ヲ継続セシガかめ15歳ノ時生活難ノタメ廃業シ弟梅太郎ハ浅草区〇町ノ扇屋綿屋ニ住込ミ奉公シまつハかめヲ伴ヒテ〇〇町袋物屋堀口勝吉ニ嫁シ普通生活ヲ為ス　尚弟梅太郎ハ扇屋ニ住込奉公中17,8歳ノ時病死セリ 　・教育等 　　1カ年寺子屋ニテ修学 (3) 職業関係　住居　生活状況の変遷等 　　12歳ヨリ家事ニ従事シ居リシガ18歳ノ時下谷区〇〇町番地不詳人形製造業長山九八ニ嫁シ普通生活セシモ38歳ノ折九八ハ脚気ノタメ死亡セシカバ程ナクかめハ手伝婦トナリテ生活シ43歳ノ折浅草区〇〇町×丁目××番ニ移転シテ賃仕事及ビ手伝婦ニ普通生活ヲナシ47歳ノ時長女つねニ上野駅駅夫長山太蔵ヲ入夫トナシ其ノ収入ニテ生活中63歳ノ時太蔵ハ家出生死不明トナリシカバ長女つねハ手伝婦かめハ賃仕事ニテ普通生活ヲナシ居シリ (4) 縁事関係　子女の有無 　　18歳ノ時長山九八ニ嫁セシガ38歳ノ折夫ハ病死セシカバ以後独身生活ヲナス　亡夫九八トノ間ニ4人ノ子女アリシモ長男銀太郎ハ7歳ニテ長女つねハ56歳　次女うめハ16歳ニテ次男三四郎は3歳ノ時何レモ病死セシニヨリ子女ナシ (5) 本人の性行　普通 (6) 特ニ貧窮ノ事由ト認ムベキ事項　イ.長女つねノ病死　ロ.本人ノ老衰
保護依頼者	東京市浅草区〇〇方面事務所　（取扱委員　伊川久兵衛）
その他	（記載なし）

保護経過
9.3.10　　入園　清風寮ニ入ル

9.7.19　　入園前厄介トナリシ原島作太郎及ソノ女千代並ビニモトモト懇意ニナセシ　松山
　　　　　くまノ3名慰問ノタメ来訪　　原島ノ住所ハ従前ノ通リ

9.12.27　　医療救護申請届発案

10.2.6　　知人．原島作太郎（浅草区○○町×番地）宛危篤ノ旨打電ス
　　　　　救護廃止　埋葬救護申請発送

10.2.9　　入園前同居先前記原島作太郎来園
　　　　　遺骨引取申出有たれども単ニ知人にては引渡難き旨申したる処同人娘の内縁の夫
　　　　　なる旨申述べたるを以って其の手続を履むことと至し方面委員伊川久兵衛ニ電話
　　　　　す

10.2.18　　東京市長より同上遺骨引渡方依頼し来る

No.886　中澤ふき　（女）

入園日	昭和3年12月6日
退園日	昭和10年3月23日　（退園　　長男引取）

（要救護者調書）

出　　生	安政5年5月12日　当71歳
出　生　地	千葉県夷隅郡〇〇村字△△××番地
本　籍　地	東京市浅草区〇〇町×番地
震災当時ノ住所	千葉県夷隅郡〇〇町△△××番地
現　住　所	東京市浅草区〇〇町×番地　小山義一方
戸主又ハ続柄	戸主
宗　　教	日蓮宗
家族ノ状況　並 扶養親族関係	私生子清太郎（34歳）ハ「ミシン」加工職ナルモ大正15年9月18日頃其ノ妻　某ノ死亡ニヨリ家財道具ヲ売却シテ行末不明トナル（生来放蕩ノ由）　松江ハ戸籍上ふきノ私生子トアルモふきが加藤松吉ト同棲ノ時雇ヒ入レシ女中（越後ノ者）某菊ノ私生子ニシテ菊ハ松江ヲ出産後家出帰国シタルママ音信不通ノタメ止ムヲ得ズ　ふきノ私生子トシテ亡加藤松吉ノ7親等ニ当ル現住所小山義一ノ養女トセシガ小山ハ之ヲ認知届出ヲナシ目下同家ニアリテ「ミシン」加工業ニ従事セシメ居ル関係ニテ厄介トナリ居ルモ小山義一（44歳）ハ神経痛ニテ殆ド休業且ツ8人家族ニテ生活困難ナリ　同妻てつ（38歳）ハふきノ実子ナレドモ幼少ノ時（5歳）他家にヤリタルモノニシテてつニ松江アリ先夫トノ間ニ出生セルモノ他ニ 扶養親戚関係者ナシ
身心ノ状態不具 廃疾ノ程度　及 疾病ノ有無	健
震災当時ノ職業及 現在ノ作業　収入	賃仕事　　　　　月収89円 無職　　　　　　月収　ナシ
教育程度 趣　　味 嗜　　好	無学 ナシ ナシ
震災後ニ於ケル 生活ノ経路　並ニ 現況	娘ミツハ三味線ノ師匠自分ハ賃仕事ニテ生活中大震災ニ遭遇セシモ（本籍地ニ在住セシ清市郎方ニ預ケ置キシ衣類道具ハ消失ス）被害ナカリシガ大正15年10月8日ミツハ病死シ其後ハ賃仕事ノミニテ辛ジテ生活セシモ昭和2年12月29日頃ヨリ腰ノ痛ミ激シク仕事モ成シ難キニヨリ昭和3年3月8日上京シテ小山方ニ厄介トナリ居ルモ同家ニテハ生活困難ニテ昭和3年10月27日限リ立退ヲ迫ラレ居レ共行ク所ナク甚ダ困窮セリ

生立及経歴	農中澤右左衛門ノ長女ニ生レ（3人兄弟）21歳迄農業ニ従事シ同年同郷人ナル四谷区○○町土木請負清川某ヲ頼リテ上京シ同家ニ3ヶ年女中奉公ヲナシ一旦帰国セシモ程ナク上京再ビ清川方ヘ女中奉公ニ住込ミシガ2ヶ年ニテ其ノ紹介ニヨリ○○町×丁目公卿華族堀川家ニ奉公シテ6ヶ月更ニ府下○○町　農兼業寿屋方ニ3ヶ年奉公シテ35歳ノ時四谷区○○町土木請負業加藤松吉ト内縁関係ヲ結ビ清市郎　ミツノ1男1女ヲ挙ゲシモ夫松吉ハ52,3歳ノ頃死亡セシカバ呉服行商ニテ生活中2ヶ年半計リニテ15歳ヨリ各所ノ「ミシン」店ニ奉公中ナリシ清市郎ハ本人19歳ニテ浅草区○○町×番地ニ一戸ヲ借家シ「ミシン」加工業ヲ開始セシニヨリ其収入ニテ生活セシモ清市郎ハ放蕩ニテ時々家出セシカバ其間ハ手伝婦ニ雇ハレ居リシガ生活困難ニヨリ当時千葉県夷隅郡○○町某料理店ニ奉公中ノ娘ミツヲ頼リテ大正12年6月20日○○町ニ到リ1戸ヲ借家シ娘ハ三味線ノ師匠自分ハ賃仕事ニテ生活シ震災ニ及ブ（以下震災状況欄ニ同ジ）
保護依頼者	浅草区○○方面事務所
その他	なし
保護経過	
3.12.6　　入園	
7.11.22　　実ノ孫松江来訪　　昨年末結婚シ1子を挙グ（事務ヲ通サゞリシ為現住所不聞ナルモ調査記ノ如ク小山てつ方ニ居タルモノナリ）	
9.7.14　　浅草区○○○町×-×小山てつ（中澤ノ長女）来訪シ中澤ニ附添シ1泊ノ外出ヲ申出テ即日連レ帰レリ	
10.3.9　　長女　小山義一妻てつ来リ　　ふきの長男清太郎正業ニ付キふきヲ引取タキ旨申出アリ　近日中ニ引取願ヲ提出スル様申シ付ク　小山てつノ住所ハ浅草区○○町×丁目×番地　中澤清市郎ノ住所　浅草区○○町×丁目×番地	
10.3.23　　浅草区○○町×丁目×番地　長男　中澤清市郎（代理　中澤ノ長女小山てつ）午後一時引取リ帰ル　本日附ニテ退園トナル	

No.952　北川道一　（男）

入園日	昭和10年3月13日
退園日	昭和10年12月27日　（許可退院）

（要救護者調書）

出　　生	明治9年4月6日　当60歳
出　生　地	大分県大分郡○○町××番地
本　籍　地	東京市芝区○○町×番地
震災当時ノ住所	東京府豊多摩郡○○町大字△△番地不詳
現　住　所	東京市小石川区○○町×丁目×番地　吉田佐吉方
戸主又ハ続柄	戸主
宗　　教	浄土宗
家族ノ状況　並 扶養親族関係	(1)　妻　現住所ニ同棲ス　北川ヨリ　当54歳　ヨリハ賃仕事及手傅等 　　ニ雇ハレ居リ共月収8円以内ナレバ扶養資力ナシ (1)　直系卑属　長女　現住所ニ同居　北川千代　当31歳　千代ハ当人 　　10歳ノ折赤痢ニ罹リ28日ニシテ全快セシガ　引続キ脳膜炎ヲ病 　　ミ半ヶ年ニテ全治セシモ　其ノ後白痴トナリ目下6,7歳ノ児童程度 　　知能ニヨリ　方面事務所ヲ経テ養育院ニ送院手続中ナリ　尚妻ヨ 　　リ1人トナレバ　ヨリハ住込女中トナリテ自活スルコトニ決定 (1)　其ノ他ノ親族ノ有無　ナシ (1)　永年ノ知人雇主等　ナシ
身心ノ状態不具 廃疾ノ程度　及 疾病ノ有無	青壮年時代ノ主ナル疾患　ナシ 　　現在ノ疾病　　鼻茸　便秘 　　病状　昭和9年11月ヨリ鼻茸ヲ病ミ居リ 　　　　昭和6年4月頃ヨリ便秘アリ　且ツ両手ニ震エアリテ到底 　　　　就職シ難キモ自分用ハ　ナシ得 　　精神障碍　　　ナシ 　　性情　　　　　良
震災当時ノ職業及 現在ノ作業　収入	玉川電気鉄道株式会社庶務主任　月収120円　日収　4円 無職　月収　ナシ　　日収　ナシ 昭和8年2月ヨリ方面事務所ヲ経テ救護法ニ依ル居宅生活扶助11円 （月額）ヲ受ケ居レリ
教育程度 趣　　味 嗜　　好	日本大学卒業 将棋 ナシ

震災後ニ於ケル生活ノ経路　並ニ現況	(1) 震災当時ノ被害ノ状況程度等　半潰 (1) 震災後今日迄ノ家庭生活其他生活状況ノ変遷等 震災ニヨリ家屋半潰セシカバ　渋谷区○○ニ借家移転シ相当生活セシガ　昭和2年7月28日辞職シ　災前ヨリ経営セシ本所区○○町×丁目ダブル式鉄鋼製造工場ノ事業発展ニ没頭シテ　玉川電気気鉄道株式会社ヨリ受ケシ退職手当金3千6百円ヲ全部同工場ノ資金ニ充当セシ処　昭和4年4月　世上一般不況ニテ経営困難ナリシ上ニ　工場監督山下栄三ガ4千円ヲ消費シテ大阪方面ニ逃走シ行方不明トナリシカバ　負債多ク且ツ無経験ナル道一ハ工場ヲ売却シテ負債ヲ辛ジテ返済セシモ　収入ノ途ナク生活困難ニ陥リシカバ間モナク知人ナリシ渋谷区○○ノ土木請負業藤本正太郎方ニ同居シテ　妻ヨリノ賃仕事及売食ニテ生活シ　昭和6年3月京橋区○○町×丁目無職武川方ニ間借移転セシモ　同年9月小石川区○○町熊本方ニ移リ　更ニ昭和8年2月3日現住所ニ間借居住セシガ売払ウベキ家財モナク困窮ノ極　方面事務所ヨリ月11円宛ノ居宅生活扶助ヲ受ケ居レ共家族3名ニテ到底生活スル能ハズ
生立及経歴	(1) 両親ノ氏名　宮本郡治　同マツ 本人トノ戸籍関係　二男 職業　郡役所書記 両親ノ死亡年齢　父68歳　母64歳 同上疾病等　父老衰　母心臓麻痺 (2) 出生時　幼少年時代ノ住所　家庭状況　教育等 大分県大分郡○○町××××番地 5人家族（2人兄弟　祖父母等）ニテ普通生活セシ由ナリシモ　道一ノ出生前ニ入夫ナリシ父ハ祖母ふみト不和ノタメ離縁セシカバ　母マツハ道一ヲ出産シテ間モナク大分郡○○村ノ医師新浦方ニ再嫁シ道一ハ祖父母ニ養育サレシガ3歳ノ時　祖父清市郎ハ死亡シ異母兄某モ又病死ニ付道一ハ祖母ト2人家族ニテ祖母ふみニ養育セラレ　14歳ノ時　実母マツハ夫ニ死別シ同年同郡○○村酒菓子商秋谷三郎ニ嫁シ　19歳ノ折祖母ふみト共ニ母ニ引取ラレシモ22歳ノ時　祖母ハ68歳ニテ老衰ノタメ死亡セリ 明治法律学校　日本大学卒業 尚戸籍上ノ姉ツルハ　道一ガ北川道夫方養子縁組ノタメ戸籍上ノミニ入籍シテ姉トナリシガ　当人ハ28歳ニテ死亡セリ　道一ハ幼名ヲ平ト言イシガ大正7年改名セリ

	(3) 職業関係　住居　生活状況ノ変遷等 19歳ニテ○○町中学ヲ卒業シ程ナク　速見郡○○町警察署会計雇トナリシガ2ヶ年ニテ日田郡○○町警察署会計ニ転任　1ヶ年ニテ玖珠郡○○町裁判所出張所ノ雇トナリシモ1ヶ年ニテ○○町地方裁判所検事局ノ書記トナリ24歳ノ時　下毛郡○○町○○裁判所支部ニ赴任　同年実父ニテ同町ノ無職梅田満ノ入夫トナリ居リシ宮本郡治ノ長女ツルヲ道一ノ妹（戸籍ノ姉ハ誤リ）トシテ入籍シ同時ニ道一ハ伯母（母ノ妹）ノ嫁シ先ナル○○町元藍玉商ニテ当時中津織物会社専務北川道夫（伯母クニノ夫）ノ養子トナリテ道夫ノ養女ヨリ（ヨリハ2歳ニテ養女トナリシ者ナリ）ト結婚シ半ヶ月ニテ裁判所ヲ辞職シ単身上京シテ明治法律学校ニ入学シテ其ノ寄宿舎ニ入リ　2ヶ年ニテ日本大学3年ニモ入学ス　26歳ニテ両校ヲ卒業シ同年○○裁判所書記トナリシカバ妻ヨリヲ呼ビ寄セテ同棲シ普通生活セシモ　37歳ノ時　韓国京城府所在ノ法部主事トナリテ赴任シ同官舎ニ入リテ相当生活中翌年日韓合併ノタメ法部廃止トナリシタメ判検事弁護士ノ資格ヲ得シカバ　京城及仁川ニ法律事務所ヲ設ケテ弁護士トナリ相当生活ヲセシガ　41歳ノ折妻子ヲ伴ヒテ上京シ　府下○○町○○ニ借家シテ半ヶ月徒食シ　同年芝区○○町×番地ニ転居シ間モナク玉川電気株式会社総務主任トナリ　3ヶ年ニテ府○○町ニ移転シ1ヶ年ノ後本所区○○×丁目ニダブル式鉄鋼製造工場ヲ経営（山下栄三ヲ監督トナス）シテ相当生活ヲナス（道一ノ養母ハ41歳ノ時　65歳ニテ老衰　養父ハ44歳ノ折　79歳ニテ脳充血ニテ何レモ死亡セリ） (4) 縁事関係　子女ノ有無 子1　24歳ノ時北川ヨリノ入夫トナリ今尚同棲ス　長女千代（31歳）アレ共白痴ナリ (5) 本人の性行　普通 (6) 特ニ貧窮ノ事由ト認ムベキ事項　1.鉄鋼工場ノ失敗　2.本人ノ疾病
保護依頼者	東京市小石川区○○方面事務所 　　　調査個所　東京市小石川区○○×丁目×番地　吉田佐吉方 　　　尚長女千代ハ4月20日東京市養育院ニ入院シ程ナク妻 　　　ヨリハ小石川区○○○○×丁目×××番地　矢田保方ニ 　　　住込女中奉公ヲナセリ
その他	（記載なし）
保護経過	

10.3.13　　入寮　清風寮ニ入ル

10.5.8　　　妻　北川ヨリ（小石川区○○○○×丁目×××番地矢田保方　住込女中）来訪

10.6.11　　前記妻北川ヨリ来訪

10.9.2　　　妻来訪本人（弥生寮在寮）　職員一同ニモ面会
　　　　　　目下奉公先ナリ左記ニ身ヲ寄セ身心ヲ養フ一方　奉公先ヲ探索中トノコト　或ハ近々入園ヲ要スルヤモ知レズ　本人達モ希望ノ風見ウ　本郷区○○町××番地　奥谷丈一郎方

10.10.14　　知人東京市牛込区○○○○○町×　荒川儀一来訪
　　　　　　同人ハ九州ニ炭鉱ヲ有スル由ナルモ不況ニテ本人夫妻ヲ引取ル能力ナキモ　儲ケタラバ引取ル旨申出レリ
　　　　　　本人ガ同人ヲ電報ニテ呼寄セタルハ妻ノ母危篤ノタメ見舞ニ行ッテ欲シキ為ノ由ナルモ　他ニ要請アリシ模様

10.10.15	妻の親族の息　高文準備中にて　資格を得たらば内務省に採用方願為して少年時代の知古後藤内務大臣に依頼状を発送す　其他　松田文相にも手紙書きたる模様　少々誇大妄想的精神異常者らし
10.10.16	誰彼に書状発送の事に就き注意を与へたる処　止めよと仰有るなら止めませうとて案外素直　松田文相はじめその他大臣へは　たとへ少年時代の朋友であっても今後書状は出しますまいと言ふ
10.11.22	午前11時40分　妻ヨリノ病気見舞ノタメ本郷区○町××番地　飯村揚蔵付添ヒニテ　本郷区○○町××番地　奥谷丈一郎方へ外出　5時20分帰寮（同人ハ妻ノ従妹奥谷敬子ト従弟ナリシ人ナリト）
10.11.26	某将官の父にして郷里九州にあるもの北川の父と懇意なりしとかの関係にて　北川が帰郷の旅費送れ　送らねば帰国の上ひどい目に合はすとの強迫がましき書状を送りし由　こちらはどんな施設か　何日頃より入園か　退園する事なきや　精神異常なきや等聞いて行く（上掲名刺川奈氏来園）
10.11.26	九州の知人なる弁護士金沢某上京　中野区○○○×ノ××××ニ居る由　所用あり清川末吉（同室の在園者）付添外出　午後7時15分帰園　帽子もとらず座す事もせず片手に包片手に立ったまま　物云う様は普通人とは思へない
九州　荒川氏より航空便　○○奥谷氏より　速達便来る　以後度々の外出頻繁の書状の往復よって察するによからぬ事目論見あるに非ざるや　付添行ける清川の言に依れば前記荒川儀一の炭鉱資金として300円許り工面を頼まれ　本人は荒川の成功とその暁に於ける利得を考へ頻りに300円の工面を為し居るものなり　その為嘗て抵当流れとなりたる　御里の家宅に就き何とか捻出する方法なきやと当時の債権者にして従弟中島一英（大分県中津市○○○　反物商）あるいはその他に対し種々交渉なし本日も偶に上京せる前記金沢弁護士（かねて抵当物権等に関し知悉せる者）に依頼してその点取計方談合したるところ　先方中島は現在相当成功し居るにつき　何とかなるべき模様なり　但し本人の窮状に同情してのことという名目
10.12.5	北川ノ今後ノ処置ニ就キ　梅田書記ハ道一ノ妻ヨリ従兄弟ナル本郷区○○町××番地　歯科医院　奥谷丈一郎方ヲ訪問シテ収容者ニシテ　投資ノタメ資金調達ニ狂奔シ居ルコトハ甚ダ困ルコト　荒川儀一ヘ300円ノ資金ヲ送ルコトハ全々無駄ナルハ明カナレ共　本人ハ必ズ送金スベク其ノ結果荒川ヨリ報酬ナキ時ハ　益々処遇困難ナルコト　中島一英ヨリ送金ト同時ニ荒川ヨリノ報酬金1万5千円ヲ連想シ　今ニモ退園スル如ク言触ラシ　寸時モ落付キ居ラザルコト及ビ近日中ニ中島方ヨリ1千円到着セシ上ハ　充分ニ自活シ得ルヲ以　当然退園セシメ退園後ハ1千円ヲ家賃（月10円以内）ニ使用シ　体強健ナル妻ヨリガ賃仕事其外ニテ生活シ得ルニ付　約10カ年ヲ維持スルハ容易ナレバ其間　妻子ト共ニ凌セバ本人ノ精神状態モ普通トナル可能性モ認メラレルニ依　是レガ最善ノ方法ナリト告ゲテ奥谷ノ意見ヲ聴キシガ奥谷ハ中島ヨリノ送金ハ金沢弁護士ハ1千円ヲ言ヒシモ結局500円程度ノモノト察セラレ　其内ヨリ明ラカニ詐取セラルルコトト思考スル荒川ヘノ300円ハ断ジテ送金セシメ難キモ　本人ハ容易ニ得心セザルベキニヨリ中島ヨリハ奥谷宛ニ送金セシメ　貴園ニ於テハ一応金銭到着ト同時退園ヲ命ゼラルル様其ノ上ニテ奥谷方ニ於テ懇々説諭スルトノコトナリ　（説諭ノ上ハ直チニ再入園セシムル心底ナルハ明瞭ナリシガ入園ニ関シテハ一言モ触レザリキ）
尚　妻ヨリハ先日ヨリ荒川ノ情婦ナル牛込区○○○○町×番地女按摩方ニ同居セシ　情婦ハ無筆ナルヲ幸ヒ荒川トノ通信ヲ注意シテ証拠収集ヲナサシメ居ル由ナリ
10.12.8	12時頃　鳥山姪ノ婿　小田某ノ所ヲ訪問スルトテ外出セシ□午後6時半ニテモ帰園セズ　○○×××番地　佐藤利家（親戚）ヘ行キシト言ヒテ午後7時頃帰園シ金5円貰ヒ来リシトノコト翌日厳重戒告ヲ加ヘ当面外出禁止ノコトトナス
10.12.10	妹山原氏分ヨリ5円送金有

10.12.11	荒川ヨリ航空便来ル
10.12.14	夜6時頃杉並区○○×ノ×××　小田丈夫ナル者本人ヨリ届イタル郵便物一抱エ持チ面会ニ来ル「私ハ何ノ関係モ無イモノデスガ　コンナニ頻々ト郵便ガ参リマス　皆開封シナイデ持ツテ来マシタ」ト言フ　小遣3円ヲ置ク（但シ実ハ異母妹亡某ノ娘ノ婿ナルベシ）
10.12.17	金沢作治氏ヨリ「100エンシカトレヌ　ヒヨウ30エンヒキ70エンオクル　ヨキカヘンマツ　イシカワ」トアリ　「100エンニテヨロシ」ト返電ス
10.12.18	最上千次郎ガ息カラ貰ツタ金ヲ1円50銭借リタノヲ初メ多クノ収容者カラ金ヲ借リテ居ルノデ　早速全部ニ返済シテ今後ハ1銭ノ貸借ヲ厳禁スルコト　昨日自動車ニテ外出シタガ　以後外出セナイ様説諭シタ処　本人ハ只今最上ニ30銭借リテアル外ハ全部返シテアルシ　最上ニモ今明日中ニ返金シ是レカラハ絶対ニ貸ヤ外出サセナイ事ヲ□□□
10.12.20	無断外出　○○ノ姪ノ家ニ行キタル由　午前10時頃出デ午後4時帰園　懇々ト戒メ午後ハ近外トテモ　寮母ニ断リテ出テ行ク様申シ置ク
10.12.21	午後零時20分頃無断外出シテ午後5時半　速達ニテ明日帰ルトノ葉書アリタリ
10.12.22	午後7時頃帰園ス
10.12.23	午後1時半頃　課長ニ面談ノ上一身上ノ都合ニ依リ退園致シ度ク退去期日ハ来ル27日ニオ願致シマストテ　退園願ヲ提出シテ是レカラ杉並区○○ノ小田方及ビ2,3軒ヘ密談アリテ外出シタイトノ事ニ付　梅田書記付添ノ上前記小田方ヘ無事ニ送リ届ケ　小田トミニ在園者全部ノ外出止メノ時季ナレ共特ニ許可サレタ事デモアリ　時節柄雑沓シ居ルニヨリ当家ヨリ外出ノ時ハ必ズ付添ハルルコト　明日午後4時迄ニハ是非共本園迄送リ届ケラルル様依頼シタ処　小田トミハ快ク承諾
10.12.27	別紙ノ電報到着セシモ本人ハ既ニ退園後ニ付退園先ナル牛込区○○○○町×番地山田さわ方ニ廻送ス
10.12.27	正午許可退園セリ 去ル23日別記ノ通リ外出セシガ　ソノ後帰園セズ本日前11時頃来リ金沢氏ヨリ電報為替来ラズヤト言フ　ソレガ気ニ罹ル為来テマシタガ「困リマシタ　困リマシタ」トテ甚ダ意気粗喪シタリ　身柄ヲ定メズシテ行ッタリ来タリスルノオ互ニ困ルカラ何処ニ身ヲ置クカ判然定メル様　若シ電報其他通信アレバ早速廻スコトトスルカラ　ソノ点ハ心配ナク　今妻ノ処ニ居ルノナラ引続キソチラニ落着イテ居ル様　当方ハ籍ヲ除イテオクガ　ソレデヨロシキヤト言ッテ　左様致シマセウトノコトヲ除籍ノ手続ヲナシ　本人ハ午食ヲ摂リ一部所持品ヲ纏メ残リハ後日取リニ来ルトテ1時前退出セリ
11.1.4	入園紹介者ナル小石川区○○方面事務所長坂本良太郎及ビ入園前ノ受持方面委員田崎芳介両氏ニ電話ヲ以テ北川ガ退園ニ至ル迄ノ経過並ニ27日付ニテ許可退園トナリシ事及ビ現在ノ住所ト再入園ハ絶対不可能ナルコト等ヲ伝ヘテ諒解ヲ求メ置ケリ　尚田崎方面員ハ近日同人宅ヲ訪問スルトノ由
11.1.4	在園中文房具藤本貞助方ヨリ借金ヲ（文具、煙草、切手代）返済ノタメ訪問セシガ　1円38銭ハ記帳シアルモ　其後ノ少額ノモノハ記帳セザリシタメ1円38銭ノミヲ貰ヒ受ケタシトノコトニ付　之ヲ支払ヒ今後ハ本園老人ニ如何ナル事情アリテモ絶対ニ貸売致サレヌ様依頼シ置ケリ
11.1.10	私物残留品未ダ放置サレアルニ依リ　至急取リニ来ルヨウ発信ス

No.969　谷津たま　（女）

入園日	昭和9年5月23日
退園日	昭和11年3月5日　　　（死亡）

（要救護者調書）

出　　生	明治元年4月27日　当67歳
出　生　地	東京市京橋区○○町番地不詳
本　籍　地	東京市牛込区○○町××番地
震災当時ノ住所	東京神田区○○町×番地
現　住　所	東京市牛込区○○町×番地　大原久夫方
戸主又ハ続柄	戸主　谷津新ノ妻
宗　　教	禅宗
家族ノ状況　並ニ扶養親族関係	(1)　夫　現住所ニ同居ス　谷津　新　当72歳　新ハ按摩業ナレ共老齢ノタメ月収僅カニ6円ナレバ扶養資力ナシ (1)　直系尊属ノ有無　ナシ (1)　其ノ他ノ親族ノ有無　兄　富田弥一　当70歳　弥一ハ其ノ妻やす（55歳）ト二人家族ナリシガ12年前ヨリ居所生死共ニ不明トナル (1)　永年ノ知人雇主等ノ有無　ナシ
身心ノ状態不具廃疾ノ程度　及疾病ノ有無	青壮年時代ノ主ナル疾患　ナシ 現在ノ疾病　　　胃腸病 病状　5年前ノ発病ナレ共冬季ノミ痛ミアル程度ナリ 精神障害　　　　ナシ 性　情　　　　狡猾
震災当時ノ職業及現在ノ作業　収入	製本内職 無職
教育程度 趣　味 嗜　好	無教育 ナシ 喫煙
震災後ニ於ケル生活ノ経路　並ニ現況	(1)　震災当時ノ被害ノ状況・程度等ノ程度等　全焼 (1)　震災後今日迄ノ家庭生活　其他生活状況ノ変遷等　罹災直後丸ノ内ニ避難セシガ5日間ニテ知人ナリシ四谷区○○町電気職工白石喜八方ニ厄介トナリシモ白石ハ生活困難ナリシカバ2ヶ月ニテ市設麹町区牛ケ淵バラックニ収容セラレ　製本内職ヲナシテ普通生活セシガ大正13年10月9日牛込区○○町××番地野沢方按摩業谷津新ニ嫁シ製本内職ヲ続ケ夫ヲ扶ケテ普通生活セシモ　2ヶ月ニテ同区○○町××番地屑屋松田啓一方ニ移転セシガ昭和5年2月頃ヨリ胃腸病トナリシカバ内職ノ収入減ジ夫モ又仕事減少セシニヨリ生活難ニテ　昭和7年8月同区○○町××番地駄菓子小売商小野田平一郎方ニ間借リ移転セシモ1ヶ月ニテ更ニ同区○○町××番地八百屋榎木辰夫方ニ移リ製本内職ヲ廃業セシカバ生活困難ノタメ1ヶ月ニテ現住所ナル製本内職大原久夫方ニ転居シ夫ガ按摩業ニテ得ル収入ニテ生活セシガ何分月収6円ナレバ食費ニモ不足スルニヨリ家財ヲ売却シ辛ジテ生活セシモ今ヤ売リ払フ可キ物モ無ク実ニ困窮シ居レリ

生立及経歴	(1) 両親ノ氏名　富田幸一　同ミツ　戸籍関係　長女 　　職業　　　煙草屋 　　両親ノ死亡時ノ疾病等　父66歳　母85,6歳　父ハ胃病　母ハ老衰 (2) 出生時　幼少時代ノ住所　家庭状況　教育等 　　東京市京橋区○○町番地不詳ニテ普通生活ヲナス 　　5人家族（3人兄弟ナリシモ妹きよハ既ニ死亡シ兄弥一ハ12年前行方不明トナリテ生死判明セズ） 　　無教育 (3) 職業関係　住居　生活状況ノ変遷等 　　14歳ヨリ家事ヲ手伝ヒ居リシガ18歳ノ時深川区○○町小山材木問屋へ女中奉公ニ住込ミ3ヶ年ニテ深川区○○町ニ移転シテ煙草屋ヲナシ居リシ父母ノ元ニ帰宅セシモ22歳ノ折千葉県印旛郡○○町山中屋料理店ノ女中ニ住込ミシガ38歳ニテ暇取リ麹町区○○町×番地ニ煙草屋営業中ノ父幸一方ニ帰宅シ程ナク同区○町×丁目無職楠田しん方ノ同居人ニテ錺職ナリシ堀川富三郎ニ嫁シ3ヶ年ノ後夫卜共ニ四谷区○○町ノ電気職工白石喜八方ニ間借移転シ錺職ナル夫ノ収入ニテ普通生活中51歳ノ時夫富三郎ハ老衰ニテ死亡（夫ハ当時70歳）セシカバ手伝婦ニ雇ハレテ生活シ居リシモ半ヶ年ニテ神田区○町×番地材木屋ノ手伝人佐藤章太郎ノ内妻トナリテ同棲シたまハ製本内職ヲナシテ普通生活セシガ54歳ノ時夫ハ脳病ニテ死亡（当時夫ハ65歳）セシニ付たまハ独身ニテ製本内職ヲ続ケ乍ラ普通生活ヲナセリ (4) 縁事関係　子女ノ有無 　　38歳ニテ堀川富三郎ノ内縁ノ妻トナリシガ51歳ノ時夫富三郎病死セシニヨリ同年佐藤章太郎ト内縁関係ヲ結ビテ同棲セシモ54歳ノ折章太郎モ又死亡セシニヨリ57歳ノ時谷津新ニ嫁シ引続キ同棲シ居レリ　子女ナシ (5) 本人ノ性行 　　普通 (6) 特ニ貧窮ノ事由ト認ムベキ事項 　　イ．病気　ロ．夫ノ老衰
保護依頼者	東京市牛込区方面事務所
その他	調査箇所　東京市牛込区○○町×番地大原久夫方

保護経過
9.6.2　　入園清風寮ニ入ル

（入園者身分概要）

続　柄	戸主　新ノ妻
性　別	女
氏　名 生年月日　年齢	谷津たま 明治元年4月27日　当67歳
本　籍　地	東京市牛込区○○町××番地
入園前住所	東京市牛込区○○町×番地　大原久夫方（間借先）
家族親族等ノ現況	夫　谷津新　当72歳　老衰ノタメ共ニ本園ニ出願ス 兄　富田弥一　当70歳　12年前ヨリ居所不明トナル 其他家族　親族ナシ

経　　歴	京橋区〇〇町ニテ煙草屋ヲナス富田幸一ノ長女ニ生ル（兄一妹一アリシガ妹ハ死亡シ兄ハ10数年前行方不明トナル）普通生活ノ中ニ生ヒ立チシガ18歳ニテ某材木問屋ヘ女中ニ住込ミ3年後帰宅シテ22歳ノ折千葉県〇〇町某料理店ノ女中ニ住込ミタリ　38歳ノトキ父ノ許ニ帰宅シテ程ナク錺職堀川富三郎ニ嫁ス　永ラク夫ト共ニ他ニ間借リシテ夫ノ収入ニヨリ生活セシガ51歳ノトキ夫ハ死亡シ約6ヶ月後某材木屋ノ手伝人佐藤章太郎ノ妻トナリ製本内職ニテ家計ヲ助ケシガ54歳ノトキ夫ハ死亡以後独身ニテ製本内職ヲナシ兎角生計ヲ立テシガ震災ニ遭遇シテ全焼ノ災ニ遭ヒ程ナク市設牛ヶ淵バラックニ入リテ内職ヲ続ケタリ　13年10月当時牛込区〇〇町××野澤某方ニ間借シテ按摩ヲ業トセシ現在ノ夫谷津新ニ嫁シ内職ニ依ッテ夫ヲ扶ケ普通生活セシガ夫ハ次第ニ不況トナリ本人モ又胃腸病ノ為思ハシカラズ昭和5年以来漸次生活難ニオビヤカサレ転々居所ヲ変ヘ8年夏以来ハ内職全然不可能トナリテ到底夫ノ収入ノミニテハ生活出来ズ困窮セリ　（38歳ニテ堀川富三郎ニ嫁シ51歳ニテ死別　同年佐藤章太郎ニ嫁シ54歳ニテ死別　57歳ニテ谷津新ニ嫁セシガ何レモ子女出生セズ）
宗　　教	禅宗
教　　育	不就学
健康状態	胃腸病
労務能力	若干アルベシ
個　　性	狡猾
性　　格	（記載なし）
習　　癖	（記載なし）
趣　　味	（記載なし）
嗜　　好	喫煙ス

保護経過

9.6.2	清風寮ニ入ル
9.7.23	第2病室ヘ入院ス
10.1.26	相老寮ヘ転入
10.1.11	食堂手伝10日間　人トノ調子モヨク確リシタ所ガアル
10.2.27	吐気　就床　受診　服薬
10.3.3	時折起キテ片付　粥食ダガ3度共無事
10.3.6	亦就床　「胃部ノ玉ガ歩ク」ト言フ　2度共食事シナイ　受診　服薬2種
10.3.8	漸ク奨メラレテ3度共食事スル
10.3.11	今日ハ起キ上ラレナイ　トノ事　オ部屋デ食事
10.3.16	寝タキリニナラヌ様度々離床ヲ進メル　オ食事普通
10.4.2	夫ノ新氏「私ニハドウシテモ生活シキレマセンカラ入院サセテ下サイ」ト泣キツイテ来タノデ一先ヅ寮母室ニ移シ出来得ルダケ自身デナスヨウ仕向ケル　其性格理由　身体ノ調子ヲ考ヘテ見ル　食事ハ食堂ニ於テナシ病室ノ筒袖借リテ着セ身体ノ自由ヲ計ル　垂レ流シハケロリト直ッタ
10.4.4	受診　往復共独リデ歩イタ　下剤幾度モ使用キカズ　坐薬使用他毎度下剤服用ト2食断行
10.4.10	食物ハ次第ニ自身ニ責任持タセ漸ク独リ立チサセル

9.4.11	1ヶ月目ノ入浴　漸クヤサス　頭髪洗ヒ手伝フ　漸ク1人前トナル	
9.5.6	吐気アッテ就床	
9.5.23	アマリボンヤリシテイルシ妙ニ感ズルタメ受診ヲ進メル　入院中ノ持チ前ダトアッテオ薬別ニ変リモシナイ　性来ハ元気デキチントスル人ノヤウニ見受ケラレルケレドモ　ドウモ此頃ハ身ノ廻リサヘダラシナイ	
8.21	頭痛ト腰痛トテ1日就床　受診　特別薬服用	
9.9	引続キノ服薬デドウヤラ元気ニ過シタ　オ裁縫モ2,3枚スマセタリ　人ノ分マデイクラカ世話ヤイテイタ　勝気ガ手伝ッテ過グル点モ稍々感ズル	
9.10	半以後ヨリアマリ元気ナイ　マタ病気長ビクカト心配シタ　寮母ニモ夫ニモ思切ッタ我儘モシタ好奇心デ人ノ言ウ事ヲ何デモ知リ1番ニナロウトスル傾キアリ　ソシテ失敗シテイル　言葉ガ明瞭デ玄関番ニイイ	
9.11	対シタ事モナイノニ我ママモ手伝ヒ臥床　通院シテ腰部注射1週間　都合上玄関前ニ室換シタラ本人ノタメニハ毎日ノ動作ニ便宜デアッタ　身体モ回復シ袋貼内職1週間バカリ　今月ハ人トノ間柄普通	
9.12	対シタ働キデモナイ食堂手伝い5日シテ5日寝タ　口数バカリ多ク人ニモ夫ニモ言付ケルタメ仲間カラ思ヒ切ッタ攻撃ヲ受ケル　身体ノ虚弱モアルガドウモ図々シイ	
11.1	寝ハシナイガ一体ニ横着デアル　身体ハ動カサズニ口バカリヤカマシイ　スル事ガ一体ニ乱暴　教養ノ必要ヲ思フ　服薬中止	
2.	貧血ハ例ノ通リダガ殆ド動カズ人ノ否バカリ口ニシテ煙草吸フテハ衣類ニ焼穴始終デ困ッタ　半過ギ口ノ事ヲ注意シテカラ余程ノ謹シミヲ見タ　盗癖トイフ程デモナイガドウモ賤シイ狡猾ナ部分ヲ感ズル	
3.1	熱ガナイケレドモ労レタ腰痛イクテ就床	
3.2	オ通ジナキ様子デ服ヤク坐薬浣腸シタ	
3.3	熱発　38度　往診願フ　腹部アンマシテヤリ　胸部エキホス塗布日ニ2回　本人元気	
11.3.4	朝熱ナク　正午全ク熱下降シ過ギ冷ヤカトナル　本人割合元気デ食事シタリ便所通ヒシタリシタデモアリ妙ノタメ其ノ急ヲ医師ニ報告　往診ヲ願ヒ　処置法伺フモイレラレズ　仕方ナク教ヘラレタ湯タンポ2個入レテ就床奨メタ　夜半普通	
3.5	朝5時1ウナリ　7時45分寮ニ於イテ死亡	
3.6	11時葬儀	
入園時ノ所持金品	（記載なし）	

No.988　川田松次郎　（男）

入園日	昭和6年8月1日
退園日	昭和11年4月2日　（死亡　膀胱炎）

（要救護者調書）

出　　生	嘉永5年12月10日　当80歳
出 生 地	東京市京橋区〇〇町番地ナシ
本 籍 地	東京市浅草区〇〇町×番地
震災当時ノ住所	本籍地ニ同ジ
現 住 所	東京市本所区〇〇町××番地　アパート内
戸主又ハ続柄	戸主
宗　　教	日蓮宗
家族ノ状況　並扶養親族関係	1．妻ノ有無　内縁ノ妻　現住所ニ同棲ス　安井かね　68歳　無職 　　かねハ昭和5年12月 　　21日脳貧血ニテ卒倒セシ以来身体不自由ナリシガ目下辛ジテ自分用ヲ達シ得ル程度ナレバ全ク扶養資力ナシ 1．直系尊卑属ノ有無　ナシ 1．其ノ他ノ親族ノ有無　ナシ 　　永年ノ知人雇主等ノ有無　ナシ
身心ノ状態不具廃疾ノ程度　及疾病ノ有無	青壮年時代ノ主ナル疾患　ナシ　　現在ノ疾病　老衰 病状　昭和6年1月末ヨリ老衰セシモ自分用ハ充分ニ達シ得
震災当時ノ職業及現在ノ作業　収入	玩具露店商
教育程度 趣　　味 嗜　　好	10ヶ年寺小屋ニテ修学
震災後ニ於ケル生活ノ経路　並ニ現況	1．震災当時ノ被害の状況　程度等　全焼 震災後今日迄ノ家庭生活　其他生活状況ノ変遷等　罹災直後内縁ノ妻安井かねヲ伴ヒテ上野公園寛永寺内ニ避難セシガ10月1日同公園ニ急設セラレタル市営バラックニ収容救護ヲ受ケ約5ヶ月ノ後罹災地ナル浅草区〇〇町×番地眼鏡商某方ニ間借リ移転シテ松次郎ハ玩具露店商かねハ袋張内職ニテ普通生活セシガ大正14年3月14日区画整理ニヨリ立退ヲ命ゼラレシカバ妻ト共ニ現住所ニ転居シ引続キ玩具露店商（妻ハ無職）ニテ辛ジテ生活中昭和5年12月21日かねハ脳貧血ニテ卒倒シ起居不自由トナリシカバ休業シテ其ノ看病ニ従事シ目下自分用ヲ達スル程度ニ全快セシモ資本ナク且ツ老衰ノタメ日々ノ糊口ニモ窮シ居レリ

生立及経歴	1．両親ノ氏名　本人トノ戸籍関係　職業　（死亡）年齢　死亡時ノ疾病等 　　川田正蔵　同はな 　　二男 　　髪結ノ株主 　　父42歳　母58歳 　　脳溢血（父）　老衰（母） 1．出生時　幼少年時代ノ住所　家庭状況　教育等 　　東京市京橋区〇〇町番地ナシ 　　3人家族（兄虎蔵妹うめ等アリシモ何レモ3歳ニテ死亡セシ由ナリ）ニテ相当生活ヲナス　10ヶ年寺小屋ニテ修学 　1　職業関係　住居　生活状況ノ変遷等 　　18歳ニテ日本橋区〇〇町ノ髪結床叔父川田兼蔵方ニ見習トシテ住込ミシガ4ヶ年ニテ暇取リ浅草区〇〇町料理店有名楼主ニシテ俳優ナリシ助本屋高助ノ鬘師ニ住込ミシガ25歳ニテ暇取リ浅草区〇〇×丁目×番地ニ1戸ヲ借家シ髪床ヲ開業シテ相当生活シ37年間居住セシガ同地ハ浅草小学校ノ敷地ニ決定シ立退ヲ命ゼラレシカバ同町×丁目×番地ニ転居シ2ヶ年徒食シテ浅草区〇〇町×番地ニ移転シ玩具露店商人トナリ内妻かねハ袋張内職ニ従事シテ普通生活ヲナス 　2　縁事関係　子女のノ有無 　　36歳ニテ安井かねト内縁関係ヲ結ビテ同棲シ今日ニ至ル 　　子女ナシ 3．本人ノ性行 　　普通 4．特ニ貧窮ノ事由ト認ムベキ事項 　1　内妻かねノ病気　老衰
保護依頼者	本所区〇〇方面事務所
その他	（記載なし）

保護経過
6.8.1　　　入園　清風寮ニ入ル

9.6.6　　　本所区〇〇町×　吉川寅蔵（老人に世話になった人）来訪

11.4.2　　姪　本郷区〇町×丁目×番地（義姉ノ子）玉突屋金沢たけニ死亡通知ヲナス

11.4.5　前記金沢たけ来訪

（入園者身分概要）

続　柄	戸主
性　別	男
氏　名 生年月日　年齢	川田松次郎 嘉永5年12月10日　当80歳
本　籍　地	東京市浅草区〇〇町×番地
入園前住所	東京府本所区〇〇町×番地　アパート内
家族親族等ノ現況	川田正蔵————はな 　　┃ 虎蔵　松次郎——安井かね　　うめ

経　　歴	東京市京橋区〇〇町結髪ノ株主川田正蔵ノ次男ニ生ル 　18歳ニテ日本橋在住叔父髪結床川田兼蔵方ニ住込ム 　22歳ニテ浅草〇〇料理店有名楼主俳優助本屋高吉ノ髱師ニ住込ム 　25歳ニテ同区〇〇ニ1戸ヲカマヘ髪床ヲ開業 　62, 3歳ノ折同地ハ小学校敷地ニ決定シ立退キヲ命ゼラレ廃業転居ス 　64, 5歳ノ折2ヶ年ノ徒食ヲ終ヘ同区〇〇町×番地ニ転居玩具露店商ヲナス 　内妻かねハ袋張内職ニテ生活ヲナス　（36歳ニテ結婚ス） 　震災当時ノ被害　全焼ス 　市営バラック生活5ヶ月後〇〇××眼鏡商ニ間借リヲナシ夫婦従前通リノ職業ヲナス　大正14年3月区画整理ニテ現住所ニ移転　松次郎ノミ従前ノ仕事ヲナス　昭和5年12月かね脳貧血ニテ卒倒シ起居不自由トナリシカバ商ヲ止メ看病ニ専念ス　日下自分用ハ足ル様ニナリタレ共資本ナク老衰ノタメ糊口ニ窮スルニ至ル
宗　　教	日蓮宗
教　　育	10ヶ年寺子屋ニテ修学
健康状態	老衰
労務能力	アリ
個　　性	（記載なし）
性　　格	良
習　　癖	（記載なし）
趣　　味	植木
嗜　　好	煙草
保護経過	
6.8.1	入園　清風寮ニ入ル
6.9.30	相生寮転入
9.6.6	本所区〇〇町××　吉川寅蔵（老人ニ世話ニナリシ人）来訪
9.11.6	服薬ヲドウシテモ嫌ガル　年長デモアリ感冒デ咳ガヒドク周囲ガ迷惑千万デアル
9.11.8	静養ヲ奨メテモ仲々"江戸ッ子ハナド"トキカナイ　漸クトキフセテ受診服薬
9.12.17	暮トオ正月デト神棚ノ飾付ニ付相談ニ来ル　最年長者ラシク確リトカンデキル　便所掃除モ毎日
10.1.31	殆ドヨロシイガ尚高令ノタメ服薬続ケサセオ仕事ヘラス
10.2.7	耳遠イノデ食時呼ンデモ出テ来ナイ　ソレデキテ「ツンボ」デハナイト強情張ッテ皆苦笑
10.4.30	寮ヲ開場（ママ）トナシ俳句会アリ　引込思案ナラヲ奨メ奨メテ出シタラ2等賞デ非常ニ興味持ツ
10.5.2	毎日硯箱ヲ借リニ来ル　俳句ヲ作ッテハ独リデホクソエンデキル
10.5.10	コノ頃トテモ元気イイ　今日モオ婆サンノ手ヲ引イテ礼拝堂ニ行キ　帰リハ俳句ノ事バカリ言ッテキル
10.6.5	コノ夫婦ノ散歩ヲ奨メ寮母付添ヘ園内1周

10.6.10	除草ノ鎌デ手ヲ切ッタノデ医局ニ連レ行キ充分ノ消毒ト手当ヲ受ケタ　明日カラ当分通ハネバナラヌ　"鎌ハ切レルノガ入ル"ト駄々ヲコネテ寮母ヲ困ラセル　"江戸ッ子ガ江戸ッ子ガ"ヲ出シテ年ヲ考ヘヌ傾キアル人
10.7.1	第1日ダト言ッテ神棚ノサカキヲ代ヘタリ　祝詞ヲ上ゲタリ　年取ッテシテクレルノハイイガ自分ノモノヲ置イタ場所ヲ忘レテ人ノ性ニスルノニハ困ッテ終フ　自分ガ84ニモナッテキルノデ"高令ダ"ト言フコトヲ時々忘レテ終フ人デ困ル
10.7.2	指全ク直リ除草ニ出カケタ
10.8.13	夫婦デ寝巻ノ古ヲ破イテハ2人揃ッテ雑巾サシデアル　園ヲ奬メタラ嫌ダト言ッテキタガ便所当番ニナッタラシヒ私物デ拵ヘテ見タクナッタ由　オ爺サンハ左カラハ左手デ　右カラハ右手デ縫フノデ変ッテキル　仲ヨク笑ヒ乍ラノオ仕事降リ　(ママ)　ハホホエマシイ
9	温厚ナ人デアルガ妻女ヲカバウノト若イ時カラノ江戸ッ子気分残ッテキテ時々キバッタリ　シャチコバル　今月ハ2度バカリ　後ハサッパリシテニコニコシ乍ラオ花イヂッタリ　気ノ向クママノ生活降リデ寮デハ年長ノタメ御キン居サンニシテオク
10	俳句ヤ歌ヲ作ル機会ヤラ自然ニ接スル時ヲ得レバイツモニコニコデアル　若イ折オ婆サンノ家ヲ売リ飛バシタトカデ頭ガ上ラナイラシイ　仲々足モ達者デアル非常ニ話題ヲ豊富ニ持チ多趣味ナ人デ退屈シラズニ日ヲ送ッテキル　ヨク現代語ヲ使用スル　目ト耳ガ不便
11	オ寒サニ大部弱リ　静養ヲ奬メテモ勝気デ容易ニ受入レナイ　無理ニ就床ヲ命ズル　心臟モ大部弱リ高令ノタメ要注意者トノ事　持病ノ膀胱カタルモ起ッタ　3日ノ服薬ト注射1回デ中止 他牛乳1合ヅツ配給ヲ受ケ寮用全部放任サセ　絶対静養ニツトメタ　急ニ頼ム所トヒガミガアル　妻女ノコトバカリ心配スル
12	月ノ半バマデ牛乳配給　全ク全快シタ　暮ノ慰労金70銭也ヲ大事ニシテキル　感謝ト愛サレル言葉出シテハ人ニ大事ニサレテ送ッタ　初旬ニ84歳ノタメ肩掛頂戴シテ一同ニオ芽出度ウ言ハレテ非常ニ有難ガリ涙シテキタ
11.1	身体具合割合ヨカッタガ時々顔ニ浮腫ヲ見ル　元気デ間モナク服薬セズ共引ク程度　妻女ノ世話幾分出来得テ寮母モ助カル　俳句帖作製進メ時折自作ノ句ヲ列ネサセルコトトシテ慰メニスル　理髪寮デ2ツバカリ
11.2	オ寒イ割合一体ニ小康ヲ得タガオ婆サンノ世話幾分ト雪ノタメカ咳ガ幾分出ダシタ
11.3.1	熱発就床　8度（最高時）
11.3.2	8度5分
11.3.3	8度
11.3.4	8度5分
11.3.5	8度4分　年長デアリ　熱ノ下降ナキヲ憂ヒ尿失禁ノミノタメ入院　（春日寮）
11.3.5	熱依然と下降せず　食慾なし
11.3.7	容体相変らずにして元気なし　強心剤注入す

11.3.8	熱いくらか下りぎみ　元気及食欲いくらか多くなる様に見受ける
11.3.12	食欲亢進　検尿提出自身でも気分よしと申してベッドに起きておれり
11.3.14	変りなし　体温も上昇せず元気あり
11.3.15	午前3時突然尿閉　導尿施行　プルス悪しく悪寒戦慄ありて体温上昇す　強心剤注　元気なし　膀胱部の疼痛
11.3.17	食欲元気又も消失　体温時々上昇　自然排尿あれども血尿にして悪臭あり
11.3.20	食欲無し　別に異状みとめずもいくらか衰弱せし様に思われる
11.3.22	症状変りなし　食欲無き為めイベトン静注
11.3.25	又も尿閉　導尿施行せしが血液凝固性強き為め不可能　体温上昇　苦痛を訴ヘイベトン注　先生の御来診ありて膀胱穿刺行ふ
11.3.28	穿刺部位より尿流出するにより苦痛わ去りたりと食欲なし　午後9時頃少量の自然排尿あり
11.3.29	25％イベトン静注　元気なし
11.3.30	イベトン注　強心剤　後食欲全く無し
11.4.1	イベトン注意識いくらかもうろうとなり解のわからない事いって居れり
11.4.2	容態悪化しプルス触れがたく呼吸浅表となる　強心剤注入　二病より妻女さん面会に来り解ったと見えてわざわざ来なくてもいいのにといっておれり強心剤等多量に注入するが効なく遂に午前10時15分死亡す
入園時ノ所持金品	所　持　金　　20円87銭 所　持　品　　計13点 　　　　　　　手下カバン1　木綿袷1　木綿羽織1　木綿単衣1 　　　　　　　モス袖無1　毛糸チョッキ1　ジャケツ1 　　　　　　　メリヤスシャツ1　冬足袋1　夏シャツ1 　　　　　　　毛布1　夏　襦袢1　メリヤス股引1

No.989　山田まさ　（女）

入園日	昭和10年10月9日
退園日	昭和11年4月2日　　（退園　病院入院）

（要救護者調書）

出　　生	明治2年4月20日　当67歳
出 生 地	埼玉県川越市○○町××××番地
本 籍 地	鹿児島市○○町×××番地
震災当時ノ住所	東京市牛込区○○○町×××番地　金原正蔵方
現 住 所	東京市牛込区○○町××番地　竹尾宏方
戸主又ハ続柄	戸主亡　山口喜代の母
宗　　教	日蓮宗
家族ノ状況　並扶養親族関係	(1) 親族　姪（亡妹つねノ子）　みつ（当24歳）ハ王子区○○町ノ僧侶下村某ニ嫁シ子供1人アリトノコトナレ共住所　其他不明 同和子（みつノ妹）当18歳ハつねノ亡夫ノ実家（桐生市）へ引取ラレ居ル筈ナルモ長年音信不通ナリ 妹　府下○○○×番地無職坂本吉雄ノ妻つね（当62歳）つねハ継子4人 妹　埼玉県入間郡○○町無職藤田みえ当57歳ハ昭和9年12月夫愛助ニ死別シ継子2名アリテつねト共ニ普通生活シ居ルモ後妻ナルタメ扶養スル能ハズ音信不通ニナシ居レリ 弟　川越市○○×番地元警視庁警部有山文太郎（当57歳）ハ3年前ヨリ中風ニテ臥床シ家族4人ハ恩給ニテ漸ク生活ス
身心ノ状態不具廃疾ノ程度　及疾病ノ有無	青壮年時代ノ主ナル疾患　ナシ 現在ノ疾病　　　　　ナシ 精神障害　　　　　　ナシ 性　情　　　　　　強情
震災当時ノ職業及現在ノ作業　収入	無職
教育程度 趣　味 嗜　好	小学校卒業 三味線 ナシ

震災後ニ於ケル生活ノ経路　並ニ現況	(1) 震災当時ノ被害ノ状況・程度等ノ程度等　被害ナシ (1) 震災後今日迄ノ生活状況・変遷等　9月15日同区〇〇町円福寺方ニ間借移転シ引続キ長女静ハ内閣統計局ノ事務員（月給35円）次女喜代ハ博文館ノ受付ニ通勤シテ（月給40円）普通生活セシガ11月22日静（当時19歳）ハ肺病ニテ死亡セシニ付大正13年5月まさハ喜代ト共ニ同区〇〇町×番地勤人有山正太郎方ノ留守番ニ住込ミ喜代ノ収入ニテ普通生活セシモ大正14年5月解雇サレシカバ同区〇〇町×番地紙器会社社員佐藤方ニ間借移転シ昭和2年5月31日小石川区〇×丁目×番地ニ借家転居シ昭和5年8月更ニ牛込区〇〇町×番地ニ移リ昭和7年12月小石川区〇町ニ移転セシガ昭和8年4月25日〇〇町×丁目蚕糸會舘ノ勤人長田金蔵ノ長男二郎ニまさヲ扶養スル契約ニテ喜代ヲ内妻トナシ二郎ト共〇〇×丁目×番地ニ居住シ普通生活中昭和9年9月5日喜代ハ夫二郎ト不和ノ結果劇薬自殺ヲセシニヨリ同日まさハ〇〇×ノ×白岩かね方ニ間借リシ49日ノ後牛込区〇〇町×番地遠藤正一方ニ移リ昭和10年3月同区〇〇町×番地伊藤煙草店ニ間借8月21日現住所ニ移リ引続キ売喰ヲナセリ

生立及経歴	(1) 両親ノ氏名　　有山文次　　同たつ　　戸籍関係　　長女 　　　職業　　○○裁判所判事 　　　父母ノ死亡時年齢、疾病等　　父母共ニ 73 歳　父ハ肺炎　母ハ脳溢血 (2) 出生時　幼少時代ノ住所　家庭状況　教育等 　　　埼玉県川越市○○町×××番地 　　　9 人家族（6 人兄弟）ニテ普通生活セリ 　　　小学卒業 　　　兄文一郎ハ家督相続ヲナシ小学校教員ヲナシ居リシガ当人 51 歳ニテ死亡シ子供ナシ　妹つねハ当人 48 歳ノ折府下吉祥寺××番地無職坂本吉雄ノ後妻トナリ普通生活シ居レ共継子 4 人アリ　妹みえハ 44 歳ニテ埼玉県○○町ノ実業家藤井愛吉ノ後妻トナリシガ昨年 12 月夫ニ死別シ継子 2 名アル由　弟山田文太郎ハ川越市○○×番地ニ居住シ元警視庁ノ警部ナリシモ 3 年前ヨリ中風ニテ臥床シ家族 4 名辛ジテ生活　妹つねハ 22 歳ニテ川越市税務所勤人森章平ニ嫁セシガ 10 年前ニ死亡セリ子供 2 人アリ　尚戸籍謄本記載ノ弟飯塚保ハまさノ先夫飯塚豊ノ實父ナリト申立テ居レリ (3) 職業関係　住居　生活状況ノ変遷等 　　　19 歳ニテ○○町△△××番地巡査飯塚豊ニ嫁セシガ 27 歳ノ時夫ハ巡査ヲ辞職シ 28 歳ノ折台北ニ渡リ淡水御所在ノ台湾民政局ニ勤務セシカバまさハ半ヶ年ノ後夫ノ元ニ到リ民政局官舎ニ夫ト同棲シテ普通生活ヲナシ 31 歳ノ時まさハ長女ゑい（当時 2 歳）ヲ伴ヒテ帰京セシモ 33 歳ノ折夫ハ台湾ニテ病死セシニ付半ヶ年ノ後離縁サレシカバ程ナク小松宮邸へ住込奉公シ 35 歳ノ時暇取リテ本所区○○町×番地無職（公債証書ニテ生活）山田松一ニ再嫁シテ普通生活シ 41 歳ノ折牛込区○○町ニ移転セシガ半ヶ年ニテ夫ハ腎臓病ニテ死亡セシニヨリ賃仕事及内職ニテ生活シ約 1 ヶ年ニテ洪水ニ遭遇セシカバ同区○○町×番地某洋服店へ間借シテ 3 ヶ年　○○町×番地某方ニ 3 ヶ年　同区○○町々会小使松宮ニ間借セシモ 51 歳ノ時長女静ハ日比谷大神宮へ次女喜代ハ電話局へ通勤セシニ付 52 歳ノ折同町××番地無職佐藤方ニ間借移転シ同年静ハ内閣統計局喜代ハ博文館へ通勤セシカバ其ノ収入ニテ普通生活ヲナシ 54 歳の時同区○○○町×番地有山正太郎方ノ住込留守番トナリ 55 歳ノ折同区○○○町××番地砲兵工廠職工金原正藏方ニ間借シテ長女静二女喜代ノ収入ニテ普通生活セリ (4) 縁事関係 　　　19 歳ニテ飯塚豊ニ嫁セシガ 33 歳ニテ夫ニ死別シ 35 歳ノ折山口松一再嫁セシモ 41 歳ノ時夫竹ニハ病死セリ　飯塚トノ間ニ一雄ゑいノ 2 児アリシモ幼少ニテ死シ山口トノ間ニ静　喜代ノ 2 女アリシガ静ハ当人 19 歳　喜代ハ当人 28 歳ニテ死亡セリ (5) 本人ノ性行 　　　普通 (6) 特ニ貧窮ノ事由ト認ムベキ事項 　　　イ．長女静　2 女喜代ノ死亡　ロ．本人ノ老齢
保護依頼者	東京市牛込区役所
その他	調査箇所　東京市牛込区○○町××番地　竹尾宏方

保護経過	
10.10.9	入園清風寮ニ入ル　妹坂本つね附添フ　坂本つねノ夫吉雄ハ元東京市ニ勤務センガ大正13年辞職シ以後暫ク會社勤メヲナシタルモ目下無職トノコト吉雄ニモ時々来訪スル様伝ラレタク申シ置ク 府下〇〇〇△△△△××××番地
10.10.30	松沢病院奥田医師ノ往診ヲ受ク　未ダ正確ナ診断ハ下サレザルモ一人ふらふらト出歩クコトアルベキニツキ警戒ヲ要ストノコトナリ幻覚アリ
10.10.31	小石川区〇〇町××井本惣一郎（従兄）ヘ発信（梓寮）
10.11.4	午前8時半頃高井戸迄糸及針ヲ買ヒニ行クトノ事ナレバ万一ヲ慮リテ世話係川口みよヲ附添ハシテ外出セシガ程ナク川口ハ帰寮シテ不動様ニテ見失ヒシトノコトニテ不安ナリシモ午後3時帰寮シ「入園前ヨリ53,4歳イガ栗頭洋服姿ノ男ガ姿ヲ少シモミセズニ附纏ヒ2女喜代ハ大工ノ子ダトカ情夫ノ子ダト振レ廻リ梓寮ニ来テカラハ他ノ収容者ニ喜代ノコトヲシラセシ上其ノ霊感ヲ以テ収容者ニ罵ラシメ居リ如何ニモ苦痛ニテ其ノ原因ハ妹ノつねノ夫坂本吉雄ガ影ノ人ノ霊感ニテ共ニ自分ヲ苦シメ居ルニ付吉祥寺ノ坂本宅ヘ咴鳴リ込ミニ行キシガ坂本ハ平アヤマリニ詫シニ付今後ハ絶体足踏セヌト叱リ乍ラ帰リシトノ事」ニ付懇々説諭シ置キタリ　尚糸ト針ハ買ヒ求メ来タレリ
10.11.9	豊島区〇〇町×番地長田千代氏来訪氏ハ亡山田まさノ娘喜代ノ姑タリシ関係ニテ懇ニ慰撫金2円ノ小使ヲ与ヘテ帰ラル　寮母ガ来訪ノ意ヲ通ジタ時ノ山口氏ノ意気マキ方モ長田氏ニ面会ト同時ニ消エ丁重ニ涙サヘウカベテ従順ニ送出セリ長田氏ノオ話ニ「モ少シ我ヲ折ッテ下サレバ世話スル人モアルデセウシ御自分ノ気持モオ楽デセウガ」ト妄像モアマリニ強イ自意識ノ産物ノ様ニ聞カセテ行カレル
10.11.11	梓世話係の処少々精神異常有世話係をやめ本日常盤へ転寮
10.11.26	昼頃見当らず心配の処2時半頃帰寮上高井戸に行って来た由原因ハ矢田の小言に興奮の結果？
11.1.31	早朝買物（縫針）ノ為上高井戸迄ノ外出ヲ許可シタル処午後3時過（常盤）漸ク帰園　上高井戸ヘハ行カズ萩窪迄歩イテユキ序ニ知人ノ許ヲ2,3訪ネタリト言フ　説諭シタルニ今後絶対ニナサズト言フ
11.2.1	「昨日外出シテソノ結果ガ思ハシクナカッタモノト見エ今日ハ尖ッテ室内ノ皆ニ突キカヽル」日誌ヨリ
11.3.5	入園ノ折附添来レル妹坂本つねハ先頃来川越市ナル弟有山文太郎方ニ寄寓シ居リ過日本人ヨリ〇〇町居住ノ妹ニ金ノ無心カ何カヲ言ヒヤリタルニ対シ先方ハヒドク怒ッテ今更ソンナ事ヲ言ヘタ義理カトカ何トカ言ッテ来テ居ルト言フコトヲ取リ次イダ書面ヲ寄越シタノデアル　興奮シ押シカケテ談判ヲシテクルカラ外出サセテ呉レト願出ヅ（本日ハ2度目）　右ニ関連シ種々話ス内去ル24日ノ夜ハ同寮ノ吉川サンガ勧メテ呉レタ茶ヲ飲ンダトコロ最初カラ色ガ変ダト思ツタケレドモ何気ナシニ飲ンダノデアルガ夜中腹痛ヲ起シ苦シンダ毒薬ヲ盛ラレタモウ駄目ダト観念シテ居タガ翌日ハ頭ガフラフラスル程度デ幸ヒ治ツタ　コレハ世話係ノ宮田サンガ吉川サンニ差図シテシタコトダト被害妄想ガ起ル様デアル
11.3.6	今朝荻窪迄ノ約束ニテ外出セシメタルトコロ昼ヲ過ギタ方ニ至ルモ帰園セズ夜8時頃漸ク帰園ス 川越ナル弟有山文太郎方迄行キタル由　行ッテ見レバ弟ハ昨年12月死亡シタリト

11.3.11	午后3時近ク荷拵ヲシテ包ヲ持チ無断ニテ外（ママ）カケル　清水寮母幸ヒソレヲ発見シテ連レ帰サントスルモ帰ラズ　遂ニ○○×丁目×番地近藤冬吉方マデ附添ヒ行ク　先方デモ迷惑ガラレタルニ依リ諦メテ帰ルカト思ヘバサニアラズ　自分ノ身ハ何トデモナルカラ浴風園ヲ退園スル爲ニ最初入園紹介ヲシテ貰ッタ区役所ヘ行ツテ引受ケテ貰フ　サスレバ寮母サンニ迷惑ハカカルマイナドト言ッテ承知セズ　荻窪ノ交番マデ来リ巡査ニ叱ラレテ漸ク帰ル気ニナル　自動車ニ乗セ5時半頃帰着　例ニ依ッテ宮田かつノ遣方ガ気ニ障リタルコト可成リ興奮シテ語ル依ッテ静養室ニ入レテ当分容子ヲ見ルコトニスル
11.3.14	松沢病院渡辺博士ノ来診ヲ求メタル所老耄性精神病ノ診断ニテ追跡妄想ノ被害妄想・幻覚アリ　警察署等ニ事実無根ノ訴ヲ為スノ俱アリト言フ
11.3.28	午后1時頃無断外出　前記近藤冬吉方ニ赴ク　帰園ヲ肯ゼザルニ依リ交番ニ依頼シテ荻窪署ニ保護シテ貰フ
11.3.29	荻窪署ニ電話ヲ以テ尚一日ダケ保護ヲ続ケル様願フ
11.3.30	杉並署ニ交渉シ送院ノ予定ヲ以テソレノ決定スル迄保護シテ貰フコトトナス　同時ニ送院方申請ノ手続ヲ了ス
11.4.2	杉並署ヨリ井之頭病院ニ送ラル
11.4.9	妹坂本つねニ送院ノ件通知ス
11.4.11	遺留品全部井之頭病院ヘ小使ヲシテ持タシム

（入園者身分概要）

続　柄	戸主之　喜代　母
性　別	女
氏　名 生年月日　年齢	山田　まさ 明治2年4月20日　当67歳
本　籍　地	鹿児島市○○町×××番地
入園前住所	東京市牛込区○○町××番地　竹尾宏　方
家族親族等ノ現況	妹つね及みえ　弟文太郎ハ現存セルモ扶養能力ナシ
経　　歴	埼玉県川越市ノ判事ノ長女ニ生レ19歳ノトキ○○○ノ巡査　飯坂豊ニ嫁シ27歳ノトキ夫ハ台湾民政局ニ勤務シ台湾ニテ生活ス　33歳ノトキ夫病死シ上京シテ小松宮邸ヘ住込奉公ヲナス　35歳ノトキ本所無職山田松一ニ再婚シ41歳ノトキ夫松一死亡セシカバ其ノ後ハ賃仕事ニテ生計ヲ立テ51歳ノ時静ハ日比谷ノ大神宮ヘ喜代ハ電話局ヘ通勤シ細細ナガラ平和ナ生活ヲナス 震災ノ被害ナシ 大正12年静ハ病死シ喜代ハ博文館ノ受附ニテ得ル収入ニテ生計ヲ立ツ　昭和8年蚕糸會館ノ勤人長岡二郎ノ内妻ニ喜代ヲナシ親子3人ニテ1家ヲ借リ生活セルモ　昭和9年喜代ハ二郎トノ不和カラ自殺シ其ノ後ハ二郎ト別レ家財ノ売喰ニテ辛ジテ生計ヲ立ツルモ全ク窮ス

宗　　教	日蓮宗
教　　育	小学卒業
健康状態	老衰
労務能力	若干アルベシ
個　　性	強情
性　　格	（記載なし）
習　　癖	（記載なし）
趣　　味	三味線
嗜　　好	ナシ

保護経過	
10.10.9	清風寮ヘ入ル
10.10.15	梓転入
10.10.25	奥田先生御来診　幻想アリテフラフラ出ヌ様要注意アルモ持続的デハナシ其ノ後モ本人ハ自分ノ不利ヲ招クツキ物（僧　印半纏ノ者）アリテ居室ノ人達ニ悪口ヲ告ゲマワル由　最近ハ気色トミニ良シ
11.1.25	池山タキ氏と問題を起す　意味のないのに云ひかゝりをつけ罵るのである　此頃独言を云つたり眠気を替へて急に勢出して働いたり　その内又平常になる
11.2.1	昨日近外出を願ひ出て遠外出をして今日は非常に神経尖り部屋の人に悪たれて皆を困らす
11.2.9	食器が取替つたと行って立腹し食事を取らないと困らせ　ややもすれば荒模様なり
11.2.16	妹にお金の無心を云ってやり返事にとても激しいとんでもない手紙を寄越して呉れるなと云ふ 文面　当人は間に立って邪魔する奴が居ると何物かに呪はれている様に云っておる
11.3.11	無断外出し○○町近藤冬吉氏の家に行と寮母あとを追ひ連れ戻すのに交番に迄世話になる 2月24日にお茶に毒をいれられ2度死んだと云ふことを云ひ出す
11.3.12	東室に居たが結果が余り良くないので西室に部室替してすっかり交渉を断つ　毎月16円づつ浴風園に入れて居ると口走る
11.3.14	松沢病院より来られ診察する　病名追跡妄想にて次第に悪化するとのお話　処遇方法はなる丈外出させぬこと服薬は絶対不可能
11.3.28	無断外出す　警察にて保護検束と云ふことになる
11.4.2	警察より井ノ頭脳病院に入れることになり　浴風園は今日の日附にて除籍ときまる

入園時ノ所持金品	所持金1円40銭也 所持品　位牌　2　　羽織　2　　袷　1　　綿入着物　1　　帯　1 　　　　襟巻　1　　座布団　1　　腰巻　4　　毛糸シャツ　1 　　　　風呂敷　2　　襦袢　2

No.1007　大井善吉　（男）

入園日	昭和2年10月4日
退園日	昭和12年8月11日　（退園）

（要救護者調書）

出　　生	安政元年8月12日　当74歳
出　生　地	（記載なし）
本　籍　地	東京市小石川区〇〇町×番地
震災当時ノ住所	本籍地ニ同ジ
現　住　所	本籍地ニ同ジ
戸主又ハ続柄	戸主
宗　　教	（記載なし）
家族ノ状況　並 扶養親族関係	実家ハ死ニ絶エ只甥土工浜村敬一（50歳位）アルモ不身持ナリシタメ出入ヲ禁ジタルニ依リ34年前ヨリ行方不明 孫2名預ケ先（長男亡松太郎ノ子供） 日本橋区〇〇町×丁目×番地豆腐屋原口方　　大井みつ（12歳） 深川区〇〇町×番地青山方　　　　　　　　大井義夫（7歳）
身心ノ状態不具 廃疾ノ程度　及 疾病ノ有無	老衰
震災当時ノ職業及 現在ノ作業　収入	常傭夫 無
教育程度 趣　　味 嗜　　好	（記載なし） （記載なし） （記載なし）
震災後ニ於ケル 生活ノ経路　並ニ 現況	震災ノ被害ナク引続キ小石川区〇町東京計器株式会社倉庫常傭夫ニテ生活セシガ大正13年10月7日就業中右肩ニ打撲傷ヲ負ヒ長男松太郎ハ鍛冶職ナルモ3ヶ月ニ亘リ骨膜炎ニテ病床ニアリシガ大正14年6月1日2人ノ子供ヲ残シ41歳ニテ死亡ス翌7月治療ノ結果負傷ハ全快シタルモ老齢ノ故ヲ以テ430円手当金ヲ恵与セラレテ解傭セラレシカバ（孫2人ハ他人ニ預中）同年10月頃迄月10日間位ヲ区衛生掃除夫ノ臨時ニ雇ハレ其後ハ神田区〇〇町野上人夫請負業者ノ手ヲ経テ日傭人夫トナリ1ヶ月6,7日就業シ来リシガ本年7月下旬ヨリハ老衰ノタメ全ク無職トナリ方面委員今田氏（小石川区〇〇町××今田正一郎）ノ同情ニテ生活ス

生立及経歴	出生地　愛知県三方郡○○町番地不詳 生立　農大井喜市ノ三男ニ生レ10歳ノ頃煎餅製造所ニ奉公セシガ1ヶ年計リニテ勤マラズ帰宅セントセシモ許サレザリシカバ姉ノ紹介ニヨリ静岡在ノ知人方ニテ農業ニ従事シ14歳ノ時帰宅シテ紙屑買トナリ16歳ニシテ上京ヲ志シ家出シタルモ途中ニテ路金ニ窮セシカバ帰宅シ金ヲ調ヘテ出発セシガ中途ニシテ盗難ニ遭ヒ　止ムナク帰宅シテ再ビ紙屑買トナリ貯金ニ努メ17歳ノ8月漸ク上京シ○○町千田味噌店ニ奉公セシモ3ヶ年ニテ暇ヲ取リ　本所区○○町×丁目薪炭商栃木屋ニ住込ミ奉公セシモ1ヶ年ニテ勤マラズ　神田区○○町ニテ人力車夫ニ転業時ニ21歳　30歳ニテ一時帰郷シ実家ノ家屋及屋敷ヲ抵当トシテ金30円ヲ借リテ上京妻帯シ7人ノ子女ヲ挙ゲシモ　長男ノ外6名ハ20歳前後ニテ死亡シ49歳ノ折妻ハ死別ス其後ハ業務ニツトメシガ老年ニテ激働ニ堪エザルニ至リ大正5年車夫ヲ廃業シテ小石川区原町東京計器株式会社ノ倉庫常備夫トナリ大正13年10月7日就業中負傷シ翌14年6月長男ハ骨膜炎ニテ死亡　越エテ7月負傷全快セシモ老齢ノタメ解備セラレケレバ衛生掃除夫ニ2,3ヶ月雇ハレシモ月僅カニ10日計リノ仕事ナレバ日傭人夫ニ転ゼシガ本年7月ヨリ身体何処トナク衰弱シ労働ニ従事スルヲ得ズ方面委員今田氏ノ同情ニテ生活ス 職業　右ニ同ジ
保護依頼者	（記載なし）
その他	（記載なし）
保護経過	
6.7.17	東京府小宮山氏ヨリノ通知ニヨレバ孫佐川義夫（先方デハ義勝トス）ハ5年7月16日東京市養育院巣鴨分院ヘ入院（準行路病者トシテ）セシガ6年3月安房分院ヘ送ラレシ由
8.1.24	孫義夫今朝唐突ニ来訪祖父ニ面会シ午后ハ奉公先ノ仕事アリトテ急ギ退去ス　本人談ニ依レバ昨年12月下谷区○○町番地不詳（但太田病院前）スリッパ商神戸新一郎方ニ奉公シ引続キ　今日ニ及ブ由ナリ
8.12.15	孫みつヨリ祖父宛書信アリ　ユクユクハ祖父及弟ヲ扶養スル意気込ニテ働キ居レバ安心サレタシト　住所ハ左記ノ通リ　横浜市中区○○　××　柿本かつ方
9.10.11	午後4時　孫前記佐川みつ来訪　引続キ右ニ身ヲ寄セ居ルトノコト　祖父ニハ若干ノ小遣銭ヲモ置キ立去レリ
10.7.30	孫みつ他一名見舞ニ来ル（本人ハ5,6日前某ト喧嘩　腰ヲ痛メ横臥食ヲ摂ラズ）同人ノ話ニテハ義夫モ時計屋ニテヨク働キ居ル由
10.10.5	孫義夫より来信元気ニテ働いて居り明年徴兵志願の由
10.10.20	孫義夫来訪　本人外出出来る程段々に健康回復したので喜び合ふ　駅迄見送り
10.12.1	予而備人住宅ノモノト口論ノ末シタタカ腰ヲ打チ引篭り居りしも鶏小屋手伝2人トナリタルタメ本日ヨリ手伝ニ出ルコトトナリシモカガム仕事は矢張腰ガ痛んでつとまらないですと申出る　口論のことはいまだに深く根に持ちクドクドと云ふ
10.12.9	2,3日前より絶食の処昨日ハ葛湯今日ハ鶏卵にて夕食を摂る
10.12.11	孫義夫みつ子来訪大に喜ぶ
10.12.11	奥田先生に診て頂きたるも口を箝して語らず診察出来ず
10.12.16	去ル12日絶食状態続き病弱も強度ナルニ依テ第1病室ニ入院セシガ昨今次第ニ元気ヅク

11.1.16	孫義夫来訪先般来祖父ニ付キ自分ノ入籍セラレタル佐川家ノ所在地ヲ聞キ取リ先方ヘ通信シタル処第1回ハ宛名不十分ノ為返送サレ第2回目ハ漸ク配達セラレタルモノノ如ク今回先方ヨリ返信アリ発信人ハ次ノ如ク 岡崎市○○町××番地　佐川まき 文意ハ「主人ニ死ナレテカラ8年ニナル　オ前ノ事ハ心配シテ居タガ居所不明ノ為無沙汰シテ居タ　2,3月ノ暖イ時期ニナレバ来ルガヨイ　駅（○○駅）迄迎ヘニ行ッテヤロウ　姉ノ写真ヲ送ッテ呉レ」ト言フニアリ 本人ハ「行ッテ見タイ」気持多分ナレドモ尚先方ノ様子ヤ意向ヲ確カメテ見タ上ニシタ方ガヨイ　当方デ調査其ノ他ノ方法ヲ講ジテヤルカラ其後ニスル様申シ聞カス 尚姉原口みつ子ハ目下左記ニ居ル由　横浜市中区○○町××　柿本方 本人寄宿先　豊島区○○一××　大山方
11.3.30	孫義夫愈4月1日ニハ○○ナル佐川家ヲ訪ネテ出発スル様申シ居ルトノコトトテ長谷場書記前記大山方ニ赴キ情況ヲ聴取ス大山方ハモト○○ニテ大井ト筋向ヒニ居住シ幼少ノ頃カラ義夫達ヲ知レリ　コノ度同家ヘ間借リスル様ニナッタノハ昨年1月カラニテ現在勤メ居ル工場ヘモソノ月カラデアル　大山方ヘ寄寓以来ハ見違ヘル程真面目ナシッカリシタ人間ニナッタ由
11.4.1	孫義夫今夕出立トノ事ニテ来訪　祖父ヨリ汽車賃トシテ9円与ヘ尚事務所ヨリ課長名ニ依ル方面委員宛ノ依頼状ヲ携帯セシム
11.4.6	孫義夫ヨリ昨5日帰京セル旨通信アリ
4.14	患者小山元二郎ニ金2銭借シタトテ多勢ノ前デ大声ヲ張リ上ゲ1日中言ヒ歩イテイル　看護婦ガ払ッテモ尚止マラズ□ニ恥ヲカカセテヤルトテ繰返シテ困ル由
11.5.3	孫みつハ祖父ニ面会ヲ兼ネテ廃業ニ付キテ相談ノタメ来訪尚4月30日ヨリ豊島区○○町×ノ××番地上原みずゑ方ニ当分居ル由
11.5.5	みつハ昨年8月前借3百円ニテ横浜市中区○○町×柿本方ニ住込ミ居レ共同家ハ俗ニ言フ「チャブヤ」ノタメ当人ハ4日間ノ暇ヲ貰ヒテ去ル1日上京シ知人ナル前記上原方ニ寄寓シテ廃業ノ相談ニ来園シ本日ハガキヲ以テ依頼セシニ付取扱ヘズ救世軍本営内同人事相談部主任中川茂氏ニ電話ニテ廃業ニ付キテ万事ヲ依頼セシ処快諾サレテ至急本人ヲ寄ス様ニトノ事ニヨリ本人ヘ来園セヨト打電セリ　午後2時みつ来園セシニ付前記中川主任ヘ電話ニテ依頼シテ本人ヲ差向ケタリ
11.5.7	午後4時救世軍本営人事相談部主任中川氏ヨリ電話ニテみつガ一昨日ハ遂ニ見エズ昨日来ラレタカラ暫時婦人ホームニ収容シテ前借ノ解決ヲツケルカラト言ヒ聞カセタ処本人ハ世話ニナッタ人ニ挨拶ヲシテ来ルカラトテ出タママ未ダニ来ナイカラ本園ヘタヨリノアリシ次第ニ本営ヘ来ル様伝達シテ呉レトノコトダッタノデ早速ハガキニテ本人ヘ注意シテ置イタ
5.15	第一病室ニ入院シ入院中ノトコロ軽快トナリ以前ノ西館下ニ入ル
5.16	早朝ヨリ嘗テ大場電気手トノ間ノ事ニツキ大声ニ皆ヘ触レ話ヲナシ居リ　寮母ヨリタシナメラル
5.17	孫佐川義夫来訪
6.6	傭人住宅ノ庭廻リ掃除ヲ頼マレタレバ仕度ト寮母迄申出タレドモ以前大場氏トノ事ニツキ今以ッテ胸収マラザル状態ナルコト及ビ未ダ健康モ恢復シキラザルコトトテソノ申出ヲ聴カス

11.6.20	佐川義夫ノ入院ニ関シ課長ハ電話ニテ東京府衛生課長　府社会事業協会　西巣鴨方面事務所等ヘ速時入院出来得ル様依頼サレタガ何分土曜日ノコトトテ手続ガ運バナイノデ止ムヲ得ズ22日（月曜日）ニ延スコトトナリ取敢ヘズ梅田書記ハ命ニ依リ大山方ヲ訪問シテ本人ヲ慰ムル一方大山及ビ原口みつニ充分ノ看病ヲ依頼シ受持方面委員岩井正三郎方ヲ訪ヒテ詳細ニ事情ヲ述ベ方面カードヲ作製シタガ折悪シク22日ハ同方面事務所ニテハ全委員ガ午前9時社会事業施設視察ニ出発ノ筈トノ由ニ付　みつニ8時迄ニ方面事務所ヘカードヲ持参シテ佐川ノ寄留届ダケニテモ済シ置ク様申置キ当日入院ニ付キテ事務所ト電話ニテ打合ヲナス予定　帰途主治医浅田医院ニ立寄ッタガ医師ハ往診ニテ不在ノタメ薬局妻君ヘ佐川ハ多分4,5日後ニハ入院サセル心算ダカラ其迄特ニ時々往診セラレタキ様ニト懇願シテ置イタ
6.25	孫義夫ハ本日左記病院ヘ入院ス　麹町区○○町坂上病院
27	先日来足ニムクミガ来テ臥床セシガ次第ニ軽快トナリタルニモ拘ハラズ嘗テノ大場氏ニ対スル憾ヲ切々口走リ食事ヲ摂ラズ寮母難儀ス　長谷場書記ソレトナク慰メ力ヅケ諭シタルモソノ甲斐アリヤナシヤ
11.7.3	孫佐川義夫ノ見舞ノタメニ梅田書記ハ坂上病院ヲ訪問シタ　3階ノ病室デ6人ノ患者ガ居タ　義夫ハ大山方デ会ッタ時トハマルデ別人ノ様ニ元気デベットニ腰カケテイテ入院シテカラハ血咳ハ出ズ食欲モ旺盛ニナリ階下迄往復シテモ少シモ疲労シナイト言イ喜ンデ居タ　姉みつハ入院ノ時約1時間計リ居ッタノミデ其後何処ニ居ルヤラ音沙汰モナク寝巻ト単衣ト手拭ヲ持ッテ来テ欲シイト言ッテ居ッタカラ姉ノ住所ヲ探シテ品物ヲ届ケサセルシ又其住所ヲ葉書デ知ラセルコトニシテ元気ヲ付テ別レ主治医ノ奥住礼二医学士ニ面会シテ目下ノ病状ヤ全快期日ノ予定等ヲオ尋ネシタ処　体温37度脈拍90デ此頃ノ様ナ気候不順ニモ不拘著シイ恢復ヲ続ケテ居ルノハ実ニ稀デアッテ此分デハ2ヶ月デモ退院ハ出来ルガ徹底的ニ治療スルニハ3ヶ月4ヶ月入院スル必要ガアロートノコト
11.7.4	孫みつニハ義夫ヘ至急寝巻単衣　手拭ヲ届ケル様又義夫ニハ姉ノ住所ナル豊島区○○ノ上原方ヲ明細ニ書イテ通知シタ
11.7.8	午前8時大場五郎ヘオ八ツノ空袋ヘ小砂ヲ入レテ持チ来リ突然顔ヘ叩打ケタトノコトデ懇々当人ヲ説諭シテ置イタガ以前ノコトヲ殆ンド諦メタ様ダッタ
11.7.9	（春日寮）一時落付イタカニ見エタガ大場氏ヲ見ルト危害ヲ加ハヘントアセルノデ両足ハ水腫　横腹ニハ痛ミガアルト言ノデ昼飯前春日寮ヘ入院サセタ
11.7.15	坂上病院入院中ノ孫佐川義夫ヲ見舞ノタメ梅田書記ハ出張シタガ当人ハ大変元気デ姉みつ面会ニ来テ呉レト4回電話ヲカケテ漸ク昨日寝巻等ヲ持ッテ来テ呉レタ　姉ノ話デハ大山方ト義夫ノ間代ノコトカラ喧嘩シテ全々寄リ付カズ○○ノ村田アパートニ居住シテ○○ノカフェー東洋軒コト上原みずゑ方ニ通勤シテ居ルガ殆ド小遣位ニシカナラナイカラ身受ヲシテ呉レタ横浜生糸商人ト相談シテ近クダンサーニナルトノコト　義夫ガ退院後ノ静養ニ付イテ養母ノ岡崎市○○町××番地佐川まき方ヘ行ッテハ如何カト聞イタ処　義夫ガまき（当58歳）ハ賃仕事ト靴下内職ヲナシ　同市内ニ芸者ヲシテ居ル長女テイ（当19歳）カラ月15円　付近ノ料理店ヘ住込女中ノ次女りん（当17歳）ガ月5円宛ノ仕送リヲ受ケテ末子まつ（8歳ニテ小学生）ト二人ガ普通生活シテ居リ甚ダ親切ダカラ是非岡崎ヘ行キ充分静養シタイトノコトニ付みつト談合シテ決定スル様ニ言ヒ置キテ奥住主治医ニ面会シテ其後ノ経過ヲ尋ネタガ非常ニ良好ダケレ共前日申シタ通リ3,4ヶ月療養スレバ完全ニ恢復スルトノコト
11.7.27	此頃非常ニ大人シクナリ朝夕廻リノ草取リナドシテ楽シム（春日寮日誌ヨリ）

8.3	暫ク機嫌ヨクシテ居ル様デアッタガ永続キセズ体ノ調子ガ悪クナルト同時ニ例ノ大場電気手ニ対シ復讐的ナ行動ヲ取ラントシ夜昼何レヲ問ハズ出カケントス　看護婦モ大弱リデアル　今朝モ出カケシガ折悪シク木場氏ト本館前デ出会ヒ将ニツカミ合ヒトナルトコロヲ皆シテ引止ム　午後事務ニ呼ビ課長ヨリ縷々話サレタル結果「ヨク分リマシタ　コレ以上自分ガ何トカ彼トカ言フコトハ自分ガ悪者ニナルコトダカラ以後気ヲツケマス」ト殊勝ニシテ居タガ果シテ永続キスルカドウカ
8.4	果セル哉昨夜モ「ヤッツケテヤル」ノダトテ出カケントシ看護婦ヲ困ラセル
8.11	大場電気手ニ対スル怨恨ノ興奮尚熄マズ今後トモ本園ニ置イテハ改善ノ見込立タザルニ依リ分園長ト相談ノ上同分園ニ収容替ノコトトナリ　本日看護長並長谷場書記ニ送ラレ分園ニ引取ラレタリ
11.8.18	分園ヘ行ッテカラハ大場電気手ノコトハ何モ言ハナクナッタガ其ノ変リ孫ニ是非会イタイトカ皆様ニ大変御迷惑ヲカケテ済マナイトテ悲観スルノデ警戒シテ居ルトノコトナノデ入院中ノ義夫ハ止ムヲ得ナイガみつヲ面会サセルタメ梅田書記ハ其ノ居所捜索ニ以前ノ寄寓先ダッタ豊島区○○×丁目××番地カフェー東洋軒コト上原みずえ方ヲ訪問シタ　上原ノ話ニ依ルトみつハ何時デモ 2,3 円ノ金ガ出来レバ何処トモナク遊ビ廻リ一昨夜 10 時迄泥酔シテ来テ是レカラ横浜ノ宿屋ヘ宿ッテ予キ馴染ノ生糸商ヲ呼出シテ金ヲ巻キ上ゲテ来ルカラ 4,5 日ハ帰ラナイト言ッテ寝衣迄持ッテ出掛ケタノデ居所ハ不明ダガ外ニ行ク処ガナイカラ近々日中ニ必ズ此処ヘ帰ッテ来ルトノコトナノデ祖父ニ是非面会サセネバナラヌ事情ヲ簡単ニ述ベテ帰リ次第本人ニモ話シ当園ヘモ通知スル様依頼シテ置イタ
11.8.22	大井カラ端書デ義夫ノ住所ヲ尋ネテ来タノデ折返シ病院ノ住所ヲ書イテ返事シタ
11.8.26	荒川区○○町×丁目××番地奥山清一郎方原口みつトシテ手紙ガ来テ 23 日ニ義夫ガ退院シテ一所ニ居ルノデ困ッテ居ルカラ祖父ノ金ヲ借リテ送ッテ呉レト書イテアルノデ梅田書記ハ早速同所ヲ訪ネタガ義夫ハ 23 日ニ期限ガ来タカラ単独退院シ村田アパートニみつガ居ルモノト思ッテ来タガ同番地ノ奥山方ニ間借（2 階 8 畳ヲ月 12 円）シテ居ルト聞イテ来テ静養シテ居ルガ肺ハ大変ニ良イガ心臓ガ衰弱シテ居ルノデ動悸ガスルトノコトダカラみつニ御礼ヲ兼ネテ其後ノ報告ノタメ来園スル様又義夫ハ東京府ノ病院ヘ近々中ニ入院スルコトニナルダローカラ其節挨拶ノタメ来園スル様ニ話シテ置イタ
11.8.27	分園ノ沢野書記来園大井善吉ノ保管金全額 26 円ヲ受取ッテ帰ラレタ
9.	義夫ノ寄寓先ナリシ大山由松ハ目下左記ニ転住ノ模様ナリ　小石川区○○ノ×
11.10.29	原口みつ宛ニ佐川義夫其後ノ様子ヲ照会ノハガキヲヨ出シタ
12.8.10	分園長ヨリ大井善吉ハ去ル 7 日ヨリ肺炎ニテ危篤トノコトヲ電話ニテ申来リシニ付前記上原楠江宛ニ孫原口みつヘ通知方ノ依頼ヲ発ス（転居先不明ニテ返戻セラル）午後零時過死去

```
＜保護経過別綴り＞
大井善吉　西下
```

10.5.15　朝食前に竹田由松氏と医局前で掃除の事で云ひ合ひ　喧嘩をする　単純の様で中々執念深く幾度も幾度も　一つの事をくりかえしくりかえしして　自分を反省することの出来ない彼の興奮性　事件の場合是非もなく味方としての同情に安心させるより外ない

10.7.30　7月中旬頃寮母　帰宅の折留守中喧嘩の為め腰を打たれ　以後就床中の本人　自ら精神的に弱らせていた彼も孫みつちゃんや知人の大山氏の訪問に幾分元気も出たらしく　のどへとほらなかった食事もヒルは御粥少量と　ウドン少量　ヨルはまた粥少々とクズ湯少々を食する　腰の痛みで自由はきかな　いが昨日まで死ぬと思ったがこれではまだいきられる様だと希望を語る　精神病的な取扱をせねばならない老人

10.8.4　食事をやしなってやれば食べる大井氏　中々自らたべ様とは出て来ない様だが昨日までほったらキット復讐をしてやるとうらみごとを云ふていた彼も今日はもうケンカをしないどう　しても負けてしまふし勝ったとて何もならないからと幾分わかったらしいことを云ふ

10.10.1　以後　まだ完全でなかった本人　今朝よりまた腰がたたなくなったので便器を使用する　迷惑をかけるし入院させてくれと申し出る

10.10.2　夜　ようたしをするとてシチームに顔をぶちあて少々瞼に傷をつける　また気が弱って病的らしい　2,3の不平を云ふ

10.10.10　元気になっておき出し　自ら蒲団の日光消毒をやっていた

10.10.23　もう亡くなると思って自ら保管しておいた10円　亡くなったら世話係に50銭　他の人に20銭づつあげ様と思っていたのだがこの分では今年大丈夫だと思いますので当分いりませんからと保管願を申し出る

10.11.26　みんな臥床して静かになったが　くやしくて眠れないですと起き出して同じことをくりかえし寮母に訴へる　しばし相手をなし　落ち付かせて　ねかせる

10.12.1　本日鳥小屋に出てみたがカガム仕事はやっぱり腰が痛んでつとまらないですと申出で中止　外掃除様の仕事のある様に

10.12.6　腰が痛むのでおきられず就床便器使用

10.12.11　孫　義夫とみつちゃん見舞に来る

10.12.12　1 病入院

11.1.2　佐川義夫面会ニ来ル

11.3.9　身体ノ具合良好トナルモ以前ノ打撲セシメタト云フ事ヲ少シモ忘レズ思ヒ出シタ様ニ1日幾度モ彼奴ヲ　何トカシナケレバト口走リ居ル

11.5.9　病気殆ド治癒シタルト見エ少シモ室内ニ静ニナサズ絶エズ庭ニ出テ草取ヲナス　御診察ノ結果退院ノ予定

11.5.15　午後1時西下館ニ軽快退院ス

11.5.17　弟孫佐川義夫さん来訪（豊島区○○×丁目××　横須賀竹松氏方）

11.7.9	退院後健康的にはよく　病室前の庭掃除等を心よく致し居りしが次第に足にムリの生じ来りこれと共に身体の自由の以前に比して余り思わしくなくなるにつれ萬てその起因を例の因縁的悔恨事と結びつけ一時は「死んで復讐を」と食をも断つ有様なりしが昨今は又何とかしてと言ふ一念の下に寮母の目から離るゝ折を見出しては外に出て　おだやかならざる態度に出でんとて斯寮にての処置上非常なる困難を感ずる事なれば保護課に申し出て春日寮に入院と決定　直ちに転出いたす

大井善吉氏病症日記　病室主任　大井慶恵手記　（注：原記録に年の記載なし）

8.11	11時過ぎ長谷場書記及び西川看護長殿の付添にて入園と同時に病室に入院す　入院後直ニ先生の御来診あり一通りの御検診下さる　体温（36.6）脈拍（60）病者は病室の第一印象非常に良好なりし如く先生と良く話し最初にしては大いに打解けたる有様に見受く　併しベットへ仰臥約1時間位の間大場氏の件5,6回口にす　氏は稍眼光鋭どく憎しみを満面に表徴す　其の度毎に何かと慰む　かくする内安心せし為か　長距離自動車の動揺疲労の為恐らく第一印象良好なりし為か安神（ママ）したるものと思ふ　夕食時をも欠きて深い眠りに陥る
8.12	晴　明方5時頃覚醒シ排尿セリ　其の後又も熟睡　午前9時20分覚醒す　先生の御廻診あり　先生は老人の年齢を聞かれると直にその性格を察知されたので氏の場合も氏の性格に就きて申さる 　1．律儀でまめまめと身体を働かすことをいとはぬ性質だが融通のきかぬ 　2．もの硬き性質なるも功利的（ケチで）ある 　3．どちらかと云へば内気にて快活たる気分になれずものを一徹に思いつめる性質である 故に 　1．ささいな事に対してもきちんちんとしてやる事 　2．如何なるささいな事と雖も約束の如く実行し良くのみこめる話をしてやる事 　3．余り空想的な慰めは却って悪い　すべて何事も事実に即して面倒見ること等 　　ときどき氏の性格に就いてお話有り 例えば本園と分園を比較したり本園を連想させる如き事を本人に話す可からずと固く禁じられたなり　其れは連想感念を刺激し患者を亢奮せしめてはならぬ意味なり　故に先生　主任の他は一際会話を禁じられたり　先生は食事を摂らんとする為の暗示として良く食事を摂るやうに話され自から重曹水を以て患者の口を潤してやられたり 併し若し食事を摂らぬ時は注射してやろうと仰せられしに午後よりは氏大場氏の事余り口にせず孫の顔を見たいみたいと云ひだしベットより幾度と無く下り様とする　昼食を与えしに始めは仲々食べないと云い張るも種々雑談をしつつ口内に入れしに遂に粥1椀副食物1皿難なく平らげたり　午後2時過ぎ横浜市長夫人より頂きし菓子を子供の如く面倒を見つつ一口入れては番茶を入れ繰返し与ふるに美味そうに頂く　細心の注意を以て成可く話題を色々と転換する様に努力す　昼間は時々覚醒するも其の間は安かに眠り夕食をも摂取せず
8.13	晴　宵覚醒時（アダリン）頓服を与えしに翌朝4時半頃空腹を訴しに（テルニ）栄養食を与へり　氏は非常に喜びて美味しそうに頂く　以後又熟睡朝食を欠く　午前8時半頃突然大場氏を殺さねば気がすまないと起き上がる　その度毎に苦心色々と話題を転換しつつ菓子と番茶を与へ「私を孫だと思ひどんな事でも遠慮なく相談して下さい　決しておじいさんは心配するに及ばない早く丈夫になって下さい」と云ひて頼む　氏は孫だと思ってと云ひし言葉を非常に心うたる所ありてか2度ばかりにこりと笑へり以後安心せしか心良く熟睡せり 午前11時頃又もベットへ起き上り大場氏を口にす　その都度前例の処置を取る　昼食五目飯一椀と番茶を頂く　午後よりは薬料を支払へないから長く御世話になって居れない　と起き上る事数回その度毎に安心を与ふ　午後6時頃1回大場氏の事口にす　計昨日は3回なり　夜分は不思議な位良く熟睡今朝に至る

8.14　晴　午前10時頃迄眠気去らぬ様子なり　本日は園庭から黄色のカンナの花を枕元に飾りて置く　氏は覚醒時目前のカンナの花に集中す　あさ「カンナの花か」と聊か和かな表情をなす少しは慰められるしと思へり　先生の御来診あり　氏は有難う御座居ますと御礼を云ふ　10時半頃息子に御飯を食べさせねばいけないと盛んに云ふ　自己の空腹を訴へしかと思ひ麦飯を1椀与へるに美味しい美味しいの連発にて頂く　今日は昨日よりは稍元気になれり　午前11時全身清拭を施行す　暇さえあれば扇ぎて暑さの緩和を図りてやる　氏は突然に両手を合わせて拝むこんなに御世話になって何で御恩を返せば良いかと非常に感謝の念厚し　夕刻は東京へ帰ると幾度となく起き上る　余りに速縛するは害ありしかと思ひ扶助して15,6歩漸く歩行す　大場氏の事口にするも3,4回にて昨日よりは執厚ならず氏の為に蓄音器をかけ先に幾らか聞き入れし様にも見受けられたり　午後7時頃より漸くおちつき熟睡夜中も安眠　本日3回の食事を摂取す

8.15　晴　朝食熟睡せる為欠く　午前8時半頃先生の御回診あり　その際起き上りてどーしても大場氏を殺さねば死にきれないと口にする事2回かなり威張る　先生話を受け入れず自から両手を引き丁度子供を歩ませる如くサンルーム迄連れて行かれ椅子に腰かけさせられ庭を見せ庭がきたない故早く直ってもっときれいに草取りをして下さい申されたり　その情景はさながら愛児をいとせし様に見受けられ申すに言葉なく溢き感性湧出でたり　暫時は庭を見入る　氏は東京より美しい自然の美しい青空を眺むに稍気分も軟きたり　サンルームに居る事暫くにてベットに帰りて寝床す　幾分疲労せしか知らず知らず眠りに陥る　その後午前中は余り起き上らず昼食貝汁の御馳走にて御美味しい御美味しい連発どうしてこんなにうまいかと不思議がる粥1椀汁1椀を取る
　　　　午後5時頃は稍おちつきしも以後5分10分毎に立ち上り東京へ行くとか余り皆様に御世話になるから気毒とばかり目離す事出来ぬ程起き上るその都度何かと口実を以て慰め椅子腰かけさせたり　歩ませたりする　一時は納得するも　思ひつめる事一徹なり　最後はドロップにて嘗めやうやく幾らかおちつけりその後疲労と安心の為か安眠　日増に体力出ずる様子見受からる

8.16　晴後雨　今朝は一寸もおちつかず東京横浜へ行かなければならないと孫を案じる子を思ふ親心は誠にうるはしい真けん味がある　先生御来診時（午前7時頃）東京に居る孫が心配でどうしても行かなければなら無いと起き上る　先生万事を引受けるからと安心を与へるに稍冷静の態度となり暫時の内熟睡す　その後間も無く覚醒す「生きて居れば孫をかもわずには居れない　死んで仕舞たいと手当り次第帯紐を以て自殺（首つり）を図る様子なり　窓の桟を取り掴むと味方があればよい　皆な心配ない人ばかりだ　俺ほど心配のあるものはない　突然起き上り「御父さん今行くよ」としきりに騒々しく云ふ　亡父を幻に思ふらしい　第2の原因は余りに親切にして頂いて申訳けないと盛んに気毒に思ふ心なり　厭世的な気分となり自殺（首つり）の挙動を数回行ふ　周囲の紐類は一際取上げしに病の窓の廻転紐を応用しやうとする　寸時も目離す事出来ず種々に宥めせしも一時に思いつめてやまず
　　　　夜分は疲労せしか頓服（アダリン）与ふるに昼間の挙動が何処やらと思ふばかり深き眠りにて今朝に至る

8.17　曇後雨　本日は昨日の事全部忘却せしか少しも厭世的態度なし　至って冷静にして眠り勝ちなり　先生の種々の慰めの言葉ありて聊か安心せし様子に見受く　便秘せる為下剤頓服を与るに2回排便あり　排便時には両手をつなぎ子供の如く歩ませ面倒を見る又東京横浜へ行き度いと云へば両手を支へつつ子供をあやす如くサンルーム廊下へと連れしに氏はニコニコと笑いながら非常に喜ぶ　本日は一度も大場氏の事口にせず　食事も3度摂り美味しい美味しいと云ひて頂く　時々御菓子と番茶にて雑談憂き事を忘れらしむ　本日は可成り疲労せしか夕刻早く眠りに就き今朝迄熟睡せり

8.18		晴 本日も相変わらず東京横浜に行きたいと幾度と無く歩き廻る その都度色々の口実を以て宥めては寝床せしむ 午後稍明るき気分となれり 宵は安眠せしも明方又も幻覚の症状を呈する事3回に渡り自殺（首つり）せんと図る為寸時も目離す事出来ず今朝7時頃迄興奮状態なり 食事は朝麦飯1椀汁1椀を頂く 夕刻稍冷静となり夜分は安眠す 東京市杉並区高井戸浴風園内の春日寮柏美穂子様より見舞状の封書ありしもその旨先生に上申せしに未だ未だ早きとの事見せずに置く
8.19		晴 午前9時過ぎ横浜の孫の所に行くとて室外出が その節信仰の宗旨を良く聞き信仰心をいだかせる様にとの御下命ありて直に尋ねしに禅宗なりと訴ふ 当方は大変にあらたかなる観音様ですから是非参拝致しませうと誘ひに氏は拝みたる後神様は私に顔を横向きになさると云ふ 誠に浅き考へにて自己を卑下する為かとも想像する 次に橘寮旭寮を見せしに 氏は綺麗で良い所だと褒め讃へる かなり疲労せし為帰室せり 寝床する事暫時又と同様なる態度にてサンルーム連れ行き新聞を読みて聞かしたり婦人雑誌の写真を見ては喜び居る 夕刻は園庭内を約1時間位散歩せしむ 余程疲れてか夜分は熟睡す 入院以来の明るき一日を過せし様に見受けられ喜色満面の態度を時々表せり 今朝に至るまで何等変化無く熟睡す
8.20		晴 正気に帰りしかの様に気分爽かの様子と見受けられ午前9時半頃先生見舞はせられ氏のベットに腰を下ろしになり対談 氏は敬意を表しにこやかなる態度なり 先生と同郷なる故非常に打解ける 約2.30分間雑談を共に御番茶を召し上がれり 午後気分転換の為2回散歩其際は植木の話等を勇みて聞かす 夜分は疲労せしか熟睡 本日氏の行李を調べるに孫の写真出で氏は非常に喜びて細々と孫の話を聞かす 1日も早く義夫の住所を知りたいとて子供の如くせがむので梅田氏（東京浴風園に居られる方）に聞き合わす為葉書を出す
8.21		晴 頗る朗かになり顔貌も和かになる感あふる 大場氏の件1日2,3回口走るも直に話題を換へする ほんの一瞬にして執厚ならず横浜東京へ行きたいと一寸のすきをねらって室外に出す 目離す事出来ず日増に体力も出で歩行困難ながらも気は強し行きたい一心なり その度に庭へ出でては気をまぎらす 本日入浴施行気分爽かとなりてか昼夜の差別無く安眠す 日増に食欲増進美味しい美味しいと云ひて頂く 又感謝の念厚くいちいち礼を述べる
8.22		曇後雨 本日天候の為か稍いらただしき気分にて大場氏の事3回口にす 可成り強硬に威張る その都度種々気分転換の為庭内を散策せしむ 以後心神共に疲労せしか夜分も覚醒せず熟睡す 氏の為には飽く迄で誠実と慈悲忍耐を以て接し氏の執念深き潜在意識の忘却をひたすら念じてやまない
8.23		曇時々雨 今朝9時頃例の件口ばしるも以後平常に復し同僚と雑談頗る明朗なり 夕刻散歩す 日増に元気なれり 散策後は安かに熟睡せり 幾度と無く皆々様の御親切持待ない持待ないと感謝す
8.24		晴 本日氏は覚醒 故父上の夢を見 父曰く「今日は歩くと転んで死ぬから外へ出てはいけない」と云はれたと云ひ1日中静かに寝床す 平時と変る事なく至極くおとなしいお爺さんなり 幾分なりとも努力の効有りしかと思へば誠に嬉しき事と思ふ 先生御来診時は普通老人と変りなく起き上り立派なる態度にてにこやかな礼を述べる （御陰様大へんに良くなりました）

原口みつ子の手紙

拝啓
しばらく御無沙汰いたしました　御爺さんと御別れ致してから何年になりませう　其ののち貴男様はお変わり有りませんか　妾しも影ながら案じて居りました　此の頃になって貴男様の御出になる所がわかりました
早くわ可りますれば御手紙でも出しましたのに　どうぞ悪し可らず

妾し日本橋の家からよし町の芸妓にうられてしまいました　本当に死んだ父母に会いと思いますわ　でも此れが妾し達姉弟の運命なのかもしれませんわ　今でわ家を出て淋しく一人で働いて居ります　御爺さん弟の事わ心配なさらないで下さいませ　きっと立派な職人に仕立上ます　御爺さん此の手紙を書ている妾今胸がいっぱいになってます　今わ芸妓して居りません
　妾の（しゃしん）を近々に送くります　又ひまを見て会に参ります　時節から御身御大切になさいませ　でわ皆様によろしく　さようなら

御爺上様へ
　　　　　　　　　　　　　　　一人淋しき　みつ子
　今楽しみにたよるのわ御爺上様だけです

（入園者身分概要）

続　柄	戸主
性　別	男
氏　名 生年月日　年齢	大井善吉 安政元年8月12日　当74歳
本　籍　地	東京市小石川区〇〇町×番地
入園前住所	同右
家族親族等ノ現況	佐川義夫　（弟孫）豊島区〇〇×丁目××　横須賀竹松方 仝　多美子（姉孫）横浜市中区〇町×　　　柿本かつ方
経　歴	愛知県三方郡〇〇町農大井喜市ノ3男ニ生レ 10歳ノ頃煎餅製造所ニ奉公セルモ1ヶ年余リニテ帰宅シ姉ノ世話ニテ静岡在ノ知人方ニ農業ニ従事セルモ14歳ノ時帰宅シ 16歳ノ時上京ヲ志シ家出シタルモ途中ニテ路金ニ窮シタルヲ以テ止ムナク帰宅シ再度出発シタルモ中途ニテ盗難ニ遭ヒ止ムナク帰宅シ貯金ニ努メ17歳ノ8月漸ク上京シ〇〇町ニ奉公シ3ヶ年ニテ暇ヲトリ21歳ノトキ人力車夫ニナリ30歳ニテ一時帰郷シ実家ノ家屋ヲ抵当トシテ金ヲ得テ妻帯上京シ7人ノ子女ヲ挙ゲシモ長男ノ外6名ハ夭折シ49歳ノ折妻死ス　其後ハ業務ニ努メシモ老年ノタメ大正5年車夫ヲ廃業シテ東京計器会社ノ倉庫常備夫トナリ就業中大正13年負傷シ翌年長男モ死亡シ　且当人ノ負傷ハ癒エタルモ解雇セラレタルヲ以テ日雇人夫ニ転ジタルモ身体何処トナク衰弱シ労務ニ堪エザルヲ以テ方面委員ノ救護ニヨリテ暮ラス
宗　教	禅宗
教　育	（記載なし）
健康状態	（記載なし）
労務能力	（記載なし）
個　性	（記載なし）
性　格	（記載なし）
習　癖	（記載なし）
趣　味	（記載なし）
嗜　好	（記載なし）

保護経過	（記載なし）
入園時ノ所持金品	（記載なし）

昭和5年5月8日
大井善吉殿
　　　　　　東京市幼少年保護所
　　　　　　　　東京市外池袋469番地　　電話内線88番

先般電話デ事務ノ御方ニ迄御言告ヲ願テ置マシタガ御令孫佐川義夫殿処置上ニツキ青山直治殿モ非常ニ尽力シマシタガ段々性行ガ悪クナリマスノデ将来ノ見込ガ無トテ云フテ送還サレマシタノデ目下収容保護シテ居リマスガ尚ホ本人ノタメ長期ノ訓練ヲ必要ト思ヒマスカラ東京府移牒感化院ニ入院セシメルヲ適当ト思ヒマスカラ御異存ナクバ別紙様式ノ願書ヲ当所宛大至急御送付下サイ

第Ⅱ部 「個人記録」110人の記録

大井善吉身分調査　　昭和7年3月31日　　長谷場

本人ハモト○○町居住当時　○○○○町所在東京計器株式会社ニ常傭夫タリシガ就業中負傷セシ為相当ノ退職手当ヲ受ケテ解雇サレソノ手当金ヲ以テ近隣ノ者ヲ相手ニ小口ノ高利貸ヲナシ孫大井みつ同義夫ノ2人ヲ養育ス　然ルニ相手方ガ同様貧困ナル者ノミナルヨリ次第ニ貸金ノ回収困難トナリ生活ニ窮スルニ及ンデ＊近所ノ者ヨリ今田方面委員ニ対シ保護方ヲ願出ヅソノ結果本人ハ孫義夫ヲ連レテ行路病者トシテ東京市養育院ニ入院シ孫みつハ右委員宅ニ残レリ　而シテソノ間ノ事件ガ当時都・時事・日々ノ3新聞ニ報道サレ同情者ヨリ子供達ヲ貰ヒ受ケタシトノ申出ガ 2.3 ニシテ止マラザリキ兎角本人ハ養育院在院中孫義夫ヲ赤坂アタリニ居住スル某ニ遣ワセシガソレハ某ガ船乗リト自称シ故ニユクユクハ義夫ヲ船長位ニハ仕立テテヤルトノ申立ニ偽レタルモノノ如クソノ後近所ノ者ガ赤坂ニ某ヲ訪ネタルトキソノ住居ハ極メテ見スボラシク某ハ人夫風ノ者ナルシ由
＊当時本人ハ猫入ラズ自殺ヲ図ル

幾何モナク本人ハ養育院ヲ退院シテ前住所ニ帰リシガモトヨリ生活不可能ナル状態ナレバ前記今田方面委員ハ本人諒解ノモトニ孫みつヲ既知豆腐商原口（相当生活ノ者ナリ）ニ委託セリ　一方義夫ハ赤坂ノ某ニ扶養能力ナキモノト認メラレタルヲ以テ取戻シ前ニ新聞ニ依ッテ申出アリタル○○町某洋服屋ニ養子分トシテ遣ワスコトトナシタシ　然ルニ同人ハ手癖悪シク○○小学校ニテ時々他人ノ学用品等ヲ詐取シ果テハ教師ノ手許ニアリシ授業料マデヲモ窃盗シソレヲ地下ニ埋メ置キテ些少宛取出シ使用スル如キ有様ナリシ為委託先ノ某ヨリ方面委員ニ引取リヲ懇請シ来レリ　＊止ムナク同所ヨリ引取リ方面事務所ニ事件ヲ託シタルガソノ結果東京市幼少年保護所ニ入ルコトトナル　ソノ後同人ハ○○ナル青山某方ニ保護所ヨリ家庭委託トナリシガ同所ニ於テモ性行改ラズ再ビ保護所ニ送還サレタリ
一方みつニ対シテハ本人ヨリ引取リヲ申出デタルガコレヲ半玉ニ売リ付ケントスルモノナルコト判然タリシカバ方面委員ハコレヲ拒絶シタリ然ルニ本人ハ富坂警察署人事相談部ニ願出テ強イテコレヲ引取ラントシ方面委員ニ対シテハ悪口雑言ヲ吐キ甚ダシキ剣幕ナリシ由　依リテ方面委員ハ従前ノ関係ヲ右人事相談部ニ伝ヘタル処取扱上ノ手落ナルコト了解サレ却ッテ本人ハ説諭サレタリコレラノ事件ノタメ後日ノ繁鎖ヲオソレ旁みつヲ原口ニ入籍セシム　ソノ時原口ヨリ手切金ノ如キ意味ヲ以テ約70円ノ金ヲ受ケ取リ尚本人ノ墓所ニ対シテ原口ハ5円ヲ出シ寺ニ収メタル由
＊同人ノ父ハ窃盗カ何カニ依リ受刑シタルコトアリ

本人ノ生活ハ依然窮迫シ居リ近隣ヨリ再ビ方面委員ニ救護ヲ願出タルヲ以テ浴風会ニ出願シ入園許可サル　入園後2度外出シ方面委員ヲ訪ネタルガ以前トハ異リ頗ル感謝ノ意ヲ表シタリ

みつハ養家原口ニ於テ小学校ヲ卒ヘ暫ク女学校ニモ通ヒシガ学校ヲ好マズ店ノ金ヲ無断ニテ持チ出シカフェー遊ビヲスル等ノコトアリ遂ニ女学校モ廃メ一時芸妓ヲ志シ師匠ニ通フコトトナリシガ同所ニテモ小切手ヲ詐取シタルタメ断ラル　養家ニ於テモ持テ余シモト養女トナシタル件仲ニ入リシ者（今田方面委員ノ親戚）等ト相談ノ上○○町吉本重一方ニ預ケタリ　吉本ハ自宅ニテカフェーヲ経営シ居レバみつニ同所ニテ女給ヲ兼ネ居ルモノト認メラル　吉本ノ妻女トシテハ将来みつノ出来如何ニ依リテハ同店ヲ同人ニ譲リ渡ス心算ナリト　＊同人ハ吉本方ニ預ケラレテ以来方面委員等ノ勧メニ依リ父ノ墓参ニモ参リ＊仕事ノ上ニ於テモ性ニ合ヘルモノノ如ク未ダ曾テアリシ如キ話ヲ聞カズ
＊吉本方ニハ子女ナシ
＊同人ハ祖父タル本人ニ会フコトヲ欲セズ
以上ハ方面委員今田正一郎及ソノ妻ニ就キ聴取セシ処必シモ凡テヲ信ズル能ハズト雖モ実相ニ遠カラザルモノト認ム　方面委員ノ計ヒニ依リみつハ近日中祖父タル大井ヲ訪フコトトナリ居レリ

183

大井善吉孫みつノ調書　昭和7年11月30日調査

大井（原口）みつ（当17歳）ハ養家ナル日本橋区○町×丁目原口豆腐店方ヲ飲酒・喫煙其他放縦ヲ極メテ昭和7年4月家出シ昭和2年同家ヘ養女縁組ヲ仲介セシ小石川区○○町××番地当時ノ方面委員今田正一郎ノ縁故者なる○○町カフェー某方ニ寄寓セシカバ原口ハ親戚某ヲ介シテ弁護士山口源三ニ善後処置ヲ依頼シ山口ガ東奔西走中みつハ6月頃麺麭職人某ト相思ノ仲トナリ伴ハレテカフェーヲ出奔セシガ程ナク両人共小塚源太郎ナル職人ノ実家ニ連レ戻サレ種々談合ノ結果結婚セシムル事ニ決定セシモ何分当家ハ筆製造職ニテ相当資産ヲ有シ職人ノ兄弟ハ大学及中学ニ通学中ニテ又親戚ハ何レモ中流生活者ノミナレバ女給ヲ娶ル事ハ体面上困難ニヨリみつヲ其ノ知人宅（淀橋区○○×　岩谷初太郎）ニ預ケテ作法裁縫等ヲ見習ハセシ上9月中旬ニ式ヲ挙グル事ト定メシガ10月ニ入リテモ山口方ヘ何ノ通知モナキタメ山口ハ其ノ後ノ事情ヲ知ル可ク照会状ヲ出セシモ回答ナクシテ数日後ノ15日頃ノ夜突然預リ人ナル某ハみつヲ同道シテ来訪シ實ハ本人ガ結婚ノ意志ナキニ付2,3日間熟考セシメテ後返信スル考ヘナリシガみつハ明日他家ヘ行クト言ヒ出セシニヨリ同伴セシトノ事ニテ破談ノ主ナル原因ハ1.みつハ預ケラレシ家ノ妻ト甚ダシク不和ナルコト 2.職人ノ実父某ノ妾宅ニテみつが身上話ヲナセシ処ソノ凡テガ職人ノ両親ニ知レテ両親ハ驚キ結婚ニ不賛成トナリシコト　3.両人ノ熱情ハ消失シ却ッテみつハ職人ヲ悪口スルニ至リシ事等ニシテ職人ハ父母ガ反対シ居レ共行掛上婚礼シテモ宜イト言ヒシ由ナレバ預リ人及山口ハ仕切リニ結婚スル様みつニ勧メシモ本人ハ職人ノ性質上到底将来見込ナシトテ断然拒絶シ行ク気モ既ニ定マリ居レバ明朝早速家出スルトテ徹頭徹尾不承諾ニヨリ山口ハ其ノ行先ヲ尋ネシモ全々言明セズ何レ預リ人岩谷ニハ居所ヲ通知スルト言ヒシカバ山口ハ止ムヲ得ズ預リ人ヨリ居所ノ報告ヲ受ケテ善後策ヲ講ズルコトトセシガ未ダ音信不通ニテ住所不明ナレバ如何トモ成シ難ケレ共判明次第最善ノ処置ヲナス意思ナリト言ヒ居レリ　尚山口ノ住所ハ東京市下谷区○○町×番地　弁護士　山口源三（電話下谷××　×××番）

昭和8年1月20日山口弁護士ヲ訪問シトコロ依然みつノ消息不明ナリ養家原口家ニテハみつニ帰宅ノ意志ナク却ッテ如何ナル迷惑ヲ受クルヤモ計ラレザルニ依リ1日モ早クみつヲ除籍シタケレド結婚ヲ破棄シ家出シテ行方不明ナル現在易ヤト除籍出来ザルタメ甚ダ困惑ナシ居レリ　山口弁護士トシテ今後為サントスルコトハ最早結婚成立ノ望ナキ故みつノ将来ヲ考慮シナガラ原口家ヨリ無難ニ除籍セシムルコトニアルモ目下ノ処ソノ適当ナ方法ハ発見サレザルモノノ如シ

大井善吉ノ孫みつノ居所ハ府下○○町××番地洋食店　吉本重一方　昭和7年3月調査
原口豆腐屋（養家）ノ話ニ依リマスト「みつハ甚ダシキ不良デ小学校モ就学ヲ断ハラレ其後ハ裁縫ヤ三味線等ノお稽古ニ出シマシタガ何処デモ1週間ト続カズ必ズ先方ヨリオ断ヲ受ケ昨年頃ヨリハ売上金ヲごまかしテ洋食店ヤ喫茶店デ飲食シ煙草モ吸ヘバ酒モ5合位ハ平気デ殆ド手モ付ケラレナイ有様デシタガ二ヶ月計リ前家出シマシタノデ早速心当リヲ探シマシテ1日デ見付ケマシタガ今後ノ処置ニ困リマシテ知人ノ吉本方ヘ1,2ヶ月性質ヲ矯スタメニ預ケマシタ　今田方面委員ノ話デハみつハ性質ガ良クハアリマセンガ原口ノ妻ハ実子デナイタメニ事毎ニ衝突シ益々不良トナルノデスカラ原口ハ養女ニスル時ノ紹介者ダッタ今田ノ親戚ノ者ト相談ノ上素人家デハ到底預ケル事ハ出来ナイカラ今田ノ妻ノ姪ガ経営シテ居ル前記ノ洋食屋ニ預ケ充分ノ監督ヲ願ッテ居ルトノ事デス　尚吉本重一ハ今田ノ妻ノ姪ノ夫デ会社員デス

大井善吉ノ孫佐川義夫入院斡旋経過

1.6月20日（土曜）
佐川義夫施療病院入院ニツキ斡旋スルヤウ園長ヨリ命令アリ　直チニ保護課長ヨリ東京府衛生課長ヘ電話ニテ府ノ委託患者トシテ結核病院ヘ入院方取計ハレ度旨依頼シ一方東京救療事業連絡会ノ空床利用委託患者トシテ至急入院方ヲ同会並西巣鴨方面事務所ヘ電話ニテ交渉スルト共ニ梅田書記ハ同方面事務所ニ出張シ更ニ担任方面委員宅ヲ訪ヒカード作製ヲナシ次デ本人ノ住所ト主治医ヲ訪問シ患者ノ慰問ト共ニ寄留手続ヲ運ビカードヲ方面事務所ヘ持参スルヤウ姉みつ及大山ノ妻女ニ懇々話シ来ル

1.同22日（月曜）
方面事務所ヘ電話ニテ問合セタルモカードヲ持参セズ何等カ手違ヒアルモノト認メタル為長谷場書記ハ他ノ出張用務ヲ兼ネテ大山方ヘ立寄リタル処果シテ手続勘違ヒナシ居リタル為直チニカードヲ方面事務所ヘ持参セシム

1.同23日（火曜）
西巣鴨方面事務所管内ニハ他ニモ猶予シ難キ要救療患者4,5名アリトノコトニツキ一層督促ノ必要ヲ認メ梅田書記ハ入園出願者調書ノ序ヲ以テ西巣鴨方面事務所ニ立寄リ救療事業連絡会ヘ書類送付方督促ス

1.同24日（水曜）
救療事業連絡会ヘ電話ニテ問合セタル処方面事務所ヨリ書類来着シ特ニ取急キ入院許可ノ手続ヲ了シ許可書ヲ方面事務所ヘ送付シタリトイフ

1.同25日（木曜）
正午麹町区○○○○町坂上病院ヘ無事入院ヲ了シタリト

家出人収容名簿　　　刑事部家出人収容所

本籍　東京市小石川区○○○○町××番地　大井善吉方
族籍　平民　佐川義夫
住所　東京市豊島区巣鴨町養育院
職業　無職
年齢　当15年不詳月生
家庭・状況　父　松太郎　本人6歳ノ折死亡
　　　　　　母　名不詳　本人幼時死亡
　　　　　祖父　大井善吉　80歳位　居所不明
　　　　　姉　　みつ　　17歳　居所不明
　　本人ハ財産ナク孤児同様ナリ
教育程度
　　尋常1年修業
生育関係
　父ノ許ニ生育セラレ6歳ノ折父死亡直ニ祖父善吉ニ生育セラレ14歳5,6頃（昭和7年）養育院ニ預ケラル
家出ノ原因
　養育院内ノ朋輩ガ物品ヲ盗ミ来ル様唆カシタル為客年11月28日養育院ヲ逃走ス
救護署
　牛込区神楽坂警察署
　　収容時　昭和8年1月25日午後1時30分
家出後ノ行動
客年11月28日養育院ヲ逃走シ下谷区内ノ紙屑商山田方ニ1月4日迄雇ハレ5日暇ヲトリ浅草下公園内ニ遊ビ野宿ス 6,7月頃ヨリ市内ヲ徘徊シ夜ハ巣鴨付近ニ野宿ス　24日市内徘徊中神楽坂署ニ保護セラル。
所持金品
　ナシ
備考
　養育院ニ於テ引取不能ノモノ
経歴・概要
1. 昭和7年5,6月頃養育院ニ預ケラレ現在ニ至ル
　祖父大井善吉ト同ジク入院
2. 本人8歳ノ折祖父大井善吉ト共ニ小石川区○○町方面委員今田正一郎ノ手ニ依リ東京市養育院ニ入院○○○○上条堯三ニ引取ラレタルモ直ニ今田ノ許ニ帰リ再入院　9歳ノ折○○町斎藤洋服店ニ奉公シタルモ盗癖アリ（学校ノ授業料約10円ヲ盗取）幼少年保護所ニ返サレ板橋養育院ニ引渡サル　13歳ノ折同院ヲ逃走。
　浅草公園ヲ徘徊シ居リタルモ自ラ浅草区役所ニ出頭再入院　客年11月28日同院逃走浅草○○署ニ救護セラレ公園寿屋ソバ店ノ世話ニテ下谷区○○○町（浅草××××）下山商店ニ被雇22日4円ヲ携帯逃走ス

　　小石川区○○○町××　　市方面委員　今田正一郎
　　　　　　　　　　　　　　　　　　　　　　引取不能
　　　小石川区　××××

```
身分調査票

  氏名　佐川義夫
  東京市幼少年保護所
  身分　受付年月日　8年1月30日　依頼者　積善寮

氏名　佐川義夫　男
年齢　大正8年4月25日生　15歳
本籍　愛知県岡崎市○○○町△△××
住所　小石川区小石川町　積善寮

家族状況　実父　亡　松太郎
　　　　　実母　亡　不詳
　　　　　祖父　大井善吉　大凡80歳位　健　浴風園内
　　　　　本人　　義夫　15歳
就学状況　　○○町第○小学校　尋一
就職状況　　仕事の種類　雑雇
　　　　　　就職期間　9歳7月　12歳4月
　　　　　　所在地　　深川区○○町
　　　　　　使用人　　青山直次郎
　　　　　　通勤カ住込カ　住
　　　　　　賃金　　　月50銭
　　　　　　同職人数　3人
　　　　　　紹介者　　　　保護所
　　　　　　離職又ハ解職理由　他ノ奉公人ト折合悪シク
3歳　母ト死別
6歳　父ト死別
8歳　4月小学校へ入学
9歳　3月17日　大森ニ養子ニ遣ハサル
```

昭3年6月2日小石川第○方面事務所ヨリ送致セラレ昭和5年7月25日左記ニ委託セルガ性行不良ノタメ送還セラレ同年6月2日東京府山田弁信氏ノ依頼ニヨリ東京市養育院ニ送致セルガ昨年11月中同僚ノ物品ヲ盗ミテ逃亡浮浪中○○署ニ検挙セラレ寿屋ニ引渡サレ同人ノ紹介ニテ下谷区○○○町スリッパ屋下山商店ニ雇ハレシガ7年1月22日金4円ヲ盗ミテ逃亡牛込○○○署ニ検挙セラレ送致者ニ引渡サレタルモノナリ

```
身体検査
  身長　143.5　　　　体重　36.5　　　　胸囲　72
  概評　乙　　　　　　栄養　乙　　　　　脊柱　乙
  其他ノ疾病異常　ナシ　身体的特徴　ナシ　視力及ビ屈折状態　右1.5　左1.5
  色神　　　常　　　　眼疾　ナシ　　　　聴力　常
  耳疾　　ナシ　　　　歯牙　常
    検査年月日　8年1月31日

退所月日及事由　昭和8年1月31日　委託
退所先　○○×丁目××××　左官職　森山留蔵　方

収容日数　8.1.30　8.1.31　　2日間
収容費総額　　52銭
収容費弁償額　52銭
```

No.1119　国吉嘉一　（男）

入園日	昭和8年11月30日
退園日	昭和12年10月2日（武蔵野病院ヘ入院）

（要救護者調書）

出　　生	嘉永4年7月19日　当83歳
出　生　地	熊本県飽託郡○○町当時番地ナシ
本　籍　地	東京都深川区○○○町××番地
震災当時ノ住所	千葉県君津郡○○○町番地不詳
現　住　所	東京都向島区○○町△×丁目××番地
戸主又ハ続柄	戸主
宗　　教	真宗
家族ノ状況　並扶養親族関係	1　妻ノ有無　ナシ 2　直系尊卑属ノ有無　卑属　養子　国吉平一　当51歳　平一ハ下駄職人ニテ本所区○○町×丁目××番地ニ居住シ生活困難ナリシガ　昭和8年9月5日其ノ妻キタ（47歳）長女　玉枝（19歳）3女　咲希子（11歳）ノ1家族ヲ伴ヒテ移転シ所在不明トナリ未ダ判明セズ 3　その他ノ親族　甥（亡兄　善太郎ノ子）家元正久　当48,9歳位　正久ハ25,6年前熊本市○町ニ居住シ小学校教員ナリシガ其後音信不通ニテ居所其他不明ナリ
身心ノ状態不具廃疾ノ程度　及疾病ノ有無	青壮年時代　　疾患ナシ 　　　現在　　老衰 　　　病状　　昭和8年11月3日ヨリ心身共ニ幾分老衰セシト言フ 　　　　　　聾ナレ共大声ニテ談話シ得 　　　精神障碍　ナシ 　　　性情　　　稍々強情
震災当時ノ職業及現在ノ作業　収入	当時　　諸演芸売買業 現在　　無職
教育程度 趣　　味 嗜　　好	7ヶ年寺子屋ニテ修学 将棋 ナシ

震災後ニ於ケル生活ノ経路　並ニ現況	震災ノ被害　　ナシ 震災後今日迄ノ状況・変遷 　　諸演芸売買業ヲ継続シテ内妻山田クミト共ニ普通生活中　大正15年6月頃ヨリクミハ胃病トナリ全快ノ見込ナカリシニヨリ　昭和2年7月下旬クミノ養子ナル同町ノ鮨屋　山田粂吉（44歳）ニ引取ラシメテ程ナク　おでん屋　松川善太郎方ニ間借生活シ居リシ内縁ノ妻　岩崎あさヲ呼ビ寄セテ同棲セシガ間モナクあさハソコヒニテ盲目ニナリシカバ2ヶ月ノ後あさヲ伴ヒ金100円ヲ所持シテ上京シ本所区○町番地不詳ニ居住セシ養子ナル下駄職国吉平一方ニ同居セシモ平一ハ生活困難ナリシカバ約1ヶ年ニテ嘉一ハ単身　千葉県葛飾郡○○町字××市貸席楓亭方ノ支配人ニ住込ミ　平一ハ本所区○○町×丁目××番地ニ移転シテ下駄職ヲ続ケ居リシガ嘉一ハ1ヶ年ニテ素人ナリシ楓亭主人ニ営業方法ヲ修得シ　支配人モ不用トナリケレバ同町××××番地ニ借家シテ諸演芸売買業ヲナシテ普通生活ヲナシ居リシモ昭和5年9月20日万歳山崎恭子一座22名ヲ伴ヒテ千葉県下ヲ巡業シ　昭和6年5月純益90円ヲ所持シテ上京シ　府下○○町西×丁目××番地ニ借家シテ養子平一ヲ訪レシ処　平一ハ生活苦ニテ嘉一内妻岩崎あさノ貯金全額470円ヲ消費シ居リシニヨリあさヲ引取リ平一ヨリ毎月5円宛ノ仕送ヲナサシムル事トナシ諸演芸売買ヲ続ケテ生活セシガ漸次収入減ジ生活難ニ陥リシカバ　昭和7年1月ヨリ救護法ニヨリ月12円宛ノ救助金ヲ受ケテ普通生活セシモ　昭和7年7月歩合興行ニテ70円ノ損失ヲナセシカバ永年ノ演芸売買ヲ廃業シ　以後ハ救助金ト平一ノ仕送ニテ生活セシガ平一ハ本年9月5日　居住不明トナリテ仕送絶エ盲目ノ妻あさハ胃病トナリシカバ9月18日養老院ニ入院セシメシモ10月22日死亡ス　尚あさノ入院後救助金ハ3円90銭ニ減額サレシニヨリ現住所ニ移転シ　家財ヲ売却シテ生活費ノ不足ヲ補ヒ辛ジテ生活シ来リシモ最早無一物トナリ救助金ノミナレバ日々ノ食費ニモ欠乏シ居ル状態トナレリ

生立及経歴	両親　　国吉馬太　　同かわ　　2男 職業　　醤油製造業 住所　　熊本県飽託郡○○町当時番地ナシ 家族状況　9人家族（7人兄弟）　病死シテ7名ニテ相当生活ス 教育等　　7ヶ年寺子屋ニテ修学 職業関係　13歳ヨリ家事ヲ手伝ヒ居リシガ　17歳ノ時同郡○○町字△町質屋加多清一方ニ聟養子トナリシモ　23歳ニテ離縁シ実家ニ帰リテ細川藩歩方頭取トナリ8ヶ年ニテ加多清一方ニ再縁シ半ヶ年シテ同町ニ1戸ヲ新築シ単身独居シテ　陸軍御用達トナリ　半ヶ年シテ加多方ヲ離縁シ約5ヶ月シテ3千円所持シテ上京橋区○○○町亀屋旅館ニ止宿シテ米相場ヲナシ　3ヶ月ノ後浅草区○○○町×番地ノ借家居住シテ米相場ヲ続ケシモ半ヶ年シテ失敗セシタメ千葉県東葛飾郡○○町　新潟屋旅館ノ帳場ニ住込ミ1ヶ年ニテ同家ノ女中岩崎あさヲ内妻トシテ同棲シ半ヶ年シテ新潟屋旅館主千田仙吉（仙吉ハ精神病者）ノ妻くみノ弟ナル同町字△△△　米屋千田加吉ノ次男平一ヲ養子トナシ同旅館ニ3ヶ年勤続ノ上暇取リ内妻あさノ再従兄弟ナル千葉県君津郡○○○町人力車夫山村俊三ヲ頼リテ同家ニ厄介トナリシガ半ヶ年シテ千葉市遊廓鈴木楼ノ雇人ニ住込ミ約1ヶ年勤メシヲ初メトシテ同遊廓内ヲ転々トシテ雇人ニ住込ミ居リシモ　48歳ノ折○○○町ノ山村俊三ニ厄介トナリ程ナク同町ノ貸座敷ノ雇人トナリ居リシガ　59歳ノ時妻岩崎あさト協議ノ上同町ノ山田座主山田クミノ内縁ノ夫トナリ同棲シテ山田座ヲ経営シ内妻岩崎あさハ同町おでんや松川善太郎方ニ間借セシメテ山田座ノ2階婆三トナシ置キ普通生活セシモ　72歳ノ折（大正11年9月）ニ山田座ハ破損箇所多ク改築ノ必要生ジ且ツ千余円ノ借財アリシカバ2100円ニテ売却　負債償還残金4千円ヲ頼リニ諸演芸売買業ヲ開始シ内妻山田クミト共ニ普通生活ヲナス 縁事関係　17歳ノ時加多さわノ入夫トナリシガ23歳ニテ離縁シ　31歳ノ折加多さわニ再縁セシモ　翌年離縁シ　34歳ノ時岩崎あさヲ内妻トナシ　59歳ノ折更ニ山田クミヲ内縁ノ妻トセシガ　77歳ノ時山田クミヲ離別シ　82歳ノ時　内妻岩崎あさ病死セリ　先妻クミトノ間ニ長男参次アリシガ本人ハ48歳ニテ死亡シ　養子平一アレ共　昭和8年9月5日以来行方不明トナル
保護依頼者	○○地区方面事務所
その他	不明
保護経過	
8.11.30　　直接入園　清風寮ニ入ル 10.10.18　　医療廃止申請（発送） 10.11.8　　（長生）糖尿病検査ノ為一病ヘ泊マル 10.11.21　　養子平一ノ居所紹介状ヲ千葉県葛飾郡○○町△△△　新潟屋料理店ニ出ス 11.1.26　　先週保管金残額2円全部ヲ引出サントシ事務ヨリノ注意ニ依リ1円ダケハ残シ置クコトトセシガ其際引出セシ1円モ最早費消シタル模様ナリ 　　　　　「後ハ着物ヲ質ニ置イテモ何トカナリマス」ト言ッタ具合ニテ甚ダシク浪費癖ナリ 11.5.21　　夜半起キ出シ何事カ独言シテ居タガドア（ママ）看護婦（鈴木）ニ対シ「お前のような女房を持って因果で殺してやる」トテ剃刀ヲ持チ出シタリナドス　類似ノコトハ数ヶ月以前ニモアリシ由　大分耄碌セルラシ 11.5.23　　夜半「杖ヲ出セ」ト言ヒ　明朝ニシマセウトナダメル看護婦（鈴木）ニ対シ「殺ス」トテ拳固ヲ振リ上ゲ追駆ケタリス	

11.6.17　午前7時40分頃病室ヲ出タガ　何時ノ通リ礼拝堂ヘ参詣ニ行ッタモノト思ッテ怪シマナカッタガ8時過ギテモ帰ラナイノデ園内ヲ探シタガ見当ラナイシ小サイ置時計ヲ持ッテ出タ様ダカラ事務カラ自転車デ志村質店　京王電車停留所　時計屋ヲ尋ネタガ来テ居ラナイノデ大和屋魚店ヘ行クト先程立寄ッタトイヒ新川屋デハ蓋物ニ生姜ヲ入レタノヲ帰リニ立寄ルカラトテ預ケテ行ッテアッタノデ9時40分牛山看護婦ニ大和屋ニ待ッテ居ッテ連レテ帰ルコトトシ10時30分無事帰園シタ　尚葵ノ葉山氏ヨリ5銭　其他カラ50銭借金シテ行キ　時計ハ烏山ノ時計屋ヘ修繕ニ出シテ来ト言ッテ居ル

11.8.17　軽快ニツキ葵寮ヘ退院セシム（一病ヨリ）

11.8.26　葵寮ヘ移ッテカラデモ日ニ何度トナク所持品ヲ出シタリ入レタリスルソレモ整理スルトイッタ気持デハナク折角世話係ガキレイニ畳ンデ呉レタモノデモ又揉ミクチャニシテ所カマワズ押シ込ムトイッタ遣リ方デアル　寮ニ落チツイテ居ルコト少ク1日ノ大部分ヲ病室ニ行ッタリ女子部ノ方ヘ行ッタリ庭ヲ歩イタリ出タリ入ッタリシテ居ル
　　　　右ノ状態デアルカラ頭到今日ハ衣類ノ内何カガ見エナクナッタ由デアリ　子供ノ写真迄モ一枚失セタソウデアル　何時モノ伝デ何カ見エナクナルト大変ダ大騒ギヲ初メルノデアルガ早速事務ヘ来テ訴ヘルニハ「自分ハ何様到ラナイ者デアルカラオ暇ヲ戴キタイ　色々知リ合イモアルカラ初メハ何カトヤッテ行ケルダロウ　ソリャドウセ最後ハ鉄路ノサビニナルデセウガ」ト言フ　色々ト話シテ聞カセルト「考ヘテ見マスカラ」ト言フノデサッサ立ッテ帰ッテ行ッタ　別ニ立腹シテ居ルノデモナクソノ足デ病室ヘ寄ッテ「下駄ヲ貰ヒマセン」ナドト言ッテ帰ル
　　　　寮母ニハ「所持品ノ名前ト点数ヲカキ出サセテオイテ品物ヲ保管シテヤリ時々出シテハ記帳シタモノト照シ合ワセテヤル位ニシテナケレバナラナイ」「相手ガ欲シイ人デアルカラ将棋ノ相手ヲ作ッテヤル」コトノ2点ヲ言ヒ渡シテオク

11.9.2　去ル8月27日以来寮デ2, 3ノ者ガ将棋ノ相手ヲシテヤッテ居ルガソノオ陰デアロウ大分落着ガ見エ以来退園サセテ呉レナドハ言ッテ来ナイ

11.9.4　志田老人ト将棋ヲ差シ負カサレテ腹立チマギレニ将棋ヲ足デ踏ミ倒シタル由ニテソノ結果他ノ一同彼奴トハモウ将棋ヲシテヤルマイト申シ合セタリトカ

11.9.9　葵寮ヘ矢部藤助ガ転入スルコトトナリ同人ノ許ニ置キテハ危険ナルニツキカネガネ本人モ希望ナシ居タルコトナレバ西館下ヘ転寮セシム

11.9.8　葵寮ニテ小包発送　品物ハ先年杉並区カラ贈ラレタル袱紗　安全剃刀等ニテ小遣イセビリノ為ラシイ　千葉県君津郡○○○○○町　野田秀作

11.9.14　過日送ッタ小包ハ野田氏カラ返送サル

11.9.18　高砂寮遠藤完二ヲ捉ヘテ「私ノ息子」ダト言ッテキカナイ　漸クソノ非ナルコトヲ覚ラセタガ果タシテドウカ

12.2.25　西下生活ハ本人ニモシックリセズ　ハタノ者モ困ルトコロアリ芙蓉寮ニ転出スイクラカ老耄気味モアルノデアル

12.3.22　「洗ッテ頂イタ物モ全ク乾キマシタカラ」トテ又々入院願ヲ申出ル（芙蓉）

12.3.23　本日第一病室ニ再度入院ス本人自ラ医師ニシツコクネダッテ医師モ致方ナク入院サセタ様ナモノデアル

12.7.18　先頃カラ熊本ノ事ヲ頻リニ口ニシテ居タガ今日ハ朝カラ熊本ヘ行クトテ出歩キ看護婦ヲ困ラセル

12.10.2　○○方面事務所ヘ収容変更手続申請ノ結果東京武蔵野病院ヘ送院

（入園者身分概要）

続　柄	戸主
性　別	男
氏　名 生年月日　年齢	国吉嘉一 嘉永4年7月19日　当83歳
本　籍　地	東京市深川区○○○町××番地
入園前住所	向島区○○町△×丁目××番地
家族親族等ノ現況	養子　国吉平一当51歳ハ本所○○町ニテ下駄職ヲナシ居タルガ生活困難ニテ昭和7年9月妻子ヲ伴ヒ所在ヲクラマセリ 孫　　19歳ト11歳ノ孫娘アリシガ父ニ伴ハレ去年9月以来行方不明トナレリ 甥　　家元正久当49歳　住ハ熊本市ニテ小学校教員ヲナセシガ25,6年前ヨリ音信ナシ
経　歴	熊本県○○町醤油製造業　国吉馬太次男ニ生ル　7人兄弟ナリシガ他ニ現存スルモノナシ　17歳ノ時　同県○○町　質屋加多某方ニ婿養子トナリ　23歳実家ニ帰ル　細川藩ノ歩入方頭取トナリテ8ヶ年　其ノ後暫ク陸軍御用達ヲ勤メ　32歳ノ時単身上京米相場ニ従事セシガ間モナク失敗シテ千葉県○○町某旅館ノ帳場ニ住込ム　約3年ノ後千葉県遊廓鈴木楼ニ住込ミタルヲ初メトシテ同遊廓内ヲ転々住込ミ　48歳県内○○○町某貸座敷ニ雇ハレシガ　59歳ノ時同町山田座々主山田クミノ内縁ノ夫トナリ同座ヲ経営ス　72歳ノ時同座ヲ売却シ演芸紹介業ニ転ジ普通生活スル中　内妻クミハ病気ニカカリ昭和2年クミノ養子同町山田象吉ニ託シ程ナクモ1人ノ内妻岩崎あさト同棲シ約2ヶ月後あさヲ伴ヒテ上京　カツテ○○町在住当時養子トナセシ下駄職国吉平一方ニ同居セシガ　平一モ困窮ノ為内妻ヲ同家ニ残シ単身○○町ニ赴キ某貸席ノ支配人トナリ支配人転職後　演芸紹介ニ従事シテ普通生活ヲナス　昭和6年上京シテ養子平一ヲ訪レ内妻ヲ引取リテ従前ノ紹介業ヲナスモ漸次収入減ジ　翌7年1月以来救護法ニ依リ救助ヲ受ケル身トナリシガ同9月養子平一ハ行方不明トナリ続イテ内妻あさ死亡シ今日ニ至ッテハ最早救助金ニ依ル単身生活覚束ナキ状態ナリ
宗　教 教　育 健康状態 労務能力 個　性 性　情 習　癖 趣　味 嗜　好	真宗 寺子屋ニ7ヶ年修学 聾ナルモ大声ヲ以テスレバ談話可能ナリ 若干労務能力アルモノト認ム （記載なし） 稍強情 （記載なし） 将棋 飲酒セズ　喫煙セズ

8.27　1度たりとも気持のはっきりした事なく少し良い様でもやはり息切□□痛あって常に苦しい思いをしてい氏に対して何んともいへす苦しいだろうと思ふ気持を持っているので割に深い理解と広い気持とを持つて看護って来たがそれが返つて他の人達の反感を買っていたのを知って驚かされる

8.30　氏の隣の人が二人亡くなったので心細さをおぼえたくさんよんで暗い顔をしているせわしさにかきけし氏の事をかまっていなかったのも淋しかったと見える

9.10　このごろ何かといふとすぐに涙をこぼし誰もやってくれませんとか注意されたと言ってわ訴へる　食べ物の方も相当いぢきたなくなっても来て　あげてもあげてももう少し下さい　たりないからもう少し下さいと要求する食べられるのわいいけど食べられるからお腹がすくからと言ってお腹がいっぱいになるのまで食べていてわ貴女の病気わいけないの苦しくなりますよ　それで丁度いいの　それでもってそのつぎの御飯の時も又おいしく食べられるんですと注意するも人の言ふ事にわ耳もかさぬ食事時にわ必ず注意される　相当厳しく塩分制限により前ほどからいものをほっしなくも今度わあまくつてもからくってもかまわず何んでも食すただやたらに空腹を訴へ　口さへ満していれば良いらしい　病的のやうで　おって見えていると何んともいへないみぢめさを人に感じさせる

9.25　顔面足背に時々軽度の浮腫来すも其度利尿剤の注入により去る　食事わ相当に進む　動くと動悸息切等するにより寝たっきり　排尿の際わ差込便器を使用せしむ間食のための消費甚しく注意するとお腹がすいてなりませんと言ふ　時にわ買ってやらないでいるとお掃除のお祖父さんを使にやる

10.6　食事も進み大分元気よしがやはり寝たっきりにて排便の際　わからないのか常にお通じありては汚している　お通じ出るのわかりますかと問ふにわかりますと言ふ

10.18　別に変りなし　食欲もあり相変らず食事の際2, 3の人達と2、3言の口論あり定量以上の食事を取れば直に胃部圧迫ありて苦しくなるのわかっていながら慾すがさすがに苦しくなる事を注意すると黙ってしまふが消費の激しいためお小使もあと僅らしい松井氏の所へ請求して来れと言ふ
過日　本田ミヨ氏来訪あって少しく置いて行った様子　少くも1円内外の所持金ありと思わるるが葉書だけわ松井氏の許に出す

10.12　松井氏より返事なし　さらに出して来れと要求す　ついでに本田氏の許へと　気分等変わりなき様子

10.31　夜分気分悪き様子　なんとなく元気なく頭痛の激しきを訴へる

11.3　毎々の頭痛激しきを訴へるも食事わ別に変りなし

11.4　下肢に浮腫を来し8.2度の有熱　元気なし

　5　やはり高熱あり　動悸息切等あって苦しらしき様子　食欲減退す

　7　胸が苦しいと呻吟し頻数に看護婦を呼ぶ　午後より急に呼吸困難を来し容態急悪す　受診　強心剤注入も効なく午後5時死亡す

入園時ノ所持金品	所持金　18円65銭也　　内保　　18円也
	所持品　襦袢　夏 4　冬 2　　都腰巻 1　　毛糸シャツ 1
	浴衣　2　　単衣羽織 1　　座ふとん 1　　帯 2
	袷衣　2　　洋傘 1　　羽織 2　　半天 1　　風呂しき 3
	腰巻　2　　肌着 1　　モモ引 1

No.1251　羽田亀吉　（男）

入園日	昭和12年8月10日
退園日	昭和13年12月11日　（死亡　膀胱炎）

（要救護者調書）

出　　生	文久元年12月22日　当77歳
出　生　地	愛知県渥美郡○○町××番地
本　籍　地	東京市芝区○○町×番地
震災当時ノ住所	東京市芝区○○町×番地
現　住　所	東京市目黒区○町××番地　鈴本惣次郎方
戸主又ハ続柄	戸主
宗　　教	浄土宗
家族ノ状況　並ニ扶養親族関係	従兄村川愛吉（当81歳）麻布区○○町×番地　救世軍少尉にして妻と2人暮しなるも扶養意志なきものと認めらる
身心ノ状態不具廃疾ノ程度　及疾病ノ有無	青壮年時代ノ主タル疾患　（無） 　現在ノ疾病　（別になきも歩行不十分　自分用十分） 　精神障害　（無かるべし） 　性情　（良）
震災当時ノ職業及現在ノ作業　収入	差配　　月収　20円 　　　　　　　　無
教育程度 趣　　味 嗜　　好	無し （記載なし） 煙草
震災後ニ於ケル生活ノ経路　並ニ現況	震災当時ノ被害ノ状況程度等（老年期） 　麻布○○町×番地江藤昌平の貸家22軒の差配をなし月20円支給され　6畳　3畳の2間の家を支給され独身にて生活す　本年2月4日老令の為郷里愛知県○○町に帰省する様主人から申され100円の金を持参し郷里へ帰るも近親者は死亡し厄介になる家もなく1週間ばかり居りて再び上京し貸家差配当時貸家に住んで居りし瓦葺屋根屋加藤力作の世話にて加藤の同業者なる現住所の世話に本年3月2日なる　現住所の鈴本惣次郎（当50歳）は幼少の頃親を失ひしかば親かわりに世話をしてやりたいが万一の場合困るからとの由

生立及経歴	(1) 両親ノ氏名　父羽田政平　母江藤とく　　続柄　3男　　職業父武士 　　　死亡年齢　父50歳　母47歳　　死因　父難船　母喘息 (2) 幼少年期 　14歳の時父は難船して死亡し　17歳の時母は喘息にて死亡　長兄と共に家にあり徒食す　兄政一は亀吉上京後音信なかりしも大正10年頃千葉県君津郡にて鉄道工事に従事して居って死亡の由　兄長助に付ては全々消息なかりしも戸籍面に依れば大正14年8月死亡せり (3) 青壮年期 　死亡せし父が武士なりし為別に何もせず家に居りしも22歳の時妻加藤ときと共に上京し　日本橋区〇〇町近江屋薬局に勤務すること5ヶ月　日本橋〇〇町日比谷洋酒店に3年奉公し　27歳の時芝区〇〇町××番地江藤昌平方の薬局に務め調剤をなし　30歳の時内妻加藤とき（当28歳）にて死亡し　其後独身生活をなす　昌平死之後も江藤家に使へ　麻布の貸家の差配をなし震災に及ぶ (4) 縁事関係 　22歳の時郷里に於て加藤とき（当20歳）と内縁関係を結び　本人30歳の時死亡し子女なし (5) 特ニ貧窮ノ事由ト認ムベキ事項　本人老衰　子女なし
保護依頼者	救世軍人事相談所　中川茂
その他	調査個所　現住所

保護経過
12.8.10　入園　清風寮ニ入ル　以前ノ寄寓先鈴本惣次郎ノ妻女附添来　自分デハ中気ハナイト言ツテ居ケレドモ舌廻リモ充分デナク全身老徴著シク自分用ニモ事欠クコト多カルベキ状態ナリ　性質ハ別段頑固ナモノハ認メラレナイ寧ロ精神的ニ萎縮シタモノガアルノデドウカモ少シ活気ヲ与ヘタイヒビデアル

　9.24　虚弱者トシテ静和寮ニ転ズ

　10.2　前記鈴本すえ来訪　尚同伴ノ藤田はつ（荏原区〇〇町×）ハ本人ノ姪ナル由ニテ小遣2円ヲ置ク

　10.22　鈴本惣太郎ヨリ衣類等自分ノ預ケアリシモノ送リ越ス

　12.1　鈴本惣太郎ヨリ1円50銭送リ来リシガコノ金ハ自分ノ貸金ガ取レタモノデアルトカ

13.11.28　前記鈴本惣太郎郎及従兄弟村川愛吉宛重症通知発送

13.11.29　前記ニ其キ鈴本惣太郎ノ妻及他1人面会ニ来ル

13.12.12　前記藤田はつ　鈴本惣太郎村川愛吉　宛死亡通知発送

（入園者身分概要）

続　柄	戸主
性　別	男
氏　名 生年月日　年齢	羽田亀吉 文久元年12月22日　当77歳
本　籍　地	東京市芝区〇〇町×番地
入園前住所	東京市目黒区〇町×番地　鈴本惣太郎方
家族親族等ノ現況	村川愛吉（従兄）麻布区〇〇町×

経　　歴	武士タリシ父政平ノ三男　3人兄弟　14歳ノ折父死亡　17歳ノ折母又死ス　以後徒食ス　22歳ノ折妻加藤ときと共ニ上京シ本人ハ日本橋ノ某薬局ニ勤務スルコト5ヶ年　27歳ノ折芝ノ某薬局ニ勤メ　30歳の折妻死ス　薬局ノ主人江藤昌平ノ死亡後モ同家ニ仕ヘ　麻布ノ貸家ノ差配ヲナス　月20円ノ支給ヲ受ケ独身生活ス　昭和12年2月老齢ノタメ帰郷セシモ　近親　知己　已ニナク　再上京シ知人加藤力作ノ世話ニテソノ同業者タル現住所方ニ厄介トナルモ　鈴本氏モ万一ヲ慮リテ収容方申込
宗　　教 教　　育 健康状態 労務能力 個　　性 性　　格 習　　癖 趣　　味 嗜　　好	浄土宗 ナシ 歩行幾分不十分ナレド　自用ハ弁ジ得 若干有 良 （記載なし） （記載なし） （記載なし） （記載なし）
保護経過 12.8.10 9.10 9.24 10.2 12.1 13 .2 .2 13.11.28 13.12 13.12.11	 入園清風寮ヘ入ル　従前ノ寄寓先ナル鈴木惣次郎妻女附添来ル　自分デハ中気ハナイト言ツテ居ルガ何トナシ躰ノムクミハアリ　舌廻リモ確カデナク　全体的ニ老徴著シク自分用ニモ事欠クコト多カルベシ　性質ハ別段頑固ナトコロハ認メズ　寧ロ精神的ニ萎縮セルモノアルト見ルモ少シ活気ノ出デシコトヲ希ウ 日常言葉すくなく静かで感謝の念深く歩行不自由躰なるも礼拝堂詣りをこたらず 清風寮より静和寮に転入す 姪`藤田はつ　鈴本すえ氏来訪金2円煙草等　置いて帰らる 鈴本惣太郎氏より貸金1円50銭送附されて来た 熱は6度1分から□分　脈拍62から7位にて食欲1膳か1膳半便通は3日か4日なきにて小便は出たいと思ふとすぐ出てしまふといふことで時々衣服を汚し　中沢先生の御診察の結果自然老衰との事にて入院許可となり第四病に入院となる 入院後時々　失禁状態なりしが10月中半頃より衰弱にかはり自然に身体不自由になり起き上る事も出来ぬ様になり栄養剤の注射行ふ事となり　重症通知行う 塩日（ママ）日増し衰弱し　体温常に34度位に低く　午後8時頃より漸次意識なく　強心剤注射 午前4時10分遂に他界す
入園時ノ所持金品	所持金　　1円43銭也 　　　　　不動貯金預り 　　　　　普通貯金通帳1冊 　　　　　現金は50銭余りの由 所持品　　単衣 3　　浴衣 2　　白襦袢 1　　帯 1　　風呂敷 3

No.1253　中田みゑ　（女）

入園日	昭和12年5月10日
退園日	昭和13年12月19日　（死亡　肺炎）

（要救護者調書）

出　　生	文久3年8月15日　当75歳
出　生　地	東京市牛込区○○町
本　籍　地	東京市深川区○○×丁目×番地×
震災当時ノ住所	東京市本所区○○×丁目番地不詳
現　住　所	東京市本所区○○×丁目×番地岡本新太郎方
戸主又ハ続柄	戸主亡中田金太郎ノ妹
宗　　教	浄土真宗
家族ノ状況　並ニ扶養親族関係	姉　岡本くま（当81歳）現住所　甥　岡本新太郎（当58歳）はくまの子供にして瓦葺職人なるも仕事少く　月収5円-10円にて　其の子供てい（当21歳）製函工場女工にて月収17, 8円　新太郎の妻駄菓子商にて月収6,7円　家賃15円を支払ひ　中田みゑを扶養する能力なし
身心ノ状態不具廃疾ノ程度　及疾病ノ有無	青壮年時代ノ主タル疾患　なし 　現在ノ疾病　老衰　自分用は十分なり 　精神障害　なし 　性情　良
震災当時ノ職業及現在ノ作業　収入	手傳婦及賃仕事 月収10円
教育程度 趣　　味 嗜　　好	寺子屋3年 なし 煙草
震災後ニ於ケル生活ノ経路　並ニ現況	震災当時ノ被害状況程度等　震災にて全焼 （老年期） 震災後　浅草区○○町『天川』小林忠吉（天プラ屋）へ多忙の節は住込手伝婦となり　殆ど1年中世話になり同家暇の時は間借して賃仕事をなし　生計を立つ　昨年11月頃まで毎年4,5回長くて半年　短くて1ヶ月程づつ　小林忠吉方に雇はれしも　同家にては天プラ屋を廃業せしかば　手伝婦の必要もなくなりしかば　其後は現住所の厄介になり賃仕事やお産の手伝等に間々出掛けるも　収入僅少にして　甥　岡本新太郎の世話にも之以上なり難く　且又昭和10年8月以来救護法居宅救護費を支給され居り　救護法委託として入園申込まる

213

生立及経歴	1　両親ノ氏名　父中田勝二郎　母とめ　　続柄　五女　　職業父魚商 　　　死亡年齢　　　死因 2　幼少年期 　父業は魚商にて　兄姉7人　姉うめ74歳にて死亡　姉りつ33歳にて死亡　姉かつ77,8歳にて死亡　兄代三郎は理髪業を麹町区○○町にて営みしも30歳にて死亡　姉岡本くまは現住所に住む　兄銀次郎は大工なりしも死亡 3　青壮年期 　16歳の時日本橋の某家へ子守奉公に行き　18歳にて行川松太郎と婚し　松太郎は醸造職人にてビール会社には2,3年　愛知県○○町の亀屋へ5年程トウジとして雇はる　其の時子供なき為離婚し　上京し間もなく　本所区○町×丁目×番地松本玄一（酒屋）と（29歳の時）再婚す　41歳の時　子供なき為離婚し　其後は浅草区○○町天プラ屋『天川』事　小林忠吉方に住込手伝婦となり　震災に及ぶ　其の内44,5歳の頃　姉うめ病気となり　8年間其の看護をなせしも死亡せしかば再び『天川』事　小林忠吉の手伝婦となる 4　縁事関係 　18歳の時　行川松太郎と婚し　29歳の時離婚し　同年松本玄一と婚し　41歳の時離婚し　子女なし　戸籍謄本とは相違あり 5　特ニ貧窮ノ事由ト認ムベキ事項　老衰　子女なき為
保護依頼者	東京市本所区○○方面事務所
その他	調査個所　現住所 備考　救護法委託として申込む

保護経過	
12.5.10	入園常盤寮ニ入ル　送リ来ル筈ナリシ岡本新太郎方ニ差問アリシタメ頼マレテ左記ノ者　附添来ル　持病トシテハ息切レアリ　労務ナド不充分ト思ハレルガ歩キブリナドハシツカリシテ居ル　性質ハ一見気ムヅカシク我儘デハナイカト思ハレルガ案外ソウデナイカモ知レナイ　一面ニ明朗ナトコロガアル様ダ　尚左記佐藤みいハ本人ヲ小母サント呼ンデ居ルガ血縁ハナイト訂正シテ居ル然シ多少ノ縁故関係ハアルノデナイカト想像サレル　　本所区○○町×丁目×番地　佐藤みい
6.20	新入当時送リ来リシ佐藤みい氏面会ニ来タ
8.17	長生寮ニ転ズ　同寮手不足ノタメ諸事用弁ヲナス筈ナリ
9.	甥岡本新太郎方ヲ訪ネ荷物ノ残物ヲ整理シオ寺ニモ詣デ来タシトノコトニテ許可ヲ受ケ外出ス　但シ一見危気アレバ○○町ニ姪高井アキノ家アル由ニツキソコ迄寮母送ルコトトス
13.3.1	前記岡本新太郎氏宛重症通知発送
13.3.16	知人小林忠吉氏（淀橋区○○×-×）来訪　以前浅草ニ居リシ当時女中ヲナシ居レリ
5.22	甥新太郎ノ妻その来訪ス　尚同人ハ春日寮ニ在寮スル田村興助トモ相識ル
7.9	荷物整理ト墓参ヲ兼ネ岡本新太郎方へ外出
7.12	夕刻無事帰園ス
12.9	第四病室へ入院ス
12.17	重症トナリ甥新太郎ニソノ旨葉書通知ス

12.21 去ル19日死亡ニ付　岡本新太郎　佐藤みい　小林忠吉氏ニ死亡通知ヲ発ス（佐藤みい宛通知書ハ返サル）

同日　岡本その来園

12.26 前主人小林忠吉（淀橋区○○×-×）金５円也　志トシテ送ラル

（入園者身分概要）

続　柄	戸主亡中田金太郎ノ妹
性　別	女
氏　名 生年月日　年齢	中田みゑ 文久３年８月15日　　当75歳
本籍地	東京市深川区○○×丁目×番地×
入園前住所	東京市本所区○○×丁目××番地　岡本新太郎方
家族親族等ノ現況	岡本くま（姉）現住所 岡本新太郎（甥）現住所　瓦葺職人ナリ　扶養能力ナシ
経　歴	魚商タリシ父中田勝二郎ノ５女トシテ兄姉７人　16歳ノ折日本橋ノ某家ヘ子守奉公　18歳ニテ行川松太郎ニ婚ス　夫ハ醸造職人ニテビール会社ニ雇ハル　子供ナキ為離婚シ　29歳ノ折松本玄一ト再婚ス　41歳ノ折子供ナキ為離婚シ其後ハ浅草ノ天プラ屋ニ住込奉公　44,5歳ノ折姉うめ病気ノタメ８ヶ年其ノ看病ニ当リ姉死亡後再ビ前記浅草ノ天プラ屋ニ奉公ス 　震災ニ全焼　震災後ニ多忙ノ時ハ天プラ屋ニ手伝ヲナシ　暇ノ時ハ間借賃仕事ニテ暮セシモ昭和11年天プラ屋ヲ廃業セシカバ現住所ナル甥ノ許ニ厄介トナリ　賃仕事ヤお産ノ手傳ヒニ雇ハレ居ルモ収入僅少ニテ世話ニナリ難シ　且又本人ハ昭和10年８月以降居宅救護ヲ受ケ居レリ
宗　教 教　育 健康状態 労務能力 個　性 性　格 習　癖 趣　味 嗜　好	浄土真宗 寺子屋３ケ年 老衰ナルモ　自分用ハ十分ナリ 若干有 （記載なし） 良 （記載なし） （記載なし） 煙草
保護経過 12.5.10	入園常盤寮ニ入ル　送リ来ル等ナリシ岡本方ニ差丈アリシタメ頼マレテ左記ノ者附添来ル　持病ノ息切レアリ労務ナド不完全ト思ハレルガ歩キブリハ実ニシッカリシテ居ル　性質ハ一見気ムヅカシク我儘ナトコロガアリハセヌカト危ブマレルガ一面ニハ又明朗ナ反面モノゾカセル　尚左記ノ者ハ本人ヲ「おばさん」ト呼ンデ居ル　両人共血縁ナキ様言ヒ居レドアヤシ 　　　本所区○○町×-××　佐藤みい
12.8.17	常盤寮より転入　長生寮

13.2.25	日頃細工物に手を運ぶのを楽しみ昨秋のお彼岸には心をこめた御鈴台を礼拝堂に寄進いたし課長方に御喜び頂ひたり尚趣味展覧会にも4,5種出品いたす 過ぐる秋以来3ヶ月程上□風呂当番として皆の為につくされた事に対しては　感謝の他はない 1月下旬より腰痛激しく（1週間注射処置を受く）其静養中　感冒にかかり2月20日東下へ転出　同23日に第3病へ入院いたす
13.2.27	感冒にて入院後一般状態悪く　先生の御下命に依り重病通知す
13.3.4	一般状態暫次良好となり　軽病となす
13.3.16	淀橋区○○×-×　小林忠吉氏面会人あり
13.3.26	一般状態増々良好となり長生寮へ全治退院す
13.3.26	幸いに本日　全快の上我が寮へ帰参かないし事とて　言ひしれぬ感謝の為に寮母に対しても又他に対しても只涙のみにて挨拶も出来かねる有様なりしが迎へる皆も喜びの中にこれをいたはり慰め誠に美しい家庭的光景を見せて居った
13.5.5	春季遠足大宮八幡参拝に参加いたす
13.5.22	甥　岡本新太郎氏の妻のソノさんと其の姪との訪問を受く
13.6.4	退院後の経過漸次によろしく昨今は持病のセキにも殆ど悩まされぬ為か大分元気づき僅かの暇も惜しみて一人静かに辺りの除草に心をつくして居る様子であるが日頃より細かい仕事を好む性質からの事か　健康に立ちかへった喜びに誘はるるままにか　或は又　感恩の念の致させるところか何れにしても言葉なく示さるる働きは眞に尊いと思ふ事である
13.7.12	去る9日　○○の甥岡本新太郎氏方へ外出　予定に一日延引して本日無事帰寮いたす
13.8.18	食後居室を訪ねた寮母に"もう全部終わりました"との言葉　自身が受け持った20枚近くの衣類修理の責めを果し了へてホット息をついたところであったのだ"本当に御苦労様でした"と心からいたはり慰めしものの思へばお婆さん達の共同的労力に就ひては全くそうした言葉等では何となく相すまされぬ様な或る尊さを感じさせられる事であるが本人に関しても無意識の中に奉仕的観念が徹底して行ったとても　言ふのは欺く事ではなかろうか
13.9.20	昨日受領いたせし裁縫材料綿入25枚分を他の2人と分担して直ちに針を運び始め相変らずそれに余念なく精を出す
13.12.9	急性気管支炎にて入院す　高熱つづく　吸入　湿布　昼夜施行　かなり重症と見受く
13.12.17	入院以来熱は下降せず　身体の衰弱目に見えてかはりたり　注射ももう結構ですと申さる　本日重症通知せり
13.12.19	午前10時頃より呼吸状態悪化し　葡萄糖の注射　その他強心剤引続き行ふも漸次容態悪しくなりて遂に午後10時30分他界す　（四病）
入園時ノ所持金品	所持金　　　1　金2円90銭也 　　内保管金　1.金2円50銭也 所持品　　ズボン　1　　死装束　1　　腰巻　1　　袷　1　　綿入　1 　　　　　羽織　2　　座ふとん　1　　半天　1　　ネンネコ　1 　　　　　単衣　3　　浴衣　2　　冬襦袢　4　　夏襦袢　2 　　　　　行李　1　　洋傘　1　　帯　3　　袖無　1　　モモ引　1 　　　　　足袋　3　　前かけ　4　　風呂しき　2

No.1261　後藤志の　（女）

入園日	昭和9年10月29日
退園日	昭和14年1月29日　（死亡　心臓麻痺）

（要救護者調書）

出　　　生	文久3年正月19日　当72歳
出　生　地	千葉県東葛飾郡○○町番地不詳
本　籍　地	東京市深川区○○町×丁目×番地×
震災当時ノ住所	東京府北豊島郡○○字△△×番地
現　住　所	東京市板橋区○○町×丁目×番地
戸主又ハ続柄	戸主後藤吉蔵ノ叔母
宗　　　教	真宗
家族ノ状況　並ニ扶養親族関係	1　夫ノ有無　ナシ　1　直系尊卑属ノ有無　ナシ 1　其ノ他ノ親族　異母妹深川区○○町×丁目×番地ノ×笠置はま（当63歳）はまハ日蓮宗修業者笠置栄一ニ嫁シ居リシガ4年前夫ニ死別シ其後ハ長男明（当21歳）ガ市電少年車掌ニ通勤シテ得ル収入ニテ生活シ居ル由ニテ4年前ヨリ音信不通（2人家族）同（はまノ妹）日本橋区○○町×丁目×番地日本昼夜銀行内平井とく（当58歳）とくハ5年前夫万平病死シ養子丑吉（当33歳）ガ同行ノ住込ノ小使ナル関係ニテ丑吉ノ妻シノ（当30歳）長女みちト共ニ同銀行ニ居住シ丑吉ノ月給30円ニテ辛ジテ生活シ居レリ 甥（亡弟金次郎4男）現住所ナル板橋区○○町×丁目×番地後藤吉蔵（当36歳）吉蔵ハ日本橋区○○郵便局ノ集配人ニテ月給40円ナレ共積立金及び共済組合ヨリ借金セシタメ月賦返済ニテ控除サレ月28円ノ収入ニテ妻みよ（28歳）好（8歳）義一（7歳）俊二（4歳）久子（2歳）ノ6人家族ナレバ至ッテ困窮シ居レリ　尚前記平井とくノ養子丑吉ハ吉蔵ノ弟ナリ　日本昼夜銀行電話茅場町×××　×　同××××番
身心ノ状態不具廃疾ノ程度　及疾病ノ有無	青壮年時代ノ主ナル疾患（ナシ）　現在ノ疾病（咳）　病状（昭和9年3月頃ヨリ夜間咳アレ共軽症） 精神障碍等（ナシ）　性情（稍々　強情）
震災当時ノ職業及現在ノ作業　収入	貸間業 無職
教育程度 趣　　味 嗜　　好	3ヶ年寺子屋ニテ修学 三味線 喫煙
震災後ニ於ケル生活ノ経路　並ニ現況	1　震災当時ノ被害ノ状況　程度等　被害ナシ 1　震災後今日迄ノ家庭生活其ノ他生活状況ノ変遷等　　貸間業ヲ継続シテ生活セシモ52円ノ家賃ニテ貸間代全部ニテ35円ナレバ漸次生活難ニ陥リ1ヶ年ニテ家主ヨリ家賃ヲ45円ニ減額セラレシガ尚生活困難ノタメ大正15年7月末日廃業シテ現住所ノ甥（亡弟金次郎ノ4男）後藤吉蔵ヲ頼リテ子守ヲシ乍ラ厄介トナリ居リシモ吉蔵ハ日本橋区○○○郵便局ノ集配人ニテ極貧ナルニ付永住シ難ク昭和2年6月ヨリ各所へ2,3ヶ月間宛テ住込手伝婦ニ雇ハレテ生活セシガ昭和9年3月ヨリ咳出テ全身多少老衰シテ手伝婦モ勤メ難クナリシカバ4月1日ヨリ後藤吉蔵方ニ厄介トナリ居ル共吉蔵ハ月給40円ニテ積立金並ニ借金ノ月賦返済ニテ毎月28円ノ実収トナリ6人家族ナレバ到底之以上居住シ難キモ他ニ頼ル者モナク全ク困窮シ居レリ

生立及経歴	1	両親ノ氏名　後藤長吉　同さく 　　本人トノ戸籍関係　長女 　　職業　船頭 　　両親ノ死亡年齢　父64歳　母不明 　　同上疾病等　父腸病　母産後
	2	出生時　幼少年時代ノ住所　家庭状況　教育等 千葉県東葛飾郡○○△△番地不詳　5人家族（3人兄弟）ニテ普通生活セシガ5歳ノ折母ハ産後ニテ死亡シ程ナク志ノハ叔母（父ノ妹）ナル神田区○○町ノ筆職長田音一郎ノ妻かずニ引取ラレテ養育セラル　同年父ハふさヲ後妻トナシ4,5人ノ子女ヲ挙ゲシモはまとく以外ハ何レモ出生後程ナク死亡シ　志ノ実兄米助ハ本人ノ17歳ノ折病死セシカバ志ノ実弟金次郎ハ家督相続ヲセシガ其ノ34歳ノ時（志のハ37歳）実父長吉病死ニヨリ上京シ深川区○○町ニ借家シテ水上署ノ船頭ヲナシ居リシモ6年前ニ病死シ　其ノ子吉蔵丑吉両名ハ現存ス　異母妹はまハ父ノ死亡5年前ニ日本橋区○○町機械鍛冶小山善吉ニ嫁セシモ同棲6,7年ニテ夫ニ死別セシカバ日蓮宗修業者笠置栄一（深川区○○町居住）ニ再嫁セシガ栄一モ亦4年前ニ死亡シはまハ現存ス　とく（異母妹）ハ母ふさト共ニ父ノ死後上京シテ金次郎方ニ同居シ同町釦製造業佐藤良吉方ノ女工ヲナシ居リシモ同家ニ厄介トナリ居リシ平井万兵衛（良吉ノ妻よしノ兄）ナル盲人ニ嫁シ間モナク同区○○町借家シテとくハ髪結ヲナシテ生活セシガ母ハ既ニ死亡シ夫万平モ5年前病死セシガとくハ現存ス尚とく生活難ニ陥リ夫万平浴風会ニ収容サレシガ（昭和2年11月25日入園）昭和3年4月29日死亡 三ヶ年寺子屋ニテ修学セリ
	3	職業関係　住居　生活状況ノ変遷等 8歳ヨリ常盤津ノ修業ヲナシ19歳ノ時群馬県碓氷郡○○町字△△ノ質屋中山利右エ門ニ嫁シテ相当生活シ47歳ノ時継母ふさ病死シ49歳ノ折夫ハ直腸癌トナリシカバ分家ナル中島茂一郎ニ店ヲ任住シ志の夫婦ハ実子ナキタメ茂一郎ノ弟次郎ヲ養子ニ決定シテ夫ト共ニ上京シ浅草区○○町ニ居住シテ只管夫ノ治療ニ盡セシガ4ヵ月ニテ夫ハ病死セシカバ100ヶ日ニテ所持金3500円ヲ頼リニ日本橋区○町×丁目ニ移リ単身貸蒲団営業ヲ開始（夫ノ実家ハ既ニ名義上ノ養子次郎ノ手ニ移リ次郎ハ志のヲ扶養ノ意志更ニナキニ付）セシモ全々収入ナカリシニヨリ3ヶ月ニテ1000円の損失ニテ廃業シ本郷区○○町下宿屋赤門館ヲ600円権利ニテ譲リ受ケテ下宿業トナリシガ是又欠損続キニ付8ヶ月ニテ廃業シ神田区○○町×番地ニ移転シテ半ヶ年徒食シ51歳ニテ府下○○町字△△×番地ニ月家賃52円ニ1戸ヲ借リ間貸業ヲナセシモ間代ハ収入最大ノ月ニテモ35円ナレバ不足額ハ貯金ニテ補ヒ乍ラ普通生活ヲナス
	4	縁事関係　子女ノ有無 19歳ノ時中山利右エ門ニ嫁セシガ49歳ノ折夫死亡セシニヨリ以後独身生活ヲナス夫トノ間ニ実子ナカリシカバ夫ノ徒弟（夫ノ父ノ妹ノ子）中山次郎（当44,5歳）ヲ養子（戸籍上ノ手続ヲナサズ）トセシガ夫ノ死後ハ全々音信不通ナリ
	5	特ニ貧窮ノ事由ト認ムベキ事項 　イ．夫ノ病死 　ロ．本人ノ老衰
保護依頼者		本人直接
その他		調査個所　東京市板橋区○○町×丁目×番地　後藤吉蔵方

保護経過
9.10.29　入園清風寮ニ入ル

9.12.30　甥ニ当ル平井丑吉来訪　丑吉ニ就テハ調書ニ記載アリ
　　　　　洋服ヲ着シ相当ノ身装ヲナス

11.3.21 (東上)		数日前会ヒタイカラ来テ欲シイト手紙ヲ出シタノニ対シ本日妹来園ス　同人ハ姉ニ対シテ何等ノ同情心ヲ示サズ苦ンデ死ヌ様ナ事ヲシテ来タ人ダカラ自業自得ダト言フ様ナ口吻ナリ
11.3.26		発病ノ為本日第三病室ニ入院ス
〃.〃.5		板橋区〇〇町後藤千代氏（甥ノ嫁）来訪
11.8.31		軽快ニツキ葵寮ヘ退院セシム
〃.9.29		食事進マズ他ニ滋養品デモ食シタケレバトテ甥平井丑吉ニ金２円也無心状ヲ出シタル由
11.10.8		前記平井丑吉ヨリ金２円ノ送金アリタル由
	11.30	本人小遣ナキタメ甥後藤吉蔵氏ニ預ケアル所持品ヲ売却スベク外出シタクモ付添人ヲ要スルタメ右後藤氏ニ迎ヘヲ頼ム手紙出シタラバ多忙ノタメ参上出来ヌノ返事ニ本人非常ニ失望セリ
12.5.21		日ク甥吉蔵方ニハ自分ノ物ガマダ可成置イテアル　ソノ内他ノ物ハ兎モ角オランダ渡リノ茶瓶ハ是非持ツテ来タイカラ外出サセテ欲シイト到底１人デ出セル躰デハナイノデ吉蔵ニ付添ヘ為来テ貰ヘナイカト照会ヲ発ス
〃.5.29		吉蔵ヨリ返信アリ親類ニ病人ガアツタリ不幸続キニ加ヘ５人ノ子供ヲ抱エテ送リ迎ヘモ致兼ネル次第ナレバナルベク書面デ用ノ足ス様伯母ニオ伝ヘヲ願度トノコトデアツタ
〃.7.13		数日前梅田書記本人カラ依頼サレ平井丑吉方ヘ来園ヲ求メ電話シタルガ本日丑吉ノ母平井とく来園ス　本人ガ外出ヲ希望シ居ル旨ヲ伝ヘ誰カ出迎ヘニ来ル様尽力方依頼シオケリ
〃.11.3		妹平井とく墓参ノ帰リト称シ訪問　本人カラ外出ノコトヲ話シタガ駄目ダツタラシイ
〃.11.26		カネガネ外出ヲ切願シテ居タコトハ既述ノ如クデアルガ甥ヤ妹モ一向出迎ヘヨウトハセズ処遇上ニモ遺憾ナコトカラ本日寮母附添甥吉蔵方ヘ外出セシム
〃.11.29		正午頃妹平井とくニ送ラレ帰園セシガ往復共乗物ニ弱ク本人自ラ大分コリゴリシタラシイコトヲ言ツテ居タ
13.3.31		平井丑吉ヨリ１円50銭ノ送金アリ
〃.6.14		平井丑吉ヨリ２円ノ送金アリ
〃.7.14		平井丑吉ヨリ１円ノ送金アリ
〃.8.30		右平井丑吉ヨリ１年送金
14.1.29		甥平井丑五郎氏ニ電報ニテ死亡通知ス
		甥後藤吉蔵氏ニ葉書ニテ死亡通知ス
〃.〃.30		本日葬儀後前記平井丑吉及後藤吉蔵ノ両人来園ス

（入園者身分概要）

続　　柄	戸主後藤吉蔵ノ叔母
性　　別	女
氏　　名 生年月日　年齢	後藤　志の 文久3年正月19日　　当72歳
本　籍　地	東京市深川区〇〇丁目×番地×
入園前住所	東京市板橋区〇〇町×丁目×　後藤吉蔵方
家族親族等ノ現況	後藤吉蔵（甥）　板橋区〇〇町×丁目×
経　　歴	父後藤長吉ノ長女ニ生レ19歳ノトキ質屋中山利右エ門ニ嫁シ相当生活シ49歳ノ折夫ハ直腸癌ノタメ夫ト共ニ上京シ只管夫ノ治療ニ尽セシガ4ヶ月ニテ夫ハ病死セシカバ単身日本橋区〇町ニ移リ貸蒲団業ヲ開始セシモ全々収入ナカリシカバ3ヶ月ニテ廃業シ本郷区ニ移リ下宿屋ヲ始メシモ是亦思ハシクナク8ヶ月ニテ廃業シテ半ヶ年徒食シ〇〇町ニ1戸ヲ借家シ間貸生活ヲナス 震災被害ナク貸間業ヲ継続シテ生活セルモ漸次生活難ニ陥リ大正15年7月廃業シ現住所ノ甥後藤吉蔵ノ許ニ手伝乍厄介トナリ居リシモ吉蔵ハ極貧者ナルニ付永住シ難ク昭和2年ヨリ各所へ2,3ヶ月宛住込手伝婦ニ雇ハレシモ昭和9年3月ヨリ老衰ノタメ手伝婦モ勤マリ難キタメ再ビ後藤方ニ厄介トナリシモノナリ
宗　　教 教　　育 健康状態 労務能力 個　　性 性　　格 習　　癖 趣　　味 嗜　　好	真宗 3ヶ年寺子屋修業 （記載なし） （記載なし） 稍　強情 （記載なし） （記載なし） 三味線 （記載なし）

9.10.29　　入園

11.8.31　　三病を退院葵に転入す

11.10.8　　実甥平井丑吉氏より金1円也送付

11.10.28　病気のため食物を呑込むの恐ろしいと注意して頂くので傍で見て居つてもまずそうである　急に喰べると直ぐ咽喉につまると非常に苦しいと口数多相手かまはず話続ける能く労（ママ）れぬと思ひ話す事が善悪にかかわらず皆々嫌がります　少し注意せば直ぐ不快な面をしてすねる嫌味言ふ気まゝ者である　遠足日寮にて暮す

11.12.1　　所持品整理金に換へ度外出願　中澤先生の診断を受く附添を要すとの事で甥に迎へに来る様依頼するも12月1月は大多忙の為め迎へは出来兼ねる返事で本人も寒さ加り来春3月末迄で延す事に決心　昨今元気失禁もなし

12.2.11　　近来気持割と落付いて朗らかで身体の具合よいと言ふ食者（ママ）の通りも楽だと言ふ

12.4.17　　異常なし

12.5.20　　所要の為め外出願するも迎ひの方来れば許可下される由にて一時中止
保護課より後藤吉蔵氏迎へに来る書面お出し下さると多用であり子供も多く迎へ行き兼ねるとの返事　5月28日にあつた
此度昼夜銀行内後藤丑吉氏方に手紙差出し下される由

12.5.24	皇后陛下御行啓御菓子料御下賜給る有難い御思召を記念にするため浴衣1反求めた
12.7.14	日本橋○○町平井丑吉（母）来訪後藤志の（氏実妹）
12.10.5	其後健康状態よく奉仕除草に参加す9月23日協同会より初めての試みとして小遣金20銭与えられた自尊心高く20銭位と言ふたそ振り有難がらなかった
12.11.26	板橋区○○×後藤吉蔵方へ外出寮母附添途中電車に酔大変に苦痛を訴へた 2泊の上実妹に送られて帰寮
13	お正月元気でお迎へした　然し息切が時々すると訴ふ
13.3.25	2月11日共同金30銭分配された 2月14日流感で東ノ下仮病室へ入院約1週間全治退院
13.3.31	甥平井丑吉氏から小使として金1円50銭送附された
13.5.5	咳　息切れ　動悸あり受診投薬して頂く 日本橋の甥へ送金依頼状を頼みでる3月末日の送金1円50銭の使途を尋ねれば風邪の全快で皆様におふるまいをしたとの事　絶対にそんなことしないやう話し甥の方でも足りないがちのなかを都合してくれるのだから無駄使いしないやう申した所すなほにうなづく
5.26	朝食のものを少し嘔吐しそれ以後固形物をとらず味噌汁　くづ湯　りんご果汁水ばかりで就床しているが　其の割合に元気は余り衰へぬ 熱は最高36度9分位　6月2日の診察日には様子に依つて入院させようとのことであつたが　4日頃より御飯は半杯くらい副食物も少しづつ頂けるようになつた
6.14	平井丑吉ヨリ金2円送付　1円で甘いものでも買つてお世話になつた皆様にあげたいと言ふので物質で報いようとする心持とそのことのいけないことを激しくいましめ　ただ皆さんに対しての気持ちだけは寮母が伝えてあげる 本日より離床
7.1	修理物に従事　他のものが裁縫をしていても知らぬ顔である　自分のだけくらい縫へるでせうと聴いてみればたやすく出来るやうな返事　それでは　お世話係を手伝つて下さいと頼んだ 成績も相当いいやうである
7.14	受診　平井丑吉　1円封入あり
8.30	受診　右同　1円 咽喉のつかへる病気の為　飴玉に類するもので小使は使ひつくしてしまいますと　1ヶ月1円では多すぎるし　真実の所　未だ分明せず
14.1.29	昼食時中突然に異常あり　お箸を持つたまま倒れる　苦痛の様子は少しもないが平常より食物のつかへる癖あるので早速看護婦も其の手当及び注射をして下さつたが其の甲斐なく永眠された　居室でも頭脳的な世話係の役をしていたくらいのおばあさんである　惜しいことであつた
入園時ノ所持金品	（記載なし）

No.1311　戸山彌吉　（男）

入園日	昭和6年11月6日
退園日	昭和14年9月7日　（除籍　無断外出）

（要救護者調書）

出　　生	文久3年2月29日　　当69歳
出　生　地	東京市神田区○○町×番地
本　籍　地	東京市浅草区○○町×丁目×番地
震災当時ノ住所	東京市下谷区○町×番地　川井松二郎方
現　住　所	東京市下谷区○町×番地　川井松二郎方
戸主又ハ続柄	亡戸主戸山喜平ノ弟
宗　　教	真宗
家族ノ状況　並扶養親族関係	1　妻ノ有無　ナシ 1　直系尊卑属ノ有無　ナシ 1　其他ノ親族ノ有無　妹タケ　当68歳ハ本人ノ13歳ノ時神奈川県足柄下郡○○町ノ某飯屋ニ住込奉公ニ行キシト聞キシガ其ノ後ノ消息不通ニシテ生死判明セズ 1　永年ノ知人　東京市下谷区○町×番地（現住所）川井松二郎　68歳　無職　川井ハ元同業者（人力車夫）ナリシ関係ニテ20年前ヨリ同居シ居レ共老齢ニシテ無職且ツ其ノ妻キタ67歳トノ間ニ子供ナク間貸ヲナシ辛ジテ生活シ居ルニヨリ今後金品ノ補助ハ到底受ケ難シ 1　永年ノ雇主等　ナシ
身心ノ状態不具廃疾ノ程度　及疾病ノ有無	青壮年時代ノ主ナル疾病　ナシ　現在ノ疾患　老衰　耳遠シ 病状　2ヶ年前ヨリ両耳ノ聴力弱リ本年9月1日ヨリ全身老衰セシモ自分用ハ充分ナリ 精神障凝等　ナシ　性情　温良
震災当時ノ職業及現在ノ作業　収入	夜警番 無職
教育程度 趣　　味 嗜　　好	半ヶ年寺子屋ニ修学 将棋　講談 煙草
震災後ニ於ケル生活ノ経路　並ニ現況	1　震災当時ノ被害ノ状況程度等　全焼 1　震災後今日迄ノ家庭生活、其他生活状況ノ変遷等 　　罹災直後家主松二郎ニ伴ハレテ其ノ甥ナル府下○○町×丁目塗師屋川井千三郎方ニ厄介トナリシガ同年10月川井松二郎ハ罹災地ニバラックヲ建築セシニヨリ同家ニ移転同居シ引続キ○○町ノ夜番ヲ勤メテ普通生活中昭和3年10月31日区画整理ニ付同番地ノ現住所ニ川井ト共ニ移転セシガ昭和4年4月末日老年ノタメ夜番ヲ解雇サレシカバ取リ敢ヘズ広告配トナリ同年12月おでん行商ヲ兼業シ辛ジテ生活セシモ収入僅少ニヨリ昭和5年8月31日鼈甲焼ノ行商兼広告配リ（広告ハ1ヶ月4,5回アルノミ）ニ転業セシガ漸時収入減ジ昭和6年8月ニ入リテハ1日ノ売上10銭以内ニテ且ツ老衰シテ行商ニ堪エ難クナリシカバ8月末日廃業シ近隣ノ同情ニヨリ僅カニ生活シ居レリ

生立及経歴	1 両親ノ氏名　戸山源太郎　母イツ 　　本人トノ戸籍関係　2男 　　職業　古着商 　　両親死亡年齢　父　55歳　母　47歳 　　同上疾病等　父不明　母胃腸病 2 出生時　幼少年時代ノ住所　家庭状況　教育等 　　東京市神田区〇〇町×番地　5人家族（10人兄弟ナリシモ兄喜平妹マツ以外ハ何レモ幼少ニテ死亡シ喜平ハ9年前病死、タケハ居所不明）ニテ辛ジテ生活セリ　半ヶ年寺子屋ニテ修学ス 3 職業関係　住居　生活状況ノ変遷等 　　12歳ニテ神田区〇〇町×番地染物業京屋銀二郎方ニ住込奉公セシガ22歳ニテ暇取リ本所区〇〇町×番地同業ノ知人ナル中川泰蔵方ニ職人トナリテ1ヶ年住込ミシヲ初メトシテ市内所々デ短時日宛転々トシテ職人生活ヲナシ居リシモ36歳ノ時神田区〇〇町×番地人力宿車業増井留七方ニ住込ミテ人力車夫ニ転業シ普通生活中49歳ノ折留七ノ病死ニヨリ神田区〇〇町×番地ノ知人ナル人力車夫某作太郎方ニ15日間同居シ次デ同業者ナル現住所川井松二郎方ニ同居シ引続キ人力車夫ニテ生活セシガ約3月ニテ激働ニ堪エザルタメ廃業シテ神田区〇〇町ノ夜警番トナリ58歳ニテ浅草区〇〇町ノ夜勤ニ転ジテ普通生活ヲナス 4 縁事関係　子女ノ有無 　　36歳ノ時某まつ内縁ノ妻トセシガ1ヶ年ニテ離縁シ以後独身生活ヲナス 　　まつトノ間ニ男児1名挙ゲシモ生後1週間ニテ死亡シ子女ナシ 5 本人性行　普通 6 特ニ貧窮ノ事由ト認ムベキ事項　老衰
保護依頼者	東京市下谷区〇〇方面事務所
その他	調査箇所　東京市下谷区〇町×番地（旧×番地）　東京市浅草区〇〇町×番地

保護経過

6.11.6　　　入園清風寮ニ入ル

13.5.13　　芙蓉寮ニ於テ本年第2期世話係ニ当選ス

14.7.1　　　芙蓉寮本年度第2期世話係ニ指命サル

14.8.12　　午後1時頃姿ガ見エナクナツタ直グ帰ルモノト考ヘ2時頃マテ待ツタカ帰リナシ襦袢ヲ浴衣ニ着替作業衣上下共無之ヲ発見シタルニ依リ無断外出ト認メ直ニ知人川井松二郎氏先ニ電報ニテ照会ス　13日ニ至ルモ何等回答ナシ　14日ニ至リ書面照会先渡辺吉一郎（浅草区〇〇町×）ヨリ本人来訪アリタルモ説諭ヲ加エ電車賃ヲ与ヘ帰シタリトノ葉書回答アリタリ

14.8.15　　宮川寮母捜索ノ為浅草区〇〇〇町川井松二郎氏ヲ訪問セルニ本人ハ立寄ラズトノコトニ付更ニ渡辺吉一郎氏ヲ訪ネタル・本人ノ行先明瞭ナラズ一応捜査ヲ中止シ帰園セリ

14.9.7　　　除籍トナル

（入園者身分概要）

続　　柄	戸主　戸山喜平ノ弟
性　　別	男
氏　　名 生年月日　年齢	戸山彌吉 文久3年2月29日　　当69歳
本　籍　地	東京市浅草区○○町×丁目×番地
入園前住所	東京市下谷区○町×番地　川井松二郎方
家族親族等ノ現況	父　戸山源太郎　母　イツ　兄　喜平　何レモ亡 36歳ノ時某まつヲ内縁ノ妻トセシガ1ヶ年ニテ離縁シ以後独身生活ヲナス　まつトノ間ニ男児1名挙ゲシモ生後1週間ニテ死亡シ子女ナシ 出生地　東京市神田区○○町×番地
経　　歴	12歳ノ時染物業京屋某方ニ奉公 22歳右ヲ暇取リ染物業中川方ニ職人トナル　其ノ後所々ニ染物職人トシテ住込ム 36歳　人力車夫トナル　49歳激務ニ堪エズ車夫ヲ止メ神田○○町夜警番トナル 58歳　浅草区○○町ノ夜警番　震災全焼ニ遭ヒシガ引続キ右ノ夜警番ヲ務メタリ 昭和4年4月　同所夜警番ヲ解雇サレ広告配リヲナス傍ラ12月ヨリおでん行商ヲ兼ヌ 昭和6年8月以来老衰ノタメ行商モ不可能トナリ近人ノ同情ニスガル
宗　　教 教　　育 健康状態 労務能力 個　　性 性　　格 習　　癖 趣　　味 嗜　　好	真宗 半ヶ年寺子屋修学 健康　耳遠イ 有ル 良 （記載なし） （記載なし） 将棋　講談 煙草

保護経過
8.3.4　　芙蓉寮へ転入

13.1.11　お世話係の選挙にて3点なるも次点にてお世話係の令を受ける　老人として出来そうにないと自退（ママ）一応出来るだけのおつとめをする様に申聞せて置く

　1.30　初めてお世話係を努め　氏は統制力はないが　実に真面に働かれる

13.3.18　事務よりお小遣銭支給有りて金20銭を受領す

　5.11　お世話係の選挙　戸山氏5点にて引続き務める

　9.21　事務よりお小遣金20銭受領す

　9.26　黙々とした氏実に何かと自ら気を付けて働き　除草より帰ると速ぐに其の次の仕事へと良く働き心掛けには感心する

　12.21　共同金50銭を今回は受く

14.1.12　世話係改選3点で次点に就て尚引続にてつとめる　病人に対しても一寸も厭な様子も見せず　黙々として親切である　同寮方に喜ばれる

14.5.29	具合が悪いとて午後より就床　持病にて時折り臥床　気楽に静養さる可く注意す
14.5.31	具合悪いとて就床の氏　今日は離床して除草に従事　無理を仕てはならぬ事を申聞せるもつとめる
6.1	今日は快方の様子
14.7.26	入院の樋山世話係の代りとして　お手伝いの相談すると気真面な戸山氏の事とて仕事に就いて非常に気を遣はれ　つとまらない様だ等と心配する　相互に助合って行く可く励して置く
14.8.5	松木氏の気転利きで短期なのに　一緒に働事を喜ばれなかった氏　辛棒出来ない事を他の同僚に語り洩された由を耳に仕たが　一時の事とて辛棒仕て貰ふ可く話し合って置く　一日は最□西側の方へ勝手に戻ったり仕た事もあった
8.12	午後1時頃より無断外出　親戚の無い戸山氏の事とて　非常に心配して園内外を深したが　煙草銭に不自由な氏は外のインフレ景気を夢に見て作業服等を持参し稼き度い計画的のものと思はれた
8.14	昭和10年1月21日浅草区○○町×渡辺吉一郎氏より一回受信か有り　右の家へ立寄有無を問合す 早速返信か有り　考へ違いを戒め電車賃を持たせ帰へしましたと云ふ返事があった
8.15	外出調査に寮母出掛る　○町○○方面立寄崎（ママ）見込の家を尋ねる　随分苦心して探したが立寄崎は判っても　居住が不明にて止む無く帰る
9.7	本日除籍となる
入園時ノ所持金品	（記載なし）

常務理事　福原　保護課長　芦澤
退園者除籍の件
本籍地　東京市浅草区○○○町×丁目×番地
入園前ノ住所　東京市下谷区○町××番地　川井松二郎方
昭和6年11月6日入園　芙蓉寮　戸山彌吉　文久3年2月29日　当77歳
右者去ル8月12日午後1時頃無断外出セシニ依リ取リ敢ヘズ園ノ内外ヲ探索スル一方知人ナル川井松二郎及ビ渡辺吉一郎両名宛電報ヲ以テ照会セシ処13日附ニテ渡辺吉一郎ヨリ当人来訪セシモ説諭ノ上電車賃ヲ與ヘテ帰セシトノ来書アリシニヨリ翌15日受持宮川寮母ハ其ノ捜査ノタメ前記知人宅ヲ訪問セシガ遂ニ行方判明不致候ニ付察スルニ当人ハ健康体ナルヲ以テ入園前ノ職業ナル日雇人夫ニ従事シ自活スル目的ニテ退園セシモノニテ到底帰園ノ見込ナキモノト被認候條特別ノ御詮議ヲ以テ本日附ニテ除籍ノコトトナサレ可然哉尚支給品中本人ノ携帯シ去レル左記5点ハ支給払ト被致度

　　　　　　　　　　　　記
浴衣　1　　夏襦袢　1　　帯　1　作業衣　上下　　以上5点

No.1315　鈴木イチ　（女）

入園日	昭和14年5月15日
退園日	昭和14年9月30日　（退園　知人身元引受）

（要救護者調書）

出　　生	明治6年3月13日　　　当67歳
出　生　地	横浜市中区○○町×丁目×番地
本　籍　地	横浜市中区○○町×丁目×番地
震災当時ノ住所	横浜市中区○○町×丁目×番地
現　住　所	東京市渋谷区○○町×番地　三浦方
戸主又ハ続柄	戸主
宗　　教	基督教
家族ノ状況　並ニ扶養親族関係	甥　弟亡鈴木鉄吉ノ子供男2名アリシ筈ニテ鉄吉ノ死後其ノ妻ミキガ伴ヒテ他家へ再嫁セシ由ナレ共音信不通ニ付氏名ヲモ判明セズ
身心ノ状態不具廃疾ノ程度　及疾病ノ有無	青壮年時代ノ主ナル疾患　ナシ　　現在ノ疾病　冬季ハ神経痛アレ共目下健全ナリ 精神障害　ナシ　　性情　良
震災当時ノ職業及現在ノ作業　収入	無職
教育程度 趣　　味 嗜　　好	女学校卒業 映画 ナシ
震災後ニ於ケル生活ノ経路　並ニ現況	震災当時ノ被害ノ状況程度等　家屋及家作11戸共ニ全焼 罹災直後東京市蒲田区○○町ニ借家移転シ所持金千円ニテ徒食セシガ昭和2年3月所持金ヲ殆ンド消費セシニ付芝区芝公園内ノ米国人ニテ自動車会社日本・朝鮮・フィリッピン等支店ノ総支配人ライドン方ノ保母ニ住込ミ月給50円ヲ受ケ居リ昭和3年12月主人ノ転任ニヨリ伴ハレテ任地ナルフィリッピンニ渡リシモ昭和4年5月主人ライドンハ帰国セシニヨリ其後ハ同地在住ノ英米人等ノ保母ニ雇ハレテ普通生活セシガ日支事変以来英米人ノ帰国或ハ経済上保母等ノ雇主モ減ジ失業スル事多クナリケレバ昭和12年12月500円ヲ所持シテ帰国シ神戸市○○ニ下宿シテ徒食セシモ昭和13年3月18日上京シ現住所ナルペンキ屋三浦方へ月23円ニテ下宿シ長クモ3ヶ月宛外人専門ニ家政婦ニ雇ハレ居リシガ昭和14年ニ入リテ失業ヲ続ケ生活困難トナリシタメ保護出願セリ

生立及経歴	1．両親ノ氏名　本人トノ戸籍関係　職業　両親ノ死亡年齢　同上（両親の死亡）病気 　　父　鈴木兼八　　母　うめ 　　2女 　　父　元宇和島藩士ニテ穀屋 　　父　72歳　　母　63歳 　　父　老衰　　母　喘息 2．幼少年期 　　6人家族（兄弟12,3人アリシ由ナレ共4人以外ハ何レモ幼少ニテ死亡セリ）ニテ普通生活ヲナセリ 　　兄竹太郎ハ家督相続ヲナシテ穀物商ヲナシ居リシガ当人62歳ニテ死亡シ姉たけハ当人22歳ニテ産後死亡シ出生児モ又程ナク病死セリ　弟鉄吉モ穀類商ナリシガ当人33歳ニテ病死セリ 3．青壮年期 　　26歳ニテ本郷ノ渡辺裁縫女学校ヲ卒業シ同年神田区一ツ橋ノ家事教員伝習所ニ入学シ28歳ニテ同校ヲ卒業ス程ナク北米合衆国オレゴン州ポートランド百年祭博覧会ヘ台湾ウーロン茶ノ宣伝ノタメニ派遣サレシガ同博覧会ハ3ヶ月ニテ終了セシニ付其後ハ家政婦トシ転々各所ニ雇ハレテ住込ミ生活ヲナシテ只管学資ノ貯蓄ニ勤メ31歳ノ折シヤトルノ洋裁専門学校ニ入学シ32歳ニテ卒業シ紐育ニ移リテ裁縫ニテ生活セシモ同年同市ノ雑貨商日本人中井喜一ニ嫁シテ相当生活セシガ40歳ノ折夫喜一ト意見ノ衝突ニヨリテ離縁シ帰国シテ横浜市中区○○町×丁目×番地ニ父ガイチノタメニ建築シ置キシ12戸ノ家屋中1戸ニ居住シ其他ノ11戸ヲ貸家トナシ其ノ家賃月200円ニテ相当生活ヲナシ43歳ヨリ外人専門ノ美容術所ヲ開始セシガ47歳ニテ廃業シ以後ハ家賃ノ収入ヲ以テ無職ニテ生活シ居レリ 4．縁事関係 　　32歳ノ時中井喜一ト結婚セシガ40歳ニテ離縁シ以後独身生活ヲナセリ 　　夫トノ間ニ子女等ナシ 5．特ニ貧窮ノ事由ト認ムベキ事項　　老衰
保護依頼者	東京市渋谷区○○方面事務所
その他	調査箇所　東京市渋谷○○町××番地　三浦方

保護経過

14.5.15　　入園　常盤寮ニ入ル

14.5.23　　三浦伊助（渋谷区○○町×番地）氏夫妻来訪

14.6.14　　友人　森かね（京橋区○○×ノ×　銀座ホテル）氏来訪

14.7.1　　 常盤寮　本年第2期世話係ニ指名サル

14.8.14　　世田ヶ谷区○×ノ×番地　友人吉田タツ氏来訪

14.9.29　　本人ヨリ退園願出（身元引受人　安岡千蔵）29日附許可ス

（入園者身分概要）

続　　柄	戸主
性　　別	女
氏　　名 生年月日　年齢	鈴木イチ 明治6年3月13日　　当67歳
本　籍　地	横浜市中区○○町×丁目×番地
入園前住所	東京市渋谷区○○町×番地　三浦方
家族親族等ノ現況	甥2名アル筈ナルモ音信不通
経　　歴	父鈴木兼八ハ穀物商ニテ普通生活ヲナシ　26歳ニテ本郷ノ渡辺裁縫女学校ヲ卒業シ神田区一ツ橋ノ家事教員伝習所ニ入学シ28歳ニテ同校ヲ卒業シ程ナク北米合衆国ノ博覧会ヘウーロン茶ノ宣伝ノタメ派遣サレ其後米国ニ住ミ家政婦トシテ転々各所ニ雇ハレ学資ヲ貯蓄シ31歳ノ折シヤトルノ洋裁専門学校ニ入学シテ32歳ニシテ卒業シ紐育ニ移リ同市ノ雑貨商日本人中井喜一ニ嫁シ相当生活セシガ40歳ノ折夫喜一ト意見ノ衝突ニテ離婚シ帰国シテ横浜市中区○○町ニ父ガ12戸ノ貸家ヲ建テ家賃月収200円アリ相当生活ヲナシ43歳ノ時外人専門ノ美容術ヲ開始セシガ47歳ニテ廃業シ以後ハ家賃ノ収入ニテ生活ス震災ニテ全焼　昭和2年マデ徒食シ昭和2年自動車会社支配人ライドン氏方ノ保母トナリ昭和3年主人ト共ニフィリッピンニ行キ昭和4年主人米国ニ帰リ其後ハ外人ノ保母トシテ住込ミ転々シ不景気ノ為昭和12年12月帰国シ其後生活ノ途立タザレバ入園申込ム
宗　　教 教　　育 健康状態 労務能力 個　　性 性　　格 習　　癖 趣　　味 嗜　　好	基督教 女学校卒 神経痛 若干アルベシ （記載なし） 良し 映画 ナシ （記載なし）

保護経過	
14.5.15	入園　常盤寮ニ入ル 容易ニ荷物モ見セタガラナイ　長時間カカッテ除々ニ心持ヲホグシ乍ラ漸ク全部調ベル　翌日ニナリ他ノ現金ニツキ問フニ 1000 円正舎銀行ニ定期貯金トシテアリ　尚 110 円ノ貯金アリ　他債券 55 円　現金トシテ 30 円バカリ物品買上金ヲ友人ニ頼ンデアル由　30 円ハ其ノ中面会ニ来タ時受取ル由証明イナク全部口述ニヨル　園ノ規則ニハ素直ニ従フ態度充分アルガ対スル者ガ余程留意シテ当ラネバナラヌコトヲ痛感ス　今ノ所理解サセレバシバラクハオチツクカト思フ
5.22	貯金帖及債券保管証及現金 10 円事ム所へ保管申出　三浦氏（元下宿）面会持参ニヨル
5.29	支給品 13 種不用返納申出　3,4 年ハ私物着用スル旨 米国での友人　淀橋区○○×一×　菊田久子（写真材料製造　オリエンタル会社）
7.1	新入寮世話係に指名
7.18	横浜市中区○町××（電　○○町××××）　安岡千蔵方へ墓参のため 1 泊外出
8.8	世話係として自信ついた風もあり今一つはそろそろ本性を出して来たやうにも感ずる
8.9	石川せつ氏　あまりの珍しさに本人の手鋏一時使用した由　それに腹立ちすごい勢で怒り外のたたきに投げつけ寮中驚いて終ふ　「土百姓土百姓」ととなりちらす　寮母も驚き其否を静かにさとしておくが絶対に自分は悪くない　使用した者が悪いと言ひ張る　無断で使用したことは謝罪させ今後せぬやう注意を与へて居るに関らず　この鋏は汚れたとか　破れたとか言って大変なさわぎである　其鋏は寮母修理を致し代りの品物を借し与へておく
8.10	散歩の途すがら度のすぎた短気は新入寮ではあまり見せられぬ事を語り忠言すれば又怒り出し絶対に正しいと言ひ張る　アメリカ式の教養ない女性のわざによく似てゐる
8.11	寮母後休日につき本人の知人　寮母の恩師吉田氏を来訪　ついでに鈴木氏の性向につき伺ふ　種々参考になり得る点あり　「千円の預り証を頼まれてあるがそんな立派な保管金制度ある事務所あれば自分たちの預る物でなくして其中本人に話し浴風会に移す様計ひませう」と自発的に言はれた　とに角私も一度是非お目にかかりに伺ひたいから其中にとの事でお別れする
8.14	吉田夫人来訪　寮母は鈴木氏面会人としてお会ひし自由な対談の時を上げておいたがあまり長く居られず用事あるとて正午帰られる　寮母もこの間来訪の節座分（ママ）に関らず御老体の身で停留場まで送られたのでお見送りしやうとすれば本人仲間との昼食時に関らず寮母に止まれ　自分行くと言ひ出すためそれなら一緒に共に見送る　帰り途ぷりぷり怒り気がつかないとか遠慮すべきだとかやはり自由ならざる自由論持ち出し一種の我ままである
8.15	今日も昨日の見送りをうらみがましく寮母を悪く言ふため笑ってばかりも居れず在園者は昼食時は一緒にすべき事　吉田夫人は寮母に個人的に途すがら語るべき用事あったこと　本人とは充分面会時に語るときあったことを言ひおさへておく
8.19	官舎の子供達記念碑周囲に遊んで居る時鈴木氏掃除に行き「貴女達どこの子」と訪ねたら「人間の子だい　こじき婆」と言はれたとてぷりぷり怒り　この辺ではそんな風に我々の事を教へ育ててゐるとてこんな所に居ればこそだと涙ぐんでゐたが寮母は子供は出放題言ふのに気にかけてはあまり気が小さいとなだめておく　一種のひがみを持ち初めて来た

8.22	新入者の諸検査初まりこれを見聞きして考へてゐた模様あり兎の生活ぶりと比較し我々も可愛想にこの兎見たいなものだとしきりとお部屋で一同に物語ってゐた　寮母はきき捨てにならずそんな事をもっともらしく新入者の前で言はぬ様如何に感じても事実さうでなく本人故　老人方故なのだからと言ひきかしておく　するとすぐお部屋で寮母さんはこう言ったああ言ったと自分の発言権まで止めると力む
8.25	お行儀悪くてあまりである　お部屋で喰べる　足は投げ出す　よくしゃべる　つまらぬ事ばかり　最初の教養何処へやら　あまりにも情けない　本人曰く「自由なり」と　放縦と間違ってゐる　足だけは座ってばかりは辛いだらうから毛布でも掛けておくこと　一々外通る人の批評のみは悪いことお部屋の人の否のみを持ち来り　ある時は早合点であまりにも異なった解釈してゐたり　虚言でないがさう思はるる節の事柄を事実とあまりにも異なった事情として報告に来るため　そんなでは信用できなくなると忠言しておく
9.2	仲良しの下山氏世話係として指命されたら　寮母さんは下山さんへ愛情移したとて内心不平らしく訴へに来た　新世話係として育てねばならず　各々個性異なり方法も代へねばならない事も知らず寮母は好奇心やらで何んでも新しいものがお好き　自分は信用なくなった　嫌はれた　と思ひ込む様になって来た　鈴木氏は幾分かお仕事には馴れ只世話係としての態度作る事に注意を向けて居たが本人にすれば自分の意志のみ入れて貰ひ独占したい心持らしいが立場上寮母としては公平に取り捨てせねばならず時折は憎まれ役も買はねばならない
9.10	遠外出申出　受診他種々の都合上20日頃と決める
9.17	本人のためにも寮員のためにもと思ひ日曜勤行後概要中の在園者心得初めて朗読吟味して上げた　特に世話係の所　及礼儀を守り決して粗野放縦に流れざるやうに心掛くべしの所等大部痛手であったらしい
9.18	我ままは寮母ももう許さないらしい　自分もあまりひどい事ばかり最近繰り返してゐる　お寒くなれば勝手にカイロの2つも入れ早めからは入れられないだらうし　病室へ見舞に行けば随分に病人も多く自分も今にさうなるのかと悲観もあり丈夫な中に澤山逆にたのしみ　お金も費って来ようかそれとも寄附分配にしやうかと種々迷ったらしい　時折寄附の事も寮母まで相談に来た
9.20	日帰り外出許可　田園調布より速達寮母あて1泊□さしてほしい旨
9.21	電話取継で明日帰園したき旨　寮母ついでもあり横浜宿泊先を訪ね　病気で□□いか　明午前中帰寮して寮母のるすを守ってほしいことを少時語って別れやうとすると「お風邪召すなよ」としきりと涙出んばかりの言葉を繰り返し　上っての言葉をふり切って立ち去ろうとすれば今夜は何処に泊まられると思案顔であった妹の所と話して他何事も言はず安岡氏とも語らず別れる
9.22	寮母夜おそく帰寮して会はず
9.23	外出伸ばした何等のあいさつもなく持参した通帖の返事もなく妙と思ふ中小遣銭調べの時　其必要ない事　退園を申し出　安岡氏引取る事自慢気に言ふ　寮母も兼ねて覚悟の事ではあり止むを得ぬ事情になってゐる寮の気分を思ふ時むしろ願ふ所でもあり　それも宜しいことと語ったら青くなって私は引取られても其処では暮らしません　身体もあまり丈夫でありませんと泣かんばかり　引取となってもお金あり年齢も若く教養と体力ある氏には最もすすむべき事だと言ひ放して腹の中をおさへておく　本人すごすご引下った　反省させる事も又強く出る事も又必要である　老人を愛すればこそである
9.25	事務所より何等お話もないのに本人独りで退園を言い歩きおちつかずしきりと寮母まで手続き方に来る

9.26		日曜　寮母休暇外出　久し降り教会に出席　吉田氏宅なり　鈴木氏の退園無茶でないらしい事を知る　教会員がお上の御やっ介になってゐる人からは立場が異なるから教会の寄附は戴かぬと言った由　一人前扱ひされぬ事さも感じ　私は退園して働きますと言った由　預けた1000円の証書は吉田氏宅より受取り他へ転した由　ついで横浜安岡氏を訪ね様子を見るに引取る意志充分あるが妻女はあの叔母さんではと首をかしげて長くは生活出来ない様子をもらしてゐた　相互面会に来たり行ったりで様子を知り合ってからでもと退園期を伸ばさせる模様あって別れる
9.27		保護課長に殊の次第をお話し一先ず外出させ引取人の印した願書取って後事務的に運ばれる事に決定　本人と相談　帰寮後はいよいよ決定したとなると淋しいらしく涙ぐみ乍ら殊毎に当り又笑ひしたいだけの我ままを寮母になし　寮母がやさしくないから私を捨てたから出ねばならぬのだとわめく其心情を思ふとまったく寮母を止めたい位辛く可愛くもあり致方ない立場　寮母としての理性が万事を許さない　可愛想ではあるが自然に自ら開いた道に従って貰ふより他ない　あまりにも寮が犠牲になり過ぎる
9.28		外出　荷物発送
9.29		送別会　記念の写真撮影
9.30		正午　見送られ退園　割合元気　電車に乗る時又涙ぐみ寮母さんがと言ひ出したが言葉を相互に無駄せぬ事を約す
入園時ノ所持金品	所持金	2円50銭（現金）
	所持品	足袋 10　前掛 5　袷 9　羽織 8　単衣 7 浴衣 10　帯 13　腰巻 4　襦袢 5　ドテラ 1 風呂敷 7　ショール 6　コート 2　洋服下着 10 洗面器 1　夏洋服 15　毛糸上下 4組　枕 2 バンヤ敷布団 1　毛布 2　トランク 2　洋傘 1 金時計 1　置時計 1　他紐数 10本

No.1345　吉田彦太郎　（男）

入園日	昭和8年2月25日
退園日	昭和14年12月16日　（死亡　萎縮腎）

（要救護者調書）

出　　生	慶応2年1月15日　　当67歳
出　生　地	東京市神田区○○町××番地
本　籍　地	横浜市中区○町×丁目××番地
震災当時ノ住所	東京市麻布区○町×番地　杉山利一郎方
現　住　所	東京市本郷区○町×丁目×番地　岡井正二方
戸主又ハ続柄	戸主
宗　　教	真言宗
家族ノ状況　並扶養親族関係	1　妻ノ有無　ナシ 1　直系卑属ノ有無　ナシ 1　直系卑属　養女　吉田志ん　当24歳　志ンハ横浜市○○町字△△××番日雇人夫宮本清蔵ノ二女ナリシヲ宮本ノ知人ニテ吉田彦太郎方ノ同居人ナリシ同業者（古物商）小原友蔵ガ吉田ノ死亡後ハ相続者ナキタメ廃家トナルニヨリ戸籍上ノミノ養女ニセヨトノ事ニテ大正8年11月15日当時10歳ノ志ンヲ養女トシテ入籍セシモ目下音信不通ナリシタメ居所其他不明ナリ 1　其ノ他ノ親族　姉吉田みつ当73歳ハ独身生活ヲナシ居リシ筈ナリシガ40年前ヨリ消息ナシ 1　永年ノ知人雇主等ノ有無　ナシ
身心ノ状態不具廃疾ノ程度　及疾病ノ有無	青壮年時代ノ主ナル疾患（ナシ） 現在ノ疾病（老衰） 症状（昭和7年7月15日頃ヨリ多少老衰セシト感ズレ共自分用ハ充分可） 精神障害等（ナシ） 性情（良）
震災当時ノ職業及現在ノ作業　収入	ミシン裁縫職工 無職　月収　ナシ　　日収　ナシ
教育程度 趣　　味 嗜　　好	3ヶ年寺子屋修学 将棋 ナシ
震災後ニ於ケル生活ノ経路　並ニ現況	1　震災当時ノ被害ノ状況　程度　等　被害ナシ 1　震災後今日迄ノ家庭生活其他生活状況変遷等 引続キ杉山方ニ住込ミ普通生活（ミシン裁縫職）セシガ昭和3年6月30日杉山廃業セシニヨリ其ノ知人ナリシ現住所ナル紙商矢田千二方ニ杉山ノ紹介ニテ厄介トナリ傍ラ手伝等ヲナシ居リシモ千二ハ昭和6年4月30日腎臓病ニテ死亡セシカバ約1ヶ月ノ後千二ノ妻矢田そのハ岡井正二ニ店舗ヲ売却シテ帰国セシニヨリ彦太郎ハ行ク先ナク困却セシガ幸ヒ正二ハ紙商ニ無経験ニ付其儘手伝トシテ住込ミ居ルコトトナリシモ昭和7年7月中旬頃ヨリ多少老衰シ本年1月下旬ニ至リテハ老衰ノタメ夜遅キ同家ノ手伝ニハ到底務リ難ク暇ヲ取リシガ行ク処ナク厄介トナリ居レ共是レ以上居住スルニ忍ビザル状態ニアリ

生立及経歴	1　両親ノ氏名　吉田松三郎　同しげ 　　本人トノ戸籍関係　長男 　　職業　綿問屋番頭 　　両親ノ死亡年齢　父　50歳位　母60歳 　　同上疾病等　父　脳溢血　母　腎臓病 2　出生時　幼少年時代　家族状況　教育等 　　東京市神田区（10歳以後）3人家族（父　彦太郎ガ出生3日目ニ死亡セシカバ母ノ実家ヨリノ補助及ビ母ガ30軒ノ差配ヨリ得ル収入ニテ普通生活ヲナス 3　職業関係　住居　生活上ノ変遷等 　　12歳ニテ京橋区（この間不鮮明記載せず）○○△△山本質店ニ転ジテ住込ミ居リシモ23歳ニテ暇取リ神田（この間不鮮明記載せず）取リテ扶養シ居リシガ28歳ノ折生活難に陥リシカバ廃業シテ母ヲ府下（この間不鮮明記載せず）□活スル事トナリ姉みつハ5年前ヨリ某会社員ノ内妻トシテ同棲シ居リシモ（この間不鮮明記載せず）彦太郎ハ単身横浜市○○町屑物屋大久保勤倹会ニ住込ミテ（この間不鮮明記載せず）○○町字△△×番地ニ1戸ヲ借家シテ古物商トナリ同業者小原（この間不鮮明記載せず）困難トナリシカバ上京シテ麻布区○町×番地ミシン裁縫業杉山利一郎（以下不鮮明記載せず） 4　縁事関係　子女ノ有無 　　28歳ニテ某りんヲ内縁ノ妻トセシモ2ヶ月ニテ離縁シ程ナク牧山はつヲ内妻トシテ同棲セシガ2ヶ年ニテ離別ス　はつトノ間ニ長女（私生子）かねアリシガはつ共ニ離縁セシカバはつハかねヲ連子シテ他ニ再嫁セシモかねハ15歳ニテ肋膜ヲ病ミテ死亡セシニヨリ実子等ハナク戸籍上養女志ん（24歳）アレ共音信不通ナリ 5　本人ノ性行　普通 6　特ニ貧窮ノ事由ト認ムベキ事項　老衰
保護依頼者	警視庁人事相談部　東京市方面委員本郷区方面事務所
その他	調査箇所　本郷区○町×丁目××番地　岡井正二方

保護経過

8.2.25　入園

10.1.22　東京市宛医療救護申請ス

10.5.22　東京市宛医療廃止申請発送

11.6.6　自分デ行李ヲ出シ着物ノ整理デアル　スベテガ几帳面ニ□レ修理物ノ相談サヘ受ケタ（虚弱者）

11.12.3　腸加答児ノ為静和寮ヨリ1病室へ入院セシ

12.11.8　白内障手術ヲ受タルコトトナリ帝大病院へ委託入院ス

12.11.26　手術後経過ヨロシク本日退院シ第1病室ニ入リシガ本人ハ頗ル感謝ス

14.12.16　岡井正二氏ニ死亡通知ス「本郷区○町×ノ×」知人

15.3.9　埋葬費請求

（入園者身分概要）

続　柄	戸主
性　別	男
氏　名 生年月日　年齢	吉田彦太郎 慶応2年1月15日　　当67歳
本　籍　地	神奈川県横浜市中区〇町×丁目×番地
入園前住所	東京市本郷区〇町×丁目×番地　岡井正二方
家族親族等ノ現況	父亡　松三郎　　長男（兄弟姉1人） 　　　母亡　しげ 　　　妻　ナシ 　　　子女　長女（私生児）15歳ニテ死亡　養女志ん現存（住所不明） 　　　姉　　みつ及みつノ子アリテ一家ニ生活ス 　　　養女志んノ実家ニ父母兄弟現存スル筈 　　　其ノ他親族関係者ナシ
経　歴	3ヶ年寺子屋ニ就学後　12歳　市内〇〇質屋ノ店員トナル　18歳　同〇〇町ノ質屋ニ転ズ　23歳　神田区〇〇町ニテ洋品店ヲ営ム　28歳　某りんヲ内縁ノ妻トシテ同棲セシモ2ヶ月ニテ離婚後横浜ニ居住ス　而シテ牧山はつヲ内妻ニ迎ヘシニ2ヶ年ニテ離別ス　33歳　古物商ニ転業　54歳　生活困難トナリ上京　市内〇町の裁縫業杉山方ノ職人トナル　64歳　杉山ノ廃業ニヨリ失職シ手伝人トナルモ老衰ノタメ生計不能トナリ岡井方ニ厄介トナリ居レリ
宗　教 教　育 健康状態 労務能力 個　性 性　格 習　癖 趣　味 嗜　好	真言宗 3ヶ年寺子屋ニテ修学 老衰スルモ自用ヲ達ス （記載なし） （記載なし） 良シ 将棋 （記載なし） （記載なし）

保護経過

8.2.25　入園

10.5.20　第1病室ヨリ退院後直チニ静和寮虚弱室ニ転入　只打チ見ルトコロ極ク温和ソウナ人　虚弱室ノタメニ嬉ヒト思フ

10.5.23　退院ト同時ニ転入ノコトトテ其ノ健康上ノ取リ扱ヒニハ余程注意シテ居ッタガ今朝寝具ヲ押入ニ始末ナサントシテ急ニ動悸ヲ覚エ倒レタ　心臓虚弱症故ニ実ニ驚ヒタガ大事ナクスミ　今後ニ就ヒテヨク注意シ　ヒタスラ安静ヲススメタ

11.2.1　身体が弱いせいか滅多に口もきかずつくねんと座つて居る　此頃は就床せずに居る様になつたが夜分は睡眠剤を用ひなければ心よく寝られぬと言ふ　昼も懐炉を用ふる

11.4.1　陽気も大分良くなつて来た精か元気が出て来たらしく見える　部屋の中にばかり居るが部屋の人とも此頃は話しをする様になつて来た

11.11.8　暖かい頃割合によかつた健康も御寒くなつて来た処　又々元気がなくなつて来た

12.3.29　悪寒を感じブルブル震え出したので就床させ懐炉にてあたためた　熱39度9分迄昇り　下痢をなす　婦長様に御診察を乞ひ強心剤の注射をしていただく　翌日先生に御話し御薬をいただくも仲々下痢おさまらず　本日入院となる

12.5.24	皇后陛下行啓御菓子料賜ル　1円
12.11.8	眼科手術のため帝大病院入院
12.12.14	帝大より退院後何となしに様子変たる様なり　少しも静かになさず間なしに外歩き妻の写真を持ち出して見せて歩いて居る　毎夜不眠を訴ふ
12.12.16	今夜より□□を与へて安眠させる事にする
13.1.7	午後8時例の軽□を与ふ　10時頃より安眠始む
〃 8	嗜眠状態がつづく　プルス不正にて　カンフル注射注
〃 9	左半身不随を来せる様子あり食思なし
13.3.15	金20銭也事務所より小遣として戴く
13.7.5	〃
13.9.17	〃
13.12.15	〃
14.5.9	金20銭事務所より頂戴する　特別の実状は認ざるも時々大便をそそうするので困る
14	朝食後半身不随となる
14.10.7	其後手足の自由きかず3度の食事も養ひ　失禁となる
14.12.15	昨日頃より食欲進まず稍元気衰ふ　夕方医長先生に申上げし処永い間の就床故重症通知行ふやうとの事なり夕食は戴きしが午後11時頃より意識漸次混濁し脈微弱となる　カンフル注射行うも動なし
14.12.16	午前0時30分よりは呼吸状態も悪化し　遂に午前1時30分永眠される　半ヶ年寝たまま寝返りすら出来ぬ不随なる体にて各所の褥瘡発生にかなりお気の毒な痛ましい状態なりし氏　合掌の姿に還る安らかなり（第1病室）
入園時ノ所持金品	遺留金　1円3銭也 遺留物品　36点 　袖なし1枚　袷　2枚　羽織　1枚　単衣　1枚 　綿入　1枚　前掛　1枚　足袋　2足　襦袢　3枚 　シャツ　10枚　風呂敷　5枚　もも引　3枚 　帯　4本　眼鏡　1ヶ　チョッキ　1枚

No.1434　尾辻孫次　（男）

入園日	昭和12年6月10日
退園日	昭和15年8月9日　（死亡　脳溢血）

（要救護者調書）

出　　生	嘉永2年12月31日　　当89歳
出　生　地	東京市杉並区○○○×丁目×××番地
本　籍　地	東京市杉並区○○○×丁目××番地
震災当時ノ住所	東京市杉並区○○○×丁目××番地
現　住　所	東京市杉並区○○○×丁目××番地
戸主又ハ続柄	戸主
宗　　教	禅宗
家族ノ状況　並扶養親族関係	2男　現住所杉並区○○○×丁目××番地ニ居住　尾辻清次　当56歳　昭和4年2月15日妻カネ病没シ程ナク眼病及脳病併発　タミ　清造　ハツノ3児ヲ抱ヘ引続キ農家ノ手伝ヲナシ居リシガ　月収3,4円　極貧生活ヲナシ昨年生活難　タミハ小石川○○×丁目ノ按摩業塚本金蔵ノ内縁ノ妻トナリ本年3月末清造ハ○○村ノ農家ニ住込奉公セシメ　ハツヲ　タミ方ニ預ケテ手伝ヲ続ケ辛ジテ生活スルニ付扶養能力ナシ 孫（亡長男元太ノ長男）尾辻駒助　当32歳　駒助ハ植木職手伝ヲナシ居リシ元太死亡後居所不明トナル 孫（駒助ノ姉　妹）比田トメハ既ニ病死シ　幸田ヨシ当30歳全ク音信不通ナリ　尾辻ハナ　当22歳モ又居所判明セズ 長男亡元太ノ妻　尾辻セン当54歳ハ元太ノ死後他家ヘ再縁（内縁）セル由
身心ノ状態不具廃疾ノ程度　及疾病ノ有無	疾病等　　ナシ　　　　　性格　　強情
震災当時ノ職業及現在ノ作業　収入	東京市水道局常雇夫　　　月収　32円 無職　　　　　ナシ
教育程度 趣　　味 嗜　　好	無教育 ナシ ナシ

震災後ニ於ケル生活ノ経路　並ニ現況	震災ノ被害ノ状況　　被害ナシ 　引続キ東京市水道局ノ武蔵境ノ水道工事ニ従事シテ生活セシガ　震災ノタメ工事中止トナリテ解雇サレシカバ　次男清次ト共ニ農家ノ手伝ヲナシ月収約30円ニテ清次其ノ妻カネ　孫タミ　清造　ハツノ6人普通生活中　大正15年6月25日淀橋区○○ニ別居シテ植木屋ノ手伝ヲナシ居リシ長男元太ハ病死シ　昭和4年2月15日同居中ノ次男清次ノ妻カネモ又病死シ　程ナク清次ハ脳病ト眼病ニ罹リケレバ漸次生活ニ窮シ孫次ハ老齢ニテ充分ノ働キヲ成難クナリ生活難ノ結果　孫次ハ清次ト事毎ニ意見ノ衝突ヲナスニ至リ　遂ニ昭和11年10月15日ヨリ昼間ハ家屋ノ程近キ前方崖下ニ穴居シ夜間ノミ清次方ニ就寝スルコトトナシ居リ　清次ハ極度ノ生活苦ヨリ娘タミヲ同年小石川区○○×丁目ノ按摩塚本金蔵ノ内妻トナシ　昭和12年3月末清次ハハツヲ　タミ方ニ預ケ清造ヲ○○村ノ農家ヘ住込奉公セシメ（清次ハ）只一人トナリテ農家ノ手伝ニ従事シ居レ共月収3,4円ニテ辛ジテ生活シ眼病及脳病ハ依然トシテ快復セザルニ付到底扶養不能ナリ　孫次ハ日々ノ口糊ニモ窮シ同村居住者ノ同情ニヨリ僅カニ生活シ居レ共是以上永続スルコト能ハズ保護願出スモノナリ
生立及経歴	両親ノ氏名　　父　橋本国作　　母　尾辻みつ　　父職業　石臼目切職 続　柄　　長男 （幼少年期）母みつハ後妻ナリシガ孫次ヲ妊娠中　父国作ハ胎児ハ先夫ノ子ナリト称シ夫婦ハ不和トナリシ結果　嘉永2年内ニ出産セシ時ハ先夫ノ子　翌年出生スレバ実子ナリトノ事トナリシガ　同年12月31日分娩セシニ付同時ニ母ハ離縁トナリケレバ　母ハ其ノ実家ナル同村農ノ兄尾辻善作方ニ帰リ　2〜3ヵ月後他家ニ再縁シ　孫次ハ伯父母ニ養育セラレシガ程ナク中野ノ農家某方ニ里子トシテ預ケラレ　4歳ニテ伯父宅ニ帰リシモ1ヶ月ヲ経ズシテ○○農家某方ヘ住込子守トナリ　13歳ニテ帰宅セシガ間モナク農家ノ住込手伝トナリ転々シ （青年期）17歳ニテ帰宅シ1〜2ヶ月ニテ淀橋区○○○ノ農兼穀類商成田屋方ニ住込奉公セシモ　21歳ニテ帰宅セリ　帰宅後ハ専ラ農業ニ従事シ居リシガ　30歳ノ時妻すみヲ娶リテ同村×丁目××番地ニ分家シ農家ノ日雇夫トナリテ普通生活ヲナシ　31歳ニテ長男元太出生シ　34歳ノ時ニ2男清次出産シテ平和ナル生活ヲナシ居リシガ　56歳ノ折長男ナル植木職手伝夫　元太ニ妻センヲ娶ラシメシモ　センハ孫次ト折合ハザリシタメ　同年元太ハ其ノ妻センヲ伴ヒテ淀橋区○○××番地ニ別居シ植木屋ノ手伝ヲナシテ生活シ（元太　大正15年6月25日死亡）孫次ハ次男清次ト共ニ農家ノ日雇ヲナシ引続キ普通生活ヲナシ居リシモ　59歳ノ時妻すみ病死セシガ　清次ト共ニ農家ノ手伝ヲナシテ生活シ　64歳ノ時孫次ハ東京市水道局ノ常雇夫トナリ　月収36円ニテ普通生活ヲナシ　武蔵境ノ水道工事ニ従事シツツ震災ニ及ブ 　縁事関係 　30歳ニテ妻すみヲ娶リシガ　59歳ノ折妻ハ病死セシニ付以後独身生活ヲナセリ 　妻すみトノ間ニ元太　清次ノ2児アリシモ　元太ハ大正15年6月25日病死シ　清次ハ現住所ニ現存シ農家ノ日雇ヲナシ居レ共8年前ヨリ眼病ト脳病トノタメニ雇フ人モ少ナク　月収漸ク3,4円ニテ辛ジテ生活シ居レリ 　貧窮ノ理由　　2男清次ノ病弱　本人ノ老衰
保護依頼者	東京市杉並区○○○方面事務所
その他	調査箇所　　東京市杉並区○○○×丁目××番地　尾辻清次方

保護経過

12.6.10　入園　清風寮ニ入ル　入園ニハ2男清次送リ来ル　普段着ノママ昨日迄穴住ヒヲ
シテ居タソノ侭ノ姿デ一物ヲモ所持セズソレデモ入園トナレバ組合ノ者ガ餞別ヲ
シテクレタラシク2円ナニガシカノ小遣ダケハ持ッテ居ラ
マンザラノ馬鹿デハナカロウガ一家ヲ持チ崩シテシマッタ一種ノ無能力型ノ様ニ
見エル息清次モ親爺ニ似テ貧トハ言ヘ心身共ニ憐レナ姿デアル
前身ガ前身ダケニ無理解ナトコロガアリハセヌカト思フ　　　　健康

12.6.19　2男尾辻清次氏面会アリ　父ノ元気ナ姿ヲ見テ非常ニ喜ビ「皆サンニ嫌ハレナイ
様ニ」トシキリニ注意シテ帰宅ス

13.5.31　第四病室ヘ入院ス

13.7.15　豊島区○○○○×-×××夕暮荘内　沢井タミ（孫）来訪

14.6.20　沢井タミ氏来訪

14.9.9　前記沢井タミ氏来訪

14.11.20　前記沢井タミ氏外1名来訪

15.8.3　沢井タミ氏ニ重病通知打電　　　尾辻清次氏ニ葉書ニテ重病通知ス

（入園者身分概要）

続　柄	戸主
性　別	男
氏　名 生年月日　年齢	尾辻孫次 嘉永2年12月31日　当89歳
本　籍　地	東京市杉並区○○○×丁目××番地
入園前住所	東京市杉並区○○○×丁目××番地
家族親族等ノ現況	尾辻清次（2男）現住所ニテ子供清造 ハツヲ抱ヘ農業日雇人夫 尾辻駒助（孫）居所不明 孫　比出トメ　幸田ヨシ　尾辻ハナノ3名アルモ　居所不明
経　歴	石臼目切職タリシ父　橋本国作ノ長男トシテ生後間モナク母ト共ニ離 縁サレ母ノ実家ナル　兄尾辻善作方ニ至ル　程ナク中野ノ農家某方ニ 里子ニ預ケラレシガ　4歳ノ時帰宅　17歳ノ折○○ノ某農家ノ住込奉 公　21歳ニテ帰宅ス　ソノ後ハ専ラ農業ニ従事シ　30歳ノ折妻すみヲ 娶ル　翌年長男出生　34歳ノ折二男出生 54歳ノ折　長男ノ妻セント 不和ナリシタメ長男ハ別居シ　2男ト共ニ農家ノ日雇ヲナス　59歳ノ 折　妻死亡　64歳ノ時東京市水道局ノ常雇夫トナル 震災ニ被害ハナシ　震災後工事中止トナリシタメ解雇サレシカバ　2男 ト共ニ農家ノ手伝ヲナス　清次ノ妻カネ　孫タミ　清造　ハツノ6人 ニテ普通生活 大正15年長男死ス　昭和4年2男妻病死　程ナク清次ハ脳病ト眼病ト ナリシカバ2男モ生活困窮スルニ至レリ

宗　　　教	禅宗
教　　　育	無教育
健康状態	健康
労務能力	有
個　　　性	多少強情
性　　　格	（記載なし）
習　　　癖	（記載なし）
趣　　　味	ナシ
嗜　　　好	ナシ

保護経過	
12. 6.10	入園　清風寮ニ入ル　入園ニハ２男清次送リ来ル普段着ノママ昨日迄穴住ヒヲシテ居タソノ侭ノ姿デ一物ヲモ所持セズソレデモ入園トナレバ組合ノ者ガ餞別ヲシテクレタラシク２円ナニガシカノ小遣ダケハ持ッテ居タ マンザラノ馬鹿デハナカロウガ一家ヲ持チ崩シテシマッタ一種ノ無能力型ノ様ニ見エル息清次モ親爺ニ似テ貧トハ言ヘ心身共ニ憐レナ姿デアル前身ガ前身ダケニ無理解ナトコロガアリハセヌカト思フ　　健康
12. 6.20	２男清次の来訪あり　30分後帰宅
12. 6.21	眼科診察の結果毎日処置を受ける事になり毎日通ふ事　３ヶ月にて中止
12. 7. 2	より東居室へ転室
12. 8. 4	小遣として60銭渡す
12. 8.10	次男清次氏え通信２回出したるも１度の返事もなし
12.10. 4	共同品として寮に分配ありたる内よりメリヤスズボン下を支給なす
13. 1.10	三井報恩会より寄贈のネル襦袢を頂く
13. 6. 1	昨日関節炎にて入院　右膝関節疼痛　熱はかなり高く食欲は割合ある
13. 6. 7	注射　塗布薬にて漸次良好となり　本日は歩行なし得る程となり　入浴も先生のお許しありて元気にせり
13. 6.10	患部疼痛殆んどなし　唄などうたひて大元気なり　元気と共にかなり気の強さも現はれて来た
13. 9.15	高熱を発し元気なし　沢井タミ氏に通知
13. 9.20	沢井タミ氏来訪
13. 9.30	服薬その他種々の治療にて落ちつきたり
14.11.20	前記沢井タミ氏外１名来訪
15. 1.13	四病より帰り一病に転出
15. 4.11	沢井タミ氏来訪
15. 6.17	下痢患者多勢に就き第二病に転室
15. 7.11	都合により第四病へ転室

15.8.3	午前7時半排尿せんとしたためだろうと思ふ　ベットより転落し其のまま意識不明となり　無意識に左の手足のみ動かし右側半身不随となりたり 強心剤注入　御診察あり
15.8.4	相変らずの状態なり　重症通知せり
15.8.5	意識のある様な　ない様な状態　水分をやるに少しは飲用せり 孫の来訪あり　　受診　果糖500cc注入
15.8.6	意識少しもどしたる様に思はれる　果糖注入続行　やはり意識なし 尾辻清次氏来訪　昼夜付添へたり
15.8.7	受診　強心剤　果糖注入続行
15.8.8	受診　状態悪化したり　視□とず
15.8.9	午後2時40分　薬効なく遂に他界せり
入園時ノ所持金品	所持金　2円10銭也 所持品　柿色洋服上下　半傳1　単衣1　浴衣1　風呂敷1　足袋1

No.1438　山本久治　（男）

入園日	昭和13年3月16日（妻と共に入園）
退園日	昭和15年8月26日（退園　息子引取　尚 妻15年7月12日に死去）

（要救護者調書）

出　　生	慶応3年5月17日 当72歳
出 生 地	東京市浅草区〇〇町××番地
本 籍 地	東京市京橋区〇〇〇×丁目×番地×
震災当時ノ住所	東京市京橋区〇〇町×番地
現 住 所	東京市蒲田区〇〇町×××番地
戸主又ハ続柄	戸主
宗　　教	天台宗
家族ノ状況　並扶養親族関係	2男　山本良郎　当48歳　良郎ハ従来莫大小（メリヤス）機械工ナリシガ　13年前マデ蒲田区〇〇町羽田銀行員ニナリテ通勤シ　同区〇〇町ニ居住セシモ其妻ふさガ子宮ガンニテ臥床シ居リシタメ生活至ッテ困難ナリシガ　昭和12年11月羽田銀行ヲ辞職シテ居所不明トナレリ 長女　毛塚よう　当46歳　ようハ夫ナル歯科技士次郎ガ去年ヨリ脳病トナリ其上眼カスミ両目痺レテ失業シ生活困窮ノ結果　ようハ旅館ノ女中トナリテ仕送リヲナシ居リシモ生活不能トナリシタメ　同年11月久治ハ次郎ヲ引取リようハ城東区〇〇町ノ旅館ニ住込女中奉公ヲナシ居レリ　尚久治夫婦入園後ハ次郎ハ其ノ異母弟ナル下谷区〇〇町×丁目×番地　紺屋職人曽根益三ヲ頼リテ同居ヲナス筈ナリ 妹　神奈川県川崎市〇〇××××番地　豆腐屋沼田太郎ノ妻ゆう　当60歳 　ゆうハ14年前ヨリ全々不通ニナリ居リ戸籍謄本記載ノ前記住所及除籍セラレ等ハ謄本ヲ見テ初メテ知リシ由ナリ
身心ノ状態不具廃疾ノ程度　及疾病ノ有無	疾病　ナシ　　　精神障碍　ナシ　　　性格　良
震災当時ノ職業及現在ノ作業　収入	震災当時　下駄商　月収　約100円 現　在　　無職　　月収　ナシ
教育程度 趣　味 嗜　好	小学3年修了 芝居 ナシ
震災後ニ於ケル生活ノ経路　並ニ現況	震災被害ノ状況 程度　　　全焼 震災直後　母ふみ　妻くみノ両名ヲ伴ヒテ大森区〇〇〇×××番地ニ借家シテ従兄弟ナル同町八百屋　松本次郎ノ帳場トナリテ普通生活ヲナシ居ル中　大正14年1月31日母ふみ　病死シ　同年7月従兄弟松本次郎モ病死セシニ付　同月下旬大森区〇〇町ノ羽田銀行支店ノ小使兼事務員トナリテ　妻ト共ニ同銀行ニ住込ミ月給30円ヲ受ケテ普通生活セシガ　昭和12年3月末日老齢ノタメ辞職シ手当金50円ヲ受ケテ4月3日現住所ノ借家ニ移転シ（家賃19円ナレ共　間貸ヲナシテ10円90銭ノ収入）テ徒食中　ようノ夫次郎ハ病気ニテ失業シ　ようハ住込女中ヲナシ居レ共生活困窮ナリシカバ　次郎引取りようヨリ毎月8円内外ノ仕送リヲ受ケ居ルモ到底生活シ難ク妻ト共ニ保護出願ヲナス

生立及経歴	1 両親ノ氏名等　父　山本倉蔵　　　母　ふみ 　　死亡年齢　　　48歳　　　　　　79歳 　　職業　　　　　○○萬田小間物店　番頭 　　続柄　　　　　長男 2 幼少期　　5人家族（3人兄弟）ニテ普通生活セシガ11歳ノ時本籍地ナル京橋区○○町×番地ニ移転シ　引続キ父ハ萬田小間物店ノ通番頭ヲナシテ普通生活中　13歳ノ時類焼シテ父ハ焼死セシカバ焼跡ニ家ヲ建テ荒物屋ヲナシテ家族4人普通生活ヲナセリ　弟吉次ハ京橋区○○○町×丁目×番地ニ居住シテ差配ヲナシ居シモ　昭和11年9月30日病死セリ　妹ゆうハ24歳ノ時魚仲買人国吉杉之助ニ嫁セシモ28歳ニテ離縁シテ居所不明ナリシガ　母ふみ死亡ノ時一時来リシ時ノ話ニハ　川崎市○○町ノ豆腐屋沼田太郎ニ嫁シ居ル由ナリ 3 青壮年期　　14〜5歳ヨリ家業ノ荒物商ヲ手伝ヒ居リシガ21歳ノ時　妻くみヲ娶リテ普通生活セシモ　34歳ノ折下駄屋ニ転業シテ普通生活ヲナシテ関東大震災ニ及ブ 4 縁事関係　21歳ニテ妻くみヲ娶リ　今尚同棲シ居リ　妻くみトノ間ニ4人ノ子ガアリシガ長男一太ハ当人1歳ニテ　次女みさハ4歳ニテ病死シ　次男良郎及長女ようノ両名ハ現存シ居レリ 貧窮ノ事由　　老衰
保護依頼者	蒲田区○○方面事務所
その他	東京市蒲田区○○町×××番地　　山本久治方
保護経過	

13.3.16　妻くみト共ニ入園　本人は清風寮ニ入ル　菩提寺ナル杉並区○○○××××番地華徳院住職神達守言氏送リ来ル　同氏ノ言ニ依レバ本人達ハ葬ヒ金ノ積リデ百円バカリノ預金ト若干ノ衣類等ヲ同寺ニ托セシガ次男ナル良郎ガ現レル迄ハソノ内ヨリ月々小遣ヲ送ルコトニ致シマストノコトナリキ　人物ハナカナカシッカリシテ居ル　職人風デナクテ商人シカモ問屋デモシタコトノアル様ナ肌合ノ人デアル　一見園内生活ニ馴染ミ得ルカドウカヲ懸念サレルガナカナカ判ッタコトヲ言ッテ居リ　性質モコマメニ体ヲ動カセタイ方ダト言ッテ居ル

13.3.24　娘ようヨリ寮母宛ニ挨拶状来ル　住所ハ本人達ノ前住所ヲ記載シアル点ヨリスレバ毛塚次郎モ未ダ同所ニ残リ居ルモノト察セラル

13.4.30　毛塚よう（長女）来訪

13.5.6　杉並警察署ヨリ電話アリ　久治ハ刑ノ執行猶予中トノ由如何ナル刑ヲ受ケタルヤハ不明　京橋区役所社会課ニ問合セ身分関係ヲ調ベタ結果　前科ハナキ由

13.5.13　本人ノ依頼ニ依リ本人達ガ預ケアリタル衣類中ヨリ夏物ヲ持参ノタメ前記神達守言ノ妻女来園ス　同女ノ言ニ依レバ本人ノ依頼状アリタルニ依リ本人ノ預ケアリタル貯金通帳ハ毛塚ようニ持タセ遣シタリト

13.5.20　神達氏来園　ソノ言ニ依レバ息良郎ハ事情アッテ住所ヲ隠シテ居ルガ最近神達氏方ヲ訪レ　今後ハ親ノ為出来ルダケノコトヲ仕度　小遣モ神達氏ヲ通ジテ送ルコトニ約束シタル由

13.6.15　大森区○○○　松本千助来訪　同人ハ妻くみノ甥ニ当リ　今回方面委員トナリタル関係モアリテ来訪セシモノナリ

13.6.21　長女毛塚ようノ来園ヲ求メタリ

13.7.7　毛塚ようヨリ添付ノ如キ返信アリ

13. 7.10	墓参ノタメ妻くみト共ニ叔母方ナル芝区○○久米カワ其他数箇所廻リニテ外出　1泊ノ後11日夕帰寮	
13. 8. 5	妻くみト共ニ高砂寮ニ入ル	
13. 9.18	神達氏　松本利平等同伴ニテ来訪　山本たねモ来訪	
14. 3.29	深川区○○橋　千田よし慰安来訪	
14.12. 5	名刺ノ神達守言氏　来園アリ	
15. 1.31	前記　神達守言氏来訪	
15. 8.15	芝区○○町×　弟妻　山本たね氏来訪（弔問）	

（入園者身分概要）

続　　柄	戸主
性　　別	男
氏　　名 生年月日　年齢	山本久治 慶応3年5月17日生　当72歳
本　籍　地	東京市京橋区○○○×丁目×番地
入園前住所	東京市蒲田区○○町×××番地
家族親族等ノ現況	山本　くみ（妻）　同時入園 山本良郎（二男）　目下居所不明 毛塚よう（長女）　毛塚次郎ノ妻　次郎ハ病気失業シようハ○○ノ某旅館ノ住込女中 沼田　ゆう（姉）　川崎市○○××××　太郎ノ妻
経　　歴	番頭タリシ父倉蔵ノ長男　3人兄弟ニテ普通生活セシガ　13歳ノ折類焼シ父ハ焼死シタレバ焼跡ニ荒物屋ヲ出シ家族4人普通生活　21歳ノ折　妻くみヲ娶リ34歳ノ折下駄屋ニ転業シテ普通生活ス　震災ニテ全焼　罹災直後妻及母ヲ伴ヒテ大森ニ転居シ従兄弟ナル八百屋松本方ノ帳場ニ勤務ス　大正14年1月母病死シ　従兄弟松本モ又死亡セシニ付大森ノ羽田銀行ノ小使兼事務員トナリ妻ト共ニ住込　月給30円ヲ受ケテ普通生活セシガ　昭和12年3月老齢ノタメ辞職シ現住所ニ移転シ徒食中長女ようノ夫次郎病気失業シ　ようハ住込女中ヲナシ居レバ次郎引取リようヨリ月8円内外ノ仕送リヲ受ケ居レド生活困窮ニ付夫婦ニテ保護方申請
宗　　教 教　　育 健康状態 労務能力 個　　性 性　　格 習　　癖 趣　　味 嗜　　好	天台宗 小学3ヶ年修学 健康 有 （記載なし） 性情：良 記載なし 芝居 ナシ

保護経過

13.3.16　妻くみト共ニ入園　本人ハ清風寮ニ入ル　　菩提寺ナル杉並区○○○町××××
番地華徳院住職神達守言氏送リ来　同氏ノ言ニ依レバ本人達ハ葬ヒ金ヲ積リデ
百円バカリノ預金ト若干ノ衣類等ヲ同寺ニ托セシガ次男ナル良郎ガ現レル迄ハソ
ノ内ヨリ月々小遣ヲ送ルコトニ致シマストノコトナリキ　人物ハナカナカシッカ
リシテ居ル　職人風デナクテ商人シカモ問屋デモシタコトノアル様ナ肌合ノ人デ
アル　一見園内生活ニ馴染ミ得ルカドウカヲ懸念サレルガナカナカ判ッタコトヲ
言ッテ居リ性質モコマメニ体ヲ動カセタイ方ダト言ッテ居ル

13.4.30　毛塚よう（長女）来訪

13.5.10　（長女）急用ありて朝来る　その折色々と山本氏に裁判の事等尋るもはっきり申さ
ぬ為事情がわからなかった為娘との交渉もわからず

13.5.14　華徳院神達氏夫人来訪有り　単衣4枚　金子2円也を受く　その時始めて娘ようの
行状を知る　山本氏寺に預けたる80円程の預金帳を借りてそのまま返さず通知も
なく心配し　どんな様子か尋ねに来たりしなり　本人は漸く娘にだまされし事がわ
かり後悔せり　自分でせぬ様凡て相談する事に戒めおく

13.5.20　華徳院神達氏午前7時40分頃来訪　山本氏の手紙に不思議を抱きて確かめに来る
今後 息良郎氏より小遣いとして幾分か送る様にいたしますから心配はありません
息とも深い溝が出来てこんな有様ですが　今後は親を見なければと申しているが
まあ現在のままに世話願っておく方がお互いの為と申されしとの事である

13.7.15　7月10日より1泊にて遠外出　13日夕5時帰寮
　　　　外出先　大森区○○○×丁目××××　松本千助（妻の甥）
　　　　　　　　芝区○○×丁目　××　久米カワ方　1泊（叔母）
　　　　　　　　下谷区稲荷町　善龍寺
　　　　　　　　板橋区上練馬11ヶ寺　運光院
　　　　　夫婦にて墓参外出である

13.7.20　氏の日常よく細かく気が付き健康でもあり　なかなかしっかりした仕事振りであ
るが口が軽く差しでがましい点がある　その口の軽さに意志の強さがない処があ
るのではないかと思はれ失敗はこうした点に多い様である
娘ようは○○辺にて住込奉公中なりと　詳しくはお婆さんが存じ居ると思ふ　作
業に出たいとの希望ありたるも　時期到来を待たしむ

13.8.5　高砂1号室入

13.9.1　作業場に出席　上手の由

13.9.3　面会（亡弟　山本吉次の妻　　芝区○○×-×　久米カワ（叔母））
正午突然来訪　1時間位話して帰られる

14.9.9　華徳院に良郎氏より送付中の小遣いを受け取りに外出　4時間位

15.1.31　神達氏来訪お婆さんの病気見舞いに見えられ寮へもよられ話して帰られる

15.2.17　氏は毎晩の様に御婆さんを心配して第三病に見舞に行かれるので8時頃寮母帰り
を迎えに行った途中　山本の息　良郎氏が母上のお見舞に見えられたと寮まで挨
拶に御出くれるのに会ひ色々御礼を言はれて帰える　又近日中に御出の筈

15. 3. 4	御婆さんが入院して重症になってから　2ヶ月程朝は起きるとすぐ病院に出かけて行って御婆さんに御飯を食べさせてから帰ってきて（寮の御食事より遅れて帰って来る）自分が食事をし　又出掛けて行っては昼食させてから帰り　又夕食には出掛けて行き　晩は6時頃から出掛けて行って8時9時に帰る有様にて　皆は山本さんの様なまねはとても出来ない等感じて居った様でもあるが　あまりいつ迄も寮の為のことをかまはないので心ある人はあまり心よく思はない向もあるので寮母も注意なしたことでもあるが　寮内作業だけは1人前だけは致しますから御婆さんが1人で御飯が食べられる様になる迄御願ひしますと言ふので　3度に1度は皆と御飯を食べる様にしなくてはと思ひ　看護婦さんにも御相談して御昼食時だけ寮で皆と一緒に食べる様にする
15. 3.14	静和寮の通勤世話係となる　非常によく気のつくまたまめに仕事をする人である　只気づくせいで他の人に少し酷な批評がましい御せっかいをするのでいやがられたがお婆さんが病気になられてからよくなり心持大分或点ねれて来られたと思はれるのも園に対する感謝がお婆さんが病気になったにつけて深まり又高砂寮のお爺さんお婆さんが山本氏がお婆さんの看病で寮を省る余有を持たなかった時も尚何の非難めいた事を言はず思う様にさせて上げた結果もあると思はせられる
15. 3.30	新橋に大火事があって×丁目に住んでいる親類の御ばあさんの家も焼けたかも知れませんから御見舞にぜひ出していただき度と事務所の御許可を得　昼飯後出掛け5時半無事帰寮
15. 5.25	金歯を持って居られそれを売って小遣になし度くと言れ　国庫に売れば半年もかからなければ御金を頂かれず　前に売った経験もあり　銀座なる金銀地金や坂本に持って行き度く午後からでもよろしう御座いますと言われ　榎本先生に御願いして御許しを得て葉書を出し其の返事の来たのを持参して行くこととなす
15. 5.29	中澤先生の御診察を受け御許可を得て午後1時半頃出発　5時5分前帰寮プラチナと思って居ったのが本物でなく予定価格よりずっと少なく2円程にしかならなかったと申される
15. 6. 6	静和寮の通勤世話係となっておられるが此頃幾分身体の調子も悪く今の中によくしていただかなければ御婆さんが入院しているが　御婆さんの世話も出来なくなり自分も倒れては　皆さんにご迷惑を御かけしなければならぬ様になると困るから　世話係を止めさせていただき度と申し出る 身体具合が悪ければ先生に見ていただいたりしませうが其の上でした方がよく静和寮の方でも御困りでせうから寮母さんにも話し　出来たら少し働いて下さいと申す　榎本先生に御話に行った処先生の人情的な御訓しにはとても断りきれないと又勤められることになる
15. 7.12	妻である山本くみ氏　第三病に入院中なるが本日急に容態悪しくなり御見舞なしたる処　もう注射の度こんすい状態にて誰彼の識別もなくなって其のまま永眠なさる　皆様の看護にてよく今日迄もたれた山本氏もつくせる丈つくしたからあきらめておりますと言われて居られる　一たん寮へ 寮母かへり世話係等と一緒に御見舞する　午後7時38分遂に亡くなられる　時間も遅いことであるから代表4人の御焼香をなしひきとる　山本氏　息良郎氏見えられ病室にて御通夜をなし明朝一番で帰られる
15. 7.15	御婆さんの遺言により御婆さんの所有であった衣類全部を売って代金を墓代寺（ママ）なる杉並区の華徳寺に寄付することとなり亡妻山本くみ氏の所有せる全部を引き受けたり 昭和15年7月15日　　山本久治

15.8.26	息良郎氏の元に引き取られることになり２年と７ヶ月程も明暮れを過した 高砂寮の人々と別れて本日蒲田区〇〇町　息良郎方に引き取られた　寮では一緒に茶菓を頂きお餞別も一同からあげて心よく御別れする　墓代寺も杉並にあることとて此方に参りますから時々伺ようしていただきますと言って居られた	
入園時ノ所持金品	所持金　17円87銭　　内保管金　16円 所持品　座布団　2　　ネル寝巻き　2　　襟巻　1　　帽子　1 　　　　行李　1　　しんげん袋　1　　綿入着物　2　　袷　3 　　　　セル単衣羽織　1　　長胴着　1　　袖なし　1　　冬襦袢　2 　　　　夏襦袢　1　　毛糸シャツ　2　　毛糸チョッキ　1 　　　　浴衣　1　　帯　2　　前掛け　1　　文箱　1　　半丹前　1	

No.1447　桃井とよ　（女）

入園日	昭和13年8月11日
退園日	昭和15年9月14日　（死亡　加答児性肺炎）

（要救護者調書）

出　　生	明治元年5月28日　当71歳
出 生 地	東京市京橋区○○○○×丁目××番地
本 籍 地	東京市芝区○○○○町×番地
震災当時ノ住所	本籍地ニ同ジ
現 住 所	東京市世田谷区○○○○町×丁目×××番地　松井善二方
戸主又ハ続柄	戸主
宗　　教	日蓮宗
家族ノ状況　並ニ扶養親族関係	大沢要一（当40歳）　大正12年8月　夫大沢磯男ト共ニ戸籍上離縁シタルモ　1子要一ノミハ引続キ同居扶養ヲ受ケ来リシ処　昭和6年家出シ居所詳細不明ナリ　内妻大山たい及1子真アリ
身心ノ状態不具廃疾ノ程度　及疾病ノ有無	青壮年時代ノ主ナル疾患　ナシ 現在ノ疾病　右眼白内障ナレド自分用ハ達ス 精神障碍　ナシ 性　情　普通
震災当時ノ職業及現在ノ作業　収入	（記載なし）
教育程度 趣　味 嗜　好	寺子屋5，6年 歌澤 ナシ
震災後ニ於ケル生活ノ経路　並ニ現況	震災当時ノ被害ノ状況程度等　被害ナシ （老年期）　自宅ニハ被害ナカリシモ　長男要一ノ勤務先　芝浦製作所ハ焼失シタルタメ 失職シ居リシモ　間モナク沖電気株式会社ノ事務員ニ通勤スルコトトナレリ 　61歳ノ折　要一ハ妻たいヲ娶リ2男1女ヲ挙ゲタルモ　次男真外ハ病死セリ　其後家族3名普通生活シ居タリシ処　要一ノ妻大山たいト不和ヲ生ジ　大山たい家出シ　要一モ之ヲ追ヒ　其後要一ハ一旦帰宅シタルモ　協議ノ上再ビ出奔シ　其後麻布方面ニ居ルトノコトノミニテ居所詳細不明ナリ　単身トナリシ本人ハ　知人小平太一氏ヲ麻布区○○町×丁目×ノ×ニ尋ネ　同家ニ厄介トナリ居リシモ永住スル能ハズ　昵懇ナリシ知人川崎市○○町×××　松井善二方ニ4ヶ年程手伝旁厄介トナリ居リシモ　一時天理教信者トナリ大岡山ノ天理教会橋本貞兼方ニ下宿料月15円ヲ支払ヒ居リシモ　下宿料不納トナルヤ　約10ヶ月ニシテ再ビ前記松井氏ヲ現住所ナル○○○○町×ノ×××ニ訊ネ　昭和12年6月末以来同家ニ厄介トナリ居ルモ　松井氏ハ運転手（自動車）ナレドガソリン節約ノタメ収入思ハシカラズ　且5人ノ子女アルタメ居住スルニ忍ビズ

生立及経歴	両親ノ氏名　父　桃井梅蔵　母　さと 　　　　　続柄　長女 　　　　　職業　父　請負業 　　　　　死亡年齢　父　76歳　母　40歳 　　　　　死因　父　脳溢血　母　喘息 幼少年期　兄弟ナク父母ト一家3名普通生活シ　家事手伝14,5歳ノ折　母死亡ス 青壮年期　24,5歳ノ折逓信省御用商人タリシ　大沢磯男（当時28歳）ヲ入夫トシ　29歳ノ時女児アキ出産シタルモ33歳ノ時病死セリ　同年拾ヒ子要一（当時2歳）ヲ入籍シ普通生活中　38歳ノ時父脳溢血ニテ急死セリ　御用商人タリシ夫ハ翌年逓信省御用掛ヲ廃シ　義兄多村信次郎所有ノ青森縣西津軽ノ鉱山経営ヲ一任サレシタメ　単身青森ニ赴キシタメ長男要一ヲ扶養ス　49歳ノ時要一ハ慶応商業夜間部ヲ卒業シ（当時18歳）芝浦製作所ノ事務員ニ通勤シ　家計ヲ助ケ普通生活中　55歳ノ時即大正11年ノ8月夫帰宅シタルモ　当時夫ハ東京ニ妾ヲ囲ヒ4児アリシコト判明シタルタメ　要一ノ怒ヲ買ヒ翌大正12年7月協議離婚セリ 縁事関係　24,5歳ノ折大沢磯男ヲ入夫トシタルモ　大正12年7月協議離婚ス　1子アキ出産シタルモ幼死セリ 特ニ貧窮ノ事由ト認ムベキ事項　本人ノ老衰	
保護依頼者	東京市世田谷区○○方面事務所	
その他	調査個所　　東京市世田谷区○○○○町×丁目×××番地	
保護経過		

13.8.11　　入園　常盤寮ニ入ル　取扱方面委員大内次郎（世田谷区○○○○町×ノ×××）送リ来シ　身ハ高価品ヅクメニシテ　ドコノ奥様カト思ハセル素振リ格好デアル　衣類ナドモ今迄木綿物ハ着ケタコトガナイシ第一肩ガ凝ル　然シ御規則ナラ致方アリマセント言フ　口ハカナリウルサ型デアル　即座ニ園田トモヲ連想シタコトデアル　憚リナガラ東京育チト言ツタ態度ガ出ハセヌカト思フ　今後困ル様ナ時ニハ何ナリト相談ニ乗リマスカラトハ大内氏ノ言デアル

13.9.13　　遠縁ニ当ル由ナルガ左記ノ者来訪　目黒区○○○×ノ××××　大郷イト

13.11.9　　常盤寮カラ東館下ニ転ズ

13.11.18　　前記大郷イト氏来訪

13.12.5　　貸金督促ヤ荷物整理ノ為外出申出アリタルモ　到底1人歩キサセ難ク認メラレタルニ依リ　来春ニデモナレバ外出スルコトトシテソレ迄ニ前記大郷氏ニ出迎ヘ方依頼状ヲ差出ス様言ヒ置ケリ　本人モソレデ領得セリ

13.12.23　　東館下ニ於ケル多勢中ノ生活ハ精神的ニモ肉体的ニモ適合セズ思ハレタル節アリ　千歳寮ニ転ズ

14.6.12　　第三病室ヘ入院ス

14.7.14　　第三病室ヨリ千歳寮ヘ退院

14.9.22　　午前9時半頃礼拝堂ニ参詣スルトテ出掛ケシママ　11時ニ至ルモ帰寮セザルニ付　衣類ノ預ケ先ニテ予テヨリ外出ヲ願ヒ居リシ　前記大郷イト宛ニ午後零時45分照会ノ電報ヲ発ス

14.10.24　　千歳寮ヨリ三病ニ入院ス

14.11.8	三病ヨリ千歳寮へ退院ス
14.12.5	千歳寮ヨリ梓寮へ轉ズ
15.2.5	千歳寮に復帰シタイト申出ツ　例ノ通リ自分ノ我侭ヲ主張スルニ過キス何等シッカリシタル根拠ハナイ懇諭シ置キタリ
15.2.19	梓寮ヨリ千歳寮へ轉ズ
15.4.11	千歳寮ヨリ二病へ入院
15.9.14	世田ケ谷区○○○○×ノ×××松井善二氏　葉書ニテ死亡通知ス 芝区○○○○××番地大沢要一氏　葉書ニテ死亡通知ス

（入園者身分概要）

続　　柄	戸主
性　　別	女
氏　　名 生年月日　年齢	桃井　とよ 明治元年5月28日生　　当71歳
本　籍　地	東京市芝区○○○○町×番地
入園前住所	東京市世田谷区○○○○町×ノ×××　松井善二方
家族親族等ノ現況	大沢要一（40歳）　昭和6年離婚後　居所不明
経　　歴	出生地　京橋区　請負業タリシ父梅蔵ノ長女　兄妹ナシ　14,5歳ノ時母死亡　24,5歳ノ時逓信省御用商人タリシ大沢磯男ヲ入夫トシ　29歳ノ時アキ出産シタルモ　33歳ノ折病死　同年拾ヒ子要一ヲ入籍シ普通生活中　38歳ノ時父脳溢血ノタメニ急死セリ　翌年夫ハ御用商人ヲ廃シ　義兄多村信次郎所有ノ青森県西津軽ノ鉱山経営ヲ一任サレシタメ単身青森ニ赴キシタメ要一ヲ扶養ス　49歳ノ折要一ハ夜間商業學校ヲ卒へ芝浦製作所ノ事務員ニ通勤シ家計ヲ助ク　55歳ノ時夫帰宅シタルモ　当時夫ハ蓄妾シ4児アリシタメ離婚シ　翌年7月協議離婚セリ　震災ノ被害ハナカリシモ　要一ノ勤務先芝浦製作所焼失シタルタメ失職セシガ　間モナク沖電気ニ入社ス　61歳ノ折妻たいヲ娶ル　其後妻たいト不和ヲ生ジタルタメ離縁シ　単身トナリタルタメ知人松井氏ヲ川崎市ニ尋ネ同家ニ4,5年厄介トナリシモ　一時天理教信者トナリ大岡山ノ教会橋本方ニ下宿料ヲ支払ヒテ起居シ居タリシモ　貯金モナクナリ下宿料不納トナルヤ　再ビ前記現住所松井方ニ厄介トナリシモ　同家ハ運転手ニシテ収入月70円程ナルモ　家族7人暮シナレバ生計豊カナラズ
宗　　教 教　　育 健康状態 労務能力 個　　性 性　　格 習　　癖 趣　　味 嗜　　好	日蓮宗 寺子屋5,6年 左眼白内障 有 性情：普通 （記載なし） （記載なし） 歌澤 ナシ

保護経過

13.8.11 　入園　常盤寮ニ入ル　取扱方面委員大内次郎氏（世田谷区○○○○町×ノ×××）
　　　　　送リ来ル　身ハ　高価品ヅクメニシテドコノ奥様カト思ハセル素振リ悟好デアル
　　　　　衣類ナドモ今迄木綿物ハ着ケタコトガナイシ第一肩ガ凝ル　然シ御規則ナラ致方
　　　　　アリマセント言フ　口ハカナリ達者ノ様デアル　憚リナガラ東京育チト言ツタ態
　　　　　度ガ出ハセヌカト思フ　若シ今後困ル様ナコトガアレバ　何ナリト相談ニ乗リマ
　　　　　スカラトハ大内氏ノ言デアル　体ハ比較的健康ノ方デアル

13.11.9 　常盤寮より転入さる

13.11.12 　桃井さん息苦しいと寮母に申し出られる故就床なして　診察日までお待ちなす様
　　　　　にお話しなす　本人少し我儘の所がある様見受けられる　午後様子を見に行くと
　　　　　火鉢を中に一同と盛んに語り合って居る状態　寮母が行けば急に呼吸を苦しそう
　　　　　な様子を見せる

13.11.15 　寮母の察する所病気とは見受けられず　寮母のいない所では矢張り普通の状態で
　　　　　も本日診察日とて塚原先生に御診察をこう　先生投薬の必要なしとの事とて頂か
　　　　　れず　本人大変不満の様子にて先生は私の身体を見る事が出来ないのだと又悪口
　　　　　を云ひ出す　本人に理解させ様となしても　人は悪い自分は良いと云ふ気持を多
　　　　　分に持ってゐられる故　身に這入らない申せば寮母はいぢめると云ひだす

13.11.16 　今朝身体の具合が大変悪い矢張り先生は知らないと　わざと就床された様子
　　　　　朝食頂かれずかゆ食になして上げると　いらない私は食パン頂きたい　との事に
　　　　　て寮母取って上げればもういらないと云ふ　それでは片栗湯でもと申せば　頂き
　　　　　たいとの事にて作って上げれば早くもってきて下さらないから入らないと云ふ
　　　　　お湯の場合にて十分計りをくれたればこうである　此の人は自分の思ふ様に人が
　　　　　なってくれないとヒステリーが起る様である　3号の人達もぼちぼちぐちを申し
　　　　　てゐる　余り我儘故合いて（ママ）になしてくれなくなった　でも自分の悪い事を
　　　　　知らず　皆なの人が私をきらう　私何もしないのにと申される
　　　　　今日は少し本人の悪い所をはっきりお話し申し　日頃の注意をして頂く様御話を
　　　　　して見た　然し矢張り自分はよい　人が悪いのいってんばりにてだめであった
　　　　　多少精神的にも異常がある様子に見受けられる

13.11.17 　今朝は一同と早起きなす　元気に火鉢で昔じまんをなしてゐる　飯塚さん　正木
　　　　　さん又始じまったとお互ひに見合わして居られる　今夕本人に浴風園に這入られ
　　　　　た以上　昔はどんなお暮らしをなしてゐられても　園へ這入られれば皆様同じで
　　　　　ある事をお聴かせなす　そして昔の事は申さない様にと話せば　寮母さん本当の
　　　　　事ですからいいと思ひますがいけませんか　みようですねと神経的な顔付きをな
　　　　　す
　　　　　こうすればお話なしても無意味故　中止なし他のお話をなす

13.11.18 　知人の大郷氏来訪さる　本人外出したいと申されてゐる事ですが　来られると困
　　　　　ります故　止めて頂きたいと願って帰られる　大変御迷惑を受けてゐられる様な
　　　　　御話であった

13.11.22 　本人は婆さん達との折合ひ悪く　今日は塚本さん石井さん等でこぜり合ひをなす
　　　　　本人の洗濯物世話係りの川田氏なす　身体が悪いと申し乍ら風邪を引いてはいけ
　　　　　ない故　寮で遊んでゐる様申しても　自分の我を通さないと承知出来なく売店に
　　　　　出掛けて行かれる

13.11.27 　変わらずお婆さん達の折合ひ悪く困らせられる　何時の場合にも桃井さん自分の
　　　　　我を通そうとしてである

13.11.28	今夕10時頃より午前4時頃迄就床されず　鬼が来たとか　佛様が来たのと寮中歩き廻って見たり箒を持たれ休んでいられるお婆さん達の枕辺に行れお祈りをなしてゐる　寮母其の様な事がないからと休ませれば　又起き出し自分を誰かが殺しに来てゐるのと申し　寮母の所に寝さしてほしいと云ひ出す　其の様な事は出来ない事をさとし　大丈夫故にやすませたのは2時半であった　少し労れた様子にて休まれたが　起き出しお2階へ行かれ御迷惑をかけた状態にて　本当に申訳なく本人に挨拶にやる 昨夜の事共夢にも知らないと云ふ様子であった　本人過去に於いて　何か悪い事をしてゐるのではないかと思はれるふしあり
13.11.30	外出申出られる　身体的に欠陥があり1人歩き出来ない故理由をお話しなし　思ひ止どまらせる（全治次第と約する）
13.12.3	清水寮母婦より外出の件に付き御配慮頂く
13.12.3	然し本人身体的の欠陥あり　来訪者の方の依頼もあった事故　外出の件は中止なす 清水寮母婦の御話しでは　大郷氏より外出の依頼を受けてゐるとの御言話（ママ）で　寮母も考へた事であるが　受持寮母には外出をさして頂かない様にと願って帰られた事故　お互ひの寮母に異ったお話をされてゐられる事とて真意を正して見る事となしお手紙差し上げる
13.12.4	返信あり　矢張り外出断わり状の内容にて　処遇を長谷場先生にも承知して頂いて置く必要あり報告なす
13.12.5	本人長谷場先生に外出の件に付き御依頼に行かれる　色々御注意頂きしぶしぶ止まられる
13.12.17	本日身体の具合悪く死にそうですと申し出られる　早速塚原先生の御診察を受く　先生のお話しでは館寮は不向き故　虚弱寮にやって頂く様との事にて長谷場先生にお話しなす
13.12.22	長谷場先生より千歳寮に明日転出させるとのお話しあり　本日荷物整理をなす
13.12.23	午前中昨日の荷物を又いぢられ　午前中は再び寮母当人の荷物整理をなす　此の折斉田氏がお婆さんに物をねだったとの事にて云ひあらそひをなす　寮母色々□□其の様な場合は　寮母にお話しなせば良き様取り計って上げる事を申し聴せるでも此の方も時折り都合のよき様なうそを申すくせあり　午後千歳寮に行く事となる
14.1.6	居心地はわるくなさそうだが　世話係の親切が足りぬとか　室の人々がいろいろといふとか　相当に文句がある　おとなしくない人達の多い当寮では早々おちつけまいが　心にもなごやかさを□□たいものである
1.26	小島世話係厭らい（ママ）らしいし　又本人も辛い辛いといふ　視力もうすいので息をはづませてゐる事ではあるし　塚原先生におききして虚弱室に移すやうにしたが　まだあかないので待って貰った　本人には虚弱室は不潔である点　□□してゐる人が腹の立つ事をいふ等をきかせておいたどこかに自分にいい場所がありそうなものといつも他ばかりのぞむ
2.1	東の虚弱室に移す

2.12	白内障にて手術すればいいと眼科の先生に言はれ　自分では決意がつき兼ね相談す　今まで手術していただいた人達の事を話して上げてその気になる　氏は世話係には世話をするのがつとめぢゃないか　という風に気にゐらぬ事があるとつかってゆくので　可愛がられぬ　室の人が意地悪とか　いぢめるとかよく寮母室に飛込んでくる　見栄が強いし泣き虫であるが　難しいうちにし易いところがあるが　その点をしっかりつかんでゐれば　ひがませないでやってゆけそうだ
2.14	貸金の事につき外出したいと　大郷氏に来ていただければ外出しなくともいいといふので　来訪のおねがひを差上げた
2.26	大郷氏より返事「今すぐには伺い兼ねるが其の内にまゐります」と　しって昨やはよくやすめましたといふ「眼がだんだん見えなくて　心配して気がめいりそうだ」となげくので　室の人達にも出来るだけ慰めの言葉とやさしい態度で接するやう頼んでおく
3.13	大郷氏へ着物をあづけてある（3枚）それをおくっていただき度いといふのと来訪がないので待ち切れないで　葉書を書いて下さいといふ　今少し待ってゐたらといっても待てないといふので書く　小遣はだんだん少なくなるといふが　まだ７０余円はある　あるぢやありませんかといへば　すぐになくなりますと　氏は□物の点で同様　駄目である　人の事を言葉つかひが汚ないとかそんな言葉つかひではお里が知れるといふので　言はれたものは腹を立てる　だんだん自分に居辛い空気をつくる　それで今日はよくよく言ひきかせた
3.19	貸金の事につき相談　証書は事務所にあづけてあるといふ　麻布の米屋に千円近く貸し　月２円づつ死ぬまで　送ってくれる約束だが　入園後少しもおくってくれない　葉書でゐるか依頼したが返事がこないので　捜索願を出していきませうかといふ　事務所に御相談してみる事とす　又室の不平をいふ「大川さんの肩をみなもって　私は一人ぼっちです　大川さんが孫の事を自慢するので『どうせろくな孫ではあるまい　ここに来て安楽な暮しだろう』と言ってやりましたらとても怒りました」といふので「知りもしない孫の悪口をいふ事は不可ない　氏の入園前の暮しがどうだったか知ってゐますか」とたしなめ　あまり憎まれ口をきかぬやういっておいた
3.22	事務所に麻布の貸金の事申上げ　先方に手紙を出していただいた　本人にいへば大変によろこぶ
3.28	返事を待ち兼ねて何辺きしか　催促するかわからぬ　かつての岡田氏の面影を氏にみる　うるさいほど寮母の許にきて　いろいろと下らぬ事を訴へる　いくら下らぬ事でも根気よく（本当に氏にこそ根気よくといふ言葉が必要だ）きいてやるやらねばならぬ　あなたは業が深いですねとつい言葉に出るほどつからされる　いつの日に氏の心に平和がくるかしら
4.6	事務所より貸金の事につき照会して下さった太田氏（麻布区○○町×××太田さち）より　書留にて１円送附　来月より約束通り２円づつおくる事　出征中の倅が帰へってきたら精算するのでといふ手紙に　氏涙を流してよろこんでゐた
4.9	太田さち氏から約束通りの送金なしとて　何回も寮母室にやって来ては　同じ事を訴えるのでハガキを代筆す
4.20	目黒の大郷氏に預け置きし衣類の送附を願ひなりしに返信なき所　病気よくなり次第に伺ふとの事返信ありたり
5.7	ここが痛むあそこが苦しいと　いろいろ身体的の苦痛を長々と述べるのに　自分勝手の時は買物などにだまって出かけて行く　世話係りが余り我まますぎますから少し注意して下さいといふ

5.9　診察して頂く　薬を飲む必要はない由　別に病気といふ程の事なし由　しかし本人はどこか悪いといって頂きたいので不足を並べる　この様に息きれて苦しいのに病人だのに　いちいちと訴える理解の行く様に話せどもわからないし　自分の言ひたい事だけをいつもの様に並べる

5.10　貸金催促を代筆す（麻布の太田さち氏へ）

5.13　世話係と口争ひをなす　お邪魔ならばどこへでもおやり下さいと若宮氏の悪口をさんざん言い散らす部屋に呼んで愚痴をきいてやり　慰めて帰へす

5.23　世話係若宮氏の談　桃井さんは　おぶいませうといはば抱かさり　抱こうといはばおぶさる人です　この上の気嫌は　取れません　私が女中の様にしてお世話をすればよいのですけれど　そうは続きませんと　昔のよい生活が何かにつけて愚痴となって話題に出るので　周囲の人達はまたかといふ様にして　好意には思はぬ所に折合ひ悪いのである　桃井氏はこんな生活は始めてです　昔はこれでも女中を使って別荘を持ってと　何かにつけて出るのであるが　人間である以上矢張りそういひたいのも無理からぬ事であり気の毒でもある　ここに入ったら入った様な心構ひが必要である点を語り合ったけれど　桃井さんはその様な意見や注意をすると　聞こえない風をして顔をそむけ知らん顔をしてゐるのである

6.4　桃井氏は　何か自分に気に入らぬ事があると転寮したい　退園したいとか言って落ちつかないのでなだめすかして落ちつかす

6.12　眼科の手術を受くるため三病入院（白内障）
　　　入院中何かと心細くもなったのか　お見舞ひに行った所　今生の別れに一度　肉身（ママ）に会いたいと生別の息の事を語る　とにかく眼がよくなって外出が出来たらと慰ぐさむ　看護婦さんに逢ってよろしく礼を述べしに　手術した故絶対安静といってきかせても守らず何かと困らせる由　少し頭の調子が変ですねといふ御骨折の点をよく謝し依頼して帰へる

6.20　見舞に行けば着物を取寄せて　あれこれと言ひつけ　それを持出ししないときはまたぐちを並べ看護婦さんの悪口を言っては困らせる由　安静を守らず全く困らせてゐる様である　安静時は見舞も控える事にした

6.30　ふだんはわがままを言ふので　寮の人達からも嫌はれ勝ちであり　自分もこんな所には居られないと言ってゐながら見舞ひに行けば寮を恋しがり涙を流して喜ぶその果てはまた例の愚痴を並べるので好感は持たれなくなる点は　本人としても気の毒である　赤子の様に可愛所もあり　本人を慰ぐさめて帰へる

7.4　桃井氏眼の手術を喜ばず　何かにつけて不足をいって盲にされたと語る　人様の好意がわかり　感謝が出来る様にならねばこの人は救はれぬ　よくいひ聞かせて帰へる

8.28　桃井氏はわがままや悪口などいっても　駄々子をなだめる様にして処遇する事が一番いい　とにかく心に不足を持たせぬ様気嫌をとり　守りする様にしてみる事とした

9.10　着物を取りに外出したいと　1日に何べんもやって来て愚痴を述べる　預け置きし大郷さんには何べんも便りを出し置きし故　今日便りあって2,3日中に持参の筈　本人も漸く安心す　外出を許しても眼の手術にて　またホー帯にて半盲　身体も弱いので　独り歩きすら出来ぬ故に　もう少しよくなってからと納得さす

9.19　自分が病人であるといふ事を人にも知らせ　自分もそう思ひたい一面があって　ここが悪いあそこが悪いと訴ひる　悪くないと医者に言はれただけでは不足なのである　体の事　訴ひても心配する程の事ないと言はれると気に喰はぬ　その様な性格なので何ん度でも訴ひに来るが　世話係りも此の頃では　心得て子供を守りする様にして置きませう　その方が円満でいいですといふ

9.23　9時過ぎよりお参りに行くとて外出のまま帰へらず　探した結果無断で　大郷氏宅に行きし事わかった（電報を打ち返電にて）　独り歩きもおぼつかぬ氏が電車にて遠く東京迄出かけるなど思はれず遂心届かずゆだんの結果である　独りでは出られずだまって出る事にしたのであろう　衣類ならばそのうち必ず持参するとの便りありし故　よくわかってゐたとも　ただ外出して見たかったのであろうと察せられる　外出すれば貸金の催促も出来るし幸ひとの事でもあろうか

9.24　目黒の知人大郷さんに附添はれ帰寮　梅田先生　三宅先生等に会っていろいろ意見された
本人は悪意あって計画的に出たのではなく　子供の様に矢もたてもならず出たらしい
途中電車賃も他人に支払って貰った由　よちよちの虚弱者でよく無事に帰ったと一面には感謝された　それにしても落ちつかずに居る事はいけないので終日何かと心を落ちつかすべく話し合た

9.24　氏曰く最初は眼洗いに行ってお参ゐりし様と思ったけれど　紙が無いので坂田や迄　紙を買ひに行った　電車乗場を聞いたらすぐそこだといって連れられて行ってくれた　けれども階段がのぼれず佇んでゐた所へ　のぼるのなら手を引きませうと言はれ　行き先きを聞かれたので無一文の事述べし所切符を買って頂き電車にのせてくれた　渋谷でまた省線にのり　それも通りがかりの方が抱いて階段を下ろして下さったり　切符を目黒迄買って下さった　目黒からは手を引かれて大郷氏宅迄送って下さった由　私は着物の催促をしても持って来てくれず　人様からうそつきでいい加減の事をいってゐる　と言はれるのが辛かったのですと語る
3枚の着物はちりめん紋付お召類で　ここでは在園者として着るには上等過ぎるもの　一つの見栄がそうさせた様にも思ふ

9.25　課長さんに御挨拶して御注意を頂いた　相談事は何んでも聞いてやる事　心に思ひ余る事は凡て相談ごとあればいつでも力になってやる事など　部屋に帰って来て　周囲の人達に課長さんから少しも叱られませんでしたよ　よく帰って来たねといはれましたと得意そうに話してゐた

9.26　診察をして頂く　別に健康が悪いと云いふ程の事なし　気休めのためお薬を頂いて　本人涙を見せて喜ぶ　病人扱ひにして貰ひたい傾向があって　どこが痛むここが悪いと自分で病気を作る事が多い

9.28　1日に何べんとなく荷物を出しては品物を出したり入れたり　子供のままごとを見る如し

9.30　一度無断外出してから世話係りに対する嫌やみであらうか　東京迄行くとか　外へ出て来るとか言っては　心配を与へる　眼科の外来患者として洗眼に世話係付添って行く事とした

10.11　再診察して頂く　息切れの為

10.14　世話係りから注意受けるのがうるさいのであらう　返へし言葉をいったり憎まれ口をいったりしては時々部屋を替へたいとか寮を替へたいと訴ひる

10.19　品川と　大郷イト氏及び大沢要一氏へ　小遣銭の請求に就いて便りを出す

10.25　風呂場にてすべり腰を打ち　痛みのため臥床中の所三病に入院

10.31	送金3円　品川区
14.11.1	入院時タンカにて　入り激しく腰痛等訴へ居るも今朝は　病室内を平気にて歩き廻り　如何ですかと問へば　とても腰が痛く立てませんと言ひ居る状態なり
11.8	千歳寮へ　軽快退院
11.8	桃井氏退園の報に部屋の人達は顔を見合せて困った表情をする　波風の立つ生活が再現される事を予期してなのであらう
11.13	退園間もなく他寮へ転じたいといふ　若しそれが出来ねば他の施設へやって貰ひたいといふ 榎本先生に御面会　先生から自己のわがままを謹む様　どこへ行っても自分の心掛けを替へねば落ちつかない事など意見を与へられた　子供の様な所もあるので気嫌を取って貰ひたいのであるがそんなに一人の人間に結客（ママ）がたいのでいつれ同様の事もよく言ひきかす
11.14	寮母の部屋で個人面談　他寮へ転じたい願ひは　明らかに自己のわがままからである　世話係りに注意されるのか嫌やでがまんがならぬといふ事からなのであるが　今日は自己のわがままがある以上　人からも好まれなくなる事など　自省させ落ちつかせる様にじっくりと語り合った
11.15	寮母の部屋で終日ぐちをいふのを聞ひてやりながら　以後他の人達に毒舌をいわぬ事など注意を与へ　約束させる
11.18	腰痛を訴ひ　イチオールを塗布　寮母の姿を見ると誰彼の区別なく言ひ付けに来ては　転寮をせがむ　優しくすれば泣いて喜ぶ所もあって可愛い
11.19	寮母室でお守りをして暮す　1日も早く転じたいといふ　夜になると今夜1晩御厄介になりますと部屋の人達に弁明しては自分自身窮地に陥ちる傾向がある
11.24	榎本先生に個人面談をして頂く　先生からいろいろお話して頂いても自分に都合のよい所だけ聞くといった所がある　他寮への転寮をそのうちにするからといわれ本人も喜ぶ
11.27	川上氏と朝から衝突して争ふ　注意を与へ寮母室にてお守りをする　少しヒステリーの傾向がある様である
11.30	金縁の眼鏡を売り　セルロイドの老眼鏡を買ふ事となり　庶務に依頼して漸く本日眼鏡屋見え凡ての交渉をする
12.5	梓寮へ転ず 眼鏡代19円50銭受取らる　規則として2円以上所持してはならぬ事になっているゆえ　保管金にして上げ様と云ひ聞せても50や100　身につけていた私ですこれっぽっちお金とは云へません　心細くって仕様ないとて寮母に預ける気なし
15.1	勝手に買ひ食をしてはお腹をこわし　同室の人々に食べ物を与へては歓心を買ひあきた頃には転々として人に勝手に好き嫌ひをつけて悪人呼ばりをして　人の親切を仇に返す人なり世話係に注意される事がいやで　すぐ自分勝手に都合の良い虚を云ひ　床屋と云はず礼拝堂と云はず　洗眼室と云はず　他寮の誰彼と人を捕えては世話係の悪口を云ひふらし　売店迄と虚（ママ）を云っては外出し坂田屋あたりへいったり近くの店で中食等もして来られるらしい　氏に1人付添ひでもして居なければ不満なのである　ひまある毎に寮母室に招き共同生活の心構えを話して上げるが　自分に都合のわるい事はあしらひ気味で茶化して聞き入れる気なし　ただただ泣事と愚痴のみである

2.5	榎本先生に個人面談をして頂く　限りのない愚痴と我儘には子供として取扱ふつもりでとの決心もにぶり勝にされる　自己の我ままをつつしむ様　居室での心構につき種々御注意下さった　転寮も思ひ止る様にと御話しくだすった
2.6	洗眼の帰りあまり晩いので寮母行って見たら　他寮の爺さんにしきりに御世話係の悪口を告げて居らるる最中であった　そのまま手を取り連れ帰ったが　氏の性格を知らない老人は　その告げ口を真すぐにうけとって了はれるであろう事を考へ　ほとほと困りぬいて了ふ　氏の為にお東のお世話係の心労は1日中一と通りならぬものあり　注意をすればいぢめる　怒るとて寮母に泣つく　千歳の寮母姉の御迷惑も考えず　1日2度も泣きに通ふので　定めし又悪口を云付けに行って居るであろうと御世話係は誰1人快く思はず　手に手を取ってやって居りながらこの有様ゆえ中々苦心を要する
2.13	永らく洗眼に通ひつづけたるも　氏の目は白内障にてトラホームや結膜炎の如く居室の人達に伝染の恐れなき故　最近老衰の為体も不自由　歩行も容易ならざる様思はれるので　兎角洗眼をいい口実にして　その往復が問題にて種々なる弊害が伴ふので医局に御許し頂いて中止をなす
2.19	かねての切望が容れられて今日千歳寮へ転寮となる
2.19	再び千歳へ帰って来たので部屋の人達も余り厚意を持たず　却ってわがままな氏に反感を持つ人達もあって　挨拶する氏に出戻りなどといふ声も聞えて　少々気の毒であった
2.23	桃井氏部屋の人達とも折合悪く　終日寮母室で暮す
2.25	5円紛失した　10円紛失したと部屋の人達を盗人扱ひすると　部屋の人達がとても一緒には住めないとこぼす　老耄が最近ひどくなった様である
2.28	部屋の人達とも折り合はず　今日は本人と相談の上3畳の静養室に1人で住む事とした　本人も満足だと喜ぶ
3.29	石山寮母付添にて　世田ケ谷区○○○○×ノ×××松井善二方まで外出致し　先方でもなかなか受け付けて下さらないのを漸くにして2泊のお世話を御願ひして帰へる
3.31	松井方にては送り下さる意志もなければ迎いに行く　3日間に色々お世話になりそれが嬉しくて大変元気で帰へる
4.10	毎日寮母さんか御留守だと世話係か邪険にすると訴へ　今日は腰がたたない様に悪いと訴へ　榎本先生お呼びに参りしが出向かず　課長様御巡りの折入院させて上げると聞されたのでもう片付けるやら　何かと大騒ぎである　まだ御相談して居りますからもう少し待ちませうとなだめておく
4.11	第一病室へ入れて頂く
15.8.11	入院後相変わらずの氏にて　周囲の人からきらわれて居る次第なり　すっかり頭がへんになり何んだかわからぬ事を大声にてさけび　窓より飛び下りんとする事幾度となく… だんだんと身体衰弱し来り　出歩く事不可能となる　食事等は変りなし
9.10	無理に起き上らんとしてベッドより転落　右眼部皮下出血　早速ビタカンファ1CC皮下注　眼部ホーサン湿布等施行　ベッドより転落してより急に元気食欲なくなる
9.14	相変わらず状態続き居しが　午後零時25分他界せり

入園時ノ所持金品	所持金	86円39銭　　内保管　85円
	所持品	風呂敷　11　　袷　7　　冬羽織　6　　夏羽織　2 コート　1　　セル　1 ネル　1　　単衣　浴衣　9　　長襦袢　2 冬腰巻　夏腰巻　4　　袖無　1　　ショール　1 夏襦袢　5　　前掛　2　　毛糸シャツ　1　　帯　4 頭巾　3　　毛布　2　　夏掛蒲団　1　　敷蒲団　1 座蒲団　1　　枕　1　　手提袋　3　　コーリ　1 コーモリ　1　　半てん　1

拝啓
極暑の折柄皆々様益々御清祥の段慶賀の至りに奉存候
陳者此の度当町より桃井なる者入園御許し下され忝く存候、右件に付参上の際は種々御厚配を賜り感謝に不堪候　其の際小澤先生より本人に対しての御感想を承り自分としても誠に憂慮致し居り候か其の後桃井の模様は如何に御座候哉　別れに際し特に小澤先生よりの御注意もあり自分としても同感の為強く意見を致して帰宅致し候次第に御座候
何卒左様の次第出来得る限りの御丹精に預り度而して見込み之なき場合は当方へ予め御通知相願ひ度　其の際は直様参上御相談に応すべく覚悟致し居り候　先は御願ひ迄　小澤先生始め皆々様へ宜敷御伝言　被下度御願ひ申上候
時節柄御自愛の程祈り上候

　　　　　　　　　　　　　　　　　　　　　　　　　　　　　　　敬具
8月14日
　　　　　　　　　　　　　　　　　　　　　　　　　　　　　　大内次郎

長谷場亮男殿

御はがき拝見いたしました。この度桃井とよ死去いたせし由　園御一同様には一方ならぬお世話様になりまして　早そうに参上いたし御礼申し上げ様と存じ居りましたところ　子供をつれてまへらねばならないのに昨日今日も雨にて又昼に学校からかへる子供があるので　それまでにかへらねばならず色々気ばかりあせって居ります　ほんとうに恩しらずの様で申しわけございませんが其の内に折を見てかならずおうかがひ申し上げ　おせん香を上げさして頂き度と思って居ります
まづはお手紙にて失礼をもかへり見ず　お許し下さいませ

9月16日
園御一同様　　　　　　　　　　　松井きみ

No.1449　村越善蔵　（男）

入園日	昭和 6 年 3 月 31 日
退園日	昭和 15 年 9 月 30 日　（退園　病院入院）

（要救護者調書）

出　　生	安政 4 年 4 月 8 日生　　当 75 歳
出　生　地	石川県金沢市○○町番地不詳
本　籍　地	東京市深川区○○町××番地
震災当時ノ住所	東京市浅草区○○町××番地
現　住　所	東京市下谷区○○○町××番地　林田次郎方
戸主又ハ続柄	戸主
宗　　教	眞宗
家族ノ状況　並ニ扶養親族関係	1．妻有無　　　　　　　　ナシ 1．直系尊卑属ノ有無　　　ナシ 1．其ノ他ノ親族ノ有無　　ナシ 1．永年知人　東京市下谷区○○○町××番地　林田次郎　48歳　羅宇屋　林田ハ同業者ナリシタメ 20 年前ヨリ知人ニテ現ニ同家ニ同居シ居リ　尚次郎ハ 3 人家族ニテ普通生活ヲナシ居レ共　今後金品ノ補助ヲ受クル事能ズ 1．永年ノ雇主ノ有無　　　ナシ
身心ノ状態不具廃疾ノ程度　及疾病ノ有無	青壮年時代ノ主ナル疾患　ナシ 現在ノ疾病　本年ニ入リテ身体何処トナク老衰シ充分ノ働キヲ成シ難シ　但シ自分用ハ充分ナリ 精神障凝等　ナシ 性情　　　　温良
震災当時ノ職業及現在ノ作業並びニ収入	（震災当時）羅宇屋 （現在）　同
教育程度 趣　　味 嗜　　好	無教育 活動 ナシ
震災後ニ於ケル生活ノ経路　並ニ現況	1．震災当時ノ被害ノ状況程度等　　　全焼 1．震災後今日迄ノ家庭生活　其他生活状況ノ変遷等 萬世橋際ニ避難シ 2 日間野宿セシ上　府下○○○町字△△△無職某方ニ間借シテ羅宇屋ヲ開始シテ 3 ヶ月ヲ過シ　府下○○町ノ同業者太田敬三方ニ移転同居シテ約 3 ヶ月　神田区○○○ノ同業者池戸健次郎方ニ約 2 ヶ年同居シ　次ニ浅草区○○町××番地ニ転居シ（借家）　引続キ羅宇屋ニテ生活中　漸時生活難トナリシカバ　昭和 4 年 2 月 10 日 20 年以前ヨリ同業ノ知人ナル現住所林田次郎方ニ同居シテ羅宇屋ヲ継続シ居レ共　昭和 5 年 7 月頃ヨリ世上一般ニ不況ノタメ収入減ジ　且ツ本年ニ入リテ老衰シ充分ノ活動ヲナシ難キタメ　日収平均 12，3 銭（純益）ナレバ生活至ッテ困窮セリ

生立及経歴	1．両親ノ氏名　父　村越六兵衛　　母　不明　　続柄　長男 　　　　職業　前田藩ノ御用商人 　両親ノ死亡時年齢　父不明　母35歳 　死亡時ノ疾病等　父母共ニ不明 2．出生時 　幼少年時代ノ住所　　金沢市○○町番地不詳 　家庭状況 　4人家族（兄7人妹1人アリシトノ事ナレ共兄ハ何レモ幼少ニテ死亡ス）ニテ相当生活セシ由ナレ共　5歳ノ時父ハ病死セシカバ　母ハ手伝婦ニ雇ハレ辛ジテ生活セシガ　14歳ノ折妹某モ病死セシカバ　石川県○○○○村字△△△△ノ××番地　船頭村越重蔵ノ養子トナリ母ト共ニ同家ニ入リ　普通生活セシモ16歳ノ時母モ又病死ス 　教育等　無教育 3．職業関係　住居　生活状況・変遷等 　20歳ニテ船頭トナリシガ　30歳ノ時単身北海道上川郡○○町△△△×丁目××号ニ渡リ　菓子製造販売ヲ開始シ　程ナク職人3名ヲ使用シテ相当生活ヲナセシガ　49歳ノ折失敗セシカバ　上京シテ深川区○○町××番地ニ1戸ヲ借家シテ餅菓子製造販売ヲ営シ職人1人ヲ使用シ普通生活ヲナスニ至リシモ　約3年ニテ収入減少シ生活困難トナリシカバ　浅草区○○町××番地ニ移転シテ羅宇屋ニ転業シ普通生活ヲナス 4．縁事関係　子女ノ有無 　23歳ノ時某しずヲ内縁ノ妻トセシガ　同棲6ヶ年ニテしずハ「コレラ」ニ罹リテ死亡シ32歳ノ折　助一当時5歳　伊三次2歳　はな7歳ノ3児ヲ連子セシ古井タキト内縁関係ヲ結ビテ同棲セシモ　15ヶ年ニテ離縁シ　以後独生活ヲナス　内縁ノ妻しずトノ間ニ長男伊三次アリシガ　本人5歳ノ時しずト共ニ「コレラ」ニテ死亡シ其他ニ子女ナシ 5．本人ノ性行 　普通 6．特ニ困窮ノ事由ト認ムベキ事項 　　1．震災　2．老衰
保護依頼者	東京市下谷区第○方面事務所
その他	記載なし

　　保護経過

6.3.31　　　入園清風寮ニ入ル

9.6.26　　　左記ノ者ニ小遣ねだりノ手紙ヲ書キ　添書ヲ求メラレ願通リ為シヤル尚本人ハ加
　　　　　　藤方へ亡妻ノ子ヲ預ケアルト言フモ詳カナラズ　　神田区○○町××　加藤登輔

9.7.5　　　 右加藤ヨリ書面ト共ニ金5円本人宛ニ送リ来ル　文面ニ曰ク
　　　　　　拝啓仕候
　　　　　其後は御無沙汰致しました　御手紙拝見致しました処続て御養生相成居る由それ
　　　　　には小遣入用との事他の皆々様にも左様の事ですか　法人会の事なれば如何様
　　　　　の事方法もある事と存じます　此頃は世相も変り小生の思ふ様には仲々届き兼ね
　　　　　る場合もあり不悪御承知下さい　又畑田氏の方へは一切言伝等不申　おじいさん
　　　　　の思ふ様な事は小生の迷惑に存じます　左様御承知下さい　申越の件小生も毎日
　　　　　間近にて何かと都合上有って遅れました　本日金5円也御郵送致しました　御受
　　　　　取下さい　其の内時季を見計い御見舞致す心組ですが何分御大切に願上げます
　　　　　　右加藤登輔ノ亡先妻某ハ　本人ノ亡内妻中井チヨノ子ニシテ（但シ結婚セシハ
　　　　　チヨガ本人ノ内妻トナル以前）一女くめアリ

10.10.15　御真影ノコトニツキ静和寮より葵寮への転寮を渋り手古づらす　寮母の説得によ
　　　　　りやうやく転寮す

10.10.26	一寸無断外出
10.10.30	過日葵寮に戻り「御真影」ヲ拝ンデ居ルト　一老人カラをかしな奴ト言ッタ風ノ事ヲ言ハレ　大ヒニ奮慨　驚キ出デ大声ヲ制セントセン葵寮寮母ヲ怨シ　数日前ハ朝早クカラ各寮ヲ廻リ　戸外カラ何ヤラ繰言メイタ事説教メイタコトヲ言ヒ居レリ　翌日ハ普通人ニ反（ママ）リ　昨日ハ相済マヌ事ヲ申上ゲマシタ等ト言訳ナシ居タルガ　本日念ノ為松澤病院奥田医師ノ診察ヲ受ク　老人性ノ神経衰弱ニシテ今ノ処タイシタルコトナシト
11.3.6	最近ハスッカリ落着イテ居ル様デアル　「愉快ナ感謝ノ生活ヲ見セテ居ラレ今日ハ食堂ノ手伝ヲ楽シソウニセラレル」〜〜日誌ヨリ
11.6.7	前記ノ如ク感謝ノ日ヲ送リ居リソレデモ　尚寮母トシテハコノ期節ニ如何カト案ジ居リシトコロ　以前亡妻ノ弟ナル左記等ヘ相当尽カシアルニモ拘ハラズ　亡恩ノ甚ダシキヲ思フト安眠モ出来ズナドト言ヒ出シ　寮母ヲ心配サセル　小遣い銭ニ不自由スルトコロカラソレラノ事ヲ思ヒ出シタノデアロウ
11.8.24	強情我慢ナ一面ガアル事ハ周知デアッタガ　最近入浴順序ガ違ッタトカ　或世話係（中沢）ガ当ッテ公認セラレテ居ル自分ヘノ飯ノヨソイ方（自分持ノ仏様ニオ供ヘスル為最先ニ自分ノ茶碗ニヨソウ事）ニ反対ダカラ改メテ事ノ善悪ヲ課長ニ聞イテ見ルトカ　汁椀ヲ出シッパナシニシテオイタラ　オ代リヲヨソッテ呉レナカッタガドウシタ事カトカ　何デモ自分ノ意ノ通リニナラザルコトヲ憤リ興奮セリ　依リテ色々ト説得ヲ試ミシガ容易ニ肯カザリシモ明日ノコトトシテ分レル
11.8.25	本人ヨリ昨日ハ色々ト我儘ナコトヲ申上ゲテ相済マヌト　寮母迄アヤマリ来レル由
11.11.1	10月30日諦メテキタ神田ノ加藤登輔氏トノ関係ヲ思ヒ出シ　オ金ノ無心ヲ出シタガ"申越シノ金子ハ送付仕度クモ出来難イカラ悪カラズ"ト来信アリ
11.11.2	加藤登輔氏死亡ヲ知リ　くめ（妻女）ガ可愛想ダトテ発信
12.5.29	従前カラ問題ニシテ居タ　加藤及畑田方ヘ要スルニ小遣無心ノ書面ヲ出スベク提示シテ来タガ　「心ノ障リ」ニナルダケダカラ思ヒ切ッタニ越シタコトハナキ旨ヲ説明セルトコロ　納得シキレイニ思切リ　マスカラトテ手紙ヲ預リ呉レト申出ヅ　尚実印モ持ッテ居ルニハ当ラナイカラトテ持参ス　手紙ハココニ添付シ印鑑ハ寮母ニ保管セシム
12.5.30	ヤハリ思ヒ切レヌモノガアルラシク　加藤ノ方ニ対シテ　今ハ代変リノコトデモアリ何等含ムトコロハナイケレドモ　畑田ノ亡恩ハ如何ニモ剛腹デアルカラ　今生ノ別レノ積リデ畑田ニ対スル言ヒ分ヲ加藤ニ知ラセテオキタイカラ　畑田宛ノ手紙ダケハ戻シテ呉レトノコトニテ希望通リナス
14.8.14	寮ノ神棚ノ御宮ヲ勝手ニ移動シ　自分ノ所有ニ係ハル陛下ノ御写真ヲ神棚ノ中央ニ飾リタルヲ以テ　事務所ニ呼出シ原形ニ復セシメタリ
14.10.26	同室ノ某々等陛下ノ御写真ニ対シ云々セリトテ大声ヲ上ゲ　罵言シテ居テ困ルカラト寮母ヨリ申来ル依テ直ニ寮ニ行キ面会事情ヲ聞ク　当時稍昂奮ノ体ナリシモ色々ト説得シ大声ヲ出サザルコトヲ約束シテ帰ル
14.10.27	松沢病院奥田医師ノ来診ヲ乞ヒ　一応精神状態ノ調査ヲナセリ　目下ノ処精神異常者トハ言ヒ難キモ再診ノ上決定スベシトノ事ナリキ　超ヘテ30日ニ至リ宮川寮母ノ話ニ依レバ　其ノ後奥田医師ノ投薬ヲ唯1回服用セルノミデ　引続キ変レル言動ヲ為シツツアリト云フ　同日宮川寮母松沢病院ニ奥田医師ヲ訪ネ　其後ノ状況ヲ報告スルト同時ニ処置法ニ付同氏ノ意見ヲ聞ク

14.11.2	奥田医師ノ意見ニ依レバ徹底的ニ威嚇シ置クノ適用ナリトノコトニ付　本日上高井戸駐在巡査ノ立合ヲ乞ヒ保護課長　梅田書記ト共ニ課長室ニ於テ厳重戒告ヲ加フ　一応今後ノ経過ヲ見ルコトトセリ
15.1.18	本人所蔵ノ皇室ニ係ハル写真ヲ　本人ノ希望ニ依リ保管中ノ処　本年ハ紀元2600年ノ記念スベキ年ナルヲ以テ一度拝観シタシトノ申出ニ依リ　課長室ニ於テ本人ノ希望ヲ満足セシメタリ　写真ハ引続キ保管セリ
15.5.31	預ケタ写真ノ中ニ陸軍大将　海軍大将ノ写真ガアル筈ダカラ一応タイテ寮母ト共ニ事務所ニ来ル依テ目ノ前ニテ保管セル写真ノ包装ヲ開キタルニ　本人希望ノモノナシ　元ヨリ本人ノ記憶違ナルヲ以テ　適当ニ言聞カセ帰寮セシメタリ　然ルニ本来写真取扱ニ付無理ナル註文ヲナシ処遇上困難ナルヲ以テ　一応松沢病院奥田医師ノ来診ヲ乞フコトトセリ 午後2時頃　奥田医師来診診察ノ結果　脳病院ニ入院治療スルヲ適侑ナリトノコトナリシヲ以テ　手続キヲ取ルコトトセリ

（入園者身分概要）

続　　柄	戸主
性　　別	男
氏　　名 生年月日　年齢	村越　善蔵 安政4年4月8日生　当75歳
本　籍　地	東京市深川区○○町××番地
入園前住所	東京市下谷区○○○町××番地　林田次郎方
家族親族等ノ現況	父　村越　六兵衛（亡） 　　母　不明（亡） 　　村越善蔵　長男　伊三次（亡） 　　兄7人妹1人アリシヨシナレ共　何レモ幼少ニテ死亡シ其ノ名ヲモ不明
経　　歴	1　出生時・幼少年時代ノ家庭状況 　　　4人家族ニテ相当ノ生活ヲセシ由ナレ共　5歳ノ時父死亡セシカバ母ハ手伝婦ニテ辛ジテ生活シ　14歳ノ折妹某死亡　同年母ハ村越重蔵ニ再婚シ　自分ハ其ノ養子トナル 2　職業関係・生活状況 　　　20歳ヨリ船屋トナリ普通ノ生活ヲナス　30歳ヨリ菓子ノ製造販売ニ転ジ相当ナ生活ヲナス　52歳ヨリ羅宇屋ニ転業シ普通生活ヲナス 3　保護出願スルニ到リタル事由 　　　1　震災　2　老衰
宗　　教 教　　育 健康状態 労務能力 個　　性 性　　格 習　　癖 趣　　味 嗜　　好	真宗 無教育 老衰（自分用ハ充分） 除草　袋張可能 性情：温良 記載なし （記載なし） ナシ ナシ

保護経過
6.3.31　　入園

10.2.23　　木越寮母姉ノ日誌ニテ知ル　本日松沢病院ノ先生ヨリ受診　「目下ノトコロ　大イシタ状態デハ無ヒガ神経衰弱ノ気味アリ」ト御注意ニテ本人ニハ「御仏ニ一切ヲオマカセシテ和ヤカナ思ヒデ日常ヲ過ゴス」様キカサレタ　「御仏ニ万事ユダネテ居ル故安心ダ」トノ返事

10.4.10　　宮川寮母ノ日誌ニテ知ル　保管金２円也ヲ渡ス

10.5.11　　松沢病院ノ渡辺先生ヨリ受診　「動脈硬化ノ病アリ」トノ御注意ガアッタ

10.5.8　　 神田区○○町××　加藤登輔ヨリ書留郵便（金３円在中）来ル

10.6.11　　「精神異状者ナルタメ警戒ヲ要ス」トノ注意ヲ承ッテ居ルノデ　現在ハ極ク平静ナレドモ只々後ノ事モアル事故　要注意者一覧ニ挙ゲテ御目ニカケル

10.10.15　 葵寮虚弱室へ転入（静和寮より）
　　　　　 転寮の折当人所持の額の事に就き転寮をこばみ手古づらす　寮母が静和寮へ迎ひに出掛けて説得し転寮す

10.10.30　 葵寮お食堂へ　御真影を奉り　朝拝みに行き　村越氏　天も平　地も平と云った所業に対し　一老人が変んな奴と云った事を大に奮慨　驚き出でし大声を制せんとせん葵寮寮母を怨し非常に立て付いた由　其後ち興奮した氏は　東西各寮を廻り戸外より　御真影を就いて繰言　説教めいた事を云って廻る

10.10.31　 今日は普通人に反り昨日は申訳ない事を申上げました等と言訳をなしたが　本日念の為め松澤病院奥田先生の御診察を乞ひ　老人性の神経衰弱にして今の所大した事ないとの仰せ有る

11.3.6　　 最近はすっかり落付き　愉快な感謝の生活　今日は食堂の手伝等楽しくせらる

11.6.7　　 感謝の日を送り居るが尚寮母としては此の期口（ママ）に如何かと案じる　前亡妻の弟なる者へ相当の尽力しているにも拘らず亡恩甚しきを思ふと　夜も安眠出来ないと興奮状態にて寮母を心配させる　一つにはお小遣銭の御不自由な点から思ひ出すのだろうと察せらる

11.8.24　　強情我慢な一面が有り　入浴順序が違ったと　世話係りに不満を云ふ　それは御自分が一等先に這入り度いからで　又自分持ちの仏様に供へ度い為め最先に　ご自分の茶碗によそわなければ気が済まぬ　共同生活ではそうした勝手な事は　自己で解らなくてはならぬ事等を申聞させても何んでも自分の意を通さなければ憤り興奮する　色々と説得を事務の方に頂くも容易に肯かせず後日の様子を見る事とする

11.8.25　　本人より昨日は色々と我儘な事を申上げて相済みませんと　寮母のところへ詫びて来る

11.11.1　　最近諦めていた神田の加藤登輔氏との関係を又思出し　お金の無心を出した　先方より申越の金子は送付仕度くも出来ず悪らず　と云った来信ある　尚加藤氏の死亡を知り妻女くめが可愛想だと言ふ

12.5.29　　従前から問題にして居た加藤及畑田方へ小遣無心の書面を出すべく提示が有ったが　先方の感情を害するのみにて思ひ留まらす可く　話聞せ納得が出来た　手紙をも預り呉れとの申出が有って預る

12.5.30	矢張り思ひ切れぬ者が有り　加藤氏の方に対しては今は代変りの事でも有り　何も含むところはないが畑田の亡恩は如何にも剛腹でならない　今生の別れの積りで畑田に対する言ひ分を加藤に知らせて置き度いから　畑田宛の手紙だけは戻して呉れとの希望あり返してやる
12.6.25	葵寮へ奉って有る御写真参拝に就いて良く問題を起こし易いので　取りはづして呉れとの相談がありその事を理解させ様と話せば又怒り　興奮　村越氏　その様な事を言ふ奴は承知ならぬ　陛下を尊ばぬ奴は国賊だ　おれが警察に訴へて来ると聞き入れず出掛る　思ひ止まらぬ氏　致し方なく放って置く 斯した処遇難の老人が居る事をも警察でも知って頂く事にもなり　無事に帰る事を案じて待つ　4時間位も立って無事に帰って来た　正直な処も有る氏の事とて寮母のところへ来て寮母さん最初荻窪警察に参りましたところ　随分待たせて置きながら杉並警察に行けと追ひ払ひ　又杉並の方へ参りて願出ところ　寮母さんより言はれた様な事を言っておられましたと　元気のない様子で言ふのであった　寮母は決して悪い事は云はぬ事等を懇々言い聞かせ　今後は決して御真影の事にて争い等してはならぬ事を繰返して聞せて置く
12.10.5	少々脳の異状を態して来ると　同僚方や細な事にも立腹される　寮母は始終周囲の人達にも氏を充分理解させ　相手にならぬ事等を云ひ聞せて置くが　余りの氏の時々我儘には　同僚達も我慢が出来ない点が有る様　他の老人方より寮母さん　村越さんは病気では有りません　あれは我儘な人です　何事をも良く承知仕ていて云っていることが多いのです　と不満そうに訴が有る　寮母は氏の間を取り保護に苦心を要する
13.3.18	事務よりお小遣支給有りて金20銭を受領
13.4.17	去る2月頃より眼がかすみ　何んと無く視力が薄くなった様だと御心配にて訴へ有る　御心配入らない事や種々と慰め力を付けて　明日より洗眼を願って様子を見る事にする
13.4.19	眼科処置を願ふ
13.5.30	眼科の処置を毎日願っても　視力が段々衰へて来る様だと非常に御心配　専門の先生にも御診察を仕て頂く事等も話し　色々と慰めては置いたが　氏は何事も気になる病気の人で　又我儘を通し度い人　周囲の人達や寮母の顔色に注目しては一寸でも気に添はぬ点有れば直ぐに興奮仕易い　お世話な骨の折れる六ヶ敷老人で有るが　今春期はまあ無事に済みそうだ
13.7.11	梅雨期の故か少々脳に異状を察せられていたが　久方振りに葵寮へ奉って有る陛下の御写真参拝に行き　棚の上に無かった事を知り愈々氏の神経を悩せる種となった　思い替の出来ない氏　事務へ其の理由を尋ねに行き　色々と云ひ聞され又元の様に奉って頂くか葵寮へ相談仕て頂く事になり夕刻に至りて村越氏　此の頃の非常時に腹を立てたり嘱ったり喧嘩する事は　申訳ないから事務へお任せ致しますと申出られる　氏の様な病気には寮母と周囲の人達も気を遣ふのである
13.7.19	何事も直ぐ入れられないと病的になる氏　先々の陛下の御写真の件につき　怒ったり泣いたり永々と自分の言ひ度事を申立て　寮母は聞き役にも慰め役にもならなくてはならないから　前記の事の如き杉並警察に訴へ出られ　お叱りを受けて帰った事は忘れ　又「大事な陛下を押入等に仕舞込んで有る様だと社会局へでも警察へでも訴出る」と泣きながら申されるのであった
13.7.28	御写真は奉って頂く様相談が出来て氏は安心と感謝の態　視力が段々薄くなると大変に心配の様子
13.9.21	事務よりお小遣銭金20銭を受領

| 13.11.7 | 同僚方と話してる中突然言語が不明となり□って身体の自由を失い手を添えて就床なさしめ　握力は今は失っていないが言葉は利けない　すっかり気弱な氏の事とて　最早自分は死ぬるのだ駄目だと思慮されて泣く　そして遺言めいた事を寮母に不明な言葉で申され　往診を願って色々と慰めて頂く |

| 13.11.10 | 口も身体も気分が静ってくるに従　常に復して来て大変に喜び仏様に感謝されるのであった　氏には少々の事も深刻に何事も心配になるのである |

| 13.12.21 | 共同金より30銭　事務よりのお小遣金20銭を受く |

| 14.1.8 | 脳から来た疾患か去る秋頃より視力が薄くなったと　氏は非常に心配され又悲しみ　一つは神経をも手伝っている様にも察せられるが　一寸も視えないとお食事の折食堂まで参る事をも手引を頼む |

| 14.1.21 | 視力が乏しくなった原因を　今まで陛下陛下と皇室を拝み　掛け軸や額縁に新聞紙の皇太子様　雑誌口絵の両陛下を貼り付けて寝床の上に祀り朝夕拝んでいた事をフト思ひ出し　高貴な陛下御皇族の方々を如くも不潔な居室に祀り申し上げた事が不敬に当り　私の眼が斯様になったのだと思い込み　申し訳ない申し訳ない死んでしまいたい　どう仕様どう仕様と両手のこぶしで蒲団を叩きながら泣きわめき　陛下は決しておとがめなき事を色々と言い聞かす　掛け軸の方も粗末にならぬ事務へ保管を願いましょうと慰めても泣き続け　周囲の人達にも気の毒に思はれ長谷場主任にも来て頂き額縁のものも取り端しなだめて頂き漸く心を静められて就床　寝付れない様子にて頓服を与へる |

| 14.1.22 | 頓服のお蔭でぐっすり就眠が出来て　今日は穏やかで大層気分が良いと平静で有た |

| 14.1.22 | 昨日は大層静で有ったが今日は又　ご自身の生立　経歴等を朗読する様に語り続け　或は不満を持った人の攻撃を終日続けられ　周囲の人達も理解は仕ているものの本当に御迷惑な事と思はれた　就寝時睡眠剤を服薬なさしむ |

| 14.1.25 | 今日は早朝より叫び　泣たり怒ったり　日頃角田氏に好感持たれぬので　今日は角田氏へ矢が向き氏の攻撃　色々と云ひ聞せ慰め　静かになったかと思ふと　又間も無く叫び出し　斯した異状　興奮状態の折は余りふれないで様子をみる |

| 14.1.27 | 今日は村越氏　太井氏を攻撃　太井氏が園に落ち付きがない事に就いてで有った |

| 14.3.12 | 気候の変り目には毎年多少脳の異状が有るが　此の節は危険時期である　寮母は周到の注意をはらい処遇に当る
寮母室に来て「視力が薄くなった事を神様の罰だと前思ひ違いを仕ていたが　考へると私が眼を無茶な事を仕た為めであった事が解りましたので　先達ってお預けした掛軸を又返して頂き度い　そして又信仰を続け度い」とて　寮母のところより陛下の軸を御自分の席へ持参　其して氏して曰く　今のお世話係の方々は皆良い人計りですから　どうか病気で入院するまで　此の寮へ置いて世話して貰い度いと泣き出されるのであった |

| 14.6.15 | 落付いているかと思ふと　此の頃又盛んに陛下陛下と云ふ様になり　梅雨期にはどうしても氏の脳には異状を態し一つは我儘も充分手伝っているが　氏は病的の者と見る依り致方ない |

| 14.7.12 | 各置床へ花を入れ　皆んなの老人方が喜んでいるのに村越氏所持の陛下の御写真前の花器には　村越氏神前には榊以外の草花等は挿す者でない等と　個人所有かの如く頑張り　如何に病的とは診ても余りに我儘にて□ても如何かと思はれた |

14.8.11	雑誌の口絵と新聞の切抜き　明治大帝　今上陛下の御真影等を額に仕たものを今度はお食堂の大神宮様の棚へ一緒に奉って呉れとの願出　曰く大神宮様のお札なんか　何でもない者だ　それより私が拝んでいる額の方が余程尊いのだ　こちらが真の大神宮様だ　お祓いする様なれば私が1円持っているから頼み度い等と又興奮の気味で申される　氏は斯した事でご自分をも苦しみ　周囲の人達にも迷惑をかける
14.8.13	今日は早朝より勝手に大神宮様の拝殿をおろし　自分の額を棚に置く　大神宮様は其のそばに吊し御酒瓶や花立を額の前に供へる　一応事務に御伝申上げた上でが宜しいでせうと云へば　何を云ふ己れのする事に文句云ふ者は承知仕ない　己れが事務へ話す　何も面倒な事はない　直ぐに出来る事だと興奮して納得が出来ない
14.8.14	右の行動に就いて一応榎本先生に御覧頂く　その折当人より右の願出が有ったが応接室に呼ばれ懇々お諭し頂き　元通りに直される可く納得が出来て　早速気の変らぬ中直して終った　氏の行動に就いて周囲の老人達　蔭に於ても不満の声が酷い様子で有った
14.8.18	神武天皇　明治天皇　今上天皇様の有難い事を知らんのか等と　誰に云ふとはなしに喋り続け　周囲の人達も定めし御迷惑な事に察せられた
14.9.11	此の頃は落付く　朝の大神宮様への礼拝を氏は特に喜びを覚える　今日は御自分の襦袢の繕ひ　斯した現象は気分の落付きなのである
14.9.22	お彼岸御法要の留守中　置床の上に祀っていた陛下の御写真を食堂の大神宮様と並行した場所へ勝手に奉安を規めている　氏は多少脳に異状有るとは云へ　どう仕ても御自分の思を通さないと気の済まない病気の人
14.9.23	勝手に留守中に御写真を吊しながら　事務の榎本先生と寮母の許があったのだ等と周囲の人達には云ひ　自分1人が満足
14.9.24	今日は皇霊祭にて神の日だ　こんな嬉しい事はないと世話係達に泣いて語っている　1つには自己の思ひを通し度いのである　皇祖の軸前に壱□□の菓子を供へ一同の人達に分配仕度いのであるその上自己の我儘を通し度いのである　誰れもが出来ない事は悪い習慣を見る事でもある　村越氏に小遣ひのない事でも有り無駄な事をせぬ様と種々申聞せてもなかなかに頑として解らず　病的に通し度い氏であり　やむを得ないと思った 午後の茶の時間にお茶をほうじて呉れ　濃くして呉れ　熱く仕て欲し等と世話係に注文仕ている
14.10.23	ご自分の意見が通らぬ　又希望が直ぐに入れられないと立腹しては　警察に訴へて来る等と云ひ　今日は遠足のお寿司を持参して出掛ける　課長様より途中が危いからとの御注意が有り　二宮先生にそれとなく東館先辺りまで迎ひに行って頂く　東上原山姉に伴はれて帰寮す　斯して周囲の人達にもみんなに御迷惑かけるのである
10.25	今度は又置床の上に奉り毎日三度三度ご飯のお初を自分の茶碗に山盛に供へ　それをご自分で頂く氏は何事をも先ではないと不満なのである
10.26	誰も相手にならぬのに　周囲の人達に何かと喧嘩を吹き掛ける　角田氏にも前の事を持ち出しては手を出さぬ計りの村越氏　周囲の人達にも辛抱して呉れ相手にならないで下さいと　無理を頼んで忍ばせて来たが　申訳ない気もする　角田氏も最早辛抱出来ません　不愉快でたまりませんと云ふ村越氏1人を救ふか他の11人の人達を救ふかの問題を考へさせられる　今日は榎本先生御苦労話を云ひさせて頂く

10.27　今朝も早くから誰に云ふとはなしに喋り始めた　誰れもが相手にならず　村越氏は暫く続けていた老人達は1人去り2人去り其の室を去っていくのであった　松澤病院奥田先生の御診察を頂く　鎮静剤と睡眠剤とを与えたが矢張眠らなかった様子

10.28　今日も早朝から寮母室に来りて　昨日の診察は大学の先生と仰せられたが私は脳病だから松沢病院の先生でなくては駄目だ　大学の先生の薬は飲まない　脳病で一種の気違ひです　私の親戚が矢張り気違ひで昔は脳病院もなく　暴れたり仕て実に困って死んだのです　その血統の私ですから私の病気は松沢病院に入院仕ないと癒らない　寮母さんにずいぶん失礼な事申し大きな声を立てたり致しまして何とも申訳ありません　許して下さい　と同じ事を四度位も繰返し　決して私が言ったのでない　私の病気が言ったのですと言ひ訳仕たり仕て　服薬仕ないので無理になると興奮の種となる事で折を見て進める事とす　1日に何度となく陛下を祈願仕ているので　事務は自分の云ふ事は何でも聞く　聞かなくてはならないと喋り続ける　今日云ふ事と明日又云ふ問題は変って来る

10.29　今朝も早くからおれに仕事でもせろ等と云ふ者があったら承知仕ない　前赤司さんからも話があったが　仕事せろと云ったら私のところに来て云へ　私から叱ってやると云ってある　薬を飲め等とあの薬は廻し者だ　飲める者かと昨日の薬が問題となり　殆ど終日文句の言ひ続けであった

10.30　早朝村越氏　皇后陛下の御写真を羽織紐にぶらさげ　掛軸の方は手にさげて　寮母室へ来りて「考えてみるとこの部屋が一等清潔だからここに軸を奉りたい　寮母さんは次の間だけで良い　又居なくても良い　陛下の思召で出来ている国であれば奉らせない事はいかん　寮母が邪魔だと」言ひ　興奮させてはならないと「寮母さへいないと良いのですネ」と云へば「そうだそれで良い」「では事務へ相談仕ましょう　怒ってはいけません」となだめて置く　寮母不在中松本氏にも文句を吹きかけ尚角田氏にも「寮母さんも事務に相談仕て此の寮を出る様になるのだ角田も出て行け」と酷く言ひがかりを付け　剃刀で寝首を取ってやるとかそいでやる等と怒り　困って隣代理寮母に願い出た由就寝後の事が案じられ　徹夜にて注意す　周囲の人達も眠られなかったと云ふ

10.31　今日も早朝から一と時　何か盛んに云っている　角田氏に対し悪人は剃刀で首から切って遣ろか肩から切ろうか等と　脅迫的な事を食堂に来たり居室の方へ行ったり仕て云ひ続ける

11.1　毎朝一と時は続ける　陛下の有難い事から他人の攻撃が始り　少でも気に障ると興奮して相手方を責める　毎朝の朝礼は一緒に仕ない　1人で置床の前にて行い尚食事も其場で取る　お昼過ぎより又一と時始める　薬を飲ない原因　松本氏と角田氏との攻撃と排斥を長々と続け　寮母室3畳を奉納室に当て　玄関を閉切出入を止め　食堂側の壁を取り壊し　3畳と続けて拝む事にする一案と　其が有る内　園長に話を仕て社会局の人達とお話仕て行い　記念碑の脇に奉納室を立てて貰い度い　官費でする事で何の面倒もない　それでないと死んでも安心出来ない　寮母さん早く解かないと事が進まない　悪い評判立てられると　新聞に載って首になる　氏の案は最より厭になったと云へば問題なしだ　自分の云ふ事は何でも通らぬ事はないと云ひ続ける事2時　其の中あきた顔でも仕た者なら怒り出す　良く聞きながら云ひ聞かせるも唯々自己のみの事である　略す　事務へ以上の事を報告申上げ　夕刻になって又あの2人は私の悪にした　此の寮には置けない　出して呉れ其れ共西側の方へ転室させて呉れと来る

11.2	村越氏の事に就き南寮母は　松澤の奥田先生のところへ御相談に参り　今日は駐在所からも御来園を頂き　課長様　梅田先生と御三方にて氏の所持の問題の種々を解決策を骨折って頂く　事務の方々に見て頂く事に致し伴って課長室に行く　村越氏は喜び全部持参す（御真影の掛軸　雑誌口絵の額　皇后陛下の同雑誌口絵の御写真　羽織紐さげ用）村越氏早速　朝の講釈が始る　良く聞いて頂いた後ち不意に就き□く事に御話があると　大声にて泣きわめき　泣き続ける　なだめたり叱ったり　諭したり色々とお骨折り頂き　村越氏は泣きながら寮母に伴はれ帰寮す　15年も祈願した陛下と別れるとは情けないと　涙の出ない泣きを続けて玄関に入ると　同僚方には今までいばっていた事とて　虚勢を張り態度を変へ最より全部事務へ預けて来たと云っている　夕食は一同と同席して頂き薬りは矢張り毒が盛られて有ると云ふ
11.3	今までかさに着ていた御写真を取り上げられた事を周囲の人達に云いたくなく預けて来た預けて来たと云ひふらす　氏の剃刀も取り上げて置いたが　聞きに来る　預かっている事を良く云い聞かせて置く　園長さんに早く奉安室を造って頂く様話を仕下さいと繰り返す
11.5	陛下の有難い事は云ひ続けたが　周囲の人達の攻撃はなかった　角田氏も余り問題に仕なくなった
11.6	今日は割合静かに過す
11.7	今日は又早朝から同僚の攻撃か始る　誰れも相手にならず　別に興奮もなかった
11.8	朝一と時は文句がお定り
11.19	今日は又朝から始める　陛下を祈願する村越善蔵の事をなんとでも云ふ者があったら事務が決して許して置ないと云ったと続ける
12.2	思出した様に天皇陛下と皇后陛下とを別に仕た事を申訳ないと云ひ出し　預けた全部を園長さんの元に有るか　一応お目にかかって一緒に仕度と願出　事務に伴ひ課長様面接して頂き納得の上帰寮す
15.1.13	角田氏が病室より退院すると　村越氏怒り過ぎた事を□□してごたごたと云ふ角田氏を西の方へでも移されないと云へば　警察に訴へると云ふ　警察は最う村越さんの事を良く承知してるので　村越さんに不利な事を聞せ　角田氏の弱い人を普通室へ移されない意味を篤と申聞かす　すると聞く耳はないと云った態度である
1.18	角田氏の退院から又興奮仕出し今年は紀元2600年であり　是非園長さんに預けて有る代々の神々様の掛軸の方へ礼拝を仕度いと云申出　御相談申上げ　課長室にて氏の思ひ通り掛軸の方を掛け　村越氏「天照大神様から今上陛下皇太子様までとなへ奉りて礼拝をする　後巻き込んで置いては生神様に対し悪いから　園長さん宅か課長さん宅の床に掛けて置いて呉れ」との願いを仕て帰寮す
1.19	今日は安心仕たのか静かであった
2.11	紀元2600年祭に就いてお祝いの慰藉料金1円を頂く
7.23	転任早々　寮母のところへ参り玄関と3帖の部屋を貸してくれと云ってくる　一応3帖には寮母の仏様をお祭りするといい断る　其のままおとなしくおさまって居る

	7.29	今日大変な勢いで寮母の部屋へ来る　皇族方のお写真を持ちてやってくるが　其のままかまわずにほって置く　興奮もおさまったのか自分の場所に引き上げる　其の後おとなしく静かにしている
	8.2	38度3分も熱を出し医師より入院する様との話にて　進めたれど強情にも嫌だと云ふ　榎本先生並に婦長様に進めていただいたが駄目　結局そのままお寮で養生することとなる
	8.3	今日は熱も37度代に下り少し元気になってくる　病気のせいかおとなしく感謝の生活をしている様見受けられる
	8.7	今日は寮母の部屋へ来てもう今までの様に玄関を貸してくれとも云わない　いろいろなお写真は事務所にお預けするから寮母にこの部屋は使ってくれと云ってくる　自分も寄る年波だし寮母も3帖の部屋には仏様をお祭りしてあるしと思ひあきらめたことと思ふ　可愛想ではあるが仕方がない
	15.8.13	涼しいせいか其の後は人が変った様におとなしくなって居る
	15.8.15	夢でタイが沢山つれて東京中の神々様にお上げするのに忙がしくて困った　眠れなかったと云って居る　余り目出度い事に皆で祝ってほしいと金50銭持ち来りてお菓子を買ってお八つに出してほしいと云ふ　榎本先生に御相談致しお許しをえて祝ってやる　大変喜んで居る
	15.9.5	警察医巡査御来寮なさり御診察を受ける
	15.9.30	板橋保養院へ入院するため退園
入園時ノ所持金品	所持金	43円62銭也
	所持品	帯　1　　綿入　2　　袷　2　　襦袢　1　　シャツ　2
		浴衣　2　　角帯　1　　腰巻　1　　半てん　1　　羽織　2
		単衣　2　　首巻　1　　敷布　1　　兵古帯　1　　股引　1
		足袋　1　　以上16点

起案年月日　昭和15年6月20日
主任　梅田
常務理事　福原　医長　下□　保護課長　芦澤　庶務課長　朝比奈

精神病者送院手続ノ件
本籍　東京市深川区○○町×丁目××番地
現住所　東京市杉並区上高井戸3丁目848番地　浴風園
　　　　昭和6年3月31日　下谷区○○方面事務所
　　　芙蓉寮　村越善藏
　　　安政4年4月8日　当84歳
右者従来精神ニ異状アリ殊ニ最近ハ精神病的症状著シク園内ニ於ケル処遇頗ル困難ト相成候ニ付府立松沢病院医員奥田医師ノ診察ヲ求メタル処「老年性精神病」ト決定シ精神病院へ入院ノ必要相認メラレ候ニ就テハ所轄警察署へ別紙ノ通リ送院手続申請相成可然哉

村越善藏身分概要

出生地　石川県金沢市○○町番地ナシ
本籍地　東京市深川区○○町×丁目××番地
前住所　東京市下谷区○○○○町××番地　林田次郎方
　　　単身戸主　村越善藏
　　　　安政4年4月8日生　84歳
金沢前田藩ノ御用商人村越六兵衛ノ長男ニ生レ5歳ニシテ父ニ死別シ14歳ニテ船頭村越重藏ノ養子トナリ母ト共ニ同家ニ引取ラレシガ16歳ノ折母モ又病没ス20歳ヨリ船頭トナリ23歳ニテ内妻しずヲ娶リシモ同棲6ケ年ニテしずハ死亡セシニ付30歳ノ時単身北海道○○町ニ渡リ菓子製造販売ニ転業シ30歳ニテ古井タキヲ内縁ノ妻トシテ普通生活セシガ46歳ノ折離別シ49歳ノ時失敗シテ上京シ本籍地ニ於テ餅菓子製造販売ヲナセシモ3ヶ年ニテ生活困難ノタメ廃業シ羅宇屋行商トナリ辛ジテ間借生活ヲナシ居レリ

診断書　村越善藏　殿
　　　　安政4年4月8日生

1．病名　老年性精神病
1．附記　感情刺戟性　偏執病様観念ヲ主徴トシ　浴風園ノ如キ施設ニ於テハ看護治療困難ナリト認ム
　　　　右之通診断致候也

昭和15年6月3日
東京市世田谷区上北沢町3丁目1020
府立松沢病院医員
医師　奥田三郎

精神病院ヘ送院手続申請
浴風会収容者　村越善藏
　　　　　　安政4年4月8日生　当84歳
右者精神病ノ為本会ニ於ケル保護不能ト相成候ニ付精神病院ヘ公費ニ依ル入院方御手続煩
ハシ度別紙本人ノ戸籍謄本　身分概要並ニ診断書相添ヘ此段及申請候也
　昭和15年6月29日
　　　　　　　東京市杉並区上高井戸3丁目848番地
　　　　　　　　財団法人浴風会常務理事　福原誠三郎

杉並警察署長
　警視　葛西奥羽之亮殿

　昭和15年7月17日
　常務理事　福原　保護課長　芦澤

精神病者送院手続ノ件
本籍　東京市深川区○○町×丁目××番地
現住所　東京市杉並区上高井戸3丁目848番地　浴風園
　　昭和6年3月31日入園　下谷区○○方面事務所紹介
　芙蓉寮　村越善藏
　安政4年4月8日　当84歳
右者去ル6月20日附ニテ御決裁ヲ経テ杉並警察署長宛ニ送院手続申請致候処杉並署ヨリ口
頭ヲ以テ精神病院ヘノ送院手続申請ハ4等親以内ノ親族ノ者ニ限ルモノニヨリ孤独者ナル
収容者ノ送院ニ就イテハ書式ヲ変更セラレ度シトテ書類返戻シ来リ候ニ付左案ノ通リ杉並
警察署長宛依頼状発送致シ可然哉

杉並警察署長宛
収容中ノ精神病者ニ関スル件
本籍　　東京市深川区○○町××番地
前住所　東京市下谷区○○○町××番地　林田次郎方
現住所　東京市杉並区上高井戸3丁目848番地　浴風園内
　　　　村越善藏
　　　　　安政4年4月8日生　当84歳
右者従来羅宇屋行商人ナリシガ老齢ノタメ生活不能ニ陥リ昭和6年3月31日浴風園ニ収容
シ引続キ保護致居候処昭和10年10月より「亡内妻古井タキノ娘ノ先夫ナリシ神田区○○
町××番地加藤登輔ハ恩知ラズニ付口惜シクテ夜モ眠レナイ」トテ他ノ収容者ニ当リ散ラ
シ食事・入浴等1番先ニシテ全々共同生活ヲナサズ「収容者ハ皆気ニ入ラヌカラ訴ヘテヤ
ル」トテ昭和12年6月25日杉並警察署ニ出頭セシモ却ッテ説諭サレテ帰園シ1,2日間ハ温
順ナリシガ「自分ハ太陽ト睨ッコウヲシタカラ段々失明スル」トテ泣キ叫ビ果テハ「死ニタイ」
ト連呼シツツ拳ヲ以テ蒲団ヲ叩キ乍ラ泣続ケタリ　生立経歴ヲ朗読口調ニテ大声ニ語リ多
少ニテモ不満ノ同僚アレバ喧嘩ヲ吹掛ケ松澤病院ノ医師ノ診察ヲ受ケシモ「アノ先生ノ薬
ハ飲マナイ自分ハ気違イダ　私ノ親戚ノ者モ精神病デ狂ッテ死ンダノダカラ其ノ血ヲ受ケ
タ私ダ」ト怒鳴リ昭和14年11月2日高井戸駐在所ノ熊本巡査ニ説諭サレシガ其ノ翌日ヨ
リ「寮母ハ出テ行ケ」収容者ニハ「オ前モ出テ行ケ行カヌト寝首ヲ取ルトカ　首カラ切ル
カ肩カラカ」ト剃刀ヲ振リ廻セシタメ直チニ剃刀ハ取リ上ゲ候ヘ共何分寮内ニ響キ渡ル高
声ニテ喚キ居ルニ依リ他ノ収容者ハ熟睡出来ズ実ニ困却致居ル状態ニ付到底本園ニ於テハ
保護シ難キ次第ニ有之候間適当ノ御処置相成度別紙本人ノ戸籍謄本並診断書相添ヘ此段及
御依頼候也

村越善藏身分概要

出生地　石川県金沢市○○町番地ナシ
本籍地　東京市深川区○○○町×丁目××番地
前住所　東京市下谷区○○○町××番地　林田次郎方
　　　　単身戸主　村越善藏
　　　　　　安政4年4月8日生　84歳

金沢前田藩ノ御用商人村越六兵衛ノ長男ニ生レ5歳ニシテ父ニ死別シ14歳ニテ船頭村越重藏ノ養子トナリ母ト共ニ同家ニ引取ラレシガ16歳ノ折母モ又病没ス 20歳ヨリ船頭トナリ23歳ニテ内妻しずヲ娶リシモ同棲6ヶ月ニテしずハ死亡セシニ付 30歳ノ時単身北海道○○町ニ渡リ菓子製造販売ニ転業シ 30歳ニテ古井タキヲ内縁ノ妻トシテ普通生活セシガ46歳ノ折離別シ 49歳ノ時失敗シテ上京シ本籍地ニ於テ餅菓子製造販売ヲナセシモ3ヶ年ニテ生活困難ノタメ廃業シ羅宇屋行商トナリ辛ジテ間借生活ヲナシ居レリ

1. 葵寮へ奉って居た陛下の御写真に毎朝礼拝を通っていたが　拝みの折天も平　地も平と云った事に対し盲の1老人が　何者かと云った事を非常に興奮し受持ちに心配掛けた　其後も興奮は静らず　東西各寮を廻り戸外より御写真に就いて繰言　説教めいた事を云って廻った
1. 亡妻の弟は忘恩甚しいと過去を思出しては夜も安眠出来ないと興奮状態にて心配させる
1. お食事はお初　入浴も一等先でないと機嫌が悪いのであるが　今日は入浴順序が違ったと憤り興奮仕ては周囲の者を困らせた　事の御説得を計ったが　なかなか解らなかった
1. 最う忘れたかと思った亡妻弟　加藤登輔氏との関係を又思出してお金の無心を出したり仕て興奮　此の問題に就いては幾度か思出した様に興奮しては心配させた
1. 葵寮へ奉って有る御写真で問題を起し易いので　お断りがあり　□寮へお移する事を言ひ聴かすれば　又怒り陛下を尊ばぬ　葵寮寮母を警察に訴へる等と　聞き入れず出掛け　杉並警察を訪ねて　御説論賜って帰る
1. 主として周期的に脳の異状を態し其の折は細々な事にて興奮仕易し　周囲の人達にも充分理解す可く努めているが　同僚達に何かと問題を吹き掛ける
1. 太陽と睨っこ仕たとて　視力を殆ど失って来た事に気を病み大声にて泣き続け　本人を慰めても暫くは泣き続けた
1. 御写真を押入れ等に仕舞ひ込んであったら社会局でも警察へでも訴えると泣き出す
1. 視力の乏しくなった原因を　今まで陛下陛下とお写真や　御皇族方の軸等を置床の上に奉り朝夕拝んで居たが　高貴な御皇族を不潔な居室にお祀り申した事が不敬に当り其の罰で私の視力が乏しくなったのだ　申訳ない　死ん終い度い　どう仕様どう仕様と両手のこぶしで蒲団をたたきながら泣きわめき　静らないので　事務よりも来て頂き　何かと云ひ聞せて頂いて頓服を与へる
1. 自分の生立経歴等を朗読する様に喋り続け　或は多少でも不満を持った同僚の攻撃を終日喋り続ける
1. 早朝より叫び泣たり怒ったり　そしては同僚方の攻撃　これが悪い折は毎日の様に続く
1. 大神宮様の拝殿を並行仕たカベに吊し御写真を大神宮様の棚に奉り　大神宮様は単なる札だ　おれが拝んでいる御写真が余程尊いのだと興奮する
1. 大神宮様をのけ　御写真を思ふ様に祀られなかったので　立腹し警察に訴へて来る等と又出掛けるのを　途中で折返へさす　今度は又置床の上に奉り毎日3度3度ご飯のお初を自分の飯茶碗に山盛に供へそれを自分で頂く
1. 誰れも相手にならぬのに　周囲の人達に　何かと喧嘩を吹き掛ける　角田氏へも前の事を持出し　手を出さぬ計りの興奮　氏も最う辛棒出来ません　不愉快でたまりませんと訴へる
1. 松澤病院の先生に御診察を頂き　沈静剤と睡眠剤とを与へたが眠られなかった様子

1. 昨日診察仕て頂いた先生は　大学病院と云ふ事だった　私の病気は脳病だ　松沢の先生でなくては駄目だ　あの先生の薬は飲まない　自分は一種の気違いだ　私の親戚も矢張り精神病で狂って死んだのだ　困った　その血を受けた私だ　脳病院に入らぬと癒ない　大変に失礼な事を申し　大な声を立てましたが　私が云ったのではない　私の病気が云ったり仕たりするのだ　薬りは毒だから飲まない　今日はお薬に就いて終日文句の言ひ続けであった
1. 皇后陛下の御写真を着ている羽織紐にぶらさげ　軸の方は手にさげて　寮母室が一等奉るのに良い　寮母は此の寮より出て貰ひ度い　寮母も出る事を承知仕たから　お前も出て行けと不満を持つ老人に喧嘩を吹きかけ　出て行かんと　剃刀で寝首を取ってやるとか　そいでやる等と困らせ　受持ちは徹夜にて注意する　周囲の人達も眠られなかった由　続いて同僚を脅迫する
1. 何時も陛下の有難い事から始り御写真　軸等が問題の種になる事とて　奥田先生の仰せに従い　駐在所に御来園頂いて協力願って興奮の種になる所持の物を事務へ預って頂く事になる　村越氏は大声にて泣きながら診察　頓服を服薬させ様としたが　毒が調剤されて有るからと飲まないと云って聞入れなかった　剃刀は留守中に預って置く
1. 園長さんに会って　村越の持って居る尊い御写真を見て頂き　社会局と相談の上記念碑の脇の方に奉安所を建てて貰い度い　それでないと死んでも安心出来ない
1. 角田と松本は私の事を云って居る様だ　他寮へ転寮させて呉れ　その事が出来ないと警察に訴へる
   周囲の人達は皆んな黙々として居る　其れに何かと文句を云って廻る　老人達は１人去り２人去りお部屋を離れて行くのであった
1. 興奮の折は寮内が響き渡る様な大声にて　わめき廻る事もある

No.1451　田川チネ　（女）

入園日	昭和14年5月22日
退園日	昭和15年10月3日　（死亡　脳出血）

（要救護者調書）

出　　生	慶応3年7月7日　当73歳
出　生　地	秋田県仙北郡〇〇村××番地不詳
本　籍　地	東京市豊島区〇〇〇×丁目××××番地
震災当時ノ住所	東京市豊島区〇〇〇町×丁目×××番地
現　住　所	東京市豊島区〇〇〇×丁目××××番地　安西敏之方
戸主又ハ続柄	（記載なし）
宗　　教	禅宗
家族ノ状況　並　扶養親族関係	長女なな当50歳ハ秋田県仙北郡〇〇村ノ農菅野任三ニ嫁シ居リシガ昭和8年6月一家南米ブラジルニ移住シ音信ナシ　長男田川龍吉当40歳ハ其ノ弟豊太郎当37歳ト共ニコンクリートノ毀シ屋ニテ生活シ居リシモ昭和9年6月9日何レモ姉ななヲ頼リテ渡米セシママ音信不通トナリ居レ共昭和13年9月チネノ再従弟ナル蒲田区〇〇〇番地不詳須藤進ニ宛テノ5年後ニハ一度帰国スルトノ書到着セシ由ナリ　尚龍吉ハ妻つるの（当37歳）長男福義（当12歳）3人家族　豊太郎ハ妻よしえ（当32歳）ト子供4人ノ家族6人アリ　甥（亡弟丑蔵ノ子）松本善三（当22歳）ハ昭和13年弘前騎兵連隊ニ入営セリ
身心ノ状態不具廃疾ノ程度　及疾病ノ有無	青壮年時代ノ主ナル疾患　ナシ 現在ノ疾病 3年前ヨリ冬季ハ眩暈及両足ニ浮腫生ジ歩行不充分トナルモ自分用ハ達シ得 精神障碍　ナシ 性情　強情
震災当時ノ職業及現在ノ作業収入	（震災当時）無職　　月収　ナシ （現在）　　同　　　月収　同
教育程度 趣　味 嗜　好	無教育 ナシ ナシ
震災後ニ於ケル生活ノ経路　並ニ現況	震災当時ノ被害ノ状況程度等 全焼 　同町内ニ避難移転シ引続キ長男龍吉次男豊太郎ガ共ニコンクリートノ毀屋ニテ両人ノ妻ト5名普通生活セシガ昭和9年6月9日長男及次男ハ姉ななヲ頼リテ南米ブラジルニ出稼ギ行クコトトナリチネモ同道スル筈ナリシモ当時チネハトラホームヲ病ミ居リシタメ同行ヲ許サレザリシニ付キチネハ止ムナク単身居残リ附近ノ知人宛ヘ手伝旁々厄介トナリテ生活シ昭和13年5月2日ヨリ現住所安西方ノ同情ニヨリ厄介トナリ居レ共安西方ニテハ主人敏之（当41歳）ハ長男龍吉ノ知人ニテ同職ナリシガ昭和10年10月4日大腿部ヲ骨折シテ廃業シ目下杖ヲ頼リテ歩行シ居リ　タボ止内職ヲナシ辛ジテ家族5人ハ生活シ居ルニ付到底永住シ難シ

生立及経歴	1．両親の氏名　父　松本金蔵 　　　　　　　　　母　同　うめ 　　続柄　次女 　　職業　父　農業　　　　　　母 　　死亡年齢　父　42歳 　　　　　　　母　70歳 　　死因　父　不明 　　　　　母　老衰 2．幼少年期 　7人家族（5人兄弟）ニテ普通生活ヲナシ 12歳ヨリ家事手伝ヲナセリ 姉ハ結婚前ニ死亡シ弟3名ハ何レモ農業ニテ生活シ居リシガ末吉ハ当人34歳ニテ熊吉ハ当人32歳ニテ共ニ病死シ末弟丑蔵ハ後上京シテ池袋ニ居住シ日雇人夫ヲナシ居リシモ昭和13年当人53歳ニテ病死セリ 3．青壮年期 　16歳ノ時同村ノ農坂本岩蔵ニ嫁セシモ同棲半ケ年ニテ夫放蕩ノタメ離縁帰宅シテ農業ニ従事セシガ21歳ノ折同村ノ農田川龍之助ニ再嫁シテ普通生活セシモ37歳ノ時夫龍之助ハ胃病ニテ当人35歳ニテ死亡セシニ付程ナク子供2名ヲ伴ヒテ小樽市ニ渡リテ日雇婦トナリテ僅カニ生活シ56歳ノ時長男龍吉ニ伴ハレテ一家上京シ豊島区○○町ニ借家シ長男龍吉次男豊太郎ノ両名ハコンクリートノ毀屋トナリ其ノ収入ニテ普通生活シ約1ヶ年ノ後同区○○○町×丁目×××番地ニ移転シ龍吉・豊太郎2名ノ収入ニテ生活シ居レリ 4．縁事関係 　16歳ニテ坂本岩蔵ニ嫁セシモ半ケ年ニテ離別シ21歳ノ時田川龍之助ニ再嫁セシガ37歳ノ折夫龍之助ハ病死セシイカバ以後独身生活ヲナセリ 亡夫龍之助トノ間ニ5人ノ子女アリシモ2名ハ生後程ナク死亡シ3名ハ現存シ居レリ 5．特ニ貧窮ノ事由ト認ムベキ事項 　イ．長男龍吉及次男豊太郎ノ渡米　音信不通 　ロ．老衰
保護依頼者	豊島区○○○方面事務所
その他	
保護経過	

保護経過
14.5.22　　入園シ常盤寮ヘ入ル

14.12.19　　葵寮ヨリ3病ニ入院ス

15.4.17　　豊島区○○○×丁目××××　知人松本善三氏外1名来訪アリ

15.6.5　　豊島区○○○×丁目××××番地佐木信一郎氏来訪

15.9.9　　豊島区○○○×丁目××××番地知人安西敏之へ重症電報ス

15.9.10　　豊島区○○○×ノ××××知人松本善三他4名面会

15.10.3　　死亡

16.3.28　　埋葬費請求案発送

第Ⅱ部 「個人記録」110人の記録

（入園者身分概要）

保護経過	
入園 14.5.22	入園　常盤寮ニ入ル 同居人安西氏内妻すみえ及〇〇〇方面事務所ヨリ魚住氏附添来園　すみえとは全くの他人だとの事であるが別れは相当辛さうであった　病後上りでもあろうが言ふ事なす事が一々面倒くさいといふ風であった　老いては素直の必要さをそれとなく言ひきかせ人に愛さるる様さとしおく　入浴　断髪等の時概して謝する態度は純心に思ふ　□りの中にも幾分放縦は許さぬ模様を見せ早目就床させた　孫の事遠し思ふか写真出して寮母にも示す　案外折れて協同生活中には我ままを出さないかも知れない
6.8	今まで食物に過食及胃部痛を脳み（ママ）ため３度受診の結果減食療法を取る事とした　当分粥米食を必要とする身体虚弱と認め当分の静養を思ひ葵寮へ転寮
14.8.20	転寮後しばらくは元気であったが腹痛にて就床
8.27	先日よりの就床全快せづ御診察して投薬する
9.14	先月よりの就床今日に到るも離床せづもう一度御診察お願ひしてお薬を替えて頂く
11.17	8月後より腹痛　足痛にて服薬しているがその効もないので再び御診察して頂いたるその結果レントゲンとる
12.19	8月以来より病身になり長らく就床をつづけていたが今日３病へ入院となる
15.1.18	今迄半分歩行も出来た様子なるも２,３日前より歩行出来ずベットの昇降も不自由生じ左手病的に動し只話しかけても動かす見ると神経に何か異状があるらしい
15.8.2	左手相変らず動しおれり　午後５時頃より呼吸困難来し明方息切強く食欲もなく元気なし
15.8.29	昨日よりの呼吸困難止まず廣瀬先生に御診察をお願せり　カンフル１日3cc ピタカンファ3cc を静注するやうにとの御下命を受く
9.2	前よりは息切も弱いが引続き元気なし
9.12	息切　眩暈あり　午後森田先生の御診察あり　肋膜穿刺行ふ　午後４時喀血150cc位直にクロナトールの止血剤注入せり　気分悪く元気なし
9.18	喀血後割合元気なり
10.1	午後５時半突然呼吸困難と共に意識不明となる　カンフル２cc 皮下注　プルス変りなくも顔面蒼白を来す１時間毎に強心剤を行ふ　左半身頻りに動かす　相変らず左半身を動かすも意識不明なり　強心剤続行
10.2	前日と同じ状態なり廣瀬先生に御診察を願ふ　5％タウトロン 50cc ウアバニン 1cc ピタカンファー2cc 静注せり　其の他２時間毎にカンフル２cc づつ皮下注射なり
10.3	午前１時頃より左半身動かさず午前５時５分遂に永眠す
入園時ノ所持金品	所持金　金３円50銭保管　他現金92銭持参 所持品　前掛 2　腰巻 4　メリンス 1　襦袢 3 　　　　腰フトン 1　座ブトン 1　ドテラ 1 　　　　単衣 5（木 4　ネル 1）　袷 1　足袋 1 　　　　ふろしき 3　半天 3

田川チネ氏は昭和14年12月19日入院されました　入院時は時々眩暈もありましたが割合元気で歩行しておられました
本年2月頃より眩暈強き為歩行も困難となりただベットの上にて自分の用をされておられました　処8月27日夜突然呼吸困難を起され危篤状態に陥り最早治る見込もないと先生からも言ひ渡されましたが手当の結果約1週間位で元通りに元気を快復されましたが9月27日頃より全身に浮腫多き為牛乳食事療法致しておりましたが去る10月1日午後5時半再び呼吸困難と共に意識不明となり注射等の効もなく3日午前5時5分遂に永眠されました　死亡時まで意識不明でした

起案年月日　昭和15年12月26日　主任梅田
常務理事　福原　保護課長　芦澤　庶務課長　朝比奈

在園者田川チネノ死亡届再提出ノ件
去ル10月3日在来者田川チネ死亡致シ候ニ付同日死亡届出致候処別紙ノ通リ本籍地ナリシ秋田県仙北郡○○村長代理助役ヨリ杉並区長宛ニチネノ戸主田川龍吉ハ大正9年4月19日北海道山越郡○○村△△△△△△△無番地ニ転籍セシタメ返戻相成候ニ付杉並区役所ヨリ口頭ヲ以テ死亡届再提出ノ依頼有之候ニ依リ別紙ノ通リ転籍ノ本籍地記入ノ死亡届再提出致シ可然哉

No.1461　美作喜代　（女）

入園日	昭和13年11月4日
退園日	昭和15年11月24日　（死亡　　肺炎）

（要救護者調書）

出　　生	安政元年6月22日　当85歳
出　生　地	東京市神田区○○町当時番地×
本　籍　地	東京市京橋区○○町×丁目×番地ナシ
震災当時ノ住所	東京市下谷区○○町×丁目××番地　美作善蔵方
現　住　所	東京市世田谷区○○町××××番地　常栄寺内
戸主又ハ続柄	戸主美作善蔵の妹
宗　　教	真宗
家族ノ状況　並扶養親族関係	兄　亡善蔵ノ妻　美作トヨ当62歳　トヨハ夫善蔵ガ大正12年9月16日病死以来賃仕事ニテ生活シ居リシモ大正15年下谷区○○町ノ鋳職吉野芳雪ノ内縁ノ妻トナリテ同棲シ居レリ
身心ノ状態不具廃疾ノ程度　及疾病ノ有無	疾病　ナシ　　　　　現在ノ疾病　ナシ 精神障碍　ナシ　　　性格　強情
震災当時ノ職業及現在ノ作業　収入	無職　　月収　ナシ 生活費　15円
教育程度 趣　　味 嗜　　好	6ヶ年寺子屋ニテ修学 趣味 嗜好　ナシ
震災後ニ於ケル生活ノ経路　並ニ現況	震災当時ノ被害ノ状況　　被害ナシ （老年期）兄善蔵方ニ引続キ厄介トナリ居リシガ兄ハ大正12年9月16日病死セシカバ其後ハ手伝婦ニ雇ハレテ住込生活ヲナシ転々シ居リ多少ノ貯金出来シ時ハ諸国ヲ大師詣ニ遍路ヲナシ之ヲ唯一ノ楽トセシガ　大正14年7月1日菩提寺ナル築地本願寺寺中常栄寺ガ現住所ナル○○町ニ移転ニ決定セシニ付築地ノ常栄寺内ノ留守番ニ住込ミ 大正15年6月ヨリ移転ノ完了迄烏山ノ常栄寺ニ留守番ニ住込ミシモ昭和2年6月30日全部移転ハ終了シ最早留守番ノ必要ナキニ至リシガ老年ナル上ニ行先ナキタメ引続キ同寺内ニ居住シ手伝婦ニ雇ハレ又ハ亡兄ノ妻美作トヨヨリ小遣ヲ貰ヒ其他常栄寺住職ノ同情ニテ辛ジテ生活シ昭和7年4月ヨリ救護法ニヨル居宅生活扶助金日額30銭ヲ受ケテ生活シ居レリ

生立及経歴	両親の氏名　父　和七　母　しの　父母の死亡年齢　父　70歳　母　73歳 　　続柄　　　2女 　　父親の職業　かる焼屋 幼少年期　4人家族（兄善蔵ト2人兄弟ニテ当人の姉ハ極幼少ニシテ死亡セシ者ヲ全々知ラザル由ナリ）ニテ普通生活シ8歳ノ頃ヨリ家事ノ手伝ヲナシ居レリ　兄ハ家督相続ヲナセシモ家業ヲ嫌ヒテ囲碁ノ師匠ヲナシ居リシガ当人75歳ニテ死亡シ　子女等ナシ 青壮年　20歳ニテ元松平藩士ニテ従兄（父ノ姉ノ子）ナル本郷区○○○○町ノ無職（喜代ノ父和七ガ○○○町ニ土地千坪ヲ購求シ住宅ト貸家12戸ヲ建築シテ従兄ニ与シタメ無職ニテ生活シ得）渡瀬清ニ嫁シテ普通生活セシモ23歳ニ時夫ハ28歳ニテ脚気衝心ニテ急死セシカバ独身生活ヲセシガ　25歳ノ時神田区○○町田中光二ニ再嫁シ夫光ニハ第四銀行重役辻潤一ノ手代ニ通勤シテ普通生活セシモ夫ト意見ノ衝突ニテ36歳ニテ離縁シ　当時無職ニテ前記○○○町ニ居住セシ父母ノ元ニ帰リテ家事ヲ手伝ヒ居シガ40歳ニテ父ニ死別シ　42歳ノ折神田区○○○町酒問屋坂田宗助ノ内縁ノ妻トシテ同棲（宗助ハ大阪ニ本妻ト長男宗三ト居レリ）中　46歳ノ時母しのハ老衰病ニテ○○町ノ自宅ニ於テ死セシモ喜代ハ坂田方ニ留リテ生活セシガ50歳ノ折宗助ト離縁シ　兄ナル浅草区○○町×丁目×××番地ノ囲碁ノ師匠　美作善蔵方ニ厄介トナリシモ程ナク手伝婦トナリテ市内各所ニ転々住込生活ヲナシ失職ノ際ハ兄善蔵方ニ寄寓シ多少ノ貯金ノ出来ル時ハ　大師詣デニ諸国ヲ巡歴スルヲ例トシテ生活シ兄善蔵方ニ寄寓シ約10日計リニテ震災ニ遭遇セリ 縁事関係　20歳ニテ渡瀬清ニ嫁セシモ23歳ニテ死別セシカバ　25歳ノ折　田中光二ニ再嫁シセシモ36歳ニテ離縁シ　42歳ノ時坂田宗助ノ内妻ナリシガ50歳ニテ離縁ス　先夫田中光二トノ間ニ男児2名　女児1名アリシガ男2名ハ出生後間モナク死亡シ　長女まゆハ夫光二方ニ残シテ離縁セシタメ全ク音信ナク生死共ニ不明ナリ 貧窮の理由　　老衰
保護依頼者	東京市世田谷区○○町方面事務所
その他	昭和7年4月ヨリ救護法ニ依ル居宅生活扶助金日額30銭ヲ受ケ居レリ

保護経過	
13.11.4	入園　常盤寮ニ入ル前寄寓先ナル常栄寺内儀及知人ナル左記氏両名付添ヒ来ラル　85歳ノ高齢ニモ拘ハラズ至ッテ元気ニシテ疾患モ著シキモノハ　ナキ模様ナリ　性質モ稍粗暴ノ点ナキニ非ズヤト案ゼラルル以外特筆スベキモノナシ　口ハ達者デアルガ弁アレバ軌道ヲ脱スコトハ防ゲルベシ　小久保氏ヨリ餞別トシテ5円ヲ頂ク 　　世田谷区○○町××××　　小久保龍吉妻
13.11.22	前記　小久保龍吉ノ妻よね（世田谷区○○町××××）来訪
13.12.23	知人　淀橋区○○○○町×ノ×××　林ノブ　来訪
14.1.17	前記　小久保よね来訪
14.9.5	前記　小久保よね氏来訪
15.6.2	長生ヨリ2病ニ入院
15.6.8	前記　小久保龍吉氏　林ノブ氏　常栄寺ニ重症通知ス　葉書ニテ
15.6.10	常栄寺内儀ノ氏他1名面会ニ来ル

15.11.22	前記　小久保龍吉氏ニ重症通知ス
15.11.24	前記　小久保龍吉氏ニ死亡通知　打電
16.4.9	埋葬料請求案発送

(入園者身分概要)

続　　柄	続柄　美作善蔵の妹
性　　別	女
氏　　名 生年月日　年齢	美作喜代 安政元年6月22日　85歳
本　籍　地	東京市京橋区○○町×丁目××番地×
入園前住所	東京市世田谷区○○町××××番地　常栄寺内
家族親族等ノ現況	兄善蔵妻美作トヨ　当62歳 　下谷区○○町ノ錺職　吉野芳雪ノ内縁ノ妻トナリテ同棲シ居リ
経　　歴	かる焼屋ナリシ美作和七ノ歳女ニ出生　家事ヲ手伝ヒ　20歳ニテ渡瀬某ニ嫁シテ普通生活ナリシモ　23歳ノ折　夫ハ脚気衝心ニテ急死ス　25歳ノ時神田区○○町ナル田中某ニ再嫁セシモ36歳ニテ離婚　帰宅シテ家事ヲ手伝ヒ居リシガ40歳ニテ父ト死別シ　42歳ノ折　神田区ノ酒問屋坂田某（坂田ニハ大阪ニ妻子アリ）ノ内縁ノ妻トナリシモ　50歳ノ折離縁シ浅草ニテ囲碁ノ師匠ヲ営ム兄善蔵ノ厄介トナリ　程ナク手伝婦トナリ市内ヲ転々スル中　大正12年9月兄善蔵ハ死亡ス喜代ハ手伝婦ヲ続ケ多少ノ貯金ガ出来レバ遍路ヲナサント楽シミ居リシガ　大正14年7月築地ノ常栄寺ノ留守番ニ住込ミシモ移転終了ニツキ　留守番必要ナイニ至リシタメ行先ナク保護出願スルニ至ル
宗　　教 教　　育 健康状態 労務能力 個　　性 性　　格 習　　癖 趣　　味 嗜　　好	宗教　真宗 教育　6カ年寺子屋ニテ修学 （記載なし） 労務能力　有 性情　強情 （記載なし） （記載なし） ナシ ナシ
保護経過	
13.11.4	入園　常盤寮ニ入ル前　寄寓先ナル常栄寺内儀柘植菊野及知人ナル世田谷区○○町××××　小久保龍吉内儀ノ両名ト送リ来ル　85歳ノ高齢ニ拘ラズ至ッテ元気ニシテ疾患モ著シキモノ無キ模様ナリ只最近ハ非常ニ物忘レスル由　性質ハ自称神田っ子ヲ口癖ノ様ニ連発スルトコロナド可成ノ自我ガ強イコトヲ想ハセルガ話ハヨク了解スル様デアル
13.11.5	老耄甚シクマルデ狐ニツママレタ様ナ顔デ私ハコンナトコロニ居ラレナイ私ハ自分ノ世帯ガアルト□□□　川勝屋サンニ頼ンデ小久保龍吉氏ノ内儀ヲ呼ブコトニス
13.11.11	小久保氏面会に来られようやく落ち着く
13.11.23	世田谷区○○町××××　小久保よね氏近所ノ内儀と一緒に来訪さる
13.12.15	面会知人　淀橋区○○○○町×の×××　林ノブ

14.1.17	面会知人　世田谷区○○町××××　小久保よね　老耄ぎみが激しく面会人に年の暮れだと思ひこんで　いくら忙しくても余りにひどい　お正月のお餅もなくてはお雑煮が喰べられやしないと言ふ有様である
14.2.3	榎本先生御見廻りに入らした時丁度余りお世話になって申しわけないから私は帰りますと荷造りをしていて何かと言ひ聞かせていて困っていた処良く理解の行く様に御話下さる
14.4.18	担任寮母退職　一時寮母留守となりしため転寮の事相談理由　86歳の高齢の為か少し精神老耄し　自分のもの　他人の物の区別つかず　時々園内に出かけ探すこともあり　要注意者として部屋の世話係も充分保護を加えつつありたり　何か注意を与へると　どうせお気にも召しまいからここを出して下さいといふ　出てどこへ行きますかと問えば死ぬばかりですと　他を心配させる様な言動を吐く　無断で遊びに出て行く　ついて行けばうるさいといったりする由　性格は非常に強よい　身体的には息切れありて　働きたがるが心程には体は続かず
14.4.19	事務　榎本先生と御相談の結果　長生寮に転寮さす
14.6.2	久光寮母姉と交代す
14.6.3	世田谷区○○の常栄寺より　川勝屋を通じて届物あり　お小遣金50銭也と砂糖あめ玉　のり　佃煮等　氏はこの届物に対してあまり喜ばず
14.6.30	三日にあけず帰へるとか石屋さん行くとか　私にはつとまらぬとか　御気に召さぬとか言って無断で出かけたりして探し歩くのである
14.7.20	○○　常栄寺よりお小遣金2円也とお菓子少々　海苔等川勝屋を通じて届けられ喜ぶ　氏は非常に精神老耄してゐるとは言へ常栄寺のお心遣ひには感激する　午前11時頃無断で遊びに出かけ驚き方々手分して探し歩く　常盤寮のあたりをうろうろしてゐたとかで常盤の多々良氏送って来て下さる　また園内の様子が解らないのでひょいと出かけては自分の寮が解らずまごまごするのである
14.8.5	自分のものと他人のものとの区別がつかず何でも見付け次第自分の所にしまい込むので　他の人達はなくなったと騒ぎ出す事も毎日なのである　園内に出かけることも　此の2,3日は激しいので世話係達も特に注意してゐるのであるが今日も又出かけられたのを□かへり　何処に行きますかと尋ねると石屋さんに行きますどうして行きますかと聞くと私にはどうやらおひまが出るらしいのです　出るなら先に私の方が石屋さんにでも言ってお話しやうかと思いますと言ふ　誰がそんなお話をしてゐましたかと尋ねると寮母さんはなにもお仰らないのです　変だとも考へてゐますけどと話さるので納得の行くやう色々と話してあげる　その時だけはよく解りました　御親切にと言ってゐられるかと思ふと又出かけられるので本当に困らさる
14.8.7	医局に検査に行く
14.8.11	朝食を取らず医局に水試験のために行き午後8時40分頃看護婦さんに送られて帰寮す　昼　夕食共に医局に運ぶ

14.8.17	夕食前又無断出かけ探し歩く　作業場の所で見付ける　何処に行きますかと尋ねるとあまり永く御厄介になって申訳がございません　もう何にも働けない弱い身体になったものですからとても御厄介にはなれません　もう勤まりません　食事にならぬ中にと思いまして　それに自分の家が気になるものですからと如何にも手伝婦にでも来てゐるかの気持ちの様子を見せらるのでここでは働けない身体になられたし面倒を見て下さる方がないので御気毒な方達の御面倒を見てあげる所なのです　ここより外には貴女の家はないのです　何にも遠慮する事はない自分の最後の家ですから心を落着けて下さいと色々とお話すると私はまだ家があるとばかり思ってゐたものですから色々と御心配ばかりかけて申訳ありませんと深く詫びらる
14.8.26	寮母室に来たりどうも皆さんのご機嫌取りかねますから自分の家に帰らして頂きます　お暇を下さいと言って来られたので何度も何度も繰返しお話する事ですが貴女のお家はここより外にはないのですよと言ふとあ、そうでしたかだけど私のする事は何にもかも気に入らないのですもの困ってしまいます　まだ兄があるかに思ってゐられる様子では兄の家にでもと言い出さるので又色々と納得の行くやうお話してあげると　どうも何にとも申訳ありません　ここは何にとも有難い所なのです　勿体ない事ですと喜び落着きを見せらる
14.8.27	作業でも針仕事でも何になりと満足に出来るものと思ってゐられる様子もあり何にかと働き動いてゐたいのであるが思ってゐられるように動いたり出来ないのである　今日の作業は荷札なのでお手伝いが許されたので機嫌がよい気が紛れてよいですと落着き一生懸命にさる
14.9.5	世田谷区○○町×××小久保よね氏の来訪あり　殆んど毎日の如く行きたがり逢いたく思ってゐる石屋さんなので気のすむまでゆっくりとなにかりとお話するように言ってあげるにも拘らず逢ってみればそれ程でもなき様子美作氏の老耄さには驚きこんなにも変ったのですかねと語ってゐられた　お土産にお菓子を頂くお小遣いとして金1円を頂く
14.9.16	下谷区○○町美作トヨ氏の来訪あり　本日が美作氏の亡兄善蔵氏の17回忌に相当するので少しばかりであるが土産物を持参見舞に来られたのであるお　小遣い金3円也を貰うも別に喜びたる様子も見せず美作の家をついでいるのだから面倒を見て呉れる事があたりまへであるのに見て呉れないと老耄してゐるとは言へ当然な事だと力む　兄嫁が憎くてならぬのである　トヨ氏の帰園後色々とお話してあげるとどうやら諦めが出来たと見え落着かる
14.9.20	畑世話係が少し辛いのでいらいらするのかも知れぬと思い服部世話係の方と室を変えてあげると氏も大変喜んでゐた
14.12.4	舜（ママ）く落着いてふらふらと出かける事もなかったのであるが又思い出した如くに私はどうも何にの役にも立たなくなったのでお暇を頂きたいのです家に帰して下さい　何にもできずに三度の食事を頂く事は勿体なくて申訳ないですと訴へらるので又何時の言葉を繰り返しよくよく話してあげると役にたたぬ者の面倒を見て下さる所ですか　そうですか有難い事ですとやっと得心が付いたと言った様子を見せらる　ぼけてゐられるので何度同じ事を繰り返す事か知れない
14.12.5	非常に息切れがするのと足痛とを訴へ就床さす　食欲は変りなしこんなにして頂いて勿体ない事だと口走りつつ休養する
14.12.21	お天気が良いので元気が出た様子　午前中起きて作業の手伝するも午後よりは入浴であるし就床さす
14.12.25	快方に向ったようで元気が出たので離床
15.1.27	寒さにも拘らず元気でゐられるが　風邪気味で就床す

15.1.31	○○の常栄寺より川勝屋を通じてお菓子とお小遣い金2円也を頂く
15.2.15	最近は就床勝ちとなるも家にかへして呉れと言ふ事を口にしなくなって来た　老耄甚だしいのであるが本当に憎めない可愛い人物である
15.2.11	80歳以上の高齢者の寿賀式が行はれ慰藉料として金1円也を頂く 御投薬を頂き服用さすに　夕方非常に発汗して36度台に熱下る夕飯におかゆを少し頂き気分よくなる
15.2.21	追々快方　朝6度6分　夕37度なるも咳が少しはげしい　この日先生の御来診を頂き咳のお薬を頂く
15.2.22	塚原先生に容態をお話申　エキホスがなくなって来た事を申し上げたところ温湿布をとの事につき温湿布をなす　熱発なし
15.2.23	昨夜寒かったとて今朝になっても悪寒を訴へ検温致すに39度　胸部が痛み苦しいとてうなってゐられるので広瀬先生の御来診を頂き結果入院となる
15.2.26	大分よろしくなったと本人も云て　一般状態良し
15.3.18	しばらく床払ひして元気になっていられたが陽気のせいか腰痛が起り立居及び歩行困難となる
15.3.30	先生より軽快退院御許可あり
15.4.1	御診察後退院せり　（1病）
15.4.14	息切れが甚だしく西なる虚弱室に移室する
15.4.17	寄修会主事福田英治氏からの入院中に来た書状を見せられて外出を願ひ出た書状は復権の事であったので榎本先生 課長様にもお見せ申し外出の願ひをする
15.4.20	淀橋区○○町の福田英治氏宅まで遠外出をす
15.4.21	雨の中お約束だったのでとぬれて帰寮なさる　久しぶりの外出で大部疲れたと知人等が顔色の悪い事を案じてゐたことを語る
15.4.29	快方に向ひ離床す
15.5.16	宮城参拝の分団遠足に参加
15.5.20	風邪の気味にて咳が出るとて投薬をうく
15.5.21	快癒　中止
15.5.28	老耄は甚だしくなるばかりで息切れはあるし足に大変にむくみが来たので御診察を願ふ　その結果要入院となる
15.5.29	就床する事を好まずよくお話して休ます
15.6.2	日増しに衰弱加りて用足も困難となり食欲も減退して来た

15.6.2	中食後の片つけ最中お流しで脳溢血にて卒倒　左半身不随口もきけなくなる　それから抱いてふとんにやすませ頭を冷し　すぐ入院となる （病棟 看護婦の記録） 入院当時わ意識有り頭部の激痛　発熱苦悶せりプルスなど緊張せり 午後10時頃意識不明におちた
15.6.3	二病入院
15.6.3	寄修会主事福田氏お見舞に来られる　意識なく最悪の状態で強心剤注入
15.11.11	入院以来軽度の浮腫 息切はあるも特別に変った様子見受けず　食欲も相変らず旺盛なり
15.11.12	顔面下肢に浮腫多く　食事の際起き上るも困難となる　息切れあり
15.11.23	中沢先生の御診察 　　午後10時頃よりプルス微弱により強心剤注射施行
15.11.24	食欲全くなく顔面蒼白　足指にチアノーゼを呈す　強心剤施行 　　午後7時半呼吸困難を起し　体温上昇せず　午後9時35分死亡す
入園時ノ所持金品	（記載無し）

No.1462　黒坂みつ　(女)

入園日	昭和 11 年 9 月 14 日
退園日	昭和 15 年 11 月 28 日　(死亡　急性腸加答児)

(要救護者調書)

出　　生	安政 4 年 10 月 8 日生　当 80 歳
出　生　地	東京市日本橋区〇〇〇町番地不詳
本　籍　地	東京市本郷区〇〇〇〇町××番地
震災当時ノ住所	東京市淀橋区〇町××番地　田辺朝之助方
現　住　所	東京市渋谷区〇〇〇〇町×××番地　田辺朝之助方
戸主又ハ続柄	戸主
宗　　教	真宗
家族ノ状況　並ニ扶養親族関係	1　私生子女　東京市渋谷区〇〇〇〇町×××番地田辺朝之助(当 49 歳)ノ妻るい　当 41 歳　るいハ夫朝之助が荷札製造業ナレ共月収平均 25 円ニシテ家財道具ハ全部洋紙問屋へ担保トシテ 400 円ノ借金アリテ家族(子供 1 人) 3 名辛ジテ生活シ居ルニ付扶養資力ナシ　東京市中野区〇〇〇〇町××番地川上たけ当 57 歳　たけハ元みつノ使用人ノ私生子ナリシヲみつガ我ガ子ノ如ク養育セシ者ニシテ　専売局ノ女工ナリシガ老年ノタメ辞職シ 45 年前夫ニ死別シ其後下駄ノ歯入職音田茂蔵ヲ内縁ノ夫トナシ居レ共生活至ツテ困難ナリ　甥銀蔵(当 53 歳) ハ一面識モナク日露戦争当時兵役ヲ避忌逃亡シテ後全々生死不明
身心ノ状態不具廃疾ノ程度　及疾病ノ有無	青年時代ノ主ナル疾患 (ナシ) 現在ノ疾病 (昭和 11 年 3 月ヨリ両足神経痛ニテ時々痛ミアレ共自分用ハ充分ナリ) 精神障害 (ナシ) 性情 (稍々強情)
震災当時ノ職業及現在ノ作業　収入	除草婦　使　荷札内職 無職
教育程度 趣　　味 嗜　　好	3 年寺小屋ニテ修学 活動写真 ナシ
震災後ニ於ケル生活ノ経路　並ニ現況	震災ニ被害ナク御苑ノ草取或ハ使歩キ　荷札ノ針金巻キ内職ヲナシ乍ラ私生子るいノ嫁シ先ナル淀橋区〇町××番地田辺朝之助方ニ引続キ 1 ヶ月賄付 15 円ニテ生活セシガ大正 13 年 4 月 2 日田辺夫婦ノ虐待ニ堪エカネテ〇〇〇〇町日雇人夫佐藤方ニ間借リセシモ程ナク田辺一家ハ現住ニ移転シ来リシニ付佐藤ハ田辺夫婦ヲ説得シテ同月 10 日再ビ田辺方ニ同居シ附近ノ手伝及使歩キ針金巻等ニ従事シ居リシガ収入少キニヨリ田辺ニ虐待サレシカバ昭和 11 年 4 月 15 日ヨリ納豆売ニ転業セシモ老年ニテ売行思ハシカラザルニヨリ 7 月 15 日止ムナク廃業シテ田辺ニ厄介トナリ居レ共到底永住シ難シ

284

生立及經歷	1　両親ノ氏名　　黒坂岩蔵　　同めい 　　　本人トノ戸籍関係　　長女 　　　職業　運送業 　　　両親ノ死亡年齢　　父67歳　　母60 　　　同上疾病等　　父　脚気　　母　脳溢血 2　出世時 　　　幼少時代ノ住所　　東京市日本橋区○○○町（4歳迄） 　　　　　　　　　　　神田区○○町（4歳以後） 　　　家庭状況　　3人家族（兄弟ナシ）ニテ普通生活ヲナス 　　　教育等　　3ヶ年寺子屋ニ修学 　　義理ノ妹（父岩蔵ノ情婦ノ子ニシテ一度モ面会セシコトナシ）ゆみハ当人19歳ニテ吐血シテ死亡セシ由ニシテ戸籍上ゆみノ子ニシテみつノ甥ニ当ル銀蔵当53歳ハ実際ハ母めいノ私生子ナリシヲ母ハゆみノ私生子トシテ戸籍上ノ届出セシモノトノコトニテみつハ一面識モナキ者トノコトナリ 3　職業関係　住居　生活状況ノ変遷等 　　21才ニテ○○○（新橋・○○○○○○）ノ馬丁同上新吉ヲ内縁ノ入夫トシテ普通生活セシガ夫ハ賭博狂ノタメ32歳ノ時生活難ニ陥リ其上夫ハ喘息トナリシカバ馬丁ヲ廃業シ同年本所区○○町×丁目××番地ニ移転シテみつハ市ノ衛生婦（便所掃除）又麻裏内職ヲナシテ6人ノ子女ト病夫ヲ扶養シ来リシモ40歳ノ折本郷区○○○町××番地ニ転居シテ引続キ衛生婦ニテ辛ジテ生活中ノ50歳ノ時夫ハ病没（夫ハ当時71歳）シ53歳ノ折同番地ノ荷車貸業原田方ニ同居シテ車力ヲナシ56歳ヨリ手伝婦ニ雇ハレ居リシガ63歳ノ時私生子るいノ嫁シ先ナル淀橋区○町××番地荷札製造業田辺朝之助方ニ同居シ御苑ノ草取（日給75銭）及ビ使歩キ　荷札ノ針金巻等ヲナシテ月賄付宿料15円ヲ田辺方ニ支払ヒテ生活ヲナセリ 4　縁事関係 　　21歳ニテ新吉ヲ入夫トシテ同棲セシガ50歳ノ時夫ニ死別セシニ付以後独身生活ヲナス　夫トノ間ニ6人ノ子女アリシガ金次郎ハ生後8ヵ月　ことモ生後8ヶ月　竹太郎ハ当人49歳ニテ　みなハ当人6歳　長五郎ハ7歳ニテ何レモ死亡シ末子るいノミ現存シ居レリ 5　本人ノ性行　　普通 6　特ニ貧窮ノ事由ト認ムベキ事項　　当人ノ老衰及ビ私生子るいノ貧窮
保護依頼者	東京市渋谷区○○○方面事務所
その他	調査個所　東京市渋谷区○○○○町×××番地　田辺朝之助方

保護経過
11.9.14　入園常盤寮ニ入ル　私生子田辺るい及ビ養子川上たけ（何レモ調書ニ記載アリ）両名付添来ル
顔面ニ膨レ物ガシテ見ルモ傷マシク尚其他ニ婦人病モアル由ナレバ諸用ノ役ニハ立タザルベシ　付添者ノ言ニ依レバ性質ハ極ク素直ナルモ口軽クオシャベリニテ又金銭其他諸物ヲ大ザッパニ使ヒ倹約ニ大事ニスル心懸ケニ欠ケタリト　尚私生子るいノ夫ハ不人情デ放埓デ目下るいニ対シテモ離縁話ガ起ツテ居リるいトシテハ19ニナル子供ガ可愛バカリニ同棲シ居ルモノナリト又川上たけノ境遇モ逼迫セルモノノ如キ話ナリ

11.9.24　前記田辺るい外2名（るいノ娘ト知人）来訪　顔面ノ出来物ガキレイニ治ツテ居ルコトヲ非常ニ喜バレ尚小遣1円ヲ置カル

　.10.31　娘田辺るい氏他1名来訪

11.12.24　常盤寮ヨリ弥生寮ニ転ズ

12.2.16	前記川上たけヨリ茲暫ク消息ナク案ジ居リシガ今日ハ私生子田辺るいノ女朝枝ヨリ音信アリテ母ハ病気ダカラオ訪ネ出来ナイトノコト（日誌ヨリ）
.17	川上たけニ出シタル端書ハ（中野区○○××音田方）受信人不明ニテ返送サレタル由本人ハ板橋ヘ引越シタノダロウト言ヒ居ル由（日誌ヨリ）
12.1.3	前記田辺るい来訪
12.3.25	同
12.5.5	同
.6.20	田辺るい来訪
.8.20	大便ヲ粗相シタノデ注意スルト尻ヲマクリテ「コノ通リ大便ナンカ落サナイ」トエライ険幕ダッタ由
12.9.23	待チ詫ビテ居リ娘田辺るい等来訪　大喜ビナリ
13.1.6	前記田辺るい氏外1人来訪
13.4.17	田辺るい来訪
13.7.21	田辺るい氏来訪
15.4.29	弥生寮ヨリ一病ヘ入院
15.8.8	一病ヨリ弥生寮ヘ退院
15.9.28	弥生寮ヨリ四病ヘ入院
15.11.28	娘田辺るい氏ニ死亡通知打電

（入園者身分概要）

続　柄	戸主
性　別	女
氏　名 生年月日　年齢	黒坂みつ 安政4年10月8日生　当80歳
本　籍　地	東京市本郷区○○○○町××番地
入園前住所	東京市渋谷区○○○○町×××番地　田辺朝之助方
家族親族等ノ現況	田辺るい（私生子）渋谷区○○○○町×××　田辺朝之助ノ妻
経　歴	運送業ヲ営ミ居リシ父黒坂岩蔵ノ長女ニ生レ兄弟ナク3人家族ニテ普通生活セリ　21歳ノ折田上新吉ヲ内縁ノ夫トセシモ夫ハ賭博狂ノタメ生活難トナリ且喘息トナリシカバ廃業シ（馬丁）本人ノ衛生婦並ニ内職収入ニヨリテ6人ノ子女ヲ扶養シ来レリ（2男並私生子女1ノ外ハ皆幼死）50歳ノ折夫ハ病死シ　53歳ノトキニハ荷車貸業某方ニ同居シ車力トナリ　56歳ヨリ手伝婦トナリシモ　私生子るいノ嫁シ先ナル田辺朝之助方ニ同居シ　御苑ノ草取リ使歩キ等ヲナス　震災ノ被害ナカリシモ田辺夫婦ノ虐待ニ堪ヘ兼ネ知人佐藤方ニ厄介トナリシモ　佐藤氏ノ説得ニヨリ　再ビ田辺方ニ同居シ日雇手伝婦ヲナス中　昭和11年4月ヨリ納豆売ニ転業セシモ収入ハ思ハシカラズ　廃業シテ田辺方ニ厄介トナリ居ルモ　永住ハ不可能ト思ハル

宗　　　教	真宗
教　　　育	3ヶ年寺子屋修学
健 康 状 態	神経痛ノタメ両足時々痛ミアレド自用ハ達シ得
労 務 能 力	若干有
個　　　性	稍々強情
性　　　格	（記載なし）
習　　　癖	（記載なし）
趣　　　味	活動写真
嗜　　　好	（記載なし）

保護経過

11.9.14　入園　常盤寮ニ入ル　田辺るい及嘗テノ育子ナリシ川上たけノ両名付添来ル　顔面ニ腫レ物ガシテ見ルモ傷マシク尚婦人病モアル由ナレバ諸用ノ役ニハ立タザルベシ　付添者ノ言ニ依レバ性質ハ極ク素直ナルモ口軽クオシャベリニテ又金銭其他ニ対シ大ザッパニ扱フ癖ガアリ倹約心乏シキ由

11.12.5　大きいカイロ使用許可を受く

11.9.24　面会人渋谷区○○○○町×××番地　田辺るい　娘

11.12.24　弥生寮転入

12.1.3　渋谷○○○×××　田辺るい娘面会

　　　　　中野区○○×××音田茂蔵家内たけ同道

　3.25　田辺るい氏面会に見え　うちはあの通りだから規則をよく守り御世話になるようにと帰る

13.7.7　逸見寮母の受持と代る

　9.　失禁あつたので軽く注意するとお便所行って来て直ちにお部屋に来　一同の前でお尻をまくりこの通り出てませんと言った　一同も寮母も全く驚いて終ひ怒る事も笑ふ事も出来ずに唖然とした

　10.　娘るい氏と孫みすえ氏と来訪　先月の事実を語ったら孫は泣きくずれなぜお婆さんは他人様にまでそんなのか　私はもう面会に来ませんと狂ふ様であった　娘にも強く叱られ　本人泣いて寮母の前にわび両人にも同じ

　11.　それ以来生まれ代つた様に素直と正直をくり返せる様になつた

14.1.　荷札の作業が来ると我仕事とばかり熱心であり人の上にも世話をやきすぎる

　2.　出すぎをおさえればしばらくいいし身体も無理せず細く長く就居もしない

　3.　時々痔疾で苦しむ

　4.　平をん

　5.5　寮母木佐貫ト代ル

　8.29　娘ナル田辺るい氏来訪アリ　寮母代ッテヨリ初メテ来ラレ母親ノ事ヨク頼マレ帰ラレタ

　12.20　乳の上が少し腫れ休むと痛いと申されるので懐爐入れて温めて休まして上げる

21	御診察をお願し　都合よく外科の先生お見えになつていらしたので診て頂く　咳が出るため余計に痛むとの事にて咳止めのお薬頂くことにした
15.1.4	痛みも大変に楽になり服薬中止とす
1.11	娘田辺るい氏面会に来られ材料品不足のため商売も思ふ様出来ないと申されていた　小使として金1円おいて帰られた　娘の主人なる田辺氏との間が面白くないらしく　手紙すら思ふように出せず只娘様が面会にいらつしやるのを楽しみに待つていらつしやる様である　娘さんも病身にてそれにお商売も　時節柄思様に行かないとの事　本当にお気毒に思はれた
2.27	近頃またまたお咳が出る様になり肋骨部に痛みを覚え夜も充分に休まれないとの事にて御診察お願して服薬する事となる　今迄小さい懐炉使用していらしたが今晩より大きな方に変へる事にした 少し口が多過ぎるので注意すると　これから気をつけますと詫びなさる　注意された当時は守られる様であるが少しく経ると又そろそろ表はれて来る様である　性質としては良いが　おしやべりが過ぎるためにお部屋の方からも嫌がられる事有り
4.5	咳も大分出ない様になり本人も服薬止めさして下さいとの申出により本日より中止する事にした　夜分になりとゴーンといふ様な大きな咳が出る　慢性的で咳が全く止むといふ様な事はないものと思はれる
4.25	娘田辺るい氏娘に当る　みすえさんと同伴御来訪あり娘さんは時々お訪ね下さるが孫さんは寮母担任後初めての事にて氏も久方振の面会にて非常に喜ばれた　ごゆつくりお話なされ　お小使として金1円おいてお帰りなされた
4.28	午後6時すぎ突然咳と共に鮮血を口より出され一寸驚いた　すぐにお塩水飲まして上げ安静に休ませる事にした　婦長様に容態お話申上げた処病室も満員のため胸部を冷やして安静にする様との事夜分になつて　咳も止り1回も血様のもの出なかつた
4.29	今朝6時半頃又お咳と共に痰コップの半分位の喀血なさり　胸部は冷して居りしも止まなかつた一病の方へ入院させて頂く事となりお願ひ致した
4.29	入院後止血剤の注射のためか1回も喀血なし　精神状態も格別変りなし
15.8.8	一病より転出となる
15.9.8	入院し来る　下痢なるも格別に悪性ならず食事のみ注意して格別の処置なし
10.11	娘の来訪あり小遣1円貰ふ非常に喜ぶ
20	少しづつ手足の不自由を来し病気の故か右手だけ□しくそして非常におかしな運動をなす顔の筋肉も絶えず動し口もパクパク動かす　便わ時々下痢される
24	ベットより落つ前頭部に瘤をつくる　元気あり　娘より1円いただいたのをいい事にして何を買つて呉れ　あれを食べたい　これを食べたいと言う　お腹があまり良くないから不消化の物をいけませんと注意して置く
29	右手の動作時にあり骨なしの様なこんにゃくの様にたらたらして後にまわしたり前にまわしたりせり前胸部の疼痛訴へり　娘の所にお小遣送つてくれる様に手紙出してくださいと毎日の様に申される

11.5	少し衰弱せり食パンを与へて非常に喜ぶ　受診のさいに自身の病状を不自然に「こちゃうし」周囲の人達の反感を買ふ　種々の動作にも自身で注意して加減するでもなく相当に乱暴で其のために絶えずの様に頭に瘤をつくるが洗顔などにわ喜んで自身で行く
11.18	プルス微弱になりて衰弱せり　受診
11.24	衰弱かわる　娘さんの所に重病通知す
11.28	強心剤注　午后11時15分死亡せり
入園時ノ所持金品	所持金　　1円52銭也　　　内保　　　1円也 所持品　　浴衣　1　　襦袢白　2　　ネル　1　　袷　1　　羽織　1 　　　　　単衣　1　　腰巻　2　　座ぶとん　1　　帯　1

No.1464　岩野たえ　（女）

入園日	昭和12年5月10日
退園日	昭和15年11月29日　（死亡　心臓機能不全）

（要救護者調書）

出　　生	慶応3年7月18日生　当71歳
出　生　地	埼玉県比企郡〇〇町△△△△無番地
本　籍　地	埼玉県比企郡〇〇町△△△△無番地
震災当時ノ住所	東京市浅草区〇〇町×丁目××番地
現　住　所	東京市浅草区〇〇町×丁目××番地　松浦朝次郎方
戸主又ハ続柄	戸主亡岩野英五郎の姪
宗　　教	浄土宗
家族ノ状況　並ニ扶養親族関係	知人　現住所松浦朝次郎（当62才）は大工にしてたえの内縁の夫　亡内橋秀五郎とは数十年来の知人にて昭和10年来厄介になるもたえは身寄なき為万一死亡せる場合困るので世話出来難く入園申込む
身心ノ状態不具廃疾ノ程度　及疾病ノ有無	（青壮年時代ノ主ナル疾患）40才頃脱腸となる （現在の疾病）脱腸にて月1　2回発病するも自分用は十分　　稍々聾
震災当時ノ職業及現在ノ作業　収入	鼻緒内職　月収5円
教育程度 趣　味 嗜　好	小学校1年 無 煙草
震災後ニ於ケル生活ノ経路　並ニ現況	（震災当時ノ被害ノ状況程度等）震災にて全焼 　　間もなく焼跡に知人　現住所の松浦朝次郎にバラックを建てもらひ其所に住む　大正13年3月28日内縁の夫内橋秀五郎（当72才）老衰にて死亡後　鼻緒内職を続け居りしも月収5～6円にて生計立たざればまもなく家を畳み　髪結の友人の家に転々厄介になること数年　友人も老齢の為死亡し　家を畳みし当時千円ばかりありし金も　7～800円となり　東京市向島区〇〇へ1家を借り　家賃8円にて駄菓子屋を始め月収5～6円　鼻緒内職にて5～6円　合計11～2円の収入あるも　月1,2回脱腸の発作を起して医療せしかばあり金も費ひ生計立たざれば　昭和10年11月9日現住所の厄介になりしも現住所にても之以上世話出来ざれば入園申込む

生立及経歴	両親の氏名　父　岩野誠二郎　　母　さき 　　　　　続柄　長女 　　　　　職業　父・母　農業 　　　　　死亡年齢　父　不明　たえの8才の時　　母　不明 　　　　　死因　父・母　不明 　本籍地に農業を営みし父はたえの8才の時死亡せしかば　母と妹と一家3人　母の実家○○町の世話になり小学校へ1年通ひ　10才の時同町の菓子屋某方の子守女中となる　16才の時　八王子市へ出でてより妹ゆき及母とも音信不通となり其後の状況は不明なり 　16才の時八王子市○○町に住む髪結藤倉方の梳手となり　22才の時一人前の髪結となり　八王子市○○町に1家を借り　髪結業を始む　32才の時遠縁にあたる大工　内橋秀五郎と婚し　上京し　浅草区○○町に住み　夫秀五郎は大工にて　たえは髪結をなし普通の生活をなすも40才の時脱腸を病み　髪結を廃業し2ヶ年程床に就く　市電開通につき○○町に移転し　明治43年の浅草の水害にも会ふ 　病気軽快後は鼻緒内職をなし　生計を助く　夫秀五郎は大工としては一人前の職人にあらざれば1円の日収を取りしことなし　震災に及ぶ 縁事関係　32才の時内橋秀五郎と婚し　大正13年3月秀五郎死亡す　子女なし　たえは長女なりし為戸籍上入籍出来ざれば内縁関係なりし 特ニ貧窮ノ事由と認ムベキ事項　子女なく　老衰
保護依頼者	浅草区○○○方面事務所
その他	救護法委託として入園申込む　　今日まで方面の救護は受けず 現住所は大工業にして内縁の夫亡秀五郎と数十年来の同業の知人なり

保護経過	
12.5.10	入園　常盤寮ニ入ル　寄寓先ナル大工職松浦朝次郎付添ヒ来ル 持病ニ災サレ起居敏活ヲ欠キ労務ニモ従事シ難キ状態デアルガ機嫌ノ良サソウナオ婆サンデアル　40年程前腹部の手術シタガソノ後ノ経過ヨカラズ今以テ内部脱腸ガアリヒドクナレバ痛ミ激シキ由　永年ノ事デアルカラ如何カトモ思フガ本園ニ於ケル医療処置ノ結果デハズット快クナルカモ知レナイ
12.7.20	前記松浦朝次郎夫妻来訪
.9.13	弥生寮ニ転ズ
13.12.6	浅草区○○町×丁目××番地松浦朝次郎
15.7.16	前記松浦朝次郎氏来訪
15.6.29	弥生寮ヨリ一病へ入院
15.8.21	一病ヨリ三病へ転ズ
15.11.29	前記松浦朝次郎氏ニ死亡通知打電ス
15.12.6	深川区○○町×ノ×　河村冬吉（自称知人）ヨリ遺骨引取ノ申出アリ（曩ニ申出ヲ為し救護法入園者ニ付既ニ区役所へ手続中トノ事）引取用紙ヲ送付ス
16.12.14	埋葬費請求案発送

（入園者身分概要）

続　　柄	戸主岩野英五郎姪
性　　別	女
氏　　名 生年月日　年齢	岩野たえ （記載なし）
本　籍　地	埼玉県比企郡○○町大字△△無番地
入園前住所	東京市浅草区○町×丁目××番地　松浦朝次郎方
家族親族等ノ現況	ナシ
経　　歴	農　父岩野誠二郎ノ長女ニシテ　8才ノ折父死亡　母ト妹ト2人暮シ　10才ノ折同町ノ某菓子屋ニ子守奉公　16才ノ折八王子市某髪結方ニ住込　22才ノ折一人前ノ髪結トナリシカバ同町ニ一家ヲ借リ業ヲ始ム　32才ノ折遠縁ニ当ル大工内橋秀五郎ト婚シ上京シ　浅草区○○町ニ住ミ　夫ハ大工　本人ハ髪結ヲナス　40才ノ折脱腸ヲ病ミシカバ髪結ヲ廃シ2ヶ年就床　病気軽快後ハ鼻緒内職ヲナシ生計ヲ助ク 　震災ニ全焼　大正13年夫死亡　其後モ鼻緒内職ヲ続ケ居リシモ収入僅少ナレバ家ヲ畳ミ髪結ノ友人間ヲ転々シ　貯金千円程アリシモ漸次減少シ　其後向島請地ニ1戸ヲ借リ駄菓子商ヲ始メシモ　（鼻緒内職モ続ク）月1,2回脱腸ノタメ医療費ニ金ヲ費シ　昭和10年11月現住所方ニ厄介トナリシモ　之以上厄介トナリ難シ
宗　　教 教　　育 健康状態 労務能力 個　　性 性　　格 習　　癖 趣　　味 嗜　　好	浄土宗 （記載なし） 脱腸ニテ月1,2回発病アルモ自分用ハ十分　稍聾 ナシ 性情：良 （記載なし） （記載なし） （記載なし） 煙草

保護経過

12.5.10　入園　常盤寮ニ入ル　寄寓先ナル大工職松浦朝次郎付添ヒ来ル
　　　　　持病ニ災サレ起居敏活ヲ欠キ労務ニモ従事シ難ク思ハレルガ機嫌ノ良サソウナオ婆サンデアル　40年程前腹部ヲ手術シタガソノ後ノ経過ヨカラズ今以テ内部脱腸ガアリヒドクナレバ痛ミ激シキ由　寮母ノ注意及医療ナド相談シテ或ハ快クナルカモ知レヌト思フ

12.7.20　面会人浅草区○○町×－××　松浦朝次郎

12.8.15　お裁縫は割合世話が焼けずに良く出来るほど羽織は本式に出来て居ず作り方を指導して多少出来ると思ふがやはり注意してやる必要あり　寮内労務も出来ないことはないがなる丈重いものは遠慮させなければ無理である　働く気持が充分にあり可愛い人で部屋の人の気受けもよし
　　　　　弥生寮へ転入

13.1　　寮内作業及共同金ニ相当理解アルガ又一面オ裁縫スルトイフ事ガ自信アル態度ヲ示シ　相当本性ヲ出シテ居ル点ニ注意セネバナラナイ　横着デモアル　気立テハヤサシイ

　2.10　流感熱発仮病室ヘ転室

　2.28　軽快帰寮

　3.16　初メテ食堂手伝シテ見ル

5.	トテモ人ハイイガ大部グヅノ方
7.	順応性ニハ富ム　コノ人ノヘルニヤノタメ時々熱発スル
8.	修理衣類ナドススンデ上手デハナイガ気持ヨク引受ケ骨身ヲ惜シマズ仕上ゲテ下サル
9.	浅草区○○町×－××松浦氏来訪
14.1.	本年ハ流感モナク煙草ヲ止メテ要心ノ風
3.	幾分耳遠イノガ一層ヒドイ様ニ感ゼラレル　コンナ人ハ割合ボケ易イ
5.5	寮母木佐貫受持トナル
7.	葵寮ヨリノ修理物熱心ニ縫ッテ下サル
11.27	午前9時頃急に胃部に痛みを覚え非常に苦しまれるので婦長様に御来訪をお願いする 疼痛部を懐爐にて温めてあげる　看護婦より浣腸して頂き　頓服頂き　午後になって漸次痛みも止んで安眠された
12.10	時に　ヘルニヤのため苦しいらしいが　就床までゆかず普通と変りなく作業なさる
15.2.10	風邪気分にて頭痛がして気分悪いとの事にて就床なさる
2.11	大分良くなった様にて離床なさる　余り詰め通しに仕事させる事は病を引き起す恐れあり
5.	ぽつぽつと自分の着物の縫直しをして居られる　痛みは有りたるも朝夕の庭掃除などよくなさる　耳遠きため　人の話しを聞き我が事に感ぜられ気を損はれる事有るが　よく話してあげるとそれで又快くなる
15.6.29	下痢にて一病室へ入院
7.8	下痢良好となる
7.16	下腿下部及び足背に軽度の浮腫あり　時々息切ありと訴ふ 東京市浅草区○○町×－××松浦朝次郎氏面会に来る
8.21	都合に依り3病へ転室
11.29	昨晩より食事も普通に頂き元気たるも今朝午前5時頃より突然意識不明となり体温上昇せず　午前6時45分死亡す
入園時ノ所持金品	所持金　金26円20銭也　　内保管金　金25円50銭也 所持品　ねまき　2　　半天　4　　前かけ　6　　しき布　2 　　　　長胴着　2　　風呂しきキヌモメン　2　　袷　6 　　　　羽織　2　　都腰巻　1　　袖無　3　　冬襦袢　3 　　　　洋傘　1　　帯　6　　夏襦袢　5　　行李　1　　浴衣　5 　　　　腰巻　9　　単衣　2　　腰ぶとん　1

浅○○発第 165 号
　昭和 12 年 4 月 11 日
　　　　　　　　　　　　　　　　　浅草区○○○方面事務所長　石川吉平
浴風園長　福原誠三郎殿
　　　　　　　　救護法適用見込被救護者収容ニ関スル件照会
標記ノ件ニ関シ左記ノ者ヲ貴院ニ収容致度候得共御都合如何ニ候哉　御差支ナキ場合ハ
折返御返信相煩度此段及照会候也
　　　　　　　　　　　　記
１．住所氏名年齢　　　浅草区○○町×ノ××　松浦朝次郎方　岩野たえ
　　　　　　　　　　　慶応 3 年 7 月 18 日生
２．署　　　　歴　　　40 年位本市居住大正 13 年内縁夫秀五郎ニ死別尓来駄菓子屋ヲ営ム
　　　　　　　　　　　モ失敗 3 年前亡夫生前ノ友人タル現住所ノ同情ニ依リ寄食ノ形タ
　　　　　　　　　　　ルモ近来老衰ト同居先ノ事情永ク同居ノ許サル事情トニ依リ収容
　　　　　　　　　　　保護方ノ願出在リタルモノノ身辺トシテ戸籍面ニハ妹アル如キモ
　　　　　　　　　　　幼少ノ頃生別シ消息不明　実母さきハ大正 9 年養老院ニテ死亡

No.1467　四谷久蔵　（男）

入園日	昭和10年5月17日
退園日	昭和15年12月4日　（死亡　肺結核）

（要救護者調書）

出　　生	明治9年3月10日生　当60歳
出 生 地	岩手県気仙郡○○村△△番地不詳
本 籍 地	東京市小石川区○○○町×××番地
震災当時ノ住所	東京市豊島区○○○×丁目×××番地
現 住 所	東京市京橋区築地明石町聖路加病院内 現住所ヘ転住年月日　　昭和10年4月2日
戸主又ハ続柄	戸主
宗　　教	記載なし
家族ノ状況　並 扶養親族関係	1. 妻ノ有無　ナシ 2. 直系尊卑族ノ有無　　ナシ 　其ノ他ノ親族　　兄谷本庄五郎ハ岩手県気仙郡○○村△△△△ニ住ミ居ル筈ナルモ音信ナシ　妹みさヲモ本人ノ出生地ニ居住シ居ル筈ナリ　甥（兄庄五郎の息）谷本大吉　城東区○○町×丁目××番地菊川留吉方ニ間借シ職工ヲナスモ収入僅少ニシテ物質上ノ補助ハ不可能ナリ
身心ノ状態不具 廃疾ノ程度　及 疾病ノ有無	青壮年時代ノ疾患ナシ 　現在ノ疾病（昭和6 7年頃ヨリ左脚下部ノ表皮癌ニテ本年4月4日左脚切断ス松葉杖ニテ歩行ノ不自由ヲ感ゼズ） 精神障害ナシ 性情（強情）
震災当時ノ職業及 現在ノ作業　収入	震災当時　大工　　収入　月収120～130円 現在　　　無職　　収入　月収　ナシ　　日収　ナシ
教育程度 趣　　味 嗜　　好	小学校4年修業 ナシ 酒3合　煙草
震災後ニ於ケル 生活ノ経路　並ニ 現況	震災ノ直接被害ナシ 　バラック建ニテ1ヶ月120～30円ノ収入アリ　大正15年養子哲蔵18歳ニテ死亡シ昭和4,5年頃ヨリ大工モ不景気ニテ廃業シ　焼鳥屋ヲ開業セルモ失敗シ　昭和5年9月妻ちか死亡セシカバ落胆シ　ルンペントナリ京橋区○○×号地ノ野天ノ鉄管内ニ居住シ　新橋のカフェー等ノ掃除ヲナシ残飯ヲ貰ヒテ食ヲ得　左足下部ノ表皮癌ニテ苦シメラレ　本年4月京橋区内ノバス停留所付近ニテ苦シンデ居ル処ヲ津田英学塾ノ教師　ミス・シエレシエウスキー氏ノ同情ニテ聖路加病院ニ入院　左脚ヲ切断シ　殆ンド全快スレド退院後ノ生計立タズ

生立及経歴	1　両親ノ氏名　谷本四郎作　きくの　本人トノ戸籍関係　4男 　　職業　農業　両親ノ死亡年齢　父81歳　母75歳 　　同上疾病等　不明 2　出生時 　　幼少年時代ノ住所　岩手県気仙郡○○村△△△番地不詳 　　家族状況　8人家族（兄妹6人）ニテ普通生活 　　教育等　小学校4年修業 3　職業関係 　　16歳ヨリ同村ノ大工今田喜三郎ノ弟子入ス　21歳ノトキ年期奉公アケシカバ○○町ニテ一本立ノ大工トシテ働ク　25歳ノトキ同町ノ表具師　四谷高三郎ノ娘ちかト入夫婚姻ヲナス　養父母ハ間モナク死亡ス　大正4年（41歳）ちかト共ニ上京シ　原籍地ニ居住シ大工ヲナシ生活ス　兄庄五郎ノ2男哲蔵ヲ養子ニ入籍ス　親子3人ニテ普通ノ生活ヲナス　大正12年○○○ニ移転ス 4　縁事関係 　　25歳ノトキ四谷ちか（28歳）ノ入夫結婚シ昭和5年妻ちか死亡シ男児2名アリシモ生後間モナク死亡シ 5　本人ノ性行　多少適応性ニ欠クルモ性情良ト認ム 6　特ニ貧窮ノ事由ト認ムベキ事項　養子及妻ノ死亡ニヨル落胆
保護依頼者	東京市京橋区築地明石町　聖路加病院　社会事業部
その他	記述なし

保護経過

10.5.17	清風寮ニ入ル　ルンペン生活ヨリピックアップシテクレタ外人　シエレウスキー氏（Miss Shereshuskey）（麹町区○○町××番地）及築地明石町聖路加病院ノ小栗氏及田代氏付添ニテ入園ス
10.5.20	前記　シエレウスキー氏来訪　現金3円及座蒲団菓子（事務所）持参
10.7.20	前記　ミス・シエレウスキー氏（四谷区○○町×ノ××テイダ様方）来訪ノ由
10.9.20	築地聖路加病院社会事業部田代文子氏来訪
10.11.8	予テ進行中ナリシ義足及シエレウスキー嬢ノ同情ニ依リ調製サレ本日田代文子氏持参セラル尚菓子煙草土産下サル義足価格60余円
10.11.9	西館にて入院便所通いうまく行かず頗る不便なりと
10.11.11	西下より芙蓉に転寮
10.11.26	聖路加より2円60銭送金有り保管金とす
10.12.8	ミス・セレウスキー来訪下サル
11.1.23	義足作製者原崎新二過日来園　ソノ工合（ママ）ヲ見テ帰リシガ本日足あてノ布ヲ送リ来ル（礼状発送済）小石川区○○町×原崎新二
11.1.28	明ルイ気分ノ男デ時々人ヲ笑ワセル　添付ノ落書ハ同室ノ誰カヲスケッチノ積リ
11.3.3	先頃来義足破損ニツキ修理方原崎新二ニ照会
11.3.30	河原崎眞弓氏来園　近日修理部分品出来次第送リ来ル筈
11.4.18	修理ノ出来タ義足部分届ケラル

11.4.20	ミス・セレスキー氏宅にて基督教の集会（年1回のもの）あるにつき日帰りにて外出願出許可　無事帰園す
11.12.23	吉祥寺ノセレウスキー氏使トシテ田中すみナル者来園　クリスマスプレゼントトシテ帽子襟巻ヲ届ケラル
12.3.12	義足修理ノタメ桑原書記同伴下サレタ刻完全ニ修理出来テ無事帰寮　本人ハ非常ニ感謝ノ様子デアツタ（芙蓉）
〃.11.7	セレウスキー氏ヲ訪問ノタメ外出　夕刻帰園　府下○○○××番地　ミス・セレスキー
15.6.5	杉並区○○○×丁目××番地　知人田中すみ氏来訪
15.6.25	肺結核ニ罹リ病勢増悪ノ傾向アルヲ以テ東京府ニ出願シ府立清瀬病院ニ移送スルコトニ決定小野田事務員付添ニテ同日入院ス
15.7.15	榎本嘱託清瀬病院ニ同人ヲ訪問協同会ヨリ慰籍金2円ヲ贈与ス以後毎月2円宛贈与ノ筈
15.12.4	清瀬病院ヨリキトクノ電報ニ接シ　小野田清瀬病院へ出張見舞フ
15.12.6	12月4日午后5時40分死亡ニ付本日死体引取ノ為小野田清瀬病院へ出張　多摩火葬場ニ於テ火葬ニフシ遺骨持参ス
15.12.11	ミス・セレススキー氏（杉並区○○○×丁目××番地）（死亡通知ス）

```
保護課長　庶務課長
肺結核患者送院ノ件
在園者　四谷久蔵
明治9年3月10日生
右者此度肺結核ナルコト判明致候処本園ニ於テハ完全ナル隔離療養ノ途無之候ニツキ結核療所へ入所方左案ノ通リ
杉並区長ヲ経テ東京府知事ニ對シ願出可然哉
```

```
案1
杉並区長宛　　　　　　　　　　　　　　浴風会　常務理事
結核療養所入院願ノ件
東京市杉並区上高井戸3丁目848番地
財団法人浴風會浴風園入園者　　四谷久蔵　当65歳

右ノ者肺結核ノ為東京府知事ニ宛結核療養所へ入院方別紙ノ通リ願出候処本人ハ無資産且ツ自活能力ナキ為本會浴風園ニ収容保護中ノ者ニ有之候條可然御取計被下度此段及御依頼候也
追而右者ハ昭和10年5月17日本會浴風園ニ収容致候モノニシテ　単身戸主ノ他ニ親族等無之キモノニ候條申添候
```

生活状態調
本人入園前ニ於ケル生活状態左記ノ通リニ有之候
　　　　　　　　記
　大正15年養子哲蔵18歳ニテ死亡シ昭和4　5年頃ヨリ大工職モ不景気ニテ廃業シ焼鳥屋ヲ開業シタルモ失敗シ昭和5年9月妻ちか死亡セシカハ落胆シ　ルンペントナリ京橋区○○×号地ノ野天鉄管内ニ居住シ残飯ヲ貰ヒ生活セリ
　偶々左足下部ノ表皮癌ニテ苦メラレ昭和10年4月津田英学塾ノ教師　ミス・シエレシエウスキーノ同情ニテ　聖路加病院ニ入院　左脚ヲ切断シ程ナク全快シタルモ退院後生計立タス　昭和10年5月17日本園ニ入園シ今日ニ至ル

（聖路加病院　社会事業部の担当者 田代文子氏からの文書）による
　　　　　　　　　　　　　　　　　　　　　　　＜見出しは読起し担当者付記＞

A
　1　姓名　　戸主　四谷久蔵
　1　年齢　　明治9年3月10日（60歳）
　1　現住所（入院迄）　京橋区○○×号地　但シ　住居ハ野天ニシテ　鉄管内ニ居住セリ
　1　原籍　　小石川区○○○町×××
　1　生地　　岩手県気仙郡○○村字△△

B　家族　親戚及知人関係
　1　家族
　　　25歳ノ時　宮城県○○町△町×××ニ居住セル四谷高三郎（表具師）ノ娘ちかト入夫婚姻ヲナセリ　養父母ハ間モナク死亡シ大正4年ちかト共ニ上京シ原籍地ニ居住セリ
　　　2子ヲ得タルモ　幼時死亡セリ　次兄庄五郎ノ次男哲蔵ヲ養子トシテ貰ヒタルモ18歳ノ時死亡セリ
　　　妻ちかハ昭和5年9月死亡ス
　1　親戚
　　　実兄　　谷本庄五郎　　　　　　｝
　　　実妹　　〃みさを　　　　　　　｝久蔵ノ生地ニ居住
　　　甥（長兄ノ息子）　熊谷正美　　｝
　　　〃（庄五郎ノ息子）谷本大吉　　｝城東区○○町×丁目××　菊川留吉方
　1　知人
　　　助川恭子（職業産婆）　小石川区○○○町××
　　　助川氏ノ子息ヲ妻ちか在世中　其幼時3年間養育セル事アル関係上交際ヲナシ居タリ

C　学歴　　尋小4年修程度　読書可能

D　職業歴
　　16歳ノ時生地ニテ大工の年期小僧トナリ　25歳ノ時　宮城県石巻へ出稼ニユキ其処ニテ一本立ノ大工トナレリ　上京後モ大工ヲシテイタルモ　妻病没後焼鳥屋ヲ開キタルモ失敗シ　ソノ後職ナク　ルンペントナリタリ

E　現今転居状態迄ノ過程
　1　原因ト認ムベキモノ
　　　a　養子及ビ妻子ノ死亡ニ依ル落胆
　　　b　大工仕事ハ器用ニ為シ得タルモ　遣方ガ遅イ為次第ニ依頼者尠クナリ殆ンド失業状態ニ至レリ　（時代的傾向）
　　　c　性質善良ナレドモ適応性ニ於テ欠クル処アリ

　1　結果
　　　其ノ後焼鳥屋ヲ開キタルモ右ノ如キ性質ナル為掛売多ク遂ニ閉店ノ止ムナキニ至リ家ヲタタンデ其ノ後ルンペン生活ヲナス

現況
A　入院迄如何ニシテ食ヲ得テイタルカ
　　新橋ノカフェー等ノ掃除ヲ為シタリシテ残飯ヲ貰ヒテ食ヲ得　又カフェー料理店街路等ヨリ煙草　銀銭ヲ拾ヒ　コレヲ売リテ現金ヲ得テイタリ　其ノ額1日約50銭位ナリキ　但シ　コノ稼高ハ全部包帯　薬ナドヲ買求ムニ費消セリト
B　親戚ト何故音信不通ニシテイタルカ
　　生家ハ長兄ガ死亡シ　甥ノ代ニナリ　次兄庄五郎トハ養子ニセントシ養育シテイタリシ庄五郎ノ息子ト亡妻トノ折合ガ悪ク返ヘシタル為鈔ラズ感情ノ縺ガアリタリ　失敗後悲惨ナ姿ヲ親戚ニ見セルニシノビズ音信ヲ断チタリト

C　親戚ノ久藏氏ニ対スル態度
　1　生家
　　　扶養スルヲ余リ好シク思ハヌ如キ文面ノ手紙ガ本人当ニ来レリ
　1　甥（谷本大吉）
　　　物質的ニハ何等ノ補助モ出来兼ルガ精神的ニハ頼ニナリテヤリ度イトイフ希望ヲ持ッテ居ル

D　本病院ヘ入院ノ経路
　　Miss Sheresheuskey（津田英学塾ノ教師）ガ京橋区内ノバス停留所付近ニテ病ニ苦シム患者ヲ見テ痛ク同情シ　当病院ヘ連レ来リタリ

E　医師ノ診断並ニ治療
　1　診断
　　　左脚下部ノ表皮癌
　2　治療
　　　切断ヨリ他ニ方法ナキタメ　本人ノ希望ヲイレ　膝ヨリヤヤ上カラ切断ス
　3　医師ノ予後ニ対スル意見
　　　癌ノ拡ガル可能性ハ殆ンドナシ

F　退院後（将来）ノ計画ニ関スル可能性
　1　本院退院後　1ヶ月間ハ体力回復ノ為ミス・シエレシエウスキーノ親切ニ依リ荻窪東京衛生病院ニ入院
　2　其ノ後浴風園ニ御願ヒ致シ度シ
　3　切断口ノ全治ヲマツテ義足作製ノコト　（経費ノ点ハ已ニ本部トミス・シエレシエウスキートノ間ニ計画アリ）

備考
　　本人ハ大体健康老人トシテ相当ノ仕事―主トシテ座居シテ手ノ仕事又義足ヲ得バ庭掃除位ハ充分出来得ル見込―ヲナス事ヲ得

前略
　　四谷久蔵（17日清風寮ヘ御許可なりたるもの）の診断書同封いたしますから宜しくおねがいいたします
　　　　　　　　　　　　　　　　　　　　　　　　　　　　　　　　　　　草々
　　　　　　　　　　　　　　　　　　　　　　　　　　　　　　　　田代文子
　浴風会御中　　　　　　　　　　　　　　　　　　　　　昭和10年5月22日

小野田様

　先日は　御多忙中を御邪魔申し上げました　一昨日　四谷さんの世話をして下さつた外人の方にお目にかかりまして　委しく　現在の状態をお話し申し上げましたら　大変喜んで御出になりました
　それから義足がつかるまで　毎月菓子と煙草を送り度いが　宜しいかどうか寮母様に伺つて呉れるやうにとのことでござゐました　煙草は　余り吸ひすぎない程度にしていただき度いが　急には量を少く出来ないでせうから　次第に減する様に御注意ねがひ度いとのことでござゐます
　又　キリスト教に関する書物も送つて上げたいが　宜しいかをも伺つていただき度い由でした　義足の事に就きましては　何れ小野田様と御相談申し上げてからお知らせいたします　乱筆にて御免下さいませ

草々
田代文子
9月27日

　先日は　御多忙中種々とお世話になりました
　又　御叮嚀なる御書面いただきまして有難う存じました
　御園の格別の御尽力でケースとして好結果にゆきましたので主任は　感謝と共に非常に喜んで居ります
　殊に御面頭（ママ）なことでござゐますが　主任が小澤様におねがひいたして下さる様にとのことでござゐます
　それは　来年ロンドンでの社会事業に関する会議へこのケースを出してみたいのですがそれには小澤御主任様と　四谷久蔵氏の御両人様がお並になつた写真が欲しいと申します　希望の写真の大さは　合判で　全身を写したものでござゐます　料金はこちらでお支払ひいたします　予定額は３円位です　どうぞ宜しく小澤様へおねがひいたして　いただき度う存じます
　四谷久蔵氏に関する支出入金の計算書と　２円60銭（残金）の小為替を同封いたしますからどうぞ宜しくおねがひいたします
　小野田様にもよろしく御伝言下さいませ
　おねがひ傍々御報告まで申し上げます

草々
社会事業部　田代文子

浴風会　長谷場亮男様　　　　　　　　　　11月19日

No.1474　大野勝二　（男）

入園日	昭和 9 年 2 月 15 日
退園日	昭和 15 年 12 月 18 日（退園　実妹引取）

（要救護者調書）

出　　　生	明治 7 年 2 月 2 日　当 61 歳
出　生　地	千葉県夷隅郡○○町番地不詳
本　籍　地	東京市浅草区○町×丁目××番地
震災当時ノ住所	東京市浅草区○町×丁目××番地
現　住　所	東京市深川区○○町×丁目×番地　多田浅吉方
戸主又ハ続柄	（記載なし）
宗　　　教	（記載なし）
家族ノ状況　並扶養親族関係	（記載なし）
身心ノ状態不具廃疾ノ程度　及疾病ノ有無	（記載なし）
震災当時ノ職業及現在ノ作業　収入	（記載なし）
教育程度　趣味・嗜好	（記載なし）
震災後ニ於ケル生活ノ経路　並ニ現況	1．震災当時ノ被害ノ状況程度等　全焼 　震災後今日迄ノ家庭生活其他生活状況ノ変遷等 　震災ノタメ家屋全焼セシカバ妻うめヲ伴ヒテ上野山内ニ避難セシガ半ヵ月ニテ罹災地ニバラックヲ建テテ居住シ呉服行商ニテ普通生活セシモ　大正 14 年 3 月末区画整理ノタメ立退料 80 円ヲ支給サレシカバ浅草区地方○○町××番地ニ移転セシガ 2 ヶ年ニテ同区○○×丁目×番地ニ移転シ呉服行商ヲ継続シテ普通生活中昭和 7 年 7 月 31 日妻うめハ脳膜炎ニテ死亡シ且ツ世上一般状況ニヨリ行商ニヨル収入激減セシカバ廃業シ求職ニ奔走セシモ適業ナク生活困難トナリシカバ亡妻うめノ妹島田とめヲ頼リテ渋谷区○○○町××番地下駄屋田中福助（とめノ内縁ノ夫）方ヘ昭和 8 年 5 月ヨリ厄介トナリシガ田中ハ 4 人家族ニテ極貧ナレバ到底永住シ難ク同年 10 月 31 日妹くみノ嫁シ先ナル現住所ヲ頼リテ厄介トナリ居レ共　くみノ夫朝吉ハ失業ノ上ニ心臓病ニテ臥床シ 16 歳ノ長女まつガ経木屋ノ女工　長男次助（13 歳）ハ蝋燭屋ノ職工ニ通勤シテ得ル日収合計 80 銭（交通費ノミヲ差引キシテ 52 銭トナル）ニテ家族 5 人辛ウジテ生活シ且ツ四畳半 1 間ニ居住シ居ル有様ナレバ是以上厄介トナリ居ルニ忍ビズト言ヒ居レリ
生立及経歴	（記載なし）
保護依頼者	（記載なし）
その他	（記載なし）
保護経過 9.2.15　　入園清風寮ニ入ル 10.3.30　　姪（妹くみノ子ニテ元養女）満洲国新京城内△△路××号国吉方多田裕子ニ小遣送金依頼状ヲ出ス	

10.11.7	亡妻墓参ノタメ外出願出　墓地ハ本所区○○町×丁目本久寺内ニアル由　寮母ヨリ墓参ハ口実ナレドモ久々ノコトデハアリ世話係トシテ良ク勤メ居ルニツキ保養旁々許可アリ度シト　許可アリ本日外出　一泊予定実妹多田くみ方ニ宿泊スベシ
10.11.8	無事帰園
11.2.23	亡妻ノ妹　島田とめ（渋谷区○○○）ヨリ1円50銭送金アリ
11.4.11	亡妻ガ20年モ奉公シタコトアルマダム・スミスガ昨秋再来朝シ左記ニ止宿シ居ルコトヲ聞キタレバ久シ振リニ会ヒタシトテ外出願出許可ヲ受ケ本日嬉々トシテ外出　尚妹くみ方ニ1泊ノ予定　大森区△△宿××××上村盛氏方
11.4.2	午後2時無事外出ヨリ帰寮
11.5.27	去ル13日同僚ノ女子部世話係ヲ為シ居ル上川ミサエト日頃仲良カリザリシガ食堂ノ事ニ端ヲ発シ同女ヲ撲リタルコトアリ　本日上川ハ梓寮ヘ転ズルコトトナリ同時ニ大野ヘモ他人ト共同ノ仕事ヲ為スニツキテノ戒告ヲ為シオク
〃.5.22	11年度第2期世話係トシテ指命（葵寮） （日付ママ）
〃.8.10	コノ暑サニモ関ラズ暇アル毎ニ寮□ノタメ音読デ一同大喜ビ
〃.9.5	葵寮第3期世話係トシテ指命
11.11.13	亡妻ノ妹島田とめ（56歳位）病気見舞ニトテ許可ヲ受ケ外出　夕刻帰園　渋谷区○○×ノ××　島田とめ
12.1.15	葵寮　12年度第1期世話係トシテ指命
〃.4.24	妹　多田くみ方訪問ノ為許可ヲ受ケ1泊予定ニテ外出 深川区○○町×ノ×　多田くみ
〃.〃.25	午後2時頃無事帰園ス
〃.4.30	昨29日西下島田卯吉ト喧嘩シ手ナドニカキ傷ヲ作ル　恐ラク島田ノ方ガ売ッタ喧嘩デアロウガ両成敗ノ意味デ今後ノコトニツキ注意ナシオク
12.5.22	荒川区○○○町×ノ××安田氏ヨリ仕事着1着送附アリ
〃.5.5	葵寮12年度第2期世話係トシテ指命
13.5.13	葵寮ニ於テ本年第2期世話係トシテ指命サル
〃.5.15	昨日妹多田くみ方ヘ外出シ本日午後帰園ス
13.8.29	妹　多田くみヨリ2円送金アリ
14.1.13	葵寮本年第1期世話係ニ指命サル
14.7.1	葵寮本年第2期世話係ニ指命サル
15.1.20	葵寮本年第1期世話係ニ指命サル
15.8.15	葵寮本年第2期世話係ニ指命サル

15.12.18	妹　多田くみ氏ヨリ子女成人セシニヨリ当人ヲ引取扶養スベキ旨ノ願出ニヨリ本日附退園トナル　　退園先　深川区○○町×ノ×　多田くみ方

（入園者身分概要）

続　柄	戸主
性　別	男子
氏　名 生年月日　年齢	大野勝二 明治7年2月2日　当61歳
本　籍　地	東京市浅草区○町×丁目××番地
入園前住所	東京市深川区○○町×丁目×番地　多田朝吉方
家族親族等ノ現況	家族―妻子其他家族ナキ単身者ナリ 親族―戸籍上ノ祖父三次（天保2年生）ハ既ニ死亡セシモノナリ 妹多田くみ（51）ハ現住所ナル多田朝吉ノ妻ナリ　朝吉ハ曩ニ失職シ目下心臓病ニテ病床ニアリシヨリ長女まつ（16）長男次助（13）ノ働キニ依ル日収合セテ80銭位ト方面救助ニ依リ辛ウジテ生活スルノ現状ニアリテ扶養能力ナシ
経　　歴	勝二ハ千葉県○○町ニ足袋商ヲ営ム大野寅次ノ長男ニ出生ス　13歳芝区○○町萬屋呉服店ニ住込奉公ヲナシタリ　23歳帰郷シ家事手伝ヒタルモ同年再ビ上京日本橋区○○町ニ居住シ呉服太物ノ行商ヲ営ム　24歳某うめヲ妻ニ迎ヘ同棲ス　28 9歳頃呉服太物行商モ失敗シ○○○町屋ノ妻うめノ父親方ニ同居シ青山学院ノ雑役夫ニ就職シタルモ思ハシカラザルヨリ1ヶ年余リニテ同院ヲ退キ浅草ニ転居シ又元ノ呉服太物行商ヲ営メリ　49歳大震災ニ遭遇シタルモ身体ニ異常ナシ　其後モ依然呉服太物行商ニ依リ生活ヲ営ム中　59歳妻うめト死別ス　其頃ヨリ呉服類行商不振ニテ生計不能ニ陥リ適業ノ就職ニ奔走スルモ適業ナク生活益々窮迫スルノミナリ　以来知人ヲ頼リ次デ現住所ニ多田朝吉ヲ頼ルモ同家モ前記ノ通リニテ到底扶養ヲ受ケ難ク心痛シ居レリ子女―実子ナシ
宗　　教 教　　育 健康状態 労務能力 個　　性 性　　格 習　　癖 趣　　味 嗜　　好	日蓮宗 尋常4年就学 老衰スルモソレ以外ニ疾病ナシ （記載なし） 稍狡猾 （記載なし） 浪花節 喫煙 飲酒セズ （記載なし）

保護経過
9. 2.15　　入園　清風寮ニ入ル

9. 3.28　　世話係トシテ転入（清風ヨリ葵寮へ）

9. 9. 6　　遺言書提出ズミ

9.10.20　　稍々狡猾 打算的ナルモ能ク気ガ付キ老人方ニモ気受良シ

10. 3.15　　近来表裏なく働キ万事ニ気ガ付キ老人方と寮母の連絡を取り呉れ大いに助かる至極健康講談本を読むのが好きで何時も一同に読み聞せます　ラヂオハ一向見向きもせず
日々の如く世界中の事ガ知れりと進めたら　ラヂオを聞き新聞を見非常の意味知れ世ノ中が広くなった様だ嬉こんで室の方にも話して呉れる

10.9.19	益々健康で何かと良く気付き世話係として良く働いて呉れる
11.1.25	相変らず健康で日々気持良く働いて居る
11.4.1	1泊掛外出大森区○○○○方米人スミス氏方及妹多田くみ方へ
11.6.7	健康にて変なし（チブス予防注射施行）
11.8.9	酷暑にも負けず□□健康
11.10.18	益々健康遠足には多摩御陵に参拝す
11.11.12	渋谷区○○×ノ××の義妹島田とめ氏病気見舞に外出
12.2.11	変なし相変らず健康で中心となり良く働いて助かります
12.2.9	血液採収された
12.4.18	異常なし
12.4.24	墓参及慰労の意味にて1泊掛外出 25日午後5時頃無事帰寮
12.5.24	皇后陛下御行啓一同老人へ御菓子料（1円也） 御下賜遊され誠に光栄の至り
12.10.2	4、5、6の3ヶ月分労務金1円80銭頂く 健康状態誠ニ良シ（松本）
13年	至極で御正月をお迎えした　相変らず良く働いて呉れました
.3.25	2月11日共同金30銭分配された 作業は中心になって働いて居る
.5.5	大宮遠足往復徒歩 深川の多田くみ方まで1泊の予定にて外出　翌日午後3時頃帰園小遣を多少貰ってきたやうである
8.2	（日誌より）数日前より肩腕が痛み時々手先がしびれる 受診投薬して頂き西上田上氏に療治もして貰ったが一進一退　ぐれらん注射にて多少快方に向ひ8月25日投薬中止　世話係の仕事も1週間ばかり手をふれさせなかったがそれが実に苦痛だったらしい　入園以来服薬は初めての位　常に健康な人であった
8.5	実妹島田まつより来信　大野氏が労務金の一部を以てお盆に亡妻の御供養を頼んだ返事であった
8.25	多少痛みあるも服薬中止　従来通りの仕事に役したが労働は避けさしている
8.29	多田くみより速達にて送金2円あり
11.15	外出　荒川区○○町×-××　保田益次方（知人）右知人出征のため留守見舞に日帰り　帰りに上野松坂屋へ寄りましたがどこもここも景気がよくてまるで戦争をしているなどとは思へませんと

14.1.10	同室の山本作治氏が言ふことをきかないと云って喧嘩の末撲り頭から出血させてもよさうとしない 道理はあらうと手を出すことは固く止めいましむ 要領よく頭がよく働く代りに狡猾で呑みこみ過ぎた言動が多いし手が早い
4.14	妹 多田くみ方へ1泊の予定で外出　15日4時帰園
事件	13年10月　満洲国民政省派遣の研究生迂長運氏滞留の時　養女（3歳の時より育て現在母23歳）が新京でカフェーつとめをしていたが行方不明になったから探索して頂きたいと願出で課長には願い申して迂氏も快く御承諾下さる　帰国後早速日本で言へば警視庁の手で調査して頂いたが分明しないとの御手紙に接し大野氏も落胆 新京にいないか或は結婚したのかも知れませんと寂しさうであった（養女名　多田裕子　妹の子である 20歳頃戸籍は戻した由　大野氏が入園前招きに応じて渡満滞在数ヶ月其の時は裕子は結婚生活に入っていたが相手は妻子のある男であったので大野氏が無利に別れさせ其の後居づらくなって内地へ帰り間もなく入園　其の後年賀2回　手紙1回あり孝行できなくてすまないといふ意味の文面であった　孫が学齢期だが何とか大野氏の方で日本の教育を受けさせて貰いたいとも書添あり）
14.10.23	京王閣へ遠足に参加する 元気で世話係としては好く働くが氏のわるいところは自分だけが一人別な態度をとりうっかりすると他の世話係にまできつくあたる様になる
15.1	無事に新年をお迎する
3	1ヶ月に1度の公休日には1年中とれない炊事エプロンを取って自由に過ごされる身はどんなであらうとお察しせられる
15.4.4	深川区○○町×ノ×多田くみ氏（実妹）の許へ1泊の予定にて遠外出なされる
4.5	1泊の予定にての遠外出無事帰寮された
5.20	井ノ頭公園へ遠足に参加する
6.22	向島区○○町×ノ×××仁平新吉氏（知人）より書留来る金2円封丁あり
6.27	深川区○○町×ノ×多田くみ実妹氏より封書1来る
7.3	お作業賃30銭宛分配する
8.25	元気にて働いていられる
8.29	午前6時1病へ胃液検査のため行かれ11時頃無事帰された
9.12	労務慰労賃6・7月分1円97銭頂く
9.23	お小遣金50銭宛分配する
10.7	深川区○○町の妹さんの多田くみ氏方まで日帰りにて遠外出される　午後4時無事帰寮された
10.30	大宮八幡へ遠足に参加する
11.8	世話係としてはまめやかにはげまれるが弱い人達に対してあまり親切でない様に思はれる
11.9	運動会が開催されてそれに参加せられ1等賞頂いたとて大喜びなり

12.12	氏には園生活7年の長い間世話係として好くまめに働いて下さつたが今度実妹さんの多田くみ氏方手不足にて困っていられるので是非留守番にきてほしいとの事に今夕退園希望を申出られて御本人としては園で過されたいが実妹さんの事故止むを得づして退園を申出られ明日にでも事務所へ御相談申上る事に致す
12.14	深川区○○町実妹多田くみ氏方まで1泊の予定にて遠外出される
12.15	本日無事帰寮される
12.17	事務所より退園許可頂く
12.19	大野氏には7年間我家として過された園とお別れする事は本人としても大変つらい事であるがいよいよ本日午前10時退園せられた
入園時ノ所持金品	所持金　92銭　郵便貯金通帳　1冊　50銭 所持品　羽織　1　綿入　1　襦袢　2　シャツ　6　股引　3 　　　　腹巻　1　前掛　1　帯　1　寝巻　1　単衣　2 　　　　タオル　1　風呂敷　3　万年筆　2

```
退園願　私儀
　長々御保護相受居候処今般実妹
　多田くみヨリ引取扶養致シ度キ旨
　申越候ニ付甚ダ乍勝手退園御許可
　為被下度此段及御願候也
昭和15年12月13日　右大野勝二
常務理事福原誠三郎殿
```

```
引取願
兄大野勝二ガ御園デ一方ナラヌ御世話
様ニ成ツテ居リマスガ私事御蔭様デ子供
ガ成長シマシテ生活モ安定致シマシタノデ
兄ヲ引取ツテ扶養致シ度イト存ジマスカラ
何卒退園御許シ下サイマス様御願ヒ
申上ゲマス
昭和15年12月13日
深川区○○町×ノ×　多田くみ
```

No. 1475　富山サキ　（女）

入園日	昭和 15 年 4 月 22 日
退園日	昭和 15 年 12 月 20 日　（死亡　肺結核）

（要救護者調書）

出　　　生	明治 8 年 12 月 31 日　当 66 歳
出　生　地	岩手県上閉伊郡○○村△△△××地割××番地ノ号地
本　籍　地	岩手県上閉伊郡○○町△地割××番地
震災当時ノ住所	北海道標津郡○○村番地不詳
現　住　所	東京都江戸川区○○×丁目×××番地　和田徳蔵方
戸主又ハ続柄	戸主　勇太ノ従妹
宗　　　教	日蓮宗
家族ノ状況　並ニ扶養親族関係	現戸主　外山勇太当38歳　勇太ハサキノ亡夫熊吉ノ従弟ニテ本籍地ニ居住シ　裁判所ノ書記ナリシガ熊吉ノ死亡後音信不通 甥（亡兄寅次郎ノ子）大内直治当50歳　直治ハ養蚕教師ナリシモ居所不明 大内三作（直治ノ弟）当37，8歳　三作ハ丸善インキ部ニ勤務シ居リシガ全々消息ナシ
身心ノ状態不具廃疾ノ程度　及疾病ノ有無	3年前ヨリ心臓病トナレ共軽症ナリ　昭和14年3月ヨリ視力弱レ共自分用ハナシ得
震災当時ノ職業及現在ノ作業　収入	無職　　ナシ
教育程度 趣　　味 嗜　　好	無教育 （記載なし） （記載なし）
震災後ニ於ケル生活ノ経路　並ニ現況	震災当時ノ被害状況程度等　被害ナシ （老年期）引続キ夫熊吉ガ○○小学校ノ代用教員ニテ共ニ学校ニ住込普通生活セシガ昭和2年2月夫ハ老齢ノ故ヲ以テ解雇サレシカバ夫ノ兄ナル函館市○○町ノ古着商大沼義巳方ニ厄介トナリシモ2ヵ月ニテ同市○○○町ニ借家シテ徒食中　昭和6年1月20日胃腸加答児ニテ死亡セシニ付　サキハ程ナク亡夫ノ甥ナル養蚕教師ナル大内直治ヲ頼リテ上京シテ本所区○○町ニ居住ノ由ニテ同町内ヲ隈ナク探セシモ遂ニ見当ラザリシニヨリ渋谷区○○町ノ無職鈴木方ノ手伝婦ニ住込ミセシガ昭和7年7月鈴木方ニテハ手伝婦ハ不用トナリテ解雇サレシニ付其後ハ市内各所ヲ転々手伝婦ニ雇ハレテ住込生活シ昭和11年8月20日現住所和田方ニ間借リシテ附近居住者方ヘ手伝婦トシテ雇ハレ居リシモ3年前ヨリ心臓疾患ノ上ニ昨年ヨリ視力薄弱トナリ本年ニ入リテハ殆ンド失職シ生活困難ニヨリ保護出願ヲナセリ

生立及経歴	1　両親ノ氏名　　父　大内久郎　　母　同マサ 　　　死亡年齢　　父　65歳　　母　75歳　　死因　父母共ニ老衰 　　　職業　　　　父母養蚕業 　　　続柄　　　　長女 2　幼少年期 　　　3人兄弟ニテ普通生活ヲナセリ 　　　兄寅次郎ハ小学校教員ナサレシモ当人57歳ニテ死亡シ兄為助ハ当人25歳ニテ病没ス 3　17歳ニテ同郡○○町ノ小学校教員外山熊吉ニ嫁シテ其ノ実家ナル郡書記外山吉太（熊吉　母センノ弟）方ニ同居シ居リシガ22歳ノ時夫ニ伴ハレテ其ノ奉職先ナリシ○○小学校内ニ住込ミ生活セシモ28歳ノ時夫ハ同郡○○村立○○小学校ノ代用教員エ転任セシカバ共ニ同校ニ住込ミ32歳ノ折更ニ同郡○○村立○○小学校ニ転勤シ33歳ノ時　北海道目梨郡○○村○○○○小学校へ夫ガ赴任セシニヨリ同校ニ夫ト同棲シ36歳ノ折根室郡○○○小学校ニ転任シ48歳ノ時ノ折更ニ標津郡○○村○○小学校ニ赴任シ夫ト共ニ同校ニ住込普通生活ヲナセリ 4　縁事関係 　　　17歳ニテ外山熊吉ニ嫁セシモ57歳ノ時夫ハ病死セシニ付以後独身生活ヲナセリ亡夫トノ間ニ子女等ナシ
保護依頼者	東京市江戸川区○○○方面事務所
その他	東京市江戸川区○○×丁目×××番地　和田徳藏方

保護経過

15.4.23　入園シ常盤寮ニ入ル　直チニ一病ヘ入院

15.6.8　一病ヨリ千歳寮ヘ退院

15.6.18　千歳寮ヨリ東館上ヘ転ズ

15.12.16　従弟大内直治氏ニ重症通知ス「日本橋区○町桜井産婦人科病院　食堂係」

（入園者身分概要）

続　　柄	戸主勇太ノ従妹
性　　別	女
氏　　名 生年月日　年齢	富山サキ 明治8年12月31日　　当66歳
本　籍　地	岩手県上閉伊郡○○町×地割××番地
入園前住所	東京市江戸川区○○×丁目×××番地
家族親族等ノ現況	外山勇太（当38歳）ハ裁判所書記ナルモ目下音信不通ナリ 甥（亡兄　寅次郎ノ子）大内直治（当50歳）養蚕教師ナルモ居所不明 甥（亡弟）大内三作（当37, 8歳）ハ丸善ニ勤務シ居リシガ全々消息ナシ
経　　歴	養蚕業大内久郎ノ長女ニ生ル　3人兄弟ナルモ兄2人ハ既ニ死亡 17歳　小学校教員外山熊吉ニ嫁シ夫ニ伴ハレ岩手県並北海道ヲ転々小学校ニ住込ミ長キ生活ヲナス　昭和2年2月夫ハ老齢ノタメ解雇セラレ　函館市ニ在ル夫ノ兄方ニ厄介トナルモ2ヵ月ニシテ借家ニ徒食中昭和6年1月夫病死　サキハ夫ノ甥ナル大内直治ヲ頼リ上京シタルモ其ノ所在判明セズ　已ムナク手伝婦トナリテ各所ニ住込ミ生活ヲナス　昭和11年8月和田方ニ手伝婦ニ雇ハレ居リシモ3年前ヨリ心臓疾患ノ上視力薄弱トナリ殆ンド失職状態トナリ困窮ス

宗　　　教	日蓮宗
教　　　育	ナシ
健 康 状 態	3年前ヨリ心臓病トナレ共軽症ナリ昭和14年3月ヨリ視力弱レドモ自用ハ達ス
労 務 能 力	（記載なし）
個　　　性	（記載なし）
性　　　格	良
習　　　癖	（記載なし）
趣　　　味	ナシ
嗜　　　好	ナシ

保護経過	
15. 4.23	入園し常盤寮に入る　　診察の結果寮入らず　第一病入院と決定
5.20	入院後も格別に苦痛等訴もなく小貧血のため顔色優れぬも気分にわ変なき様子なり
6. 8	軽快退院せり　千歳寮へ転入　服薬中　　医局から呼出し診察があった
6.18	下痢患者続出ベッド不足のため少し快癒の方　虚弱寮へ転寮のため東上に転寮される事となる
10.11	風邪の気味にて廣瀬先生の御診察を受ける 軽き病状にて心配の事なくお薬を頂く
10.21	温和に見ゆれども頑固のところも有りて時折り口論をなす事も有る いろいろの口実のもとに買物に出たがりて困る　　お薬は引き続き千歳より転寮して後も頂く
11.25	気分晴れぬ様なれば御診察を受く　結果虚弱寮転寮となる
15.11.28	東館上より葵寮に転寮される
11.29	昨日転入された氏には具合わるいとの事にて就床される
12. 3	体も大変弱ってきたから御診察して頂いて一病希望を申出られる
12. 5	この大変衰弱されて持病の喘息にて苦しまれ検温するも普通であるが食事も進まづあまり苦しまれるので御診察お願ひ致すとその結果一病入院となる
12.19	入院時より元気なく食欲不振なり 朝よりプルス微弱　呼吸促迫40なり　午後1時カンフル1皮下注 午後2時5分死亡せり

入園時ノ所持金品	所持金　5円5銭也　　内保管金　3円也
	所持品　人絹綿入　1　浴衣　3　襦袢　1　夏腰巻　2
	敷布　1　袷銘仙　2　羽織　3　肌衣　3　ネル　2
	木綿　2　帯半巾　2　単　1　風呂敷　4　夏蒲団　1
	計28

No.1476　岩崎クメ　（女）

入園日	昭和 14 年 6 月 8 日
退園日	昭和 15 年 12 月 22 日　（死亡）

（要救護者調書）

出　　生	慶応 2 年 3 月 20 日　当 74 歳
出　生　地	栃木県芳賀郡○○村大字△△××番地
本　籍　地	栃木県那須郡○○村大字△△××番地
震災当時ノ住所	東京市浅草区○町×丁目番地不詳
現　住　所	東京市浅草区○○○町×番地　宇多まさ方
戸主又ハ続柄	戸主
宗　　教	禅宗
家族ノ状況　並ニ扶養親族関係	扶養親族関係者ナシ
身心ノ状態不具廃疾ノ程度　及疾病ノ有無	青壮年時代ノ主ナル疾患　ナシ 現在ノ疾病　4 年前ヨリ喘息疾病シ冬季ハ困リ居レリトノコト
震災当時ノ職業及現在ノ作業　収入	無職　月収ナシ
教育程度 趣　　味 嗜　　好	無教育 映画 ナシ
震災後ニ於ケル生活ノ経路　並ニ現況	震災当時ノ被害状況程度等　全焼 （老年期）罹災直後夫末三郎ニ伴ハレテ上野山内ニ避難セシガ 5 日間ニテ荒川区○○町ノ夫ノ知人ナリシ大工某方ヲ頼リテ厄介トナリシモ居住 3 日ニシテ罹災地ニバラックヲ建テテ夫ト共ニ移転シ夫ハ木炭商ヲナシテ普通生活セシガ昭和 7 年 11 月 26 日夫末三郎ハ老衰ニテ死亡セシニ付クメハ附近居住者方へ手伝婦ニ雇ハレテ生活シ昭和 9 年 10 月同区○○町×丁目ノ烏賊寿司方ニ間借シテ同家ノ手伝等ヲナシテ生活セシモ昭和 14 年 1 月 16 日現住所へ間借移転シ町内ノ手伝婦ニ雇ハレ居リシガ老令ニテ勤マリ難ク 2 月ヨリ廃業シ家財ノ売喰ニテ辛ジテ生活シ居レリ

生立及経歴	1．両親ノ氏名　父　瀬山久次郎　母　同トミ 　　　　職業　父母　農 　　　　死亡年齢　父母　不明 　　　　死因　父母　不明 　　　　続柄　長女 2．幼少年期 父ハクメノ出生前ニ病死シ母ハクメノ1,2歳ノ頃死亡セシニ付祖母くみニ養育セラレ兄矢之助ト家族3名ハ辛ジテ生活シクメハ7歳ヨリ同村ノ農家小宮方ニ子守ニ住込ミ13歳ヨリ同村ノ農村山方ヘ前借5円ニテ住込奉公セリ兄矢之助ハ家督ヲ相続シテ農業ニ従事シ居リシモ日清戦争ニ出征シテ戦死ヲナセリ 3．青壮年期 クメハ15歳ニテ帰宅シ農業ヲナシ居リシガ16歳ノ折祖母ハ再ビ前借シテ他ニ住込奉公セシメントセシニ付長野市ニ行キテ奉公スル目的ニテ家出シ山中ニ3日間野宿シ他人ノ同情ニ縋リテ（乞食）行ク中栃木縣那須郡○○村ニ居住スル同郷人ヲ訪問セシ処同人ノ媒酌ニテ同村ノ農岩崎末三郎ニ嫁セシガ祖母くみガ不承知ニヨリ止ムヲ得ズくみト縁切金トシテ金30円ヲ渡シテ末三郎ト同棲シテ普通生活セシモ夫ハ商人ヲ希望セシニ付31歳ノ時夫ニ伴ハレテ上京シ浅草区○町×丁目ニ借家シテ夫ハ木炭商クメハ手伝婦ヲナシ乍ラ普通生活シ55歳頃ヨリクメモ手伝婦ヲ廃業シ夫ノ木炭商ノ利益ノミニテ普通生活ヲナスニ至レリ 4．縁事関係 16歳ニシテ岩崎末三郎ニ嫁セシガ67歳ノ時夫ハ病死セリ　夫トノ間ニ実子ナク夫ハ庶子吉亮現存シ居ルトノ事ナレ共未ダニ面識モナク全々音信不通ナリ 5．特ニ貧窮ノ事由ニ認ムベキ事項　老衰
保護依頼者	東京市浅草区○○○方面事務所
その他	救護法関係　賞罰　其他　ナシ
保護経過	

14.6.8　入園シ常盤寮ニ入ル

14.12.26　常盤寮ヨリ東館上ヘ転ズ

15.8.7　東館上ヨリ四病ヘ入院

15.8.21　四病ヨリ二病ヘ転ズ

15.10.24　牛込区○○町済生会牛込病院北内科病棟第1号室ニ入院ス

15.12.23　岩崎寛吉氏従弟ニ死亡通知葉書ニテ

15.12.23　岩崎クメ22日午前0時15分死亡セシニヨリ原書記済生會牛込病院ニ出張　死体引キ取リタル後落合火葬場ニテ火葬ニシ遺骨ヲ持チ帰ル

（入園者身分概要）

続　柄	戸主
性　別	女
氏　名 生年月日　年齢	岩崎クメ 慶応2年3月20日　当74歳
本　籍　地	栃木県那須郡○○村大字△△××番地

入園前住所	東京市浅草区○○○町×番地　宇多まさ方
家族親族等ノ現況	扶養親族関係者ナシ
経　　歴	出生前ニ父ヲ12歳ニテ母ヲ亡ヒ祖母ノ養育ヲ受ケ13歳頃ヨリ住込奉公ヲナス　16歳ノ時家出シ他人ノ同情ニ縋リ行ク中同郷人ノ世話ニテ栃木県○○村居住ノ農岩崎末三郎ニ嫁シ祖母ト絶縁ス　31歳ノ折夫ト共ニ上京シ手伝婦ヲ為シツツ木炭商ノ夫ヲ助ケ55歳頃ヨリ夫ノミノ収益ニテ普通生活ヲナス中震災ニ遭ヒ全焼ス　震災後モ夫ハ木炭商ヲナシテ普通生活ヲ続クル中昭和7年11月末三郎死亡セシニ付再ビ手伝婦トナリテ転々シ居タレドモ老齢ノタメ已ムナク廃業シ困窮ノ結果保護ヲ出願ス
宗　　教 教　　育 健康状態 労務能力 個　　性 性　　格 習　　癖 趣　　味 嗜　　好	禅宗 ナシ 4年前ヨリ喘息発病シ冬季ハ困ル様子ナリ （記載なし） 稍ニ強情 （記載なし） （記載なし） 映画 ナシ
保護経過 14.6.8	入園シ常盤寮ニ入ル 　附添者浅草区○○○方面事務所員　李順吉氏 後のないさっぱりした性格質で自分の言葉が標準語でないのをしきりと気にするが左程に不便を感じない　事務所で寮母の事を「お母さんぢゃ」と教へられたとて母ちゃんーと言ってはやれお紙がない□一緒に御飯だのとつひ実行させて終ふしかもそれはまじめである　郷里からの梅干も大事そうにおいしそうに持って来て寮母にすすめ自分もしゃぶっている　明日よりお風呂番おけい古する由　正直そうに感ぜられ周囲から朗らかなお婆さんだと愛される感あり　働かう働かうと言ふ　毛は切らぬ由
入園時ノ所持金品	所持金　3円78銭也　内3円保管金 所持品　帯　1　　単衣　1　　半天　1　　袴　1　　ふろしき　4 　　　　腰巻　4　　座ぶとん　1　　前掛　3　　夏襦袢　5 　　　　行李　1　　腰ふとん　2

保證人
　　現住所　東京市杉並区上高井戸3丁目848番地
　　職業　財団法人浴風會常務理事　福原誠三郎

起案年月日　昭和15年8月29日

肺結核患者送院ノ件
　　在園者　岩崎クメ　慶應2年3月20日生
　　右者今般肺結核ナルコト判明致候処本園ニ於テハ完全ナル隔離療養ノ途無之候ニ
　　ツキ結核療養所へ入所方左案ノ通リ杉並区長ヲ経テ東京府知事ニ対シ願出可然哉

案一　年月日　常務理事名
　　杉並区長宛
　　　結核療養所入院願ノ件
　　　　東京市杉並区上高井戸3丁目848番地　財団法人浴風会浴風園入園者
　　　　　岩崎クメ　当75歳
　　右ノ者肺結核ノ為東京府知事ニ宛結核療養所へ入院方別紙ノ通リ願出候処本人ハ
　　無資産且ツ自活能力ナキ為本會浴風園ニ収容保護中ノ者ニ有之候條可然御取計
　　被下度此段及御依頼候也
　　追而右者ハ昭和14年6月8日本會浴風園ニ収容致候モノニシテ単身戸主ノ他ニ親族
　　等無之キモノニ候條申添候

案二
　　生活状態調
　　　本人入園前ニ於ケル生活状態左記ノ通リニ有之候
　　　　　記
木炭商ナリシ夫岩崎末三郎ト共ニ浅草○○町×丁目ニ居住シ辛ジテ生活中昭和7年11月26
日夫末三郎ハ老衰ニテ死亡セシニ付其後クメハ附近居住者方へ手伝婦ニ雇ハレテ漸ク生活
セシガ昭和9年10月浅草区○○町×丁目ノ烏賊寿司方ノ手伝婦ニ雇ハレテ住込生活セシモ
昭和14年1月16日老齢ノタメ解雇セラレシニ付同区○○○町×番地宇多まさ方ニ一間借移
転シテ町内居住者ノ同情ニテ手伝婦等ニ雇ハレ居リシガ翌2月以後ハ老衰且ツ4年前ヨリ
ノ喘息ニテ手伝婦モ勤マリ難ク廃業シ親族知人等ナキ身ノ他ニ頼ル辺ナク所持品ノ売喰ヲ
ナシ居リシモ遂ニ無一物トナリテ糊口ニ窮シ昭和14年6月8日本園ニ入園シ引続キ保護中
ナリ

15年10月26日発送　　　常務理事　福原
岩崎クメ入院ニツキ契約書提出ノ件
　今般岩崎クメ恩賜財団済生會牛込病院ニ入院候ニ付テハ同院
　ニ対シ願人並保證人トシテ誓約書提出ノ必要有之候條
　右案ニ依リ提出相成可然哉
（案）
誓約書
　　本籍　　栃木県那須郡〇〇村大字△△××番地
　　住所　　東京市杉並区上高井戸3丁目848番地
　　職業　ナシ　男女別　女　戸主又ハ戸主ト續柄　戸主
　　患者氏名　岩崎クメ　慶應2年3月20日生
　右今般貴院へ収容被差許候ニ付テハ御規則堅ク相守リ本人
　身上ニ係ル事件ハ保證人ニ付テ一切引受可申随テ退院ヲ
　命セラルルカ若クハ死亡致候場合ニ於テモ御指導ニ従ヒ直ニ
　引取可申ハ勿論手術ニ依リ万一生命ニ関スル事故出来候ト
　モ聊カ故障申間敷候尚保證人転居ノ節ハ直ニ御届可致又
　旅行若クハ死亡致候場合ニ於テハ速ニ代人相立テ御認可相
　受ケ可申候
　昭和15年10月25日
願人
　現住所　東京市杉並区上高井戸3丁目848番地
　患者トノ續柄　財団法人浴風會常務理事
　　職業　同　福原誠三郎

No.1477　藤沢次吉　（男）

入園日	昭和10年2月18日
退園日	昭和15年12月23日　（死亡　慢性気管支炎）

（要救護者調書）

出　　　生	安政3年6月17日　当80歳
出　生　地	群馬県群馬郡○○○村大字△△村番外
本　籍　地	群馬県群馬郡○○○村大字△△村番外
震災当時ノ住所	東京府北多摩郡○○町字△△×××番地　中島兵助方
現　住　所	東京府北多摩郡○○町字△△×××番地　中島兵助方
戸主又ハ続柄	戸主
宗　　　教	真言宗
家族ノ状況　並ニ扶養親族関係	1．妻　藤沢トモ（当76歳）ハ次吉ガ23歳ノ時娶リテ同棲セシガ次吉ノ37,38歳ノ折長女スヤヲ伴ヒテ家出行方不明トナリ居所判明セズ 1．直系卑属　長女　藤沢スヤ（当56歳）ハ43,4年前妻トモト共ニ家出シ全ク音信不通ナリシモ大正13年深川区○○町××番地木賃宿相模屋ニ止宿シ居ル由ヲ聞キシカバ早速スヤヲ頼リテ同家ニ同居セシガスヤノ内縁ノ夫ナル小揚人夫幸田重次ハ放蕩無頼ニシテ極貧生活ヲナシ且ツ次吉ヲ虐待シスヤモ又扶養意志ナク妻トモ（スヤノ母）ノ安否モ全ク語ラズ到底居住スルコト能ハズシテ僅カ10日間ニテ次吉ハ逃ゲテ現住所ヘ来宿セリ尚スヤハ重次トノ間ニ出産セシ私生子男栄次（当時11歳）同金次（当7歳）ノ2児ヲ抱ヘ其ノ日ノ食ニモ窮シ居レリ
身心ノ状態不具廃疾ノ程度　及疾病ノ有無	青壮年時代ノ主ナル疾患ナシ 現在ノ疾病　左手□腰ノ痛　言語不明瞭 　病状　昭和2年8月24日突然左手腰部ニ痛ミヲ生ジ同時ニ言語不明瞭トナリ□□□ 　　□□□然シ自分用ハ達シ得
震災当時ノ職業及現在ノ作業　収入	土工
教育程度 趣　　味 嗜　　好	1ヶ年寺小屋ニテ修学 （記載なし） （記載なし）
震災後ニ於ケル生活ノ経路　並ニ現況	1．震災当時ノ被害の状況　程度等　被害ナシ 1．震災後今日迄ノ家庭生活其他生活状況ノ変遷等　引続キ土工ニテ普通生活セシガ昭和2年8月24日突然左手及腰部ニ痛ミヲ生ジ且ツ口言不明瞭トナリシニ付止ムナク土工ヲ廃業シ飴行商ヲ開始シ普通生活セシモ昭和8年ヨリ収入激減シ生活困難ニ陥リ遂ニ同年4月末日ニテ廃業シ其後ハ他人ノ同情ニテ辛ジテ生活中昭和9年10月ヨリ全身老衰セシ上ニ腰痛モ加ハリシカバ以後ハ当木賃宿主中島兵助ノ厚意ニテ露命ヲ繋ギ居レ共到底永住シ難シ

生立及経歴	1．両親ノ氏名 本人トノ戸籍関係 職業 両親ノ死亡年齢 同上（両親の死亡）病気 藤沢十郎 母せん 長男 農業 父不明 父（ママ）72歳 父不明 母老衰 2．出生時 幼少年時代ノ住所 家庭状況 教育等 群馬県群馬郡○○○村大字△△村番外 2人家族（兄弟ナク父ハ次吉ノ2歳ノ折死去シ母ハ程ナク他家ニ再嫁セシニヨリ祖父(母ノ父)藤沢伊助ニ養育セラル)ニテ普通生活セリ 1ヶ年寺小屋ニテ修学 3．職業関係 住居 生活状況ノ変遷等 15歳ヨリ農業ニ従事セシガ祖父伊助ハ次吉ノ20歳ノ折77歳ニテ老衰ノタメ死亡セシカバ次吉ハ独身ニテ家業ヲ続ケ23歳ノ時妻トモヲ娶リシモ祖父時代ヨリノ借金ニテ生活困難トナリシニ付田畑ヲ売払ヒテ負債ヲ返済シ妻ヲ伴ヒ次吉ハ土工ニ転業シ東海道各地ニテ土工ヲシ乍ラ伊勢詣デヲナシ再ビ土工部屋ヲ渡リツツ約10ヶ年ニテ上京シ深川区○○町ノ木賃宿ニ止宿シ土工ヲ続ケテ普通生活セシガ 4,5年ノ後 妻トモハ長女スヤヲ伴ヒテ家出不明トナリシニヨリ独身ニテ土工ヲナシ木賃宿ニ宿泊セシモ 10ヶ年ニテ○○町△△△ノ木賃宿ニ転宿シテ土工ニ従事シテ普通生活セシガ 61歳ノ時府下武蔵境ノ浄水場工事開始サレシカバ現住所ナル桜屋コト中島兵助（木賃宿）方ニ止宿シテ同工事ノ土工トナリテ普通生活セシモ 9ヶ年ニテ工事ハ終了セシニ付其後ハ土工又ハ日雇人夫ヲナシ引続キ桜屋ニ宿泊シテ普通生活セリ 4．縁事関係 子女のノ有無 23歳ニテ妻トモヲ娶リシガ 37,8歳ノ時トモハ家出行方不明トナル トモトノ間ニ長女スヤ（当56歳）アレ共居所判明セズ 5．本人ノ性行 普通 6．特ニ貧窮ノ事由ト認ムベキ事項 イ　妻子ノ家出 ロ　本人ノ老衰
保護依頼者	東京府北多摩郡○○町役場
その他	賞罰　　罰　賭博現行犯ニテ74歳ノ時田無署ニ検挙サレテ2日間拘留処分ヲ受ケ79歳ノ折同様2日間留置セラレタリ 調査箇所　東京府北多摩郡○○町△△×××番地　木賃桜屋事中島兵助方 ○○役場ニテ戸籍謄本請求中ニ付近日中送付スルコトニ打合セ済ナリ

保護経過
10. 2.18　入園 清風寮ニ入ル

10. 4.15　昭和4年並ニ昭和9年3月ノ2回賭博現行犯ニテ田無署ニ検挙サレ28円ノ罰金刑
　　　　ニ処セラレシモ罰金不納ノタメ八王寺裁判所ニテ本月13日体刑処分ノ判決アリシ
　　　　カバ杉並警察署ヨリ呼出ヲ受ケシニ付梅田書記ハ別紙診断書ヲ所持シテ付添同署
　　　　ニ出頭シ司法主任逆瀬川警部ニ面会シ何分当人ハ80歳ノ高齢ニテ左半身付随ナル
　　　　上ニ老衰甚ダシク到底体刑ニ堪エ難キハ一見シテ明カナルニ付情状御斟酌アリテ
　　　　服役免除ノ御取計ヒ下被様依頼セシガ同警部ハ本人ニ対シ賭博前科4犯ナルコト
　　　　ヲ申シ聞カシ懇々訓戒シテ放免セラレタリ
　　　　　診断書　　動脈硬化症　左側半身不随　心臓機能不全

10.10.30　知人 古物商山本次春氏（府下○○町×××番地）以前同ジ親方ノ元ニ厄介ニナリ
　　　　シト申ス　手紙ニテシャツ ドテラ等買イテ持参ノ旨当人ヨリ申請サレシト申ス
　　　　シャツ ドテラ持参ス

10.11.11　上高井戸駐在所浅川巡査ハ次吉ノ賭博罰金ノ残金26円ノ納付命令書ヲ持参セラレ
　　　　テ本人ノ捺印ヲ求メラレシカバ本人ニ捺印セシム

10.11.10　上高井戸駐在所浅川巡査ハ本人ガ罰金不納ニ付残26日及引続40日ノ留置命令書
　　　　ヲ持参セラレテ市ヶ谷刑務所ヘ収容ノ止ムヲ得ザル旨ヲ申サレシニ依リ保護課長
　　　　ハ来ル12日東京区裁判所検事局ノ係検事松本重夫氏ヲ訪問シテ事情ヲ詳細陳述シ
　　　　テ留置免除ニ尽力セラルルコトトナレリ

11. 4.7　群馬県群馬郡△△在旧○○○村渡辺善次郎氏ヘ無心状

11. 7.3　去ル5月29日保護課長検事局ヘ岩波陽山ノ件ニ関シ出張ノ砌リ診断書ノ日付等古
　　　　クナリ過ギタ為改メテ上申書ヲ提出スルヨウトノ事ニテ本日添付ノ通リ発送ス

　　　　　　　　　　　　　労役場留置執行延期上申ノ件
　　　　　　　　去ル10日東京区裁判所検事局ヨリ杉並警察署ヲ経在園者藤沢次
　　　　　　　　吉ニ対シ入園前ノ賭博犯罰金26円不納ニ因ル66日間ノ労役場
　　　　　　　　留置命令ヲ通達セラレ候処昨2日保護課長当該検事局ヘ出張打
　　　　　　　　合セタル処留置執行延期方杉並警察署長宛上申致ス様トノ儀ニ
　　　　　　　　有之候間左案ノ通リ上申シ可然哉
　　　　　　　　尚今後ハ本件時効ニ至ル迄直接本会宛執行通知送付相成ルベク
　　　　　　　　其際ハ今回同様延期方上申スルヤウトノ儀ニ候
　　　　　　　　　　　　　　　　　案
　　　　　　　　　　　　　　　　上申書
　　　　　　　　東京市杉並区高井戸3-848　浴風園在園者
　　　　　　　　　　藤沢次吉　安政3年6月17日生　当80歳
　　　　　　　　今般右本会浴風園収容者ニ対御署ヲ経テ東京区裁判所検事局ヨ
　　　　　　　　リ労役場留置命令通達セラレ候処同人ハ本年2月18日本会ヘ収
　　　　　　　　容以来病気療養中ニテ今尚別紙診断書ノ通リ老衰及種々ノ疾病
　　　　　　　　ノ為到底労役ニ服シ難ク且全ク無資力ニテ扶養義務者モ無之本
　　　　　　　　会ニ収容以来ハ深ク改悛シ且老衰ト共ニ既往ノ如キ犯罪ノ懸念
　　　　　　　　モ無之終世本会ニテ保護可仕候條何卒留置執行延期相成様御取
　　　　　　　　計ラヒ被下度此段及上申候也
　　　　　　　　　年　月　日
　　　　　　　　　　　　　　　　　　　　　　常務名
　　　　　　　　杉並警察署長宛

11. 8.6　15,6歳ノ時母カラ「オ前ハ24日ト言フ日ニ死ヌ」ト言ハレタラシイコトヲ思ヒ出
　　　　シ時々ソレヲ気ニスル様ナノデ今日ハ事務ニ呼ビ慰メ旁々種々ノ談話ヲナス

12.2.18	至ッテ明ルイ気分ノ持主デアル日光浴室デヨク仲間ト一緒ニナッテハ面白イ事ヲ話シタリ 物マネ等シテハ笑ハセテキル トニ角愉快ナ老人デアル
15.6.20	葵寮ヨリ3病ヘ入院
15.7.11	3病ヨリ4病ヘ転ズ

(入園者身分概要)

続　　柄	戸主
性　　別	男
氏　　名 生年月日　年齢	藤沢次吉 安政3年6月17日　当80歳
本　籍　地	群馬県群馬郡○○○村大字△△村番外
入園前住所	東京府北多摩郡○○町字△△×××番地　中島兵助方
家族親族等ノ現況	37,8歳ノトキ妻トモハ長女スヤヲ伴ヒ行方不明トナリシモ大正13年深川区○○町ノ木賃宿ニスヤ止宿ノ由聞キシカバ頼リテ行キシモ内縁ノ夫ナル小揚人夫幸田重次ハ貧困ニテ且放蕩無頼ナレバ虐待シ扶養能力及扶養意志モナク僅10日ニシテ逃ゲ帰ル
経　　歴	2歳ノトキ父十郎死亡ス 母ハ程ナク他家ニ再嫁セシニヨリ祖父伊助ニ育テラル 農家ナリシ為15ヨリ農事ニ従事シ 20歳ノトキ祖父死亡シ 23歳ノ時妻トモヲ娶リ 祖父時代ヨリノ借金ノ為田畑ヲ売払ヒ負債ヲ返済シ妻ヲ伴ヒ東海道各地ヲ土工トナリ転々スル事10年ニシテ上京シ深川区○○町ノ木賃宿ニ止宿シ土工ヲ続ケ生活ナス　38歳ノトキ妻ハ長女スヤヲ伴ヒ行方不明トナル 其ノ後独身ニテ土工生活ヲ続ケ61歳ノトキ府下武蔵境ノ浄水場工事ニ従事スベク現住所ナル桜屋コト中島兵助方ニ止宿ス 9ヶ年ニテ浄水場工事終了セシニ付其ノ後ハ日雇人夫トナリ生活ス 震災ノ被害ナシ 日雇人夫ヲ続ケシモ昭和2年8月突然左手及腰部痛ミ言語不明瞭トナリ土工出来難ク飴行商ヲナシ辛ジテ生活ス 昭和8年ヨリ収入減ジ生計出来難ク現住所ノ中島兵助ノ厚意ニテ露命ヲ繋ギ居ルモ永住出来ズ保護ヲ申出ルニ至ル
宗　　教 教　　育 健康状態 労務能力 個　　性 性　　格 習　　癖 趣　　味 嗜　　好	真言宗 寺子屋ニテ1ヶ年修業 老衰 無カルベシ (記載なし) 強情 (記載なし) ナシ ナシ

保護経過	
10. 2.18	清風寮入ル
10. 5.16	清風より葵に転入
7.11	質朴で稍々強情面白性格　中風症にて言葉少々不能　何も彼も運命にまかせ日々朗らかに生活然し再度脳出血が心配
10. 9.19	何事も満足いたし往生する日を楽みに暮して居る原老人の世話を良くして呉れて居る森氏の親父の様な気がする
10.11.10	高井戸駐在所浅川巡査ハ本人ガ罰金不納ニ付キ残リ26日及引続キ40日ノ留置命令書ヲ持参セラレテ市谷刑務所ヘ収容ノ止ムヲ得ザル旨ヲ申サレシニ依リ保護課長ハ東京区裁判所検事局係検事松本重夫氏ヲ訪問シテ事情ヲ詳細陳述留置免除ニ尽力セラレ許可ニナル 右ニ対本人非常ニ感謝及感泣シテ居ル
11. 1.27	前記と同じく凡てに満足感謝の生活
11. 4.25	別段変化なし至極丈夫で和やかな生活
11. 6.7	チブス予防注射施行　益々健康　日々洗眼に通ふ
11. 7.3	今回三井報恩会より浴衣一反を頂く
11. 8.8	健康にて変なし 8月24日には死去すのだと　所持品売り居る由を聞き万一の不祥事あっては寮母と色々慰めさとし長谷場氏にも慰めて頂く能く解りましたと話した
11.10.28	別段健康に付て変なし　自分で8月24日死亡する件に付て話して笑ふて居る又他人にひやかされて大笑ひする事もある　氏も足不自由で遠足日室に暮した
11.12. 1	変なし　眼は別段悪しくは無けれど洗眼に行く事が日課であり最も楽みでとあるらしい　雨降は足許も危険故にお休を言ふと誠に機嫌よく無い　寮母のスリッパを何時も忘れずに揃へ呉れますので恐縮して居る
12. 2.11	変化なし　先づ元気然し段々老衰は増し視力薄弱の度も非常弱し洗眼に診察室へ行く　事一等楽にいたして雨風の時は力を落します寮内作業手伝いたします
12. 4.17	1銭の小使銭と気の毒な身上然し何等訴へもせず忍耐して居るので一増同情する
12. 5.24	恐れ多くも皇后陛下御行啓遊され老人一同へ御菓子料下賜光栄此の上もなし
12.10. 2	段々と老衰加はるも自用には不自由なく感謝の生活　9月26日協同会より小使銭として金20銭頂く大変園のご主意感謝した
12.12.28	三井報恩会より襦袢用ネル1枚頂く
13. 1. 9	非常に元気で新年をお迎申した 昨年12月28日お小遣20銭也頂く
13. 3.25	3月18日小使銭20銭交付された 非常に元気で寮内作業中
13. 6.30	咳の為眠れず　受診投薬して頂く　7月14日軽快中止

14. 4.20	左手の痛みと シビレの為受診投薬して頂く
14.11.17	毎日洗眼に通ふ
15. 1	無事にて８５歳の新年をお迎へする
15. 2	80歳以上のお年寄をお祝ひするため２月11日の紀元節の佳き日に寿賀式が行なはれたそのお目出度い式に参列致してそのお祝いの記念金として金□円頂戴する
15. 2.13	80歳以上のお年寄記念撮影に加はる
15. 3	ツベルクリンの注射なす
15. 5.30	腰痛を訴へ御診察お願い申て服薬始め超短波治療等受けて静養する
15. 6.20	去月30日より腰痛にて服薬をつづけていられたが近頃になって又足痛目まひ等を申し出られるので本日再び御診察お願ひすると大変むくみあり　早速３病へ入院となる
15. 7.10	入院時浮腫強き為直に　牛乳食となす　時々　プルスも不整になる　6月30日頃より浮腫もなくすっかり元気となる　気持ちも大分優しいやうに　見受らる
15. 7.11	都合に依り４病へ転室
15. 8 12	元気食慾もありて変なし
15.12.20	食慾元気なくなり牛乳を少量づつ飲用 常に座して居れどプルス健診なすも異常なし
15.12.23	変なき状態なりしが　床上に座して苦痛を訴へる意識甚だ明瞭なり　咽頭に苦痛を訴へる其れを取って居る間に急に痰がつかへ状態悪化し遂に午前10時に他界せり

入園時ノ所持金品	所持金　10円70銭ノ内保管９円 所持品　単衣　1　袷　1　綿入　1　半テン　1　同着　1 　　　　風呂敷　1　　モモヒキ　1

No.1478　戸田正　(男)

入園日	昭和13年6月20日
退園日	昭和15年12月24日　（退園　他養老院入院）

（要救護者調書）

出　　生	慶応元年3月3日　当74歳
出 生 地	栃木県足利市×××番地
本 籍 地	群馬県前橋市○町××番地
震災当時ノ住所	千葉県千葉市番地不詳　千葉刑務所内
現 住 所	東京市深川区○○×丁目××番地　岩屋旅館方
戸主又ハ続柄	戸主戸田与助伯父
宗　　教	日蓮宗
家族ノ状況　並扶養親族関係	次女　東京市京橋区○○町×丁目×番地×　綱川マサ　当47歳　マサハ独身ニテ待合豊村屋ヲ経営シ普通生活ヲナシ居レ共当人9歳ノ折正ハマサ及其ノ母なみト離縁セシタメ全々扶養ノ意志ナシ 妹　群馬県新田郡○○町△町井村梅太ノ妻トラハ右半身不随ニテ辛ジテ自分用ヲシ得ル状態ニ付引取扶養ハナシ難シ 弟　同○○町△町山本道造（当61歳）ハ前記井村梅太方ノ雇人トシテ通勤シ居リ8人家族ニテ貧困ナリ 妹　荒川区○○町×丁目××××番地　曽根方戸田カヤ（当61歳）ハ独身ニテ成田方ノ留守番ニ雇ハレ居レバ扶養資力ナシ 甥（現戸主ニテ亡弟菊太郎ノ長男）戸田与助（当32歳）ハ足利市ニテ人夫ヲナシ居リシガ目下所在不明ナリ 姪（亡弟菊太郎ノ子）くま（35歳）ハ前橋市ニテ妾ヲナシ居ル由　くまノ妹くり（28歳）ハ前橋市ノ芸妓屋中根屋ニテ芸妓ヲナシ居ル筈ナレ共音信不通
身心ノ状態不具廃疾ノ程度　及疾病ノ有無	青壮年時代ノ主ナル疾患　　ナシ 現在ノ疾病　昭和11年5月27日右半身不随トナリシモ約1ヶ月ニテ殆ンド全快セシガ引続右手足ノ指先痺レ居リ言語梢々不明　昭和11年10月ヨリ脱腸トナリ歩行ノ時抑ヘ居レ共自分用事ハナシ得 精神障害　　ナシ 性　情　　良
震災当時ノ職業及現在ノ作業収入	無職　　月収ナシ
教育程度 趣　味 嗜　好	尋常小学卒 釣 喫煙

震災後ニ於ケル生活ノ経路　並ニ現況	震災当時ノ被害ノ状況程度等　　被害ナシ （老年期）引続キ千葉刑務所ニ服役シ居リシガ大正13年3月16日7ヶ年ノ刑ヲ終了シテ出獄シ品川区○○○○町ノ日本運輸新聞社興信部ノ主任トナリテ同社ニ住込生活セシガ大正14年8月25日社長小林岳治ノ病死ニヨリ閉社トナリシカバ知人ナリシ神戸市○○町カフェー白洋軒佐野三郎方ニ同居シテ事件屋トナリテ生活シ大正15年11月大阪市ノ瀬田組ト澤田組トノ訴訟事件ノ依頼ヲ受ケテ同市北区○○町×番地ノ同業者杉山静司方ニ同居シ昭和2年5月事件終了ト共ニ同市○○○ノクレアサ商会（自動遊器商）ノ調査外交主任トナリシモ昭和5年11月辞職シテ再ビ事件屋トナリテ普通生活セシガ昭和8年7月5日胃癌ニテ大阪慈恵病院ニ入院　昭和9年8月1日手術ヲ受ケズシテ殆ンド全快セシニ付無断退院シテ易者ヲナシツツ上京ノ途中名古屋ニテ衣類所持品全部ヲ盗難ニ罹リシカバ易者モナシ難ク止ムヲ得ズ鉄道ノ乗越ヲ利用シテ東京駅ニ到着シ次女ナル京橋区○○町×丁目×番地ノ待合綱川マサ方ヲ頼リシモ1泊ヲモ許サザリシニ付妹トラノ嫁シ先ナル群馬県新田郡○○町字△町魚仲買魚井コト井村梅太方ヘ手伝旁々厄介トナリシガ右半身不随ナル正ノ妹トラハ夫梅太ニ気兼シ居ルヲ見ルニ忍ビザリシタメ15円ヲ妹ヨリ貰ヒテ昭和13年5月15日上京シ現住所ナル簡易旅館岩屋コト岡田みほ方ニ止宿シ居レ共無収入ノタメ宿泊料モ滞納シ日々ノ食事ニモ困リ居ルニヨリ保護出願ヲナセリ

生立及経歴	両親ノ氏名　　父　戸田五郎　　母　テイ 続柄　　　　長男 職業　　　　父　鋸鍛冶職 死亡年齢　　父　52歳　　母　61歳 死因　　　　父　胃潰瘍　　母　不明 幼少年期　8人家族（6人兄弟）ニテ普通生活シ 13歳ノ時桐生市×丁目ノ織物仲買店沼田嘉吉方ニ住込奉公ヲナス　弟 菊太郎ハ家督相続ヲナシ鍛冶屋ヲナシ居リシガ当人60歳ニテ死亡シ　妹トラ 弟山本道造 妹戸田カヤノ3名ハ現存シ末弟与吉ハ当人13歳ニテ病死セリ 青壮年期　17歳ニテ主家沼田嘉吉方ヲ暇取リテ帰宅シ程ナク足利市○○町ノ真言宗大日山番僧ニ住込ミシガ18歳ノ時機屋ノ1人娘羽田たまト共ニ家出上京ノ途中利根川ニテたまハ連戻サレシカバ単身上京シ日本橋区○○町×丁目ノ俳優候川作蔵方ノ雇人トナリシモ間モナク弟子ニ取リ立テラレ居ル中僅カ3ヶ月ニテ父ハ上京シテ無理ニ暇取リ横浜市○○町ノ伯母（父ノ妹）ナル易者辺見まさ方ニ預ケラレ同月同市○○○○町ノ山里七宝工場ノ職工ニ通勤セシガ3 4ヶ月ニテ帰国シ　足利郡○○村質商手島庄次方ノ店員トナリシモ19歳ニテ足利警察署ノ雇員トナリ未成年者ナルニモ拘ハラズ同年巡査ヲ拝命シ22歳ニテ同市○○町×番地無職綱川やまノ長女なみノ入夫トナリテ巡査ヲ勤続セシガ21歳ニテ辞職シテ妻なみヲ伴ヒテ帰宅（実家）シ糸買　機屋等ヲ営ミ22歳ノ時同町ニ温泉料理紅葉館ヲ開業シテ相当ノ生活ヲナセシガ放蕩ノタメ24歳ニテ破産セシカバ妻ヲ離縁シテ宇都宮市○○町小田運送店ノ主任トナリテ住込セシモ26歳ニテ辞職シ上京シテ日本橋区○○町×丁目×番地株式店久保田六助方ノ帳場ニ住込ミ程ナク同家ノ外交員トナリ27歳ノ時父ノ困窮ヲ救フタメニ300円ノ詐偽ヲナセシモ遂ニ不起訴トナリ同区○○町××番地ニ借家シテ先妻綱川なみ及長女ちかヲ引取リ同棲シテ事件屋ヲナシ28歳ニテ象潟署ノ巡査トナリ浅草区○○町ニ移転シ29歳ノ時同区○○町×丁目×番地ニ移リ30歳ノ折賭博ヲセシタメ免職トナリテ事件屋ヲナシ37歳ノ折川村義吉ノ依頼ニテ軍事公債ノ世襲財産ノ印ヲ抹消シテ500円ノ報酬ヲ受ケシガ同年官文変造罪ニヨリ3ヶ年ノ刑ヲ受ケ妻子ヲ離別シテ巣鴨刑務所ニ入リ40歳ニテ放免トナリ本所区○○町×丁目××番女髪結坂田かめノ入夫トナリテ紹介業ヲナシ52歳ノ時同×番地ノ鳥問屋仁平村主ノ依頼ニヨリ同人ノ支配人トナリテ7800円ノ手形裏書ノ偽造ト3000円ノペーパ詐偽ヲナシテ7ヶ年ノ刑ヲ言渡サレテ千葉刑務所ニ服役ス 縁事関係　20歳ニテ綱川なみノ入夫トナリシガ24歳ニテ離縁シ27歳ニテ再ビなみノ入夫トシテ同棲セシモ37歳ニテ離縁シ40歳ノ時坂田かめヲ内妻トセシガ52歳ニテ離縁セリ　先妻亡なみトノ間ニ女児2名出生セシモ長女ちかハ当人42歳ニテ死亡シ次女マサハ現存ス 特ニ貧窮ノ事由ト認ムベキ事項　　老衰
保護依頼者	東京市深川区○○方面館　　（入園紹介者　　○○○方面館）
その他	
保護経過 13.6.20	入園　清風寮ニ入ル　本会自動車ヲ以テ連レ来ル 脱腸癖ガアル以外ハ健康ト見受クモ何様青年時代カラコノ方歳気ニ委セテ奔放ナ経歴ヲ辿ッテ来テ居ルダケニ話ヲシテ居ルト当園デノ生活ニ危気ヲ感ジテ来ルガ一見シタダケデハ柔和ナ性格ト思ヘル　涙モロイ反面ヲモ持ッテ居ルガ本人自身頭ノ調子ガ此頃ハ変ダト自供シテ居ル点ナド考ヘ併セテ後来精神異情（ママ）ヲ来サナケレバヨイガト案ゼラルル 本人ノ子女ハ調書記載ノ外茨城県○○町ニ芸者ヲシテ居ル者（坂田かめノ腹）ト○○町ナル妹方へ出生直後幼女（ママ）トナシタルさき（当31歳）ノ2人アル由

13.8.10	去ル3日前○○町ナル井村さきヨリ5円送金アリ　コレニテ脱腸薬ヲ求メタシトテ外出ヲ願出デ特ニ許サレテ日帰リ外出ス　尚序ニ新富町ナル次女綱川マサ方ヘモ立寄ルト申居レリ
13.10.6	群馬県○○町ナル井村梅太方ヨリ鉄道便ニテ2梱ノ荷物ヲ届ケラル
14.2.12	京橋区○○町×ノ×ノ×　井村国氏方　3円送金アリ
14.3	前記井村市氏ヨリ2円送金アリ
14.4.26	京橋区○○○○×丁目××福岡富三氏来訪
15.1.18	体ダノ調子ガ悪イカラ入院サセテ貰ヒタイ若シ入院ガ出来ヌトスレバ東京市京橋区○○町×丁目×ノ×ニ居ル正子綱川マサヲ警察ノ□□□説諭シテ貫ッテ身柄引取方ヲ進行シテ貰ヒタイト申出ツ兎ニ角一応病院ノ診察ヲ受ケテカラ其ノ後ノ事ヲ考ヘヨウト申シ渡ス　元来本人ハ色々ト難題ヲ持出ス癖アリ
15.6.20	西館下ヨリ一病ヘ入院
15.6.29	一病ヨリ葵寮ヘ退院
15.7.3	葵寮ヨリ西館下ヘ転ズ
15.10.6	10月5日土曜日午後1時半頃歯科治療ノ為ノ杉崎医院ニ行クト称シ近外出ヲ為セルニ夕食時刻ニ至ルモ帰寮セズ依テ行先キト覚シキ所ニ照会セルル午後7時頃帰寮セリ行先キハ知人ヲ訪問小遣銭ヲ無心セシ趣ナリ依テ7日事務所ヘ召致シ厳重注意シ置キタリ
15.11.14	無断ニテ烏山方面ヘ外出シタ食事ニ至ルモ帰寮セズ烏山駐在所ヨリ電話ニテ目下留置保護中ノ旨通知アリ梅田書記引取ノ為メ同駐在所ニ出向ク外出先ニテ烏山瀬山家ノ垣根ヲ乗越ヘテ勝手元ヲ覗キ又其ノ隣家ノ垣根ヲ乗越ヘテ勝手元ヲ覗キ正門ヨリ出テムトスルトコロヲ巡査ニ誰何セラレ連行セラレタルモノナリ 15日事務所ノ呼出シ厳重ニ戒告ヲ与ヘ再ビカカル事アル場合ハ退園ヲ命ズベキコトヲ予告シ置キタリ
15.11.20	前回厳重ニ誨告シ置キタルニ係ラズ予テ差出シ置キタル「社会事業の裏面」ト曰フ見出シノ下ニ浴風園ニ干スル諸事ヲ記載シタル書面ハ園長宛ナルニ未ダ園長ニ届キ居ラサル向キヲ聞込ミタリトテ不謹慎ノ態度ヲ以テ返附方ヲ要求シタリ依テ種々其ノ不心得ヲ誨告スルト同時ニ前回警告ノ次第モアリ退園シタル方宜シカルベキコトヲ言ヒ聞カセタルニ自分ノ心得違ヒナリトノ陳弁セルニ依リ再ビ将来ヲ戒メ置キタリ
15.12.4	本人ノ処遇ノ必要上榎本嘱託戸田ノ二女綱川マサヲ京橋区○○町ニ訪ネタルニマサハ病気ノ為メ入院中ノコトトテ関係者福岡富三（京橋区○○○○×ノ××）ニ訪ネ種々打合セヲ為セリ12月6日福岡氏来園戸田ニ懇諭セリ
15.12.21	福岡富三氏来園金10円ヲ本人ノ小遣トシテ寮母ニ托セリ
15.12.24	退園シ東京養老院ニ入院ス
16.1.12	東京養老院ニテ肺炎デ死亡ス

（入園者身分概要）

続　　柄	戸主与助　伯父
性　　別	男
氏　　名 生年月日　年齢	戸田正 慶応元年3月3日　当74歳
本 籍 地	群馬県前橋市○町××番地
入園前住所	東京市深川区○○×丁目××番地　岩屋旅館内
家族親族等ノ現況	綱川マサ（2女）　京橋区○○町×丁目×番地× 井村トラ（妹）　群馬県○○町△町　井村梅太ノ妻 山本道造（弟）　同右方 戸田カヤ（妹）　荒川区○○町×ノ××××　曽根方
経　　歴	出生地栃木県足利市鍛冶職タリシ父五郎長男　六人兄弟ニテ普通生活 13歳ヨリ織物仲買店ニ住込奉公 17歳ノ時真言宗某寺ニ番僧トナリ 18歳ノ折機屋羽田方ノ娘たまト共ニ上京途中娘ハ連戻サレシカバ単身上京シ奉公生活中父上京シテ伯母方ニ預ケラレ某工場ニ通勤 2,3ヶ月ニシテ帰国シ某質店店員タリシモ 19歳ニテ巡査トナリ　綱川やまノ娘なみノ入夫トナリ巡査ヲ辞職シ料理店ヲ始メ相当生活セシモ 24歳ノ時破産離婚シ宇都宮市ノ某運送店ニ住込 26歳ノ時上京シ株式店ノ外交員トナリ　先妻及長女ヲ呼ビ寄セ 28歳ノ時再ビ巡査トナリシモ賭博シタルタメ免職トナリ事件屋ヲナス内官文変造罪ノタメ 3年ノ刑ヲ受ク 同時ニ妻等ヲ離婚 40歳ニテ放免サレシモ間モナク手形偽造詐欺ノタメ 7ヶ年服役 　震災ノ被害ナシ 7ヶ年服役後某興信新聞ノ主任トナリ生活中 社長死亡閉店後再ビ事件屋トナリ（勤務地神戸大阪）生活中胃癌ノタメニ入院シ全快退院後上京シ次女京橋区○○町ノ待合綱川マサ方ヲ訪ネシモ対手ニサレズ 止ムナク妹ノ嫁シ先群馬県○○町ノ魚仲商井村梅太方ニ手伝旁々厄介トナリシモ永住ニ偲ビズ昭和13年5月上京シ現住所ニ居住シ居レ共無収入ナレバ宿泊料モ滞納シ居レリ
宗　　教 教　　育 健康状態 労務能力 個　　性 性　　格 習　　癖 趣　　味 嗜　　好	日蓮宗 尋卒 右手足痺レ言語梢不明瞭　　脱腸アリ ナシ （記載なし） 良 （記載なし） 釣 喫煙
保護経過 13.6.20	入園　清風寮ニ入ル　本会自動車ヲ以テ連レ来レリ 脱腸癖ガアル以外ニハ健康ト認ム　青年時代カラ今日迄歳気ニ任セテ奔放ナ経歴ヲ踏ンデ来テ居ルダケニ話ヲシテ居ルト当園デノ生活ニ危気ヲ感ジテ来ルガ一見シタトコロデハ柔和ナ性格ニ思ヘル　涙モロイ反面モアルガコレガコノ人本性ト言フヨリモ現在ノ悲境ニ対シメランコリーニナッテ居ル為ダト思ハレル　加フルニ此頃ハ頭ノ調子ガ悪イナドト自供シテ居ル点ヲモ併セテ後来精神異情ヲ来サナケレバヨイガト案ゼラレル
13.7.11	群馬県○○町井村さきより小包にて浴衣 5,6枚送り来る
13.7.26	解剖遺言書済 一時は落着くかと不安を感じた事もあったが此頃は落着いて何事にも熱心である　非常に感激性に富んでゐる点極端にはしり易いところ多しと思はれる

13. 8.10	遠外出 8月3日群馬県○○町正子なる井村さきヨリ5円封入送金在り脱腸帯購入の為外出○○町なる綱川マサの許へ立ちより幾らか小遣貰い来れる様子有り
13.10. 6	群馬県○○町弟井村梅太より鉄道便にて2個届く 石油箱に書籍やら細いものと衣類数点有り 入園の折より多き荷物にて不必要なものは売却した方がよろしいと申せば売る位なら人にあげますなど自分のものとなれば手ばなし難い素振りで処分せずそのまま保存す
13.10.10	荒川区○○町×ノ××××曽根方 戸田カヤの許に外出 入園の相談ではないかと思いしに余りに様子の浮薄なのに不満にて帰寮 日帰り
13.10.20	特別外出願出有り 課長様の許へ書類を提出 本人面談 色々お話をきかされ一日考慮の事に
同	早速考へ直して一端取下げにしてその機を伺うと 非常に感激性に富み極端に走り易い点 之を静かに止めることが必要である人
13.12. 1	2時間の近外出の約束にて出たまま帰寮為さず
13.12. 2	午後4時頃帰寮（4枚の着物を質入れして7円借り思ふ様にならなかった） 園の生活に不足を抱き新聞広告を調べ年令を問はずの職業欄に目をつけかけ歩いて疲労の為足も動ず知り合いの家に泊り込み一晩苦しみ通し翌日娘の処に立ち寄りたるもこれ又重症にて面会出来ざりしに凡て自分の考への悪かった事を悟りて帰へりたりと　顔色も悪く　早速就床
13.12. 3	病床出来ざりしも長谷場先生の許にお詫びの挨拶に行く
13.12. 6	診察を受け服薬をはじむ
13.12. 8	再び受診
13.12.12	医長様御診察有りたり
14. 1.22	塚原先生の御診察受け 退院の御下命あり
14. 1.25	小遣銭が無いとか着物を入質して2円位は出来たらしい 春日寮に転室名目にて 手伝ひたる事となる
14. 1.30	煙草代が入るといふうて働く希望を□持ててか大分元気にはり込んで居る　春日転室
14. 2.10	京橋区○○町ノ伝令ナル今田国氏より今日3円送金あり 翌日荻窪迄買物に外出
14. 2.17	本人は腸加答児とか言つて就床するも痔か脱腸の為と思れる 春日の仕事もおもしろくなくあきたかと思れる□□□よい事はよろしいけれど過ぎさった事や自分に何等かかわらない事は心を労せず日常生活に感謝の意で暮す事が園の暮しですと話して上げるとよく理解される
15. 2. 3	戸田氏 何かと体が悪るいとか虚弱寮へ行きたいと申出られ又いやになりました病室へ入れて下さい そうでなければ退園します等一々寮母困らせばかりいってゐる 塚原先生医長様に御診察願いて必要がないと申されるのでいよいよ退園だといふ
15. 2. 5	高井戸にあるラヂウム温泉に無断で入浴しに行かれる 課長様橋本先生　希望をきかれ又いろいろ注意をうける

15. 2. 7	娘綱川マサ氏の許へ退園の相談にゆく
2. 8	帰寮してすっかり現在の社会の生活状態を見聞して 退園の心は思ひ止りましたと謝意する
15. 4. 5	この頃は別だん変った様子も見受られんが娘からの送金をすぐ使ってしまふ 今日も寮母さん50銭拝借したいと申してこられる 絶対 金銭の貸し付しません あなたはどうしてお小使を早やなくしましたか10日たたない間に5円をつかってしまっていけませんねと申せば苦笑してゐる今後は絶対出来ぬが何に必要かと尋ねれば質入の利子といわれるのでよく注意あたへて今後を約束して50銭貸して上げると寮内作業賃分配の折かへしてよこした
15. 4. 7	寮内作業賃50銭分配する
15. 6. 5	断食療法をすると申されて4日より断食されたので今日は体も弱って便所へ通ふも危ふいので老体の無分別を説いて粥を食べさす 食事をつづける事になった
15. 6. 7	医長様の御診察を受ける 今は病は気とて命にかかわるものはないと細々と御診察下されてよく安心するようにお話下された
15. 6.20	下痢昨夜より3回 検温36度1分にて水用の便あり 一病へ入院さして貰ふ
15. 6.29	下痢経過良好にて葵寮に退院 電報を知人福岡氏の許と娘綱川マサ氏方へ2通打電したが 帰ったので尋ねると福岡方に金5円也借りて帰ったそうである とにかく他の心配することなど平気であるが これで無断外出しませんしここで死なして貰ふ何仕事でもしますといってゐられたがいつまでこの心がつづくやらあやしいものである
15.10.15	便箋を携って寮母室へこられて娘に手紙書いて下さい迎に来るように病気であっても病室へ入院出来ないからここには居られませんから自働車で迎に来るようにと書いて下さいと申出られるので寮母は娘さんは大病の由そこへそんな手紙はほんとうにどう思ふて出しますか先日無断外出してから10日しかたたないのにあの時の謝意をもう忘れられたかと少し強く注意すると頸をかしげて恐れ入りましたと退室さる
15.11. 3	又々自宅療法を許可されるかそれとも病室へ入院させられるかにしてほしいと願出られる あえて入院する程度の病体でなし困った人だとは思ふがいつもの退屈病気 居室の老人との和合されないひがみ心の申出でと知られるのでよく話してきかせる
15.12.23	事務所へさまざまの思ひを書き提出してゐたがだんだん我儘がつのりて園長様室へ直接願いをしたしたりしてゐたところ本人の希望もあって退園することになり滝川の養老院へ送り届けられた
入園時ノ所持金品	入園時ノ所持金品其他 所持金　1円11銭也 所持品　羽織 1　袷 1　綿入半てん 1　夏シャツ 4 　　　　冬シャツ 2　半ズボン 3　兵古帯 1　単衣 4 　　　　コーリ 1　カバン 1　風呂敷 5

```
        改名通称御届
                    清風寮内    本名    戸田正
                            改称    戸田正一
```
　右改称ノ理由ハ姓名学上極悪ノ名命ニテ此ママ放置シ居レバ近ク惨死ノ悲惨事ニ至ル事ヲ察知致候ニ就テハ通称ヲ改メテ以テ本災厄ヲ免ルルノ他方途無之因テ詮考ノ結果前記ノ如ク改称シテ一日百回以上ノ改名ヲ記述シテ災除招福ノ修法仕度候ニ付此段御届申上候也
　　　　　　　　　昭和13年7月4日　　戸田正一
　　浴風会御中

　　　　　　救護法被救護者戸田正ニ関スル救護廃止ノ件
　予而退園ヲ希望致居候救護法被救護者戸田正ハ今般滝野川区中里町160番地東京養老院ヘ収容替ト決定シ明25日引渡シ予定ニ有之候條引渡終了ノ上ハ23日付ヲ以テ救護廃止並退園ノコトトナサレ可然哉
　追而御決裁ノ上ハ左案ニ依リ深川区長宛救護廃止方報告致度候
　　　　　　　　　　　　　　　　案
　年　月　日
　　　　　　　　　　　　　所在地
　　　　　　　　　　　　　常務理事名
　東京市深川区長宛

　　　　　　救護法ニ依ル収容被救護者ニ干スル件報告
　昭和13年6月13日付深救社発第240号ニ依リ御送致ノ被救護者戸田正ニ係ル標記ノ件左記ノ通リ廃止ヲ要スベキ状況ニ有之候
　　　　　　　　　　　　　記
担任方面　　　　　　深川区○○方面館
被救護者居住地　　　深川区○○×丁目××番地　岩屋旅館方
氏名生年月日　　　　戸田正　慶応元年3月3日
送致年月日　　　　　昭和13年6月20日
報告事項　　　　　　廃止
廃止ヲ要スベキ年月日　昭和15年12月25日
廃止ヲ要スル事項　　東京養老院ヘ収容替
救護種類　　　　　　生活扶助
　　　（発送ハ深川区○○方面館経由ノコト）

No.1479　渡辺さき　（女）

入園日	昭和4年4月13日
退園日	昭和15年12月25日　（死亡）

（要救護者調書）

出　　生	安政2年11月29日　当75歳
出 生 地	東京市浅草区△△（以下不詳）
本 籍 地	東京市浅草区○○町×丁目×××番地
震災当時ノ住所	本籍地ニ同ジ
現 住 所	東京市浅草区○○町××番地　山村礼助方
戸主又ハ続柄	戸主渡辺平太郎叔母
宗　　教	禅宗
家族ノ状況　並ニ扶養親族関係	1　夫無　直系尊属無　甥（戸籍上義理ノ甥ニ当リ居レ共実ハ実子ニシテさきノ私生子ナリ）東京府下板橋町東京市養育院　渡辺平太郎55歳　無職　扶養能力ナシ 1　従兄　浅草区○町　斉藤牛次郎　80歳　ほ組頭（鳶） 　　従兄　浅草区○○　某久五郎　70歳　船宿業ノ2人アリシモ震災後生死不明 1　知人　雇主等無
身心ノ状態不具廃疾ノ程度　及疾病ノ有無	青壮年時代ハ健　現在健但シ耳遠シ（4,5年前ヨリ大声ニテ談話充分）頭痛眩暈（昭和3年4月頃ヨリ時々アルモ軽症）　性情　温厚
震災当時ノ職業及現在ノ作業　収入	遊藝師匠 無職
教育程度 趣　味 嗜　好	5ヵ年寺小屋ニテ修学 清元 煙草
震災後ニ於ケル生活ノ経路　並ニ現況	1　全焼 1　浅草公園ニ1週間　本郷区○○○○町××番地菩提寺徳源院ニ半ヶ月　茨城縣○○町△△×××番地無職　栗原作吉（作吉ノ妾ナル浅草区○○町×丁目某サエニ清元ヲ教授セシコトアリシ縁故）方ニ半ヶ年浅草本願寺バラックニ収容セラレ　大正14年3月末深川区古石場要救助者収容所ニ転々　昭和2年3月末同所撤退ニヨリ東京市養育院ニ平太郎ト共ニ入院15,6日ニテ退院シ○○町木賃宿ニ止宿シテ所々ニ手伝婦トナリ同年5月1日現所転ニ宿シ平太郎ハ日雇人夫手伝夫ニ雇ハレ自分ハ手伝婦ヲナセシモ昨年11月ヨリ病弱ノ平太郎ハ仙気ノタメ就職不能自分モ老衰ノタメ働ク能ハズ生活困難トナリ平太郎ハ本日窮民トシテ東京市養育院ニ入ス

生立及経歴	1　渡辺加之助　ふみノ三女　遊藝師匠　父ハ60歳ニテ胃病ノタメ死亡當時32歳　母ハ70歳ノ時老衰ニテ死亡　當時42歳 2　浅草区△△ニテ出生シ幼少年時代出生地ニ住シ相當生活ヲナス　8, 9歳ノ頃寺子屋ニ入リ12, 3歳ノ折退学 3　12, 3歳頃ヨリ父ニ就キテ清元ヲ修得シ21歳ノ時日本橋区○○×丁目ニ一家移転シ遊藝師匠ヲ業トス　2, 3年ニテ○○○○町×丁目××番地ニ転居　45ノ折○○○○町××番地ニ移転　46歳ノ折1子平太郎ハ浅草区○○町仕立業浪速屋ヨリ7年々期終了シテ帰宅セシニヨリ仕立物兼裁縫教授ヲ平太郎ハ開始シ自分ハ引続キ遊藝師匠ヲナス　13ヶ年ニテ本籍地ニ移転 4　20歳ノ時久田幸兵衛ト内縁ヲ結ビ1子平太郎ヲ挙ケシモ30歳ノ折夫幸兵衛病死以後独身平太郎當55歳　無職　東京市養育院入院中 5　善良 　　賞罰　ナシ
保護依頼者	浅草区長　杉梅之治
その他	備考　一. 調査箇所　浅草区○○町××番地

保護経過

10. 4.21　板橋区○○町5　ハ5　渡辺平太郎（長男）面会ノ為メ来訪ス
　　　　　同人目下養育院ノ雇就職中ニテ日給30銭

10.10.20　前記渡辺平太郎来訪

10.11.14　息子より通知有　資本を貸す人あれど断りてつましくやつて居る由又は御婆さんの為嫁も貸りずに居る由

　4.18　○○町××　山村礼助外2名　面会ニ見エ本人ノ喜ビ非常

11. 5. 3　前記渡辺平太郎来訪

　.6.30　齢のせいにや万事におつくうがりたいぎにする癖あり
　　　　　元気づくかと思って箸包装を試みさせてもみた　又わざわざ三味線をも借りてやらせると大の好物らしくすつかり元気づいて廊下を歩くにも跳び廻るかの様に歩行をするのであった（弥生寮日誌より）

11.10.17　板橋養育院ナル渡辺平太郎来訪

12.11.21　息平太郎来訪両人大喜ビナリ　小遣1円ヲ置ク

12.12.25　息渡辺平太郎氏ニ死亡通知ス　葉書ニテ

（入園者身分概要）

続　柄	戸主平太郎ノ叔母
性　別	女
氏　名 生年月日　年齢	渡辺さき 安政2年11月29日　75歳
本　籍　地	東京市浅草区○○町×丁目×××番地
入園前住所	浅草区○○町××番地山村礼助方

家族親族等ノ現況	父ハ60歳（本人32歳）母ハ70歳（本人42歳）ニ死亡ス 戸主平太郎ハアレ共目下養育院入院中 従兄弟アリシモ震災ヨリ生死不明 他ニ扶養者ナシ
経　　歴	両親ハ遊藝ノ師匠ヲナシ浅草ニテ相当ニ生活ヲナシ　8歳ヨリ寺子屋ニ入リ12歳ニ退学ス　12,3歳頃ヨリ父ニツキ清元ヲ習得シ21歳ノトキ日本橋区○○×丁目ニ一家移転シ遊藝師匠ヲナス　2,3年ニシテ○○○○町×丁目ニ転シ45歳下谷○○○町ニ転ズ　平太郎ハ戸籍上甥ニ記載シアルモ事実ハ実子ニシテ本人46歳ノ折仕立業ノ7年々期ヲ終了シテ帰宅シ仕立物裁縫ヲ開始シ本人ハ引続キ遊藝ノ師匠ヲナス　20歳ノトキ久田幸兵衛ト内縁ヲ結ビ平太郎ヲ挙グ30歳ノトキ夫病死ス　爾来独身　58歳ノトキ○○町ニ転ズ 震災後ハ本郷徳源院　茨城縣○○栗原作吉ノ妾（知人）方　浅草本願寺バラック　深川東京市古石場バラック等ニ転々シ昭和2年3月平太郎ト共ニ養育院ニ入院シ15,6日ニシテ本人ダケ退院ス　後木賃宿ニ入リ手伝婦トナリ生活ス
宗　　教 教　　育 健康状態 労務能力 個　　性 性　　格 習　　癖 趣　　味 嗜　　好	禅宗 （記載なし） 4,5年前ヨリ耳遠シ　頭痛眩暈時々アリ （記載なし） （記載なし） 温厚 （記載なし） （記載なし） （記載なし）
保護経過　（記載なし）	
入園時ノ所持金品	（記載なし）

No.1480　根津千太　（男）

入園日	昭和13年4月11日
退園日	昭和15年12月26日　（死亡　肺炎）

（要救護者調書）

出　　生	安政5年10月10日　当81歳
出　生　地	東京市日本橋区〇〇町×丁目番地ナシ
本　籍　地	横浜市中区〇〇町×丁目××番地
震災当時ノ住所	東京市下谷区〇〇〇××番地　神山すみ方
現　住　所	東京市小石川区〇〇×丁目××番地　松井和夫方
戸主又ハ続柄	戸主
宗　　教	真宗
家族ノ状況　並扶養親族関係	継子（亡内妻神山しずノ前夫ノ子）神山すみ　当51歳　すみハ千太ガ養育セシコトナリ震災前後〇〇〇ニテ芸妓屋ヲナシ居リシモ其ノ後他ニ移転シ居所不明トナレリ 同（すみノ妹）現住所松井和夫方野田よし　当49歳　よしハ鉱山ブローカナル野村又造ノ内妻ニシテ昭和5年9月16日同棲以来生活困難ナリシタメ賃仕事ヲナシ夫ノ先妻ノ子ニテ他ニ嫁シ居ル7人ノ娘ヨリノ仕送ヲ受ケ辛ジテ生活シ居リシモ本年2月以来よしハ眼病ニテ賃仕事モナシ難ク生活苦ノタメ無職ノ夫ハソノ娘ニ引取ラルルコトシよしハ離婚シテ女中奉公ニ住込ムコトニ内定シ居レリ（又造ハ元印刷局　済生会　赤十字病院其他ノ食堂ヲ経営シ居リシガ其ノ娘さきノ嫁シ先ナル川村雅夫ニ譲リテ鉱山ブローカトナリシ者ニテ以後ハ殆ンド収入ナシ）　尚亡姉ふみノ子女2名アリシ筈ナレ共氏名住所等不明ナリ
身心ノ状態不具廃疾ノ程度　及疾病ノ有無	青壮年時代ノ主ナル疾患　　ナシ 現在ノ疾病　5,6年前ヨリ腰痛アリ　3年前ヨリ聴力弱リタレ共自分用等ハ充分ニ達シ得 精神障礙　　ナシ 性　情　　良
震災当時ノ職業及現在ノ作業　収入	無職　　月収ナシ
教育程度 趣　　味 嗜　　好	2ヶ年寺小屋ニテ修学 ナシ 3月中旬迄ハ酒一合位宛呑ミシモ禁酒ス

震災後ニ於ケル生活ノ経路 並ニ現況	震災当時ノ被害ノ状況程度等　被害ナシ （老年期）引続キ亡内妻しずノ先夫ノ娘ナル芸妓屋福正家コト神山すみ（内縁ノ夫久田正助）方ニ厄介トナリ居リシモすみハしずノ死亡後ハ千太ノ扶養ノ意志ナク邪魔使カヒトナスニ至リケレバ大正15年12月11日○○△△××番地波多野承五郎（元三井銀行頭取）方ニ月給20円ニテ雑役ニ住込ミ生活中昭和5年9月主人ハ72歳ニテ病死セラレシカバ嗣子三井物産社員波多野元武ハ雑役不要ナレ共行ク先ナキヲ同情シテ月給15円ニ減額シ引続キ雇ハレ居リシガ昭和10年ヨリ更ニ10円ニ減額サレ昭和12年10月2日手当金45円ヲ支給サレテ解雇サレシニ付前記すみノ妹ナル現住所野田よしヲ頼リテ厄介トナリ居レ共よしノ夫野村又造ハ鉱山ブローカナルモ無収ニテよしハ賃仕事ニ従事セシガ本年2月ヨリ眼病ニテ廃業シ又造ノ先妻ノ子ニテ既ニ他家ヘ嫁シ居ル娘ヨリ僅カ宛ノ仕送リヲ受ケテ方面委員ヨリ救助米ヲ支給セラレテ其日ヲ送リ居ルニ付儘永住シ難ク保護出願セリ 尚よしハ離縁シテ住込女中トナルコトハ千太ニハ話シ居ラザル由ナリ
生立及経歴	1. 両親ノ氏名　父　根津滝蔵　母　キヌ 　　続柄　　　2男 　　職業　　　父　鹿島屋蝋燭店ノ番頭兼差配 　　死亡年齢　父　不明　母　60歳 　　死因　　　父　コレラ　母　中風 2. 幼少年期　4人家族（戸籍上ハ2男トナリ居レ共実際ハ長男ニシテ姉ふみトノ2人兄弟ナリ）ナリシガ2歳ニテ父ニ死別シ母ハ父ニ変リテ差配ヲナシテ普通生活シ12歳ノ時芝区○○×丁目ノ山村蝋燭店ニ住込ミ奉公セリ　姉ふみハ当人25歳ノ時○○×丁目炭ヤ島村儀助ニ嫁シ普通生活セシガ当人60歳ニテ死亡セリ 3. 青壮年期　21歳ノ時山村屋ヲ暇取リテ日本橋区○○○ニ借家シテ鍼力細工（カンテラ）ノ露店及床店商人トナリシガ25歳ヨリ洋燈ノ芯ノ製造販売ヲ兼セシモ　30歳ノ折生活難ニテ本郷区○○町ノ煙草屋ニ住込ミ奉公セシガ35歳ノ時日本橋区○○町×丁目ニ借家シテ蕎麦屋ヲ開業シテ普通生活シ40歳ノ折当時8歳よしヲ連子セル神山しず内縁ノ妻トシテ同棲セシモ66歳ノ時生活難ニ陥リケレバ廃業シテ妻しずノ先夫ノ子（よしノ姉）ナル下谷区○○○町××番地芸妓屋福正屋コト神山すみ方ニ厄介トナリシモ2ヶ月ニテ妻しずハ脳溢血ニテ死亡シ其後6ヶ月ニテ関東震災ニ遭遇セリ 4. 縁事関係　40歳ノ時神山しずヲ内妻トシテ同棲セシモ66歳ノ時妻死亡セシニ付其後独身生活ヲナス　妻トノ間ニ子供ナク妻しずノ連子よしハ同居シよしノ姉すみハ居所不明ナリ 5. 特ニ貧窮ノ事由ト認ムベキ事項　野田よしノ生活難及本人ノ老衰
保護依頼者	東京市小石川区○○方面事務所
その他	調査個所　東京市小石川区○○×丁目××番地　松井和夫方

保護経過

13. 4.11　入園　清風寮ニ入ル　付添ヒ来ル者ナシ　81歳ノ高齢者トハ見エズ60歳台ト言ッテモ通ル位ノ顔付デアルガ若干腰曲リニテ腰痛アリ　ソレサヘナクバ何デモスル気ハアリマスト言ッテ居ル　性質モ永年爺ヤヲシテ居タダケニ物柔カナトコロガアル　継子野田すず方ニハ未ダ預ケアル品物モアリ先方カラハ結構見舞ニモ来テクレル筈ナリト　喫煙セズ酒ハモト大分ヤッタラシイガ禁酒シテ居ルトノコト

13. 4.2　野田すず来訪　自分ガ健康デアレバ御世話ヲスルノデスガ病弱デ今日御伺ヒスルノニモ付添ヒガナケレバ出ラレナイ様ナ訳デスナド言ヒ当人ノ落着キヲ見テ安心シテ帰ル

13.5.3	豊島区○○○○×ノ××× 神田栄蔵（知人ト称ス）来訪 事務ヲ通ラズ而モ土産トシテ缶詰ナド置キテ帰リシ由
13.8.3	小石川区○○町×丁目××番地養女野田すず 浅草区○○○町××番地半田三郎（知人）来訪
13.9.19	清風ヨリ西館下へ転寮
14.7.16	○○×ノ×× 野田すず 半田かず子来訪（1病）
14.7.16	養女野田すず来訪 小石川区○○町×ノ××
14.7.2	第1病室ヨリ静和寮へ退院ス
14.12.23	小石川区○○×丁目××番地 養女ノ婿 野村又造氏来訪
15.9.9	静和寮ヨリ4病へ入院
15.12.26	野村又造氏ニ死亡通知ス
16.1.11	養女野田すずヨリ遺骨引取願提出手続ヲナス

（入園者身分概要）

続　柄	戸主
性　別	男
氏　名 生年月日　年齢	根津千太 安政5年10月10日　当81歳
本　籍　地	横浜市中区○○町×丁目××番地
入園前住所	東京市小石川区○○×丁目××番地　松井和夫方
家族親族等ノ現況	神山すみ（継子）　震災前後○○○ニテ芸妓屋ヲナシ居リシモ其ノ後転居シ居所不明 野田よし（すみノ妹）現住所　ソノ夫野村又造ハブローカーナレドモ収入ナシ
経　歴	○○○ノ某蝋燭屋番頭タリシ父滝蔵ノ2男　姉ふみトノ4人家族　12歳ノ折其ノ某蝋燭店ニ住込ミシモ21歳ノ折同店ヲ暇取リカンテラノ露店商トナリ25歳ノトキ洋燈ノ芯製造販売業モ兼ネ 30歳ノトキ生活難ノタメ煙草屋へ住込奉公 35歳ノ折蕎麦屋ヲ開業シテ普通生活シ 40歳ノトキ連子（よし）アル神山しずト内縁関係ヲ結ビタルモ 66歳ノトキ生活難ノタメ廃業シテ妻ノ先夫ノ子ナル芸妓屋神山すみ方ニ厄介トナリ居リシ処妻しず脳溢血ニテ死去ス 　震災ノ被害ナシ　妻ノ死亡後ハ神山方ニテ居住シ難ク　○○ノ波多野某方ノ雑役夫ニ雇ハレ　主人死亡後モ引続キ同家ノ雑役夫タリシモ昭和12年5月解雇サレシニツキ前記すみノ妹ナル現住所野田よしヲ頼リ厄介トナリ居レ共　よしノ夫ハ無収ニテよしガ賃仕事ニテ生活シ居ル居宅扶助金ヲ受ケ居ル有様ニツキ永住シ難ク保護方申請

宗　　　教	真宗
教　　　育	2ヶ年寺小屋修学
健 康 状 態	聴力幾分弱リタル外健康
労 務 能 力	有
個　　　性	（記載なし）
性　　　格	良
習　　　癖	（記載なし）
趣　　　味	ナシ
嗜　　　好	（酒）

保護経過

14.7.8 　熱はなし　気分には変りなけれど足が立たず困る　強情で勝気のために足が立たないのに少しは立てますと立ってゐるが1病に入院さして頂く事となった

14.7.13　金32銭お盆の小遣として戴く　西下より

14.7.16　小石川区○○町野田よし（養女）来訪

14.7.20　看護婦に2円包みて出し娘が来ましたが　少しでお恥しいんですがと…よくよく注意して返したるに本朝小西売店から大きい箱一杯アンパンを求めて来て　また看護婦にと渡　事情を話して　やっと売店に引取って貰ふ　其の節売店の話では本人がお金を預けた様子　よく尋ねて見るに娘来訪の節貰ったらしい様子の金10円を売店に頼み　毛布　鎌　砥石を買ひたいと願った由　此等は私物として不用の旨を何方聞かせて　婦長殿をして売店より10円を受取り保管中　耳の不自由な為　自分勝手な事をして困る事の多し　且つ強性（ママ）でもあるらしい

14.8.1　チブス予防注射を受く　転寮後目洗ひに行く

14.8.8　第2回予防注射を受く

14.10.15　仕事をやり始めたら仲々やめ様としない　ご飯ですよと呼ばれても仲々立たうとせず転寮当時皆に迷惑をかけてゐたがやっと此の頃そんな事も少くなった
　　　　　良便所をまちがへて困ったがそれもなくなってすっかり静和に馴れ落ちついた様である
　　　　　寮内作業には仲々熱心で何をやらしても上手である
　　　　　時々病室からかみそりとぎをたのまれる

15.1.10　夜中便所を間違ひ台所に出てくる　段々ボケがはげしくなる様である　親戚見会に来　金2円おいて行く

　　6.10　共同金50銭分配す　大人しくすなほなので　盲目　聾同様の老衰であるが他の老人より受けがよい　親切にされる

15.7.6　此の2ヶ月以来老衰はげしく夜も他の老人の寝床と間違いては騒ぎとなって居ッたが防空演習の今夜も夜中間違ひ通し夜昼の区別なく便所を間違ひ寮一同夜殆んど寝られぬので

　　　9　本日4病に入院となる

　　8.1　入院後格別の変化なきも何となく元気なく衰弱し居る様に思わるる后世好で自分のためになる事とわかっていながらもあまり喜ばざる又希望もない　何事に対してもああしてこうしてくれと自分の意志を言わずされるがままになって居る
　　　　食事もたべれば割合いただけるのを自分で制限して好んで多く食べ様とせずやりにくき事多し

335

9.1	痛々し少しなりとも気分のもつ様 気分のまぎれる様傍に居て話しをしたり希みをたづねたりするもあまり其れを喜ばず先生が御診察して下さっても苦痛な所お問ひになってもはっきりした返事をせず返へって御診察できる事をいやがって居る様に見えるこうしたなげやりな気持をもたずもう少し明るい気持を持つ様に話しをする
10.1	少し不食（ママ）も減じ元気なくなるといって格別苦痛な所もなし
10.2	食事わ相当熱い物を好みにより特に火にかけて熱くして上げると割に喜んで食せり いままで折角のお薬を下っても服薬時にせよ服薬せずいつも服薬時分わ看護婦と口論（ママ）して結向やって服薬させる始末なり 其段一時服薬中止なりしが本日又水薬のお薬でたり 服薬せるかうたがわしき事なり
12.	衰弱加わって来たり 食事は無理に支へてやっと半ぜん位なり　　受診
12.10	胸部の苦悶を訴へて来たり 受診
12.24	食事食欲進まぬ タウトウト□□及強心剤注入御命あり 意識明瞭注射をいやがる事甚しい 四肢冷めたきにより保温す
12.26	プルス甚しく微弱 時卯浅表意識混濁の状態なりしが遂に午前11時55分に他界せり
入園時ノ所持金品	（記載なし）

No.1502　古田トヨ　（女）

入園日	昭和10年6月20日
退園日	昭和16年2月3日　（死亡　流行性感冒）

（要救護者調書）

出　　　生	慶応2年9月9日　当70歳
出　生　地	群馬県桐生市×丁目当時番地ナシ
本　籍　地	群馬県桐生市○○町××××番地
震災当時ノ住所	群馬県桐生市○○○○××××番地
現　住　所	東京市本所区○○町×丁目××番地　細田マス方
戸主又ハ続柄	戸主　古田智ノ嫡母
宗　　　教	禅宗
家族ノ状況　並扶養親族関係	1　卑属　継子（現戸主ニシテ亡夫賢三郎ノ庶子男）　古田智　当29歳　智ハ日雇人夫ナリシガ昭和9年7月15日家出行方不明トナル　当人ハ放蕩ニシテ扶養意志等ナキ者ナリシ由 2　永年　知人　東京市本所区○○町×丁目××番地　細田マス（当66歳）マスハ48年前トヨガ桐生市ニテ機織女工当時ノ同職ノ知人ニシテ上京後モ懇意ニナシ居レ共　マスハ長女キミ（当38歳）孫太（10歳）ノ三人家族ニテジャケツ内職ニテ辛ジテ生活シ居レリ
身心ノ状態不具廃疾ノ程度　及疾病ノ有無	青壮年時代ノ主ナル疾患（33歳頃ヨリ神経ニテ多少痛ミアレリ） 現在疾病（神経病　季節ノ変リ目ニ多少足ニ痛ミアレ共軽症ナリ） 精神障害（ナシ） 性情（稍々狡猾）
震災当時ノ職業及現在ノ作業　収入	無職　　月収　ナシ　　日収　ナシ
教育程度 趣　　味 嗜　　好	無教育 ナシ 喫煙
震災後ニ於ケル生活ノ経路　並ニ現況	1　震災当時ノ被害ノ状況　程度等　　被害ナシ 2　震災後今日迄ノ家庭生活　其他生活状況ノ変遷等 　機織器械製造業ノ夫賢三郎ノ収入ト第一銀行桐生支店ノ給仕ナリシ智ノ収入ニテ一家3名普通生活セシガ大正13年7月18日夫ハ脳溢血ニテ急死セシカバ其後ハ智ノ収入トトヨガ賃仕事ニ従事シテ普通生活セシモ昭和5年4,5月ヨリ智ハ放蕩ヲ初メ同12月解雇サレシカバ賃仕事ノミニテ辛ジテ生活セシガ昭和8年7月20日生活苦ノタメ智ヲ伴ヒテ上京シ浅草区○○町×丁目日雇人夫高田銀二郎方ニ同居シ　智ハ玉姫職業紹介所ニ雇ハレトヨハ賃仕事ニテ普通生活セシモ同9年3月智ハ放蕩ニテ解雇サレ日雇人夫トナリシガ同年7月15日家出行方不明トナリシカバ日本提署ニ捜索願出ヲナス一方心当ヲ探セシモ遂ニ見当ラザリシニ付同年10月中旬ヨリ各所ニ10日間計宛住込手伝婦ニ雇ハレテ転々セシガ老年ニテ動ヨリ難クナリシニ付昭和10年5月6日永年ノ知人ナル現住所細田方ヲ頼リテ厄介トナリ居レ共同家ハ家族3名ニテジャケツ内職ニテ辛ジテ生活シ居ルニヨリ是以上居住シ難シ

生立及経歴	1　両親ノ氏名　　父　古田重八　　母　カヨ 　　本人トノ戸籍関係　　2女 　　職業　　元　手先　後　手習師匠 　　両親ノ死亡年齢　　父　83歳　　母　77歳 　　同上疾病等　　父母共ニ老衰 2　出生時 　　幼少年時代ノ住所　　群馬県桐生市×丁目当時番地ナシ 　　家族状況　　4人家族（2人姉妹ナリシガ姉ハ当人3歳ニテ死亡セシ由ナレ共祖母ハ生存シ居レリ）ニテ普通生活ヲナス　15歳ノ時祖母ハ当人93歳ニテ老衰ノタメ死亡セリ 　　教育等　　無教育 3　職業関係　　住居　　生活状況ノ変遷等 　　　20歳ヨリ家事ニ従事セシモ23歳ニテ同町某機屋ノ女工ニ通勤シ27歳ノ時機織機械製造業斉藤賢三郎ヲ内縁入夫トナシ35歳ノ折本籍地ニ移転シ夫ノ収入ニテ普通生活ヲナス　34歳ニテ母ニ死別シ　37歳ノ時父モ亦病没セリ　47歳ノ折夫賢三郎ト情婦本村慶トノ間ニ出生セシ庶子男智（当時6歳）ヲ夫賢三郎ト共ニ入籍シテ養育シ56歳ノ時ヨリ智ハ第一銀行桐生支店ノ給仕ニ通勤シ夫ノ収入ト共ニ一家3名普通生活ヲナス 4　縁事関係　　子女ノ有無 　　　27歳ニテ賢三郎ヲ入夫トセシガ59歳ノ時夫死亡セシカバ以後独身生活ヲナス　亡夫トノ間ニ実子ナク継子智（当29歳）アレ共智ハ昨年7月家出シ居所判明セズ 5　本人ノ性行　　普通 6　特ニ貧窮ノ事由ト認ムベキ事項 　　イ　智ノ放蕩及ビ家出 　　ロ　本人ノ老衰
保護依頼者	東京市本所区○○方面事務所
その他	調査箇所　東京市本所区○○町×丁目××番地　細田マス方

保護経過

10.6.20　　入園　清風寮ニ入ル

10.10.13　　杉崎しづ　野田いく　和田たみ来訪

10.11.19　　常盤より3病入院

10.11.25　　3病より常盤へ退院

11.8.24　　ドコカラモ便リ1ツナク淋シク暮シテ居タガ今日ハ縁戚ニ当ル左記ノ者ヨリ来信アリ　自分ガ此処ニ居ルコトヲヨク知ツタコトデスネト言ツテ嬉シ泣キノ躰ナリ
　　　　　横浜市中区○町×ノ×　山村哲太
　　　　　（先夫ノ息ノ妻ノ兄ニ当タル由）

　.9.5　　長生寮　第3期世話係ニ指命

12.1.15　　長生寮　12年度第1期世話係ニ指命

　.1.15　　小石川区方面事務所ヨリ慰問金1円送付アリ

13.3.1　　東館上へ転寮

15.2.19　　東館上ヨリ長生寮へ転ズ

(入園者身分概要)

続　柄	戸主　智ノ嫡母
性　別	女
氏　名 生年月日　年齢	古田トヨ 慶応2年9月9日生　当70歳
本　籍　地	群馬県桐生市○○町××××番地
入園前住所	東京市本所区○○丁目××番地　細田マス方
家族親族等ノ現況	古田重八（亡）　某（亡）　斉藤賢三郎　子女ナシ　カヨ（亡） トヨ 　　27歳ノトヨ斉藤賢三郎ヲ入夫トス　59歳ノトヨ　賢三郎死亡ス戸籍上ノ庶子男智ハ賢三郎ノ情婦ノ子供ニシテ入籍セルモノナリ　智ハ昭和9年7月ヨリ行方不明ナリ　扶養意志ナキモノト認ム
経　歴	23歳ニテ　本籍地ニ於テ機屋ノ女工ニ通勤シ　27歳ノトヨ機織機械製造業斉藤賢三郎ヲ内縁ノ入夫トス　34歳ニテ母ニ死別シ　37歳ノ時父死亡　47歳ノトヨ賢三郎並ニ智ヲ入籍ス　普通ノ生計ヲ営ム　震災ノ被害ナシ 　大正13年夫賢三郎病死シ　其ノ後ハ智ノ銀行ノ給仕ヲシテ得ル収入ト賃仕事ニテ得ル収入ニテ辛ジテ生計ヲ立ツ　昭和8年7月生活難ノ為　智ヲ伴ヒ上京シ　智ハ日雇人夫　トヨハ賃仕事ヲナシ　間借生活ニテ辛ジテ生計ヲ立ツルモ　昭和9年7月行方不明（智）トナリシカバ　其ノ後ハ手伝婦トナリ転々スルモ老齢ニテ勤マラズ永年ノ知人ナル現住所ノ厄介ニナルモ　細田モ貧困ニテ扶養能力ナク保護ヲ申出ルニ至ル
宗　教 教　育 健康状態 労務能力 個　性 性　格 習　癖 趣　味 嗜　好	禅宗 無 老衰 若干アルベシ 稍々狡猾 （記載なし） （記載なし） ナシ 喫煙
保護経過 10.6.20　　清風寮ニ入ル 10.10.27　見かけは善良にあるがなかなか横着にて礼儀も作法もなく言葉は雑である　言ふ言葉に対してはハイハイと言つて折る（ママ）が蔭ではコキ扱はれるからたまらないと言ふ様に裏表がある　今の内に留意みッちり指導しないと処遇困難になる人と思う 10.11.19　3病室へ入院 10.11.25　入院後大いした苦痛なく軽快退院 11.5.8　　長生寮ニ転入ス 12.3.1　　東上ニ転ズ	

12.3.1		長生寮より転寮（世話係畑氏に乞はず由にて転ず）
12.25		少々頭が悪く思慮する事は不可能単純で　考へ事は出来ない　与へられた仕事は相当にやる 裁縫等自ら好んで仕上げる　依頼されればいつも嫌やな顔せずよくやる 食当番に従事従順である為　部屋の人達とは　折合よし　性格的に強よい（ママ） 堀世話係りには相当いぢめられ病気になりそうであったと長生寮時分を述懐す 短所　はきはきせず　気転きかず
13.4.7		藤井きわ氏に言はぬ事を言いふらされたとて立腹し　藤井氏に向って行ったので両者の争論から喧嘩となり仲裁す　ふだんは至極おとなしいのであるが　カツトなる性格であるらしい
	10.5	田町とみ氏と組合っての喧嘩をしたといふ事であった　3階にて綿入を□□□にして居所　田町氏が来たので　何か用かと言いし所　田町氏用がなければ来ては悪いかと言葉が次から次つづき　あげくの果に　組合ひとなった　日頃の温和に似ず腹を立て易い性格である
14.9.5		至極温順なれども時々かっとなる事あり　神経痛らしき軽き痛みを訴へる　老衰の為か　大変もの忘れをなす
15.1.26		神経痛起り足部不自由となる
15.2.10		時々粗暴の言葉をつかふ事あり素直の様なれども頑固のところあり
15.2.19		老衰の為　転寮となる（長生寮）
	.3.10	館寮より転入当時は寮に馴れないと言ふかぼけてゐると言ふのか笑顔一つ見せるでなくぶすつとした様子であったが寮には馴れたし　暖くもなったのでか大変に朗らかになって来られた
	.6.30	老耄して失禁勝で大便出ても一向解らず同僚たちに注意されてもしまつが出来ず只へらへらと笑って居るのみ
	.8.12	老耗が日増に加りて自他の区別がつかず自分の物も人に取られはしないかと言った疑心もあり又品物をしまい忘れなどして朝早くより1同の起き間より押入れに首を入れてゐたり1日中何回となく荷物を出したり入れたり繰返すのである
16.1.15		大小便の失禁甚しく　特に夜間の寝小便には困却する　大分頭も悪いらしいが感謝の心は少く　お世話になりつつ時々悪口を大声でいろいろ発する事あり
	1.29	朝両足が神経痛で歩ぬから就床させて欲しいと思され常になく食事も進ぬ為検温するに7度4分顔に悪重り（ママ）ある様子を認む　常々が大小便失禁の所に身体の具合悪しき為にすっかり失禁になり　お世話係も風邪でまた沢山の患者が出来□□□□一と先づ入院させて頂く
	2.1	入院当時より衰弱相当にしてどことなく元気なしプルス少し微弱なり受診
	2.2	発熱せり　11時頃より意識不明となる　強心剤注入す
	2.3	受診　強心剤注入遂に午後1時他界せる
入園時ノ所持金品	所持金	19円85銭ノ内　　保管　　17円也
	所持品	單衣　3　　浴衣　5　　羽織　1　　袷　2　　風呂敷　2 腰巻　5　　襦袢　3

No.1506　遠藤博太郎　（男）

入園日	昭和10年5月8日
退園日	昭和16年2月6日　（死亡　流行性感冒）

（要救護者調書）

出　　生	明治4年2月7日　当65歳
出 生 地	福島県若松市○○○町××番地
本 籍 地	東京市日本橋区○○○町××番地
震災当時ノ住所	同上
現 住 所	東京市下谷区○○○町××番地　永澤ビル内
戸主又ハ続柄	戸主
宗　　教	日蓮宗
家族ノ状況　並ニ扶養親族関係	姉　本木つた　当68歳　つたハ若松市○○町ニテ米商ヲナシ7人家族ニテ辛ジテ生活ヲナシ居レリ 妹　遠藤シズ　当55歳　シズハ若松市ノ某口入屋ノ内縁ノ妻トナリシコトアル由ナレ共永年音信不通ニテ居所其他判明セズ
身心ノ状態不具廃疾ノ程度　及疾病ノ有無	青壮年時代ノ疾病　ナシ 現在ノ疾病　6年前動脈硬化症ニテ左股ヲ手術シテ全快セシガ昨年11月13日物置ニテ転倒セシ際腰部ニ打撲傷ヲ負ヒタルモ3ヶ月ニテ快癒セシモ歩行又ハ腰掛ケシ折多少痛ミアリ 精神障碍　　ナシ 性情　　　　良
震災当時ノ職業及現在ノ作業　収入	震災当時　コップ卸及硝子瓶仲買　月収60円　　日収　3円 現在　　（同上）　　　　　　　同上　10円　　　50銭
教育程度 趣　味 嗜　好	小学校卒業 ナシ ナシ
震災後ニ於ケル生活ノ経路　並ニ現況	震災当時ノ被害ノ状況　　全焼 震災後ノ変遷　　上野山内ニ避難セシガ同年10月市設矢ノ倉バラックニ収容サレシカバ　コップ卸兼硝子瓶仲買ヲナシテ普通生活セシモ大正13年3月同バラック撤廃サレシニ付浅草区○○町澤田駄菓子商方ニ間借移転シ大正15年5月更ニ同区○○町×丁目ニ借家シテ　コップ卸及瓶ノ仲買商ヲ継続セシガ　昭和4年7月生活難ノタメ本郷区○○○○○町××番地　駄菓子商三崎正左衛門方ニ間借移住シ昭和9年7月25日現住所ニ移転シ電気笠及コップ卸商ヲナシ辛ジテ生活セシモ電気笠ハ破損シ易キニテ昭和10年5月ヨリコップ卸商ノミヲナシ月収10円ヲ得居レ共間代6円ヲ差引ケバ食費其他一切ニテ4円ニ付到底生活シ難ク保護出願ヲナセシモノナリ

生立及経歴	両親ノ氏名　　父　遠藤博助　　母　マキ　死亡年齢　父　85歳 　　　　　　　　母　75歳　父母共ニ　老衰 職業　　米屋 続柄　　長男 出生時　　福島県若松市○○○町××番地　　6人家族（4人兄弟）ニテ普通生活ス　小学卒業　姉つた当人22,3歳ノ時　若松市○○町米屋本木龍之助ノ嫁セシガ実子ナカリシタメ養子龍喜（当35,6歳）ヲナシ辛ジテ生活ス　妹トメハ当人10歳ニテ死亡シ　妹シズ若松市口入屋ニ嫁セシトノコトナレ共音信ナシ 職業関係　12歳ニテ米屋ヲ手伝ヒ居リシガ15歳ノ時家事一切ヲ母ニ委セテ博太郎ハ父ニ伴ハレテ双葉郡○○○町ニ借家別居シ魚及塩ノ行商ヲ父ト共ニナシテ普通生活セシモ21歳ノ時実家ニ帰リテ米商ニ従事シ　23歳ノ折上京シテ深川区○○町ノ芋屋ニ住込奉公セシガ25歳ノ時日本橋区○町野瀬米店ニ奉公シ28歳ノ折浅草区○○○○○ニ住込ミ4,5ヶ月ニテ5,6ヶ所ノ妓楼ヲ転々住込ミシモ　29歳ニテ日本橋区○○町ノ待合沢村方ニ雑役ニ住込ミシガ35歳ノ時暇取リ本所区○○町××番地人力車夫方ニ間借リシテ浅草区○○×丁目豆腐屋尾川吉三郎ト共ニ俳優ノ下廻ニ転業シテ地方巡業ヲナシ38歳ニテ本所区○町×丁目ニ1戸ヲ借家シ辛ジテ生活セシモ　45歳ノ時日本橋区○○○町××番地　ニ借家移転シテコップノ卸商兼硝子瓶ノ仲買ヲナシテ普通生活ヲナス 縁事関係　　未ダ妻帯セシコトナク子女等ナシ 貧窮ノ事由　　疾病及老齢
保護依頼者	東京市下谷区○○方面事務所
その他	調査箇所　　東京市下谷区○○○町××番地　永澤ビル内 当人ハ実地調査ノ節　貸金50円ヲ取立テ、後入園スルコト切望シ居リシニ付方面事務所ニ其旨ヲ伝ヘテ当人ヨリ方面事務所ヘ一切処理済ノ上ハ通知スルコトニ決定シ置キシガ7月29日全部解決セシニヨリ入園御取計ラレタシトノ電話アリ

保護経過

10.8.5　　入園　清風寮ニ入ル

10.12.8　　（寮舎日誌ヨリ）　食事時間以外ハ寮内ニ殆ド姿見セズ　アチコチ歩キ廻リ　方々ニテオシャベリヲシテ来ル模様ナリ　病的ニスラ見受ケラル（蓋シ本人前半世ノ経歴ニ現ハレタル如クナ為ノ性行ハ　本人ノ生立経歴ニ基クモノナラズヤ）

10.12.8　　本人モト役者トカニテ団十郎ノ養子トカ申シ誇大妄想有　奥田先生ノ御診察ニテハ梅毒　脳軟化症　脳動脈硬化ニツキ検査ス

11.6.4　　清風ヨリ西館下ヘ転寮

11.10.12　　脳動脈硬化症ノ為　西下ヨリ一病室ヘ入院セシム

12.1.25　　脳動脈硬化症全治ニヨリ西下ニ退院ス

12.2.20　　遠藤ハ西下生活　健康上未ダシキモノアリ静和寮ニ転出セシム

12.10.27　　福島県安積郡○○村山すみ（従弟ノ妻）及同文蔵　上京ノ序ニ立寄リ慰問セラルイササカ遠縁ニ当ル由　土産ニ4円ヲ置キタル由

13.12.2　　知人川越輝氏（向島区○○町×丁目××番地）来訪

14.1.14　　第一病室ヘ入院

15.2.9　　救護変更受理（医療廃止）

15.3.7	一病ヨリ静和寮ヘ転ズ
15.4.19	静和寮ヨリ一病ヘ入院
15.7.11	一病ヨリ四病ヘ転ズ
15.8.7	四病ヨリ静和寮ヘ退院
16.2.6	前記川越氏ニ重症通知ス
16.4.8	埋葬費請求案発送

(入園者身分概要)

続　柄	戸主
性　別	男
氏　名 生年月日　年齢	遠藤博太郎 明治4年2月7日　当65歳
本　籍　地	東京市日本橋区〇〇〇町××番地
入園前住所	東京市下谷区〇〇〇町××番地　永澤ビル内
家族親族等ノ現況	父　遠藤博助　母　マキノ長男　　姉　本木つた　若松市〇〇町ニテ米商ヲナシ7人家族ニテ辛ジテ生計ヲ立ツ　　　妹　遠藤シズハ若松市ニ居住シ居ル筈ナルモ音信不通ナリ (本人) 妻帯セシコトナシ
経　歴	家業ハ米屋ニテ12歳ヨリ手伝ヒ　23歳ノ折上京シ芋屋　米店等ノ住込奉公セシモ　28歳ノ時浅草区吉原ノ妓楼ニ住込ミ　29歳ニテ日本橋ノ待合ノ雑役ニ住込ミシガ　35歳ノ時俳優ノ下廻リニ転業シテ地方巡業シ　45歳ノ時本籍地ニ移転シ　コップノ卸商兼硝子瓶ノ仲買ヲナシ生活ヲ立ツ　震災ニテ全焼　其ノ後コップ卸及瓶ノ仲買商ヲ継続セシガ其後暫時売行悪シク収入減ジ本年5月ヨリコップ卸商ニテ月収10円ヲ得テ到底生計立タズ　保護ヲ申出ルニ至ル
宗　教 教　育 健康状態 労務能力 個　性 性　格 習　癖 趣　味 嗜　好	日蓮宗 小学卒業 老衰 若干アリ (記載なし) 良 (記載なし) ナシ ナシ
保護経過 10.8.5　清風寮ニ入ル 10.8.26　より中風の気味にて服薬中 10.12.12　松澤病院の先生により受診を受く　大したる事なきも少しく病的と思はる点も有り　当医局の方にて調べし上にて診察の結果を申との事で有った 11.4.17　観桜会の余興仮装行列参加　相老の仲間にて	

11.5.30	氏の性質として少しく人よしの感有り所々にて日常品の押売を受けるかたむき有り　最近も岩崎藤吉氏より懐中時計を1円20銭にてゆづり受け其の折も各自の自由にて売買されし事に附ても注意を与へ置たり
11.6.4	清風より転入
11.10.12	性格は極く温順なれども日頃虚弱者の形なれどもこれ迄労務なき為めよく出歩きと角饒舌の事多し　10日夜便所にて倒れしより歩行の自由を失ひ引き続き思はしからぬ為　第一病へ入院と決定いたす
12.1.25	全治退院にて西下へ
12.2.20	退院直後の転入なれど当寮にての生活は可成り無理の様に見受けられ気の毒に思ひ居りし処　一旬程前より激しき腰痛から来る苦しみと不便さとを訴へ虚弱者寮への転出を願ひ出でしにより中澤先生の御診察を頂く　其の結果矢張り西下の生活は困難との御言葉にて静和寮へ転出と決定
12.2.20	西館下より転入東側第2室に入る
12.6.16	相変らず出歩き勝であるけれども寮内作業が始まると何かと手伝ひ出歩きも少なくなる様である
12.10.27	従弟の妻　山すみ氏及其の妹夫　山知宏氏等訪問せられた　其の折金4円をいただく
13.2.11	共同金中より□□小遣として金30銭頂く
13.4.17	作業中（箸）熱がある様なので計って見るに38度7分であるのに何とも無さそうに作業を続け様とするのでアスピリンを呑ませ就床させ6目23日に平熱となり元気が出て来た様である
13.9.27	除草の時自分が足が悪いのでしゃがむ事が出来ず草が取れないので　汚物缶を持って取った草の運び手となり幾回でも幾回でも行来して片付けているのが目につく　遠藤氏のあだ名を新聞屋と言ふ　それは方々の寮や病院を廻って歩いてニュースを聞いて来て話すからである　それで外歩きが好きで外出が多くて困る
13.11.8	チブス予防注射をしていただく
14.1.14	8日午前11時頃廊下にて倒れ足がきかなくなり歩行出来ず便器にて用を便じて居る　熱は無し座ることは出来るが立つことが出来ない為第一病へ入院となる
14.1.19	福島県会津若松市○○○温泉（姉）本木つた氏より金5円為替来る
14.2.6	□□□お見舞いとしてお菓子を戴く
14.6.6	朝外を散歩中倒れ体きかなくなる　熱昼6.9度　夜7.4度
14.6.7	食欲全くなく　朝6.8度　昼6.9度　夕7度
14.6.8	朝熱発7.4度　具合相変らずにて第一病へ入院する
14.7.17	金30銭也及お菓子をお見舞として静和寮より頂く　近頃めっきり歩行出来る様になれり
14.8.15	会津若松市○○○温泉本木つた氏より送金あり

15.3.5	静和寮へ軽快退院す
15.4.5	仮退院　寮にて静かなうちに出歩きたがり足と言葉が不自由（舌がもつれる）なので心配な事である
15.4.17	突然口が利けなくなり就床　御往診していただく　リンゴをすって食べさす
15.4.19	一病に入院す
15.7.11	四病室に転出す
15.7.30	下痢となり食事□普通□□□□
15.8.7	軽快退院也
15.8.12	下痢　熱 7.5 分
15.9.10	早見氏と横田氏から意地悪くからかはれるので東室へ移りたい　一病に帰りたいとまはらぬ口でしきりにうったえ夜の食事の時分庭に出たりして居るが早見氏が転寮してから元の静さにかへった
(日付不明)	普通は温和　作業も手伝ひまた時に庭のベンチに居る事が多い
16.1.29	今まで就床せし事あまりなかったが足が冷えるとて就床　食事をせず熱38度　足青黒く顔がむくみたる様にて大小便もかかへてさせる　婦長様に御診察を受ける
16.1.31	廣瀬先生御診察の結果一病に入院となる
16.2.6	遂に他界せらる
入園時ノ所持金品	所持金　54円29銭　ノ内　保管金53円 所持品　洋服上下外ズボン　3　バスケット　1　シャツ　1 　　　　風呂敷　1　　懐中時計　1個 (5月30日)

No.1510　中山久兵衛　（男）

入園日	昭和3年6月10日　（妹　ふみと同時入園）
退園日	昭和16年2月10日　（死亡　心臓機能不全）

（要救護者調書）

出　　生	文久3年9月2日生　当65歳
出　生　地	三重県桑名郡〇〇〇町××番屋敷
本　籍　地	日本橋区〇町×丁目×番地
震災当時ノ住所	東京市日本橋区〇町×丁目××番地　北村光三郎方
現　住　所	東京府豊多摩郡〇〇〇町同潤会住宅×××号
戸主又ハ続柄	戸主
宗　　教	門徒宗（浄土真宗）
家族ノ状況　並扶養親族関係	家族トシテハ両人ノ外ニ妹若（57才）アルモ目下滋賀県〇〇町ニ奉公中ニシテ又目下同居中ノ弟繁次郎ハ分家シタルモノナルモ矢張無一物ニシテ自活シ能ハズ且ツ又北村光三郎ニ嫁シタル妹いノハ震災後夫ニ死別シ目下新吉原ニ奉公中ニシテ共ニ生活困難ナリ 其ノ他ニ扶養親族関係者ナシ
身心ノ状態不具廃疾ノ程度　及疾病ノ有無	両人共身体壮健 身体ハ健康也　性質ハ従順ナルモ表裏アリ　仕事ハ出来ルガ不器用ナリ　同僚間ノ折合ヨロシ
震災当時ノ職業及現在ノ作業　収入	洋品ノ行商（震災当時）　夏帽子ノ行商（現在）
教育程度 趣　　味 嗜　　好	（記載なし） （記載なし） （記載なし）
震災後ニ於ケル生活ノ経路　並ニ現況	妹いノノ縁先ナル北村方ニ同居中罹災シ青山明治神宮外苑バラックニ居住シ居リシガ大正14年取払ノ為現住所ニ引移リ居住シ居ルモノニシテ帽子　靴下ノ下等品及駄菓子ノ行商ヲナシ生活シ来リタルモ思フ様ノ収入モナク現在ハ資金モ殆ドナクナリ月5円ノ家賃モ昨年9月頃ヨリ滞リ居ル有様ニシテ生活頗ル困難ノ模様ナリ当現在バラックハ震災後ノ応急ノ仮設建物ニシテ本年8月中ニ撤廃スルモノナリト
生立及経歴	兄久兵衛ハ中山久蔵ノ長男ニ生レ15才ノ年叔父ヲ頼リテ上京シ叔父方ニ奉公中17,8才ノ年弟繁次郎オモ呼ビ寄セ本人ガ20才弟ガ17,8才ノ年郷里ヲ引払ヒ家族全部ヲ上京セシメ叔父方ヲ辞シテ独立シテ萬古焼ノ卸売ヲ始メ其ノ後洋品店ヲ開キ一時ハ銀座ニ店舗2軒ヲ有シ居リシガ47,8才ノ頃失敗シテヨリ赤坂区〇町ニ引移リ小規模ノ洋品店ヲ経営シ居タルモ能ハズ日本橋区〇町北村方ニ同居シ居ル内罹災シタルモノナリ 　妹ふみハ15才ノ年父母ト共ニ上京シ其ノ後兄久兵衛ト同ジ　右両人ハ母ガ頑迷ナル為遂ニ今日迄妻帯又ハ他ニ嫁シタルコトナシト云フ
保護依頼者	（記載なし）
その他	弟中山繁次郎　妹中山ふみト3名同時入園ス

保護経過

11.3.11　流感ノタメ西上ヨリ春日ニ入院ス

11.3.13　本人ヨリノ病気通知ニ依リ妹北村いの来訪
　　　　　浅草区○○○×ノ××ノ×　小橋方

　 4.11　流感ノタメ春日寮ヘ入院中ノ所軽快退院

11.4.23　浅草区○○○×丁目××番地小橋せい方北村いの来訪

12.14　親ノ正月命日ナル由ニテ前記北村いの方ヲ訪ネソノ足デ○○ナル菩提寺ニ墓参ヲナシタ刻帰園ス　妹いのヨリ銘仙ノ袷羽織ナドヲ贈ラレ喜ビ帰ヘレリ

12.2.21　妹北村いのノ出迎ヲ受ケ妹中山ふみヲ伴ヒ○○ナル菩提寺ニ展墓ス

　 4.29　妹北村いの来訪

　 6.10　妹ノいのヲ訪ネ共々父祖ノ墓ニ詣デ尚亡弟繁次郎ノ墓参モ致度1泊ノ外出ヲ願出タレド妹いのニ連レラレテ行ッタ方ガヨイカラ一応照会シテ見ルヨウト言ヒ渡シ暫ク留保ス
　　　　　尚亡弟ノ子英一郎ハ日本橋区○○○町塩物問屋梅八ノ番頭ヲ勤メ居ル由

13.8.11　妹北村いの来訪　小遣2円ヲ置キタル由

（入園者身分概要）

続　　柄	戸主
性　　別	男
氏　　名 生年月日　年齢	中山久兵衛 （記載なし）
本 籍 地	日本橋区○町×丁目×番地
入園前住所	豊多摩郡○○○町○○○○○○×××
家族親族等ノ現況	妹　北村いの　神田区○○町　夫死亡後生活困難　扶養能ハズ 　　　同　若（57才）　奉公中 弟ハ分家シテ無一物　何レモ扶養能ハズ
経　　歴	15才ノ時叔父ヲ頼リテ上京奉公　本人20才ノ頃家族全部ヲ上京セシメ万古屋ヲ始メ後洋品店ヲ開業相当ヤッテ居リシガ本人47才ノ頃失敗ス　其後小規模ニ洋品店ヲ営ミシガ思ハシクユカズ　妹いのノ縁先ニ同居シテ居リシ中ニ罹災ス　其ノ後ハ稍々ト行商ヲナセシモ収入殆ンドナクシテ今日ニ及ベリ 　本人ハ母ガ頑迷ナル為今日迄妻帯セズ　妹ふみト共ニ入園
宗　　教 教　　育 健康状態 労務能力 個　　性 性　　格 習　　癖 趣　　味 嗜　　好	浄土真宗 （記載なし） （記載なし） 仕事ハ出来ルガ不器用ナリ （記載なし） 従順ナルモ表裏アリ　同僚間ノ折合ヨロシ （記載なし） （記載なし） （記載なし）

保護経過
3.6.10　　入園

10.11.17　時折食当番にと願出づる由　他の者よりも身体的の自由がはかどらず中止させその変り　何んでも気のついた事便所掃除でもと進めても便所掃除は受けない利己主義の処あり　一面穏やかで従順な様に見受ける

10.12.15　外出　○○菩提寺迄親の祥月命日に兄妹揃って寺詣り

11.1.15　外出　○○菩提寺迄妹北村いの氏の来るに依りおふみさんを同伴して行く

11.1.26　暫らく食当番に使はなかったが自分でも働き度い事を屢々申し居り今日か手伝ふ事にする

11.3.11　春日入院

　4.11　全快退院

　5.3　食当に出る

13.4.23　岩本寮母と交代す

13.9.11　別に変化なし　10日目位にはおふみさんにチリ紙を買って呉れと困って居るらしい

13.10.22　何事も不器用で作業など最も不出来である　自分で私の上手なものは商業であるとほこる
　　　　殊に正直である　身体健康

13.7.14　寮内作業慰労金分配 30銭

13.9.21　同　50銭

13.12.21　同　50銭

13.12.25　○○菩提寺亡母祥月法要お詣り　其後健康共変なし

14.4.28　健康で食当番の手伝を1ヶ月に2回も為し貰ふて居る

14.4.29　○○菩提寺祖先祥月法要のため参詣す

14.9.13　おふみさんの為めお小使銭少しでも多いほうがよかろうと□し一病配膳室で働かせたら1週間下肢浮腫を来し中止　本人は好人物なれど不器用方で作業元より洗濯　掃除其の他万事誠に不出来である　おふみさんのためお金苦労らしく気毒に思ふ

14.10.21　食事手伝労ム金 50銭也を受く　氏　月に2回も手伝ため 50銭も頂く　協同金 50銭也の分配 50銭受く　氏は非常に健康体なるも近来は少々老衰されたの如く見受く　足の運び悪い為め遠足には一度も行った事なし

14.12.29　12月15日亡母祥月に相当実妹○○菩提寺に参詣帰途園立寄土産ものお小使銭少々与へ久兵衛　おふみさんに送られて帰られた由　久兵衛氏おふみさんに能く気を付けて自分で頂いた菓子をおふみさんに与少し分配金もおふみさんの紙（ママ）に残します気毒でなりません　あの3兄妹さん不幸な方で志よう　28日寮内共同金 50銭也の分配を受く

15.2.6		健康にして別段変化なし　共同金50銭也の分配をされた　ツベルクリン注射施行8日検査すみ広瀬先生
15.4.2		受診心臓疾患暫く安静服薬の命あった
3.27		種痘施行され反応なし
4.5		共同金50銭分配を受く
6		近来心臓疾患静養3週間ばかり服薬息切が快復し服薬中止食事には変化無し続いて静養中
5.14		心臓症近々少々快方に向ひつつある寝のを嫌がり日々荷物高くして　もたれて居るので顔の浮腫が取れにくいが　本人は此の方が良いと言ふので自由にまかせてある　共同金30銭也の分配を受く
5.27		寮母木佐貫受持となる
6.5		お作業のない時はいつも箱にうちふせて居られる
6.10		着物の汚れの検査したら確かに汚してゐる　汚した時は直ぐ洗はなければお部屋の皆様に迷惑をかける　不潔にするとシラミも湧くから今後気をつけて洗濯を近々になさる様きびしく言ひ聞かせる　　　　　　　　　氏は何でも言ふと只ヘエヘエと返事はなさるが分ったのか分らないのかさっぱり分らない返事である
6.20		妹のおふみさん一病に入院してゐるので看護婦さんのすきを見ては兄の久兵衛氏の所に上って来るのでお寮でも困ってゐる　来ては兄さんにお小使をねだって貰って行くので実に困る
7.4		夕方浅草区○○○×ノ××　北村いの　妹さん商売の帰りに面会にゐらした　今余り利はなく常に損のみ致してゐますと話された　妹であり乍らもおふみさんは困ったものです　などこぼしてゐられる
7.23		朝早くからお寮に来て兄さんに小使をねだってゐる　病室からはお寮に来てはいけない事をいくら言っても貰はない中はなかなか帰って行かない　中山氏にもおふみさんが来ても何もやってもいけないとやかましく言っておく　もうやりませんと言ひ乍らやはり妹の可愛さに與へるらしい
8.		寮母に度々やかましい事言はれるし　又自分でもお金がなくなったのであろう　おふみさん来られても何も持ってゐないと渡さないのできかずやのおふみ氏も仕方なく帰って行かれる
8.		水道蛇口に口をあて水を飲み　その水を蛇口にふきかけてゐる処を見受けたのでそんな不衛生な事今後絶対に止めて下さいときびしく申した
11.5		寮母用のお便所を使用し汚される傾向あるので　使用なされぬ様注意すれば　私は決して汚しませんと頑張られるのである　外より現状を見た人もあるので確かであるが何としても正直に誤られない（ママ）のである　遂につきつめられて時には使用致しますとの答である　なかなか正直な風にしてずるい点あり
12.		近頃寒さの精か体の調子悪く毎日箱を前にしてうつぶせにして居られる　弱い方なので都合を見て虚弱寮にお願いし度いと思ってゐる

16.1.5	具合悪く　歩くのでさえも呼吸切れがして苦しいですと申される　夜分も床の上に箱を置いて座って居られる　楽にしてお休みなさいと言へば此の方が楽ですとの事　そのままにする
1.6	本人よりも御診察を希望されたので　本日広瀬先生に往診して頂きし結果　入院なされし方がよかろうと申し下されたので午後四病へ入院なさる事となる
1.21	相当の浮腫なり　注射をきらひ　とつとつ話してもどうしてもさせ様とせず　なのに浮腫わ強度となり　苦しくなるばかり
1.28	やっと無理やりに一回利尿剤注射す　其の為か浮腫減少　そうした効果が表われて居るのにもかかわらずやはり注射の時にわ安易にさせずなり　必ず口論をする
1.31	妹ふみ氏の来訪毎日あり　別に話もないらしい様子なりしが1時間位居てわ帰って行く　浮腫強し
2.3	浮腫強く食慾も減少して来たりプルス不正となりたり　ふみ氏に「兄さんの病気わ注射をすればすぐ良くなるから貴女から良く兄さんに話して下さい」とふみ氏に注射をさせる様に話をさせるも　やはり　強度にきらひ　無理に注入しやうとすれば大声を出したりする
2.7	浮腫強くなる　食欲進まず衰弱したり　意識わしっかりして居れり
2.10	夕刻まで大きな声で話をして居りしが午後10時頃より意識不明となり遂に午後11時27分死亡せり
入園時ノ所持金品	（記載なし）

No.1520　津島楽太郎　（男）

入園日	昭和3年7月2日 退園　昭和9年3月12日　　再入園　昭和9年4月27日
退園日	昭和16年2月26日　（死亡　肺炎）

（要救護者調書）

出　　生	安政6年2月1日　当70歳
出　生　地	京都市下京区第××組○○○町××下ル
本　籍　地	大阪市西区○○○○○×丁目×番地
震災当時ノ住所	茨城県西茨城郡○○○村△△△××番地屋敷
現　住　所	（1回目）　東京市神田区○○町××番地　原　胤昭方 （2回目）　東京市本所区○町××番地　藤川俊方
戸主又ハ続柄	戸主
宗　　教	基督教
家族ノ状況　並ニ 扶養親族関係	妻たか（48歳）ハ楽太郎ガ1月13日上京後茨城県西茨城郡○○○村△△△××ニ居住セシモ生活難ノタメ4月中旬家出行方不明ノ由　隣家ナル柴崎健介ヨリ通知アリシカバ5月26日同地駐在所宛妻及長女ノ住所紹介セシガ本月15,6日頃本所○○署ニ其回答来リ　両人共行方不明ノ由　長女さち（27歳）ハ事実上たかノ私生児ニテ連子ナリ 　　長男（兄）正太郎ハ京都市下京区第××組ニテ実家ヲ相続セシモ10年前死亡シ其後音信不通 　　次男（兄）染次郎モ京都市ニ居住ノ筈ナルモ音信不通ナリ 他ニ扶養親族関係者ナシ
身心ノ状態不具 廃疾ノ程度　及 疾病ノ有無	腎臓病（本年4月上旬ノ発病ニテ右手両足ニ少々水腫アリ立居時右足ニ痛ミアリ）　耳ハ5,6年前ヨリ少々遠シ （大正9年6,7月頃中風トナリ右半身不随トナリシモ1ヵ年計リニテ全快ス）
震災当時ノ職業及 現在ノ作業　収入	小間物商 現在　無
教育程度 趣　　味 嗜　　好	（記載なし） （記載なし） （記載なし）
震災後ニ於ケル 生活ノ経路　並ニ 現況	小間物商（店売及行商）トシテ生活中震災ニ遭遇セシモ別ニ被害ナカリシガ昭和2年10月長女さちハ家出行方不明トナリ且ツ世上不況ノタメ生活難ニ陥リシカバ　本年1月13日就職口ヲ求メンガ為　妻たかヲ残シテ単身上京シ基督教牧師尾上蔵之助ヲ頼リシガ同日神田区○○町原方ニ一時在宅トナル様紹介状ヲ貰ヒテ同家ニ世話ニナリ　約1ヶ月ニテ知人ナル本所区○町××藤川俊（靴屋）紹介ニテ本所区○○町××鋳物職早乙女秀介方雑役ニ住込ミシガ4月上旬腎臓病ニ罹リ　同月中旬留守中ノ妻ハ行方不明トナリ同月下旬ニハ病勢募リテ右手両足不自由トナリシカバ暇ヲ取リテ（同月13日）原方及藤川ノ厄介トナリ辛ジテ生活スルモ藤川ハ6畳1間ニ家族6人ニテ永ク世話ニナリ難シ

生立及経歴	刀剣商邦兵衛3男ニ生レ（3人兄弟）23歳ニテ父ニ死別シ　24歳ノ時母病没セシカバ25歳ニテ大阪市西区○○○○○○×ノ×ニ居住シテ汽船会社江竜社ノ客及荷物扱トナリ　同年妻いくヲ娶リシガ子供ナク同棲2ヵ月ニテ離縁シ独身生活ヲナシテ汽船会社ニ3ヵ月勤続ノ後尾道市肥料会社ノ常雇夫トナリ半ヵ年ノ後　越前福井市ニテ麺麩ノ製造販売ヲシテ1ヵ年　富山県高岡市ニテヤシノ親分某伝次郎ノ配下トナリ石川　新潟　富山ヲ初メ各所ヲ徘徊シテ7,8年経過シ　49歳ノ時茨城県西茨城郡○○○村△△××ニ1戸ヲ持チテ小間物商ヲ開始シ　たかト内縁関係ヲ結ビ（後正妻トス）其連子さち3人暮ニテ震災ニ及ブ
保護依頼者	（記載なし）
その他	（記載なし）
保護経過	
7.10.6	本日付書面ヲ以テ兄深川正太郎ヨリ本人ノ消息アリ　過去ノ事ハ水ニ流シ今後ハ兄弟トシテノ音信ナシ呉ルル由ナリ 正太郎住所　京都市下京区○○○町××下ル××組
8.2.27	市内世田谷区○○町×××　牧師畑正吾（宗教上ノ知人）面会ニ来ル
8.12.13	市内世田谷区○○町×ノ×××　雲川心空原稿校正ノ件ニテ来訪ス
9.3.12	退園希望　引渡願出人　岩下弘明ニ引渡ス
9.4.27	先般退園シタルモ本人ノ希望通リ生活シ能ハザル為カ再入園願出タルニ依リ特ニ本日再入園許可サル
9.10.20	本人クリスチャンノ為メ礼拝堂掃除ヲ厭ガルモ見テ見ヌ振リシテ置ク ×××××　シオン教会新浩氏（細田時之先生代理）来訪クリスマスプレゼント持参
11.1.12	シオン教会ノ新年宴会トノコトニテ外出　プレゼントトシテ胴着ヲ貰ヒ帰ル又北沢教会ヨリハ本田牧師 来訪同ジク古シャツヲ寄贈セラル
11.1.24	来ル26日ハ生前恩顧ヲ蒙リシ中村牧師ノ1年祭行ハレルニツキ霊南坂教会及ビ中村氏遺族ヲ訪問シタク外出願出ズ　日帰リノコトニテ許可ス 渋谷区○○町×　中村倫子
11.1.26	昨日ノ降雪積リタルニモ控エズ早朝ヨリ外出　晩方一泊ヲ願フノ電話ヲカケテ帰ラズ　27日夕4時帰園　敢ヘテトガメズ
11.4.13	三重県三重郡○○町○○　大木えみ氏ヨリ金2円送附
11.5.7	静和寮へ転入
11.6.18	長生　風呂当番ニ通勤　誠意ノアル働キ降リト美シクスル掃除ニハ一同感心シ又謝シテイル（長生日記ヨリ）
11.7.27	身ダシナミノ事等ニツイテハ如何ニモ素直ニ寮母ノ言ヲ聞キ入レソレニ従フオ爺サントシテハ珍ラシイ程デアル　基督教会へ出入シテ居ル効果ノ現レカトモ思フ

11.10.27	前記中村倫子方へ　故中村牧師ノ忌日ニ当ル為外出方願出ヅ　ソノ序ニ松田氏ヲモ訪ネタケレバ一泊シタシト言ヘドモ老齢ノ事故日帰ヘリニテ許可ス　本人ハコレガ最後デスト言ヒ居レリ　今朝外出　午後4時半頃無事帰園
12.1.12	三重県三重郡○○町大木えみ氏ヨリ　2円送金アリ
12.1.25	前記中村倫子方ヨリ近日記念祭ヲ催スニツキオ出デアリタシト申来リ本人モ行キ度ク申出タレド許可セズ　同時ニ中村方ヘモ事務ヨリソノ旨申添ヘ今後共単独外出セシメ難キ旨申送ル
13.3.3	世田谷区○○町×××畑正吾氏ヨリ切手（3銭）10枚封入アリ
13.3.27	中村倫子氏ヨリ1円送金アリ
12.7.23	江野伸造（教会上ノ知人）世田谷区○○○×ノ×××　来訪
12.9.29	紫苑（シオン）教会ヨリ新浩氏病気見舞ノタメ来園ス
12.9.30	世田谷区○○○町×ノ×××中川清人知人来訪（牧師）　中村倫子ヨリ金1円ヲ送ラル
13.1.26	風邪ノ為　発熱高ク第4病室入院
13.2.1	教会ノ知人住友さよ氏（世田谷区○○○×ノ××××）来訪 教会ノ知人江野伸造（世田谷区○○○×ノ×××）来訪 世田谷区○○○×ノ×××　中川清人（牧師）来訪
13.4.21	中村倫子氏来訪　金1円50銭贈ラル
14.1.20	第1病室ヘ入院ス
14.2.9	須川冬子氏来訪　世田谷区○○○×ノ×××
15.5.19	知人　大山美嘉（世田谷区○○○×ノ××××）来訪
15.5.28	世田谷区○○×ノ××小崎モエ他2名来訪
15.7.9	世田谷区○○○×ノ×××　知人中川きみ氏来訪
15.7.23	前記江野伸造氏来訪
15.6.28	静和寮ヨリ一病ヘ入院
15.7.2	一病ヨリ葵寮ヘ退院
15.7.26	葵寮ヨリ静和寮ヘ転ズ

（入園者身分概要）

続　　柄	戸主
性　　別	男
氏　　名	津島楽太郎
生年月日　年齢	安政6年2月1日生　当70歳

本　籍　地	大阪府大阪市西区〇〇〇〇〇×丁目×番地
入園前住所	東京市本所区〇町××番地　藤川俊方
家族親族等ノ現況	妻たかハ行方不明トナリ　長女さちモ行方不明ニテ兄2人ハ音信不通ナリ 他ニ扶養関係者ナシ
経　　歴	刀剣商ノ3男（兄弟3人） 　　23歳ノ折父ニ　24歳ノ折母ニ死別シ　25歳ニテ大阪江戸堀汽船会社ノ客荷物扱トナリ　同年妻ヲ娶リシモ子供ナクシテ離婚　3ヵ年同会社ニ勤務後尾道肥料会社ノ常雇夫トナリ　又ハ越前福井ニテパン製造販売業ヲナシ富山県高岡ニテ香具師ノ親分某ノ配下トナル等各所ヲ徘徊シテ　49歳ノ時茨城県西茨城郡〇〇〇ニ1戸ヲ持ツ　小間物商ヲ開キ妻ヲ娶リ　子供1人ノ3人暮シノ中　震災ニ遇フ　被害ナカリシモ長女さちハ昭和2年10月家出行方不明且ツ生活難ニオチイリ就職口ヲ求メンタメ妻ヲ残シテ上京　キリスト教牧師尾上蔵之助氏ヲ頼リ紹介状ヲ貰ヒテ原氏方ニ一時厄介トナリ　知人藤川俊ノ紹介ニテ鋳物商ノ雑役夫トナリシガ数ヵ月シテ腎臓病ニカカル　妻ハ留守中行方不明トナリ　一方病勢ハ益々ツノリ藤川方及原氏ニ世話ニナリ辛ジテ生活スルモ長ク厄介ニナリ難キナリ
宗　　教	基督教
教　　育	（記載なし）
健康状態	（記載なし）
労務能力	（記載なし）
個　　性	（記載なし）
性　　格	（記載なし）
習　　癖	（記載なし）
趣　　味	（記載なし）
嗜　　好	（記載なし）

保護経過

3.7.3　　　入園

9.3.12　　 退園

9.4.27　　 再入園

10.5.6　　 恩人中村清氏ノ百ヵ日忌法要ノタメ世田谷区〇〇町×ノ×××外出　午後帰園

10.5.8　　 日比谷公園ヘノ遠足ニ参加（カカル折モ聖書持参）　日曜毎ニ烏山紫苑会へ礼拝ノタメ外出

10.10.15　 静和より大移動の際　長生に転寮

11.5.8　　 長生寮　女子寮となる為清風へ転入

11.10.27　 渋谷区〇〇町　中村倫子氏方を訪問

11.10.28　 永らく長生寮の御風呂当番　弥生　長生の煙突掃除をなす　御風呂当番を良くするとて評判がとてもよろしい

12.1.12　　三重県三重郡〇〇町××　大木えみ氏より2円為替送り来る　長生寮の御婆さん達の為に松の小枝をひろって来たり等して御湯を沸して上げて居る　仲々よくして上げて居るが今迄は何の弊害も見なかった

12.7.22　　松澤教会の会計係　江野伸造氏尋ね来らる

12.9.9	呼吸の都度胸が痛むとて受診　御投薬をいただき□□ホスにて湿布をなす
12.9.30	松澤教会中川牧師御見舞の為来訪
12.10.12	病気見舞に松澤教会員住友雄太郎氏御来訪
12.10.28	胸部の痛みも大部よくなり御診察を受けた処投薬を中止してもよろしいとの事であった
13.1.26	25日より右脚の患部が痛むとて就床　食事が段々進まず昨晩は1時間をき毎に小用に行くも足元よろめき尿瓶を用ひ　今朝は36度8分なるも午後3時　38度5分になり御診察を御願ひ致したる処第4病に入院なすこととなる
13.2.15	（この日の記述　病棟の看護婦）入院後1週間程発熱続きしも漸次軽快方にむかひ蒸気吸入を行ひ居るうち咳嗽も鎮まりぬ　その後は全く発熱を見ず　前記住友雄太郎　中川牧師御見舞あり　三重県三重郡○○町大木えみ氏より3円送金し来る殆んど病状も良く尚ベッドの都合に依り退院と決定静和寮へ午後退院せり
13.2.11	共同金より御小遣として金30銭頂く
13.2.23	中村倫子氏より金1円為替の封入の便来る
13.2.28	退院してより12日目にて床上げをなす　まだ少しふらふらすると言ふも　2,3日なれたら良くなるだらうと言って居る
13.3.3	相変らずふらふらし眩暈がするとて御診察を受け御投薬を頂く
13.3.14	食事が大変進まなかったが粥を食してから此の2,3日食事が進んで来る
13.3.17	大分よろしいので投薬中止
13.4.21	中村倫子氏家庭学校へ御出られたのを折に御来訪　金1円50銭御小遣としていただく
13.10.20	咳が出　足が立居に痛むとて受診　投薬をいただく
14.1.20	腰立たず御腹の筋がひきつり痛くて動くことが出来ず　小用にも立つことが出来ず腰にイシチョウルを塗った処幾分良かった様であるが　御腹の筋のひきつりがなほらぬ　咳をしても痛み熱は無いけれど脈拍悪く第一病入院となる
14.2.4	一時肺炎を誘発し危うく思ったが近頃はまた良好に向ふ　御寮より御見舞として10銭戴く
14.2.5	世田谷区○○○×ノ××××　住友さよ氏来訪
14.2.9	○○松澤教会須川冬子氏来訪　　同教会　中川清人氏来訪
14.3.10	尼子先生の御診察の結果　全治と御診察
14.3.11	静和寮に全治退院
14.4.2	退院後息切れで困っていられるが他は変りなし良読書をしてゐられる　耳が遠くて話は不自由なり　何かないないで随分寮母を困らせたが　今日又本がなくなったと言われる

14.4.6	4度目の診察を受けた　まだ躰が本当でないのだから気ままにしてゐる様　にとの先生のお言葉なり
14.4.10	耳の先生の診察して戴く　中耳炎のあとありとの事　追々に快癒の見込なりとの言なり
14.5.14	久しぶりにて松澤教会に病気快癒のお礼に出かけられ無事2時帰寮す
14.5.19	北沢の大山氏なる知人お見舞に来訪さる
14.6.9	協同会依り金20銭小遣を頂く
14.6.11	教会へ行かれる
14.7.2	教会へ行かれる
14.7.15	協同金30銭也頂く
14.7.16	教会へ行く　2時頃帰り来れど寮母室の裏まで来て歩けなくなって終ったのを寮母発見し抱く様にして部屋につれて行き　帯をとき横伏させて頭を冷す　しばしでなをる　当分外出禁止なり
14.8.1	チブス予防注射をうく
14.8.8	第2回の注射をうく
14.8.15	午前9時頃より寒気して就床　発熱37℃あり　午後発熱38.7℃となったので婦長様に見に来て頂く　別に痛むところがないので頭部だけ冷して暫く様子を見る
14.8.16	下痢起り数回熱発38.7℃を下らず　医長様の御診察を頂き静かに頭を冷してゐる様にとの御言葉にて御投薬を頂く　食事くづ湯のみなり
14.8.17	熱降りたるも下痢ありて　かゆ食とす
14.8.23	快癒して薬中止す
14.8.24	再び具合悪く又1回投薬を頂く
14.9.2	外出希望にて　森田先生の御診察を受け御信仰のためだから出して見なさいとの事で御許可する
14.10.15	久しぶりに教会に行って来られた　帰りになにかさげてしるをたらし乍ら帰って来る　歩んでゐる姿を見るともう外出も無理かと思ふしかし寮母の言ふことをニコニコきいて下さるし　外出もたまにあるから躰の許す限り祈りの為でもあるから外出させてあげ度い
14.11.3	松澤教会へ行かれる
14.11.4	昨日の外出が悪かったのか風邪を引いて咳がはげしい　御診察を頂く
14.12.6	他の人の診察のついでに先生の御来診を頂く今のところ胸の方には異常はないが用心する様との御言葉　ずーと暖くして静養

15.1.20	咳はげしく御診察を受ける 「神様を信じて居るから何時御召しを受けてもよろこんで行けます」と信仰のある言葉に思はずほほ笑ませられる 3月末まで就床時々調子の好い時は教会行きを願い出す 教会に招待状を遠慮していただきたい事を寮母から出し 本人にも其の旨を言ひ含める 時々以前刑務所に居た時のざんげ話を聞いて下さい等と来るが 以前は以前 園に於て新らしく生れ更ったものと思って以前の事を考へない様さとす キリスト教的誇大さ的（ママ）はあるが（其が本人の今迄の性格をおさへる唯一の宗教的とめ金ともなるべきものであるが単純であればある程空っぽさを思はせられ 時々地金を表はす事がある） 概してマゾ的であるが男性らしい点はないが女性的な悪く言へば猫の様な性質 好く言へば偽善的にとーすいして居るとも言へるか
15.2.12	読書 作業等布団の上に坐りながら手伝ふ 高齢者の慰藉料として金1円を戴く 大分欲張りになった ねて居る枕元にボロ 古本 瓶等を一面にならべゴミで一杯 綺麗に掃除してあげても 2,3日経て又元の通り汚くなる 松澤教会よりの通信書を熱心に読む
15.9.2	下痢にて一病に入院し 退院 仮に葵寮に転じ 9月初め又静和に帰寮す
15.9.16	咳がひどく診察を受け服薬す 松澤教会より見舞の方時々来る
15.12.20	久しく就床中なので世話掛等抱いて入浴さす 昨年より非常に老衰し我儘放題に事を言ひ出し夜中も幾度も幾度も傍の老人等を起し大小便の始末をさせる 感謝の念全然失くなり教会に危トクのハガキを出し呼び出しては世話掛があつかってくれぬとか勝手気儘な事を言ふ 咳はげしい
16.1.14	教会より牧師さん見えられ人の言ふ事をよく守る事 感謝の気持を持ち続ける事をさとす 大分おとなしくなってきた 午後4病に入院す
16.1.16	□□なく□□□と食欲もあまり進まず 元気あり
16.1.29	元気もあり食事も進み また状態も良好なり 教会の人達の見舞あり
16.2.16	少しづつ発熱し終た為か元気あり 煙草なども一人で火をつけに来る
16.2.22	つづく発熱のため食欲不振となりたり 受診す
16.2.26	意識ははっきりせず不整脈の状態なりしが 午後11時頃より意識不明となり遂に午後11時50分死亡せる
入園時ノ所持金品	（記載なし）

再入園許可ノ件　　　　　　　　保護課長（小澤）　庶務課長
　　　本籍地　大阪市西区〇〇〇〇〇×丁目×番地
　　　現住所　杉並区〇〇〇〇×丁目×××番地　　岩下弘明方
　　　　　　　　　　　　　津島楽太郎
　　　　　　　　　　　　　安政6年2月1日　当76歳
　　右者去ル3月12日退園願許可セラレ爾来引取人ナリシ前記岩下弘明氏方ニテ扶養ヲ受ケ来リ候処　同人ガ退園ノ動機トナリシ伝道等既ニ不可能ナルコトヲ自覚シ乃ハ岩下氏方ノ家族多数ノ為扶養ヲ受クルコト心苦シク　今回別紙ノ通リ再入園願出アリ　尚岩下氏モ同人ノ苦衷ヲ察シ再入園セシメラレ度申出候条　実地ニツキ情況調査ノ処再収容ノ無之モノト認メラレ候ニツイテハ再入園許可ノコトトナシ来ル4月26日ヲ以テ入園セシメ可然哉仰高裁　尚許可通知書ハ予テ経伺ノ甲例文ニ依度　引取時刻ハ午前10時ト致度
　　追記　　予定日ハ躰具合悪シク1日後レ4月27日入園セリ

　　　再入園願　　　　　　　　　　　　　　　　　　　　　　　　私儀
　　去ル3月12日退園御許可相受爾来岩下弘明氏方ニテ扶養セラレ来リ候処何分老衰ノコトトテ所期ノ伝道等ニモ従事致難ク従ッテ岩下氏ノ扶養ヲ受クルコトモ心苦シク候間再入園御願致度御許可ノ上ハ御規定ニ依リ御処置ノ儀異義無之ハ勿論総テ御指示ノ事項堅ク遵守可仕候間　何卒再入園御保護被下度此段御願申上候
　　　　昭和9年4月19日
　　　　　　東京市杉並区〇〇〇〇町×丁目×××
　　　　　　　岩下弘明　方
　　　　　　　　　　津島楽太郎
　　財団法人　浴風会　御中

　　去ル3月12日小生宅ニ引取リ候津島楽太郎儀貴園退園後落着ナク今回再入園御願致度趣ニツイテハ同人ノ為ニモ貴園ニテ御保護ヲ受クル方幸甚ニ被有候間何卒同人再入園ノ儀御許可相成度此段御願申上候
　　　　昭和9年4月19日
　　　　　　　岩下弘明

No.1586　南原清吉　(男)

入園日	昭和16年6月21日
退園日	昭和16年9月21日　(退園　知人引取)

(要救護者調書)

出　　生	万延元年4月8日生　当82歳
出　生　地	長野県下伊那郡〇〇町
本　籍　地	東京市杉並区〇〇〇×丁目××番地
震災当時ノ住所	東京市牛込区〇〇〇町　久我通久方
現　住　所	東京市麻布区〇〇町××番地　小田陸太郎方
戸主又ハ続柄	戸主
宗　　教	浄土宗
家族ノ状況　並 扶養親族関係	扶養親族関係者ナシ
身心ノ状態不具 廃疾ノ程度　及 疾病ノ有無	青壮年時代ノ主ナル疾患　ナシ 現在ノ疾病　昭和15年5月ヨリ両眼霞ミ居レ共自分用ハ充分ナリ 精神障碍　ナシ　性情　良
震災当時ノ職業及 現在ノ作業　収入	久我公爵邸ノ守衛　月収15円 無職　月収ナシ
教育程度 趣　　味 嗜　　好	無教育 ナシ 喫煙
震災後ニ於ケル 生活ノ経路　並ニ 現況	震災当時ノ被害ノ状況程度等　被害ナシ (老年期) 　引続キ久我公爵邸ノ守衛ヲ勤メ居リシガ大正13年3月下旬辞職シテ杉並区〇〇〇×丁目××番地ノ借家移転シテ妙法寺掃除及除草ヲナス傍ラ植木屋ノ手伝ヲナシ程ナク熊田みねヲ内妻トシテ同棲シ普通生活セシモ昭和15年2月24日妻みねハ心臓麻痺ニテ急死シ同年5月ヨリ清吉ハ両眼霞ミテ視力薄弱トナリケレバ収入減ジ生活難ニ陥リシニヨリ昭和16年4月20日廃業シテ同郷人ナル現住所ノ古物商小田陸太郎ヲ頼リテ厄介トナリ居レ共到底永住シ難ク保護出願ヲナセリ

生立及経歴	1．両親ノ氏名　父　南原梅太郎　母　すみ　続柄　次男　職業　足袋屋
	死亡年齢　父　30歳　母　81歳　死因　父　不明　母　老衰
	2．幼少年期
	3人兄弟ニテ普通生活中7歳ニテ父梅太郎ハ病死セシニ付同町ノ元結業倉本福次郎方ノ住込小僧トナリ母すみハ妹（当時3歳）さよヲ伴ヒテ同郡○○○字△△村ノ農家ニ再嫁セリ　兄某ハ下駄職ナリシモ当人25歳ニテ死亡セリ
	3．青壮年期
	18歳ノ時主家倉本福次郎方ヲ暇取リテ上京シ日本橋区○○町ノ菓子店風花堂ニ住込奉公セシモ21歳ニテ暇取リ下谷区○○町ノ岡野菓子店ニ奉公セシガ23歳ノ折暇取リテ小石川区○○×丁目×番地ニ借家シテ植木屋ノ手伝ヲナシ普通生活セシモ61歳ノ時王子区○○町ノ岸飛行場ノ番人トナリシモ同年飛行場閉鎖ノタメ四谷区○○町ノ台湾総督府ノ雑役ニ住込ミシガ63歳ノ折牛込区○○○町ノ久我公爵邸ノ守衛トナリテ住込生活ヲナセリ
	4．縁事関係
	65歳ニテ内妻熊田みねヲ娶リシモ81歳ノ折妻みねハ病死ス　子女ナシ
	5．特ニ貧窮ノ事由ト認ムベキ事項　　　老衰
保護依頼者	東京市麻布区方面館
その他	調査箇所　東京市麻布区○○町××番地　小田陸太郎方　救護法関係　賞罰　其他　ナシ

保護経過

16.6.21　入園シ清風寮ニ入ル

16.8.30　清風寮ヨリ準病室トナリシ西館下世話係（通勤）トシテ西館上へ転ズ

16.9.3　　退園シ今一度自活シ度シト申出ヅ其ノ行先ハ元世話ニナリシ小田陸太郎氏（麻布区○○町××）ナル由兎ニ角一度小田氏ニ照会ノ上決定スヘシト申渡シ照会状ヲ発ス

16.9.17　小田陸太郎氏来訪第2応接室ニ於テ本人ニ面会ス本人ノ言ヒ分トシテハ是非共退園致シ度ト申出ツ兎ニ角一応2泊位ノ予定ニテ連帰リ篤ト言ヒ聞カスヘシトノコトニテ同道ニテ外出ヲ許可ス

16.9.19　小田陸太郎氏同道ニテ帰園ス外出滞在中小田氏ヨリ懇諭セルモ退園ノ意思ヲ翻サス小田氏ヨリ申出ノ次第モアリ退園スルコトニ定マル

16.9.21　退園ス

（入園者身分概要）

続　柄	戸主
性　別	男
氏　名 生年月日　年齢	南原清吉 万延元年4月8日生　当82歳
本　籍　地	東京市杉並区○○○×丁目××番地
入園前住所	東京市麻布区○○町××番地　小田陸太郎方
家族親族等ノ現況	ナシ

経　　歴	足袋屋南原梅太郎ノ次男ニ生レ　元結業方ニ住込小僧トナル 　　18歳　上京　菓子屋ニ住込ム 　　23歳ヨリ植木屋手伝ヒヲナシ普通生活　61歳ニ至ル 　　61歳　岸飛行場ノ番人トナルモ同飛行場閉鎖ノタメ他ノ雑役ニ住込 　　63歳　久我公爵邸ノ守衛トナル 震災ノ被害ナシ 　　大正13年3月久我邸ヲ辞シ○○○×丁目ニ借家移転シ妙法寺掃除及除草ヲナス傍ラ植木屋手伝ヲナシ　熊田みねヲ内妻トシ普通生活昭和15年2月みね死亡　清吉ハ両眼視力弱リシタメ収入減ジ生活難ニ陥リ昭和16年4月20日廃業シ知人方ノ厄介トナルモ永住シ難ク保護ヲ出願ス
宗　　教	浄土宗
教　　育	ナシ
健康状態	昭和15年5月ヨリ両眼カスミ居レ共自分用ハ十分ナリ
労務能力	（記載なし）
個　　性	性情：良
性　　格	（記載なし）
習　　癖	（記載なし）
趣　　味	ナシ
嗜　　好	喫煙

保護経過

16.6.21　入園シ清風寮ニ入ル

16.7.22　82歳の高齢者てはあるが割合に□庭の除草やお掃除等は豆々敷働□□で　同僚方共平和な本人の様□

16.8.27　今日眼が悪くなり少々痛みを感じ□で眼科の御診察を願い度いと申出る　速処置方を医ムへ願出で診療仕候

　8.2　西下が開かれるに就て世話係をとの事に話して見たが「眼が悪い為め働けない進まないので榎本先生に話して頂く事先生に話して頂くと矢張り同様な事をいったが最後はやつてみませう」と言ふ事になった　今だ日が浅いので充分な事は分らないが拙としては悪くない様に思はれる

16.8.30　清風寮依り西下世話係として転寮す西下お世話係として西上へ転入なさる食事は西下に於てな（さる）寝泊りは西上へ　今日より西下にて働いて下さる事となる

16.9.3　西下のお世話係として転寮していらしたのである初から自分は視力が弱いからといふ事を□に言って皆様に頼まれた　今朝寮母室に居らして眼が悪いから炊事場より運ぶ物をこぼしていけないと心配して昨夜は一睡も致しませんでしたと話される　私にはどうしても今のお仕事出来そうにも有りませんから退園させて頂きませうと言はれる眼の悪い時は毎日医局で洗眼して下さるしそれでも悪かったら眼科の先生お見えになった時に診て頂きませうとお話する転入なさって月日も浅い事とてお世話係といふものは大変に下等のお仕事の様に考へて居られる様である　年はとっていらしても弱い方のお世話の出来る事を喜はなければなりませんと色々とお話致し当分静養なさってはとおすすめ致すも皆に対して相済まないからと言って聞き入れずに仕事を休まれない　9月21日頃までに是非外出させて頂きたい事言っていらした

　9.4　今朝又も寮母室に居らして私の眼はどうして駄目らしいですシ其の事も有りますし　外に出して頂き私一人で暮らしたいと思ひますと言はれる　退園なさるにつきどなたかお世話下さる方でも有りますかと聞ば妹が有りますそれも今迄音信不通で50年振りですとの事何ど言ひ聞かして上げてもいざ自分が思ひ立ったとなればなかなか頑固で聞き入れる様子もない　榎本先生右の事申上げ後日面会して頂く事にお願致す

9.5	本日榎本先生に会って頂き　色々と□き聞かして頂き又　氏の考をも聞いて頂いた　どうしても退園したいからと申される　入園前にお世話になってゐらした松下様へ一応事務より問合せの手紙出す事になった
9.12	夕方寮母室に居らして外出願の申出あつた　氏の仕振りでは今のところ気持が落ち付かれたかの様に思はれた　私も今通り働いて行けばこれから着る袷が入用となりますし質の宜しい着物を堀の内の友人宅に預けて有りますからこの2日間位の中に1泊がけ外出さして頂き度いですと申される　退園の方は思ひ止った様であるし　本人の希望も入れてやった方が良くはないかと思はれる
9.14	今朝御飯前に1泊がけで外出なされた
9.15	午後2時半頃無事帰寮なされた　質の良い着物持って来たから安心致しましたと喜んでゐらした
9.17	氏の退園の件につき　小田様に事務所よりお手紙出してあった処　本日御来園下された　南原氏も事務所応接室にお呼びして色々お話致すも　何としても退園し度き口振り　園の方で退園さして下さらなければ私も考えが有ります木も有れば川もあります狂言である　一時では氏の考も聞きとるわけにもゆかないので2泊の予定で小田様お同伴になってお帰りになった
9.19	本日午後零時半頃小田様と帰園なされるお話合ひの上　小田様引取り下さる事となり　手続なす
9.21	本日午後2時頃退園なされた
入園時ノ所持金品	所持金　30円10銭也　　内保管金28円也 所持品　単衣2　マント1　印ばんてん1　ヘコ帯1　糸腹巻1(布地) 　　　　夏襦袢　1　　袷羽織　1　　股引　1　　夏シャツ　□ 　　　　ジャンパー　□（コール天）　毛チョッキ　□ 　　　　半股引　□　　カバン　□　　帽子　□　　風呂敷　□

退園願許可ノ件
　本籍地　東京市杉並区○○○×丁目××番地
　入園前ノ住所　東京市麻布区○○町××番地　小田陸太郎方
　昭和16年6月21日入園　西館上　南原清吉
　　　　　　　　　　　万延元年4月8日生　当82歳
　右者今般永年昵懇ノ知人ニテ入園前ノ住所ナリシ小田陸太郎ガ引取リ世話致シ度キ旨申出デ別紙ノ通リ引取書提出仕リ且ツ本人モ退園シ前記小田方へ寄寓スルコトヲ希望シ退園願出候ニ付高齢ナル当人ノ将来ヲ考慮シ種々説得ニ努メ候ヘ共翻意不致候ニ依リ止ムヲ不得明21日ヲ以テ退園御許可ノコトニナサレ可然哉

引取願
　西館上　南原清吉
　　　　　当年82歳
　右者ハ貴園ノ御保護ヲ受ケ居リ候処今般私方ニ於テ引取リ御世話致シ度候間甚ダ乍勝手退園御許可相成度此段及御願候也
　昭和16年9月　日右
　　　　　　　東京市麻布区○○町××
　　　　　　　知人　小田陸太郎
　浴風会常務理事
　　　福原誠三郎殿

No.1641　老川一郎　（男）

入園日	昭和12年3月4日
退園日	昭和17年1月10日　（死亡　心臓衰弱）

（要救護者調書）

出　　生	万延元年5月16日　当78歳
出　生　地	福島県安積郡郡山市○○○町
本　籍　地	東京市渋谷区○○○○○町×××番地
震災当時ノ住所	千葉県市川市○○町×丁目
現　住　所	東京市渋谷区○○○○○町×××番地　山本昌治方
戸主又ハ続柄	戸主市助ノ祖父
宗　　教	日蓮宗
家族ノ状況　並扶養親族関係	長女　老川米子　当31歳　四谷区○○　○○遊郭内矢来楼方（矢来直彦）に娼妓を勤め中　昭和10年5月4ヶ年契約500円にて勤め中 孫　老川市助　当10歳　は母トミと共に他家にあり 嫁　老川トミ　当30歳　は淀橋区役所に勤務せる須藤治助と内縁関係を結び孫市助を伴ひ須藤と同居し居り　住所不明
身心ノ状態不具廃疾ノ程度　及疾病ノ有無	青壮年時代ノ主ナル疾患ナシ 現在ノ疾病ナシ　精神障碍ナシ 性情強情
震災当時ノ職業及現在ノ作業　収入	古道具屋の手伝 月収　　　1家の収入 4,50円
教育程度 趣　味 嗜　好	寺子屋8ヶ年 無 酒・煙草
震災後ニ於ケル生活ノ経路　並ニ現況	震災当事ノ被害ノ状況程度等　　　無し （老年期） 姉　サイが市川市○○町×丁目に於て古道具屋を営みて居りしかば其の手伝をなし　長男直助は同町の薬品会社の職工となり居り　日給 6,70銭　長女米子も亦同会社に女工となり日給50銭を得　1家月収 4,50円にて13円の家賃にて普通の生活をなす　妻ミサは喘息にて臥床中 大正15年　直助が自動車運転手となり　渋谷区○○町の金太郎自動車会社に勤務の都合にて　渋谷区○○町×××番地に1家移転す　長女米子は女中奉公に出す　昭和元年10月17妻ミサは喘息にて死亡す　これより先昭和2年2月長男直助は吉田トミと婚す　昭和3年1月1日孫市助生れ普通の生活をなす 昭和6年10月直助肺結核にて死亡後は生計の途絶え　長女米子はカフェーの女給として転々し昭和8年1月嫁トミは淀橋区役所に勤務せる須藤治助の内妻となり孫市助を伴ヒ　須藤と同居せるに付　長女米子と2人暮しにて間借生活をなす　借金も出来生計困難となりしかば昭和10年5月　4ヶ年 500円の契約にて新宿遊郭矢来楼の娼妓となす　昭和10年9月現住所に移転後は救護法居宅救護費月額6円を支給され居るも植木屋の手伝等をなすも生計の途立たず救護法委託として入園申込む

生立及経歴	1．両親ノ氏名　　　　（父）老川与吉　（母）アキ 　　続　柄　　　　　3男 　　職　業　　　　　（父）絹糸屋 　　死亡年齢　　　　（父）49歳　（母）63歳 　　死　因　　　　　（父）胃癌　（母）喘息 2．幼少年期 絹糸仲買を父は営み兄姉3人にて普通の生活をなす 8歳の頃より15歳まで寺小屋に学ぶ 16,7歳の頃郡山市〇町島田次作（呉服金物材木商）に奉公す　兄 己之助は53歳にて死亡 其の子供 老川雅助は出生地に住む筈 姉老川サイは〇〇にて73歳にて死亡 3．青壮年期 20歳の頃奉公先を飛び出し群馬県群馬郡に養蚕の手伝人夫に3年ばかり行く 其の後栃木県上都賀郡〇〇町の古川鉱業所の土木部に入る 鉱業所の土木の受請人となり数千円の貯金が出来 34,5歳の時世話する人あり 北海道鉄道十勝線（旭川―下富郎野に至る線）の線路工事を受請ひ 3ヶ月間を費せしも利益なく 再び古川鉱業所に入り 土木受請をなし相当の生活をなせしも大正11年3月老令の故にて受請出来難く会社より壱千円の手当を受け借金を支払ひ 300円の金を持ち 当時千葉県市川市〇〇町×丁目に古道具屋を営む姉サイをたより市川市に来たり 1家4人（子供2人）長男直助 長女米子を薬品会社の男工及女工となし 其の収入にて生計を立つ 4．縁事関係 28,9歳の時ミサ（当時21,2歳）を娶り ミサは58歳にて昭和3年死亡 長男直助は昭和6年死亡（当時30歳）長女米子は目下新宿遊郭矢来楼に娼妓を勤め中 5．特ニ貧窮ノ事由ト認ムベキ事項 本人の老衰 長男の死亡
保護依頼者	渋谷区〇〇〇方面事務所
その他	備考　　救護法委託

保護経過

12.3.4（清風）　方面委員ガコレヲ持テユケバヨロシイト言ヒタル由ニテ送致書ヲ持参既ニ家ノ方モ片付ケテ来タト云フノデ一方調査ハ完了シテ居ルコトデアリ入園許可セラル 附添者ナク単身　行李ヲ担ヒ来ル ソレダケニ健康ソウデアル 態度モ立派デアル 最近ハ何ヲ仕テ居タカノ問ニ対シ 屑屋ノ様ナコトヲ初メ造花モ手ガケタシ 空瓶商ヒモシタト云フ ソレニシテハ別シテ卑屈ナトコロハ見エナイ
娘ガ娼妓トナツタニツイテハ 息子ノ生活難ト云フコトモアツタガ娘自身当時ゴロツキミタ様ナ男ト同棲シテ居リ内妊娠シソレハ流産ニ終ワタガ少ナカラヌ費要（ﾏﾏ）ヲ他カラ融通シテ貰ツタソノ金ヲ弁済スル為デアツタ由　娘ハ今尚病弱ナリト孫ノ養家トハ別々音信不通ニシテ居ルワケデハナイ手紙ヲ出セバソノ母モ訪ネテ呉レルデアロウト言ツテ居ル

(日付不明)米子ハ何レモ顔馴染ナレバ其ノ居所捜査ハ容易ナリトノコトニヨリ前記3ヶ所ハ米子ニ任セ一郎ヲ発見次第本園ニ同行スルハ勿論ナレ共取敢ヘズ電話ヲ以テ通知スル様ニ申置キ実家ヘハ本園ヨリ照会状ヲ発送スルコトトセシガ如何ニモ物足リナキヲ感ゼシニ付念ノタメ四谷警察署防犯係ヲ訪問シテ管内ノ簡易旅館ノ宿泊人届書ノ閲覧ヲセシ処〇町××番地小池本店岡野あき方ニ宿泊セシコト判明セシニヨリ早速長女米子ヲ同道セント和風荘ニ赴キシモ米子ハ既ニ他出不在ニ付単独ニテ小池方ヲ尋ネシガ4,5日後ニ宿泊スルヤモ知レズト言ヒ置キテ今朝8時出立セリトノ由ニヨリ 名刺ニ「スグ帰リナサイ 皆ガ待ッテ居ル 心配シナイデ帰園シナサイ」ト記入シテ店主ニ本人来リ次第ニ是ヲ渡シ其ノ足ニテ帰園スル様取計ラワレ様願ヒ置キ尚受持方面委員ナル同町××番地江川正氏ニ今晩ヨリ毎夕午後8時ヨリ9時迄ノ間ニ小池方ヲ訪問シ若シ当人ガ宿泊シ居リシ節ハ直チニ帰園セシメラルル様尽力セラレタシト依頼シテ止ムヲ得ズ帰園セリ（上記記事 14.7.17のことか？　編集担当）

14. 7.22	午後1時単独帰園セリ
15. 1.20	芙蓉寮本年第1期世話係ニ指命サル
15. 8.15	芙蓉寮本年第2期世話係ニ指命サル
16. 6.16	芙蓉寮ヨリ4病ヘ入院
16. 7. 1	4病ヨリ芙蓉寮ヘ退院
17. 1.10	亡長男直助ノ妻ニテ孫ヲ連子シテ再嫁セシ淀橋区○○×丁目××××須藤治助妻トミニ危篤打電ス
17. 1.10	須藤治助妻トミニ死亡ノ打電ス
17. 1.10	須藤治助妻トミ及甥面会に来る
17. 4. 7	埋葬費請求ス

（入園者身分概要）

続　　柄	戸主市助ノ祖父
性　　別	男
氏　　名 生年月日　年齢	老川一郎 万延元年5月16日　当78歳
本　籍　地	東京市渋谷区○○○○○町×××番地
入園前住所	東京市渋谷区○○○○○町×××番地　山本昌治方
家族親族等ノ現況	老川米子（長女）当31歳　新宿遊郭ノ矢来楼ニ4ヶ年契約ニテ勤メ中 老川市助（孫）当10歳　母トミト共ニ他家ニアリ居所不明 老川トミ（長男ノ嫁タリシ者）当30歳　孫市助ヲ伴ヒ須藤治助ト内縁関係 　居所不明
経　　歴	絹糸仲買商タリシ父与吉ノ3男ニ生レ3人兄弟 16歳ノ時ヨリ郡山市ノ某材木店ニ奉公ス 20歳ノ時同店ヲ飛出シ○○町ノ古川鉱業所ノ土木部ニ入ル 後土木部ノ受請人トナリ普通生活 34,5歳ノ折北海道十勝線ノ線路工事ヲ受請 間モナク再ビ古川鉱業所ノ土木受請ヲナス 大正11年3月老令ノタメ廃業シ 姉ナル千葉市川市○○町ノサイヲ頼リ来リ 長男長女ヲ職工トシテ生計ヲ立リ 震災ノ被害ナシ 大正15年長男ハ自動車会社ノ運転手トナリタルタメ勤務ノ都合上一家ハ渋谷ニ転ジ 長女ハ女中奉公ニ出ズ 昭和3年妻病死 昭和6年長男亦病死 ソノ妻ハ一子ヲ伴ヒ他家ヘ嫁シタルタメ長女ト2人暮シニテ間借生活ス 長女ハソレ迄カフェー女給トシテ転々セルモノナリ 昭和10年5月生活難ノタメ長女ヲ新宿遊郭ノ某楼ニ4ヶ年500円契約ニテ勤メサセルコトトシ 同年9月本人ハ現住所ニ転ジ 居宅救護ヲ受ケツツ植木屋ノ手伝等ヲナスモ生計ノ途立タズ

宗　　教	日蓮宗
教　　育	寺子屋8ヶ年
健康状態	健
労務能力	有
個　　性	強情
性　　格	（記載なし）
習　　癖	（記載なし）
趣　　味	記載なし
嗜　　好	酒　煙草

保護経過

12.3.4　入園清風寮ヘ入ル　単身行李ヲ担ヒテ来タダケノ元気アリ　最近ハ屑屋モシタシ空瓶商ヒモスレバ造花造リデモ何デモシタ様ニ言ッテ居ルガソレニシテハ些程卑屈ナトコロガ見当ラナイ　サッパリシタ好人物ノ様デアル　娘ガ娼妓トナッテ居リ孫ガ実母ニ伴ハレテ他家ニアル等ノコトサヘナケレバ何等モナク園内生活ヲ享受出来ル人デアロウニト思ハレル

　5.11　観桜会余興の行列に参加

　7.30　入園以来通信一度も受けず　日常小遣に不自由のため長谷場主任に願ふ

　8.5　7月21日より8月4日迄園内の枯枝の始末に働く

12.8.7　虚弱者世話係として転入

13.6.6　氏は無口で実に黙々とした人で　余りに黙った人は虚弱者の世話係としては不適だと思った事も有ったが　今の係は草花や庭いぢり等にも興味を持たれる様になり朝顔の手入に気持ちを寄せられる様になった事は　氏をして楽しませることにもなり至極結構に思った

　6.25　世話係として決して他人と争ひ等はないが　其れ丈に周囲の人達に対し何らの親切心もない　一つは気付れない者とも察せられるが　余りに受動的の人で虚弱者の世話係には適さないと思ふ

13.7.4　日頃無口な人では有るが　此の頃余りに黙り込み　一向に同僚方とも語られる事なく　唯日々の世話係の当番のみ　つとめられるのみで　寮母と氏の様子が心配になり遊郭にゐる娘の事でも気になってないかときいて見た　曰く　一向に便り無く病気にでもなってゐるのではないかと案じられ　あれの将来も心配です　私が金に仕たのでない　あれの夫が悪い者で　ああした事になったのですと申され　色々と力付けたり慰めたり仕て置いたが　気掛な事であろふと同情される

　10.5　氏の考へ込んだ様な様子を見ると　寮母は心配でならない　快活に導く為めに　何かと面白い事など聞せたりするとうつ向きながら黙笑　お体でも悪いか娘でも気になってゐるか等と　尋ねて見ては慰める

　10.26　氏は自分で私には盲腸と云ふ持病が有ると云ひ　時折園外に「ハコベ草」を取りに行く人で有るが　今日も何時の間にか無断で出で　なかなか帰って見えず非常に心配して手分けを仕て探した　暫くして探している中に帰って来た　矢張りハコベ探しに行ってゐたとの事

　12.21　共同金50銭を今回は分配す

14.1.12　お世話係の改選に就き　虚弱者の世話係を努めて来た氏　最う80歳にもなりましたので一時休ませて頂き度いと云ふ申出に依り　今回辞される事となり　西側普通室の方へ移す

1.23	夕刻より悪寒の気味有りて早めに就床 検温7度3分アスピリンを服薬
2.3	風邪の為め微熱が続く7度2分
2.7	風邪も段々快方に趣く
3.11	川本氏の後任として 一時休んでゐた老川一郎氏本日より又東側虚弱室の世話係をつとめる
14.6.23	原田三郎氏と口論して 氏の日く 自分は元土木請負業等に働き多くの土方等も使った事が有り一つ腹を立てたら どんな事をも出来る 又やり兼ねないと 日頃無口の氏が随分恐しい事を云ふのであった 心得へ違ひがなき様注意を与へる
5.6	当人の娘久方振りに来訪 老川氏非常に喜ぶ 娘米子氏より父を私のところまで外出させて呉れとの願ひが有った
7.11	娘の身上に就き四谷〇〇町×××真矢信司氏宅まで1泊の予定にて外出 約束仕て有った娘が不在だと 午後4時頃帰寮
14.7.17	朝の除草から帰り間も無 見えないので ハコベでも取りに行ったかとも思って見たが 暑い折の事とて5,6名の老人方と手分して園内外を探したが 見当らず 気になってゐた娘米子氏の処へでも急に思立ったのではないかと想像された 課長様までにお届け申上げ 梅田先生より辺りの外出先へ電報して頂いたが 吾家へは来なかったと云ふ御返事が有った
7.18	今日老川一郎氏より葉書にて便りがあった 娘の身上に就いて無断で出た事は御許願ひ度い 直ぐ帰る筈のところ 腹痛に苦しみ 快復次第帰園すると云った文面であった
7.22	帰寮ないので 課長様 榎本先生 色々と御心配頂き梅田先生に御出張を願ふ事になる 梅田先生と行違ひに間も無く老川氏帰寮 早速事務へ呼び榎本先生より懇に御諭し頂く 当人の申立に依れば一等肝要な娘米子氏は訪ねてない 新宿〇町小池屋（宿泊所）料金1泊30銭へ1泊 中野区〇町×××山本昌治氏方（元間借の家）へ4泊した由 今まで不幸だった娘さんの今後の将来に就き親として考へてやる可く話して置く 梅田先生娘さんを訪ねて頂て 米子氏は現在大岡と云ふ男子の方とアパート1室に家具等も1式揃った共同生活を営んでゐる由
10.20	2,3日風邪気味で静養してゐたが今日は大層良くなったとお世話係の仕事に就く
11.14	御許可の上〇〇〇の娘の家まで外出す
11.15	折角娘を訪ねたが 今までの家より他へ転宅して不明だったと 会へないで帰って来た 気の毒に思ひ慰めて置く
15.2.11	紀元2600年祭に就き慰藉料金1円を預かる
4.24	老川氏の亡長男の嫁トミ氏が 死別後市助を連れて須藤治助氏のもとへ再婚し現在中学に入学の由 孫の市助君母子は今だ老川氏の籍に在り又本家戸主にて 就いては養子入籍に就き 老川一郎氏へ分籍相談 尚承知仕て呉れとの分家届が同封されてある 老川氏はこれに怒り放って置き度いとの本人の意志にて 何れ先方より来園まで待ち其の折は事務にお骨折願ひ度と云事
8.15	本日世話係り辞令を頂く

	10.13	亡長男の嫁トミ氏孫市助君再婚先の主人と共に来訪 籍の事についていろいろと相談すれど老川氏もわからず何うしてよいか迷つて居るので事務所の方に御願い致し相談に乗って頂くこととなる
	10.30	秋期遠足に参加する
	12.21	共同分配金50銭受く 御世話係り労務金1円20銭頂戴する
16. 1.15		年のせいでもあるのか法事をするのも大儀らしくて見え 又無口なので世話係りとして同係間も評判が悪いので少しの間西寮に行き休ませることにする
16. 1.28		共同分配金50銭受く 1月11日御世話係慰労金1円20銭受く
	4. 3	世話係の労務金1月15日までの分84銭受く
	4. 5	共同金50銭の分配を受く
	5.12	共同金50銭の分配を受く
	5.16	春季遠足大宮公園行きに参加する
	6. 6	亡長男の1人息子市助君をば分家をさせ須藤の家にあげたい 孫の幸福になる事だったらと申され分家届には長女米子の判が要るが米子が行方不明なので何うすれば良かと相談に見える 榎本先生に相談の結果とにかく須藤氏に来て頂いたらとのお話であったので 早速葉書を出しておく
	6.10	煙草銭の小使もないから作業場に袋張りに行き度いとの希望なので御願ひ致しお許しを頂き今日から出ることとなる
	6.16	朝食も元気で頂き作業場に行かれ昼食も普通1人前頂き引続き作業場に行かれたが下痢嘔吐してつれて帰り休ませ体温を見るに39度8分もあり顔色蒼ざめ早速山中先生に容体をお話し致し第4病へ入院させて頂くこととなる
16. 6.30		入院後格別の下痢嘔吐もなく元気有 早く退院したいとの事で診察の結果全治退院となる
	7. 3	退院後手足のムクミひどく 受診 お薬を頂く
	7. 6	便通があった由で手足のムクミが取れたので今日からお作業に行かれる
	7. 3	個人作業代40銭受く 内8銭共同金に寄附して頂く
	8. 5	共同金50銭の分配を受く
	9.18	個人作業賃80銭頂き 内2割共同金を寄附される
	9.23	共同金50銭の分配を受ける
	10. 8	秋季遠足大宮公園行きに参加す
	11. 5	個人作業慰労金4円15銭頂く 内2割寄付する
	11.21	共同金50銭の分配を受く

12.22	個人作業慰労金2円21銭頂く　内2割共同金に寄付頂く
12.26	共同金50銭の分配を受く
17. 1. 6	下痢の為め就床服薬中である
1. 9	下痢も止ったが腹痛がすると云われるので明日御診察を受けませうと云って話して居たが10日朝急変して目は座り顔色蒼白となったので婦長さんに注射をして頂いて関先生御出勤をお待ちして御診察頂き第1病に入院させて頂く
1.10	婦長様子お話し致し　孫市助さんのところへキトクの電報を打って頂く
17. 1.10	死亡せらる
入園時ノ所持金品	所持金　4円20銭也　　保管3円也　（長谷場） 所持品　袷 1　　冬羽織 1　　単衣 2　　浴衣 1　　夏襦袢 1 　　　　冬シャツ 3　　モモヒキメリヤス 2 　　　　コルテン洋服上下　腹巻 2　　衿巻 1　　丹前 1 　　　　帯 2　　風呂敷 3　　行李中 1

No.1642　須田米吉　（男）

入園日	昭和3年10月18日
退園日	昭和17年1月11日　（死亡　心臓衰弱）

（要救護者調書）

出　　生	嘉永5年2月2日生　当77歳
出　生　地	東京市芝区○○番地不詳　有馬邸内
本　籍　地	東京市神田区○○町×番地
震災当時ノ住所	東京市神田区○○○町××番地　原胤昭方
現　住　所	東京市浅草区○○町××番地　間々田助蔵方
戸主又ハ続柄	戸主
宗　　教	基督教
家族ノ状況　並ニ扶養親族関係	妻子ナク3人ノ姉ハ7歳ノ時別レ其後幕府瓦解ニヨリ行方不明トナリ今以テ生死判明セズ 其他ノ扶養親戚関係者ナシ
身心ノ状態不具廃疾ノ程度　及疾病ノ有無	神経痛
震災当時ノ職業及　現在ノ作業収入	飯焚　　月収5円（賄付）
教育程度 趣　　味 嗜　　好	寺小屋1，2年修学 将棋 煙草
震災後ニ於ケル生活ノ経路　並ニ現況	飯焚トナリ生活中震災ニ遭遇シテ全焼セシカバ同所ノ鉄板小屋ニ入リテ引続キ飯焚ヲナシ程ナク主家ノ仮建築ノ落成ト共ニ同家ニ居リシガ大正15年8月暇ヲ取リテ下谷区○○町××番地猪ノ子餅問屋津田正二方ニ住込ミ猪ノ子餅ノ行商ヲナシ次デ同年12月1日浅草○○町×番地銀チャン豆ノ親分某ノ売子トナリ其ノ合宿所ナル同所ニ移転シ継続中ナルモ老年且ツ神経痛ニテ生活甚ダ困難ナリ
生立及経歴	有馬玄蕃ノ頭ノ足軽頭渡辺由藏ノ長男ニ生レ（姉3人アリ）母ハ米吉ヲ出産後間モナク死亡シ6歳ノ時父モ亦病没セシカバ翌7歳ノ折伯母すみノ嫁シ先ナル千葉県長成郡○○○村農柿山次郎ノ養子トナリシモ16歳の頃家出上京シテ日本橋区○○町大工正吉方ニ奉公シ10ヶ年継続中正吉ノ周旋ニテ○○○町田安家ノ家臣須田正彦（当時60歳）老夫婦方ニ養子トナリ程ナク小石川砲兵工廠ノ機械人夫トナリシガ28歳ノ時養父死亡シ養母まさハ扶養ヲ受クルハ心苦シキトテ其ノ親戚ナル青山×丁目某方ニ転居セシカバ砲兵工廠ヲ辞シ○○町某製紙工場ニ雇ハレシモ2ヶ年ニテ退キ其後ハ日雇人夫トナリテ各所ノ木賃宿ニ止宿シ居リシガ56歳ノ時浅草区○○○○町×丁目×番地ニ一戸ヲ借家シテ富貴豆ノ行商ニ転業シ渡辺ぎんト内縁関係ヲ結ビシモ同棲6ヶ年ニテぎんハ病死セシカバ以後独身生活ヲナス　67歳ノ頃行商ヲ廃業シ原方ノ飯焚トナリテ震災ニ及ブ（以下震災状況欄ニ含ム）
保護依頼者	神田○○○町××番地　原胤昭
その他	記載なし

保護経過
10.11.5　風邪 下熱ノトコロ又モ発熱　39度5分

10.12.20　原胤昭氏ヨリ使ノ者ヲ寄越シ小遣銭御見舞ノ菓子等届ケラル

13.1.26　左足腫レ 疼痛ノ感甚ダシキタメ四病入院

同．2.27　四病ヨリ退院 静和寮ニ入ル

同．3.2　原胤昭氏ヨリ金2円送付アリ

13.12.21　原胤昭氏の使者金5円持参す原氏住所 淀橋区○○○×－××××

14.9.18　世話係野田ト衝突シ退園シタシト申出リ懇諭ノ決果思ヒ止マル

15.5.7　同僚畑上ト囲碁中争論ヲ起コシ相手ノ顔面頭部ニ傷ヲ負ハス

16.9.18　静和寮ヨリ西館下ヘ転ズ

17.1.11　原胤昭氏に死亡通知ハガキにてす

（入園者身分概要）

続　　柄	戸主
性　　別	男
氏　　名 生年月日　年齢	須田米吉 記載なし
本　籍　地	東京市神田区○○町×番地
入園前住所	東京市浅草区○○町××番地　間々田助蔵方
家族親族等ノ現況	家族・親族等ナシ
経　　歴	母ハ本人ヲ出産後間モナク死亡シ 父モ亦病没ス（6歳ノ時）7歳ノ時伯母ノ嫁先ナル長成郡○○○村（千葉県）農柿山次郎ノ養子トナリシモ 16歳ノ時家出上京シテ日本橋区○○町大工正吉方ニ奉公シ 10ヶ年継続中正吉ノ周旋ニテ須田正彦老夫婦ノ養子トナリ程ナク小石川砲兵工廠機械人夫トナリシガ 28歳ノ時養父亡シ養母ハ扶養ヲ受クルハ心苦シトテ其ノ親戚ナル青山×丁目ニ転居セシカバ 砲兵工廠ヲ辞シ○○町ノ某製紙工場ニ雇ハレシモ 2ヶ年ニテ退キ其後ハ日雇人夫トナリテ木賃宿ニ止宿シ居リシガ 56歳ノ時 浅草区○○○町×丁目×番地ニ1戸ヲ借家シテ富貴豆ノ行商ニ転業ヲ渡辺ぎんト内縁関係ヲ結ビシモ同棲6ヶ年ニテぎんハ病死 以ッテ独身生活ヲナス 67歳ノ頃行商ヲ廃し原方ノ飯焚ニ雇ハル 震災ニテ全焼シ大正15年原方ヲ取リテ下谷○○町ノ餅問屋行商ニ転ジ次ニ浅草区○○町×番地銀チャン豆ノ行商ヲナス中 老齢ノ為不能トナル

371

宗　　　教	基督教
教　　　育	寺小屋1，2年修学
健 康 状 態	健康
労 務 能 力	有
個　　　性	（記載なし）
性　　　格	（記載なし）
習　　　癖	（記載なし）
趣　　　味	将棋
嗜　　　好	煙草

保護記録

3.10.18　入園 77 歳
　　生立　有馬玄蕃の頭の足軽頭渡辺由蔵の長男に生れ（姉3人あり）母は米吉を出産後間もなく死亡し 6 歳のとき 父もまた病没せしかば翌 7 歳の折伯母すみの嫁し先きなる千葉県長城郡○○○村農柿山次郎の養子となりしも 16 歳の頃家出上京して日本橋区○○町大工正吉方に奉公し 10 ヶ年継続中 正吉の周旋にて○○○町田安家の家臣須田正彦（当時 60 歳）老夫婦方に養子となり 程なく小石川砲兵工廠の機械人夫となりしかば 28 歳の時養父死亡し養母まさは扶養を受くるは心苦しきとてその親類なる青山×丁目某方に転居せしかば 砲兵工廠を辞し○○町某製紙工場に雇はれしも 2 ヶ年にて退き其後は日雇人夫となりて各所木賃宿に止宿し居りしが 56 歳の時 浅草区○○○町×丁目×番地に一戸を借家して富貴豆の行商に転業し渡辺ぎんと内縁関係を結びしも同棲 6 ヶ年にてぎんは病死せしかば以後独身生活をなす 67 歳頃行商を廃し原方の飯焚となりて震災に及ぶ 震災により全焼せしかば同所の鉄板小屋に入りて引続き飯焚をなし程なく主家の仮建築落成と共に同家に居りしが大正 15 年 8 月暇を取りて下谷区○○町××番地猪の子餅問屋津田正二方に住込みそれの行商をなし同年 12 月 1 日浅草区○○町×番地銀チャン豆の親分某の売子となりソノ合宿所に移転し継続中なるも老年 且 神経痛 にて生活困難なり
　　姉　3 人の姉ありしも 7 歳の時別れ その後幕府瓦解のため行方不明

9.10.10　何か一つ強い怒り方をすれば暴力で処理せんとする様な単純で強かった□□ 彼庭を歩き乍ら寮母室の窓ぎわから 私も遠足にゆきます …この花奇麗ですね 私も花を好きです…と云ふ 本人の心境に美をよろこぶ奇麗さのある事を知る 美を愛づる事によって少しでも情的な修練を得る様に

同 .11.15　趣味展覧会に山水の絵と きれない鋏一つで作った神社植木（□□）とを出品する

同 .11.16　展覧会場のかへりに寮母室のまどぎわから寮母を呼ぶ「私の植木が出ない様だったら持ってきますが」と話しかける チャンと展覧してあるからよく見て来る様に念を押す 自分の出品を見落してしまって受け入れられなかったのだと云ふ 淋しさを寮姆にはき出したのだらう 事実を見とどけて満足する様だ

同 .11.30　以前の主人の家と近くの多摩川の景色を絵がいて（ママ）持って来る 手がふるへて居るのでそばては何かと 子供の絵の様だが いい絵だ

同 .12.6　時々窓ぎはや廊下から無念の様な 彼の「うた」がきこえて来る 眼がはっきりせず手がふるへ勝だが余念なく手工をやってゐる様子 切れない鋏一つで御船を作ってゐる彼に寮母も一つの安心した よろこびを覚える

10. 1. 9　寒む気がするからと就床する 熱 38 度 1 分　夕方 38 度 2 分 医者に相談し 御くすりを貰ふ

同 . 1.10　朝 37 度 9 分 午後 36 度 7 部 もう気持がいいですと云ふ 後を大事にする様に

同 . 1.12　引続き就床

同．1.13	全快しましたからと おき出す
同．1.14	また熱38度5分 夕方37度 風邪なれば大して心配もないが 熱が高いと後が 体のはっきりするまではたいぎな様だ
10.2.22	切（ママ）を下さいと来る 煙草入らしいものをつくりたのしむ 10周年記念に何かつくる様 希望を与へる
10.4.7	原たねあき氏へ外出 午後3時帰寮
10.5.5	御庭に苔のむした山をつくり 寮母にもたのしみをもとめる かうしたことにより情的の平和さが保持され いい落ち付きをみせてゐる
10.6.12	どうも肩が痛くて仕方ないです薬があったらと相談に来たり 単衣の綻びはどうしてもなほせませんし 一つ御願ひしますと掛襟や 袖付のとれてゐるのを持ってきたり 朝顔の鉢を持って来てみせたり よく寮母にしたしさの気持を与へ感じさせる本人 今日は除草に行ったり御庭をいぢったりした為め疲れた体を自分の座席に休ませ乍ら 何か考へてゐる□と思ったり暫くく振りで絵を思ひ出した様に書き出し自分の趣味になぐさみを求めた
10.8.17	除草の世話係下田牛次郎氏と感情的に面白くなかった為めに暫くみんなと 除草に出ることを休んでゐた その後理髪所のまわりの除草を一人でなし居る様約束しておいたが 本人も今日頃だんだん気分がむいたらしく 今度みんなと除草に出ますからと申し出る
10.10.18	そばの耳の遠い長田末三郎氏に何かと親切である 絵をたのしみ 植木をたのしむ 彼の情熱は また昨今隣びとへのよき友情となってゐる
10.11.5	時々風邪におかされ 高熱を出す本人 また今日も 39度5分の熱 さむくなると 風邪勝になりて病に気が弱くなって来る
10.12.30	原胤昭氏より御代理訪問あり金2円とお菓子小使の賜り物あり 御心情に感激する
11.1.19	方尺大の立体の紙細工 山水を製作終って寮母におくる かく趣味の生活は同氏を育ててゐる 手さぐりでおぼつかなげの製作により氏の視力の弱さを痛感する
12.1.26	感情家なるが故接触後に心を□る事あれども一面又感恩と友情との念に厚く隣人を世話する事に喜びを持ち得る性格なる上に過日足部の怪我のため約2週間就床いたせし其の折谷口常男世話係より受けし親切（用便の世話から食事 シップ等に至るまでの）にはいたく心打たれしと見へ一層友への責めを深く覚えし様子である 視力殆ど無き状態なるが将棋 碁を好み紙細工 水彩画をよくす 下肢疾患に依り受診 直ちに入院と決定第四病へ
12.1.29	左下肢 入院後直ちに薬を塗布して安静にせしむ大分痛みうすらぎたり今日は喜び居りぬ
12.2.2	入院後日増しに良好となり退屈まぎれに紙にて種々のものをベッドの上にて作り居り又時折は近所の人々の身のまわりなど親切に お世話してあげらる様子を見る 殆んど下肢の腫張部も平常となり 退院の許可あり
12.2.12	1人で歩行もで来得るやうになった

12.2.27	第四病より退院当寮に入る（静和寮）
12.3.2	淀橋区○○○×丁目××××原胤昭氏より価格表記にて金2円送付さる
12.4.4	2回程 寒気がするとて就床せしも 37度台の熱にて 幸であった 此頃菊の苗を植たり 自分の植木を運んで来たり 暮して居る
12.6.16	此頃は足の方も良くなり薬をつけなくともいい様になり 寮内作業の箸に楊枝鋏をする役を受持ち やって下さる手がぶるぶる震へるので 何にも出来ないのであるが それでも 紙巻を手伝ふとするも こちらから断りを云ふ程である
12.7.8	逆睫にて 眼瞼手術 第四病へ仮入院をなす
12.7.14	眼の手術後一週間目で退院なす
12.9.23	協同会より 金20銭御小遣としていただく
12.12.4	朝食後首がつって眩暈がして 起きて居られず胸がむかむかすると云ふ 熱は平熱であるけれども脈拍が49である 一日就床して なほってしまった
12.12.27	御小遣として 共同会より 金30銭をいただく
13.2.16	当寮で一時半頃全部に流患の為熱を量った時 37度であったのが 夕寒気がするとて直に就床検温なしたるに7度8分となりて仮病室なる西館下に 流感患者として収容さる
13.2.23	感冒全快にて 帰り来らる
13.2.11	共同金中より小遣として金30銭頂く
13.3.3	流感にかかった後食事すすまず息切をなし夜眠れず云ふので頓服をいただく
13.3.18	御小遣として金20銭共同会から頂く
13.8.15	此頃大変静に落ち付いて居て嬉しいと思ふ矢先今夕皆が寝仕度をして居る時山部与次郎氏が床に新聞紙を敷いて寝たのががさがさするのでやかましいと云ふことから口論になりいきなり山部氏の顔をなぐりつけたので 倉田□□三次氏と寮母とで引き分けて 寝に付□□□
13.8.16	昨夜寝に付く時 寮母さん済ませんと云って居たが 今朝はもう園に居られないと思ったものか荷物を整理して居たが 寮母向後を誡しめる
13.8.18	時々眩をなし首すじが張るとて御診察いただく 御投薬下さる
13.10.30	例の如く めまひがするとて就床2日目 本日起床
13.11.8	チブス予防注射執行
14.2.17	（記載なし）
14.3.11	寮母就任当時（□□□）よく北田鶴太郎氏と将棋の事から口論してゐるのを見たがこの頃そんなことも見えなくなる相変わらず目洗ひに行くが 体は別状なさそうだ 仲々明い良い所もある氏である

14.3.16　昨今体の具合が悪と言って　ふるえる手がよけいひどいので　先生の御診察を戴き御投薬を願ふ　ちょくちょく寒気がするとて就床　老ひが目立つ

14.3.30　あの薬をのむと体が変になる様だと　投薬を中止する　この日原胤昭氏に会い度い事を云う　寮母名で葉書を出して上げる

14.4.4　朝寮母室へ可愛い花の鉢をもって来て　これを私が作ったからとかして下さる　可愛い可愛いとほめると　とても喜んでゐられた　夜良くラヂオを聞いてゐられる

14.4.27　時々めまひがしたり　吐気があったりしたので　塚原先生の御診察を願った所　目をつかひ過ぎると　よろしくないとの事　御投薬を頂く

14.5.17　無理にも行きたい希望で　靖国神社参拝に参加す　大部疲れたらしい　無事帰来

14.5.20　昨日からモモの付け根の所から足首まで痛み出し　ヨヂームをぬれどきかず　昨夜は一睡もせざりし由　先生におねがいし注射して頂く

　　21　快癒せし

14.6.9　又めまい起り2日程就床をする　どうも作業するといけないらしく　作業をしない様良く話してあるのだが　皆にきがねして要る事がいけないらしい　2,3日で快癒せり

14.6.24　平静でゐて嬉んでいた矢先　久光寮母婦が氏の恰好がおかしいとて笑ったことから急に怒り出し肩たたき棒をにぎって駆け出そうとしてきかず抱きつく様にしてやっと静まらせた　やがて済なかったとあやまりに来たが　興奮があんまりはげしかったので後気をつけ置く

14.7.3　体の具合が大変よろしいからとて　本日をもってお薬を中止す　良いあんばいでずーと落ちついてゐる

14.7.15　共同金30銭頂く
　　　　昨今頭の具合が悪いとて　時々　気分が□□なって地下へでも沈づんで行く様な心持なる由を話す　老体の為と気候の変り目の為ではないかと思ふ

14.7.23　不消化物（きうりもみ）がいけなかったのか下痢3回したので絶食してお腹を暖めた所　なをる

　　24　今日一日　おじやを頂く

　　25　全快の模様なので御飯とする

8.1　持病のめまひ起りたれど半日就床　快癒してチブスの予防注射をうく

8.2　午前10時頃再びめまひおこり　医長様に容態を話した所　中風のおそれありとて静かにねかせておく様とて　御投薬を頂く

8.4　快癒して離床なす

8.8　第2回予防注射をうく

8.10　めまひひんひんと起り不安に思へるので先生御診察を頂く　絶対安静をとのお言なり便もなるべく試びん（ママ）をとのことなりしも　仲々本人が養生法を理解せず困る

9.2　絶対安静も5日程にして それからづーと起床 時々めまひは起るやうであるが 好きな庭いぢり草花いぢりは余念もなく落ちついた日々を過してゐる 時局の事などには非常に関心ありてよくラヂオのニュースを聞いてゐる

9.11　2,3日前から腰が痛んで就床してゐたが 快復して離床 所がおひるラヂオの所で「アンナ エチオールなんかぬったって痛みのなをりっこない あんなものなんになるかと不平を並べてゐたので聞き捨てならず エチオールは良い薬であること どんな良い薬でも又注射でもぬったからさしたからとすぐ良くなるものでない 痛みと戦ふ強い信念と薬を信じてたへる心がなければと話してきかせたが氏のかたくなの心に分ったか否か

9.20　昨日寮母の留守に世話係の野田氏と感情のもつれがあった由 常日頃どうも2人はうまく行かずゐたが 今朝になって寮母に園を出して頂き度いから課長様に会せてくれと言ってくる数日来浮かぬ顔をしてゐて 寮母から度々どうしたかと注意をうけてゐたが こんな問題が心の中にあった為か はじめて□□榎本先生に御会ひ頂く様おねがひする

14.10.15　どうも氏は短気で困る 今日もラヂオを聞いてゐる時 畑山氏が掃除をするのだから少しどいてと言った所「邪魔でなくばいいだらう」と畑山氏とやり合ひ 畑山氏は藤井氏を加勢にたのんで捨ておいたらいつもの様なけんかになると思ったので寮母飛び出してお掃除がすんだらまた聞いたら良いだらうと言へば がつがつ言ひながら部屋に帰って行く

10.19　遠足希望なれど 老体の上目は悪し 時々めまひすらするので 廣瀬先生の御診察を願ひ中止する様話して頂く 所が不服にて大変な立腹で先生は驚かれる 貴男のおから（だ）を心配したからだと良く話しておく

11.30　和歌俳句の会に 左の作品を出す
　　1　心からたのしかりけり磯千鳥
　　1　くもの巣にしばしやどりの木の葉かな
　　1　冬めくやぬの子の襟も杖つかん
　　　ゆうべからさへつくした雁の声
　それでも苦にはならぬものかや

12.7　野田氏の慰労金（退園につき）1円をあげる事から あんな奴にやりたくないとおこりだしぶるぶるふるへて寮母室に怒鳴ってくる 退園すると云ひ出す

15.3.5　北田氏と碁をして居りおこって打ち 血を流し指を曲げ呼び声に飛んで行った寮母に気付いて呆然となる
単純にて短気 只花を持たせる様にしておく事 を主としておる 目をかけてあげる様にしておると平静である 人にせん動され易く如何なる悪口でも云ふ「世話掛は2銭づつ貰ふから役目だから当り前だ」と云ふ 世話掛に相手にならぬ様注意しおく 視力聴力共おとろへ ラヂオも大好きなれど普通より大きな声のラヂオも聞えなくなったと悲観顔なり

15.7.10　共同金50銭分配す
　目まひ時々し就床勝ちとなる

8.24　30銭分配する（共同金）

9.25　一週間に1度位の割で床につく様になった 老衰が目立ってくる 庭いぢりに日を暮らす

12.10　目まいにて往診を受け服薬す 直ぐ止め 2日3日と続けて床に居らず 持前の雷同性が昂じて悪いことにそそのかし煽動 例へば盲目の荻野氏の妻死亡の時 天罰だ等と云ひ合ひ世話掛に注意されるとつかみかかってくる

第Ⅱ部 「個人記録」110人の記録

16. 1.20　目まいにて就床大切にされるので特意になって威張る様子　風呂も自分より先に入る者があるとおこる　庭いぢり時々行っておる　虫をわかす恐れあるのでシャツももも引与へる　取り換へさせる我慢がなくなる　分配金与へて１ト月も経なへ内に又金金とうるさく騒ぎたてる

　　4.8　増上寺の白松僧正のお説教をくり返し聞かせ他の人を煽動したり悪い事をそそのかしたり同意したり我儘勝手な事をしたりするのは皇室の御恩に対しても叛く事でありそんな人は老人と云へども人間ではなく獣である事を説教をくり返し老人と云へども日本人であるから道に外れた事をしては不可な事をさとすとうなづく

　　4.14　目まいにて就床　服薬
　　　一番世話を受けて居るが感謝の念無く世話されないとか口論を云ったり取組み合いたりする事間々あるが子供に対する様に□□と云い聞かせると其の時丈はわかって「はい」と素直に返事して帰る　天性の単純で自分の不具的一方的考へをよしこと（ママ）して行動するので問題を起し他から厭はれる
　　　東室が気に入らぬからとて西室に移してくれとたのみに来たが自分の心掛次第でよくも悪くもなるので他がよいわるいは第二次的な事を云ひ聞かす　不承無承であるがうなづく

　　5.12　目まひにて就床　むくみもあるので往診していただき服薬す
　　　大分老衰目も耳も言語も不明瞭になった

　　8.15　貧困者小遣銭50銭宛戴く

　　　29　東室が気に入らぬ故西室に移りたいと云ふ聞いて貰はねば園長室迄行くと云ふ
　　　良い老人はわがまま云ったり御迷惑をかけたりしないもので　西室へ行きたければ皆と仲好くせねばならぬ事をさとして移す

　　9.2　寮母の留守中太山氏（静かな）と口論つかみ合いしガラスを破る　氏の欠点（性質）より起ったもので子供の如く沈黙　おわびにもこない　黙って無言の叱責で様子を見る

　　　13　夜より下痢　大便をふんだり自分の気に入らぬと起す　我がまま乱暴をする

　　　16　下痢止る　大分静かになる

　　　18　西館下に転寮　良からぬ老人に煽動されたり我がままな考へ行をせぬ様寮母さんのおっしゃる事を素直に聞いて静かに暮らす事をさとす

　　9.28　お味噌がほしいからとの事にて寮母50匁ほど上げて外出して夕方帰寮すると　お昼に蒟蒻を食べたので下痢すると申します　今まで蒟蒻を食べてそんな事がないのに何かほかに悪いものを食べたのだろうと尋ねても別に食べぬと云い張る　寮母考へて見ると外出する時に上げた味噌がないので聞くと生大根に味噌を付けて食べたり自分のした事をかくし昼食べた物が悪いなぞと申し今す（ぐ）医者薬と申しますので朝早く先生も御見へになって居りませず其のままにして先生のお出勤を御待ちして居ると医者も薬もいらぬのなら　どこへかほうり出して下れと申します　関先生御診察下さいまして２日ほど絶食させたが自分のわるい事がわかったのかすなほになった

　10. 5　眼が不自由のため何事にも不足を云ふ　ことに食物になると聞くにたへないほど口から出まかせになんだいを云ふ

　11.10　ベットの上で食事して居たが自分ばかりに御飯少くされるとひがんだ事を云ふので食堂で食べさせる事にした

11.25	近頃大変おとなしくなる 寮母のする事に一つ一つ感謝すると共に園に御世話になって居る事を感謝して居る
12.8	寮母打合会で留守の間に2階に上り途中より落ちてけがをする 眼がよわって2, 3日困って居た
12.12	食事が充分頂けないと又さわぐ ベットよりおりる事も困難になった自分から□病室に行くことを望んで居る 関先生に御診察して頂いた上で入院させる
12.13	お望通り一病に入院させて頂く おとなしく寝て居
16. 1.11	入院後病勢つのり遂に不帰の客となられる
入園時ノ所持金品	西館下ニ転入ノ時調査 バスケット 1 メリヤスシャツ 1 メリヤスモモヒキ 1 カメノコ 1 袖無 1 くび巻 1 鋏 1 眼鏡 1 ナイフ 1 座蒲団 1

No.1651　根本鶴吉　（男）

入園日	昭和9年5月10日
退園日	昭和17年1月24日　（死因　急性腸加答児）

（要救護者調書）

出　　生	明治7年8月5日　当61歳
出　生　地	群馬県高崎市○○町××番地
本　籍　地	東京市牛込区○○○○町×××番地
震災当時ノ住所	東京市牛込区○○○○町×××番地　保田弥助方
現　住　所	東京市牛込区○○○○町×××番地　保田弥助方
戸主又ハ続柄	戸主
宗　　教	日蓮宗
家族ノ状況　並扶養親族関係	1．妻ノ有無　ナシ 1．直系尊卑属ノ有無　ナシ 1．其ノ他ノ親族ノ有無　妹　まさ　当56歳　まさハ当人2歳ノ時群馬県群馬郡○○村字△△ノ某農家ニ養女トセシ由　幼少ノ折聞キシノミニテ其ノ後ニ全ク音信ナク　生死ヲモ判明セズ 1．永年ノ知人　東京市牛込区○○○○町×××番地　保田弥助(57歳)　弥助ハ鶴吉ガ15年前青山御所ノ草除ク人夫ヲナシ居リシ節弥助ノ内妻田村さよモ亦女人夫ナリシ関係ニテ程ナク同家ヘ間借リモシタリ知人トナリシ者ナレ共さよ（70歳）ハ無職　弥助ハ下駄番人業ナルモ喘息　痔　腎臓病当アリテ休業多ク家族ハ夫婦ノミナレ共貧困ナリ
身心ノ状態不具廃疾ノ程度　及疾病ノ有無	青壮年時代ノ主ナル疾患｛幼少ノ時左眼失明｝　現在ノ疾病｛視力弱　老衰｝ 病状｛10年前ヨリ右眼霞ミ居リ昭和8年9月ヨリ全身老衰セシト雖モ共ニ軽症ニシテ自分用ハ充分ニ達シ得｝　精神障碍等｛ナシ｝　性情｛強情｝
震災当時ノ職業　及　現在ノ作業　収入	内田次太郎邸ノ小使 広告配 収入　月収　2円40銭　日収　40銭（時々杜絶エテ1ヶ月4日漸ク6日就業）
教育程度 趣　味 嗜　好	小学2年修了 浪花節・講談 煙草
震災後ニ於ケル生活ノ経路　並ニ現況	1．震災当時ノ被害ノ状況程度等　被害ナシ 1．震災後今日迄ノ家庭生活其他生活状況ノ変遷等 引続キ同町羅紗商内田次太郎方ノ小使住込ミ居リシガ災後1ヶ年ニテ暇取リ麹町区○○○○町三矢三治邸ノ小使ニ住込ミセシモ昭和2年9月末日暇取リ現住所ニ間借リシテおでん行商ヲナシ辛ジテ生活セシガ昭和8年6月21日丹毒ヲ病ミテ廃業シ済生会病院ニテ通院治療ヲ受ケシ結果同年8月下旬全快セシモ全身老衰セシ上ニ資本皆無ニ付行商等不能ノタメ広告配リヲナセシガ月収2円40銭ニヨリ月5円ノ間代ヲ昭和8年5月ヨリ不納シ日々ノ食費ニモ窮シ居レリ

生立及経歴	1．両親ノ氏名　根本義二　同とき　本人トノ戸籍関係　長男 　　職業　煙草屋　両親ノ死亡年齢　父　61歳　母　42歳 　　同上疾病等　父　中風　母　肺結核 2．出生時 　　幼少年時代ノ住所　群馬県高崎市○○町××番地ニテ普通生活ヲナセリ 　　家庭状況　6人家族（5人兄弟ナリシガ妹まさハ2歳ニテ他家へ養女トナリ生死不明他ハ既ニ死亡シ現存セズ） 　　教育等　小学2年終了 3．職業関係　住居　生活状況ノ変遷等 　　15歳ニテ父ノ手伝ヒヲナシ17歳ニテ煙草行商ニ従事シ居リシガ20歳ノ時上京シテ牛込区○○町牛肉商志田滋養軒方ニ住込ミ奉公セシモ2ヶ年ニテ暇取リ其後ハ市内各所ノ肉屋ヲ転々奉公シ28歳ノ折小石川区○○○○○町松田牛肉店ニ住込奉公中父義二ハ（7年前母とき病死シ鶴吉ノ妹さき（当時19歳）ニテ死亡シタル）生活難トナリテ上京セシニヨリ主家ノ松田方ノ帳場ニ住込マシメ鶴吉ハ松田牛肉店ノ本店ナリシ麹町区○○町竹田牛肉店へ住込ミシガ30歳ニテ暇取リ四谷区○町××番地駄菓子商田村幸助方ノ2畳ヲ間借リシテ八百屋行商ヲ開始シ父ヲ引取リテ扶養シ2ヶ月ニテ同町××番地ニ借家移転シ辛ジテ生活セシモ　40歳ノ時父ノ中風ニテ死亡セシモ八百屋行商ヲ継続シ5ヵ年ヨリ○町××番地外山運送店方ニ間借リ移転セシガ2ヵ年ニテ生活困難ナリシニ付四谷区○○町森村方（森村ハ客車内ニテ絵本売リヲナシ居リシ者）ニ同居シテ青山御所ノ植木屋ノ手伝ヒ及草除人夫ニ転業シ3ヶ月ニテ御所内草除女人夫ナリシ関係ニテ懇意トナリシ牛込区○○町××番地保田弥助ノ内妻田村さよ方ニ間借シ植木屋ノ手伝等草除キ等ニテ普通生活セシモ3ヶ年ニテ同町内田次太郎方ノ小使ニ住込ミ生活セリ（家財ハ保田方ニ預ケ置ナリ） 4．縁事関係　子女・有無 　　31歳ニテ某くまヲ内妻トセシモ半ヶ年ニテ離別シ　42歳ノ時某ぎんヲ内縁ノ妻トシテ同棲セシガ半ヶ年ニテ離縁　46歳ノ折山村つぎトノ内縁関係ヲ結ビシモ1ヶ年ニテ離縁シ以後独身生活ヲナス　子女ナシ 5．本人ノ性行　普通 6．特ニ貧窮ノ事由ト認ムベキ事項　老衰
保護依頼者	東京市牛込区役所
その他	調査箇所　東京市牛込区○○○○町×××番地　保田弥助方

保護経過		
9.5.10	入園　清風寮ニ入ル	
10.10.4	（葵寮）23日前　本人ノ家族の位牌を預けてあった保田氏より位牌引取方督促の葉書来りしも歩行不自由なれば外出も出来兼ぬる故　戒名丈を記して送附しくる様申送る	

（入園者身分概要）

続　柄	戸主
性　別	男
氏　名 生年月日　年齢	根本鶴吉 明治7年8月5日　当61歳
本　籍　地	東京市牛込区○○○○町×××番地
入園前住所	東京市牛込区○○○○町×××番地　保田弥助方

家族親族等ノ状況	1．家族— 妻子其他家族ナキ単身者ナリ 1．親族— 妹根本まさ（56）ハ同人2歳ノ折群馬県群馬郡〇〇村ノ某農家ニ養女ニ行キシト幼年ノ頃聞キタルコトアルモ往復シタルコト又音信ナク生死不詳 其他親族干係（ママ）者ナシ
経　　歴	群馬県高崎市ニ於テ煙草屋ヲ営ム根本義二ノ長男ニ出生ス兄弟5人アリ妹まさノ他何レモ死亡セリ 15歳ヨリ自家ノ煙草行商ニ従事ス　20歳ニテ上京牛込区〇〇町志田牛肉店ニ奉公シタルニ始マリ　30歳迄約11ヶ年間市内数ヶ所ノ牛肉ノ店員トシテ働ク同年四谷区〇町ニ居住シ八百屋行商ヲ開業シ某くまヲ迎ヘ同棲半ヶ年ニテ離別シ　42歳某ぎんヲ内妻トシ同棲シタル処又モヤ半ヶ年位ニテ離婚ス　46歳八百屋行商モ振ハズ生活困窮シ植木手伝及除草人夫等日傭稼ニ転業辛ジテ生計ヲ営ム　而シテ同年山村つぎト内縁干係ヲ結ビテ同棲セシモ約1ヶ年ニテ離別セシ　50歳震災後小使等ニ住込ミ54歳ヨリ牛込区〇〇町ニ居住おでん行商ヲ営ミ自活シ来ルガ昭和8年6月丹毒ニ罹リ同年8月全快セシト雖モ小額ノ資金ハ既ニ尽キ営業不能トナリ広告ビラ配等ナシ居シモ月収2円余ニテ生活不能ナリ 宗教　日蓮宗　教育　小学校2年就学　健康状態　老衰 視力弱シ　自用ニ達ス 性情　強情　趣味　浪花節　講談　嗜好　煙草ヲ喫ス　飲酒セズ
宗　　教 教　　育 健康状態 労務能力 個　　性 性　　格 習　　癖 趣　　味 嗜　　好	（記載なし） （記載なし） （記載なし） （記載なし） （記載なし） （記載なし） （記載なし） （記載なし） （記載なし）

保護経過

9.5.10　　入園　清風寮ニ入ル

10.8.12　　便宜上転寮芙蓉ニ入ル

13.7.21　　視力が乏しいため歩行には不自由ないが寮内作業の如き視力を用する仕事に就いては　無理を当え　従事せし後は必ず悪い訴が有る
　　　　　然し除草等には　草の運びや　掃除方に熱心で有り実に一生懸命で有る

13.7.26　　ラヂオ体操に良く出席す　今日は不快だと出席仕なかったが　夕刻就床検温せしに38度と有り頭痛と後頭部痛みの訴へ有りて静養する

　　7.28　　熱は下ったが便秘の為め頓服を服薬せしむ

　　9.17　　除草後の片付け方の手伝に良く働いた為め特に褒として煙草1個を頂き　其れが氏としてはどんなに喜びで有った事か察せられた

13.9.21　　事務よりのお小遣ひ金支給20銭を受く

　12.21　　共同金より30銭とお小遣支給金20銭を受ける

14.3.144　両膝部疼痛の訴へ　外部症の者でなく　一応先生の御診察を御願ひする

14.6.15　　膝部　大腿部　内下肢部疼痛の訴へまだまだ快癒なく尚受診投薬

	6.27	疼痛幾分楽になりて来た
14. 9.4		保管金2円を全払する　少しの保管金を楽みに大事に遣っていたが最早なくなり淋しい思ひをする事だろうと思った
15. 1.13		腹痛と下痢を催し　昨夜7　8回と便通　別に熱もなく　懐炉にて暖め1日に2回の欠食　療養を先生より仰せがあった
15. 8.13		寮母に物を言ふのに寮母は座って居っても立って行儀悪と言ふので注意せしが其の時は変にプンとせしも今日此頃は行儀もよくなった
	12.21	共同金50銭の分配を受く
16. 1.23		余り長く服薬して居るので一時中止する 膝部疼痛を訴へ電気の方が大変良いと聞いて1度かけさせて頂けないかと言ふので広瀬先生にお話し致した結果電気をかけて頂くこととなる
	1.28	共同金50銭の分配を受く
	4.5	共同金50銭の分配を受く
	5.12	共同金50銭の分配を受く
	5.18	風邪気味にて就寝
	7.21	仲々グチつぽい老人で自分の悪いことは棚にあげて他の老人の事を悪くいったり又生活係りの事を悪くいひ　お寮を替らせて頂き度い等と言って居られる　なんでもかんでも集め度い妙なくせがある
	4.5	共同金50銭の分配を受く
	9.25	医局のお呼出で採血あり
	9.23	共同金50銭の分配を受く
	10.14	目の先生に御診察して頂く
	11.21	共同金50銭の分配を受く
	11.30	医局のお呼出にて採血があった
	12.4	顔　手足にムクミが来て物につまづき倒れるので診察を受ける　水薬を頂く
	12.27	体の工合も良くなったので服薬中止して頂く
	12.27	共同金50銭の分配を受く
17. 1.15		10日程前頃から歩行不自由となり一寸したことにも転ぶ様になり　是れもこの2　3日前より激しくなった　神経痛にて手足腰に痛み顔相も変になったので診て頂き　入院させて頂く
17. 1.15		大腸加答児にて死亡せる

入園時ノ所持金品	所持金　21円20銭也　内20円他保管ス 所持品　帽子　1　　ハン天　1　　袴　1　帯　2　　腹かけ　1 　　　　シャツ　2　　股引　3　　前掛　2　腹巻　1　　風呂敷　5 　　　　地下足袋　1

貧困証明願　方面委員　阿部七介
　本籍　東京市牛込区○○町×××番地
　住所　同上
　職業　ビラ配布
　根本　鶴吉　明治7年8月5日生
　右ノ者浴風園ニ入園致度候ニ付テハ左記事項ヲ具シ此段及御願候也

　　　　　記
1. 氏名　根本鶴吉
1. 続柄　世帯主
1. 年令　61歳
1. 職業　宣伝ビラ配リ
1. 収入　2円40銭（月）

生活状況
　本人ハ従来八百屋ノ挽子ヲナシ辛ジテ生計ヲ維持シツツアリシガ失敗シ其後子供
　相手ノ「オデン」行商ヲ覚エシモ又之不振ニテ遂ニ止メ　宣伝ビラ等ノ配リ子ヲナシ
　来タリシ所昨年丹毒ヲ患ヒ半歳以上モ病ミ全ク当時無一物トナリ頼兄弟ナク其後益々
　病弱ト老衰加ハリ目下ハ3日ニ1度位ノ前記ビラ配布ニ依リ40銭ヲ得ル程度ニテ
　洵ニ数奇ナ現状ニ有之候ニ付
　右御証明相成度候也
　昭和9年4月23日
　　右　根本鶴吉
東京市牛込区長佐藤傳四郎殿
社証　第136号
右証明候也
昭和9年4月23日　東京市牛込区長　佐藤傳四郎

No.1654　山崎健次郎　（男）

入園日	昭和16年5月6日
退園日	昭和17年1月29日（死亡　心臓衰弱）

（要救護者調書）

出　　生	明治12年4月17日　当63歳
出　生　地	愛知県知多郡〇町番地不詳
本　籍　地	東京市城東区〇〇町×丁目××××番地
震災当時ノ住所	東京市深川区〇〇〇町××番地　戸崎俊太郎方
現　住　所	東京市麻布区〇〇町××番地　婦人共立育児会内
戸主又ハ続柄	戸主　康太郎・弟
宗　　教	日蓮宗
家族ノ状況　並ニ扶養親族関係	兄（現戸主）山崎康太郎当69歳　康太郎ハ本籍地ナル城東区〇〇町×丁目××××番地ニテ鍼力屋ヲナシ居リ家族5名漸ク生活シ居リシガ37年前ヨリ音信不通ニナシ居レリ 従弟　山崎浩次当45歳　浩次ハ麻布区〇〇町×番地ニ居住シ麻尾中学ノ英語教師ニシテ其ノ兄浩太ハ府下北多摩郡〇〇村ノ実家ヲ相続シテ農業ヲナシ居ル等ナレ共モ永年交際セシコトナシ
身心ノ状態不具廃疾ノ程度　及疾病ノ有無	青壮年時代ノ主ナル疾患　ナシ 現在ノ疾病　昭和15年4月ヨリ萎縮腎トナリ病勢ハ一進一退ニテ目下 　　　　　　病臥シ居レ共軽症ナリ 精神障碍　ナシ　性情　良
震災当時ノ職業及現在ノ作業　収入	蕎麦屋職人　月収　15円 婦人共立育児会小使　月収　20円
教育程度 趣　　味 嗜　　好	小学卒 植木 喫煙
震災後ニ於ケル生活ノ経路　並ニ現況	震災当時ノ被害ノ状況程度等　全焼 （老年期）罹災直後主人戸塚尊司ノ兄ナル麻布区〇〇〇町××番地居住ノ歯科医療器械製造職工小早川紅次郎方ノ雑役トナリテ住込生活セシガ大正15年3月主人紅次郎ハ荏原区〇〇×××番地ニ移転セシニ附引続キ同家ノ住込雑役継続シ居リシモ昭和2年6月ヨリ現住所ナル婦人共立育児会ノ常傭人夫トナリテ本家小早川紅次郎方ヨリ通勤シ居リシガ昭和9年10月1日ヨリ婦人共立育児会ニ住込小使トナリシモ昭和15年4月ヨリ萎縮腎トナリ治療ノ結果1ヶ月ニテ殆ンド全快シテ就職シ1ヶ月後再ビ休業シ以来斯クノ如ク病勢一進一退シ目下病臥ニ居レ共重症ニアラザレ共此ノ儘永住シ難キタメ保護出願ヲナス

生立及経歴	1．両親ノ氏名　父　山崎策造　母　同くみ 　　続柄　参男　職業　父　十五銀行員 　　死亡年齢　父　62歳　母　42歳 　　死因　父　静岡ニテ汽車ト馬車ガ衝突シテ死亡　母　不明 2．幼少年期　6人兄弟ニテ普通生活セシ由ナレ共4歳ノ折父ガ一家ヲ伴ヒテ上京シ京橋区○○×丁目×番地ニ借家居住シ8歳ニテ母ニ死別シ13歳ノ時父モ亦急死セシカバ15歳ニテ麹町区○○○町ノ茶商静岡屋方ニ奉公セシモ半ヶ年ニテ叔父ナル府下○○村ノ農山崎繁治方ヘ手伝旁々厄介トナリ居レリ　兄長太郎ハ当人31歳ニテ死亡　兄康太郎ハ現存　姉政子ハ当人27歳ニテ姉優子ハ当人36歳ニテ姉はる子ハ当人23歳ニテ何レモ死亡セリ 3．青壮年期　18歳ニテ四谷区○○町ノ越川左官職方ノ手伝夫ニ住込ミ生活セシガ21歳ニテ暇取リ麹町区○町×丁目ノ寿司屋大漁丸方ノ下働キニ住込ミ23歳ノ折蘭茂園ノ女工外山くみヲ内縁ノ妻トシテ大漁丸方ニ同棲シくみヲ同家ノ女中トシテ普通生活セシモ26歳ノ折妻くみト共ニ大漁丸方ヲ暇取リ麻布区○○町ニ借家シテ寿司屋瀬戸屋ヲ開店セシガ生活難ニテ28歳ノ時廃業シテ同区○○○町ノ歯科器械職工小早川紅次郎方ニ雑役ニ妻ト共ニ住込生活中37歳ノ時妻くみハ感冒ニテ死亡セシモ健次郎ハ同家ノ雑役ヲ勤続シ44歳ノ折主人紅次郎ノ弟ニテ蕎麦屋ナリシ深川区○○○町××番地戸崎尊司方ノ住込職人トナリテ普通生活ヲナシ居レリ 4．縁事関係　23歳ノ時外山くみヲ内縁ノ妻トシテ同棲セシガ37歳ノ時妻くみハ病死セリ　妻くみトノ間ニ男児3名出生セシモ長男正太郎ハ当人17歳ニテ次男次太郎ハ13歳ニテ3男三太郎ハ生後程ナク何レモ死亡セリ 5．特ニ貧窮ノ事由ト認ムベキ事項　老衰
保護依頼者	東京市麻布区○○方面館（相田氏紹介）
その他	調査箇所　東京市麻布区○○町××番地　婦人共立育児会内 備考　救護法関係　賞罰　其他　ナシ

保護経過	
16．5．6	入園シ清風寮ニ入ル
〃〃〃	直チニ1病ヘ入院
16.11.2□	荏原区○○町×××元雇主小早川紅次郎ノ妻　来訪
17．1.29	小早川紅次郎に電報にて死亡通知ス
17．2.22	育児協会書記登丸庄二氏　来園

（入園者身分概要）

続　柄	戸主　康太郎ノ弟
性　別	男
氏　名 生年月日　年齢	山崎健次郎 明治12年4月17日　当63歳
本　籍　地	東京市城東区○○町×丁目××××番地
入園前住所	東京市麻布区○○町××番地　婦人共立育児会内

家族親族等ノ現況	兄（現戸主）山崎康太郎（当69歳）本籍地ニテ鍼力屋ヲナシ居リシガ37年前ヨリ音信不通トナル 従弟　山崎浩次（当45歳）麻布区○○町×番地ニ居住　中学教師ヲナシ居ル 永年交際セズ
経　　歴	銀行員山崎策造ノ3男ニ生レ普通生活 15歳ヨリ茶屋 左官職 寿司屋等ニ住込奉公 23歳 外山くみヲ内妻トシくみハ女中トナル 26歳 妻ト共ニ寿司屋ヲ開業スルモ生活難トナリ 28歳ノ折廃業 歯科器械製造職工小早川紅次郎方ノ雑役トナリ妻ト共ニ住込ム 37歳ノ折妻病死 44歳紅次郎ノ弟蕎麦屋戸崎尊司方ノ住込職人トナリ普通生活 震災ニテ全焼 罹災後ハ前記小早川方ノ雑役ニ住込ム 昭和2年6月ヨリ婦人共立育児会ノ常傭夫トナリ紅次郎方ヨリ通勤ス 同9年10月ヨリ同育児会ノ住込小使トナル 同15年4月萎縮腎トナリ治療ノ結果全快シ就職シタルモ1ヶ月後病気再発シ 休業以来病勢一進一退ニテ病臥シ居リ此ノ儘永住シ難シ
宗　　教 教　　育 健康状態 労務能力 個　　性 性　　格 趣　　味 嗜　　好	日蓮宗 小学卒 昭和15年4月ヨリ萎縮腎トナリ病勢一進一退ニテ目下病臥シ居ルモ軽症ナリ （記載なし） （記載なし） 良 植木 喫煙
保護経過 年月日　　　　　　　　事項 16 5.6　　入園シ清風寮ニ入ル 16. 5.6　　全身に浮腫が酷く虚弱の為一病に直接入院 17. 1.29　　明方頃より病状悪化し精神朦朧となりてカンフル注射を行ふも遂に6時36分他界せり	
入園時ノ所持金品	所持金　　41円10銭也　内保管40円也 所持品　　鉄槌　釘抜　鑿　鋸　安全剃（刀）　小刀　捩子廻　ボーイラ 　　　　　丹前　1　　　座蒲団　1　　単衣羽織　1　　ヅボン　1 　　　　　浴衣　2　　　服上着　1　　白襦袢　2　　　雨傘　1 　　　　　メリヤスシャツ　1　　バスケット　1　　毛シャツ　1 　　　　　帽子　1　　布シャツ　1　　整理箱　1　　　股引　2 　　　　　置時計　1　　毛布　1　　ミヤコ　1

No.1655　金村とめ　（女）

入園日	昭和14年10月19日
退園日	昭和17年1月31日　（死亡　心臓衰弱）

（要救護者調書）

出　　生	元治元年12月24日　当76歳
出 生 地	東京市本郷区○○町×番地
本 籍 地	東京市神田区○○町××番地
震災当時ノ住所	東京市神田区○○町××番地
現 住 所	東京市日本橋区○○町×丁目×番地　中田正吉方
戸主又ハ続柄	戸主
宗　　教	浄土宗
家族ノ状況　並ニ扶養親族関係	従妹（とめノ父善蔵ノ妹ノ孫）　現住所日本橋区○○町×丁目×番地ノ×　中田正吉ノ妻なつ当41歳　なつハ夫正吉ガ運動具店員ニテ家族4人辛ジテ生活シ居レリ
身心ノ状態不具廃疾ノ程度　及疾病ノ有無	成壮年時代　ナシ 現在ノ疾病　昭和12年7月上旬　2階梯子ヨリ落テ以来　立居ニ不自由且ツ本年2月ヨリ軽キ右半身不随ニテ言語稍不明瞭ナリ
震災当時ノ職業及現在ノ作業　収入	当時　荒物売買商 現在　無職
教育程度 趣　　味 嗜　　好	無教育 ナシ ナシ
震災後ニ於ケル生活ノ経路　並ニ現況	震災当時ノ被害ノ状況程度　　全焼 （老年期）　罹災直後　板橋方面ニ避難シ2,3日シテ　震災前夫鹿蔵ハ　ソノ故郷埼玉県○○村ノ実家ノ甥農杉田助太郎方ニ厄介ニナリ居リシタメ　かねハ夫ヲ頼リテ杉田方ニ世話トナリシモ　2ヶ月シテ夫ト共ニ上京シ　本郷区○○町菩提寺　頼養寺ニ3ヶ月厄介トナリテ罹災地□□荒物商ニテ生活セシガ　昭和5年2月9日夫ハ老衰ノタメ死亡セシニ付　廃業シテ荒川区○○町ニ移リ駄菓子小売ヲナシ　長男吉蔵ハ中日実業会社ノ事務員ニ通勤シテ普通生活中　昭和6年1月26日吉蔵モ又感冒ニテ死亡セシニヨリ　中日会社ニテ麺麹店□□□貰ヒ普通生活セシモ　7ヶ月ニテ生活難トナリケレバ　下谷区○町ニ移リテ駄菓子屋ヲ開店セシガ　昭和7年6月生活困難トナリ　従妹なつノ嫁シ先ナル現住所中田方ニ厄介トナリシモ　中田モ生活難ニヨリ昭和9年4月ヨリ　救護金月額5円ヲ受ケ6月ヨリ4円25銭トナリ昭和13年12月ヨリ7円50銭ヲ受ケテ生活セリ

生立及経歴	1	両親ノ氏名　父　金村善蔵　母　たえ
		死亡年齢　父68歳　　母83歳
		職業　玩具製造業　　死因　コレラ　　老衰
		続柄　長女
	2	幼少期　6人兄弟ナリシ由ナレ共　何レモ生後7，8日ニテ死セシニ付父母ト辛ジテ生活シ　11歳ヨリ母ト共ニ根掛内職ヲナシ　17歳ノ時○○○ノ根上方ニ住込奉公シ　18歳ヨリ本郷区○○町ノ司法省ノ勤人方ニ住込女中トナル
	3	青壮年期　19歳ニテ主家ヲ暇取リテ帰宅シ　日本橋区○○町ノ髪結大谷タツ方ニ弟子入リシ　21歳ノ時下谷区○○町ノ実家ニ帰リテ髪結トナリ　22歳ノ折父善蔵ハ病死セシモ　母ト共ニ普通生活シ　25歳ノ時木下鹿蔵ヲ入夫トシ　間モナク同区○○町ニ移転シテ　夫ハ薪屋トナリテ普通生活セシガ貸売ノミ多キタメ35歳ノ折廃業シ　とめノ髪結ノ収入ニテ生活セシモ　40歳ノ折神田区○○町××番地ニ荒物　売薬　化粧品商トナリテ普通生活ヲナセリ
	4	縁事関係　25歳ニテ鹿蔵ヲ入夫トセシガ　68歳ノ折夫ニ死別セリ　亡夫鹿蔵トノ間ニ4男4女ノ8人ノ子女アリシモ　何レモ病死シ現存者ナシ
		特ニ貧窮ノ事由ト認ムベキ事　　　老衰
保護依頼者	東京市日本橋区○○○方面事務所	
その他	調査箇所　　東京市日本橋区○○町×丁目×番地×　　中田正吉方	

保護経過
14.10.19　入園シ常盤寮ニ入ル

　12.1　　日本橋区○○○町×丁目×番地（親戚）殿村きい氏　来訪

　12.26　常盤寮ヨリ千歳寮ヘ転ズ

15.4.15　下谷区○町××番地（知人）星島エツ子氏来訪

17.1.31　中田正吉ヘ死亡通知ス

　2.11　　中田正吉来園　遺骨引取ノ申出アリ　宿直河戸氏応援セラル同人ヘ手続書類ヲ送付ス　12日

17.3.12　埋葬費請求ス

（入園者身分概要）

続　　柄	戸主
性　　別	女
氏　　名 生年月日　年齢	金村　とめ 元治元年12月24日　当76歳
本　籍　地	東京市神田区○○町××番地
入園前住所	東京市日本橋区○○町×丁目×番地×　中田　正吉方
家族親族等ノ現況	従妹なつハ日本橋区○○町×丁目×番地ノ×　中田正吉ニ嫁シ4人家族ニテ辛ジテ生活シ居レリ

経　　歴	幼少ヨリ貧困ナル生活シ17歳ヨリ住込奉公ヲ始ム　20歳ノ時髪結方ニ弟子入リシ翌年下谷区ノ実家ニテ髪結業ヲナス　25歳ノ時木下鹿蔵ヲ入夫トシ　夫ハ薪屋トナリ普通生活ヲセシガ　35歳ノ折廃業シ　かねノ髪結収入ニテ生活ス　40歳ノ折神田区ニ転居シ荒物・化粧品商ヲ始ムルモ震災ニテ全焼ス 罹災後一時埼玉県ニ在リシモ　2ヶ月ニテ夫ト共ニ上京シ荒物商ヲナス中　昭和5年2月夫ハ老衰ノタメ死亡シタル為メ廃業シ　駄菓子小売又ハ麺麭業等ヲナス　昭和6年1月長男吉蔵死亡　昭和7年暮生活難トナリ　従妹なつノ嫁先ナル中田方ニ厄介トナルモ同家モ生活困難ニテ永住シ難シ
宗　　教	浄土宗
教　　育	ナシ
健康状態	昭和12年7月上旬2階梯子ヨリ落チテ以来　立居ニ不自由且ツ本年2月ヨリ軽キ右半身不随ニテ言語稍不明瞭ナリ
労務能力	（記載なし）
性　　格	性情：良
個　　性	（記載なし）
習　　癖	（記載なし）
趣　　味	ナシ
嗜　　好	ナシ

保護経過

14.10.19　入園シ常盤寮ニ入ル
　　　　　付添人　中田正吉氏（従妹違の夫）他3名

14.10.29　腰痛起りお便所通いも出来ず就床す　痛いのも事実たろうが生活に安心して甘える点もある

14.12　　ずっと直ってお洗たくもするし自分用ずんずんなし得るため　手不足を幸ひ下手でもいいから働かうとしてごらんなさいと再び便所当番すすめたら腰痛いとてさわぎ出した　知らん顔しておくとどうやらし出すカイロ上げる約束で働き出した　無精な人
　　　　寮母にはよりつく　中田氏時々面会あり

14.12.26　日本橋方面事務所より金3円頂き金2円也を保管
　　　　　受診服薬をはじむ

14.12.26　常盤寮より転入
　　　　　体か大変に弱って居て歩行も不十分　東室の方に入れ　森本世話係りにめんどうを見させる事とした
　　　　　持病の神経痛にて便所迄歩行間にあはず　這って行く場合がつらいとの事

15.1.5　神経痛にて足腰が不自由なのに　毎日仕事もなくてこうして遊んでゐるのは勿体ない事だ　早く作業の仕事が欲しいと語る

15.1.10　便所に行くにも這っていく　そそうをしてはすまぬと思ひ　余り行きたくない時から用意して行くのだといふ　体の弱い人達に遠慮　気兼ねをさせぬ事に就いて考へさせられた

15.1.12　神経痛が激しくなって見るに見兼ねるので　尼子先生に御相談の結果病室の空き次第に入院といふ事になった

15.1.13　注射をして頂く（ずっと就床中）

15.1.21　知人殿村きい氏来訪　金5円を与へらる

15.2.14	今日あたりから1人で便所に行かれる様になった
15.2.28	漸く床あげして元気になった
15.6.21	腰痛にて非常に苦しみなしたれど電気治療ため1日々々と快方に向ひ　自分で治療に行く事が楽になり11回にて全く治し　大変に喜び昨今は洗濯まで致し感謝して居る
15.7.11	日本橋方面委員会より　お中元の御送りものとして金3円也を委員の方わざわざお持参の上　榎本先生御立会の上頂戴　思ひもかけぬ事とてひとしおの喜び　大金であり懐中に抱きしめてますからその侭にして置いた
15.7.12	共同金50銭也お小使いとして支給を受く
15.8.31	氏虚弱で腰に疼痛あり立居も不自由であった　電気治療を受け2週間位にて全快す　其後2ヶ月位は達者であったが　今□なく老衰加り相当困難なれど　作業を手伝って居ます
15.9.□	身寄りなく自分では小使銭位は知人に預けおるとの話なれど　訪問者なく気毒な方　今回共同金50銭の分配を受ける　所持金分配金だけである
15.10.□	□□なれど比較的元気でぼつぼつ作業中　秋期遠足実行され小使銭として金30銭受く
15.12.1	皆さんに可愛がられ楽しい日を送って居る小使銭が全く無くなり心淋しい時に共同金よりお正月の御小使として50銭也を受け非常によろこぶ
15.12.4	2, 3日前より腰痛を訴へ御治療を受く　腰の屈曲の初めで心配はない曲がって仕舞えば神経痛は□ある□□□□□□□□□□□□□□早速□□の上小カイロを患部に大カイロは足の方に入れて置いた
16.1.3	昨年末より患部を□□□□□□□□□□大変軽快する寒さ□□なかなか離床できぬ□□□就床カイロを入れる□痛□□□しも起らぬらしく見受く
16.2.27	共同金より分配金50銭を受く
16.3.30	□□□弱で□□□した事なく食事は□□□□□ます
16.4.4	共同金50銭也の分配を受けお小使銭として居ります　歩行困難就床中
16.5.14	共同金30銭也の分配を受く相変らず起上れず就床 5月20日よりヤット就床起□で食事を致す事が出来て自他共にうれしいのである
16.6.28	床屋まで一人で出掛ける事が出来たとて大よろこびである
16.7.18	採血される　貯金の全払で金16円74銭あり　此内15円也を保管金に入れました □□□□□日本橋区○○町×の×中田正吉氏よりお小使として金2円也受く
16.7.25	共同金30銭也の分配を受く
16.8.22	夏の間は割合い元気で自分の小用は達せられる
16.9.25	共同金50銭也を受く 弱体で尿がちびちび漏れ雨降には世話係おしめ干しでなかなか苦労します
16.9.29	血圧測定検査が1週間施行された

16.10.12	年中尿が漏れ始終日局部温めてます　日に相当数おしめが入用で雨降日には相当自他共に困難
16.11.5	寒さとなれば一増冷ますから尿が漏れてこまりますが　時折廊下など漏らして決して自分はないと我張ります　尚下痢もチョイチョイ致し失禁もいたすが　自分だとは決して言ひません
16.12.17	日本橋方面事業後援会よりお歳暮として金3円を頂く
16.12.26	お正月のお小使銭として共同金より1円也を分配される
17.1.19	午後11時頃より胸痛訴へ苦みますので午前2時頃二病室の看護婦さん注射願へませんか話すと注射とわかりませんから使用健胃散を与へてはとの事て1包頂き直接服用させますと　暫く静となり眠った様子でよく20日午前8時迄眠りました　幸受診日でもあり関先生御診察御願いたすと連れてこられねは往診して上ますとの事で夕食迄でお待ち申も御多忙の為め来て頂けず又催促に行きます　入院させて下すれた　夕食に薄粥茶呑茶碗軽く1椀食す
入園時ノ所持金品	所持金　　8円31銭也　　中保管金7円 所持品　　羽織2　　半天1　　袖無4　　浴衣3　　袷5　　衿巻3 　　　　　帯1　　ドテラ1　　腰巻7　　半襦袢6　　長襦袢1 　　　　　腰ふとん1　　手文庫1　　洋傘1　　行李1 　　　　　座ぶとん2　　風呂しき4　　前掛2

No.1662　国吉銀次　（男）

入園日	昭和14年3月6日
退園日	昭和17年2月6日　（死亡）

（要救護者調書）

出　　生	明治12年12月5日　当61歳
出　生　地	岩手縣盛岡市○町×番地
本　籍　地	岩手縣盛岡市○町×番地
震災当時ノ住所	台湾台北州基隆街基隆番地不詳　駒谷旅館方
現　住　所	東京都深川区○○×××番地富山屋支店方
戸主又ハ続柄	戸主亡長次二男
宗　　教	記載なし
家族ノ状況　並 扶養親族関係	甥及姪　亡兄五郎　姉亡ミナ　亡弟金治等ニ子女アル筈ナレ共 45年前上京シ　以後 音信不通ニ付其ノ氏名住所其他一切判明セズ
身心ノ状態不具 廃疾ノ程度　及 疾病ノ有無	心身状態　　半身不随 左眼失明 性情良 青壮年時代ノ主ナル疾患　　ナシ 現在ノ疾病　昭和13年11月14日左半身不随トナリ　左眼失明セシモ　漸ク杖ヲ用ヒズシテ歩行シ得テ自分用ハ達シ居レリ
震災当時ノ職業及 現在ノ作業　収入	飯焚　月収45円 無職　月収ナシ
教育程度 趣　　味 嗜　　好	尋常小卒 ナシ 喫煙
震災後ニ於ケル 生活ノ経路　並ニ 現況	震災当時ノ被害ノ状況程度等　　　被害ナシ （老年期）　引続キ駒谷旅館ノ飯焚ヲナシテ普通生活セシモ　昭和3年5月30日　暇取リテ上京シ深川区○○×丁目××番地簡易旅館千葉屋方ニ止宿シテ 子供相手ニ飴行商ヲナシテ普通生活シ 昭和10年2月5日現住所ナル簡易旅館富山屋支店ニ転居して飴行商ヲ継続中 昭和13年11月14日 突然左半身不随トナリケレバ遂ニ廃業ノ止ムナキニ至リ 僅カノ貯金ヲ頼リトシテ徒食セシガ既ニ貯金ハ消費シ尽クシ収入ノ途ハ全々ナク日々ノ口糊ニモ窮シ居レリ

生立及経歴	1 両親ノ氏名　父　国吉長次　母　同　テル 　　続柄　次男 　　職業　父母　飴製造業　死亡年齢　父52歳　母76歳 　　死因　父　中風　母　老衰 2 幼少年期 　9人家族（6人兄弟）ニテ普通生活シ14歳ノ時盛岡市○○町ノ菓子屋青河堂ニ住込奉公セシモ17歳ニテ暇取リ帰宅ス　兄五郎家督相続ヲナシテ飴製造ニ従事シ居リシガ　当人31歳ニテ病死シ　姉ミナハ29歳ニテ死亡　妹カメハ当人16歳ニテ病没シ　弟四郎ハ14歳ニ死亡　弟金治ハ鉄道ノ機関士ナリシモ当人42歳ニテ病死ス　祖父末吉ハ当人82歳ニテ死亡セス 3 青壮年期 　17歳ニテ帰宅セシガ　程ナク仙台市○町ノ菓子屋竹屋ニ住込ミ奉公セシモ約半ケ年ニテ暇取リ上京シテ　本所区○町×丁目相撲部屋ニ弟子入リシテ角力取リトナリ　25歳ノ折漸ク二枚目トナリ同年角力興行ニテ台湾基隆ニ渡リシガ間モナク廃業シテ高雄州高雄街ノ三井物産株式会社ノ荷揚人夫トナリシガ　30歳再ビ基隆街ニ戻リ駒谷旅館飯焚ニ住込ミ普通生活ヲナセリ
保護依頼者	（記載なし）
その他	（記載なし）
保護経過	

14. 3. 6　入園シ清風寮ニ入ル

15. 6.17　西館下ヨリ1病へ入院

　　6.25　1病ヨリ西館下へ退院

　　7. 2 7　西館下ヨリ葵寮へ転ズ（下痢快癒後ノ保養ノタメ）

　　7.20　葵寮ヨリ西館下へ戻ル

16. 1.31　1病ヨリ静和寮へ退院

　　7.11　静和寮ヨリ2病へ入院

　　7.24　2病ヨリ静和寮へ退院

　　2.17　沖山輝二へ重症通知（ハガキ）ス

(入園者身分概要)

続　　柄	戸主亡長次　二男
性　　別	男
氏　　名 生年月日　年齢	国吉銀次 明治12年12月5日　当61歳
本　籍　地	岩手県盛岡市○町××番地
入園前住所	東京市深川区○○×丁目××番地　富山屋支店方
家族親族等ノ現況	甥及姪ハアル筈ナレ共氏名住所一切不明
経　　歴	飴製造業ナリシ国吉長次ノ次男ニ出生 14歳ノ時盛岡市ノ菓子屋ニ　住込奉公ヲナシ17歳ニテ暇ヲ取リ帰宅シ程ナク仙台市・菓子屋ニ住込ミシモ約半年ニテ上京シテ本所区ノ相撲部屋ニ弟子入リシテ台湾ニ渡リシガ間モナク廃業シテ高雄州・三井物産ノ荷揚人夫トナリ30歳ノ折再ビ基隆ニ戻リ旅館ノ飯焚キニ住込ミ普通生活シ昭和3年5月上京シテ深川区○○ノ簡易旅館ニ止宿シテ飴行商ヲナシテ普通生活ナリシモ昭和13年11月突然半身不随トナリシタメ廃業スルニ至レバ収入　途ナク保護出願ス
宗　　教 教　　育 健康状態 労務能力 個　　性 性　　格 習　　癖 趣　　味 嗜　　好	真宗 尋小卒 半身不随トナリ左眼失明セシモ自用ハ足シ得ル程度ナリ ナシ (記載なし) 良 ナシ ナシ 喫煙

保護経過

14.3.6　入園 清風寮ニ入ル

14.3.20　甥をもって来て一時は色々手をつくしたが 今は全く絶える
　　　　　軽度の中気の為半身思わしくない

　 4.4　余り元気はなく 時折売店にて芋など買っている事あるも 小使銭がなくなった後が思はれる
　　　　近頃口数も少なく 発語が上手に出来ない様になった事を申し居れり

　 4.19　寮内作業に熱心 同僚との間柄もよろしく見受く 只 自分の身のまわりの事に不自由さがある事が察せられる
　　　　深川区○○×丁目××番地沖山輝二下宿屋主人より金壱円送金有り
　　　　思いがけぬ同情金に 涙して喜ぶ姿に対し 自らが真面目な気持ちで暮らして行けば そうした同情者も出て来る事を申し 心から同情者に感謝すると同時に 園に対する感謝をも忘れぬ様はげましおく

　 4.20　解剖承諾済

14.8.8　少しも口から話した事のない老人だ 寮母からしたらしらず度々ある ラヂオ体操日は出るから丈夫になる事につとめて居る

14.9.9　比頃は割合に丈夫で足の痛みもなく終日作業に従事してゐる 日曜には散歩に山形氏を共なってゆく2人づれは安心2人共足がわるいから

14.12.4　長く貼薬をつづけたが 一時止めさせる 別だん悪るゆ□もない

15. 1.30		今年にはいってから 割合元気で 読書が楽しみである 昨今少し風（邪）気味だったが アスピリン服用で全快された
15. 3.		岩谷専太郎氏が おとなしい氏を子供のようにつかふので 体の不自由な氏は我慢してゐられたが 考慮して 東方2号室より西3室へ転室させてあげる 氏は大喜びであった
同 4. 7		作業費50銭分配する 新入の試験がなかったので 今夕一病へ入院して受ける事になった 1病室から試験終って帰る
	6.17	昨夜から数回下痢して廣瀬先生御診察下されて 1病へ入院した 熱はなかった
	6.16	入院後排便もなく 本人も苦痛なきか読書し居る
	7. 2	相変らず変った様子なく 西下へ全治退院す
	7. 2	一度西下へ退院したが 養生のために葵寮へ転室す
	7.20	葵寮へ静養のところ 全快転入3号室に入る
	7.28	帰って来て粥食をつづけて養生してゐられたのに 少量の水を飲んだために又下痢をされて 一週間養生をつけ やうやく平癒 今後を注意する
	8.17	又下痢をされた とにかく腸が弱いので 少しの事にさわるらしい 相変わらず服薬しつつ養生する
	10.19	いつも読書ばかりと 時々不意に散歩に出かけて 食事時帰らん事あるので その点すぐ注意する 此頃は少しわかったようである あまり仕事のないのも体の運動にもわるし 居所の扉のハンドのみかきをして貰ふ
	11. 4	煙草買ひにゆくとて出かけたまま中（ママ）食になっても帰らず 1時になっても帰らないので心配になり出し 迎へに出ようと思ふところ 帰って来たので よく時間を守られることを注意する 屋外に落ちてゐる煙草くづなど拾ふといふこともきくので 乞食根性をやめるようにと話して 今後を注意する
	12.13	昨日から体が痛いとて就床してゐた 本朝 火鉢の側で立ち上ろうとして立つこと出来なくなって倒れた 雨宮氏に助けられてやうやく床まで運ぶ 平生から右足の不自由の人故と思って様子を見てゐたが 左の方の自由が思ふようならず 検36度1分 昨夕は35度3分位ひあった 廣瀬先生の御診察をお願して お出の上入院と定まる
	12.14	入院□□□
	12.25	入院時歩行不自由にして半身不随との事なるも 入院翌日より一人歩行し便所にも一人で行く状態なり
16. 1.31		全治退院
	3.13	退院以来調子が悪く 時々失禁（大便）する 服薬 診察を続けるも 食べたがり 高井戸迄買ひに行き天ぷらを食べて以来4,5日下痢して居る（かくれて買ひに行った）

5.6	非常に食べたがり烏山迄 荻窪迄までもノコノコ歩いて行き 5 銭 10 銭の買物食物を買ってくる 性質はハイハイと温順であるが 注意されても注意されても 買い食いと不精は改められない 洗濯は入浴日の翌日毎に着替へさせ洗はせる 病人等があり忘れて居り 後調べるとドレもコレも どろどろとあかじみて居る				
7.7	下痢で入院				
23	退院す				
11.2	寒さに冷えたものか 下痢で就床 診察をして戴き 服薬す 大小便失禁で 布団 衣服を汚す				
6	4病に入院す				
17.1.29	軽快して静和寮に退院となる				
入園時ノ所持金品	所持金	1 円 85 銭也			
	所持品	外套 1	シャツ 1	ズボン 1	靴 1
		ハンチング 1			

No.1665　津山きん　(女)

入園日	昭和16年7月11日
退園日	昭和17年2月9日　(死亡)

(要救護者調書)

出　　生	明治15年12月1日　当60歳
出　生　地	東京市下谷区○○町××番地
本　籍　地	東京市下谷区○○町××番地
震災当時ノ住所	東京市品川区○○○
現　住　所	東京市杉並区○○○○×丁目×××番地　渡辺花方
戸主又ハ続柄	(記載なし)
宗　　教	(記載なし)
家族ノ状況　並扶養親族関係	妹　渡辺花　当59歳 杉並区○○○○×丁目×××番地　花ハ昭和14年1月19日夫佐助ニ死別シ単身ニテ家政婦ヲナシ居レリ 妹　奥田春　当51歳 杉並区○○○○×丁目×××番地 津山雅方 春ハ土地売買業ナル夫奥田助蔵ニ昭和10年4月19日死別シ妹津山雅方長女久子(当16歳)ヲ伴ヒテ厄介トナリ居レリ 妹　津山雅　当48歳 雅ハ独身ニテ素人下宿及賃仕事ヲナシテ生活シ居レリ 妹　山田しめ　当43歳 しめハ薬種商山田助蔵ニ嫁セシガ昭和15年6月28日小樽市○○町ニテ失敗シテ上京シ家族5人ヲ伴ヒテ上京シ前記花方ニ同居シ居レリ
身心ノ状態不具廃疾ノ程度　及疾病ノ有無	現在ノ疾病　56年前ヨリ頚ニ拳大ノ瘤生ジ昨年11月15日ヨリ左半不随トナリシモ自分用ハナシ得
震災当時ノ職業及現在ノ作業収入	(記載なし)
教育程度 性　格 趣　味 嗜　好	小学校卒業 強情 (記載なし) 喫煙
震災後ニ於ケル生活ノ経路　並ニ現況	震災時ノ被害ノ状況程度等　被害ナシ (老年期) 内縁ノ夫川久保銀司ハ金物商　きんハ清元ノ師匠ヲ継続シテ普通生活セシガ　昭和9年3月17日感冒ニテ夫銀司ハ死亡セシニ付 同月下旬杉並区○○○○×丁目×××番地ノ妹雅ガ母こいヲ賃仕事ヲナシツツ扶養シ居リシニ付同家ヲ頼リテ厄介トナリ居リシガ 昭和13年7月5日母こいハ老衰ニテ死亡シ 妹雅ハ同町×××番地ニ移転シテ素人下宿ヲナスコトトナリシカバ きんハ昭和13年12月5日妹花ノ嫁シ先ナル現住所渡辺佐助方ニ厄介トナリ居ル中昭和14年1月19日佐助ガ死亡シ花ハ家政婦ニテ生活シ居リ 昭和15年6月28日妹しめハ夫助蔵ガ薬種商ニテ失敗シ家族ヲ伴ヒテ上京シ花方ニ同居シきんハ同年11月15日左半身不随トナリケレバ到底此ノママ厄介ニナリ居リ難ク保護出願ヲナセリ

生立及経歴	1．両親ノ氏名　　　（父）津山熊二　（母）こい 　　続　柄　　　長女 　　職　業　　　（父）刀屋 　　死亡年齢　　　（父）39歳　（母）84歳 　　死　因　　　（父）胃病　（母）老衰 2．幼少年期 　7人家族（10人兄妹ナリシモ5名ノ弟妹ハ何レモ極幼少ニテ病死セリ）ニテ普通生活シ 12．3歳ヨリ母ニ従ヒテ家事手伝ヲナシ 15歳ノ時父ハ病死セシモ 母ハ家業ヲ維持シテ普通生活ヲナセリ 　妹花 同春 同雅 同しめノ4名ハ現存シ居レリ 3．青壮年期 　21歳ノ時千葉県安房郡○○町ノ銀行員神田方ニ嫁シテ普通生活シ居リシモ 35歳ノ時夫ハ腸ヲ病ミテ死亡セシニ付 深川区○○○○町ノ実家ニ帰リ家事ニ従事シ居リシモ 38歳ノ折 品川区○○○町ノ金物商川久保銀司ノ内縁ノ妻トナリきんハ清元ノ師匠ヲナシ夫婦ニテ普通生活ヲナシ居レリ 4．縁事関係 　21歳ノ時神田方ニ嫁セシモ 35歳ノ時夫死亡セシニヨリ 38歳ノ折川久保銀司ノ内妻トナリテ同棲セシモ 53歳ニテ夫ニ死別セシニヨリ以後独身生活ヲナセリ 夫トノ間ニ子女等ナシ 5．特ニ貧窮ノ事由ト認ムベキ事項　　老衰
保護依頼者	東京市杉並区○○○○方面事務所
その他	（記載なし）

保護経過
16.7.11　入園シ常盤寮ヘ入ル
16.8.14　常盤寮ヨリ長生寮ヘ転ズ
17.2.9　渡辺花に重病通知す 同ジク死亡通知す
〃　〃　渡辺花に電報2通せるに受信人居らず

（入園者身分概要）

続　柄	戸主
性　別	女
氏　名 生年月日　年齢	津山きん 明治15年12月1日　当60歳
本　籍　地	東京市下谷区○○町××番地
入園前住所	東京市杉並区○○○○×丁目×××番地　渡辺花方
家族親族等ノ現況	妹　渡辺花（当59歳）杉並区○○○○×丁目×××番地ニテ夫死別 　　家政婦ヲナス 妹　奥田春（当51歳）右同住所ニ在リ 〃　山田しめ（当43歳）右 花方ノ厄介トナリ居レリ 〃　津山雅（当48歳）独身ニテ素人下宿及賃仕事ヲナス 右同住所

経　　歴	刀屋津山熊二ノ長女ニ生レ普通生活 21歳 千葉県在ノ銀行員神田某ニ嫁シ普通生活 35歳 夫死亡セシニ付実家ニ帰ル 38歳 金物商川久保銀司ノ内妻トナリきんハ清元師匠ヲナシ普通生活震災ニ被害ナシ 昭和9年3月夫銀司死亡セシニヨリ妹雅方ノ厄介トナル 同13年12月ヨリ妹花ノ嫁先渡辺佐助方ノ厄介トナル中佐助死亡シ花ハ家政婦トナリ 加ヘテ妹しめモ花ヲ頼リ来リ きんハ昭和15年11月15日左半身不随トナリコレ以上同家ニ厄介ニナリ難ク保護ヲ出願ス
宗　　教	日蓮宗
教　　育	小学校卒業
健康状態	５６年前ヨリ頭ニ拳大ノ瘤生ジ 昭和15年11月15日ヨリ左半身不随トナルモ自用ハ弁ズ
労務能力	（記載なし）
個　　性	性格強情
性　　格	（記載なし）
習　　癖	（記載なし）
趣　　味	清元
嗜　　好	喫煙
保護経過	
16.7.11	入園シ 常盤寮ニ入ル
7.15	こぶのあるお婆さんとの事にて心配はないかよく見ると きづから血が流れているため 之れは警戒的のものであるかと不安に思い 診察して頂いたが心配はなしとも処置に通ふ
8.10	歩行難の為一人歩きを注意されるのに時々だまって出かけるので心配致し 今は落ちつく 妹山田しめが送り来るも一度も来訪なし
8.14	小使銭の催促を出す 姉妹かたくさんあれば貧困者としての調査の折に一件考慮致し請求せず
8.28	第一回腸チフス注射行ふ しめ氏に小遣送附を願ふ葉書を出す
9.1	山田しめ氏より２円書留来る
9.28	新入者調査試験の為１病に□の頭の悪い為に水道栓を開いたまま夜分もお休も一人で延べられずおせ話掛の手をわずらはせ 寝小便も時々する 試験も無事に出来るかが案じられる
10.1	試験も終り帰寮す
11.2	山田しめ氏より二円送付あり
11.22	作業分配50銭受り
11.23	午後一時半頃入浴中貧血症状を起し５回 褐色様のもの 混入 プルス不良の為案られて入院させて頂く
17.2.9	昨日頃よりいつになく元気なき様子 午前４時頃より急に変り８時プルス微弱 ９時40分遂に他界せり
入園時ノ所持金品	所持金　2円50銭也 所持品　単衣　5　　襦袢　2　　腰巻　2　　半てん　1　　帯　1 　　　　風呂敷　2

早速ながら先日は津山きん事に付色々と御はいりう（ママ）をいただき入園の出来ますようにしていただきましたが 私初め妹もできうるかぎり自分たちにて妹を津山きん見るかくごにて居りました所 私の娘も色々のさいなんつづきにて 私も送金できづ（ママ）私もしかたなく からだのうごけるうちはと思ひ ホーコーに出たしまつそれに妹たちも子供がふへて時節がらブツカがあがるしまつゆへ誠に誠にかってなるお願ひ 参上致してお願ひ申し上げべき所 私もよそに居りますし 妹も子もちの事 失礼なる御願ひでございますが 今一度津山きん事を入園出きますようお願ひもうします くれぐれも御願ひ申し上げます 御返事願ひ上げます
　　　　６月１６日　　　　　　　　　　　渡辺花
　　　　　　浴風園様御中

早速ながら御返事申し上げます このたびは私姉津山きん事につき色々と御はいりょ下され御手かづ様にて誠にありがたく存じあげます 私事も用事にてるすいたし本日帰宅致しましたら 御当会の手紙拝見致し じつにおどろきまして 右の御返事を申し上げるわけで参上致し申し上げべきですが 私もかぜをひき参上致しかねますゆへ失礼にてはございますが なにぶんよろしくお願ひ申し上げます なにしろ津山きん自分一人でお願ひにあがったのですが 私としてもにくしんの姉の事ゆへ どうにかたべてゆけるまではほかの妹たちとも今までとほりみておるつもりで居りますゆへ こん後私にできかねる事にでもなりましたら また私より御会へお願ひ申しますゆへ 今のばあいなにとぞお心ざしのほど厚く御礼申しますが 皆々様会内の方々様へよろしく御つたへ一時やめて下さるよう願ひあげます
　　　　２６日　　　　　　　　津山きん妹
　　　　　　　　　　　　　　　　渡辺花
　　　　　　浴風会御中

No.1666　大野キミ（＊大野久太ノ妻）（女）

入園日	昭和11年10月24日　＊大野久太（夫）同時入園
退園日	昭和17年2月11日　（死亡　急性大腸加答児）

（要救護者調書）

出　　生	明治9年8月7日　当61歳
出　生　地	東京市下谷区〇〇町番地不詳
本　籍　地	東京府北多摩郡〇〇村△△△△△×××番地
震災当時ノ住所	東京市下谷〇〇町×××番地
現　住　所	東京府北多摩郡〇〇村△△△△△×××番地
戸主又ハ続柄	記載なし
宗　　教	記載なし
家族ノ状況　並扶養親族関係	1　親族（亡兄四郎ノ長女）三田かま（当40歳位）ハ当人20歳ノ折鶴瀬鉄工所ノ職工井田太一ニ嫁セシガ15年前夫婦シテ夫ノ故郷ナル神戸市へ帰リシママ音信不通トナレリ 1　夫　現住所ニ同棲　大野久太当82歳　久太ハ老齢無職ニテ扶養能力ナシ
心身ノ状態不具廃疾ノ程度　及疾病ノ有無	青壮年時代ノ主ナル疾患（ナシ） 現在ノ疾病（48歳頃ヨリ眼ハ多少霞ミ且ツ頭重ク抑へ付ケラルル様ニ感ズレ共自分用ハ充分ナリ 精神障碍（ナシ） 性情（稍々強情）
震災当時ノ職業及現在ノ作業　収入	（記載なし）
教育程度 趣　味 嗜　好	無教育 （記載なし） 喫煙
震災後ニ於ケル生活ノ経路　並ニ現況	震災ニ全焼シ夫ニ伴ハレテ坂本1丁目避難野宿（1泊）ヲナシ　日暮里町ノ知人ナル羅宇屋町山秋吉ヲ頼リテ厄介トナリ　夫ハ屑屋ヲナシテ普通生活セシモ　大正14年3月下谷区〇〇町×丁目××番地ニ借家シテ夫ト共ニ移転シ　昭和3年4月区画整理ニテ荒川区〇〇×××番地ニ移リ　夫ハ屑屋ヲ継続シテ普通生活中　昭和10年3月28日　夫ハ右半身不随トナリテ就業不能トナリ収入絶エケレバ　家財ノ売喰ヲナシ辛ジテ生活セシガ昭和11年5月28日生活ニ窮シ止ムヲ能ズ夫姪よしノ嫁シ先ナル東京府北多摩郡〇〇村△△×××番地書籍商松本正蔵方ヲ夫ト共ニ頼リテ厄介トナリシモ　同家ハ商家ニテ困却ノ結果6月2日松本ハ現住所ニ借家シテ夫ト共ニ移転セシメ　其後食物ヲ初メ生活費ノ仕送リヲナシ居レ共　夫ノ姪よしハ実母（夫ノ姉）熊田タミヲ引取リ扶養中ニ付生活費ノ仕送ヲ是以上受クルコト能ハズ

生立及経歴	１．両親ノ氏名　　　　三田六助　同ヒサ 　　本人トノ戸籍関係　長女 　　職　　業　　桶屋 　　死亡年齢　　　　（父）不明　（母）72歳 　　死　　因　　　　（父）不明　（母）老衰 ２．出生時 　　幼少年時代ノ住所　　東京市下谷区○○町番地不詳 　　家族状況 教育等 　　4人家族（2人兄弟）ニテ辛ジテ生活中　4歳ノ時父ハ無断家出セシニ付母ハキミヲ神田区○町羊羹屋山本三郎方ノ養女トシ兄四郎ハ日本橋区○○町○○○ノ有馬邸ニ住込奉公　母ハ浅草区○○町ノ某寺ニ住込奉公ヲナセシモ　キミノ養父三郎ハ8歳ノ折病死セシカバ養母まさハ雑貨露店商人トナリ辛ジテ生活ヲナセリ　無教育　兄四郎ハ後下谷区○○町××番地ニ居住シ人力車夫ヲナシ居リシモ当人61歳ニテ死亡セリ ３．職業関係　住居　生活状況ノ変遷等 　　10歳ニテ埼玉県ノ某農家ノ子守ニ住込ミシガ14歳ノ時帰宅シテ下谷区○○町ノ山田鋳物商方ニ住込奉公シテ1ヶ年勤メシヲ初メトシテ其後ハ数ヶ月宛各所ニ転々トシテ住込奉公シ　17歳ノ折神奈川県津久井郡○○町ノ遊女屋梅屋方ニ住込奉公シテ4ヶ年　千葉県船橋町○○市×××番地遊女屋草屋コト山田かま方ニ女中ニ住込中23歳ノ時養母まさ病死24歳ニテ暇取リ横浜市○○町ノ遊郭本吉楼（浜谷はる）方ニ住込奉公セシモ28歳ノ折上京シテ　下谷区○○町××番地ノ兄三田四郎方ニ厄介トナリ29歳ノ時浅草区○○町×丁目×番地八百屋大野久太ニ嫁シ程ナク夫ニ伴ハレテ下谷区○○町×××番地ニ移転し夫ハ古物商ニ転業シテ普通生活ヲナセリ ４．縁事関係 　　29歳ニテ大野久太ニ嫁シ引続キ同棲シ居レリ ５．本人ノ性行 　　普通 ６．特ニ貧窮ノ事由ト認ムベキ事項　　夫ノ疾病
保護依頼者	東京府北多摩郡○○村△△×××番地　松本正蔵
その他	備考　調査箇所　東京府北多摩郡○○村△△△△△×××番地　大野久太方
保護経過	

11.10.24	夫大野久太ト共ニ入園　常磐寮ニ入ル
〃 11.25	夫ト共ニ高砂寮へ移ル
12.4.7	三田吉次郎（川崎市○町×ノ×××）来訪 尚右ハ本人ノ異父弟ナル由申シ居リ　暫ク音信不通ナリシガ最近大野夫婦ヨリ音信アリ此処ニ居ルコトヲ承知シタノデ訪ネマシタト 尚同人ハ目下無職ニテ息子ガ人夫稼業ヲナシ生活ナシ居ル由
〃 8.3	半身不随ノ為第2病室ニ入院ス
12.11.25	前橋市○○町××　小松末蔵来訪（知人）
13.4.6	前橋市○○町　小松さき氏ヨリ金2円送金アリ
13.7.26	牛込区○○○○○町×××　知人　田上トキ氏来訪
15.6.18	2病ヨリ弥生寮へ退院
17.2.11	松本正蔵氏電報にて死亡通知す

（入園者身分概要）

続　　柄	大野久太ノ妻
性　　別	女
氏　　名 生年月日　年齢	大野久太ノ妻　大野キミ 明治9年8月7日　当61歳
本　籍　地	東京府北多摩郡○○村△△△△△×××
入園前住所	同右
家族親族等ノ現況	大野久太（夫）同時入園 三田かま（姪）20ノ時井田太一ニ嫁セシガ15年前神戸ニ赴キシ儘不明
経　　歴	桶屋タリシ父三田六助ノ長女ニ生レ 4人家族ニテ辛ジテ生活中 10歳ニテ埼玉県ノ某農家ニ子守ニ住込 14歳ニテ帰宅シテ下谷ノ某鋳物屋ニ住込奉公1ヶ年ヲ始メトシテ各所ヲ数ヶ月宛勤メ転々ス 17歳ノ折神奈川県○○町ノ遊女屋ニ住込奉公4年 千葉県○○町ノ某遊女屋ニ転ジ 23歳ノトキ養母病死シ 横浜市ノ某楼ニ再ビ転ジタ 又28歳ノトキ上京 兄三田四郎方ノ厄介トナリ 29歳ノトキ 浅草ニテ八百屋タリシ大野久太ニ嫁シ 夫ハ下谷ニテ古物商トナル 震災ノタメ全焼 夫ハ屑屋トナリテ普通生活 昭和3年荒川区○○ニ夫ト共ニ転ジ夫ハ依然屑屋ニテ普通生活中 昭和10年3月突然右半身不随トナリ就業不能ノタメ家財ノ売喰ヲナシ居リシモ生活ニ窮シ 夫ノ姪ノ嫁シ先ナル松本方ヲ訪レ其ノ厚意ニテ現住所ニ転ジ同氏ノ世話ヲ受ク
宗　　教	禅宗
教　　育	無教育
健康状態	48歳頃ヨリ眼霞ミ且頭痛アレドモ自分用ハ達シ得
労務能力	ナシ
個　　性	（記載なし）
性　　格	梢強情
習　　癖	（記載なし）
趣　　味	芝居 義太夫
嗜　　好	喫煙

保護経過
11.10.24　新入　常磐寮ニ入ル

11.11.8　○○○○に居る夫の大野久太の甥宅に近外出にて外出を赦した
　　　　事務に相談すべき筈の処であるが 日曜にて都合悪く当人たっての頼み故二時かっきりにて帰園さす 約束シ果した

12.7.2　早朝起床するも半身不随 計温38度9分
　　　　中沢先生に御往診 病名不明なるも 心配に及ばずとの事

12.8.3　第2病舎に入院す

12.9.1　左上肢ハ全ク自由ヲ失フモ下肢の方ハ次第ニ快方に向ク 足ノ方ハ歩ケル可能性アリトノ事

12.10.14　変わりなし 患肢も大分良好となり時々にベッドにつかまりて周囲を歩くお□さんのお見舞も時々にあり

13.2.9　近頃は寂しさのためか患肢の疼痛を訴へ□□で今になりサルリグレラも20に静注するも効なし 自身で 私わ2病のあとゝりですといって苦笑しておれり サルリグレラも1週間ばかり続行

13. 4.19	気分等変りなし 容態徐々に良くなりて歩行等もツエなしで出来得るなど自由□□も大変喜びておれり
14.10.10	10日位20ＣＣ腰部に空気注入せり 腰痛少し良し
15. 6.5	右足 腰部に超短波第1週間行ふ
15. 6.18	関節等痛み退院に付無理かも知れなかったが下痢患者多勢にて一時退院となる（葵寮）に
15. 6.18	2病より転出となる
9.10	半身不随なるもなかなか良く働く洗濯物等も人手を借りる事なくしている
10. 8	主人も在園しているが 御互に虚弱のため別居生活なしている御主人は葵寮に居るので時々面会に行っている 性質は強情であるが 部屋の方々とは仲良くしている
12.24	年は若いが半身不随となっているので 冷えて夜ねむられぬとの事でカイロを入れて上げている
16. 1.21	良くなって来たので 足腰が痛むので 上山に電話治療をして頂いている 不自由な体でいながらもお世話係によく手伝って働いているので非常に好感を持たれている
2.18	不自由な手であり乍らも此の頃はのし作業のお手伝ひを一生懸命にしているあまり人の言ふ事を気にしない方なので弥生に居る事を心より喜んでいる
3.10	不自由な体であり乍らも 何作業にも熱心に従事しているので 感心しているが 自分が働くので仕事のよく出来ない方などには時々ひにくを言ひたがる処がある
5.30	チブスの予防注射をなす
6. 7	第2回のチブス予防注射をなす
6. 3	山手先生の御診察を受け投薬している
6.10	大変に良くなられたので投薬中止された
10.15	群馬県○○町より姪夫婦なる小松末蔵氏両人が面会に参られて久方ぶりの物語りをなされた
11. 6	風邪のため咳が出るので 関先生にお話してお薬を頂く
11.25	風邪全快されたので 投薬中止された
12.18	西館下に居るお爺さんが此の頃体が悪くなった由にて 時々見舞に行かれる
12.22	お爺さんが4病に入院されたので 夕方荷物整理のように行かれた

昭和17年度
17. 1. 1	御無事で新なる年を迎へられ礼拝堂に於て執行されし拝賀式にも出席された 夕方荒川区○○町×ノ×××大野三次氏より夫久太氏に送金されし3円を夫久太の印が不明のためキミ氏受け取られた

17.2.4	終日お作業をしていたが夕方頃より少々具合が悪るいとの事で早く就床された 夜8時頃便所に行ふとしたが腰がたゝなくなった
17.2.5	頭痛ありて食欲なく又失禁状態となる 脈博も結滞するので午後7時に3病に入院さして頂いた
17.2.11	入院時より下痢腹痛を訴ヘプルス微弱なり 午後11時頃より意識なく午後12時40分遂に他界す
入園時ノ所持金品	所持金　金61円45銭也　　　内保管金　金60円也 所持品　半天　1　　綿入　2　　袷　3　　単衣　3　　浴衣　1 　　　　帯　2　　腰巻　2　　袷腰巻　1　　長襦袢　3 　　　　メリヤス襦袢　1　　エプロン　1　　針箱　1　　座布団　1 　　　　風呂しき　7　　カイロ小　2　　洋傘　1　　綿入羽織　1 　　　　コート　1　　袖無　1　　襟巻　1

No.1667　佐藤善司　（男）

入園日	昭和10年7月8日
退園日	昭和17年2月12日　（死亡　　心臓衰弱）

（要救護者調書）

出　　　生	慶応3年12月15日　　　当69歳
出　生　地	福島県安達郡〇〇〇村字△町××番地
本　籍　地	福島県信夫郡〇〇町大字△△字一ノ坪××番地
震災当時ノ住所	福島県信夫郡〇〇町大字△△字一ノ坪××番地
現　住　所	東京市牛込区〇〇町×丁目××番地　松本末吉方
戸主又ハ続柄	（記載なし）
宗　　　教	（記載なし）
家族ノ状況　並 扶養親族関係	1　親族　甥（亡姉はるノ長男）佐藤吉太（当50歳位）善司ハ吉太ノ極幼少ノ折2,3度会ヒシノミニテ其後音通ナク姉はるノ死亡ノ折モ帰宅セザリシトノコト
身心ノ状態不具 廃疾ノ程度　及 疾病ノ有無	青壮年時代ノ主ナル疾患｛ナシ｝ 現在ノ疾病｛昭和10年4月29日ヨリ心臓病トナリ5月25日全快セシモ歩行ノ際動悸息切レ等アリトノコトナレ共自分用ハ充分ニ達シ得｝ 性情｛良｝
震災当時ノ職業及 現在ノ作業　収入	（記載なし）
教育程度 趣　　味 嗜　　好	小学卒業 （記載なし） 煙草
震災後ニ於ケル 生活ノ経路　並ニ 現況	1　震災当時被害ノ状況　程度等　被害ナシ 1　震災後今日迄ノ生活（家庭）其他生活状況ノ変遷等 　引続キ農業ノ日雇人夫ニテ普通生活セシガ昭和4年12月下旬生活難ノタメ同郷人ナリシ目黒区中目黒不動尊ノ寺男某蔵吉ヲ頼リテ上京シ同人ノ厄介トナリ居リシモ約2ヶ月ノ後蔵吉ノ周旋ニテ神田区〇〇町×××番地空箱仲買業津山松二方ノ雑役（無給）ニ住込ミシガ昭和8年10月10日（暇取リ）予テ顔見知リノ古物商（屑屋兼業）ナル現住所松本末吉方ニ間借ヲシテ空箱売買ヲナシ辛ジテ生活セシモ昭和10年4月29日心臓病トナリ全身浮腫生ジ歩行困難トナリテ廃業シ5月25日市立大久保病院へ施療患者トシテ入院セシガ6月13日全快退院セシモ動悸息切等アリテ到底自活シ難ク保護出願ヲナス

生立及経歴	1．両親ノ氏名　　　　佐藤市助　同スミ 　本人ト戸籍関係　　　長男 　職業　　　　　　　　農業 　両親ノ死亡年齢　　　父48歳　母52・3歳 　同上疾病等　　　　　父リウマチス　母中風 2．出生時　幼少年時代ノ住所　　福島県安達郡○○○村字△町××番地 　家族状況　　　　　　5人家族（3人兄弟）ニテ普通生活ス 　教育等　　　　　　　小学卒業 　姉はるハ孫助ヲ婿養子トシテ家督相続ヲナシ農業ニ従事シ居リシモはるハ15年前孫助ハ13年共ニ病死シ1子吉太アリシガ極幼少ノ折1,2回見シコトアルノミニシテ居所判明セズ 　姉かなハ当人22,3才頃同郡○○村字△△農佐藤駒吉ニ嫁シ普通生活セシ由ナレ共13年前死亡シ子供ナシ 3．職業関係　住居　生活状況ノ変遷等 　14才ニテ父ニ死別セシ以降姉はるノ入夫孫助ハ善司を邪魔者視シ到底実家ニ居住シ難ク同年○○○村字△町ノ農家佐藤四郎（○○○村ハ大半佐藤姓ヲ名乗リ居ル由ナリ）方ニ住込奉公セシガ20歳ニテ暇取リ其後ハ農家ノ手間取トナリテ近村ヲ転々シテ実家ヲ訪レシコトナク住込生活ヲ続ケ居リシモ55歳ノ時本籍地ニ1戸ヲ借家シ農業ノ手間取（日雇）ニ従事シテ普通生活ヲナセリ 4．縁事関係 　未ダ妻帯セシコトナク従而子女等ナシ 5．本人ノ性行　　　普通 6．特ニ貧窮ノ事由ト認ムベキ事項 　本人ノ老衰
保護依頼者	本人直接
その他	調査個所　東京市牛込区○○町×丁目××番地　松本末吉方
保護経過	

10.7.8　　　入園　清風寮ニ入ル

11.5.22　　11年度第2期世話係トシテ当選（清風）

〃.6.21　　雑巾掛シ乍ラデモ唄ッテイル　何時モ屈託ノナイ明ルイ円満ナ性格デ日常面白クナイ事ニ当ツテモ笑ツテ過ゴス

〃.9.5　　 清風寮第3期世話係トシテ指名

12.1.15　　清風寮12年度第1期世話係ニ当選

〃.5.5　　　同　　　第2期世話係ニ当選

〃.7.21　　本日ヨリ薪作リノ労務ニ従事スルコトヽナル

13.6.24　　日頃鶏舎手伝ヲ為シ居ル　本日西館上ニ転出

〃.8.22　　先頃来マラリヤ類似ノ発熱アリ肛門部ニ異常ヲ来シ居リシガ第1病室ニ入院ス

〃.10.15　　第1病室ヨリ全快退院．西館上ニ入ル

(入園者身分概要)

続　　柄	戸主
性　　別	男
氏　　名 生年月日　年齢	佐藤善司 慶応3年12月15日　当69歳
本　籍　地	福島県信夫郡瀬○町大字△△字△△△××番地
入園前住所	東京市牛込区○○町×丁目××番地　松本末吉方
家族親族等ノ現況	親族　甥佐藤吉太（当50歳位　亡姉はるノ長男）ニハ幼少ノ折2・3度アヒシノミニテソノ後音信ナク姉はる死亡ノ折モ帰宅セザリシト 姉かな当人23歳ニテ嫁シ13年前死亡子ナシ
経　　歴	農佐藤市助. 同スミノ長男ニ生レ5人家族ニテ普通生活ヲナス. 14歳ニシテ父ニ死別以降姉はるノ入夫孫助ハ善司ヲ邪魔者視ス. ヨリテ同年○○○村字△町ノ農家佐藤四郎方ニ住込奉公セシガ20歳ニテ暇取リ其ノ後農家ノ手間取リテ転々ス　55歳ノ時本籍地ニ一戸ヲ借リ農業ノ日雇ニ従事ス. 昭和4年12月下旬生活難ノ為上京　同郷人ナル目黒区中目黒不動尊ノ寺男某蔵吉ノ厄介トナル2ヶ月ノ後同人ノ周旋ニテ神田区○○町×××番地空箱仲買業津山松二方ノ雑役（無給）ニ住込ミシガ昭和8年10月10日同所ヲ暇取リ予テ顔見知リノ古物商（屑ヤ兼業）ナル現住所松本末吉方ニ間借リシ空箱　売買ヲナシ辛ジテ生活スコノ間5月25日ヨリ6月13日迄心臓病ニテ市立大久保病院へ施療患者トシテ入院ス未ダ妻帯セシコトナク従而子女等ナシ
宗　　教 教　　育 健康状態 労務能力 個　　性 性　　格 習　　癖 趣　　味 嗜　　好	禅宗 小學卒業 軽度ノ心臓病 稍々アリ 普通 良 （記載なし） ナシ 煙草
保護経過	
10.7.8	清風寮へ入ル
10.7.10	日常は明るく良く働き他の老人との交りもよく和やかな老人で有るが少しく強性な点もあり
11.1.22	一月の選挙にて世話係りとなる.
12.1.15	引き続き世話係りとして働く.
〃8.10	より園芸手伝に行く（9月1日より養鶏手伝となる
〃9.27	原田巳次郎氏よりしばしば口論をふきかけられるも上手ににげ居るも余りの事々に少しく口論なしたるも自分よりつゝしみたり
15.5.2	養鶏手伝に行様になりてより事々に自分の身なりか不衛生になり勝てくり返し注意なす持病として時々悪寒あるも3時間も就床すれば快腹（ママ）なす
13.6.24	清風より転入6号室に入る
13.8.25	入院後も高熱つづき会蔭部の腫張強く手術す 其の後経過良好にて元気よろし

13.10.15	一病室を全治退院西上に転入す
13.10.23	食堂番を手伝う
13.11.2	園芸手伝働く
13.11.6	知人神田区○○町××田山吉蔵来訪
13.12.8	一病室食堂て伝ふ氏実直であるから大変他の方から好感を受ける
14.2.21	変りなく健康で働いて居る　然し不衛生で困る　洗濯を嫌かるから時々注意必要
14.4.28	24日から園芸に出来る事になり非常に上機嫌である
14.8.13	其後非常ニ元気で相変らず園芸て働いてます
14.10.21	園芸労務慰労金約3円位交附され協同金中へ20銭寄附された氏近来健存と言へ園芸は無理だと思ふ 本人と暫く休み寮内作業後致し度いと言ふも代人が無く矢張り勤めてます
14.10.23	秋の遠足京王閣行に参加致した
14.12.29	労ム賃3円余下け渡された 共同金50銭也分配を受く 秋頃より腰痛を訴へ豚舎を辞し案内の作業を手伝ふ
15.2.6	温和で良く先き立働いて呉れます　食堂番の時も真面目にコマネヅミその様に立働く故に皆さんにも可愛かられる 共同金50銭也を受く 此日遺留品シヤツ2枚頂く保ゴ課より
3.6	ツベルリン注射施行□□検査を受く　広瀬先生
3.27	種痘施行反応なし
4.3	共同金分配50銭也受く
5.14	健康よし変化なし 共同金30銭也を受く 春季遠足はおもむきを代へて分団にて井ノ頭公園迄で受持寮母と看ご婦計16名で弁当むすひ梅干しであった小使銭として20銭を頂く
13.10.15	全治退院にて　西上に行く
15.5.27	寮母木佐貫受持となる 毎日元気にて豚舎の手傳に行つて下さる
6.13	西下の磯島氏豚舎夫と気質が合わないらしく　一緒に居る者でなければ分りません. 主任の岡山さんに明日より止める様に話して来ましたからとの事申された.
6.14	本日より豚舎の手伝行きを止められる. 外に働く事が有りましたら何でも致しますからと申される
7.2	本日より兎舎の手伝に行かれる事となる

8.3	鶏舎の手伝に行かれる様事務所より依頼せられ本日より行かれる様になった
10.	元気で毎日園芸畑の方の手伝に行かれる． 温和ないゝ方であるが少し話振りが悪く聞えるので一寸人の感情を害することあり
16.4.	何時も元気で兎舎の方へ手伝に行つて居られる
5.	氏は口やかましいので一寸した事より大津柳氏と口論し食堂で大さわぎをなされるので寮姆大急ぎで行く．余りに人の事をかまいたかるので遂に口論となつたのである 少し口をつゝしみなさる様に注意する
7.14	共同金30銭也の分配を受ける
8.20	年の割合に丈夫で暑さにも痛みなく毎日元気で園芸畑及び鳥舎の手伝に出て下さる
9.15	氏のお仕事の主任今度庭田様と代る 今迄は雨天の時はお休みであつたが今度より雨天にかゝわらず毎日出て頂く様にと主任よりのお話であった
10.8	毎日疲れもなく良く働いて下さる
11.13	朝食後婦長様に連れられ大学まで眼の検査に行かれた　お昼のお弁当まで頂き遠足へ行く様な気分で楽しそうであつた 午後4時10分丁度夕食に帰寮なされた
12.3	氏は庶務課のお仕事を働いて下さる　今朝寮母舎に居らして寒いですが何か着る物頂けませんでせうかと言われる．良く働いて下さるのに寒いめにあわしては可愛そうなので本日庶務課の澤野様にお頼致した処ズボンと袖無と頂けた．直ぐに本人にお渡致したら大変に喜ばれた
17.1.18	働かれ乍らもお昼御飯の休みに帰つては少しづつでも　寮内作業なさつて居た外働きではとても作業まで出来ませんから寮内作業休まして下さいと申出あった．分配金の頂けない事も承知の上で止めなさる事にした
2.9	元気で園芸の方に手伝て居られるが近頃腰の具合痛み有るとの事である　外働きなのとお年の精かと思われる．今晩より大きな懐炉鉢用さして温めて上げる事に致した　又大変に喜んで居られる
2.12	今日迄労務に出て下さつた氏が午後5時10分頃急に居室にて卒倒なされた　直ぐに山中先生に診て頂き4病に入院さして上げた
17.2.12	西館上より4病室に入院．注射致し手當をなすも遂に5五時30分永眠せらる
入園時ノ所持金品	所持金　2円60銭也 所持品　袷　1　　単衣　1　　半テン　1　　シヤツ　4 　　　　モヽヒキ　1　　風呂敷　1　　帯　1

No.1668　瀬戸さき　（女）

入園日	昭和13年6月6日
退園日	昭和17年2月14日　（死亡　　心臓衰弱）

（要救護者調書）

出　　　生	慶応3年11月18日生　　当72歳
出　生　地	山形県東村山郡○○町△△町×番地
本　籍　地	東京市豊島区○○×丁目××××番地
震災当時ノ住所	東京市京橋区○○町　番地不詳
現　住　所	東京市足立区○○○○町×××番地　米沢六郎方
戸主又ハ続柄	（記載なし）
宗　　　教	（記載なし）
家族ノ状況　並ニ扶養親族関係	1 夫 ナシ 1 直系卑属ナシ 1 其ノ他ノ親族 　瀬戸なみ（当71歳）兄仙蔵ノ妻 昭和3年2月5日兄亡ノ後行方不明 　瀬戸やま（当46歳）姪 奈良県ノ天理教本部ニ行キタルモ4,5年来音信ナシ 　山田好子（当37歳）姪 大正10年千葉県君津郡○○村山田久三ト結婚シテヨリ音信ナシ 　瀬戸久美子（当35歳）姪 音信ナシ 　瀬戸八郎（当32歳）甥 5,6年前満州へ行クト称シテヨリ音信ナシ 　米沢六郎（当30歳）母方ノ遠縁 現在世話ヲ受ケ居ルモ某紙工場ノ職工ニシテ貧困ナリ 1 永年ノ知人・雇主等 ナシ
身心ノ状態不具廃疾ノ程度　及疾病ノ有無	青壮年時代ノ主ナル疾患　　赤痢・チブス・丹毒等 現在ノ疾病　　　　　　　　胃腸病　腎臓病
震災当時ノ職業及現在ノ作業　収入	（記載なし）
教育程度 趣　　味 嗜　　好	（記載なし） （記載なし） （記載なし）
震災後ニ於ケル生活ノ経路　並ニ現況	震災当時ノ被害ノ状況程度（老年期） 　全焼 　大正12年8月（58歳）京橋区○○町番地不祥ニ看護婦会ヲ開設スル目的ニテ移転セシモ直チニ震災ニアヒ全焼トナル　依ツテ北豊島郡○○町大字△△ノ兄瀬戸仙蔵宅ニ3,4日　本郷区○○○○町×番地ノ知人山田寅蔵宅ニ約1ヶ月居リ　山形県○○町ニ帰省ス　同年11月15日再ビ上京シ　京橋区○○　仙道看護婦会ヨリ派出看護婦トナリテ出張シ日当2円位ヲ得ル　昭和3年（63歳）仙道看護婦会ノ経営者仙道ヒサ死亡ニヨリ同会解散シ　仙道方ヲ出デ　市内各地ノ友人等ノ世話ニテ病人ノ付添ヒ家事手伝ヒ等ヲナシ転々ス　友人等モ多ク死亡シ　老齢及ビ病気ノ為労働不能ナリ　昭和13年3月22日前記米沢六郎方ニ厄介ニナリタルモ米沢モ貧困ニシテ永ク世話ニナリ難ク入園ヲ申込ム

生立及経歴	1　両親ノ氏名　父　瀬戸彦助 　　　　　　　　　母　　和美 　　　続柄　　　長女 　　　職業　　父　小田藩士　用人 　　　死亡年齢　父　29歳 　　　　　　　　母　41歳 　　　死因　　父　戦死 　　　　　　　　母　胃腸病 2　幼少年期 　2歳ノ時父戦死シ　ソノ後ハ祖母　母　兄（慶応元年生）ト共ニ貯蓄及ビ藩主ノ扶助料ニテ普通生活ヲナス　兄仙蔵ハ仙台ノ某学校ニ入学セシモ祖母ガ山林買売ニテ失敗セシ為中途退学岩手県庁ニ勤務スルコトトナリ18歳頃単身赴任ス 3　青壮年期 　18歳ノ時母死亡　依ツテ祖母ト共ニ盛岡ノ兄ノ所ヘ移住ス　21歳ノ時岩手県南岩手郡○○村林田仙太郎ト結婚セルモ3年位ニテ離婚シ仙台ノ伯母某ノ所ニ居ル　祖母ハ結婚後直ちニ死亡セリ　仙台ニテハ時々宮仙病院ヘ手伝ヒニ行キタリ　明治33年（34歳）11月　工兵大尉安藤勝次郎ニ嫁スモ入籍スルニ至ラザルウチ1ヶ月くらいニテ演習中夫死亡セリ　明治34年（35歳）上京シ　帝大病院三浦内科ニ見習看護婦トナリテ勤務シ3,4円ノ手当テ受ク　37年（38歳）看護婦免許状ヲ受ク　40年（42歳）帝大病院ヲ辞シ　京橋区○○町××番地山田胃腸病院ニ勤務ス　初メ月手当20円ナリシモ後ニハ40円位トナル　大正12年7月（58歳）老齢ノ為退職シ　8月看護婦会ヲ開ク目的ニテ京橋区○○町番地不祥ニ一戸ヲ借受クモ直チニ震災トナル 4　縁事関係 　明治21年6月　岩手県南岩手郡○○村林田仙太郎（当23歳）ニ嫁セシモ子女出生セズ明治24年6月離婚ス　明治33年11月　工兵大尉安藤勝次郎（年齢不詳）ニ嫁セシモ夫ハ約1ヶ月ニシテ演習中死亡ス 5　特ニ貧窮ノ事由ト認ムベキ事項 　　子女ナク　震災及ビ本人ノ老衰
保護依頼者	東京市足立区○○○町方面事務所
その他	
保護経過	

13 6 6　　入園　常磐寮ニ入ル　寄寓先ナル米沢六郎ノ女きみ子及知人ト称スル足立区○○○○町×××地主みちせノ両名送リ来ル　胃腸病ノ為可成リ苦シイ様デアルガ一見シタトコロ如何ニモ病気ヲ過大ニ扱ヒ看板ニデモシテ居ル様ナ感ヲ与ヘル　病気ハ病気デ見テヤルトシテモ可成リ扱ヒ上ムツカシイカモ知レナイ

14 5 13　　母方遠縁米沢しま（山形市○○○町×××）氏来訪

15 1 20　　東館下本年第1期世話係ニ指命サル

15 8 15　　東館下本年第2期世話係ニ指命サル

16 1 25　　東館下本年第1期世話係ニ指命サル

16 8 9　　東館下ヨリ2病ヘ入院

19 9 8　　2病ヨリ東館下ヘ退院

17 2 14　　米沢六郎　米沢しまに死亡通知す　米沢龍子　清田せんに電報す（仙台市○○○△△△町××）

(入園者身分概要)

続　　柄	戸主
性　　別	女
氏　　名 生年月日　年齢	瀬戸さき 慶応3年11月18日　当72歳
本　籍　地	東京市豊島区○○○×丁目××××番
入園前住所	東京市足立区○○○町×××番地　米沢六郎方
家族親族等ノ現況	亡兄仙蔵ノ妻瀬戸なみ当71歳昭和3年2月兄亡　行方不明 姪瀬戸やま当46歳奈良天理教本部ニ行キタルモ4,5年来音信ナシ 姪山田好子当37歳千葉県君津郡○○村山田久三ト結婚音信ナシ 姪瀬戸久美子当35歳音信ナシ 甥瀬戸八郎当32歳5,6年前満州ニ行クト称シテヨリ音信ナシ母方遠縁 米沢六郎当30歳某紙工場ノ職工ニシテ貧困
経　　歴	小田藩士用人瀬戸彦助ノ長女ニ出生2歳ノ時父ハ戦死シソノ後ハ祖母兄ト共ニ貯蓄及ビ藩主扶助料ニテ普通生活18歳ノ折母ニ死別　21歳ノ時林田某ト結婚スルモ3年位ニテ離婚シ仙台ノ伯母某ノ所ニ至リ宮仙病院ヘ手伝ヒニ通勤　34歳ノ折工兵大尉安藤某ニ嫁入籍ニ至ラザルウチ1ヶ月位ニテ夫ハ演習中夫死亡ス　35歳ニテ上京帝大病院ノ見習ヒ看護婦トナリ38歳ニテ看護婦免許状ヲ受ケ42歳ニテ同病院ヲ辞シ山田胃腸病院ニ勤務58歳ノ折老齢ノタメ退職シ同年8月看護婦会ヲ開ク目的ニテ京橋区ニ1戸ヲ借受クル直チニ震災トナリ全焼後派出看護婦トナリ転々スルウチ老齢及病為労働不能トナリ昭和13年3月前記米沢六郎方ニ厄介ニナリタル米沢モ貧困ニシテ永ク世話ニナリガタク入寮園ヲ申込ムニ至ル
宗　　教 教　　育 健康状態 労務能力 個　　性 性　　格 習　　癖 趣　　味 嗜　　好	時宗 小学卒 胃腸病腎臓病等アリ (記載なし) (記載なし) 良 (記載なし) ナシ ナシ

保護経過　（記載なし）

13 6 6 　　入園　常磐寮ニ入ル　寄寓先ナル米沢六郎ノ女きみ子及知人ト称スル足立区○○○○町×××地主みちせノ両名送リ来ル
　　　　　　胃腸病ノ為可成リ苦シイ様デアルガ一見シタトコロ如何ニモ病気ヲ過大ニ扱ヒ看板ニデモシテ居ルカノ様ナ感ヲ与ヘル病気ハ病気デ見テヤルトシテモ可成リ扱ヒ上ムツカシイカモ知レナイ

13 7 6 　　痔疾患あり　脱脂綿を使用するので一袋請求して専用にす

13 7 20 　　1袋の脱脂綿渡し終り後1袋請求
　　　　　　温順で良く働き同僚の折合も良い

13 7 22 　　常磐寮より転入さる

13 8 1 　　眼疾が有り日常不便で本当に気毒でならない
　　　　　　然し自分から進んでお仕事の催促をされる様な人で仲々実直な人であるが裏面には一轍な所がある　然し仲々の親切者である

15 1 　　　世話係任命　今日に至る（16年8月9日）

16 9 10		9月世話係は虚弱　弱視等にて休養して頂く
16 9 7		入院時別に変なし　其の後経過良好につき全治退院となる
	18	封書　小包　テーブル・スプーン・最中・菓器　従兄弟　米沢龍子　中野区○町××
	19	封書　小包古コート　羽織　梅干し　清田せん　仙台市○○○○○院丁××
	10 5	精出して老人の洗ひ替えお糊貼りに懸命
	12 5	小包　パン・タオル・石鹸・足袋・端書・□□・等心配りたる品を山形県○○○米沢しま氏より送附　他に小為替金２円は月々御送附受け　瀬戸氏心より感謝せり
17 1 29		室の人が病に同情が無いので　西下にでも転出して頂かねバ静養出来ません　殊に大木世話係が私をけむがるので　此の儘だと私自決致しますといふ　気兼も程々でなけれバとたしなめる
	2 12	5日便秘　ラキサトール散服用無効　肩　胸（脊前）部痛　呼吸圧迫訴え　鎮痛頓服投与　痛和む
	13	午前11時36.8°　大根煮附を殊のほか喜ぶ　浮腫甚しいので　関先生に往診願出　3時過ぎ呼吸苦痛　呼気ヒューヒューといふ　左胸圧迫観訴え　山中先生往診　カンフル1筒午後7時前15分第3病入院　入院前苦痛失禁　さし込にて排便少々
	14	0時半下顎呼吸　明晰な意識稍薄らぐ 0時五十五分永眠　実直温厚な75年の生涯　余りにも真面目にて気兼ね性□□□時々歯掻く覚え　励まして居たが　持つた性来はどうし様も無いといふ事を悟つて　尤尤柔和に甘く応対して上げればよかつた　一同冥福を祈る　　合掌
	2 14	入院後呼吸困難プルス頻数なり カンフル注射行へたるも甲斐なく午後0時30分頃より意識不明　同時下顎呼吸をなく遂に0時55分他界す
入園時ノ所持金品	所持金	金5円70銭也　内保　金5円也
	所持品	長襦袢　2　　ショール　1　　行李　1　　袖無　3 ドテラ　1　　□□　2　　袷　4　　毛布　1 風呂しき　4　　浴衣　9　　床ふとん　1　　襦袢　6 羽織　1　　単衣　2　　バスケット　1 上着コート　1　　しき布　2　　帯　6　　腰巻　7 エプロン　2　　洋傘　1

No.1669　峰岸フジ　（女）

入園日	昭和13年6月2日
退園日	昭和17年2月14日　（死亡）

（要救護者調書）

出　　生	慶応3年6月14日生　　当71歳
出　生　地	茨木県下都賀郡○○町△△△△△△
本　籍　地	東京市向島区○○町×丁目×××番地
震災当時ノ住所	東京市浅草区○○○○町　番地不祥
現　住　所	東京市足立区○○○町××番地
戸主又ハ続柄	戸主峰岸章吉ノ妻
宗　　教	禅宗
家族ノ状況　並ニ扶養親族関係	1．夫　峰岸章吉（当□歳）　現住所ニ同居シ居リ共ニ入園ヲ申込ム 1．義弟　上林辰吉（当64歳）　京橋区○○×丁目番地不祥ニテ鍛冶屋ヲ営ミ　子女5,6アリシモ震災後不明 1．同　　上林直治郎（年令不詳）本所区○○町ニテ鳥屋ヲナシ居ル筈 1．義妹　ケイ（年齢不詳）　静岡県浜松市　某ニ嫁セシモ消息不明 1．先夫トノ間ノ子　笹野浩（当52歳）　栃木県上都賀郡某村　3才位ニテ離別　ソノ後消息不明
身心ノ状態不具廃疾ノ程度　及疾病ノ有無	（青壮年時代ノ主ナル疾患）ナシ （現在の疾病）ナシ （精神障碍）ナカルベシ （性情）普通
震災当時ノ職業及現在ノ作業　収入	毛織物会社選別女工 洗濯　月収20円
教育程度 趣　　味 嗜　　好	小学1年 ナシ ナシ
震災後ニ於ケル生活ノ経路　並ニ現況	（震災当時ノ被害ノ状況程度等）全焼 　　家賃5円4畳半1間ノ長屋ニ住ミ　夫章吉ハ洗張リ等ヲ為シテ月収15円位　自ラハ○○○ノ毛織物会社ノ選別女工トナリ日給70銭ヲトリテ生計ヲ立ツ　震災ニテ全焼シ　現住所ニ移転ス　再ビ夫ハ洗張リ自ラハ選別女工トナリテ二人暮シヲ為ス　大正14年頃老齢ノ為工場ヲ辞シ　夫婦ニテ洗張リ及ビ洗濯等ヲナス　年々仕事モ少クナリ　外国向玩具ノ内職ヲナシ日収20銭位アリ　近隣ノ洗濯等ヲナシ生計ヲ立テ今日ニ及ブモ収入僅少ニシテ家賃モ1ヶ年程滞納シ居リ今後ノ生計ノ途ナク夫ト共ニ入園ヲ申込ムニ至ル

生立及経歴	両親の氏名　父　上林成吉　　母　フサ　　続柄　長女 　　　　　　職業　父・母　農業　　死亡年齢　父　55歳　母　不詳 　　　　　　死因　父　脳溢血　母　不詳 幼少年期 　　実母フサハ幼少ノ時ニ死亡シ　父ハ継母ヨシヲ娶ル（戸籍面ノ母ハヨシト記載セラレアリ）　異母弟辰吉（前ニ出ヅ）　敏貞（日本画家ナリシモ42歳ニテ死亡）　江吉（栃木県○○町○○○○町ニテ呉服店ノ番頭ヲナシ　子女5,6人アレドモ41歳ニテ死亡）　直治郎（前ニ出ヅ）　異母妹ケイ（前ニ出ヅ）アリ　普通ニ生活ス 青壮年期 　　20才ノ時栃木県上都賀郡某村ノ小学校教員笹野公三郎（当21歳）ニ嫁シ　浩ヲ生ムモ3年程ニシテ浩ヲ置キ離婚ス　26歳ノ時現在ノ夫峰岸章吉（当31歳）ト宇都宮市ニ於テ結婚1ヶ年位ノ後上京ス　夫ハ紺屋職人ニシテソノ日給70銭ニテ生活ス　大正3年浅草区○○○○ニ上京シ○○○ノ毛織物会社ノ女工トナル　夫ハ洗張リ及ビ洗濯ヲナシテ同居ス　女工トシテノ日給ハ初メ25銭位ナリシモ震災前ハ70銭位トナリ　震災ニ及ブ 縁事関係　20歳ノ時　笹野公三郎（当21歳）ト結婚シ　1子浩アリ 　　　　　23歳ノ時離婚　26歳ニシテ峰岸章吉（当31歳）ト再婚シ子女ナク今日ニ及ブ 特ニ貧窮ノ事由と認ムベキ事項　子女ナク　本人ノ老衰
保護依頼者	東京市足立区○○方面事務所
その他	記載なし

保護経過
13.6.2　　夫章吉ト同時ニ入園　本会自動車ヲ以テ連レ来ル　下町ノ裏店ノオ神サン丸出シノトコハ甚ダ粗朴（ママ）デアル　単ニ粗朴ト言フダケデナク純ナトコロガチラチラ見エル　健康体

13.7.14　　足立区○○○町××　久田きぬえ（知人）来訪

　.8.12　　夫章吉ト共ニ相老寮ニ入ル

　.9.12　　荷物整理ノ為許可ヲ受ケ前記久田方へ外出ス　夫章吉モ同伴ヲ願出タルコトナレド許可セズ（翌13日帰園ス）

14.9.4　　相老寮ヨリ3病入院ス

14.9.29　　3病ヨリ相老寮ニ退院ス

17.2.14　　久田政明　笹野浩へ死亡通知す　ハガキにて

（入園者身分概要）

続　柄	戸主峰岸章吉ノ妻
性　別	女
氏　名 生年月日　年齢	峰岸フジ 記載なし
本　籍　地	東京市向島区○○町×丁目×××番地
入園前住所	東京市足立区○○○町××番地

家族親族等ノ現況	夫峰岸章吉現住所ニ同居シ居リ共ニ入園ヲ申込ム 義弟上林辰吉（当64歳）京橋区○○×丁目ニテ鍛冶屋ヲ営ミ居リシモ震災後消息不明 義弟上林直治郎　本所区○○町ニテ鳥屋ヲナシ居ル筈 義妹ケイ静岡県浜松市ニ嫁セシモ消息不明　先夫トノ間ノ子笹野浩（当52歳）栃木県上都賀郡某村　3歳位ニテ離別ソノ後消息不明
経　　歴	農業ヲ営ム上林成吉ノ長女ニ出生幼少ノ時実母ハ死亡シ父ハ継母ヨシヲ娶リ（戸籍面ノ母ハヨシト記載セラレアリ）普通生活　20歳ノ時小学校教員笹野某ニ嫁シ浩ヲ産ミシモ3年程ニシテ浩ヲ置キ離婚ス　26歳ノ折現在ノ夫峰岸章吉ト宇都宮市ニ於テ結1年後上京夫ハ紺屋職人ニテ生計ヲタテ居リタレバ大正3年フジモ○○○ノ毛織物会社ノ女工トナリ生計ヲタスケ居リシモ震災ニヨリ全焼再ビ現住所ニテ夫ハ洗張リヲ業トシフジハ女工ヲ続ケ大正14年頃老齢ノタメ同工場ヲ辞シ夫婦ニテ洗濯洗張リヲナシ又玩具ノ内職等ヲナシ生計ヲタテ今日ニ及ブモ収入僅少ニシテ生計ノ途タチガタク夫ト共ニ入園ヲ申込ムニ至ル
宗　　教 教　　育 健康状態 労務能力 個　　性 性　　格 習　　癖 趣　　味 嗜　　好	禅宗 小学1年 健 アリ 性情：普通 （記載なし） （記載なし） ナシ ナシ
保護経過	

13.6.2　　　入園　常磐寮ニ入ル　夫章吉ト同時入園　付添来ル者ナク本会自動車ヲ以テ迎フ　下町ノ裏店ノオ神サン丸出シノトコロハ甚ダ素朴デアル　ソシテ純ナトコロモチラチラ見エル　健康体ト言フベシ

14.2.22　　種痘施行

14.2.23　　視力検査を受く

14.4.30　　研究の為第1病室に仮入院　夕食後心配しない様に話して　送り行けば素直に入院

14.5.5　　　仮入院の処　退院　眩暈をなし身体もフラフラして4,5分過して　漸次快復□

14.5.15　　北千住迄外出1泊して帰る

14.9.4　　　朝6時過ぎ眩暈起り　起床　7時頃熱量りたるに35度8分にて脈拍39にて　婦長様の御診察を受け　強心剤の注射を御願し　30分たたぬ中に吐き気が来　食欲なく頭が重く気沈む様だと話し　他には苦痛を訴へず

14.9.4　　　第3病に入院

14.9.13　　入院後格別の苦痛もなく　ただ脈拍数少く39から42,3位を算し居り　自分用の他始終就床せし居り

14.9.29　　相老寮に軽快退院す

14.12.1	此頃は割合 達者に過して居り 高砂寮の大林さんの御婆さんが入院して居るが入園した時常磐でいっしょであったと云う理由で時々御見舞に行って上げたりはげましたり 親切をつくし情愛にも厚く 目立たない性質であるが仲々しっかりしたところがある
15.1.	すぐに怒り易い小さい争ひはなし勝ちであるよくよく注意しておく
3.	大部よさを出して来た お腹は仲々出来てゐる
12.	研究生手伝に出して見る
16.1.	よく働くが表裏がある
4.	遠外出申出 受診の結果中止になったが素直に待っているからいい 時々わざときこえないふりをする
16.5.20	外出希望にて山中先生の御診察を受くるも血圧殊の外高きため不許可となる
16.7.27	体が丈夫で夫章吉氏と共に洗張のたのまれ物をしてお小使のたしにしてゐる 少し強情だが 普通の暮し方を望まれる
16.10.8	秋季遠足に大宮公園に参加される筈のところ中止された
17.1.28	少し風気味であったが梅干湯で全快した 割合に身体は丈夫でよく使いや用達しに出かけてほんとうに働く
12.2.17	2：00前から風気味のため就床梅干湯服用して養生してゐたが11日に太田先生の御診察を受けてレントゲンを取った結果13日入院3病へ入る
17.2.14	午前8時半頃より呼吸困難にて胸内苦悶を訴へ カンフル注射行ふも8時40分頃より意識不明瞭となり遂に9時12分死亡
入園時ノ所持金品	所持金 金4円50銭也 内保管金 金4円也 所持品 単衣 5　半天 2　腰巻 6　タオル 1 　　　　エプロン 1　襦袢 2　袷 1　毛布 1 　　　　風呂しき 1　ブンコ 1

No.1675　氏名　植木楓　（女）

入園日	昭和12年10月2日
退園日	昭和17年2月23日　（死亡　気管支肺炎）

（要救護者調書）

出　　生	文久2年2月26日　　当76歳
出 生 地	高知県高知市○○町×××番屋敷
本 籍 地	東京市品川区○○×丁目×××番地
震災当時ノ住所	東京市麻布区○○町××番地　森平孝次郎方
現 住 所	東京市瀧野川区○○○町××××番地　上坂冬次郎方
戸主又ハ続柄	戸主
宗　　教	キリスト教
家族ノ状況　並ニ扶養親族関係	1．姪　宮本コマキ（50歳）　高知県香美郡○○町　亡兄寛介の子供 　　年賀の音信あるのみ 1．姪　古屋ミホ（40歳）大阪府豊中市○○○○　亡兄寛介の子供 　　夫志郎は医師　年賀の音信あるのみ　ミホの夫志郎とは面識 　　なし　扶養される意志なし 1．知人　山室憲二　豊島区○○×丁目×××番地　キリスト教関係 　　にて永年の知人 1．知人　青沼磯雄　大森区○○○○×ノ×××番地　毎月3円宛恵 　　まれて居る
身心ノ状態不具廃疾ノ程度　及疾病ノ有無	（青壮年時代ノ主ナル疾患）ナシ （現在の疾患）心臓弱し　聾　自分用充分 （精神障碍）なかるべし （性情）普通
震災当時の職業及現在ノ作業　収入	無
教育程度 趣　味 嗜　好	寺子屋数年 （記載なし） なし
震災後ニ於ケル生活ノ経路　並ニ現況	（震災当時ノ被害ノ状況程度等）被害なし 　大正13年3月森平邸にも厄介になり難く　40年来の知人豊島区○○町××××番地荻野ミチ（78歳）がアパートを経営して居りしかば間借し　賃仕事や知人に手伝婦として雇はれたりして　主として知人の同情にて生計を立つ　昭和8年8月荻野ミチ氏のアパート火災を出し　其後他に間借せるも昭和10年9月より現住所に間借し　山室憲二氏等の世話にて生計を立つるも　昨年来老衰せしかば　孤独の間借生活も出来難く保護を申出るに至る 救護法委託として豊島区役所より照会あり

生立及経歴	両親の氏名　父　甲本勝巳　　母　百々 　　　　　続柄　　長女 　　　　　職業　　父　武士　官吏 　　　　　死亡年齢　父　70歳　母　不詳 　　　　　死因　　父　老衰　母　不詳 幼少年期 　父は海軍省に務めて居りしかば　7歳の時異母幸と共に上京す　実母は2,3歳の頃死去の由兄妹4人　兄寛介は日本郵船会社の運転手をなし居りしも死亡年齢不詳　女子2人あり前述す異母妹勝代は40歳頃死亡す　妾の子（音子）は10歳にて死亡 青壮年期 　31歳まで家庭にあり　裁縫などなす　31歳にて植木真人（当40歳）と結婚　夫は日本塗工会の理事をなし事務所は浅草区○○町にあり事務所に住む　5,6年の後明治30年京橋区○町に事務所と共に移転し明治45年本籍地に移転し　大正6年7月12日真人は胃癌にて死亡　死亡後は1子ナオと2人にて賃仕事などなし生計を立てしも大正10年12月ナオ（当25歳）は腎臓病にて死亡す　大正11年5月　夫真人の旧主人なる森平孝次郎（麻布区○○町××番地）方の世話になり震災に及ぶ 縁事関係 31才にて植木真人（当40歳）と婚し夫真人は大正6年66歳にて死亡　1子ナオありしも　大正10年25歳にて死亡す 　　　特ニ貧窮ノ事由と認ムベキ事項　本人の老衰　1子ナオの死亡
保護依頼者	東京市豊島区○○×丁目×××番地　山室憲二氏
その他	救護法委託として入園申込む
保護経過	

12.10.2　入園　常盤寮ニ入ル　永年ノ知人山室憲二（板橋区○○○町×丁目××××）及ビ家庭学校職員1名付添ヒ来ル
　　　　顔色悪ク余リ健康体デナイコトヲ思ハセルガ動作ハ割合シャキシャキシテ居リ足元モ確カデアル　可成リ熱心ナクリスチャンラシク思ヘタノデ前記山室ニ念ヲ押シテミタガ宗派的ナ懸念ハコノ人ニ限ッテアリマセントノ確答デアッタ　前身乃至周囲ノ人達ノ身分関係カラ果シテ皆ト同ジ様ニ対応ガ出来ルカドウカヲ危ブマレモスルガ案外心配ニハ及バナイカモ知レナイ

　10.31　左記ノ者来訪　モト本人ノ夫ノ下デ働イタ者ノ由
　　　　　神田区○○町×ノ××ノ　藤井雄二郎

　11.23　知人ト称スル左記来訪ノ由
　　　　　世田谷区○○町××××　野間和代

12.12.3　知人　土居正之介氏（王子区○○町×ノ×××）来訪

12.12.27　第2病室ニ入ル

13.1.13　杉並区○○○○　家庭学校内　鈴屋紫乃（知人）来訪

13.5.10　入園前生活費ノ補助ヲ為シ呉レタル左記ノ者来訪ス
　　　　　大森区○○○○×ノ×××　青沼磯雄夫妻

13.8.14　前記山室憲二及ビソノ母やえ来訪

13.10.9　駒込○○○町××　吉瀬ミチ氏来訪

13.11.9　本郷区○○○○町××藤井雄二郎知人来訪

14.4.19	山室やえ外1名来訪
14.11.6	山室やえ外1名来訪
15.6.18	2病ヨリ梓寮へ退院
16.2.21	山室やえ来訪
17.2.12	板東志摩子へ重病通知電報にてす 山室やえ氏にハガキにて通知す
17.2.23	板東志摩子に電報　山室やえに電話にて死亡通知す
17.2.27	大森区○○○○×ノ×××　青沼多津子　山室憲二会葬
17.4.24	埋葬ヒ請求ス

（入園者身分概要）

続　　柄	戸主
性　　別	女
氏　　名 生年月日　年齢	植木楓 （記載なし）
本　籍　地	東京市品川区○○×丁目×××番地
入園前住所	東京市瀧野川区○○○町××××番地　上坂冬次郎方
家族親族等ノ現況	姪　宮本コマキ　高知県香美郡○○町　兄寛介ノ子 同　古屋ミホ　大阪府豊中市○○△△　兄寛介ノ子　夫ハ医師 知人　山室憲二　豊島区○○○町×ノ××××　キリスト教関係ノ知人 同　　青沼磯雄　大森区○○○○×ノ×××
経　　歴	官吏タリシ父勝巳ノ長女　兄妹4人　31才マデ家庭ニアリ裁縫等ヲナス　31歳ニテ夫植木真人（当40歳）ハ日本塗工会社ノ理事ヲナシ事務所ハ浅草区○○町ニアリ　事務所ニ住ム　5,6年ノ後明治30年京橋区○町ニ事務所ト共ニ移転シ　明治45年本籍地ニ移転シ大正6年7月夫ハ死亡シタレバ　1子ナオト共ニ賃仕事ヲシテ生計ヲ立テ居リシモナオハ大正10年病死ス　大正11年5月夫真人ノ旧主人ナル森平孝次郎方ノ世話ニナル 震災ノ被害ナシ　大正13年3月　森平方ニ世話ニナリ難ク　アパート経営シ居リシ知人荻野ミチヲ○○○町ニ訪ネ　一室ヲ借リ　手伝　賃仕事ヲナス　昭和8年8月同アパート火災ノタメ全焼シ　其ノ後数ヶ所転々シ　昭和10年9月現住所ニ間借リシ山室憲二氏等ノ世話ヲ受クルモ漸次老衰シ保護方申請　豊島区役所ヨリ被救護者トシテ申込
宗　　教 教　　育 健康状態 労務能力 個　　性 性　　格 習　　癖 趣　　味 嗜　　好	キリスト教 寺子屋数年 心臓弱し　聾 若干有 （記載なし） （記載なし） （記載なし） （記載なし） ナシ

保護経過

12.10.2　入園常盤寮ニ入ル　永年ノ知人山室憲二（板橋区○○○町×丁目××××）及家庭学校職員1名付添来ル　顔色悪ク余リ健康デナイコトヲ思ハセルガ動作ハ案外タシカデアル　可成リ熱心ナクリスチャンデハナイカト思ッテ付添ノ山室氏ニ尋ネタトコロ決シテ宗派的ニ頑固ナモノハ持ッテ居ナイトノ返事デアッタ　案外アダプト（adapt）スルラシイ

12.11.1　面会　神田○○町×－××　藤井雄二郎

12.11.23　面会　世田ヶ谷区○○町××××　野間和代

12.12.3　面会人　王子区○○町×－×××　土居正之介

12.12.27　板橋区○○南町×－××××　山室やえ知人お金の預けたるもの少々あり

12.12.27　少し浮腫あり　食慾もなく息切　気分悪しき等□□

13.2.4　変りなし　食事等進み動悸もなく元気いでたり　自分でも変りなしといふ

15.4.15　今まで何の変りもなく過せるも　3時検温時38.4分の熱発　森田先生の受診　嘔気があり気分悪し

　4.30　食慾なく元気なし

　5.10　大森区○○○○×ノ×××　青沼多津子□□

　5.13　兵庫県　横河宣一氏面会あり

　5.18　板橋区○○○町×ノ××××　山室やえより受信

　6.10　受信　札幌市○○○○○×丁目　板東志摩子氏

　6.18　下痢患者多勢に依り都合一時梓寮に退院伺　　西条寮母受持となる

　7.1　おねだりをして山城やえ氏より湯呑み　御飯茶碗等送呈預かる

　7.18　義理の娘　札幌の板東志摩子より金3円送付あり

　9.23　○○○町山辺氏夫妻御来訪あり

　9.27　義理の娘札幌の板東志摩子より金5円送付して来る

　10.　何事にも理解あり聡明な方である　2ヶ年半病院生活にてすっかり看護婦さんと仲良くなり　時々寮へ訪ねては「病室へ帰りなさい」からかわれて笑って居られる　最初寮生活より病室の方恋しいらしく淋しそうな様子であったがこの頃やうやう落付かれたる様見ゆ　修理物熱心にやって下され大いに助かる

　11.23　○○町の山室やえ氏弟さんの奥さんと2人連にて来訪　面会室にて氏と3人して御持参の弁当等開かれてゆっくりと話して行か□氏はそのうち外出させて頂き一度御邪魔させ□きます等申して居られた

16.12.15　御不浄通いも這って行かれて居たが次第に這うのも叶わなくなり御縁側に便器を置いて使用さす様になる　夜分眠れぬとて頓服を使用さす随時

	12.20	御縁迄這ふ事も出来なくなり御床の側にて2人がかりで抱きて便器にかからす様になる
16.12.22		未明あたりよりプルス□滞し37.2℃　全く身体持上る事も出来ず　それにぼけて来て変な事をなさる　浮腫も目立って来た　関先生に御往診して頂き午後2病入院となる
	12.22	腰部並大腿部疼痛あり　カイロを与ふ
	12.30	札幌市大通△×丁目　板東志摩子より小包を戴く
17.1.2		軽度の微熱あり　ザルプロ20cc 静注
17.1.27		板橋区〇〇〇町×ノ××××　山室やえ氏よりお手紙頂く
	2.11	顔面四肢に軽度の浮腫あり　プルス微弱にて□□□なり衰弱を見受ける　食欲不振　左内大腿部第2度の褥瘡発生
	2.20	高熱に依りトリアノン10cc　ヂキタミン1cc 静注す
	2.22	元気食慾なく意識不明　強心剤を1日4回施行
	2.23	前日に引続き強心剤施行するも果なく遂に8時50分死亡せり
入園時ノ所持金品		所持金　1. 金4円89銭也内保管金　1. 金4円也 所持品　袷　4　綿入　4　羽織　4　単衣　6　帯　5 　　　　セル単衣　1　半天　1　小ふとん　1 　　　　毛糸エリマキ　1　襦袢　6　メリヤスシャツ　2 　　　　腰巻　3　毛皮エリマキ　1　しき布　2 　　　　風呂しき　4　腰巻袷　1　カバン　1　針箱　1 昭和16年1月21日知人山室憲二氏宅より送付し来りしもの 　　　　小形行李　1　帯　1　単衣　3

　　財団法人　浴風会　常務理事殿　　　　　　　　　　　　　　　　　山室憲二
拝啓　春暖の候貴会益々御隆盛の段賀し奉り候
陳者植木楓殿在園中御世話になり　又葬儀万端滞りなく御取行はせられ親身も及ばぬ御尽力に預り厚く御礼申上候
今回御注意に依り遺骨引渡に関する依頼書1通同封仕り候間　何卒宜敷御願奉候
尚来る4月22日（水）午前9時　板東志摩子様外代表者と共に小生も出頭可仕候間何卒宜敷御依頼申上候
　　　　　　　　　　　　　　　　　　　　　　　　　　　　　　　　　　　　頓首
昭和17年4月17日

No.1679　榎本スエ　（女）

入園日	昭和13年12月27日
退園日	昭和17年2月28日　（死亡　　心臓衰弱）

（要救護者調書）

出　　生	明治8年1月13日生　当64歳
出　生　地	山形県山形市○町×××番地
本　籍　地	山形県山形市○町×××番地
震災当時ノ住所	東京市四谷区○町×丁目×番地　朝川小吉方
現　住　所	東京府北多摩郡○○村△△△×××　今橋
戸主又ハ続柄	戸主榎本秀蔵ノ姉
宗　　教	禅宗
家族ノ状況　並ニ扶養親族関係	1. 榎本秀蔵　戸主 義兄ナルモ死去シタル筈 1. 榎本公三郎（当70歳）兄ニシテ山形市○○町ニ居住シ団扇屋ヲ営ミ居ルモ生計困難ナリ 1. 榎本邦太郎（当40歳）甥ナルモ家族共居所不明 1. 村田チエ（当42歳）姪　本郷区○○町××番地ニ居住シ　其ノ夫光三ハ保険集金員ニテ生活豊ナラズ
身心ノ状態不具廃疾ノ程度　及疾病ノ有無	青壮年時代ノ主ナル疾患ナシ　現在ノ疾病ナシ　精神障碍ナシ　性情良
震災当時ノ職業及現在ノ作業　収入	（震災当時）柔道衣ノサシコ内職　月収10円　（現在）手伝婦　月収5円
教育程度 趣　　味 嗜　　好	小学校2年 ナシ ナシ
震災後ニ於ケル生活ノ経路　並ニ現況	震災当時ノ被害状況程度等　被害ナシ （老年期） 　内縁ノ夫成田宅馬ガ朝川小吉（陸軍大佐）方ノ馬丁ニ住込ミ道家ニ同居シスエハ柔道衣ノサシコノ内職ヲナシ生活ス　大正15年9月主人朝川氏大阪砲兵工廠ニ転勤トナリ解雇サル　間モナク四谷区○○×丁目ノ文化裁縫女学校ノ小使ニ夫ト共ニ住込ミシモ昭和2年暮同校類焼シ為ニ解雇され　牛込区○○町ニ借家シ古道具屋ヲナシ四谷ノ夜商ニ出テ商ヲ夫ト共ニナス　100円バカリノ貯金アリシモ既ニ無クナリ生計立タザレバ夫婦別居シ昭和7年8月郷里山形市○○町　兄榎本公三郎ヲ頼リ行キ世話ニナルモ　公三郎（当64歳）団扇屋ヲ営ムモ生計豊ナラズ　昭和9年12月再ビ上京シ　夫ノ旧主人　町卓人ノ世話ニテ現住所ニ住込奉公ヲ致シ今日ニ及ブモ　現住所ニテモ解雇サレ生計ノ途立タザレバ　町卓人（陸軍少将）ノ世話ニテ入園申込ム

生立及経歴	1．両親ノ氏名　父　榎本五郎ヱ門　　母　サエ 　　続柄　6女 　　職業　酒屋 　　死亡年齢　父　61歳　母　82歳 　　死因　　　父　老衰　母　老衰 2．幼少年期 　　父業酒醸造業ナリシモ失敗シ　為ニ一家離散シ兄妹12人アリシモ　長男榎本八三郎（当70歳）前述　姉丹羽るい　紺屋ヲナシ（山形市ニ於テ）居リ　其ノ子供村田チエ（当42歳）前述　外ノ姉妹ニ付テハ全々不詳 3．青壮年期 　　18歳ノ時　山形市ニ於テ　弁護士方ニ2ヶ年女中奉公ヲナシ後実家ニ帰リ　22才ノ時従兄妹高木梅吉（当21歳）（麩屋）ト婚シ　生計困難ノ為24歳ノ時離婚シ　控訴院判事（仙台）香川庄作氏ノ女中トナリ4ヶ年　其後仙台市ニ於テ女中奉公ヲ転々シ37才ノ時一度郷里ヘ帰リシモ実家ナク従兄弟浦野官二（魚屋）方ニ厄介ニナリ翌年上京シ渋谷区○○○○ノ谷上方（軍人シ）ニ女中奉公シ　間モナク主人ト共ニ広島市ヘ行キ2ヶ年ノ後主人谷上氏台湾ヘ転勤シ為ニ九州ノ主人ノ実家ニ行キ2ヶ年　主人谷上氏参謀本部ニ転勤シ　再ビ上京シ　○○○○町ニ再ビ住ミ　大正5年5月　成田宅馬（当59歳）ノ内妻トナリ四谷区○町×丁目×番地朝川小吉方ニ住込ム成田宅馬ハ朝川方ノ馬丁ニテ　スエハ柔道衣ノサシコヲ内職シ生活ス　震災ニ及ブ 4．縁事関係 　　22歳ノ時従兄弟高木梅吉（当21歳）ト婚　24歳ノ時離婚　戸籍面デハ昭和7年離婚トナリ居ル　42歳ノ時成田宅馬ノ内妻トナリ昭和13歳2月成田宅馬ハ浴風園ニテ死亡ス 　　子女ナシ 5．特ニ貧窮ノ事由ト認ムベキ事項 　　子女ナク　本人ノ老衰
保護依頼者	東京市大森区○○町××丁目××××　町　卓人
その他	記載なし

保護経過
13.12.27　入園（常磐寮）付添ヒ来ル者ナク単身　未ダ身心ニ元気失セザレバ暢バスベキモノヲ暢バシテヤルコトガ肝心ト思フ　少シノンキナトコロガアリハセヌカト思ワレルコト　故成田宅馬ノ内妻トシテ以前屢来園シ居レバ園内ノ模様ニツキ生半可ナトコロガアルベクコレラノ点稍注意スベシ　○○村今橋方ニ30円バカリ預ケアル由

14.1.14　前雇用主今橋ノ妻女慰問来訪サル　尚同人ノ本宅ハ左記ノ由
　　　　　世田谷区○○○○○×－××××　今橋和枝

14.5.9　常磐線ヨリ弥生寮ヘ転ズ

14.7.1　弥生寮本年第2期世話係ニ指命サル

15.1.20　弥生寮本年第1期世話係ニ指命サル

15.8.15　弥生寮本年第2期世話係ニ指命サル

16.1.20　弥生寮ヨリ葵寮ヘ転ズ（世話係ノママ）

16.1.25　葵寮本年第1期世話係ニ指命サル

16.3.8	今橋氏及吉本里吉氏ニ重症電話ス
16.3.7	葵寮ヨリ2病ヘ入院
17.2.28	吉本里吉に死亡通知す

(入園者身分概要)

続　　柄	戸主ノ妹
性　　別	女
氏　　名 生年月日　年齢	榎本スエ (記載なし)
本　籍　地	山形県山形市○町×××番地
入園前住所	東京府北多摩郡○○村△△△×××番地　今橋方
家族親族等ノ現況	榎本秀蔵　　戸主 義兄ナルモ死去シタル等 榎本公三郎　　兄　山形市○○町ニ居住　団扇屋ヲ営ミ居ルモ生計困難ナリ 榎本邦太郎　　甥　居所不明 村田チエ　　姪　本郷区○○町××番地　生活豊ナラズ
経　　歴	酒ノ醸造業ヲ営ム榎本五郎ヱ門ノ6女ニ出生兄弟12人アリシモ父ノ失敗ノタメ一家離散シ長男公三郎ノ外姉妹ノ消息不明ナリ　18歳ノ時山形市弁護士某方ニ2ヶ年程女中奉公ヲナシ22歳ノ時麩屋ヲ営ム従兄ノ高木某ト婚シ24歳ノ折生活困難ノタメ離婚シ以後 女中奉公ニテ転々シ大正5年5月軍人町某氏方ノ馬丁成田某氏ノ内縁ノ妻トナリスエハ柔道着ノサシコノ内職ヲナシ生活ス　大正15年9月夫ハ解雇サレルニ至レバ程ナク夫婦 ニテ四谷ノ文化裁縫女学校ノ小使ニ住込ミシモ昭和2年暮同校類焼セシ為ニ解雇サレ牛込区ニ借家シ古道具屋ヲナシ四谷ノ夜店ニ出テ夫ト共ニ商ヒヲナシ居リシガ生計タタズ 夫婦別居シ昭和7年郷里ノ兄榎本公三郎ヲ頼リテ厄介ニナルモ兄モ生活費ナラザル為12月再ビ上京シ夫ノ旧主人町氏ノ世話ニテ現住所ニ住込奉公ヲナシ今日ニ及ブモ老齢ノタメ解雇セラレ保護出願ス 　(成田宅馬(内縁ノ夫)ハ昭和13年2月本園ニ於テ死亡ス)
宗　　教 教　　育 健康状態 労務能力 個　　性 性　　格 習　　癖 趣　　味 嗜　　好	禅宗 小学2年修了 疾病ナシ 有 性情：良 (記載なし) (記載なし) ナシ (記載なし)
保護経過 13.12.27	入園常磐寮ニ入ル　付添ヒ来ル者ナシ　未ダ身心ニ元気失セザレバ暢バスベキモノヲ暢バシテヤルコトガ大事ト思フ　少シノンキナトコロガアリハセヌカト思フコトト　亡成田宅馬ノ内妻トシテ以前屡々来園シ居レバ園内ノ模様ニツキ生半可ナトコロガアルベクコレラノ店稍注意スベシ
14.1.14	面会人入園前奉公先の主人　○○村△△△×××　今橋キミ
14.2.19	頭の働き悪く食堂番も人より日数がかかる　しかし素直である為何事も頼み良く調和がとれるので好まれる

14.5.9		人ナキタメ当分ノツモリデ弥生虚弱世話係ニ転出　虚弱世話係トシテ真面目ニ働イテイル
14.6		親切デハアルガナス事ガノロイ様ニ思ハレル
14.9.4		水試験ノタメ医局ニ行カレル
	5	本日マデデ水試験終ル
14.9.10		近頃世話係にもよくなれ自分の用の為し得ない方の世話も親切にして下さるので人に好意を持たれる様である
14.11.1		午前8時もと奉公先世田谷区○○○○○○今橋様方に一泊にて遠外出せらる
	2	午後4時半無事に帰園あり
15.2		右の手足が少し不自由なのであるが今年は別に差支へなく　冬中元気で働いて下さった
15.3		世話係たる事を肩にして　弱い方に対しての口振りがどうも角がたつ様に聞えるので　言葉は丁寧に使はれる様注意した事である
15.5.		弱い方に対しての言葉使ひがどうしても軟らげない様である　寮母の前では丁寧であるが　ゐない振りして聞くと親切味がない様に思はれる　時折注意せぬと悪化する傾向ある様である　注意された当時は良いが時期を経過するに従ひ　後に返る事あり世話係としては適しない点もあるが人手なきため　お世話して頂いてゐる
15.8		寮母森山受持となる
	8.16	第2期世話係の辞令を渡す
	9.7	世話係として実に不適任である親切味が殊に欠けてゐる言葉にも角があり部屋の仲間よりもいつも反感を持たれてゐる適当な人があれば考へねばならぬ親切にする様にと時々寮母室によびつけてお話をしてやる其時は少し良い様であるが時がたつと又もとに帰る
	10.6	人の事に注意をして見ぬふりをして良く見て置いては石見川氏に告げ口をする意地が悪るく一度何かすると何日も其事が忘れぬと云ふ有り様であり寮母の前に出る時は全く猫なで声で物を云ふ
	10.13	少しでも良い方に導き度いと思って寮母色々考へて指導してゐるが宮崎氏とは実に気が合わない度々物云ひをする其度ことに深く注意を与へてゐる
	11.14	□□忌法要のため○○○○今橋しの氏方に2泊外出されて16日夕方無事の帰寮をなさる
	12.1	世話係であり乍ら時々部屋の方々に不親切な言葉や行をするのできびしく注意を与へた寮母の前に出る時と部屋の人に対する対度（ママ）は全く反対である時々注意する必要がある
	12.2	本所区○○○町×丁目××番　村田大二郎氏より小包にて色々な食べ物の送付ありたり
	12.28	山形県南村山郡村○○小野純弥氏より小包にてお正月のお餅其他送って来た

12.29	東方もののお国言葉に角があるので世話係であり乍ら時々部屋の仲間のものと口論をして困る部屋中のものからにくまれてゐる時々呼んで云って聞かしてやるがその時は今度は気を付けますと云ふがなかなか直せない　世話係然も虚弱の世話係として不適人（ママ）である
12.30	葵寮の世話係として転出された
16.1.25	どうした事か昨夜より背中が痛むと訴へたるので婦長様にお願ひ申してお薬頂いて服用せられたが全快されづ本人としても大変苦しませているので再び先生にお話申し上げて注射して頂く
1.29	弥生寮よりお作業賃50銭頂く
1.31	氏には世話係として転入されたが転入早々より床につかれたので本人としても気毒がられているので病気の時は誰もみなお互様であるから全快されたら又病気になったお婆さん弱いお婆さん方を親切に面倒見てあげる様話しておく
2.5	引続きの就床であるが大分注射のお蔭にて快方に向つた様子である
2.7	氏には引続きの就床であるが今朝より頭痛胸痛を訴へて食事は全々預かづに養生する
2.8	氏には昨日より2日間全々食事とらづに静養されているので心配になり先生に申し上げて服薬始める
2.9	氏には食事も預かづに就床されて心配であったが今日より少々づつ預かれて一安心する
2.10	氏には背中が痛まれ医局より1週間程注射にきて下さっていたが今日では全快されてお注射中止となる
2.15	山形市○○○○村小野純弥氏より小包来る　お餅少々にんにく送ってくる
2.16	氏には長々引続いて就床であるも今では大分全快されて食事も美味しくなりこの分ならもうしばらくで働かれる様になると思はれる
2.19	長々就床の氏には本日よりやっと離床致した
2.26	長らく就床であったのに遠外出希望を申し出られるがまだすっかり全快致していないのにとても無理である事をよく話して外出止とする
3.1	大分元気になって働いていられるが仲々意地のわるいところがあり世話係としてはあまりよくない様子見受けられる
3.7	氏にはこの頃では大分元気になって働かれ今朝も普通と一緒にお食事頂いて後始末していられると急にわるくなり意識不明となりてお口もきかづ左手はきく様であるが右手はきかなくなりお口も横に少しまがってしまひ婦長様にお注射して頂くとその後食べ物全部はき出してしまひどうしても全々お口はきかづ2病へ入院となる
3.7	襦袢　9　　上ハリ　1　　モモ引　1　　長襦袢　5　　袷　3　　襟巻　2 浴衣　4　綿入　1　　エプロン　1　　単衣　4　セル単衣　1　　前掛　3 ネル単衣　1　羽織　4　　風呂敷　8　帯　5　　かいまき　1　　コート　1 腰巻　9　座ぶとん　1　　ツヅラ　1　洋傘　1　　綿入　2 現金3円39銭也

3.8	入院後言語不明右半身不随食欲元気なし	
3.15	食欲なき為葡萄糖注射続行す	
3.16	○○○町×××　今橋正一の面会あり　食欲もどり葡萄糖注射中止す	
17.2.25	相変わらずの状態なり	
2.28	午後6時頃突然うなり出し意識不明となり　下顎呼吸を始め遂に午後6時20分死亡せり	
入園時ノ所持金品	所持金　金37銭也 所持品　襦袢　夏9　冬2　　上ハリ　1　　モモ引　1 　　　　長襦袢　3　袷　3　　エリマキ　2　　浴衣　2 　　　　綿入　1　　エプロン　3　　単衣　7　　セル単衣　1 　　　　前かけ　3　ネル単衣　1　　綿入胴着　2　　風呂しき　5 　　　　帯　3　　羽織　3　　コート　1　　かいまき　1 　　　　ツヅラ　1　　腰巻　12　　座ふとん　1 14.2.21　綿入送らる	

No.1782　大山キン　（女）

入園日	昭和8年4月7日
退園日	昭和17年（8月末〜11月初の間に死亡）

（要救護者調書）

出　　生	明治2年12月4日　当65歳
出　生　地	福島県信夫郡○○町大字△△△△△番地ナシ
本　籍　地	熊本県熊本市○○町大字△△×××番地
震災当時ノ住所	東京府荏原郡○○町大字△△×××番地
現　住　所	東京市品川区○○○○町××××番地　中井慎也方
戸主又ハ続柄	大山修　弟　大山五郎ノ妻
宗　　教	真宗
家族ノ状況　並扶養親族関係	（不鮮明なため読み起こせず）
身心ノ状態不具廃疾ノ程度　及疾病ノ有無	障害　病気 　　青壮年時代ノ主ナル疾患　ナシ 　　現在ノ疾病　昭和5年頃ヨリ腰曲ガリテ幾分カ老衰セント思フ外病ナシ 精神障害　ナシ 性情　　　温良
震災当時ノ職業及現在ノ作業　収入	（当時）　無職 （現在）　無職　　月収ナシ
教育程度 趣　　味 嗜　　好	無教育 芝居　活動 煙草
震災後ニ於ケル生活ノ経路　並ニ現況	震災当時ノ被害ノ状況程度　　被害ナシ 生活状況ノ変遷等 夫五郎ハ杉本病院会計事務員ニ通勤シ　甥（亡姉さちノ長男）中本雄三ハ按摩業ニ従事セシカバ一家3名ハ普通生活シ居レシガ　昭和4年5月力蔵ハ某くにヲ内妻トシテ　芝区○○町ニ別居シ同年12月31日五郎ハ老年ノタメ手当金500円ニテ解雇サレ□□□□ハ養鶏業ヲナシテ生活セシモ　昭和7年3月ノ鶏卵及ビ鶏肉ノ暴落ニテ生活困難ニナリシカバ　同月31日廃業シ夫ニ伴ハレテ現住所ニ間借シ夫ト共ニ紙函製造内職ニテ辛ジテ生活セシガ　昭和8年2月25日紙函内職ハ中絶セシ手間□□太田紡績会社ノ羊毛塵取ヲ内職ニ転業セシモ生活困難ニテ　3月22日廃業セシニヨリ収入皆無トナリ益々窮乏スルニ至レリ

生立及経歴	1　両親ノ氏名　　父　不明　　　　母　八澤カネ 　　続　柄　　　三女 　　両親ノ職業　　不明 　　死亡年齢　　　父　不明　　　母　63歳 　　死因　　　　　父　不明　　　母　心臓病 2　(出生時)　幼小時代ノ住所　福島県信夫郡○○町大字△△△△△番地ナシ　父ハキンノ出生後5,6ヶ月ニテ死亡セシ由ニテ　母カネハ姉キクト共ニ素人下宿ヲナシ　一家4名(母カネ姉キクさち及ビ　キン)普通生活ヲナス(姉2名ハ既ニ死亡セリ) 3　(職業関係　住居　生活ノ変遷等)　16歳ニテ○○町△△△△△(スグ近傍)ノ原内内科医院ニ女中トシテ住込ミシガ19歳ニテ暇取リ福島駅ノ車掌ニテ官舎ニ居住セシ大山五郎ニ嫁シ　1ヶ月ニテ夫ハ郡山駅助役ニ転任ニ付　夫ニ伴ハレ同官舎ニ同棲シテ3ヶ年ノ其後　夫ハ奥羽本線ノ各駅ノ助役ヲナシ　27歳ノ折水戸線宍戸駅長トナリテ3ヶ年　笠間駅長ニ転勤シテ3ヶ年　奥羽本線栗橋駅長ニ赴任セシガ其間常ニ夫ト同棲シテ普通生活セシモ　37歳ノ時夫ハ辞職シテ共ニ上京シ下谷区○○町×丁目××番地ニ居住シテ五郎ハ求職セシガ適業ナク　1ヶ年徒食セシ折夫ノ少年時代ノ知人ナリシ神田区○○○町×丁目医師板川亮ノ紹介ニテ　五郎ハ神田区○○○ナル杉本病院ノ会計事務員ニ通勤シ　姉キクノ長男ニテ　キクノ夫ナリシ米屋中本平蔵ガ病死当時3歳ニテキクハ生活困難ナリシニ付引取リ養育セシ中本雄三ハ　当人22歳ニテ両眼失明セシカバ按摩ヲ業トセシ居リシニヨリ　夫ノ収入ト合シテ家族3名普通生活ヲナシ　6ヵ年ヲ経テ一家ハ府下荏原郡○○町字△△××××番地ニ移転ヲシ　引続キ普通生活ヲナス 縁事関係　19歳ニテ大山五郎ニ嫁シ今ニ至ルモ同棲ス　子女ナシ
保護依頼者	東京市品川区○○方面事務所
その他	(記載なし)

保護経過

8.4.7	夫大山五郎ニ伴ハレ入園　清風寮ニ入ル
11.4.4	久々ニテ甥淀橋区○○○町×××　関方ヲ訪問致度トノコトニ　本日許可ヲ受ケ夫五郎ト共ニ外出ス
11.4.5	午后5時頃夫ト共ニ無事帰園ス
11.5.22	11年度第2期世話係トシテ指命(相老)
11.9.5	相生寮第3期世話係トシテ指命
12.2.22	昨日夫ト共ニ前記関弘二方ヲ訪問シ1泊シテ今日4時過喜ビ帰ヘル
12.5.5	12年度第2期相老寮世話係ニ指命
12.11.10	前記関方訪問ノタメ夫五郎ト共ニ1泊予定ニテ外出
13.5.13	相老寮ニ於テ本年第2期世話係ニ指命サル
13.8.15	相老寮本年第2期世話係ニ指命サル
16.1.25	相老寮本年第1期世話係ニ指命サル
16.9.10	相老寮本年第2期世話係ニ指命サル

17.2.13	相老寮本年第1期世話係指命サル
17.8.22	関弘二ヘ重症通知ス（ハガキ）
17.8.28	八澤たえ（立川市○町××××本谷修二方）ヘ重症通知（至急来園スル様若シ差支ヘアレバ代人ヲ来園セシムル様追記ノハガキ）
17.11.6	埋葬費請求ス

（入園者身分概要）

続　　柄	戸主大山修　弟大山五郎妻
性　　別	女
氏　名 生年月日　年齢	大山　キン 明治2年12月4日生　（当65歳）
本　籍　地	熊本県熊本市○○町大字△△×××番地
入園前住所	東京市品川区○○○○町××××番地　中井慎也方
家族親族等ノ現況	1　夫ノ有無　現住所ニ同棲ス　大山五郎　当73歳　無職ナレバ扶養資力ナシ 　　　　　　夫　五郎モ同時収容委託 1　直系尊卑属ノ有無　　ナシ 1　永年ノ知人　雇主等ノ有無　　ナシ 1　其ノ他ノ親族ノ有無 　　　甥　中本雄三　当45歳　按摩業　東京市品川区○○町番地不詳 　　　中学4年迄養育セシモノナルモ実家ニ帰リシ後盲目トナリ按摩トナル 　　　○○町ニ移転□□当時扶養ヲ受ケタク警察ヲ通ジテマデ懇願セシモ拒絶セシム 　　　甥　関弘二　当48歳　谷川秤製作所職工　東京市淀橋区○○○町×××番地 　　　生活困
経　　歴	1　両親　父氏名不詳　母八澤カネ　三女（母ハ63歳心臓病ニテ死亡其他不詳） 2　幼少年時代　　本人出生後5,6ヶ月ニテ父死亡ヨリテ母ハ姉トトモニ素人下宿ヲナシ生計ヲ立ツ（福島県○○町） 3　16歳ニテ近傍ノ医院ニ女中奉公　19歳ニテ暇トル 4　当時　福島駅車掌　大山五郎ニ嫁シ現在ニ至ル　其後夫ハ奥羽線各駅助役　水戸線駅長　笠間駅長ヲ経テ奥羽本線栗橋駅長トナリ同人37歳ノ時夫辞職　直ニ上京　徒食　知人ノ紹介ニテ夫ハ○○○○○杉本病院会計事務員トナル　甥中本雄三モ按摩シ普通生活 5　震災後ノ経歴 　昭和4年　前記　甥雄三内妻くにヲ得テ○○○町ニ別居シ同年12月31日　夫五郎ハ解雇サル　7年3月迄養鶏業　昭和8年2月迄紙函内職　同3月迄羊毛塵取リ内職ヲナセシモ失職　生活困難 6　縁事関係　子女ノ有無　19歳ニテ大山五郎ニ嫁シ今ニ至モ同棲ス　子女ナシ 7　特ニ貧窮ノ事由ト認ムベキ事項　　イ　夫五郎ノ失職　　ロ　老衰

宗　　教	真宗
教　　育	無教育
健康状態	現在の疾病　昭和5年頃ヨリ腰曲リテ幾分老衰ノ自覚アリ　精神障
労務能力	害疑等　ナシ
個　　性	（記載なし）
性　　格	（記載なし）
習　　癖	温良
趣　　味	（記載なし）
嗜　　好	芝居　活動 煙草

保護経過

8.4.7　入園　清風寮ニ入ル

8.4.22　相生寮転入

8.6.6　淀橋区〇〇〇町×××　関弘二（甥）方1泊

9.4.2　同

10.5.8　同　関二郎ニ面会

10.7.9　橋田病院眼科ヘ受診ニ行ク夫付添ノタメ3日尚外出

（追記）
9.2.6　夏中頑張ッテ働イタオ金1円50銭ヲ受□ニシテ　イソイソト夫婦デ2泊外出

9.12.4　曇ッタ日　"寮母サンコンナ日　冬モノサント□　自分ノ部屋ニ居ルト全ク浴風会ダッタノヲ忘マシタ"ト外ノ生活ヲ思出シテイル

10.1.1　世話係発表　本人当選

10.1.11　理想的ニ働イテクレル　時々世話係ノ教育　気持ヲ取レル

10.1.16　中田ハナ氏ニ注言スルタメ　特別ノ方法取ッテ寮母ガ強ク叱リハセヌカト心配気ニ廊下ウロウロシテイタ　ヤサシイ心根ガアル

10.1.28　"オ茶買ッテ来ル"ト言ッテ並木やマデ近外　□□ニ頼マレタトテ内密デウドン5銭買ッテ来タラシイ　五郎氏ニ怒ラレ謝罪ニキタ

10.2.7　何カニヨク気ガツキヨク働キ　五郎氏ノ頑固□大声ヲ人ノ迷惑ニナラヌ様　骨折ッテイル

10.2.20　初メテノ支給品調手伝ハセル　相当ノ効果アリ　夫ト言ヘドモ世話係ニハ信腹（ママ）セネバナラヌ　トカ□イタ

10.3.17　夫ノ頑固ヲ考ヘ込ンデイテ時々妙ナ顔　明日ノオ風呂心配シテイルラシイ

10.3.18　決心シタラシク夫ノ代リニ風呂番シタ　"今更直ラズ仕方アリマセン　亭主ダカラ"ト

10.4.3　少々多弁スギル　諸注意ス　執拗デナイヤウニト

10.5.13　ソロソロ皮肉ト小サイ意地悪ヲ初メテイルラシク　アマリ繰リ返シタラ注意与ヘルトショウ

10.7.10　　夫ノ眼科診療ニ外出（付添ス）

10.7.17　　夫ノ眼科診療ニ外出（付添ス）

10.8.14　　夫ノ病気ヲ心配スルコト非常

10.9.　　月初メ１回珍シク胃痛ヲ訴ヘテ就床　他相変ズチョコチョコ寮中ヲ駆ケ廻ッテイル　機転モ効クガ□学クタメニ時々失敗シタ事　口ニシテモ平気デイル　又世話係ニ当選　神経痛デ服薬ハズットシテイル　皮肉モ利口モアマリ目立タセナカッタ　無難デアル

10.10　　２度程自分ノ意ガ通ラズ無言ニナッタ　"何デモ思フヨウニナル"トイフ無智サモアッタラシイ　対シタ事モナク平凡ナ月デアッタ　珍ラシク進ンデ事務ノオ蒲団縫ヒ申出　寮ノ状世（ママ）デハアマリ重キヲオカナクナッテ来タ感ガスル　健康ダガアマリ晴ハナカッタ

10.11　　今月ハ内職シ乍ラモヨク寮員ノ面倒ヲ見タリ　元気ニ働イタ　性来ノ健康ト利口ガ手伝フラシイ　随ッテ寮内ノ信用ヲモ復活シタ

10.12　　無難ノ１ヶ月　意志ノ定マラナイ傾キト　ヤハリ老人ダト感ズル前後合ハヌ点チラホラ見受ケ出シタ　トニ角モ働キ乍ラ人ノ面倒ヲモ見テイタ

11.1　　ツカレタヤウナ気持チデ行動シテイタガ　月末ニハ世話係ヲ夫ニユズッタ形デホット一安心ノ様子見エル　無難ナ１ヶ月

11.2　　気持ニ余裕出来タ性（ママ）カ　亦元ノ利口ニ却ツタリ咳ガ止マラナイガ服ヤクシ□□テ元気デマメニ動イテイル　可愛イ□一面サヘ出シ専ラ夫ノ武骨ヲ補ッテイ□

11.3　　全ク心身元気快復ノ感デ　無学ノ割合　理想的ニ非常時ヲ立働イタ中旬　日当ノ休養ススメテモ足ノ霜ヤケ治療ノ傍ラ袋貼内職ヲナシテ殆ドヂット□イナイ　下旬頃カラ少々出過ギ歓心□ノ所モ見受ケラレタ食堂番20日当　親切デアッタ

11.5　　世話係の改選あり　当人を女子世話係に任命す　意地悪く陰で人を剣つけるたちの老人である　物質的に注意を与へるも表面心服したらしく□ゐてやはり禁をおかすたち悪き性など思ふ

11.6.20　　嫉妬心強くそのために他人を傷つけるやうな陰□葉をきく　割当てられた自分の仕事のみは□□に行ふが　自分勝手をもなすやうである

11.6.26　　腸チブス予防注射を行ふ

11.7.10　　共同生活なることを忘れ　個々の生活をな□風著しく　注意与ふるもなかなか改□□

11.9.15　　世話係改選あるも女子世話係に適当□人なく　当人を引き続き世話係に任命す

11.11.2　　夫五郎と淀橋区○○○×××関□□氏方に１泊の外泊をなし無事帰寮す

11.12.5　　寮内作業を夫の分まで引き受けてほとんど１人云ってもいい位にやっている　その□夜等は　よくおはじき等をして興じている

13.1.15　　世話係改選によりその任を解除す　２期に及ぶ世話係としての生活振りは　他人に□好嫌の念を強く持つため公平を欠き□　虚弱者、盲目者等に対する心遣り□ほとんどみられなかった　周囲からは世話係のくせに　ああいふこともする　かういふこともなどとの非難が多かった

13.2.14	流行性感冒に依り東館下仮病室へ　　21日　全快退院す
13.4.5	流感にかかりし以後何となく人あたりも軟らかく　人といさかひの訴へ等にもくることがなくなり良い傾向をまして来た様子な□
13.8.12	夜半より胸苦しさを訴えられ診療の結果　心臓悪く静養の注意有り 心臓え冷湿布を行ひ　食事も日常注意し凡てを忘れて安静にする様　五郎氏えも注意し　診療日のたびに診察を受けひたすら静養につとむ
14.1.2	一時小健を得たるも　少し要事（ママ）をすれば息切ひどく　塚原先生御診察の折も入院の必要有りとの御注意を受け　夫五郎氏えも其の由を含置き　静養中　風邪にかかり
14.1.12	日夜咳ひどく２回の吸入を行ひ　お薬りも引続頂居たるも　今日春日入院となる　入院に就ても当人は喜びたるも　五郎氏は其の必要みとめないと申居る
14.2.3	熱も下降致し元気なりたる為医長先生に見て退院の御下命ありたり
14.3.22	其の後気分も良好となり退院致しても良いとの御ゆるしあるも動きを訴へるにてより　其のままになしおく　春日寮閉鎖の為全治退院す
14.5.6	夫の甥の子息　関二郎出征の為面会に来らる
14.5.19	呼吸が苦しいと御爺さんが訴へて来たので　脈拍を見た処95　体温5度9分　キン氏は前から心臓疾患にて　寮では成可く仕事をしない様にして居るのであるが御爺さんが作業場で仕事をするので荷札造りを　自分で無理したのでは無いかと思ふ　婦長様にかかって注射して頂だく
14.6.29	淀橋区○○○○○町×××　関キヨ氏来訪
15.1	思ったより弱くない　自分の身体ばかりいたわりすぎる感あり これまでは他の人世話係になったので　自分はだめだといふひがみが強くなっていた風である
15.5	大部引立ててやると温和になって来
15.7	他の人々へも寮母へも皮肉を言ふから　皆に嫌がられる
16.1	看板ではあるがやさしい所を取り立てて世話係にして見る
16.3	2,3度ぜん息発作起り　服やくはずっとであるが入院する程でない
16.4	どうやら田村氏に助けられ乍らつとめている
16.5.14	昨日より腰腹部の痛み激しく服薬及注射を□すも痛み止まらず就床
16.5.16	痛み稍々治まり離床す
16.6.20	服薬をつゝけて居られたがお薬の原料がなくなったので一時中止となる
16.7.23	夫五郎氏二病に入院されてから　見舞に通れたが元気なく見受けられるので□くなぐさめて力つけていた　おとなしい内気な人
16.8.5	五郎氏経過よく退院された
16.9.12	世話係の辞令を渡す　第２期

16.10.7	夫五郎氏平生強くあたられるのでよく愚痴をこぼされるが　にはかに夫五郎氏目まゐにて起き上られず4日間就床された　その間よく看護されたのでほんとうの夫婦愛なるを思ふ
16.11.20	気分が悪るいといって服薬　関先生の御診察を受ける 五郎氏入院出来一人許され養生されて居たが　淋しそうふであった　体も悪るいのでお世話係も辞退されたので　意のままにして休養して貰ふ　そのためか少し健康を取りもどした
17.2.4	服薬中少し斗足の自由が思ふようでなく　前へのめりますとこほされるので　関先生の御診察を再度うける 夫五郎氏退院後　幾分元気が出たらしい
17.3.20	体も少しよくなったので食当番に池田は□氏と従事して貰ふ　でも1週間無事につとめられて割合元気になられた
入園時ノ所持金品	所持金　今日入園ノ夫大山五郎ノ所持ニ合併 所持品　　浴衣　6　　単衣　2　　セル単衣　1　　セルコート　2 　　　　　銘仙羽織　4　　銘仙□　2　　半襦袢　2 　　　　□長襦袢　4　　女帯　3　　帯側　1　　衿巻　1 　　　　　肩掛　2　　腰巻　4　　バスケット　3　　絹風呂敷　5 　　　　　洋傘　1　　針

No.1795　百々田さき　（女）

入園日	昭和13年6月16日
退園日	昭和17年9月13日　（死亡　　上顎癌）

（要救護者調書）

出　　生	明治10年8月2日　当62歳
出 生 地	東京市芝区〇〇〇〇町××番地
本 籍 地	同上
震災当時ノ住所	東京市品川区〇〇〇町×丁目×××番地
現 住 所	東京市品川区〇〇〇町×丁目×××番地　谷屋陽三方
戸主又ハ続柄	戸主　万太郎　姉
宗　　教	真宗
家族ノ状況　並 扶養親族関係	家族の状況並　戸主　百々田万太郎（当62歳）異母弟ニシテ明治41年以来行方不明 扶養親族関係　長男　内縁ノ夫木原純吉トノ間ノ子　木原森作（当年30歳）ハ昭和6年4月ヨリ附近ノ梨田工場ニ職工トシテ働キオリシガ昭和12年12月2日サンプラ薬品使用ノ工場ニ転勤ヲ命ゼラレ　ソレヲ嫌ッテ辞職ス　以来失職状態ニアリシガ昭和13年2月7日母親ヲ置イテ無断出奔ス　当年4月20日小樽ノ消印ニテ小樽着ノ葉書ヲ落手セシモ住所明記サレズ全ク行方不明ニテ今日ニ及ブ義兄　夫ノ兄　木原千左衛門　大正2年以来行方不明
身心ノ状態不具 廃疾ノ程度　及 疾病ノ有無	青年　　26歳ノ時　左足ノ足指ヲ切リトル 現在　　53歳外傷ニヨリ左眼失明　61歳脳溢血ニテ倒レ以来右眼モマ 　　　　タ辛ジテ明暗ヲ知ルノミトナル 精神障碍　　遺伝的脳疾患ノ恐レアリ 性情　　　　普通
震災当時ノ職業及 現在ノ作業　収入	震災当時の職業　硬質硝子女工　日給1円20銭 現在の作業収入　　　　ナシ
教育程度 趣　　味 嗜　　好	小学校5年終了 ナシ ナシ
震災後ニ於ケル 生活ノ経路　並ニ 現況	被害　　災害ナシ （老年期）　震災当時ハ品川区〇〇〇町×丁目ニ大正10年以来住ミ居リシガ住宅ニモ工場ニモ被害ナク生計ヲ営ム　女工ハ昭和5年ノ暮辞職シ昭和6年ヨリ〇〇〇町×××番地ニ住ム　同年4月ヨリ長男森作梨田製作所（無線電話ノ付属品製造）ニ職工トシテ日給1円ニテ就職ソレニテ生計ヲ営ム　昭和12年　森作辞職当時ハ日給1円30銭ヲ支給セラレテイタ　昭和13年2月森作出奔ニヨリ生活不能ニ落チイレリ

生立及経歴	両親の氏名　父　大倉美之吉　　母　和崎かず 続柄　　　　長女 職業　　　　父　建具屋 死亡年齢　父 63 歳　母 77 歳　　死因　父　精神病　母　大腸カタル 幼少年期　母ハ大倉ノ妾ナリシガ当人3歳ノ時和崎ニ嫁シ　当人ハ母ノ実家　百々田ニ送ラレ　4歳ノ時1ヶ年深川区〇〇〇〇町海藤理二郎（建具職）ニ養女ニヤラレシモ養父　女ヲ作リテ逃亡シ　養母モマタさきヲオイテ姿ヲ晦ス　5歳ヨリ父　大倉ニ引キトラレ父ト義母ト異母兄ノ4人家族 青壮年期　17歳ヨリ〇〇〇ノ講談師キタノ音次郎方ニ給2円ニテ21歳迄奉公　ソレヨリ京橋区〇〇ノ銀春（梅乃家都子）ノ仲働ヲナス　給3円ニテ24歳迄25歳　四谷区〇〇×丁目××番地平川省三（逓信省本局小荷物係給50円屋賃12円）ト婚姻　26歳長男ヲ生ミシモ生後間モナク死亡　27歳ノ4月省三　小荷物係ヲ辞職シ芝区〇〇町ニ家賃9円ニテ移転シ　商売ヲ始ムル準備ノ間ニ省三ニ女ガ出来　8月合議離婚ヲナス　間モナク百々田ニ帰リ　ソノ年〇〇〇×ノ肺病患者ノ付添ヲ1ヶ年ナス　ソレヨリ百々田ニ帰リ居リシガ29歳ノ9月麻布区〇〇町××番地　木原純吉（32歳）ト婚姻ス　職業ハ　鋸鍛冶ニシテ職人2人小僧1人使用ス　33歳長男森作ヲ生ム　39歳夫病死　品川区〇〇×丁目　冬山某方ニ間借シ　極東硬質硝子工業会社ニ女工トシテ働ク日給1円20銭 縁事関係　25歳　平川省三ト婚姻シ　28歳協議ノ上離婚　29歳木原純吉ノ内縁ノ妻トナリ　33歳ニシテ森作ヲ生ム　39歳ノ時純吉死亡　62歳ノ時　森作家出　行方不明 特ニ貧窮ノ事由ト認ムベキ事項　扶養者木原森作ノ家出ト本人殆ド失明状態ノ故
保護依頼者	東京市品川区〇〇方面事務所
その他	調査箇所　東京市品川区〇〇〇町×丁目×××番地　谷屋陽三方

保護経過	
13.6.16	入園常盤寮ニ入ル　取扱方面委員谷沢福太郎（〇〇〇町×ノ×××）送リ来ル　両眼視力乏シク歩行ニモ差支フ　但シ場所ニ馴レレバ可成リ自由ガ利クラシイ　両手足及ビ腰部ニ神経痛ガアルラシイガ　ソレデモ話ヲスル時ナトハ如何ニモ若々シサガ残ッテ居ル　聞カレレバイクラデモ物語リヲスル状ハ調書ニモアル様　遺伝的ナ精神疾患ノ素地デハナイカト思ハセルモノガアル　頭痛持ト自供シテオル点ナド併セテ　一応警戒ヲ要スルト思フ
13.9.23	虚弱者トシテ梓寮ニ転ズ
14.7.12	金田ツタ（芝区〇〇×ノ×）来訪
14.9.9	梓寮ヨリ東館上ヘ転寮ス
14.12.5	東館上ヨリ梓寮ヘ転ズ
15.8.31	梓寮ヨリ二病ヘ入院
15.10.15	二病ヨリ梓寮ヘ退院
16.7.8	梓寮ヨリ三病ヘ入院
17.8.18	三病ヨリ梓寮ヘ退院

（入園者身分概要）

続　柄	戸主　百々田万太郎異母姉
性　別	女
氏　名 生年月日　年齢	百々田さき 明治10年8月2日　当62歳
本　籍　地	東京市芝区○○○○町××番地
入園前住所	品川区○○町×丁目×××番地　谷屋陽三方
家族親族等ノ現況	家族　親族等の現況　戸主　百々田万太郎　当年62歳ハ異母弟ニシテ明治41年以行方不明 長男　内縁ノ夫トノ子　木原森作　当年30歳　職工ナリシガ昭和12年12月失職シ本年2月以来　行方不明 義兄　夫ノ兄　木原千左衛門　大正2年以来行方不明
経　　歴	大倉ノ妾ナリシ母ヨリ生レ　3歳ノ折母和崎ニ嫁シ母ノ実家百々田ニ送ラレシガソレヨリ1ヶ年養女ニ出サレ　5歳ヨリ父大倉ニ引キ取ラレ生長ス　17歳ヨリ24歳迄女中奉公　25歳平川省三ト婚姻シ27歳協議離婚　29歳鋸鍛冶木原純吉ノ内縁ノ妻トナリ　33歳森作ヲ生ミ　39歳夫病死　ソレヨリ硝子会社ノ女工トナリテ働ク震災ノ被害ナシ　昭和5年ノ暮女工ヲ辞メ　昭和6年4月ヨリ森作　梨田製作所ノ職工トナリテ働ク日給1円　昭和12年12月　森作工場ヲ辞職シ昭和13年2月出奔　行方不明53歳外傷ニヨリ左眼失明　61歳脳溢血ニテ倒レ　ソレ以来右眼モマタ明暗ヲ弁別スルノミトナル　森作ノ出奔ノタメ自ラ働クコトモ出来ズ生計ノ途ナク保護出願スルニ至ル
宗　　教 教　　育 健康状態 労務能力 個　　性 性　　格 習　　癖 趣　　味 嗜　　好	真宗 小学校5年修了 視力乏シク左足稍々不自由 多少アルベシ （記載なし） 普通 （記載なし） ナシ ナシ

保護経過

13.6.17　入園　常盤寮ニ入ル　取扱方面委員谷沢福太郎氏送リ来ル　両眼視力乏シク歩行ニモ差支フ　両手足及ビ腰部ニ神経痛ガアルラシイガ　ソレデモ話ヲスル時ナドハ如何ニモ若々シサガ残ッテ居ル　聞カレレバイクラデモ物語リヲスル状ノ調書ニアル様ニ精神病ノ素地デナイカト危ブマレルモノガアル　頭痛持ト自供シテ居ル点ナド併セテ一応警戒ヲ要スル

13.9.23　常盤寮より転入す　辛うじて黒白を区別し得る程度　野性的新鮮味を感じる入園してから間がない性もあるだらうが元気にてよく掃除を手伝ふ眼科は通っておる

13.12.8　日常の生活としては眼科に通ふのが1日の仕事位　眼疾なので作業も除草も出来ず　頭痛と眼病に関係あるやと思はれる頭痛持ちで　梅毒かともうたがはれる性は頑固　気を柔かくして他人の有難味　情を感じるよりも人が　あゝしてくれない　こうしてくれないと自分を冷かにして不平に思ひ自分から溶け合う事の出来得ない人　頑固な人との同席は無理である　渋谷氏とけんかをして泣いて訴ったへにくる　渋谷氏とけんかをする事は火に油を注ぐ様な事であるから此方から口出しをしない様　遠ざかって居る気持で　相手になっておこらない様話す　他人に頑固にあたり衝突を自分からしかけるのではなく向ふからされれば其に負けず自分も言ってやる性質である　頭痛による影響でもあろうが　かたくなな感じのする人である

14.5.12	和崎菊江なる親戚の人より時々衣類 小間物等送ってくれるその後渋谷氏との衝突もなく静かにすごす
14.9.9	梓寮より東上へ転寮せられる
14.10.2	転寮後眼科に通ふ 1人にては危くたいてい寮の洗眼の老人に伴はれて行く
14.10.13	眼科の医師の診察を受く 脳より来たる由なり 最近大変不自由に見える
14.11.22	身体が不自由にて他の老人に気兼するし静かに養生したいと言ふ 梓寮へ転寮を願ふ 最近に時々左頭も悪く眼も見へなくなった
14.12.5	梓寮転寮となる
14.12.12	西條寮母受持となる
15.1.19	ここへご厄介になる迄は苦労のしつづけで早く死にたい どうかしてこの世を終ってしまいたいと死ぬ事のみ考へてましたけど もう今ではお長者様です 1日でも長生きしたいと思っています長生きしますから一生どこへもやらないで梓へおいて下さい と荷札を造りながら申される 明るい日には辛じて黒白が少し弁じる位の両眼失明 考ながら綺麗好にてよく手さぐりに御掃除を手伝ったり何なりと出来るだけはさせて頂かうと言ふ 感謝の気持が見える
15.2.20	桐原氏の朝夕の御布団の上げ下し万端よくもこれ迄と思ふ程よく面倒を見て下さったので桐原氏千歳へ転寮されたら掌のもの取られた様に手持無沙汰に見ゆ
15.7.7	盲人でありながらやはりこれ又同室の盲人 海老名氏の面倒をよく見て下さる 朝夕の寝具の出入れから便所通ひに付添ふて 彼女の如き親切ぶり 前世に於て借りがあるとさへ思へば間違ありませんといふ感念（ママ）の奉仕ぶり 聡明にて物わかりよく中々の働きものにて手さぐりにて自分の縫物もなす この方にて失明でさへなかったらと惜しく思ふ 世話係なみの働である
15.8.31	右足部腫張高熱ありて入院す
15.9.2	体温下降 足部イヒチオール塗布相変らず腫張甚しい
15.9.3	森田先生御診察あり
15.9.14	腫張減少 湿布及び塗布薬中止となる
15.10.9	腫張快復に依り水試験施行 梓寮へ全治退院なす
15.11	すっかり元気よくなりニコニコときまいよく誰かれの別なくよく面倒を見て上げて下さる 稲沢氏（失禁□）の汚れものでもよく手伝って寒い朝□って洗って下される いそいそとして手早く何をさせてもよく出来る方 「お咳の出る本橋さんに御風呂焚かせて入る気毒さ 寮母さんこの目さへ人並なら私何でも出来そうに思ふ 染直しや裏返しやと着物の如く出来るものなら何とかしたいものです□□□□□□□ませうか」と笑ってしまふ 理解りよく手のかからない世話のやけない模範人物である
昭和16年度	やりすぎる程迄に世話係に手伝ひ皆に重宝がられて居らる 有難い明暮の感謝の気持が朗かな生活振りに現れ実に気持の良い方である

16.5	自然と夜分眠れなくなり遂に一睡も出来なくなりましたとの訴へに□□先生に診て頂いた　投薬して頂く
16.6.11	2,3日前から2,3時間づつ眠れる様になったと喜ぶ　眠って落つけば苦労なしに自然に睡眠を摂れる様になる事と様子を見る事にする
16.7.7	午前10時頃俄に悪寒はじまり就床す　検温したら41度強　直に関先生に往診して頂いた　頭部　心臓部と共に下腹部も氷にて冷す　腸部に異常ありとの事　盲腸の疑もあり□腹らしくもありと　ともかく一生懸命冷す　病室満員の為にあと迄にと待つ□□□□□プルス弱くなり強心剤打って頂き　午後6時入院三病
16.8.18	入院時相変らず高熱なるも割合元気よく食事も普通に頂く　時々腹痛訴へるも間もなく治り　入院2日後には体温もプルスも普通となり　その後も経過良好に就き　梓寮に軽快退院す
16.9.	退院と同時に服薬も中止　何等異状なき様子なるも□□□とも便秘症なり
16.10.	どうも鼻が変だとの事　折よく耳鼻科の先生御来園診て頂きし所アデノイドがちて居るとの事 今度再診の時付添ふて行きよく様子御伺ひする事とし様
16.11.	荒川氏腰痛にて動けなくなったのを　かゆい所に手の届くかの如く良く上下のしまつして下された　誰かれの別なく献身的にやって下される　頭の下る思ひがする
17.2.17	御小遣銭なき人の故をもって事務所より金50銭頂く　昨今又鼻血度々あり　為にアデノイドも除去されず耳鼻科の先生御来園御診察下され鼻出血の折合はいつも即刻注射して貰ふ様にと御注意投薬して頂く
17.3.8	検尿の為　1週間の予定にて四病へ仮入院
17.5.10	昨今出血甚しく度々御手当をして頂く　茶飲茶碗に1杯位の量
17.5.28	急に左頬部に腫張□り局部色づく　山中先生に御話申し上げし所冷湿布をして下さる
17.5.30	顔面一体に腫脹となり夜分眠れもやれず布団に倭れたまヽにて過す
17.5.31	夕刻　悪寒発熱38.5度　10分位にて平常にかへる
17.6.1	山中先生に御話し申上げ入院の事となる
17.8.22	入院治療後大して疼痛もなかったが患部悪化し　疼痛強くナルスコ0.2ｃｃ皮下注　其の後も疼痛ありたる時は注射施行
17.9.2	相変らず患部疼痛を訴ふにより　ナルスコ注施行又粘血便に変ず　脳部腹部甚だしき疼痛あり　脳部に冷湿布行ふ
17.9.11	プルス微弱　頻数にして強心剤注射行ふも病状思はしくなく
17.9.13	遂に午前3時45分死亡す
入園時ノ所持金品	所持金　　金1円80銭　　内　保管　なし 所持品　　袷羽織　1　　メンセル　1　　単衣　6　　浴衣　1 　　　　　袷　1　　帯　2　　腰巻ネル　2　　風呂敷　2 　　　　　足袋　1　　念珠　1

No.1798　田中サエ　（女）

入園日	昭和16年12月1日
退園日	昭和17年9月21日　（退園　実弟引取）

（要救護者調書）

出　　生	明治9年12月28日　　　当66歳
出 生 地	秋田県南秋田郡○○○町番地不詳
本 籍 地	東京市日本橋区○○町×丁目××番地×
震災当時ノ住所	東京市神田区○○町×丁目××番地　渡田次治方
現 住 所	東京市日本橋区○○町×丁目×番地　平川三郎方
戸主又ハ続柄	戸主　勝太郎ノ妻
宗　　教	禅宗
家族ノ状況　並ニ扶養親族関係	夫．現住所ニ同棲中　田中勝太郎　当73歳　勝太郎は老令無職ニテ扶養能力ナシ 姉．大阪市東区○町×番地　島田つる　当79歳　つる当人は17歳ニテ梅蔵ヲ入夫セシガ21歳ノ時離縁シ以後独身ニテ娘りんヲ養育シ民男ヲりんノ入夫トシ6人家族ニテ無職ナレ共普通生活ヲナシ居ル等 甥及姪　亡姉カツニ男子2名女子2名アリテ北海道ニ居ルトノ事ナルモ居所等不明
身心ノ状態不具廃疾ノ程度　及疾病ノ有無	青壮年時代ノ主ナル疾患：ナシ 現在ノ疾病：5〜6年前ヨリ喘息アレ共自分用ハ充分達シ得 精神障害：ナシ 性情：良
震災当時ノ職業及現在ノ作業　収入	（当時）製本内職　月収：30円 （現）　無職　月収：ナシ
教育程度 趣　　味 嗜　　好	無教育 ナシ 喫煙
震災後ニ於ケル生活ノ経路　並ニ現況	震災当時ノ被害ノ状況程度等：全焼 （老年期）罹災後姉つるヲ頼リテ大阪市東区○町ノ同家ニ厄介トナリ居リシガ大正13年9月上京シ神田区○町×丁目×番地ノ製本業渡田次治方ニ間借リシテ製本内職ニテ生活セシモ　大正14年1月18日日本橋区○○町×丁目×番地ノ日本橋区役所ノ代書人田中勝太郎ニ嫁シ普通生活シ　昭和11年9月夫ト共ニ深川区○○町ニ移転シ夫ハ代書ヲ継続シ居リシモ通勤ノ関係上昭和12年10月30日現住所ナル平川方ニ間借移転シ　夫ノ代書ニヨリ得ル収入ニテ生活シ居リシガ夫ハ老衰ノタメ昭和16年5月ヨリ救護法ニ依リ月15円ヲ受ケ居リシモ　9月3日ヨリ夫ハ老眼ニテ代書ヲナシ難キニ至リテ廃業セシタメ他ニ収入ナク10月ヨリ救護金ハ月24円ニ増額セラレシモ生活スル能ハズ

442

生立及経歴	両親ノ氏名：父　島田平太　母　同　ツキ
	続柄：3女
	職業：水戸藩鉄砲師範
	両親ノ死亡年齢：父48歳　母60歳
	死因：共ニ不明
	(幼少時期) 4人姉妹ニテ普通生活シモ3歳ノ時父ニ死別セシニ付母ニ養育セラル　姉ツヤハ59歳にて姉カツハ36歳ニテ共ニ病死シ姉つるハ現存ス
	(青壮年期) 17歳ニテ山本郡○○町ノ医師菅田武二ニ嫁シモ21歳ニテ離縁帰宅セシガ27歳ノ時同郡○○○村字△△農鈴木弘一ニ再嫁セシガ41歳ニテ離縁シ帰宅シ居リシモ42歳ノ折上京シテ神田区○○町×丁目××番地製本業渡田次治方ニ間借リシテ製本内職ニテ普通生活シ居レリ
	縁事関係：17歳ニテ菅田武二ニ嫁シモ21歳ニテ離縁帰宅セシガ27歳ノ折鈴木弘一ニ再嫁セシガ50歳ノ時田中勝太郎ニ嫁シ目下同棲中
	特ニ貧窮ノ事由ト認ムベキ事項　　老衰
保護依頼者	東京市日本橋区○○○方面事務所
その他	(記載なし)

保護経過	
16.12.1	入園シ常盤寮ニ入ル
12.9	深川区○○町×−×安田一郎 (知人ニシテ入園に□□本人の世話をしたる人) 来訪
17.9.21	13日外出ヲナシ引キ続キ本日マデ延シ居ル所今朝安田一郎ニ連レラレ帰園セシ所突然退園ヲ願ヒ出デタルニ関リ別紙の通り退園ヲ許可セラレタリ　尚サエノ夫ハ本年8月24日ニ死亡致シ其ノ後サエハ退園致シ度キコトヲ申シ居ッタ由ナリ

(入園者身分概要)

続　　柄	戸主　勝太郎ノ妻
性　　別	女
氏　　名	田中サエ
生年月日　年齢	明治9年12月28日生　当66歳
本　籍　地	東京市日本橋区○○町×丁目××番地
入園前住所	東京市日本橋区○○町×丁目×番地　平川三郎方
家族親族等ノ現況	夫　現住所ニ同棲中共ニ本園収容方出願　田中勝太郎当73歳自活不能 妹　大阪市東区○町島田つる当79歳独身6人家族フツウ生活 甥及姪　亡姉カツノ子男2名女2名アリ北海道ニ居ル由ナルモ居所不明

経　　歴	無職島田平太ノ4女4人姉妹普通生活　3歳ノトキ父ニ死別ス 　　　17歳ノトキ医師菅田武二ニ嫁スモ21歳ニテ離縁帰宅 　　　27歳ノトキ農家　鈴木弘一ニ再嫁セシガ41歳ニテ離縁帰宅 　　　42歳ノトキ上京神田区ニテ製本内職生活中罹災全焼シ大阪ノ姉 　　　つるヲ頼リテ厄介トナル 　　　大正13年9月上京神田ニテ再ビ間借リ製本内職ニテ自活シ翌年 　　　1月18日日本橋区役所ノ代書人田中勝太郎ニ嫁シ普通生活中 　　　昭和12年10月30日現住所ニ間借移転ス 　　　同16年5月夫老衰ノタメ収入減ジ救護法ノ月額15円ノ扶助ヲ 　　　受ケシガ最近視力モ弱リ同年9月3日遂ニ夫ハ代書ヲ廃業シ 　　　同10月ヨリ扶助金24円ニ増額サレシモ生計見込ミ立タズ夫婦 　　　共本園に収容出願ス
宗　　教	禅宗
教　　育	無教育
健康状態	5.6年前ヨリ喘息アレ共自分用充分達シ得ル
労務能力	（記載なし）
個　　性	（記載なし）
性　　格	性情：良
習　　癖	（記載なし）
趣　　味	（記載なし）
嗜　　好	喫煙

保護経過

16.12.1 　入園シ常盤寮ニ入ル
　　　　　非常なせき持ちで息切れなどもあり見たより健康体ではない

16.12.9 　受診　お薬を頂く
　　　　　来訪　深川区○○町×丁目×岩本吉太郎方　安田一郎

16.12.11 　2回注射していただくも別に変りなし

16.12.12 　毎日を気持ちよくすごされ居るもおぢいさんが人様に迷惑かけることか心にかかり自分がそばならばと案じてゐる　一日も早く夫婦寮に移してあげたいものである

16.12.16 　服薬中

16.12.17 　日本橋方面事務所よりお歳暮として金3円也を頂く

16.12.18 　常盤寮より転入される

17.1.28 　体が弱いので食堂当番など出ず養生　暖かくなれば限ず（ママ）働くといってゐられる

17.2.5 　相変わらず喘息で息切れのために関先生のご診察を受ける

17.3.26 　知人藤田きぬ氏来訪される
　　　　　相変わらず弱いから気かねしながら暮されるが性質おとなしい
　　　　　夫勝太郎氏去る17日入院　それまで夜中　勝太郎氏の老耄に困られた　時々入院の氏を見舞ってやってゐられる

17.5.31 　主人弟安田氏来訪有ついで小包送付さる
　　　　　服薬と注射を継続中

17.7.8 　新入試験にて入院10日間七日夕終って帰寮

17.7.15	日本橋方面委員援後会より暑中見舞として金1円受けらる
17.8.24	夫勝太郎氏　四病入院　永く養生中 容態面白からずとの通知にて看護に附添ふところ夜半10時死亡の通知ありたり 26日葬式参詣弟安田太一郎氏会葬参詣される
17.8.30	義妹藤田きぬ氏来訪亡夫勝太郎氏の悔みに見へられる 京都の安田正雄氏より10円　千葉の浅田氏より5円香儀ありたり
17.9.21	亡夫実弟安田太一郎氏に引取られ退院する
入園時ノ所持金品	所持金　203円20銭也 　　　　内　　貯金150円也 　　　　　　　保管金50円也 所持品　　　袷 5　　腰巻 9　　コーモリ 1　　羽織 5　　帯 5 　　　　　　風呂敷 11　半テン 1　衿巻 2　　コーリ 12 　　　　　　単衣 11　　股引 1　　手拭 14　　袖無 9 　　　　　　上パリ 1　長襦袢 4　エプロン 2　襦袢 12 　　　　　　座布団 1　　枕 1

No.1823　橋本とき　（女）

入園日	昭和14年6月26日
退園日	昭和17年11月17日　（死亡　紫斑病）

（要救護者調書）

出　　生	明治2年8月11日　当71歳
出　生　地	京都市以下不詳
本　籍　地	東京市淀橋区○○町×丁目×××番地
震災当時ノ住所	東京市淀橋区○○町×丁目×××番地
現　住　所	東京市豊島区○○町×丁目××××番地　鈴木永一方
戸主又ハ続柄	戸主
宗　　教	神徒
家族ノ状況　並扶養親族関係	長女（先夫　長女（亡木田誠トノ間ニ出生セシモノ）淀橋区○○町×丁目×××番地大井伸二ノ妻みき　当55歳　みきハ夫伸二ガ東京市土木課ニ勤務シ居リシガ昭和13年3月停年シテ退職シ其ノ恩給ト長女初子ノ婿養子大井信夫ガ水道局員ニテ得ル収入トニテ孫2人ト家族6名普通生活ヲナス 長男（みきノ弟）杉並区○○×××番地　木田義一（当53歳）　義一ハ水道局ニ勤務シ子供1人ノ3人家族ニテ普通生活シ居レ共　ときハみきガ6歳　義一ガ4歳ノ折　夫誠ニ死別セシタメ程ナク子供ヲ残シテ離縁シテ　他ニ再嫁セシニ付両名共ニときヲ扶養ノ意志ナシ 従弟（亡父ノ弟亡永康ノ長男）現住所ナル東京市豊島区○○町×丁目××××番地　鈴木栄一（当60歳）　永一ハ町会ノ集金人ニテ収入僅少ノタメ家族3名ナレ共生活困難ニ付方面委員ヨリ白米其他ノ救護ヲ受ケテ辛ジテ生活シ居レリ
身心ノ状態不具廃疾ノ程度　及疾病ノ有無	病気　障害　ナシ 性情　温良
震災当時ノ職業及現在ノ作業　収入	玩具内職　月収3円 　無職　月収　ナシ
教育程度 趣　　味 嗜　　好	教育程度　尋常小2年中退 ナシ ナシ

震災後ニ於ケル生活ノ経路 並ニ現況	震災当時ノ被害ノ状況程度等　ナシ （老年期）1500円ノ貯金ヲ頼リニ引続キ間貸及玩具内職等ニテ母たね共ニ普通生活シ居リシガ　昭和2年2月2日母ハ89歳ノ高齢ニテ死亡セシニ付　昭和3年4月大森区〇〇町ノ無職　長尾健方ニ手伝婦ニ住込生活ヲナシ居リシモ昭和5年4月姉つねガ京都ニテ死亡セシニ付　主家ヲ暇取リテ姉つねノ跡片附ヲナシテ上京シ　知人ナリシ砲兵工廠職ナリシ澤田新次郎ヲ頼リテ小石川区〇町ノ同家ニ間借リシテ　程ナク大森区〇〇〇ノ山田方ノ手伝婦ニ雇ハレシモ　昭和7年9月主家ハ横浜ニ移転セシタメ其ノ後ハ市内各所ヲ転々シテ住込手伝婦ニ雇ハレ　昭和12年10月杉並区〇町泉水方ノ手伝婦ニ入リシモ　昭和13年8月暇取リテ前記澤田新次郎ノ移転先ナリシ〇〇〇町同家ニ間借リシテ手伝婦ニ就職セントセシモ　何分老齢ノタメ雇フ者ナカリシニ依リ止ムナク売食ニテ生活セシガ生活難ニ陥リシカバ　昭和14年3月従弟ナル現住所鈴木永一方ニ厄介トナリ居レ共　鈴木ハ町会ノ集金員ニテ生活困難ニテ方面委員ノ救助ヲ受ケ居ル状態ニ付　到底永住シ難ク保護出願ヲナセリ
生立及経歴	両親ノ氏名　父　橋本慎二　母　同　たね 死亡年齢　父　36歳　　　　母　89歳 死因　　　　父　面疔　　　　母　老衰 続柄　2女 職業　父　無職（勤王家） （幼少年期） 　父母　姉つね　叔父永康（父ノ弟）ノ5人家族ニテときハ出生後程ナク一家ト共ニ神田区〇〇〇ニ移転シテ普通生活ヲナシ　4歳ニテ父ニ死別シ程ナク小石川区〇〇〇ニ移リ　叔父永康ハ母たねノ養子トナリテ内務省ニ勤務シ普通生活シテつねト共ニ養育セラレ　ときハ11歳ヨリ子守ヲナセリ （青壮年期） 　15歳ニテ赤坂区〇〇ニ居住ノ陸軍々医少尉木田誠ニ嫁シ　16歳ノ時夫ハ熊本ニ転任ノタメ共ニ任地ニ移リ其後夫ハ福岡　高崎等ニ転任シテ普通生活中　20歳ノ時夫ハ肺結核トナリ牛込区戸山町ノ陸軍衛戌病院ニ入院セシニ付ときハ同区〇町ニ居住セシガ　22歳ノ時夫ハ遂ニ死亡セシニ付離縁シテ　程ナク仙台市〇〇町居住ノ陸軍砲兵中尉菊池義雄ノ内縁ノ妻トナリテ同棲シ　24歳ノ時叔父永康ハ神経痛ニテ当人42歳ニテ死亡セシニ付　ときハ母たねヲ引取扶養シ　32歳ノ折夫ハ近衛15連隊付トナリケレバ共ニ上京シテ渋谷区〇〇町×丁目ニ居住シ普通生活中　35歳ノ時夫ハ脳溢血ニテ急死セシニ付年額100円ノ遺族扶助料ト　母ハ足袋ときハ手袋又ハ絹糸編物ノ内職ニテ普通生活セシガ　程ナク亡夫義雄ノ先妻ノ子ニシテ其ノ叔父（亡夫ノ兄）ナル牛込区〇〇町元神楽警察署ノ巡査菊池春雄方ニ同居中ノ誠ニ遺族扶助料ノ証書ヲ取上ゲラレシニ付　36歳ノ時母ヲ伴ヒテ小石川区〇〇町ニ移リ　39歳ニテ同区〇〇〇町ニ転居シ　41歳ノ折〇〇〇〇町ニ移転シ　47歳ノ折更ニ淀橋区〇〇町ニ移リテ約2000円ノ貯金ト玩具内職　間貸等ニテ母ヲ扶養シテ普通生活ヲナシ居レリ 縁事関係　15歳ニテ木田誠ニ嫁セシモ　22歳ノ時夫ハ病死セシニ付同年菊池義雄ノ内妻トナリシガ　35歳ノ折夫義雄ハ死亡セシニ付以後独身生活ヲナス　亡夫誠トノ間ニ義一　みきノ1男1女アリ共ニ現存シ居レリ 特ニ貧窮ノ事由ト認ムベキ事項　老衰
保護依頼者	東京市豊島区〇〇方面事務所
その他	（記載なし）

保護経過
14.6.26　入園シ常盤寮ニ入ル

14.8. 2　杉並区○○町×××番地　知人　泉水なほ氏面会ニ来訪

14.9. 3　豊島区○○町×丁目××××番地　従弟鈴木永一ノ妻さな外1名来訪

15.1.20　常盤寮本年第1期世話係ニ指命サル

15.8.15　常盤寮本年第2期世話係ニ指命サル

16.1.25　常盤寮本年第1期世話係ニ指命サル

17.3. 9　常盤寮ヨリ千歳寮ニ転ス

17.3.16　千歳寮本年第1期世話係ニ指命サル

17.11.17　鈴木永一　木田義一　大井みき氏ニ重症通知ス

17.11.18　木田義一氏ニ死亡通知ス

（入園者身分概要）

続　柄	戸主
性　別	女
氏　名 生年月日　年齢	橋本とき 明治2年8月11日（当71歳）
本　籍　地	東京市淀橋区○○町×丁目×××番地
入園前住所	東京市豊島区○○町×丁目××××番地　鈴木永一方
家族親族等ノ現況	長女　（先夫亡木田誠トノ間ニ出生）淀橋区○○町×丁目×××　大井伸二ノ妻ミキハ夫並婿養子義一等6名家族ニテ普通生活ス 長男　（右　みきノ弟）杉並区○○町×××　木田義一ハ子供ト3人ニテ普通生活 ときハみき　義一ヲ残シテ他ニ嫁シタルニ付両名共ときヲ扶養スル意ナシ 従弟　（亡夫ノ弟　亡永康ノ長男）鈴木永一ハ入園前住所ニアレ共生活困難ノタメ
経　歴	15歳ニテ陸軍々医少尉木田誠ニ嫁シ　夫ノ熊本　福岡　高崎転任ニ随ヒ普通生活中　22歳ノ時夫ハ肺結核ニテ死亡セシニヨリ離縁ス　程ナク仙台市居住ノ砲兵中尉菊池義雄ノ内妻トナリ　夫ノ転任ニテ上京シ普通生活中　35歳ノ時夫ハ脳溢血ニテ急死セルニ付　ソノ遺族扶助料年額100円ト編物内職ニテ普通生活中　亡夫義雄ノ先妻ノ子誠ニ遺族扶助料証書ヲ取上ゲラレシニ付　母ヲ伴ヒテ市内ヲ転々シ　貯金ト玩具内職及間貸等ニテ生活ス 震災ノ被害ナク同生活ヲ続クル中　昭和2年母死亡ス　其ノ後手伝婦トシテ市内各所ヲ転々シ居タルモ老齢トナリ扶養スル者ナク　止ムナク売食ニテ凌ギ来リシモ生活困難トナリ昭和14年3月従弟ナル現住所鈴木永一方ノ厄介トナリ居レ共　永一モ生活貧困ニテ永住シ難ク保護ヲ出願ス

宗　　教	神徒
教　　育	尋小3年中退
健康状態	（記載なし）
労務能力	（記載なし）
個　　性	温良
性　　格	（記載なし）
習　　癖	ナシ
趣　　味	ナシ
嗜　　好	（記載なし）

保護経過

14. 6.26　入園シ常盤寮ヘ入ル
　　　　　従弟鈴木永一氏付添来園
　　　　　近所の島田英雄質屋へ電話　異常ある時は通知の事

14.10.26　○○町鈴木氏方へ1泊遠出　予定通り帰寮

14.11. 5　明瞭な認識は持っているが　正しきをのぞむが故の口論

15. 1.20　世話係として指命
　　　　　時折表裏を感ず言葉にトゲがある

15. 4.13　鈴木方1泊の遠出外出無事帰園

15. 6.15　近頃より炊事当番を主にやりはじめ□

15. 7. 6　来訪　小石川区○○○町××　佐藤勇次□　金10円也受く

15. 7.15　漸く馴れて来た　然し先日受けし□保管しようとせず　こうした点に□言はるが
　　　　　自我と言った点か出て来る

15. 8.15　世話係　重任
　　　　　作業には熱心又出来栄えは良く教えた事は正確にする点認むべきである
　　　　　日常生活にては他の人に余り親切ではない　意地悪でもなく思った事見た事を遠
　　　　　慮なく言って了ふ之を受けた方叱られ□怒られたと不満を抱く事も屢々ある　た
　　　　　る（ママ）に気持を知られるまでは冷淡な人だと思はれる節ありそうでもある

15. 8.31　東室より西室新入係として移って頂く　折角馴れた処から変る事は辛い事の一で
　　　　　あった

15. 9.10　作業場にお使ひに行き帰へりにころんで具合悪く　夜37.8程の熱発にて就床　眠
　　　　　れなかったと申し居れは受診を促しても頂かずそのままにする

15. 9.15　室換へした事にて落付かない事を思いて話し合ふ　寮母の申す事はなかなか理解
　　　　　も有り　只最初現金を預ける□□なっているのに保管しない　一度申したにか□
　　　　　□ず理由も申さない事は寮母の気に入□□事だと申すと暫くしてから　金8円を
　　　　　□□□下さいと持って来る　寮母の許に保管して頂度いからと　そうまでなさら
　　　　　なくても貴□□気持か分ればよろしいのです
　　　　　只預け□□すすめたのではありません　正直にして行きませう□　お互いに守ら
　　　　　なければならない事は守って下い　そしてお世話係さんは新しい方に親切にして
　　　　　下さる事ですから頼みますねと願ふ

15. 9.17　受診をすすめたがすっかり気分も快くなりま□□□の事に中止
　　　　　お葬式等にも弱い方を世話する様子もあり　世話係としての訓練を続ける事が必
　　　　　要

15.12.30	炊事当番も林氏のやすんでゐる間3、4日　人当たりが強いので新しい人達にはよい感□受けさせない却って落付かせない様□態度はある様子　然し寮母の手前はとて□優しくする　こうした表裏を気□□なければと　それとなく注意してもなほ□□
16.1.18	熱発　39度6分からにてアスピリン
16.1.23	食慾もない為お薬を頂く
16.1.28	離床
16.1.29	お薬も中止　就床中病気の為もあらうけれど　しっぱいをして周囲の人達をこまらせ少々増長しているかの感あり
16.2.4	都合に依り東室に移って頂く 金銭からではなく世話係は止め度くないか　大分強く申しても気をつけます□言葉以外ないのである
16.3.10	時折怒り度くなるらしい　新入世話係の不親切等一番こまる事である
16.3.18	中川キン氏帝大入院に付き付添をして貰ふ
16.3.29	退院につき帰寮 非常に疲れたらしく暫く気楽□□□様申しおく
16.4.12	遠外出　亡父の墓前祭出席の為（小石川区長主催の許に行はれ□あり）○○町鈴木氏宅へ2泊の予定□出かけ23日護国寺まで同伴
16.6.22	○○町の鈴木永一氏面会　ちり紙及5円也を頂く
16.6.27	世話係として不適任と認めなければ寮母に対して寮母の申し分は形左様に守る　然し室内での権力濫用向きあり　指導と言ふより止めさせる一方法とも考へている
16.7.2	田中氏2人に注意を与へるとお互い責任転換をしている　勝手な事はしない様特に注意しておく
16.9.17	世話係慰労会に出席
16.9.19	当番制にして暫く世話係なしで働いて□□事にする
16.9.20	帝大病院眼科付添として本日行く
16.10.7	退院（神谷氏）に付帰寮す
16.10.12	面会　小石川区○○○町××　佐藤勇次氏妻女来訪金5円
16.10.31	鈴木永一氏依り11月3日に先祖慰□□ある通知あり　外出手続きを取る
16.11.2	遠外出　鈴木方へ3泊又は4泊にて
16.11.7	帰寮
16.11.10	何んとなく考へ込んだ様子に　呼びてき（ママ）転寮させられるか　苦になるから分園に□□やって頂かうと思ふと言ふ　たとへどこへ行っても結末は同じですからもっと人の気持ちでいなくてはと申しておく

16.11.17	園長宅の手伝ひに行きはじめる　がまんはしているか　なかなか大変らし□　そんな点からも寮母に対して不満があるらしい
17.2.7	本日よりお手伝ひ中止　寮生活を□□　榎本先生より病室配膳手伝ひと□□□られたるも好まぬらしく返事したりして
17.2.23	仮入院　一昼夜行はる　寮内で独り気むづかしく他の人達までこわす　その為に新入者に対する処置てもこまらせられる事あり みんな鬼の留守に洗濯と言った□□の留守をも喜ばれる程人に嫌かられ　近頃その度激しくなる
17.3.1	送金20円也を受く　　京都市左京区○○○町××　中井来訪　鈴木永一氏　金12円也を与へ□□
17.3.9	常盤寮より転入された
17.4.28	氏は少し短気で猜気で気むつかしい方である 昨今はほのぼの働いて居る
17.5.12	分配金1円也を受く
17.4.17	亡父墓前祭に参列のため外出さ□
17.6.9	園長宅にお手伝のため毎日通ふ　大変元気で勤めて居る
17.7.12	お盆の御小遣銭として金1円也を頂く
17.8.10	相変らす日々園長宅に通ふて　非常に健康で幸である
17.7.8	労ム賃60銭也受く
17.9.9	労ム賃金3円也受け2円也の共同金中に寄付された
17.10.8	労ム賃金2円也を受け　寮の□へ1円也を寄付された 6日后9時頃より左乳下より背に疼痛を訴へ　左膝関節にかけ紙の上からさはる様な感がする言ふ　熱もなく食欲は相る（ママ）□□摂取する 少しヒステリーの気味がある　嫌な方を見ると気分が悪くなる□□　常々から少々気怯もある 入院後5、6□にして紫斑下肢　胸部　上肢　上腰部に現はれるなり 何回となく輸血施行又其の他の注射をし　手厚い□□先生の治療を受けしも甲斐なく病状思はしくなく　終には食欲もなくなる
17.10.16	午前8時頃より意識を失ひ
17.10.17	遂に午前10時55分　他界
入園時ノ所持金品	所持金　19円99銭　　中保管　17円 所持品　半てん　1　　半コート　1　　半襦袢　1　　長襦袢　2 　　　　綿入　1　　羽織　5　　コート　2　　セル　2　　単衣　2 　　　　浴衣　12　衿巻　1　　手拭　5　　冬長襦　3　　夏半襦　11 　　　　帯　6　　半天　1　　袷　2　　綿入　2　　足袋　6 　　　　夏衿巻　1　　行李　　座ふとん　　しきふ　　毛布 　　　　冬腰巻　　夏腰巻　　冬半てん　　洋傘　　□□

No.1826　江角とき　（女）

入園日	昭和13年10月3日
退園日	昭和17年11月20日　（死亡　急性腸炎）

（要救護者調書）

出　　生	元治元年11月29日　当75歳
出　生　地	東京市深川区○○○町××番地
本　籍　地	東京市浅草区○○○×丁目××番地×
震災当時ノ住所	東京市日本橋区○町×番地　布田帯問屋方
現　住　所	東京市浅草区○○○×丁目××番地×　大久保喜八方
戸主又ハ続柄	戸主
宗　　教	禅宗
家族ノ状況　並扶養親族関係	家族の状況並扶養親族関係　弟　豊島区○○○○町×丁目×番地　江角良吉　当67歳　良吉ハ昭和12年3月3日　妻ゆうニ死別シ　長男幸一郎（当27歳）昨年9月出征シ　長女ふみハ王子区○○○○町ノ某米屋ニ嫁シ居リ次女けい（当24歳）ト2人ニ（テ）古洋服商ヲ営ミ居レ共貧困ニテ扶養資力ナク其ノ意志更ニナシ
身心ノ状態不具廃疾ノ程度　及疾病ノ有無	現在の疾病　昭和13年7月上旬ヨリ歩行幾分不充分ナレ共自分用ニハ　　　　　　　何等支障ナシ 精神障碍　　ナシ 性情　　　　多少強情
震災災当時ノ職業及　現在ノ作業収入	手伝婦　　　月12円 手伝婦　　　月　5円
教育程度 趣　　味 嗜　　好	小学校卒業 芝居 （記載なし）
震災後ニ於ケル生活ノ経路　並ニ現況	被害状況　全焼 （老年期）　主人布田ニ伴ハレテ馬場先門ニ避難シ5日間野宿シテ主家ノ番頭ナリシ○○町ノ某方ニ主人ト共ニ厄介トナリ同月20日主人ハ郷里滋賀県へ帰国サレシニ付手当50円ヲ受ケテ　同日日本橋区○町△△糸問屋ノ手伝婦ニ住込ミシガ　昭和2年10月暇取リ其後ハ短時日宛手伝婦ニ雇ハレテ市内各所ニ転々住込生活ヲナシ居リシモ　昭和11年10月現住所ナル看板屋大久保喜八方ノ手伝婦ニ住込ミ　同年12月中旬暇取リテ小石川区○○○　小料理店福好ノ手伝婦トナリシガ　昭和13年2月12日現住所小久保方ノ手伝婦ニ住込ミ居レ共老齢ノタメ去ル7月ヨリ多少歩行不自由トナリ手伝婦モ充分ニ勤メ難クナリシニヨリ保護出願ヲナセリ

生立及経歴	両親の氏名　父　江角善吉　　　母　紫乃（しの） 　　　　　　両親の職業　　油紙商 　　　　　　続柄　　　　　長女 　　　　　　両親の死亡年齢　父　不明　　母　73歳 　　　　　　死因　　不明　　老衰 幼少年期　　7人家族（8人兄弟ナリシモ弟良吉　妹きんノ外ハ何レモ極幼少ニテ死亡　祖父母並ニ父母ノ7名）ニテ普通生活セシガ　13歳ノ時入夫ニテ放蕩ナリシ父善吉ハ情婦ヲ伴ヒテ其ノ故郷ナリシ伊勢ニ帰リシ後音信ナク　母紫乃ハ家業ヲ維持セシニ付　ときハ母ノ手伝ヒヲナシ普通生活ス　妹きん当人12歳ニテ死亡シ　弟良吉ハ家督相続ヲナシ後古洋服商ニ転業シテ現存シ　祖父善平ハ　ときノ11歳ノ時74歳ニテ死亡ス 青壮年期　　14歳ノ時　祖母まつハ73歳ニテ死亡シ　引続キ母ヲ手伝ヒテ普通生活セシガ　20歳ノ折芝区〇〇×丁目△△ノ砂利屋　品川留吉ニ嫁シテ普通生活セシモ　32歳ノ時夫ハ放蕩ナリシタメ離縁シテ実家ニ帰リ　古洋服商ノ弟良吉ニ厄介トナリ居リシガ　約1ヵ年ニテ深川区〇〇町ノ材木商酒田屋牧野清右衛門方へ手伝婦ニ雇ハレテ住込ミシモ　48歳ノ時主人死亡シ其ノ長男栄太郎ハ年若キ女中ノミトシテ他ハ解雇スルコトトナリシカバときモ暇取リ　日本橋区〇〇〇町桜田病院ノ手伝婦ニ住込ミシガ　51歳ニテ暇取リ〇〇〇〇ノ某葬儀社ニ奉公中　52歳ノ折母しのハ老衰ニテ死亡シ　53歳以後ハ市内各所ヲ手伝婦トシテ住込生活シ59歳ノ時日本橋区〇町×番地△△帯問屋布田商店方ヘ住込手伝婦ニ雇ハレテ震災ニ及ブ 縁事関係　　20歳ニテ品川留吉ニ嫁セシモ32歳ニテ離縁シ以後独身生活ヲナセリ夫留吉トノ間ニ子女ナク養子セシコトナシ 　　貧窮の理由　　　老衰
保護依頼者	東京市浅草区〇〇町方面事務所
その他	記載なし

保護経過

13.10.3　入園常盤寮ニ入ル　附添ヒ来ル者ナシ一見シテ元気ソウナオ婆サンデアル　オシャベリモナカナカ達者ナ方カ？　処遇上ハ別シテ困ル様ナコトモナカラウト想像ス

13.11.4　膀胱並腎盂炎等アリ　第4病室ニ入ル

13.11.？　芝区〇〇×ノ×　品川公一郎ヨリ金10円ヲ送ラル　自供ニ依レバ右公一郎ハ本人ガ品川留吉ニ嫁シ離縁トナリタ際ソノ家ニ置キ来レル実子ニシテ従前共時々仕送リヲ受ケ居タリトナルホド文面ニハ母上様ト記シアルヲ見ル

14.1.20　常盤寮へ全治退院

14.6.14　東館下へ転寮ス

14.6.23　最近　芝区〇〇×の×　品川安乃（孫）ヨリ月ニ金2円宛送金アリ　5月末ヨリ神経痛ニテ臥床中ナリ

（入園者身分概要）

続　　柄	戸主
性　　別	女
氏　　名 生年月日　年齢	江角　とき（トキ） 元治元年11月29日　当75歳
本　籍　地	東京市浅草区○○○×丁目××番地×
入園前住所	東京市浅草区○○○×丁目××番地×　大久保喜八方
家族親族等ノ現況	江角　良吉（弟）豊島区○○○×丁目×××
経　　歴	出生地　東京　油紙商タリシ父善吉ノ長女　8人兄弟ナリシモ弟良吉妹きんノ外ハ皆幼死セリ　13歳ノ折入夫タル父ハ実家ニ帰リシタメ母ヲ扶ケテ家業ヲ手伝ヒ　20歳ノ時砂利屋　品川留吉ニ嫁シタルモ夫放蕩ノタメ　32歳ノ時離縁シテ深川ノ材木商牧野方ノ手伝婦ニ住込ミシモ　48歳ノ時解雇サレ以後手伝婦トシテ住込転々セリ　住込奉公中52歳ノ時実母ハ老衰ニテ死亡セリ　震災ニ全焼セリ　罹災後主人ハ帰国セルタメ手当50円ヲ受ケテ　日本橋ノ糸問屋野田方ニ手伝婦ニ住込ミシガ　昭和2年10月暇取リ其ノ後ハ短日時宛手伝婦ニ雇　ハレ市内各所ヲ転々シ　昭和13年2月現住所ナル大久保方ノ手伝婦ニ住込ミシモ老齢ノタメ去ル7月歩行ヨリ幾分不十分トナリ手伝婦モ充分勤メ難ク保護ヲ申込
宗　　教 教　　育 健康状態 労務能力 個　　性 性　　格 習　　癖 趣　　味 嗜　　好	禅宗 小学校卒 歩行幾分不充分ナレ共自分用ハ達ス 有 （記載なし） 多少強情 （記載なし） 芝居 （記載なし）

保護経過

13.10.3	入園　常盤寮ニ入ル　附添ヒ来ル者ナシ　一見シテ元気ソウナオ婆サンデアル　オシャベリモナカナカ達者ナ方ナリ　処遇上モ別シテ困ル様ナコトハナカルベク想像
13.11.4	第4病室ニ入院
13.12.20	入院時はかなり重症なりしも漸次快方にむかふ
14.1.10	芝区○○××の×品川公一郎氏より4円送金あり（実子）
14.1.20	全治退院す（常盤寮へ）
14.2.22	芝区○○××の×品川公一郎氏より4円送金さる　2円保管金にす月々4円送金される約束と当人の言葉　眼鏡を医務より支給さる
14.5.7	口の廻らないやうな模様あり　案じたがすすんで何事でも働き　正直甚まじめである
14.6.1	食堂番も無事つとめ　服薬はして居るが寮では上々の部に類し素直に親切である
14.6.2	東館下に常盤寮より転入される

14. 8. 9	本人仲々の働き者にて寮内修理も次々なして下さり一同大喜びをしてゐる　江角さん割合に温順と申した感じで金銭では不自由しないだけあって他の老人の様にがちがちにさらない　毎月４円づつ送金される事になってゐるが全部使用する事は多すぎると時々注意してゐるが　仲々よくお金も使用する　然し仲の老人に別に悪影響もない事故目に余らない時は自由にさせてゐる
15. 2.16	２円也送金
15.12.	今迄２円宛の送金　今月は絶えて少々いらいらする風である
16. 2.14	６円小為替在中　前借の支払ひ等致す　安乃多忙の為送金を忘れ勝になるらしい
16. 4.30	高価薬アスコルチン中止　ロイマチス病にて服薬を殆絶たぬ人である　昨年より送金２円になりていつも物欲しい様子して口も目立っていやしくなる　人好しで相変らず親切ではあるが　畑畔等のハコベ等を配りせん茶に用ひられるので他寮の畑に踏入る事は誤解をうける基故　注意致す
16. 8.	ロイマチス病に悩み注文多し　今迄品川安乃を夫の妹娘とのみ申せしも　不詳故敢て尋ねしに　実はとき氏長男の娘にて孫に当る由述懐
16.10.10	腰痛臥床　右腰施注射
16.10.14	孫　品川安乃来訪　おばさんと呼ぶ　昨年２歳上の養子（飲食店の取締りの由）を迎へしとの事
16.11.29	山形世話係外泊外出直後　山形様に気兼ねで折角室番を仰しゃって頂き乍ら辞退しましたが　いくら機嫌とる様にしても山形様の気に入りませんからやっぱり寮母様の命令にして１号に変えて頂き度と申出　新入より転入の都合もあり氏の思ひ通りに致す
(　?.) 3	孫安乃夫妻面会　土産を置き玄関より早々別れし由　愚痴な氏としては非常に本意ない様子
17.(?).26	３号室野上氏と中林氏の間に席を定める　ロイマチス病　痔疾にて患む　20日より服薬
(　?.)10	鼾にて隣に気兼ねとて南東隅を望まれる　氏だらしないので今度の隣席中川ユウ氏も嫌ふ
(　?.) 3	封書芝区○○×の×品川幸江（安乃の実妹）より小為替２円封入安乃の夫□□の由
17. 5.15	神経痛稍和み麻□血訴え
17. 5.28	頭、頸、背すじ、足うら全身痛訴え臥床
17. 5.29	山中先生に臨時受診　グレラン 1.0cc 施注
17. 6.16	先づ頭痛よりとて水薬投与　12日に受取りの小為替金２円預り　29日金２円手渡し
17. 6.29	東館下より転入され　森山寮母受持となる
17. 6.30	注射をして頂いた　投薬も継続してゐる

17.7.7	腰の痛もまだまだあるが頭も痛むとの事で投薬を継続する事にした
17.7.13	芝区○○××品川安乃氏より５円の送金あり
17.7.15	目が悪いので毎日医局に眼洗に行ってゐる
17.7.28	投薬継続している
17.8.3	本人はのし作業を非常に好むのでやらせてみたが　とても御話にならぬ幾度教へても不器用でよく折れないので　やめる様にと言ふと涙を流し乍らどうぞ気をつけてますからやらせて下さいとせがむ　その熱心には感心した　一生懸命に練習している
17.8.4	再び御診察を受け投薬継続となる
17.8.11	再び投薬継続する事になった
17.9.8	御診察を受け投薬を継続して頂く
17.9.22	御診察を受け投薬替して頂く
17.9.29	御診察を受け再び投薬を替えることになった
17.10.5	顔に少々むくみがあるので御診察を受け　再び投薬を替えて頂く事にした
17.10.7	少々気分が悪しいとの事で１日就床された
17.10.8	顔の浮腫甚だしく体全体非常に苦しく又腰痛の為歩行困難となる
17.10.10	顔の浮腫変りなく午後１病に入院となる
17.11.20	衰弱強く死亡す

入園時ノ所持金品	所持金　　金３円30銭也　　内保管金　金２円50銭也 所持品　　セル単衣　1　　襦袢サラシ　1　　襦袢ネル　1 　　　　　腰巻サラシ　2　　腰巻ネル　1　　浴衣　6 　　　　　エプロン　1　　袷　2　　半天　4　　ドテラ　1 　　　　　毛布　1　　ズロース　1　　座ふとん　1　　帯　1 　　　　　風呂敷　3　　羽織絽　1　　羽織袷　2　　肩掛　1 　　　　　毛糸股引　1　　毛糸襦袢　1　　足袋　2　　綿入　1

No.1834　白川俊幸　（男）

入園日	昭和17年5月21日
退園日	昭和17年12月6日　（死亡　心臓衰弱）

〔要救護者調書〕

出　　生	安政6年6月27日生　当84歳
出　生　地	茨城県水戸市〇〇××番地
本　籍　地	茨城県水戸市〇町××番地
震災当時ノ住所	東京市浅草区〇〇町××番地
現　住　所	東京市下谷区〇〇町×××番地　三田村正志方
戸主又ハ続柄	戸主
宗　　教	真宗
家族ノ状況　並ニ扶養親族関係	扶養親族関係者ナシ
身心ノ状態不具廃疾ノ程度　及疾病ノ有無	青壮年時代ノ主ナル疾患：ナシ 現在ノ疾病：7,8年前ヨリ右足及腰ニ神経痛アリテ歩行不十分且視力聴力共ニ弱リ居レ共自分用ハナシ得 精神障礙：ナシ 性情：良
震災当時ノ職業及現在ノ作業　収入	（当時）囃子方　月収：25円 （現）　無職　　月収：ナシ
教育程度 趣　　味 嗜　　好	2.3年寺子屋ニテ修学 芝居 ナシ
震災後ニ於ケル生活ノ経路　並ニ現況	震災當時ノ被害ノ状況程度等：全焼 （老年期）罹災直後同業ノ知人ナリシ牛込区〇〇〇〇〇町ノ松本幸之助ヲ頼リテ同家ニ厄介トナリ共ニ囃子方ヲナシテ普通ニ生活セシガ　大正14年10月罹災地ナリシ浅草区〇〇町××番地ニ借家移転シ震災前ノ勤メ先ナル浅草公園常設館富士館ノ囃子方ニ通勤シテ生活セシモ　昭和9年3月発声映画トナリシタメ囃子方不用ニテ解雇サレシカバ　寄席其ノ他ノ囃子方ニ雇ワレ居リシガ昭和12年6月ヨリ老令ニヨリ就労困難トナリ　従ッテ生活不能ニ陥リシカバ止ムナク同業ノ知人ヲ頼リテ厄介トナリ　昭和17年3月22日現住所ナル長唄ノ囃子方三田村正志ヲ訪ネテ厄介トナリ居レ共　同家ハ9人家族ニテ生活豊カナラザルニ付到底永住シ難ク保護出願ヲナセリ

生立及経歴	両親ノ氏名：父　白川恵介 　　　　　　　　母　同　すみ 　　續柄：3男 　　職業：水戸藩鉄砲師範 　　死亡年齢：父58歳　母63歳 　　死因：父黄疸　母老衰 （幼少時期）　4人兄弟ニテ普通ニ生活シ徳川幕府瓦解後父母ハ凧張リ内職ヲナシ居リシカバ13歳ニテ其ノ内職ノ手伝ヒヲナシ居レリ　兄俊介ハ当人28歳ニテ　兄修ハ当人60歳ニテ　姉なおハ当人52~3歳ニテ何レモ病死セリ （青壮年期）　18歳ノ折水戸市ニ興行中ノ芝居巡業ノ澤田直吉一座ノ囃子方トナリテ共ニ上京シ浅草区○○ノ同家ニ住込ミ千葉茨城県下ヲ巡業シ居リガ25歳ニテ暇取リ其の後ハ市内各所ノ同業者ニ囃子方トシテ住込ミ生活ヲナシ居リシガ33歳ノ折浅草区○○ノ同業者谷林重吉ノ住込囃子方トナリシモ41歳ニテ暇取リ囃子方ヲ続ケテ各所ヲ転々トシ居リシガ59歳ノ時浅草○○町ニ一戸ヲ借家シテ浅草公園常設館富士館ノ囃子方トナリテ単身ニテ普通ニ生活ヲナシ居レリ 縁事関係：未ダ妻帯セシコトナシ 　　　　　子女等ナシ 特ニ貧窮ノ事由ト認ムベキ事項　老衰
保護依頼者	東京市下谷区○○方面事務所
その他	
保護経過 17.5.21　新入園シ清風寮ニ入ル 17.12.8　死亡ス　　法名　吉祥院釋俊幸	

（入園者身分概要）

続　　柄	戸主
性　　別	男
氏　　名 生年月日　年齢	白川俊幸 （記載なし）
本　籍　地	茨城県水戸市○町××番地
入園前住所	東京市下谷区○○町×××番地　三田村正志方
家族親族等ノ現況	扶養親族関係者　ナシ
経　　歴	父ハ水戸藩鉄砲師範白川恵介母すみノ三男ニ生レ四人兄弟ニテ普通ニ生活シ徳川幕府瓦解後父母ハ凧張リ内職ヲ其ノ手伝ヒヲナス　18歳ノ時水戸市ニ興行中ノ芝居巡業ノ澤田一座ノ囃子方トナリテ共ニ上京シ浅草区○○ノ同家ニ住込ミ巡業ス　25歳ニテ暇取リ其後ハ市内各所ノ同業者ニ囃子方ニ住込ム　33歳ノ時ハ浅草区○○同業者谷林重吉方ニ住込ム　41歳ニテ暇取リ囃子方ヲ続ケテ各所ヲ転々トシ居リシガ59歳ノ時浅草○○町ニ一戸ヲ借家シ浅草公園常設館富士館ニ通勤シノ単身ニテ普通生活ス 未ダ妻帯セル事ナシ

宗　　　教	眞宗
教　　　育	教育　2,3年寺子屋修行
健康状態	健康状態　7,8年前ヨリ左足及腰痛ニテ歩行困難
労務能力	労務能力　自分用ハ足セル
個　　　性	（記載なし）
性　　　格	性情　良
習　　　癖	（記載なし）
趣　　　味	芝居
嗜　　　好	ナシ
保護経過	
17.5.21	入園シ清風寮へ入ル　歩行困難にて具合が悪いとの訴へありて早速御診察を願った　2日分づつ調剤が変わって行く服薬を頂く事となった
5.28	今日又診察を受け　本日依り向ふ一週間服薬の仰せにて投薬された
6.25	受診　足部に浮腫があり本日4日分の服薬を投薬され　結果を見る様との仰せであったが　浮腫は同様であった
7.2	本日尚受診を願ひ　2回の注射の施行にて今日1回診察す注射の施行があったが午后より悪寒を催し4時ころになりて嘔吐と失禁が酷かった　関先生と婦長さんに往診を願ひ　第4病室に入院した
17.12.6	5,6日前より甚だしくぼけて　夜は一人言葉発す　4日位より食慾なく強心剤　ブドウ糖注射行いしも看護の甲斐なく遂に死亡（午前2時）
入園時ノ所持金品	所持金　　7円13銭也　　内保管金5円也 所持品　　綿入1　夏股引2　羽織1　襦袢2　襟巻1　角帯1 　　　　　単衣1　風呂敷3　毛布　1　足袋　1 　　　　　足綿入ばんてん　1　シャツ　3　股引　1

No.1840　増田ふみ　(女)

入園日	昭和11年10月28日
退園日	昭和17年12月13日（死亡　心臓衰弱）

(要救護者調書)

出　　生	慶応元年7月8日生　　当72歳
出 生 地	埼玉県入間郡〇〇村×××番地
本 籍 地	東京市目黒区〇〇〇×丁目×××番地
震災当時ノ住所	埼玉県入間郡〇〇町字△△番地不詳
現 住 所	東京市目黒区〇〇〇×丁目×××番地　増田吉二郎
戸主又ハ続柄	戸主
宗　　教	真言宗
家族ノ状況　並扶養親族関係	親族、弟（戸籍上ノミノ弟）東京市目黒区〇〇〇×丁目×××番地 増田吉二郎、当45歳。 吉二郎は鳶職手伝ヒニテ月収20円内外ニテ9人家族　長女はつ（当24歳）ハ生活難ノタメ3年前中野薬師ノ芸妓屋椿屋ノ抱芸妓トセシガ昨年10月病気ニテ帰宅シ濟生会通院中。四女春子（当5歳）ハ病弱ニテ妻つき（43歳）ガ看病シ　二女タヅ（当21歳）　三女ミツ（当16歳）ノ2名ガカフェー等ニテ働キテ其ノ収入等ニテ辛ウジテ生活ス 尚ふみハ46年前（27歳ノトキ）吉二郎ノ亡父長二郎ノ妾トナリ　同年群馬県楽郡〇〇町ニ長二郎出資ニテ料理店繁盛屋ヲ開業シ其節長二郎ノ養女トシテ戸籍上届出ヲシセモノニテ其ノ営業不振ノタメ長二郎ト離縁（戸籍上ノ手続ハ怠リ）セシ者ニシテ　吉二郎トハ面識モナク只上記ノ理由ニテ姉トナリ居リシニ付今回厄介トナリシモノナリ 妹ます（当62歳）埼玉県
身心ノ状態不具廃疾ノ程度　及疾病ノ有無	青壮年時代ノ主ナル疾患：ナシ 現在ノ疾病：足（右）ハ20年前ヨリ墜落シテ大腿骨ヲ折リ全治セシモ 　　　　　右足ヨリ3寸5分短カク跛行トナレリ3年前ヨリ左手ハ 　　　　　関節炎ニテ不自由　昨年7月6日用達ノ途中倒レテ腰及 　　　　　右膝ヲ打チテ歩行不能トナレリ 精神障礙：ナシ 性情：強情
震災当時ノ職業及現在ノ作業　収入	賃仕事　月収：15円 無職　　月収：ナシ
教育程度 趣　　味 嗜　　好	5年間寺子屋ニテ修学 常磐津 喫煙

震災後ニ於ケル生活ノ経路　並ニ現況	震災ニ被害ナク内縁ノ夫上田源三ハ木挽、ふみハ賃仕事及裁縫教授養子武ハ同町巴機工場ノ職工ニ通勤シテ普通生活ヲセシガ　昭和7年12月20日夫源三ハ喘息ニテ死亡シ程ナク武ハ比企郡〇町登記運輸部ノ自動車助手ニ住込ミシカバ　ふみハ駄菓子行商ニ転業シ同郡ノ集落ヲ転々トシテ生活セシガ　昭和11年7月6日生活難トナリシカバ養子武ヲ尋ネテ資本ヲ多少借リントセシモ拒絶サレ其上帰途転倒シテ腰及左膝ヲ痛メテ歩行不能トナリシカバ　直チニ妹ナル同郡〇〇〇〇機織沢田ますヲ頼リテ扶養ヲ懇願セシモ断然拒否シ只一泊セシノミニテ　翌早朝籍元ナリトノ理由ニテ現住所ヘ送致セラ其後厄介トナリ居レ共現住所増田吉二郎ハ面識モナキモノナル上同人ハ生活困難ニシテ2人ノ病人アルコトニテ是以上厄介ニナリ居ル不能実ニ困窮シオレリ
生立及経歴	両親ノ氏名：父　沢田平三郎　　　母　同　なつ 本人トノ戸籍関係：長女 職業：農業 死亡年齢：父77歳　　　母78歳 死因：父母共ニ老衰 出生時 （幼少時代ノ住所）　埼玉県入間郡〇〇村×××番地 （家庭状況）　6人家族　（祖父母ト2人兄弟）ニテ普通生活セリ （教育等）　5ヶ年寺子屋ニテ修学 　　祖母きんハふみ7歳ノ時死亡シ祖父正一ハ10歳ノ折病死セリ。 　　妹ますハ当人21歳ニテ丈一郎ヲ入夫トセシガ2ケ年ニテ離縁シ23歳ノ折島内龍之助ヲ内縁ノ入夫トシテ家督相続ヲナシ機織ヲナシ居リシモ　25年前夫ニ死別シ14.5年前同村〇〇ニ移転シ機織ヲナシ乍ラふゆ、イネノ2児ト共ニ辛ジテ生活シ居レリ 職業関係（住居、生活状況の変遷等） 　8歳ヨリ管巻キニ従事シ15歳ノ時後ハ機織ヲナシ居リシガ　25歳ノ時同県北埼玉郡〇〇村　△△中内三吉ニ嫁シ辛ジテ生活セシモ　27歳ノ折生活難ニテ離縁帰宅シ程ナク群馬県邑楽郡〇〇〇村大字△　土木請負業増田長二郎ノ妾トナリ間モナク長二郎ノ出資ニテ同郡〇〇町ニ料理店繁盛屋ヲ開始スルニ当リ　先ヅ長二郎ノ養女トシテ戸籍上ノ手続キヲナシテ営業ヲ始メテ普通生活セシガ漸次貸金ノミ嵩ミテ生活困難トナリケレバ　44歳ノ時廃業シ長二郎ト離縁（戸籍上ノ届出ハ怠リ居レリ）シテ川越市伊丹屋材木店ノ店員上田源三ノ内縁ノ妻トナリテ直チニ同県入間郡〇〇町字△△ニ借家移転シテ夫は木挽　ふみハ賃仕事ヲシテ普通生活セリ 縁事関係　子女ノ有無： 　25歳ノ折中内三吉ニ嫁セシモ27歳ノ折離縁シ44歳ノ時上田源三ノ内縁ノ妻トナリシガ　68歳ノ折夫は死亡セリ　夫トノ間ニ実子ナカリシカバ40歳ノ折当時5歳のしのヲ養女トセシモ当人ハ22歳ニテ死亡シ、50歳ノ時同郡〇〇村字△△　農内田豊ノ二男武当時2歳ヲ養子トナシ現存ス 特ニ貧窮ノ事由ト認ムベキ事項：本人ノ打撲傷
保護依頼者	東京市〇〇〇方面事務所
その他	（記載なし）

保護経過

11.10.28 入園　常盤寮ニ入ル　増田吉二郎付添ヒ来ル
身体不自由ニシテ足立タズ疑問ニ思ハタレド暫ク寮舎ニ置キテ様子ヲ見ルコトヽセリ。気分ハ明ルイ方ラシイ　身体不自由ナル以外別ニ故障アル点ナシト言フ

11.12.19 2ヶ月足ラズデ見違ヘル程元気ヲ恢復シ今日ハ足モイクラ立ツ様ニナリ老人一同ヲ喜バセタ

12.1.21 便所ヘ通フノニ這ッテユク　ソノ為腹部ノ冷エ甚ダシク可愛ソウニナレバトテ本日第3病室ニ入院サセテ貰フ

12.3.23 今朝体重測定ノ際転ビ両足ノ疼痛ヲ訴フ　夜ニ入リ一層激シク種々塗布薬使用ス（三病）

12.3.24 本日レントゲン診察ノ上整形外科ノ先生ヨリ処置ヲ受ケ尚患部ノ冷罨法引続キ施行

12.11.30 増田吉二郎、島内ふゆニ重症通知ヲナス

16.12.21 増田吉二郎、島内ふゆニ重症通知ヲナス

17.12.13 増田吉二郎、島内ふゆニ死亡通知ス

（入園者身分概要）

続　柄	戸主
性　別	女
氏　名	増田ふみ
生年月日　年齢	慶応元年7月8日生　　当72歳
本　籍　地	東京市目黒区〇〇〇×丁目×××番地
入園前住所	東京市目黒区〇〇〇×丁目×××番地　増田吉二郎方
家族親族等ノ現況	増田吉二郎（弟、但戸籍上ノミ）目黒区〇〇〇×丁目×××番地 吉二郎ニハ4名ノ女児アリ。貧困ナリ。
経　歴	父　農　沢田平三郎ノ長女ニ生レ6人家族タリ　15歳ノ時ヨリ後ハ機織ヲナシ居リシガ25歳中内三吉ニ嫁シタルモ3カ年ニテ離縁シ程ナク先増田長二郎ノ妾（戸籍上ハ養女）トナリ料理店ヲ開始シ普通生活セシガ漸ク生活困難トナリ　44歳ノトキ廃業シ長二郎ト離縁シ、上田源三ノ内縁ノ妻トナリ木挽、本人ハ賃仕事ヲナス　養子武ハ職工ニ通勤シ普通生活セシガ　昭和7年夫ハ死亡シ且養子モ自動車助手ニ住込ミシカバ本人ハ駄菓子行商トナリ　養子ヲ訪ネテノ帰途転倒シ腰及左膝ヲ痛メ歩行不能トナリタレバ妹ノ許ニ厄介トナラントセルモ断ラレ戸籍元ナル現住所ノ厄介トナレタレドモ同家モ貧困ナレバ永ク世話ヲ受ケ難シ
宗　教 教　育 健康状態 労務能力 個　性 性　格 習　癖 趣　味 嗜　好	真言宗 5ヶ年寺子屋修学 跛行ス　左手関節炎ノタメ不自由 ナシ （記載なし） 性情：強情 （記載なし） 常磐津 喫煙

462

保護経過	
11.10.28	入園　常盤寮ニ入ル　増田吉二郎附キ添フ 身体不自由ニシテ足立タズ疑問ニ思ハタレド暫ク寮舎ニ置キテ様子ヲ見ルコトヽセリ。気分ハ明ルイ方ラシイ　身体不自由ナル以外別ニ故障アル点ナシト
11.10.29	上田源三ノ内妻時代無免許産婆ナシ其ノ間堕胎ヲ数回ナシテ体刑1ヶ年ヲ務メラルコトアル由　寮内生活ニ對スル心構ヲ何カト話シテ聞カセタガテンデ聞ク気ガナイ　良心的デナイコトハ言葉ノハシバシニ感ジヲレル　精神的ナ方面ニツキ一大問題トシナケレバナラナイト思ハル
15.3.1	患者同志の話題に何事も口出しすねばならなく思ふらしくて申し述べて居る　腰かきかず歩行できぬも自分から足の運動して見ようと言ふ気持なし甚だずるい考え起するあるとも之も過去の生活を考えればとやかく言っても本人はわからないらしい　歩行出来ぬも風邪つい引かれ寮内では一番元気を思はれる
17.12.13	相変わらずの状態であったが追々にして衰弱し時々体温上昇しが腹部より下肢部に浮腫強度□□強心剤注射行えたるも遂に午前11時58分死亡
入園時ノ所持金品	所持金　79銭也 　　うち保管金70銭円也 所持品　袷　1　　襦袢　　袖無　1　　ズボン　1 　　　　メリヤス肌着　1　　前かけ　1　　腰巻　1

No.1909　山下みき　（女）

入園日	昭和9年5月5日
退園日	昭和18年3月20日　（死亡）

（要救護者調書）

出　　生	明治9年2月24日　当59歳
出　生　地	静岡県〇〇郡〇〇村△△×番地
本　籍　地	静岡県〇〇郡〇〇村△△×番地
震災当時ノ住所	静岡県〇〇郡〇〇村×番地ノ×
現　住　所	東京府北多摩郡東村山　全生病院内官舎
戸主又ハ続柄	官舎
宗　　教	真宗
家族ノ状況　並 扶養親族関係	直系尊属　ナシ　　直系尊属ノコトニ就テハ別記ノ通リ 叔父　山下平蔵　ソノ妻とらハ本籍地ナル〇〇村ニテ農ヲナセシガ 叔父ハ3年前　叔母ハ2年前死亡シ　子女ナカリシタメ叔母ノ姪某相 続シ農ヲ為シ居レリ　親族関係事実上断絶セリ　弟　山下伊助当47歳 ハ7歳ノ時　榛原郡〇〇岩本正（農）方養子トナリタルガソノ後交渉 ナク所在　生死スラ不明ナリ　弟某鉄吉当40歳位ハ4歳ノ時前記〇 〇村テ酒商某方ニ養子トナリシガソノ後交渉ナク所在生死モ不明ナリ 異父弟　新田銀一当41歳ハ母死亡後　実父ナル〇〇郡〇〇村　新田金 二郎ニ引取ラレシガソノ後交渉ナク現況不明義弟　田中銀三郎　亡父 平蔵ニハ　銀三郎ノ他弟正一アリシガ正一ハ既ニ亡ク　銀三郎ハ周智 郡〇町ニテ農ヲナシ居ル筈ナルモ親族関係ハ事実上断絶セリ
身心ノ状態不具 廃疾ノ程度　及 疾病ノ有無	（記載なし）
震災当時ノ職業及 現在ノ作業　収入	震災当時　　農兼手間取 現　在　　ナシ
教育程度 趣　　味 嗜　　好	未教育 ナシ 目下禁煙中

震災後ニ於ケル生活ノ経路　並ニ現況	○○村ニテ農業兼手間取リヲ為セシガ震災ニハ遭遇セズ　然ルニ大正13年夫ハ癩患者トシテ3月14日東京府北多摩郡東村山村　全生病院ニ入院ノ身トナリ同月26日死亡シ本人ハ子女ヲ抱エ途方ニ暮レシガ辛ジテ糊口ヲ凌ギ兎角スル内15年7月20日次男治吉　4女みよノ両名罹病ノ為全生病院ニ入院シ3女ゑひモ同年9月18日入院　次女モトトノ2人ノミトナリシガ　翌10月20日夜　無断家出シテ行方不明トナリ早クヨリ○○市ニ奉公中ナリシ長男治平ノ勧メモアリ窮余ノ末　翌11月○○市ニ出デ同市○○町ニ長屋住ヲナシ長男ノ補助ト手伝婦ニ依リ約半年生活シ　以後ハ某医師方ノ庭掃除ニ約1年　某家ノ子守ニ約半年、次イデ太物問屋山本商店ノ炊事婦ニ約3年勤メ山本商店ヲ暇取リテ後ハ○○市内ヲ転々トシ昭和8年10月佐藤某方ノ炊事婦ニ雇ハレシガ半身不自由ノ為思ハシカラズ本年2月解雇サレ　尚全生病院入院中ノ末女みヨ盲イタリトノ便リアリ子女ノ身案ゼラルトテ共ニ　コレヨリ先長男治平（当時24歳）ハ昭和6年5月20日○○郡○○村海岸ニテ身ノ不運ナ果テニ投身自殺シテ既ニ頼ル辺無キ身トナリタレバ放心ノ状態ニテ上京シ　3月5日東村山村全生病院ニ子女ヲ訪ネ行クベキ所ナキ身ヲ訴ヘテ自身モ子女ト共ニ入院セシメラレンコトヲ乞ヒシガ診察ノ結果何等病気認メラレザルニ依リ収容不可能ニテソノ境遇ニ同情セシ院長ノ厚ニ依リ官舎ノ一隅ヲ与ヘラレ食ヲ給セラレ居ルモ到底長ク厄介トナルヲ得サルモノナリ

生立及経歴	1 父母ノコト　父　山下平吉　母　はな　農兼獣医 　　父51歳（本人17歳ノ頃）死亡　風邪ガモト 　　母48歳（本人24歳ノ頃）死亡　妊娠中死亡　詳細不明 2 幼時ノコト 　農山下平吉長女ニ生ル　父ハ器用ニマカセ牛馬医ヲ無免許ニテ為セシガ農地ハ殆ド所有セズ貧ノ中ニ成長セリ　教育ヲ受ケタルコトナク早クヨリ農事手間取リナドニ従事シ家計ヲ扶ク　17歳ノ時父平吉病死　当時弟鉄吉ヲ懐妊中ノ母ハ到底一家ヲ支持スル能ハザリシガ鉄吉出産後某ノ妾トナリテ事実上分家シ伊助、鉄吉ノ2人ヲ養育シナガラ小カナ商ヒヲ為シ　本人ハ祖母ト共ニ家ヲ守リ農ニ従事セリ　母ハ後異父弟銀一ヲ産ミシガ生活困難ニツキ当時7歳ノ伊助ヲ他家ニ養子トナシ後更ニ弟鉄吉当時4歳ヲモ同様養子ニ遣セリ 3 成長後ノコト 　祖母ト共ニ在リ農ニ従事セシガ父死亡後ノ翌々年本人19歳ノ時祖母死亡シタレバ同村内農某方ニ住込奉公ヲナシ　23歳ノ時夫田中又蔵ヲ迎ヘ父祖ノ家ニ帰ヘレリ　翌年母ハ病死シ異父弟銀一ハ母ノ家ヨリ実父新田金二郎ニ引取ラレタリ　夫ト共ニ農（小作）及手間取ニ従事スルコト約5年山間ノ一寒村ヲ捨テ家屋敷ヲ売却シテ夫ノ郷里同郡○○村ニ出デ字△×番地ニ小カナ（ママ）1戸ヲ構ヘテ小作農業農事手間取リニ従事セリ　其後永年何等ノ変化ナク同地ニテ前業ヲ続ケンガ終始貧農トシテ恵マレザル境涯ヲ送レリ 4 子女ノコト 　内縁ノ夫　田中又蔵トノ間ニ出生セシ長女きいハ生後間モナク死亡シ次女モト当35歳ハ小学校1年ニテ退学セシメ弟妹ノ子守ヲナサシメ長ジテハ家業ヲ扶ケ居タリシガ　大正15年10月20日夜無断家出シ本人ハ○○在住当時2度警察署ニ捜査願ヲ出シタルモ所在判明セズ　長男治平ハ小学校卒業後○○市内ノ某織屋ニ奉公セシメシガ　昭和6年5月20日入水自殺セリ当時24歳　次男治吉ハ小学4年ニテ退学セシメ○○市内ノ某織屋ニ奉公シタリシガ大正15年7月20日全生病院ニ入院目下在院セリ（当年25歳）　3女ゑひハ小学3年ニテ退学セシメシガ同年9月18日全生病院ニ入院シ目下在院当年22歳　末女みよハ未就学ナリシガ兄治吉ト共ニ全生病院ニ入院シ目下在院当年19歳　ニテ盲目ナリ　治吉、ゑひノ両名ハ母ガ収容保護サレシコトヲ熱望シ収容サレタル後ハ当病院ニテ一層働キ多少ノ小遣銭ヲ送ルベシト言ヒ居レリ　子女ハ何レモ夫ノ籍ニ入レアレバ田中姓ヲ名乗リ居レリ
保護依頼者	北多摩郡東村山村第1区府県立全生病院事務長　上田米吉
その他	（記載なし）

保護経過	
9.5.5	入園　清風寮ニ入ル
10.11.13	全生病院ニ残シ来リシ次男治吉、3女ゑひ、末女みよニ面会ノタメ高梨寮母付添同病院ニ行ク（千歳） 子供たちの病状進んで居るらしく去年の顔より汚くなって居る由
10.11.26	全生病院五保みゆき氏より金102円送付有
11.4.23	自分ノ掃除区域ニ対シ自発的ニ入念ニナシ得
11.5.22	11年度第2期世話係トシテ指命（千歳）
11.9.5	千歳寮第3期世話係ニ指命

12.1.15	千歳寮12年度第1期世話係ニ指命
12.4.19	同寮ノ幸村ゆき氏ニ「アイウエオ」ヲ書イテ貰ッテコレカラ勉強スルノダト勢込ンデ居ル由
12.5.5	12年度第2期世話係ニ指命
13.5.13	千歳寮第2期世話係ニ指命セラル
14.1.13	千歳寮本年第1期世話係ニ指命サル
14.7.1	千歳寮本年第2期世話係ニ指命サル
15.1.20	千歳寮本年第1期世話係ニ指命サル
15.8.15	千歳寮本年第2期世話係ニ指命サル
16.1.25	千歳寮本年第1期世話係ニ指命サル
16.9.10	千歳寮本年第2期世話係ニ指命サル
17.2.13	千歳寮本年第1期世話係ニ指命サル
18.3.3	田中治吉氏ニ重症通知ス
18.3.20	田中治吉氏ニ死亡通知ス（電報）

（入園者身分概要）

続　　柄	戸主
性　　別	女
氏　　名 生年月日　年齢	山下みき 明治9年2月24日　当59歳
本　籍　地	静岡県○○郡○○村△△×番地
入園前住所	東京府豊島区△△×丁目×番地
家族親族等ノ現況	家族　　次女モト(当35歳)所在不明　次男治吉(当25歳)　3女ゑひ(当22歳)　末女みよ（当19歳）ノ3名ハ全生病院ニ在院中 親族　　弟　山下伊助（47歳）同某鉄吉（40歳）ノ両名ハ所在不明　異父弟　新田銀一（41歳）ハ母死亡後　実父ナル○○郡○○村　新田金二郎ニ引取ラレシガ現況不明義弟　田中銀三郎ハ○○郡○町ニ農ヲナシ居ル筈ナルモ親族関係ハ事実上断絶セリ

| 経　　歴 | 1 | 静岡県○○村農兼獣医ノ山下平吉ノ長女ニ出生シ貧困中ニ成長セシガ無教育ニテ早クヨリ農事ノ手間取リヲナシ　17歳ノ時父死亡母ハ某ノ妾トナリテ弟伊助　鉄吉両名ヲ伴ヒテ分家シ　みきハ祖母ト共ニ実家ニテ農ニ従事ス　19歳ノ折　祖母死亡セシニ付村内ノ某農家ニ住込奉公シ　23歳ノ時　夫田中又蔵ヲ迎ヘ曽祖ノ家ニ帰リ小作農及手間取ヲナス　翌年母死亡シ異父弟銀一ハ実父新田金二郎ニ引取ラレタリ　5ヵ年ノ後　みきハ家　屋敷ヲ売却シテ夫ト共ニ其ノ郷里ナル同郡○○村字△△ニ移リ貧農ニテ生活シ居リシタメ震災ニハ遭遇セザリシガ　大正13年夫ハ癩患者トシテ3月14日東京府北多摩郡東村山村全生病院ニ入院　同月26日死亡　15年7月20日次男治吉　4女みよノ両名モ罹病ノタメ全生病院　3女ゑひモ同9月18日入院セシニヨリ次女モトト2人ノミニナリシガ　モトハ翌10月20日夜無断家出行方不明トナリ　○○市ニ奉公中ナリシ長男治平ノ勤メモアリ　11月○○市○○町ニ移リ長男ノ仕送ニテ手伝婦ニテ半ヶ年生活　以後ハ某医師方庭掃除ヲ1ヶ年　某家ノ子守ニ半年　太物問屋山本商店ノ炊事婦ヲ3年　其後○○市ヲ転々シ　昭和8年10月佐藤某ノ炊事婦トナリシガ半身不自由ノタメ思ハシカラズ本年2月解雇サレシカバ知人ナル豊島区△△×ノ矢田忠方ニ厄介トナリ居レ共永住シ難シ |
| | 1 | 内縁ノ夫　田中又蔵トノ間ニ子女6名出生セシガ　長女きいハ生後間モナク死亡　次女モト（当35歳）ハ大正15年10月20日家出所在不明　長男治平ハ昭和6年5月20日入水自殺（当時24歳）　次男治吉（当25歳）ハ大正15年7月20日　3女ゑひ（当22歳）ハ同年9月18日　末女みよ（当19歳ニテ盲目）ノ3名ハ共ニ全生病院ニ入院　在院中　尚　子女ハ何レモ田中姓ヲ名乗リ居レリ |

宗　　教	真宗
教　　育	無教育
健康状態	左半身不自由ナリシガ漸次軽快
労務能力	若干アリ
個　　性	（記載なし）
性　　格	良
習　　癖	（記載なし）
趣　　味	ナシ
嗜　　好	嗜好　　目下禁煙中

保護経過

9.5.5　　入園　清風寮ニ入ル

9.6.27　　梓寮へ転寮し来る

10.2.9　　風呂当番、風邪の為未経験の山下に当番願ふ　物静かな人で皆に悦ばす

10.2.21　　風呂当番半月交替にす

10.2.23　　山下みき氏に手紙来る　度々来るのであるから書くのはどうかと思ったが内容を記して置き度いし山下氏の生活の潤はされる一面を知る上に無駄でないと思ふ　末娘みよ子さん盲目、次女ゑひ子さん同患の青年（村山病院にいずれも居る者）と同棲して居る23歳　次男治吉さん25歳　兄妹3人入院して居り仲睦しく母親を案じ　自分達は大変幸福に感謝の生活して居ること　盲目のみよ子の事を心配なさらぬ様お正月は人並に美しい着物を着せたとか目の明く様に園内神様に手を引いてお願ひにお参りを朝夕して居るとか細々といつも書いて来る　為替を時々送って来る

10.5.5　　中村みゑ氏と平山せき氏が一緒になり何かと意地悪をし　山下みき氏を困らすので東室に入れ替えす

10.5.14	除草に出る
10.9.11	千歳寮世話係に転寮　同室の盲人の世話をする態度は我子に対する如くなかなか細心の注意とねれ工合はたのもしい　なれた風呂当番を引つづき受持つ
10.11.13	全生病院に寮母付添にて面会に行く　自動車にて往復とて酔って吐いた
10.11.27	全生病院上村新司氏（田中ゑひ子さんの夫）より為替２円送付
10.11.31	老耄で強情な村井せつ氏には中々手がかかるし、言う事をきかぬし山下氏に対しては悪いはかりをいふので山下さんは「親のやうな気持ちでみてゐますのに悪口しか言ひません」と本当に怒ってゐる　よく面倒をみてゐるのはわかるが老耄と健全な人の区別がわからないので「よくするから感謝される　ほめて貰へるおもったら少々見当が違ひますよ」と村中氏の扱方について話した 山下氏はいい素質があるが無知である　そして質実の人であるので無知の障碍は突破出来るであろう
11.1.22	前寮でも西館の大見老人と親しい事は聞いてゐたがここに来てもよく買物を頼むらしい　今日始めてその場にぶつかったのでおだやかに２人に注意す
11.4.23	何事にも丹念にする人で掃除受持の湯殿、便所は自分のものとして入念にみがき上げ外まわりも草取掃除を自発的にする
11.5.11	大川氏と仲がわるい　性格が合わないのに山下氏は一筋なので大川氏のいいかげんなやり方が許せないのである　それでは不可ないので「人ばかりとがめないで自分のゆき方に人を忘れない所がある金も考へなければならぬ」といひます
11.8.17	村井氏はどうしても理解できなかったが吉川氏と入れかはってからは重荷を下したやうだ　まだ姉心になれずいつも対等に争ふ　西は庭いじりが好きである　手入れの悪い千歳の庭もおかげで朝顔の花が次々に見られる　花係としてはまだ遠いが　善良に指導しなければならぬが他の寮の　世話係が興味のない所を補ふやうになるだけでもいい
11.10.3	例の如く時候見舞を全生病院の先生と子供達に出した　中々義理がたい氏で時候見舞と年賀は欠かさない「私ほど因縁のわるい者はおりません」といはれるが主がレプラに伝染し薬湯に入れさせた後を子供達に次々に入湯させたよし　自分もどうにかしてその病気にかかりたいと苦労しましたがかからなかったと　泣く々々話されるが　聞いていて唖然とさせられた　一つは無知から悲劇を生んだとおもふ
11.10.7	田中治吉氏より返事「元気なお顔拝しませんでも心のうちにおもひ浮べて　居ります　身の不幸はうらみますまい　又あへる日をお待ちしてゐます」又　先日の月見の時の貧しい歌ですが後笑覧下さい この月をはなれてみつる母上の心も吾と一つなるらん
12.1.8	寮母不在中大川世話係ととっくみ合ひの喧嘩をした由　原因は大川氏がすべき箒の柄の紐をいつも山下氏が修繕するので「あてこすり」を山下氏が中腹で言ったのが機になり普段の感情も手伝ひ大川氏がなじったのが始りで周囲でとどめ兼ねたそうである　山下氏は頑固でくどいが正直、丹念な仕事をするに対し　大川氏は裏表あり　大ざっぱである　２人に言ひきかせ叱りつつも悄然とした姿に言ひ知れぬ淋しさ　あはれさを覚えた「これから感情をためないように腹の立つ時はいつでもはけ口になって上げます　又自分達の事のみ考へないであなた方の仲の悪いのはどんなに寮母にとって悲しく辛いかを考へて下さい」といへば２人ともそれぞれに心からあやまってゐた　室がへを（相手の大川氏を西に移し幸村氏を東に）する

12.1.16	礼拝堂集りに「お役人様に顔を見られるのがはづかしい　あんな大人気ない事をしでかして申しわけないとおもひます　今度だけ私を留守番にして下さい」といはれるので幸村氏の番の所かはらせた
12.3.5	こんな綺麗な所で安心して暮してゐる様子を病院にゐる子供達に一目みせたいゑひの婿の新司も一寸みでは病気はわかりませんからと伝染するといふ事がはっきりわからぬらしい　婿がそんなにやさしくいたわってくれるかと泪を流しつつ話すが病院では外出はお許しがないからこちらから園の写真をおくって上げませうよ　といへばやっと承知田舎のお婆さんの感じがさせらる素撲な実直な方面と何としても動ぬ頑固さと言っても言ってもわからぬ無智の一面がある
12.4.9	枯れかかった葡萄に色々と丹精しやうやくのび始めたので毎朝仕事をし眺めるのが楽しみ　氏はきまった仕事のひまひまには玄関やら下駄箱の艶拭　吉川の失禁の洗濯と気の毒なほど動く　玄関の艶拭きまでは大変だからと言っても実の子の側に居ってもさほど安楽に暮させていただけませうせう　それを考へます勿体なうございます」といくら苦労をしつくしてきてゐる人でも時が経てば忘れ勝ちである　氏はいつまでも感謝の心が深い
12.5.27	娘さんより手紙　みな元気でゐます　みよ（盲）は不自由でもみなさんがよくして下さいますとやさしい内容のものであった　氏は吉川氏の汚物を洗ひつつ　みよの事を心配していますが私の心が通じたのでございませう　本人も子供はゐても死水をとって貰へないのは悲しいことですがせめて私の方が先に死にたいとおもひます」とせつせつたる親心にともになける　何事も仏様におまかせしてまいりませうといへばただ頭をさげてゐた
12.8.4	西作のトマト見事な出来栄えで明日の食卓に一同もよろこばるとおもふ
12.9.17	静岡の弟より返事がきた
13.1.31	山口かね氏のきままに山下さんは恨らみつ「みよ」も他の人に御迷惑をかけてゐるのではないかと案じられますといふ　心配してゐたみよさんの事　手紙がきてみなより可愛られてゐるから安心して下さい　又みよさんの夫の柳澤さんが永眠された事等安心やら歎きやらの手紙であった　何にしても人の力では如何ともなりがたい　信心をいただかせて貰ふより仕方がない
13.5.4	弟（静岡県小笠郡〇〇村）より手製のお茶送付
13.5.10	今年は胡瓜をつくりたいといふので苗を買って上た庭いじりが中々楽しみらしい
13.6.15	膝の痛み激しい（服薬中）風呂当番も二宮氏とかはって貰ふ事とす
13.9.22	全生病院の田中エイ氏より返信　いつもながら子供としての心情あふれたものである　お母さんの手によって書かれた手紙が欲しいといふ希望　山下さんは字の練習をする事とす何ヶ月後かに母親の手になる手紙が子供達の許にいくであろう
14.1.29	大分足の膝部の痛みもおちついたので1ヶ月交替にて風呂当番をさせる
14.2.1	今月は氏の風呂当番である
14.3.15	田中ゑひ氏より手紙「9月頃までに袖無紐をつくっておくるが　特別に欲しいものはありませんか　自分達は皆さんの御親切によって幸福に暮してゐます　世の中の情けをここに来て知りました　多く子供はゐても1人も頼りにならず本当にすまないとおもひます」と相変らず泣かされる内容であった

14.3.28	表裏少く実直型　無智であるが頑強にして人情深く　室の者の世話はよくし入院してゐる者に対してもよく見舞ふ律儀なところもある　融通自在の人ではない　相手によっては融和出来がたい点もある
14.3.31	肉筆の手紙と山本灸を子供の許におくる
14.4.24	娘3人　全生病院に入院　秘密に願ひますといふ　矢張り片身の狭い思ひがするのであろうか
14.5.15	靖国神社へ遠足に参加　電車に酔ひしとの事
14.7.25	娘ゑひ氏より来信　手紙が来る度に秘密に願ひますといふ　手紙には母を案ずる子供の真情がよく書いてあり母を慰ぐさむ生きてゐながら会ふ事の出来ない心情を察し気の毒になる
14.8.3	子供達のお世話になってゐる関係の人9人に暑中見舞代筆
14.10.9	全生病院の田中ゑひ氏（娘）より来信　母に逢ひたいが自分のこのみじめな姿を見せるのは辛いと書いてあった
15.1.2	足がしびれる由にて引きづりながら歩くので今日は1日安静にさせ休養させる
15.6.21	言葉丁重でかんで含める様に言ふて弱い方の世話は　息や娘の患病を他人が世話して下される返礼のつもりで致して居るらしく察しられる　草花を採り居室花器に入れたり寮母などに呉れたり皆を慰めて呉れます
15.7.4	村山全生病院入院中の娘ゑひ氏より　夢見が（張り紙あり読めず）
15.7.12	お盆御小遣として共同金50銭也の分配を受く
15.8.1	物置を片付度いから手を貸して呉れと言ふので　それは結構だと手伝って見ると古着類は小さく切り風呂焚付に到し何彼と良く気を付けて働いて呉れますが少し頭が已る様である
15.8.31	全生病院入院加養中の息、娘に逢い度いから私は道を知りませんから寮母さん御願のせつは連れて行って呉れと申出　今は暑中でもあり10月に入りたら課長さんの許可を得てお連れする事を約した　毎日それを楽にして働いてます　至極健康
15.9.12	共同金50銭也の分配を受く　所持金1円20銭也　時折飴玉を求める由
15.10.14	全生病院入院中の娘ゑひより母を慰め便り有った
15.11.5	同暫くお逢せず何となく心淋しくてなりませんから母の元気な姿を見度から御願して近々中に面会に来てほしいとの手紙であった 10月30日小遣銭30銭の分配金を受く

15.11.19	16日先生及保護課の許を得て寮母付添ふて全生病院　息娘を見舞ふ　互に5年振り涙の対面で寮母まで遂に貰い泣きました　兄の方は盲目となり顔は二目と見られぬお化の様で手の指は満足なのは1本と無く　妹は顔面が右の方引釣り様はカニの様に曲って居り面会所で1目見るなり2人共ひどい御面相になったのと泣伏して一時言葉も無かった　私共は何の悪い心も起さぬのに何の為めのバチが神も仏も無いものかとオイオイ泣出す　治吉よ母の声が己かる（ママ）かへと言ふ　解るとも良く夢を見る　話そうとすると姿が消へて悲しくなる　今日はお陰様で顔は見へねど母の声を聞いて嬉しい　私共兄妹4人もあって母さんを世話も出来ず慰める事も出来ぬ病気故大変に申訳ない　母さん私等の世界は何の遠慮もなく同病相あはれみ仲よく一つのもの分け□て何不自由もなく皇恩に感謝し安神（ママ）の生活であるから　母さんは今後私共の事は心配せずに安心して浴風園で盲の方を兄さんば思ふて親せつに世話を仕て上て下さい　無き父や妹が浮ばれますよ　妹ゑひ氏も心掛けよく兄妹入院の時に母が小遣銭として金50円を呉れました　母が女中奉公など仕て貯めた貴いお金を私共がむざむざ消費してはばちが当ります　盲の兄の身の回りの世話を致しつつ仕立物など致して小使銭位は頂けますから　役所の方にお便いたして母の真心を永久に何かのお役に立て度と存じ債権5円4枚10円3枚買ひましたから母さんもよろこんで下さいと話す　妹の墓参致しお茶線香お水を備へお互い思ひ々々の報告を致したらしい　私等3人共居るから一寸も淋しくは無いと言ふ　兄の室と妹の室に立寄り御世話になる御礼を言ふと又面会所に帰る　妹過日寮母さんのお手紙に母の一身を守って下されるとの御言葉に安心して　私共養生が出来る何分共母を御頼みいたします　兄は私共の氏名を蜜（ママ）し　母が安心して余生を送る様に御願申上ます　兄妹が母の老先を案じます真意いぢらしい　老人の健康診断を阿部副院長殿が念ごろに御診察下され何等の異常も認められません　御安心あってよろしゐ　副院長殿良く見舞呉れたと他の先生□事員の方までよろこばれ　午後3時半頃辞し帰途　乗物酔ふし2回吐きましたれど先ず無事帰寮す
15.11.21	兄妹より手紙あり林院長、副院長へ御礼状当にて切手まで張って郵送され早速老人にポスト入れさせました　其後老人と両氏に逢ふて安心せしか朗らかで世話係の任ム勤めてます
15.12.15	其後何等変化なし　元気にて世話係の役を良く守り親切に皆さんの友となり世話して下さる お正月のお小使として金50銭分配す
16.1.13	元気で良いお正月をお過しいたしました
16.1.27	共同金より小使おとし玉金50銭也を受く 丈夫で病人の面倒を良く見て呉れ助かります
16.3.10	虚弱老人の面倒を良く見て呉れますが少々愚痴っぽい有れど心から親切である
16.4.4	共同金30銭也の分配を受く
16.5.12	共同金30銭也を頂く　お小使金が出来た深謝した　何時健康である
16.6.24	娘田中ゑひ氏より時候欠礼旁慰労手紙を受く　早速御礼旁健康である事書き入れて置いた
16.7.5	昨今変化なし
16.7.21	近頃眼の具合あしく時々洗眼に通ふて居る
16.7.25	分配金50銭也を受く

16.8.15	健康も良く皆さんの面倒を見て呉れます
16.9.23	娘ゑひ氏より安否伺ひのはがきあり　早速元気に皆さんのお世話を致しつつ感謝の生活返事投ず 院長、副院殿へ欠礼見舞状と兄妹お世話の感謝はがきを投ず 共同金50銭分配を受く
16.9.29	血圧測定検査施行される
16.10.21	全生病院娘から昨日見舞状が来る　早速お礼旁々当方の案否（ママ）知せの返事を出す　氏は寒中右下肢に神経痛が起り思う様に働けませんが自分仕事だからとて受持老人の御世話を良くいたして呉れます
16.10.30	全生病院入院中の娘ゑひより母の安否伺ひの書面に接す 母さん元気ですか　兄さんと毎日の様うはさ致してます　私共兄妹は実に元気で居ますから御安心下さい　何か入用の者ありませんかと可愛い手紙が来る
16.11	返事旁々安否を知らせのはがきを直に出します　孝行な兄妹である
16.12.26	共同金よりお小使金として金1円也の分配を受く非常によろこんで頂いた お寒さで昨今持病足が痛むらしいが自らの血統悪い為め受診を好みません　実際に気毒に思はせられる
17.1	お正月を無事歓迎する引続いて働いています
17.1.12	娘ゑひ氏より安否伺いと院長、医長、事務長、看護婦さん2名の方に新年御挨拶、旧年のお礼の言葉と尚ほ今年も宜敷御願ひはがき5枚を投函
17.2.10	別段変化なく能く病人の世話を仕呉れます　寒さの常の持病　神経痛に時々なやみます
17.3.1	近来身体弱くなり苦痛らしいけれど病気の方は気毒だと世話されるには頭が下ります
17.3.6	今朝突然心臓衰弱らしい状態となり　第三病へ入院させて頂く　入院後元気なくも食欲ありて余り苦痛らしい処もなし　当時ずっと失禁なり
17.3.24	本日より自分で尿用を致し幾分元気づく
17.4.5	過食に依り下剤箋為す
17.4.20	午後10時、11時、11時40分頃　嘔吐有りて気分悪しと訴ふ
17.5.6	午後10時頃小用に起きてより体の自由きかず口左上の方につれて居り言語も発せず唯にやにや笑って居るのみ
17.5.7	其の後言語明瞭となりしも脈回数甚分頻数なり
17.5.9	暫時別に変り度る様子なし
17.7.2	山中先生のお許しにて軽快退院となる
17.7.9	右手が不自由にても自分の事は1人でやっている　娘さんよりお手紙あり　5円同封されて居た

17.8.20	暑い日中でも足く（ママ）のがすきで出あるいて困る　注意してもなかなかお返事はするが言ふ事を聞き入れない
17.8.23	全身にアセモの様なものが出来てかゆがるので　山中先生に診て頂きお薬を頂く　薬を付けた時しばらく止るが又かゆくなるとのことにて薬を続けて居る
17.10.12	かゆみもなかなかほらないが近頃ではあまりさわがなくなる　何分良くなった様にも思はれる　だらしが無くベッドの上に一ぱいぼろを出して整理がつかづ困る時がある
17.10.29	娘さんのところからお小遣として5円送金あり　金づかいがあらくたちまちのうちに用いてしまう
17.11.10	人のお世話を良くして下さるが強情なところがあって隣のベッド江藤氏と言い合ひ種々困らせられる　寮母の言う事は何事でも聞入れるが同室の老人には良く思はれない時がある
17.12.17	耳がかゆかったので万田氏に耳かきで見て頂いたらあやまって奥に入れたらしいそれから血が出たり膿が出たりするので医局にて置治を受ける
17.12.23	帝大より耳鼻科の先生御見えになったので診て頂く
18.1.5	お陰様で耳も良くなり自分でも元気である　こまめに何かと手伝って下さるが近頃少しぼうーとして居る時がある
18.1.16	午食を頂き間も無く姿が見えないので大さわぎして尋ねまわったが見えず　午後7時頃世田谷署からお知らせ頂き驚く　どうして出たか道もわからず　足き（ママ）まわったとの事であった。お寒い夜にもかかはらず　梅田先生に向ひに出て頃き無事午後9時通び帰寮された　手顔に少しけがしただけである
18.2.9	午前3時頃急に様体悪く　全身の自由きかづ言葉も出す事出来ずもだえへる　別に痛みもないらしい　食よくに変りなし　山中先生に往診御願ひして二病に入院させて頂く事になる
入園時ノ所持金品	所持金品　金29円90銭也　　保管金　27円也 所持品　　襟巻 1　羽織 3　袷 2　袖無 2　帯 3 　　　　　腰巻 9　単衣 6　襦袢 5　セル 1 　　　　　前掛 3　エプロン 1

No.2040　渡辺繁男　（男）　　　　　　　　　　　　　　　　軽費

入園日	昭和18年4月23日
退園日	昭和18年10月30日　（死亡）

（要救護者調書）

出　　生	明治3年4月3日　当74歳
出　生　地	静岡県富士郡〇〇〇村△△××××番地
本　籍　地	静岡県富士郡〇〇〇村△△××××番地
震災当時ノ住所	静岡市〇〇町
現　住　所	静岡県田方郡三島〇〇町××××番地
戸主又ハ続柄	戸主
宗　　教	日蓮宗
家族ノ状況　並ニ扶養親族関係	長女　明子（37歳）静岡三十五銀行浜松支店長ノ夫泰男ト共ニ浜松市ニ居住ス 長男　榮一（32歳）満州中央銀行員 五女　公子（24歳）世田谷区〇〇〇〇×××番地平和荘内 其ノ他3人ノ子女モ其々相当生活ヲナシ居レリ
身心ノ状態不具廃疾ノ程度　及疾病ノ有無	青壮年時代ノ疾患　ナシ 現在ノ疾病　　　　脱腸 精神障碍　　　　　ナシ 性情　　　　　　　良
震災当時ノ職業及現在ノ作業　収入	無職　月収　ナシ
教育程度 趣　味 嗜　好	小卒 ナシ ナシ
震災後ニ於ケル生活ノ経路　並ニ現況	（震災当時ノ被害ノ状況程度等　被害ナシ） 【老年期】 　本家ナル渡辺繁ニヨリ毎月300円ノ生活費ヲ受ケ居リシガ　昭和2年4月浜松市〇〇町所在ノ遠江製紙会社ヲ13万円ニテ譲リ受ケテ経営セシモ　22万円ノ損失ヲナシテ昭和4年廃業シテ徒食シ居リシガ　昭和8年4月養子（長女　明子ノ夫）泰男ガ静岡三十五銀行三島支店長トナリテ赴任セシニ付　共ニ現住所ニ移転シテ扶養セシ居リシモ　昭和18年5月泰男ハ浜松支店長トナリケレバ繁男ハ以前ノ失敗ノ地ニ転居スルニ忍ビズシテ　5女ナル世田谷区〇〇〇〇×××番地平和荘　渡辺公子ガ軽費ヲ負担シテ保護出願ヲナセリ

生立及経歴	両親ノ氏名　　父　渡辺繁二　　母　さと 続柄　二男 職業　父母　呉服商 死亡年齢　父　84歳　母　78歳 死因　父母共ニ老衰 【幼少年期】 　　3人兄弟ニテ相当生活ヲナセリ　10歳ノ時徴兵免除ノタメ祖父八平ノ養嗣子トナル。兄太郎ハ31歳ニテ死亡シ　妹ちえハ現存ス 【青壮年期】 　　21才ヨリ呉服商ニ従事センガ　28歳ノ折同町内ニ分家シ　33歳ノ折妻わかヲ娶リシガ35歳ノ折離縁シ　38歳ノ時さえヲ妻ニ娶リテ普通生活セシガ　50歳ノ時廃業シテ静岡市○○町ニ移転シテ本家ノ甥繁二ヨリ毎月300円ノ仕送リヲ受ケテ徒食シ居レリ 【縁事関係】 　　33歳ノ時妻わかヲ娶リシガ35歳ニテ離縁シ　38歳ノ折さえヲ妻トシ目下同棲中 【特ニ貧窮ノ事由ト認ムベキ事項】　老衰
保護依頼者	5女　公子
その他	（記載なし）

保護経過

18.4.22　入園シ高砂寮ニ入ル

18.7.24　本人ハシキリト外出シ、娘公子ノ処ニ立チ寄リ度イト申シ出ヅル故本日公子ヲ呼ビ相談セン所　親子ノ間ハ相当今マデ思ワシクナイ間柄デアッタ様デアル　公子モ本人ノ外出ヲ喜バズ依ッテ月1回位ハ連レ出シテ市内ヲ連レ歩キ外出致シ度キ本人ノ心ハ幾ラカデモ和ラゲルコトニ話シ合セタリ　公子ハ本日28日頃本人ニ電話ヲナシ本人ヲ連レ出スコトニセリ

18.8.16　本人ハ深川区○○×丁目××番　浦辺一男ニ多クノ衣類ヲ質入シ致シ居ルトノコトニ依リ　三島ノ娘明子ガ調査セシ所別紙ノ通リ課長宛報告アリタリ

18.9.15　深川区ニ在ル　笠井　棚屋両質庄ニ行ク　原書記同道ニテ別紙通リ計7枚ノ衣類ヲ引キ出ス

18.9.18　（渡辺明子宛）　拝啓　時下初夏の候愈御清適の段奉賀候陳者
　　　　先般金40円也御送付被下候に付　早速本人同道にて深川区の笠井質舗浦辺氏を尋ね　別紙の通り質物衣類7枚計金30円33銭也（本人往復電車賃60銭を含む）支払い致し候処本人も頗る満足致し居り候　尚受出しの質物一切は寮舎に於いて保管し　必要に応じ適宜本人に渡す事と致し度　残金9円67銭也は本人の小遣銭として園に預る可く候條御諒知相成度候　敬具　　　　浴風園　保護課

18.10.5　前記9円（質受出残金）ト田村事ム員保管ノ3円　計12円也ヲ原書記代理名ニテ保管ス

18.11.13　渡辺明子氏ニ死亡通知セリ（電報）

第Ⅱ部 「個人記録」110人の記録

（入園者身分概要）

続　　柄	戸主
性　　別	男
氏　　名 生年月日　年齢	渡辺繁男 明治3年4月3日生　当74歳
本　籍　地	静岡県富士郡〇〇村〇〇××××番地
入園前住所	静岡県田方郡三島市〇〇町××××番地
家族親族等ノ現況	長女　明子（37歳）ハ静岡三十五銀行浜松支店長ノ夫泰男ト共ニ浜松市ニ居住ス 長男　榮一（33歳）満州中央銀行員 五女　公子（24歳）世田谷区〇〇〇〇×××番地平和荘内 其ノ他3人ノ子女モ其々相当生活ヲナシ居レリ
経　　歴	父　渡辺繁二ノ二男 　　10歳ノ時徴兵免除ニヨリ祖父八平ノ養嗣子トナル 　　21歳　呉服商ニ従事セシガ　28歳ノ折同町内ニ分家ス 　　33歳　妻わかヲ娶リシガ　35歳ノ折離縁ス 　　38歳　妻さえヲ娶リテ普通生活ヲナス 　　50歳ノ時ニ廃業シテ静岡市〇〇町ニ移転シテ本家ノ甥繁二ヨリ毎月300円、仕送リヲ受ケテ徒食シ居レリ 　　昭和2年4月　浜松市〇〇町遠江製紙会社ヲ13万円ニテ譲リ受ケテ経営セシモ22万円ノ損失ヲナシ　昭和4年廃業シテ徒食ス 　　昭和8年4月　養子泰男ガ三十五銀行三島支店長トナリシニヨリ共ニ移転シテ扶養　セラレシガ　昭和18年5月浜松支店長トナルヤ　失敗シ地ニ転居スルニ忍ビズシテ　5女ナル　世田谷区〇〇〇〇×××番地平和荘　渡辺公子ガ軽費ヲ負担シテ保護出願ヲナセリ
宗　　教	日蓮宗
教　　育	小卒
健康状態	（記載なし）
労務能力	（記載なし）
個　　性	性情：良
性　　格	（記載なし）
習　　癖	（記載なし）
趣　　味	（記載なし）
嗜　　好	（記載なし）

保護経過

18.4.23　娘公子に附添はれ高砂寮へ入寮された

18.4.28　寮生活を大変に喜ばれ　作業　庭の掃除と働かれる

18.5.5　娘公子軽費納金のために来訪あり　父の日常を見て安神（ママ）されたが永年の間いろいろの事に手をだしては失敗されし様子にて　少し心の変りやすき老人なれば、其点を謹むで堅一家なり

18.5.15　叔父の病気見舞旁々貸金請求に行き度いと願ふ　娘公子氏来訪の折りにあまり外出をさせぬ様にとの願なれども老人の気分上外出の御診察を受ける結果外出は中止さる

18.6.3　足部浮腫につき受診　お薬を頂き服用される

18.6.11　多少頑固にして素直の様なれども嘘をつく事あり

477

18.6.13	寮の都合上　葵寮へ転寮される
18.7.1	お昼過ぎ無断外出致し　夕方帰られるが今後は断って行く様よく注意する
18.7.9	氏は我儘な老人にてこれまで娘さん達にも心配のみおかけ致したので今後はあまり心配かけない様よくお話しておく
18.7.15	この頃心臓衰弱せられ足に浮腫あり　受診致す
18.7.16	三島の渡辺明子氏より衣類の小包来る
18.7.19	娘公子氏より２円の送金あり　我儘のみ多く小遣い多く消費されるので　公子氏の手紙にもよくかかれてあった
18.7.21	足に大分浮腫あり　色々申し出られる　娘公子氏の許へ外出致したく希望にて目下外出中止を話すもきかづ原先生に申上げ公子氏に一度来園する様　はがき出す
18.7.23	夕方　公子氏来園あり　原先生にもお出を頂き　渡辺氏の外出の件お話しすると公子氏の方では来られては困る点あり　やはり出さない様に工夫するより仕方ない
18.7.29	外出の件につき　本人は是非との事にて仕方なく　課長様御心配のもとに公子氏にお電話する
18.7.31	兼ねてより外出の件につき　三島より明子氏来園あり　色々お話致し始は公子氏のアパートへ是非行きたい希望もされたが明子氏　色々慰め小遣の方もできるだけ多く送金する様話して外出の件は取りやめることにしたがこれが果たしていつまでつづくかわからないが　当分の間でも落付いて下されば結構と思ふ
18.8.2	三島の明子氏より煙草　モチ　お味噌　等送りものありて大喜びあり
18.8.10	先日　明子氏来訪の折　質の件について色々打ち合わせ致し早速送金の上にて始末する事であったのに音沙汰ないので一度はがき出す
18.8.12	明子氏来訪あり　金５円　煙草かんづめ等をおいて行かれる
18.8.14	一昨日おいて行かれた５円内３円本人に渡し　２円は保管する
18.8.17	明子氏より封書きて質入の件につき　さっそくきき合わせると本人の言ふ事と違っている由とのお便りであった
18.9.3	娘公子氏来訪　軽費小遣い33円60銭持参する
18.9.15	兼ねてより問題となっていた氏の質入の件につき　全部出す様に原先生同道のもとに午後出掛けられる　夕方５時無事帰寮
18.9.23	お小遣消費多いので　寮母あずかって10日間に３円と決めてお渡する事に話した
18.10.6	３泊の予定にて午后より外出する
18.10.3	娘公子氏来訪あり
18.11.11	この頃食欲なく歩行困難となり　本人の申出にもう長く存命でもないから家へかへりたく申出

18.11.12	今朝より半身不随となり　中風気味にて大した事ないと思へども先生にご相談申上ると入院とのお言葉あり
18.11.13	渡辺氏には昨夜御見舞い申上ると寮母を呼ばれ　色々話されたのち今朝お室へ行くともう他界せられ　すつかり変っている様子には全く驚き　御冥福をお祈申上る
18.11.15	妻　親類　娘公子の会葬のもとに　午前11時　告別式営まれる　今日まで我儘のみにて過された氏　亡くなり寮としても淋しくなる
入園時ノ所持金品	所持品　羽織　1　　単衣　1　　帯　2　　前掛　4　　枕　1 　　　　　毛布　1　　下帯　5　　シャツ　5　襦袢　1　　股引　2 　　　　　洗面器　1　風呂敷　8　帽子　4　　腹巻　1 　　　　　座布団　1　小夜着　2　敷布団　1　敷布　1 　　　　　算盤　1

No.2051　大崎鉄次郎　（男）　　　　　　　　　　　医療保護法

入園日	昭和18年6月4日
退園日	昭和18年11月30日（死亡　心臓衰弱）

（要救護者調書）

出　　生	明治9年9月28日　当68歳
出　生　地	東京市京橋区○○○○町××番地
本　籍　地	愛知県名古屋市東区○○町×丁目×番地
震災当時ノ住所	名古屋市東区○○○町×丁目×番地
現　住　所	東京市世田谷区○○町×丁目×××番地
戸主又ハ続柄	戸主
宗　　教	眞宗
家族ノ状況　並 扶養親族関係	内縁ノ妻　三平つる　当61歳　ハ現住所ニ居住シ農大ノ雑仕婦ニ通勤 シテ　月48円ノ収入ニテ生活シ居レリ
身心ノ状態不具 廃疾ノ程度　及 疾病ノ有無	青壮年時代ノ疾患　ナシ 現在ノ疾病　昭和16年6月20日ヨリ脳軟化症ニテ歩行不能 精神障碍　ナシ 性情　　　良
震災当時ノ職業及 現在ノ作業　収入	洋服職人　　　月収　40円 無職　　　　　月収　ナシ
教育程度 趣　　味 嗜　　好	小学卒 ナシ ナシ
震災後ニ於ケル 生活ノ経路　並ニ 現況	震災当時ノ被害状況程度等　全焼 （老年期）　罹災後　大分市ノ一丸百貨店一丸五平洋服部ノ職人トナリ テ普通生活シ居リシモ大正15年4月暇取リテ上京シ　甥ニ当ル杉並 区○○○○ノ洋服業北外昇一方ニ同居シ手伝旁々厄介トナリ居リシガ 昭和16年6月脳軟化症ニテ歩行不能トナリケレバ　手伝モナシ難クナ リシニ付永住シ難ク　昭和17年5月1日世田谷区○○町×丁目××× 番地　藤田健二方ニ間借リシテ　内妻三平つるガ農大ノ雑役婦ニ通勤 シテ月48円ヲ得テ　辛ジテ生活セシモ到底永続シ難ク遂ニ保護出願セ リ

生立及経歴	両親ノ氏名　　父　大崎芳之助　　母　同とめ 　　　　　　続柄　　　　　長男 　　　　　　職業　　　　　理髪業 　　　　　　死亡年齢　　　父　51歳　　　母　60歳 　　　　　　死因　　　　　父　胃癌　　　母　血ノ道 幼少年期　　9人兄弟ニテ辛ジテ生活シ　11歳ノ時姉嫁シ先ナル麹町区〇〇〇町林田亀次郎方ニ引取ラレシガ　12歳ニテ京橋区〇〇〇町ノ米田屋洋服店内田照之助方ノ子守トナリテ住込生活ス　兄弟ハ既ニ全部病死セリ 青壮年期　　14,5歳ヨリ主家内田照之助方ノ洋服裁縫見習工トナリ21歳ノ時暇取リテ京橋区〇〇　川崎洋服店ノ住込職人トナリテ普通生活セシモ　29歳ノ折名古屋市東区〇〇〇町×丁目×番地ノ知人種井常太郎方ニ同居シテ洋服職人トシテ生活シ　40歳ノ時支那仙頭島ニ渡リテ職人ヲナシ　42歳ノ折台北市ニ移転シ　45歳ノ時名古屋市〇〇町×丁目ニ居住シテ洋服職人ヲ継続セシモ　48歳ノ時上京シテ旧主人川崎洋服店ノ住込職人トナリテ生活シ居レリ 縁事関係　　46歳ノ時三平つるヲ内妻トシ現存シ居レリ 　　　　　　内妻つるトノ間ニ庶子男鉄之助アリシガ　鉄之助ハ昭和 　　　　　　12年6月5日死亡セリ 特ニ貧窮ノ事由ト認ムベキ事項　　疾病
保護依頼者	〇〇方面事務所
その他	（記載なし）

保護経過
18.6.4　　　直接西館下ニ入院ス
18.11.30　　三平つる氏ニ死亡通知ス

（入園者身分概要）

続　　柄	戸　　主
性　　別	男
氏　　名 生年月日　年齢	大崎　鉄次郎 明治9年9月28日生　当68歳
本　籍　地	愛知県名古屋市東区〇〇町
入園前住所	東京市世田谷区〇〇町×丁目×××番地　藤田健二方
家族親族等ノ現況	（記載なし）
経　　歴	（記載なし）
宗　　教 教　　育 健康状態 労務能力 個　　性 習　　癖 趣　　味 嗜　　好	眞宗 寺子屋修学 （記載なし） 無 性情：良 ナシ ナシ ナシ

保護経過

18.6.4　半身不随にて自分用もやっとの事である　大崎つる（妻）さんに連れられて来られた　直接に西下に入院する　つるさんは務めて居るとの事である

18.6.23　山中先生の御診察を受ける　今は別に病気も無く歩行をならす様との事であった　杖にたよって少しづつ足（ママ）けばだんだんうまくなる

18.6.27　妻のつるさんが日曜日には何か持って来るので別に小遣ひとしては必要ないのに小遣を少し置て行く様寮母さんから申して下さいとの事であったので注意する　女手で病人を見る事が出来ないため　お世話になったのであるから　あまり無理を云はぬ様にしたらいかがですか　園に居て三度の御飯も温い物を頂けお八つも頂きながら　あまり勝手な事をするのは考へなさいと　こんこん云ひ聞せる　申し訳ありませんでしたと申された

18.7.9　入園してから間も無いのに自分の物とは申ながら常に寮母に他の人が注意されて居る事を平気でする様なズウズしさのある老人である　人にたのみトランクから服まで売ったらしく感じたので調べ　しかって取りかへさせる　周囲の人もわるいと思ひ東室にうつす　どうも感じの悪い老人である

18.7.11　妻のつるさん訪ねて下さる　先日あった事もお話して　園の規定や寮母の言葉を守れなけれは　今日すぐ退園させるからと申すと　これからその様な事は致しませんから許して下さいとあやまる　日も浅いのにこの様な事をされるのですから長いうちには末おそろしい様に思はれる

18.7.26　足（ママ）くのも近頃ではうまくなり　園内売店でも良く出あるきます　人の顔色を見る老人で　新入の方があるとすぐその方の処に行き何かと世話やきをして居る　そのわりに人から良く思はれない

18.8.15　人の世話までする人がシラミをわかして寮母にしかられる　なかなか横着なところがある　理屈は相当に云ふが　あまりかんしんする事は申さない

18.9.24　旗日休日面会来訪妻申ス　入園前ノ居住　平日ハ夫の代りに〇〇〇町農大内小使ひにて給50円の由

18.10.1

24　妻来訪　10月10日雨の日曜にも来訪（毎休日）

18.11.18　往診願　老耄　ベッドより落つ

18.11.19　入浴　腫物あり　第一病入

18.11.20　太田先生の御診察あり　ボケて居ること甚しく1日中何となく騒ぎ居る

18.11.28　妻来訪あり　このごろ元気なし

18.11.30　早朝意識不明　カンフル等皮下注施行　午前（3時40分）他界さる

入園時ノ所持金品	所持金　小遣2円50銭
	所持品　トランク 1　詰衿服上下 1　単衣 3　ねまき 1
	夏ズボン 2　ズボン 4　シャツ 4　帽子 1

No.2075　近江ワカ　（女）

　　　　　　　　　　　　　　　　　　　　　　　　　軽　費

入園日	昭和18年4月20日
退園日	昭和18年12月25日　（死亡　気管支肺炎）

（要救護者調書）

出　　生	明治14年5月6日　当62歳
出　生　地	神奈川県橘郡〇〇村△△△
本　籍　地	東京市小石川区〇〇〇町×××番地
震災当時ノ住所	東京市芝区〇〇〇〇町×××番地
現　住　所	東京市淀橋区下落合2丁目670番地　　聖母病院養老院
戸主又ハ続柄	戸主
宗　　教	真宗
家族ノ状況　並ニ扶養親族関係	娘若井富子　当26歳　四谷区〇〇町△△×丁目×番地×　山田方（電四谷3,225）家政婦　姉金田たね当71歳　芝区〇〇〇町××番地　たねハ長男富次（当51歳）が米配給所員6人家族　兄　近江三蔵　当67歳　芝区〇〇〇〇町×番地ノ××　米配給所員11人家族
身心ノ状態不具廃疾ノ程度　及疾病ノ有無	青壮年時代ノ主ナル疾病　　ナシ 現在ノ疾病　　（6年前ヨリ中風ニテ手足不自由ナレ共自分用ハ辛ジテ達シ居レリ） 精神障害　　ナシ 性　情　　多少強情
震災当時ノ職業及現在ノ作業　収入	産婆兼賃仕事　月収　70円 無職　　　　　月収　ナシ
教育程度 趣　味 嗜　好	尋卒 芝居　映画 喫煙
震災後ニ於ケル生活ノ経路　並ニ現況	震災当時ノ被害ノ状況・程度等　　被害ナシ （老年期）　引続き産婆兼賃仕事ニテ普通生活シ　大正13年5月小石川区〇〇〇町ニ移リ　昭和2年5月6日母カナ病死セシガ　ワカハ産婆兼賃仕事ニテ生活中　昭和13年6月12日　中風トナリテ手足不自由トナリケレバ　廃業シテ同年9月弟ナル芝区〇〇〇〇町×××番地運送業近江泰三方ニ厄介トナリシモ　昭和14年5月弟泰三ハ病死セシカバ　其ノ長男ニテ鉄工所・職工近江隆氏ニ厄介トナリ　家政婦ナル娘富子ヨリ毎月30円ノ仕送ヲ受ケテ生活センガ　娘ハ負担重ク継続困難トナリシカバ　昭和17年10月21日現住所ナル聖母病院養老院ヘ半自費月5円ニテ入院シ居レ共　今回軽費ヲ娘富子ガ負担シテ本園ニ入園出願セシモノナリ

生立及経歴	1　両親ノ氏名　　父近江善太郎　母近江カナ　続柄4女　職業　父ハ小学校教員　死亡年齢　父51歳　母77歳　死因父　肺病　母老衰 2　幼少年期　　9人兄弟ニテ普通生活シ15歳ヨリ家事ヲ手伝ヒ居レリ　兄幸太ハ当人51歳　姉きぬハ当人24歳ニテ　弟恵三ハ当人21歳ニテ　弟松二ハ当人3歳ニテ　姉さとハ当人17歳ニテ　弟泰三ハ当人49歳ニテ　イズレモ死亡セリ 3　青壮年期　　19歳ニテ芝区○○○○町ノ酒屋大橋仁ニ嫁シテ普通生活セシモ　32歳ニテ離縁シテ同区○○○○町ノ実家ニ帰リテ賃仕事ヲナシ居リシガ　33歳ノ折牛込区○町ノ私立探偵若井寅夫ノ内妻トナリシモ　34歳ニテ離縁シ　娘富子ヲ抱エ実家ニアリテ　35歳ヨリ産婆兼賃仕事ヲナシテ生活シ居レリ 4　縁事関係　　19歳ニテ大橋仁ニ嫁セシモ32歳ニテ離縁シ　33歳ノ折若井寅夫ノ内妻トナリシガ　34歳ノ折離縁ス　先夫大橋仁トノ間ニ英介・誠三・良次ノ3児アリ　何レモ大阪ニテ洋服屋ヲナシ居リ　内夫寅夫トノ間ニ富子1名アリ 5　特ニ貧窮ノ事由ト認ムベキ事項　　疾病
保護依頼者	若井富子
その他	調査個所　東京市淀橋区下落合2丁目670番地　聖母病院養老院

保護経過
18.4.20　入園シ高砂寮ニ入ル

18.8.14　別紙ノ通リ娘若井富子ヨリ従来ノ軽費ヲ無料ニ致シ度キ旨申し出アリタルニ依リ娘ノ来園又ハ求ムル様通知シオケリ

(入園者身分概要)

続　　柄	戸主
性　　別	女
氏　　名 生年月日　年齢	近江　ワカ 明治14年5月6日　当62歳
本　籍　地	東京市小石川区○○○町×××番地
入園前住所	淀橋区下落合2丁目670番地　聖母養老院
家族親族等ノ現況	娘若井富子　当26歳、四谷区○○町△△×丁目×番地×　山田方家政婦 姉金田たね当71歳　芝区○○○町××番地たねハ長男富次当51歳　配給所員6人家族 兄近江三蔵当67歳　芝区○○○○町×番地××　米配給所員11人家族
経　　歴	父　近江善太郎ノ4女 9人兄弟ニテ普通生活シテ15歳ヨリ家事手伝シ居レリ 19歳ニテ芝区○○○○町ノ酒屋大橋仁ニ嫁シテ普通生活 32歳ニテ離縁シテ　同○○○○町ノ実家ニ帰リテ賃仕事 33歳ノ折牛込区○町ノ私立探偵者若井寅夫ノ内妻トナリ 34歳ニテ離縁シ　娘富子ヲ抱キ実家ニアリテ　35歳ヨリ産婆兼賃仕事ヲナシテ生活シ居レリ 昭和13年6月12日中風トナリテ　手足不自由トナレバ廃業シテ　同年弟　芝区○○○○町×××番地　運送業近江泰三方ニ厄介トナリ家政婦ナル娘富子ヨリ毎月30円ノ仕送ヲ受ケテ生活セシガ　娘負担重ク継続困難トナリシカバ　昭和17年10月21日聖母病院養老院半自費月5円ニ入院シ居レ共　軽費ヲ娘富子が負担シテ出願センモノナリ

宗　　教	真宗
教　　育	尋卒
健康状態	6年前ヨリ中風ニテ手足不自由ナレドモ自分用ハ辛ジテ達シ居レリ
労務能力	（記載なし）
個　　性	性情：良
性　　格	（記載なし）
習　　癖	（記載なし）
趣　　味	芝居
嗜　　好	喫煙

保護経過	
18.4.20	娘若井富子に付き添われ高砂寮に入る
18.4.23	中風気味失禁　入室
18.8.30	近頃別に変りなし　排尿は普通にて取れる　歩行困難なり
18.9.8	歩行相変わらずにて食欲元気あり　言語不明瞭なり　娘さんより　度々お手紙が来る其の度に10円50銭位づつ送金あり
18.12.15	午後8時20分他界せらる
入園時ノ所持金品	所持品　綿入　1枚　帯　1　股引キ　1　ハンドバック　1 　　　　羽織　1　袷　1　袖無　1　セルロド洗面器　1 　　　　シャツ　1　毛布腰巻　1　長襦袢　1

No.2252　野本善吉　（男）

入園日	昭和18年4月26日
退園日	昭和19年6月14日　（退園　　自活　）

（要救護者調書）

出　　生	明治4年5月5日　当73歳
出 生 地	東京市神田区〇〇町×丁目××番地
本 籍 地	東京市神田区〇〇町×丁目×番地
震災当時ノ住所	東京市浅草区〇〇町
現 住 所	東京市蒲田区〇〇〇町×丁目××番地××
戸主又ハ続柄	戸主
宗　　教	真宗
家族ノ状況　並 扶養親族関係	扶養親族関係者ナシ
身心ノ状態不具 廃疾ノ程度　及 疾病ノ有無	青壮年時代ノ主ナル疾病　　ナシ 現在ノ疾病　　痔・腰痛ノ持病アリ 精神障害　　ナシ 性　情　　清々往情
震災当時ノ職業及 現在ノ作業　収入	（当時）（現在）　活版職工　寺男　月収　5円
教育程度 趣　味 嗜　好	無教育 ナシ ナシ
震災後ニ於ケル 生活ノ経路　並ニ 現況	震災当時ノ被害ノ状況・程度等　　全焼 （老年期）　市内各所ノ活版印刷業者方へ職工トシテ住込生活ヲナシテ転々ト居リシガ　昭和16年7月老齢ノタメ廃業シテ現住所ナル円覚寺ノ寺男トシテ住込ミ居レシモ　痔及ビ腰痛ノ持病モアリ寺男モ勤マリ難クナリケレバ保護出願ヲナス
生立及経歴	1　両親ノ氏名　　父　野本吉之助　母　野本　いね　続柄長男 　　職業　菓子屋 　　死亡年齢　父不明　母53歳　死因　父母共不明 2　幼少年期　　2人兄弟ニテ普通生活セシ由ナレ共　4歳ニテ父ハ病死セシニ付　母ハ程ナク造船所職工松田久蔵ヲ入夫トシテ普通生活ヲナシ居レリ　姉たえハ当人62歳ニテ死亡 　　9歳ヨリ日本橋区〇〇町ノ箔屋ニ住込奉公セシモ　1ヶ年ニテ暇取リ　其ノ後ハ市内各所ヲ転々トシテ住込奉公ヲナシ居リシモ　23歳ノ折神田区〇〇町ニ1戸ヲ借家シテ　活版職工トナリ印刷所ノ住込職工ニ雇ワレテ生活シ居レリ　53歳ノ折浅草区〇〇町ニ間借リシテ印刷職工トナリテ通勤シテ生活シ居レリ 3　縁事関係　　妻帯セシコトナク子女等ナシ 4　特ニ貧窮ノ事由ト認ムベキ事項　老衰
保護依頼者	〇〇方面館
その他	（記載なし）

保護経過
18.4.26　入園シ清風寮ニ入ル

18.7.5　食事少キタメ退園シ入園前住所ナル円覚寺ニ再ビ寺男トナリ度ク申出デン為　円覚寺宛左記ノ通リ
通知セリ
「拝啓時下初夏の候愈々ご情適の段奉賀候陳者本園在園者野本善吉の一身上の件に付き篤と御相談致し度候條御多忙中とは存じ候へ共至急御来園相成度此段及御依頼候也　敬具」

18.7.10　円覚寺ヨリ野本ニ関シテハ何等関係ナシト返事アリタリ

18.7.11　外出シ何処カ自分ノ働キタキ所アルカ円覚寺始メ知人ヲ尋ネタルモ　意ノ如クナラザルニ付帰園セリ土産ニ不衛生ナル食物ヲ持参セルニヨリ寮母ヨリ注意シタル所　大変不満ラシク退園サセルカドウカト申シ出テタリ　誠ニ頑固ニシテ自分本意ノ所アリ

19.1.27　昨年無断外出ヲナシ　又　外泊ヲ延期シタルコトアルニヨリ　今回ノ外出申出デハ見合ス筈ナル　或ヒハ止ムヲ得ザル用ナレバ2月10日以後トナス様ニセリ

退園願許可ノ件
本籍地　東京都神田区○町×丁目×番地
現住所　東京都蒲田区○○○町×丁目××番地
昭和18年4月26日入園　清風寮　野本善吉　明治4年5月5日生　当74歳
右者今般健康恢腹セシニヨリ別紙ノ通リ寺男トシテ自活スル目的ヲ以テ退園願出到底翻意不致候ニ付不得止
本日ヲ以テ退園セシメラレ可然哉
尚御決裁ノ上ハ左案ニ依リ蒲田区長宛救護廃止方報告致度候

蒲田区長宛
救護法ニ依ル被救護者ニ関スル件報告
昭和18年4月28日蒲健収第896号ヲ以テ救護法ニヨリ御送致ノ被救護者野本善吉ニ係ル標記ノ件左記ノ通リ廃止ヲ要スベキ状況ニ有之候也
　　　　　記
居住地　蒲田区○○○町×丁目××番地××
氏名　　野本善吉
生年月日　明治4年5月5日
所轄方面館　蒲田区○○方面館
送致年月日　昭和18年4月26日
報告事項　廃止
廃止要スベキ年月日　昭和19年6月14日
廃止ヲ要スル事由　退園自活

野本善吉
右ノ人当寺ニテ働ク事承知仕リ候也　昭和19年6月14日
牛込区○○町×× 放生寺　岡　錂海

退園願
私儀
永々御園ノ御保護相受居候処今般健康恢復致候ニ付左記寺院ヘ寺男ニ雇ハレ自覚致度候間
甚ダ乍勝手退園御許可相成度此段及御願候也
昭和19年6月14日　清風寮　野本善吉
財団法人　浴風会常務理事　福原誠三郎殿
　　　　　　　　　記
牛込区〇〇町××番地　放生寺　住職　鋑海

No.2267　梅田うた　（女）

入園日	昭和18年9月10日
退園日	昭和19年7月7日　（退園　身元引受知人）

（要救護者調書）

出　　生	明治17年4月13日　当60歳
出　生　地	秋田市○○町
本　籍　地	福島県河沼郡○○村字△町
震災当時ノ住所	静岡県田方郡○○町△△町
現　住　所	東京都荏原区○○町×丁目××番地　佐藤寅雄方
戸主又ハ続柄	豊　叔母
宗　　教	浄土宗
家族ノ状況　並ニ扶養親族関係	現戸主　梅田豊　当49歳ハ小学校教員ニテ豊島区○○町ニ居住ノ筈ナレ共　12年前ヨリ音信不通ナリ
身心ノ状態不具廃疾ノ程度　及疾病ノ有無	青壮年時代ノ疾患　　ナシ 現在ノ疾病　　　　坐骨神経痛 精神障碍　　　　　ナシ 性情　　　　　　　良
震災当時ノ職業及現在ノ作業　収入	生華茶ノ教授　　月収　70円 賃仕事　　　　　月収　30円
教育程度 趣　味 嗜　好	小学卒 芝居 喫煙
震災後ニ於ケル生活ノ経路　並ニ現況	震災当時ノ被害状況程度等　　被害ナシ （老年期）　引続キ生華及オ茶ノ教授ニテ生活シ居リシモ　昭和8年2月4日上京シテ芝区○○○町×丁目ノ姉ナル梅田たつ方ニ同居セシモ同年5月姉たつハ病死セシニ付　昭和9年4月神奈川県○○町△△ノ妙本寺方ニ間借リシテ　生華師匠ヲナシ居リシガ　昭和16年9月上京シテ姉たつガ生前ノ住居ニテ　当時ハ神村信吉ノ住居ナリシ家ニ間借リシテ　賃仕事ヲナシ居リシモ　昭和18年2月11日知人ナル荏原区○○町×丁目洋裁店佐藤寅雄方へ手伝旁々　厄介トナリ賃仕事ヲナシテ生活セシガ　坐骨神経痛トナリケレバ保護出願ス

生立及経歴	両親ノ氏名　　父　梅田久造　　母　同イト
	続柄　　　　　　三女
	職業　　　　　　父　醸造業
	死亡年齢　　　　父　63歳　　　　母　58歳
	死因　　　　　　父　中風　　母　脊髄
	幼少年期　　11人兄弟ニテ普通生活ヲナシ居リシガ　8歳ノ折父ハ一家ヲ伴ヒテ上京シ　姉たつノ嫁先ナル日本橋区〇〇町×丁目×番地ノ同家へ同居シ　11歳ノ折うたハたつノ養女トナリ　15歳マデ家事手伝ヲナシ居レリ　兄弟ハ既ニ全部死亡ス
	青壮年期　　19歳ニテ同区〇町×丁目×番地ニ移リ　島太一ヲ入夫トナシ　夫ハ姉ニテ養母ナルたつノ〇〇町ノ米仲買店ノ通番頭トナリテ普通生活セシガ　24歳ノ時夫ハ病死セシニ付　うたハ程ナク芝区〇〇町ノ清浦伯爵邸へ住込奉公セシモ　32歳ノ折暇取リテ静岡県田方郡〇〇〇村字△△無職小田芳助ニ再嫁シテ普通生活セシガ　48歳ノ時離縁シテ同郡〇〇町字△△町ニ借家シテ生華及茶之湯ノ教授ヲナシテ普通生活ヲナシ居レリ
	縁事関係　　19歳ニテ島太一ヲ入夫トセシモ　24歳ニテ死別シ　32歳ニテ小田芳助ニ嫁セシモ　48歳ニテ離縁ス　先亡夫島太一トノ間ニ長女年子アリシモ　年子ハ当人7歳ニテ死亡セリ
	特ニ貧窮ノ事由ト認ムベキ事項　　　（疾病）
保護依頼者	〇〇方面館
その他	（記載なし）
保護経過 18.9.10　入園シ常盤寮ニ入ル	

願書
梅田うた事身体必ず引受申候間
何卒外園（ママ）させ被下度御願申上候
　　昭和19年6月29日　近藤健一
浴風園長殿

退園願
私儀
永ラク貴園ノ御世話ヲ相受ケ候へ共今般左記
ノ者身元引受保護致シ呉レル事ニ相成候間下乍
勝手退園御許可相受度此段及御願候也
　身元引受人　芝区〇〇町×ノ×　近藤健一
　昭和19年7月3日　梅田うた
財団法人浴風会
　常務理事　福原誠三郎殿

起案年月日　昭和19年7月7日

　　保護課長
　　庶務課長
退園願許可之件
本籍地　　　福島県河沼郡○○村大字△△字△△△××番地
入園前ノ住所　東京都荏原区○○町×丁目××番地
昭和18年9月10日入園　　常盤寮　　梅田うた　明治7年12月11日（ママ）当71歳
右者今般別紙ノ通リ永年ノ知人近藤健一ヨリ引取扶養致度キ旨願出デ当人モ又退園願ヲ提
出致候ニ付種々慰留説得ニ努メ候得共全々翻意不致候ニ依リ不得止本日附ヲ以テ退園セシ
メラレ可然哉

No.2456　相原なみ　（女）　　　　　　　　　　　　　　　　　　軽費

入園日	昭和20年3月1日
退園日	昭和20年4月12日　（死亡　心臓衰弱）

（要救護者調書）

出　　生	明治5年5月23日生　　当74歳
出　生　地	東京都麹町区○○町
本　籍　地	東京都牛込区○町×丁目×番地
震災当時ノ住所	（記載なし）
現　住　所	東京都杉並区○○○×－×××　花井方
戸主又ハ続柄	亡吉十朗ノ妻
宗　　教	浄土宗
家族ノ状況　並 扶養親族関係	責任者　東京都杉並区○○○×丁目×××番地　花井格ハ日本歯科医 　　学専門学校講師ニシテなみハ　格ノ先妻みつノ義母ナリ尚花井近ク 　　疎開スルニ付其ノ教子ナル○○○×丁目×××貫井歯科医院　貫井 　　友治ガ凡テノ連絡ヲ取ルコトトナリ居レリ 　　花井方ニ電中野××××番アリ
身心ノ状態不具 廃疾ノ程度　及 疾病ノ有無	青壮年時代ノ疾患　ナシ 現在ノ疾病　　　聾 精神障碍　　　　ナシ 性情　　　　　　良
震災当時ノ職業及 現在ノ作業　収入	無職
教育程度 趣　　味 嗜　　好	美術専門学校中退 ナシ 喫煙
震災後ニ於ケル 生活ノ経路　並ニ 現況	（記載なし）
生立及経歴	（記載なし）
保護依頼者	宮田貞二
その他	（記載なし）
保護経過　（記載なし）	

【軽費入園願許可ノ件】
起案日　昭和20年2月28日
本籍地　東京都牛込区〇町×丁目×番地
現住所　東京都杉並区〇〇〇×丁目×××番地　花井方
氏名　相原　なみ　明治5年5月23日生当74歳
　右者本会ヘ宮田貞二氏ヲ経由シ軽費負担ニテ保護出願アリシニ依リ実地調査ノ処別紙要救護者調書ノ通リ要保護者ト被認候ニ付入園ヲ許可シ来ル3月1日附ヲ以テ入園セシムルコトニ取計可然哉仰高裁
　尚入園許可通知電話ニ依リ度引取時刻ハ午前10時ニ致度候

　軽費負担責任者　住所　杉並区〇〇〇×丁目×××番地
　　　　　　　　本人トノ関係　先妻みつノ義母　氏名　花井　格

No.2457　安藤弘太郎　（男）

入園日	昭和19年6月1日
退園日	昭和19年7月25日　（死亡　脳溢血）

（要救護者調書）

出　　生	明治2年6月19日　　当76歳
出　生　地	長崎県東彼杵郡〇町△町
本　籍　地	東京都杉並区〇〇町×××番地
震災当時ノ住所	東京都四谷区〇〇〇町××番地
現　住　所	東京都杉並区〇〇町×××番地
戸主又ハ続柄	戸主
宗　　教	浄土宗
家族ノ状況　並扶養親族関係	姪（亡姉みほノ子）神崎いく　当63歳　長崎県西彼杵郡〇〇ニ居住　4人家族 姪　西海りん　当60歳　長崎県東彼杵郡〇〇　3人家族 姪　土倉しの　当57歳　同右（長崎県東彼杵郡〇〇）3人家族 姪　河野とき　当50歳　芝区〇〇〇〇町××番地4人家族　電高輪× ×××番 甥　水口達彦　当52歳　朝鮮ニテ三菱会社ノ医師　4人家族
身心ノ状態不具廃疾ノ程度　及疾病ノ有無	青壮年時代ノ疾患　ナシ 現在ノ疾病　昭和18年5月ヨリ左半身不随　自分用ハナシ得 精神障碍　　　　ナシ 性情　　　　　　良
震災当時ノ職業及現在ノ作業　収入	洗濯業　月収50円 子供ノ玩具小売　月収6円
教育程度 趣　　味 嗜　　好	尋小卒 芝居・浪花節 喫煙
震災後ニ於ケル生活ノ経路　並ニ現況	震災当時ノ被害ノ状況程度等　無焼　被害ナシ 【老年期】 　妻うめト共ニ洗濯業ヲ続ケテ普通生活シ居リシモ　昭和8年4月1日老齢ノタメ廃業シテ現住所ニ移転シテ荒物及駄菓子小売業ヲナシ居リシモ漸次生活困難トナリテ　昭和12年4月ヨリ救護法ニ依リ月額12円ノ居宅生活扶助金ヲ受ケ居リシモ昭和15年4月ヨリ菓子其ノ他配給制トナリシタメ生活難トナリ子供玩具ノミノ小売トナリ　昭和17年4月ヨリ居宅救護金ハ月22円63銭ニ増額セラレ辛ジテ生活中　昭和19年4月5日妻うめハ左半身不随トナリ5月29日死亡セシニ付左半身不随ノ弘太郎ハ途方ニ暮レテ保護出願ス

生立及経歴	両親ノ氏名　父　安藤道斎　母　いと 　　続柄　次男 　　職業　父　医師 　　死亡年齢　父51歳　母75歳 　　死因　父　疫痢　母　子宮癌 幼少年期　2人兄弟ニテ相当生活シ居リシガ　16歳ノ折　義理ノ兄芝区○○町ノ東京□□伊藤□□方ヲ頼リテ上京シ　程ナク司法省ノ給仕トナリテ通勤ス 青壮年期　□才ノ折司法省ノ給仕ヲ辞職シテ　牛込区○町ノ関洗濯店ヘ住込奉公セシガ27歳ニシテ暇取リ陸軍軍夫トナリテ大和組ノ輩下トナリテ渡支ス　同年台湾ヲ経由シテ帰京シ市内所々ノ洗濯店ヲ転々トシテ職人生活ヲナシ居リシモ　20歳ノ折四谷区○○○町××番地ニ借家シテ　洗濯業ヲナシ35歳ノ時　妻うめヲ娶リテ共ニ洗濯業ヲ続ケテ普通生活ヲナス 縁事関係　35歳ノ折妻うめヲ娶リシガ　右妻うめトノ間ニ子女ナシ　うめハ昭和19年5月29日病死ス 特ニ貧窮ノ事由ト認ムベキ事項　老衰
保護依頼者	杉並区役所
その他	昭和12年4月ヨリ救護法ニヨリ妻うめト共ニ月額12円　昭和17年4月ヨリ22円63銭宛ノ居宅救護金ヲ受ケ居レリ
保護経過	

19.6.5　　入園シ一時4病室ニ入院ス

19.7.25　　河野とき氏ニ電話ニテ死亡通知ス

19.8.4　　安藤弘太郎遺族河野ときヨリ遺留金694円ノ内金400円ヲ寄付　残金294円ト衣類全部ヲ引渡ス

No.2604　南栄次　（男）　　　　　　　　　　　軍事扶助法

入園日	昭和 18 年 10 月 14 日
退園日	昭和 20 年 10 月 20 日　（死亡　心臓機能不全）

（要救護者調書）

出　　生	明治 2 年 3 月 10 日　当 75 歳
出 生 地	富山県西礪波郡〇〇村字△△
本 籍 地	富山県西礪波郡〇〇村字△△
震災当時ノ住所	なし
現 住 所	東京都品川区〇〇〇×丁目×××番地　野田梅次方
戸主又ハ続柄	戸主
宗　　教	真宗
家族ノ状況　並　扶養親族関係	長男　幸助　昭和 8 年 4 月 22 日舞鶴海兵団ニ入団セリ
身心ノ状態不具　廃疾ノ程度　及　疾病ノ有無	（記載なし）
震災当時ノ職業及　現在ノ作業　収入	（記載なし）
教育程度　　　　　　趣　　味　　　　　嗜　　好	（記載なし）　　　　　　　　（記載なし）　　　　　　　（記載なし）
震災後ニ於ケル　生活ノ経路　並ニ　現況	（記載なし）
生立及経歴	（記載なし）
保護依頼者	（記載なし）
その他	（記載なし）
保護経過　18.10.14　入園シ葵寮ニ入ル　　20.10.18　葵寮ヨリ第一病室ニ入院　　20.10.20　一病室於テ午前 6 時 50 分死亡	

昭和18年10月14日
軍事扶助法ニ依ル被扶助者収容受託之件
本籍地　　富山県西礪波郡○○村字××
居住地　　東京都品川区○○○×丁目×××番地　野田梅次方
　　　　　　　　　　　　南栄次
　　　　　　　　　　　　　　明治2年3月10日　当75歳

右ニ就キ品川区長ヨリ別紙ノ通リ軍事扶助法ニ依ル被扶助者トシテ収容委託方依頼有之候
ニ付収容方ヲ受託シ本日附ヲ以テ入園セシムルコトニ取計可然哉
尚通知ハ電話ニ依リ度引取時刻ハ午後2時ト致度候

「扶助依頼状」　品川区役所健民課扱
　　真宗
　　出生地　本籍
　　本籍　　富山県西礪波郡○○村字△△
　　住所　　東京都品川区○○○×－×××
　　氏名　　南栄次
　　　　　　明治2年3月10日生

右ノ者軍事扶助法ニ依リ医療若クハ収容生活扶助御取扱相成
度此段及御依頼候也

昭和18年10月14日
　　　　　　　　　東京市長　品川区長　平野亀吉

浴風会殿

「調書」
本籍　　　富山県西礪波郡○○村字△△
死亡当時ノ住所　　東京都杉並区上高井戸3丁目848番地　浴風園
単身戸主　　南栄次
死亡ノ時　　昭和20年10月20
右死亡者ニ対シ家督相続人ノ選定ヲ要スルヤ否
　当人ハ財団法人浴風会浴風園ニ収容救護中死亡シ単身者ニシテ親族ノ有無不明ニ付
　上記各項共判明セス

若シ要ストセバ其ノ手続ヲナスベキ者ノ住所氏名　　　なし
相続スベキ財産ヲ有スルトキハ其ノ種目及価格ノ概算　　なし
死亡者ト届出人トハ親族縁故ノ関係ナク前記各不明ナルトキハ其ノ旨記入スルコト　なし

右相違無之候也
昭和20年10月　日
住所　東京都杉並区上高井戸3丁目848番地
　　　財団法人　浴風会　常務理事　福原誠三郎

No.2610　古井クミ　（女）　　　　　　　　　　　　　　戦災委託

入園日	昭和 20 年 8 月 18 日
退園日	昭和 20 年 10 月 30 日　（死亡　胃潰瘍）

（要救護者調書）

出　　生	明治 2 年 5 月 10 日　当 77 歳
出　生　地	埼玉県南埼玉郡〇〇村
本　籍　地	埼玉県南埼玉郡〇〇村
震災当時ノ住所	（記載なし）
現　住　所	目黒区〇〇〇〇　××××　中川治男方
戸主又ハ続柄	大谷伯母
宗　　教	天理教
家族ノ状況　並 扶養親族関係	（記載なし）
身心ノ状態不具 廃疾ノ程度　及 疾病ノ有無	青壮年時代ノ疾患　ナシ 現在ノ疾病　ナシ 精神障碍　ナシ 性情　良
震災当時ノ職業及 現在ノ作業　収入	乳母　月収 20 円
教育程度 趣　　味 嗜　　好	小学卒 裁縫 ナシ
震災後ニ於ケル 生活ノ経路　並ニ 現況	（震災当時ノ被害ノ状況程度等　記載なし） 【老年期】大森区〇〇〇町×××
生立及経歴	（記載なし）
保護依頼者	（記載なし）
その他	（記載なし）
保護経過　（記載なし）	

（入園者身分概要）

保護経過 20.10.30　午后 12 時 15 分　弥生寮ニ於テ死亡　胃潰瘍	
入園時の所持金品	（記載なし）

【戦災者収容受託ノ件】（※書類上部に「戦災委託」との記載あり）
起案年月日　昭和20年8月16日
○本籍地　埼玉県南埼玉郡○○村
○現住所　目黒区○○○○×××　中川治男方
○氏名　古井クミ　　明治2年5月10日　77歳
○右者本会ヘ東京都厚生事業協会ヲ経由シ収容援護出願アリシニ依リ実地調査ノ処別紙要救護者調書ノ通リ要援護者ト認被候ニ付入園ヲ許可シ來ル8月18日附ヲ以テ入園セシムルコトニ取計可然哉仰高裁
○住所　目黒区○○○○×××
○氏名　古井クミ　明治2年5月10日生　77歳
○右者要援護者委託収容ニ依リ収容願ヒ度御紹介申候條可然御取計相成度此段及御依頼候也
　昭和20年8月15日
　　東京都厚生事業協会　係員印
浴風園　福原誠三郎殿

No.2612　竹田英二　（男）　　　　　　　　　　　戦災委託

入園日	昭和20年6月28日
退園日	（記載なし）

（要救護者調書）

出　　生	明治5年9月25日　当74歳
出 生 地	三重県津市〇〇〇町×××番△△
本 籍 地	東京市四谷区〇町××
震災当時ノ住所	（記載なし）
現 住 所	芝区芝公園3ノ2増上寺内
戸主又ハ続柄	戸主
宗　　教	日蓮宗
家族ノ状況　並ニ扶養親族関係	単身入園　畑中トメ（姪）新宿居住ナルモ戦災ニテ現在不明
身心ノ状態不具廃疾ノ程度　及疾病ノ有無	青壮年時代ノ主ナル疾病 　　現在ノ疾病　　ナシ 　　精神障害　　　ナシ 　　性　情　　　　良
震災当時ノ職業及現在ノ作業　収入	増上寺説明係
教育程度 趣　　味 嗜　　好	寺小屋3カ年 ナシ ナシ
震災後ニ於ケル生活ノ経路　並ニ現況	罹災（現住所ニテ）
生　立　及経　　歴	（記載なし）
保護依頼者	（記載なし）
その他	（記載なし）
保護経過　（記載なし）	

（入園者身分概要）

続　　柄	戸主
性　　別	男
氏　　名 生年月日　年齢	竹田英二 （記載なし）
本 籍 地	東京市四谷区〇町××番地
入園前住所	東京市芝公園3ノ2　増上寺内
家族親族等ノ現況	姪　畑中トメハ新宿ニ居テルモ戦災ニテ不明
経　　歴	増上寺ニテ説明係ニ従事

宗　　教	日蓮宗
教　　育	寺小屋3カ年
健康状態	健康
労務能力	（記載なし）
個　　性	（記載なし）
性　　格	性情：良い
習　　癖	（記載なし）
趣　　味	ナシ
嗜　　好	ナシ

保護経過
20.6.28　入園シ清風寮へ入ル
20.7.15　氏は少々強情なところもある様であるが同僚達と争い等は仕ない　少々不性（ママ）であり動きたがらない　老衰のせいもあるかも知れない
20.8.21　北沢まで出させて呉れと受持が心配するのも受け入れず外出す
20.9.1　清風寮より葵寮へ転寮す
20.9.17　初診をうけたり
20.10.1　どうやら僅の用を□□□□□□て貰ふ　全クよはそうに見うける

入園時ノ所持金品	（記載なし）

保護願許可の件
本籍地　東京都四谷区〇町××番地
現住所　東京都芝区芝公園3号地11　増上寺内
氏名　　竹田　英二
明治5年9月25日生　当74歳

右ノ者本会ヘ保護願出アリタルニ依リ実地調査ノ処別紙要救護者調査ノ通リ入園資格該当者ナルヲ以テ入園ヲ許可シ来ル6月28日ヲ以テ入園セシムル事ニ取計可然哉仰高裁
尚通知丈ハ電話ニ依リ度引取時刻ハ午前10時ニ致度候

保護願
本籍　東京都四谷区〇町××
現住所　芝区芝公園3ノ2　増上寺内
氏名　　竹田英二
明治5年9月25日生

自分儀年齢60歳ヲ越エ老衰
　　不具疾病ノ為自活能力ヲ失ヒ且扶養者無之余ク生活困窮罷在候ニ付貴会ニ収容御保護被為下度御保護ノ上ハ御規定ニ依リ御処置ノ儀異議無之ハ勿論　総テ御規則其他指示ノ事項堅ク遵守可仕戸籍謄本並ニ貧困証明書相添ヘ此段及御願候也

昭和20年6月21日
右本人　竹田英二

財団法人　浴風会御中

拝啓　気候不順勝の折柄にも不拘愈々ご清祥の段
為邦家慶賀候事に奉存候
過日は相田先生わざわざ御来訪を忝い何共恐縮の外無之厚く御礼申上候
浅井重男のことに就いては色々とご配慮を煩わし誠に有り難く存じます　当方より誰か御礼に参上いたすべきの処　戦災に依り本堂客殿含焼失いたし候が幸い下の山門並に庫裡が残り候ゆへ　その方を仮本堂事務所等にしつらひ不充分なので取りあへずの事務法務に事欠かぬやうにいたし　何やらかやら毎日のやうに整備に忙殺され居り　殊に勤務者も戦災にかかり事故　出勤率悪しく人手少なの為拝参も出来難く失礼仕り候段　何卒何卒御ゆるし被下度候　相田先生御来訪の節御願ひ申し上げ候　戦災者　竹田英二74歳　元と六代様御霊屋説明役をいたし居り候ひしが　去る3月10日戦災にかかり其後増上寺に是非やといくれよとせちがわれ候も　余りに気の毒に存じ去る4月より本堂番に使ひ居り至しが　またまた去る5月26日未明の戦災にて焼き出され　行履1ヶは出したる様に存じ候が　そのまま増上時にて食事を与へ居り候　病気は無之候へども老人のこととて　動けなくなってからご厄介相成ることも　如何と存じ芝区役所厚生課へ御願ひいたし候ところ不敢取浴風園へ送り込めよ　あとより手続きとしてやるとの事なりしが　其頃交通も杜絶いたし候事とて其のままに相成り居り候
相田先生過日御来訪の節　そのことを御願申し上候ところ今は一杯にて入れぬことになり居れども　自分もよく御願して置くから　手紙を添へて本人を送り届けよと　御親切なる御言葉有之候ゆへ　其の御言葉にあまへ本日本人を差向け候故　何とか特別の御詮議を以て　入園御許可なし被下度幾重にも御願ひ申上候
実は拝参の上　御願ひ申上べき本意の処　人手なく誰に行って貰うという人も無之為め書面を以て御願ひ申上候次第御ゆるし被下度候
誠に乱筆にて申訳無之候へ共御ゆるし被下候

　　　　　　　　　　　　　　　　　　　　　　　　　　　　　　　敬具

　　昭和20年6月17日　中村弁康
　　　　浴風園　諸先生　机下

No.2632　岩田さと　（女）

入園日	昭和19年12月16日
退園日	昭和20年11月22日　（死亡　急性大腸加答児）

（要救護者調書）

出　　生	安政5年3月5日　当87歳
出　生　地	京都府宇治郡○○町
本　籍　地	東京都日本橋区○町×丁目××番地
震災当時ノ住所	ナシ
現　住　所	東京都麻布区龍土町63番地　聖ヒルダ養老院方
戸主又ハ続柄	戸主
宗　　教	浄土宗
家族ノ状況　並 扶養親族関係	扶養義務関係者ナシ
身心ノ状態不具 廃疾ノ程度　及 疾病ノ有無	青壮年時代ノ疾患　ナシ 現在ノ疾病　　　左眼失明 精神障碍　　　　ナシ 性情　　　　　　良
震災当時ノ職業及 現在ノ作業　収入	間貸業　　月収　13円
教育程度 趣　　味 嗜　　好	尋小1修 ナシ ナシ
震災後ニ於ケル 生活ノ経路　並ニ 現況	（記載なし）
生立及経歴	（記載なし）
保護依頼者	聖ヒルダ養老院
その他	（記載なし）
保護経過 19.12.16　入園シ常盤寮ニ入ル 20.11.15　午后長生寮ヨリ一病室入院 20.11.22　午前3時55分一病室ニ於テ死亡急性大腸加答児 20.11.22　麻布区飯倉片町1－32聖ヒルダ養老院ニ死亡通知ス（ハガキ）	

No.2636　石本とら　（女）

入園日	昭和20年11月2日
退園日	昭和20年11月27日　　（死亡）

（要救護者調書）

出　　生	明治11年3月5日　当68歳
出 生 地	岐阜市
本 籍 地	東京都京橋区〇〇町×丁目×番地
震災当時ノ住所	東京都京橋区〇〇町×丁目×番地
現 住 所	東京京橋区〇町×丁目×番地　和泉ビル内
戸主又ハ続柄	新吉ノ姉
宗　　教	真宗
家族ノ状況　並　扶養親族関係	弟　京橋区〇〇町×丁目×番地　和泉ビル内　石本新吉　当66歳
身心ノ状態不具　廃疾ノ程度　及　疾病ノ有無	青壮年時代ノ主ナル疾病　　ナシ 　　現在ノ疾病　　歩行不十分 　　精神障害　　　ナシ 性　　情　　　良
震災当時ノ職業及　現在ノ作業　収入	無職
教育程度 趣　　味 嗜　　好	尋小卒 ナシ 喫煙
震災後ニ於ケル　生活ノ経路　並ニ　現況	震災当時ノ被害状況・程度当　　（記載なし） （老年期）　鰻屋石本新太郎ノ長女ニ生レ　2歳ノ時父母ニ伴ハレテ 　　　　　上京シ　京橋区〇〇町ニ居住シ　父母ハ鰻屋ニテ普通生活中 　　　　　父ハ病死セシニ付　母とみハ家業ヲ継続シ次デ弟新吉ニ譲リ 　　　　　とらハ手伝ヲナシ居ル中　昭和20年5月27日戦災ニ全焼シ 　　　　　生活困難トナレリ
生立及経歴	（記載なし）
保護依頼者	京橋区役所
その他	記載なし
保護経過 20.11.2　　午後 清風寮ニ新入 20.11.12　午後 清風寮ヨリ一病室入院 20.11.27　午後 一病室ニ於いて死亡 20.11.29　弟石本新吉ニ死亡通知ス（打電） 20.12.2　　弟石本新吉ニ遺髪ヲ渡ス	

第Ⅲ部

資　　料

浴風園構内配置図

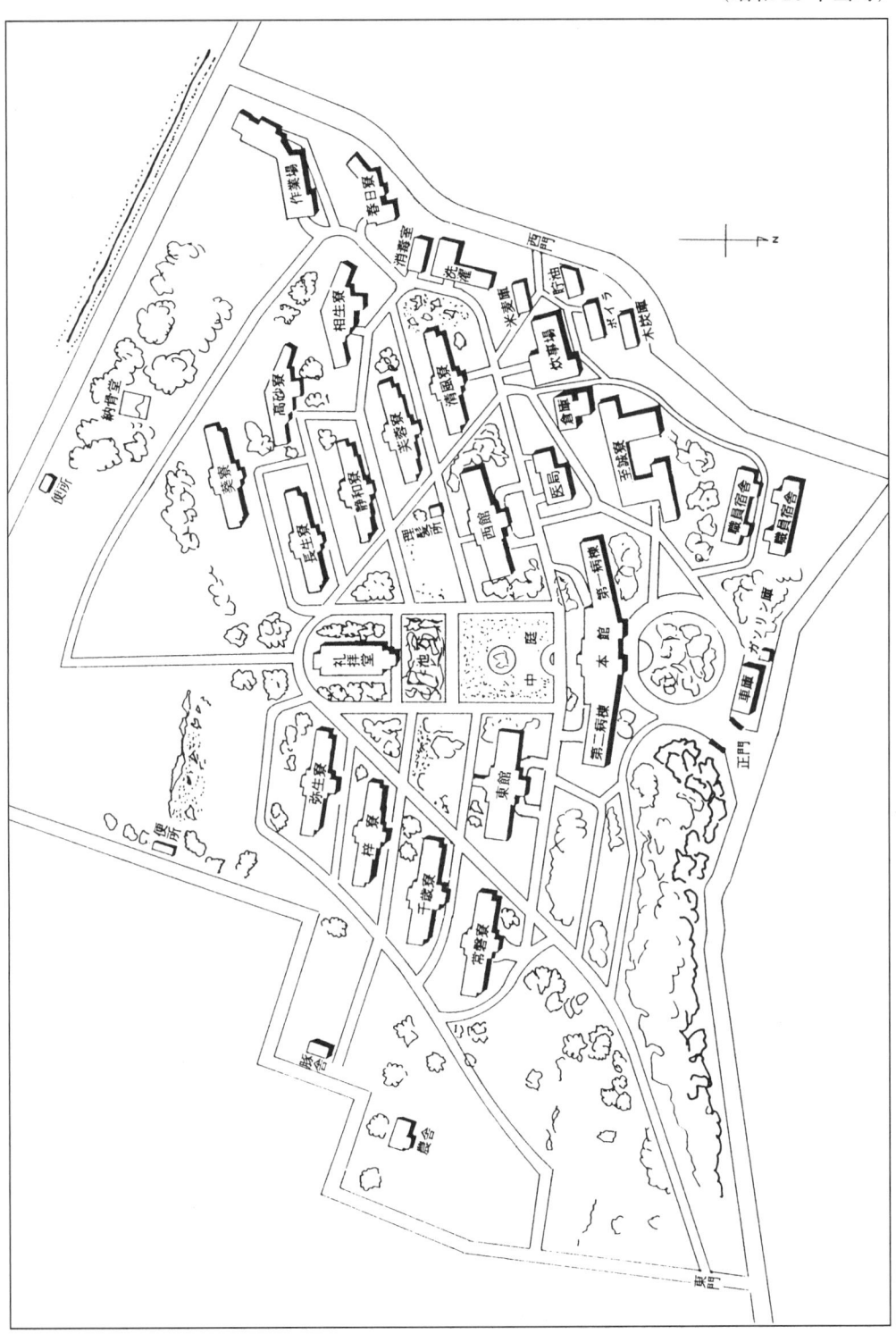

(昭和10年当時)

507

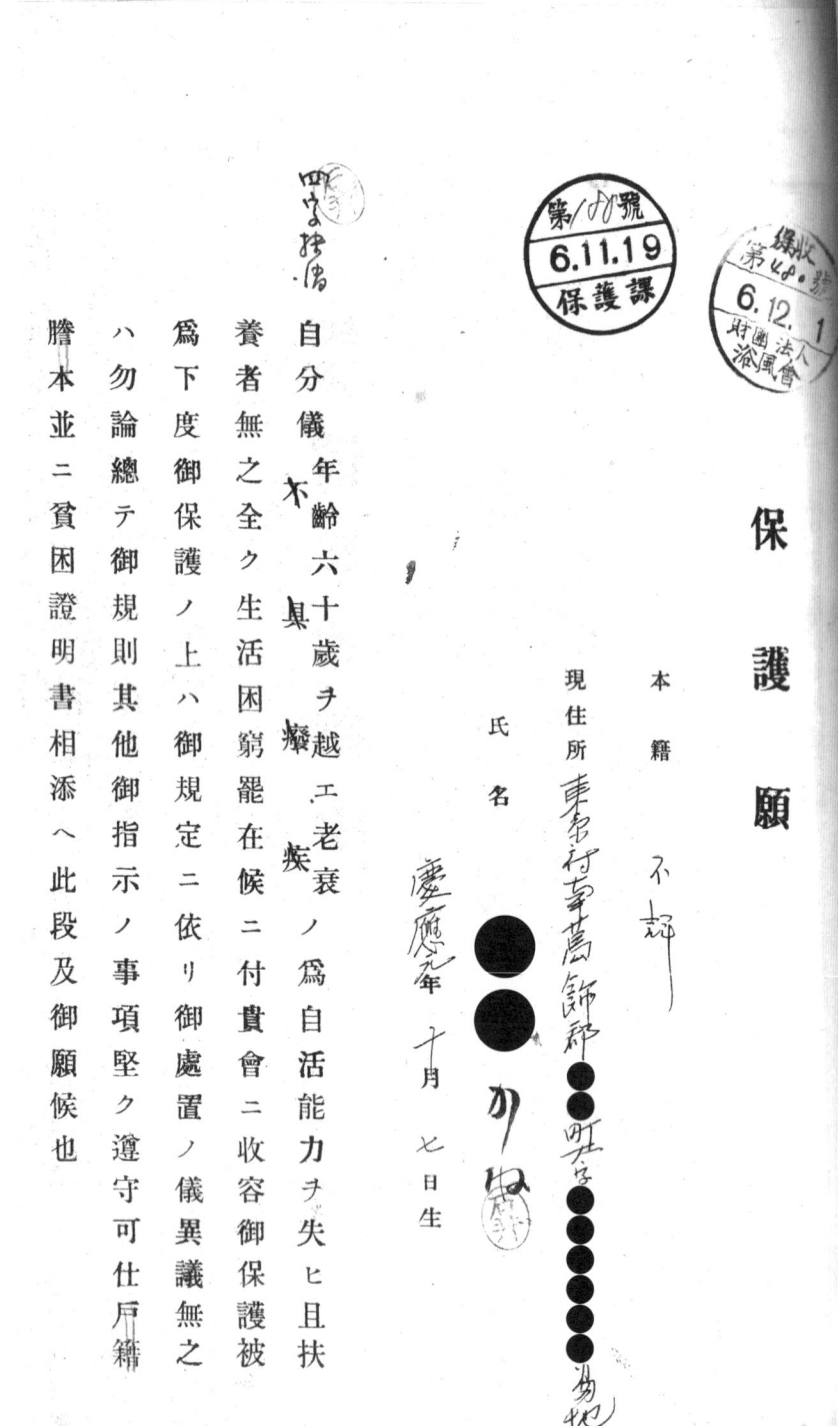

保護願

保護願

本籍 不詳

現住所 東京府南葛飾郡●●町字●●●●●●

氏名 ●● かね 印

慶應元年十月七日生

自分儀年齡六十歲ヲ越エ老衰ノ爲自活能力ヲ失ヒ且扶養者無之全ク生活困窮罷在候ニ付貴會ニ收容御保護被爲下度御保護ノ上ハ御規定ニ依リ御處置ノ儀異議無之ハ勿論總テ御規則其他御指示ノ事項堅ク遵守可仕尤戸籍謄本並ニ貧困證明書相添ヘ此段及御願候也

保護願許可の件

保護願許可ノ件

本籍地　東京市深川区●●町●丁目●番地

現住所　東京市本所区●●●●丁目●●番地●●●●佐助方

氏名　●●●●鶴次郎

安政四年六月拾壹日生當七十九歳

右ノ者本會ヘ保護願出アリタルニ依リ實地調査ノ處別紙要救護者ノ調書ノ通リ入園資格該當者ナルヲ以テ入園ヲ許可シ來ル七月十五日ヲ以テ入園セシムル事ニ取計可然哉仰高裁

財團法人　　　會

要救護者調書―裏

要救護者調書―表

第　號　要救護者調書

昭和拾年七月三六日實地調査

氏名	●●鶴次郎　男
戸主又ハ續柄	戸主
宗教	眞宗
家族ノ状況並扶養親族關係	家族及親戚ナシ
身心ノ状態不具癈疾ノ程度及疾病ノ有無	青北年時代主ル疾患（ナシ）現在ノ疾病（五年前ヨリ聽力弱リ三年前ヨリ右手足冷エ正坐ト共困難ナリ） 精神障碍（ナシ） 性情（多多短情）
現在他ノ團體ニ收容セラレタル者ハ其者ノ希望並團体ノ意嚮	
震災當時ノ職業及現在ノ作業並ニ收入	無職 石炭仲買業
全上收容者ニ對スル一人當費用（總費用）（衣食費）	一日一人當 總經費　金 衣食費　金壹ヶ月ノ生活總費貳拾入圓内食費九圓 月收 八四日收 收入 月收ナシ日收
教育程度	尋常小學校修了ス 趣味 哉吹 嗜好 喫煙
震災ノ為ニ蒙リシ被害ノ状況程度及罹災後ニ於ケル生活ノ經路	一、震災當時ノ被害状況程度竝業一、震災後今日迄ノ家庭生活其他生活状況ノ變遷業石炭仲買業ヲ繼續セシ●●新作ノ長男ナルモ本所區●●●●●●●●新作ノ長男ナルモ本所區●●●●●●●

二　財團　●●●●

入園者身分帳—裏

親族ノ縁故	入園出願日附	昭和 一〇・七・一〇
故者ノ氏名及	入園許可日附	一〇・七・一二
住所	入園日附	一〇・七・一五

入園當時ノ持所品金	
備考	

處遇上ノ注意事項並遺言	

退園又ハ死亡ニ關スル事項		
退園年月日附及事由	昭和　年　月　日退園	
死亡ノ日時及年齢	昭和十二年四月一日午前一時五五分 八十歳十一ヶ月	
死因	肺炎	
解剖日附	昭和　年　月　日	
法名	慈江院釋孝鶴	
遺骨引取人及埋葬ノ場所		

入園者身分帳一表

入園者身分帳

第一,三七七號　　　昭和拾年七月拾六日作製

出生地	富山市●●町●番地
本籍地	東京市深川區●●町●丁目●番地
入園前ノ住所	東京市本所区●●●●丁目●●番地●佐助方
右住所ニ居住ノ年月	貳年貳ヶ月
宗教	眞宗
戸主又ハ續柄	戸主
氏名（男女）	●●鶴次郎
年齢	安政四年六月拾壹日生　当七拾九年●ヶ月
入園紹介者	本所區●●方面事務所

親族關係

家族並親族：●拜四郎　●●はつ ー ●きく ー ●鶴次郎　●なヽ　●ふじ

關係：●鶴次郎　●ナ　●ヽと　●ヽつ

經歷係、狀態並心身、概要

經歷及貧因ノ事由

●四才ニテ父死別、母ニ連レラレテ富山縣ニテ寺小屋ニテ修ラシ十四才ニテ上京、橋場ニ於テ錻力職人ニ弟子入リ、ニ十才ニテ再ビ目的ヲ以テ錻力屋ニ奉公、ニ十九才ニテ芝区ニ於テ獨立シ錻力職トナリシガ当時家屋破産シタル為、三十才ニテ同所ニテ妻ヲ娶リ石炭商ヲ営ミ一時ハ盛況ヲ呈セシガ蒙リ三十六才時震害ヲ蒙リ再ビ半兵衛ノ援助ニヨリ鉄物商トナリテ荒物商等●荒物商、半兵衛ノ援助ヲ以テ普通生活シタルガ三十八才時ニ内縁ノ夫トナリテヤキモノ屋ニ奉公、四十一才ヨリ運送業ニ入ルモ番高ハ自分ノ名義ニテ石炭商、古着商、家賃場ナドヲ営ミ当住居ニ移住シ古着店、運送店、一当番等ヲ雇テ四〇才時破產シ石炭商、雑貨其他ニテ相當ノ財産ヲ有シ居タルモ●震災ニ罹災シ財産ヲ失ヒ以後ハ家族ト共ニ他ニ寄食シ昭和二年六月六十九才ニテ親類ノ知人宅ニ寄宿中、知レ他人ニ石炭ノ貫賣等ヲ営ミ生活中昭和九年十月三日同人歿ス以後他人ニテ生活中石炭伸買ヲ為シ生活シ居タルモ入園

身心ノ狀態、勞務能力、不具廢疾ノ類及程度

聽力減少、勞務能力アリ、精神障碍ナシ、性情稍々強情

手ヲ授ケテ生活ス

保護経過―裏

二、四、一

義妹
●●はる、
幻人
●●
つやヱ
死ヲ通知ス

保護経過一表

年月日	保護經過
昭和 10.7.15	入園、清風寮二入ル
10.10.12	入園前住所●●つや注意書どうら持参来場
11.2.16	知人●●千八郎正(本所区●●●町●●)来場前記つや氏ノよ息
11.6.24	自由連手術ノ為大眼科ヘ入院
11.7.24	手術喜喘息発作ノ為嘔吐ノ結果ニ食
	好ナラズ長引クモノト測り退院シ一揚室ヘ入院静養セシム。一面感傷的モナッテキル。
11.7.3	再三ノ峰アッテ築地オハ舞ケシ、何華ノ寮(黒シテキ)イ皆サント一緒二食事ガシタイト帰(レバ死ンデモヨイト)ラシク。(宮川義姉)
12.8.30	静ニテ冷置指ス少心信者アリ(四病)食事中等多噛傷全不自由会話不充足ナッタヌ母
12.3.19	義姉●●はるニ変病通知ヲナス

入園者身分概要一表

入園者身分概要―裏・保護経過

第Ⅳ部

個人記録に関する解題

第1章 戦前の養老院に入居するまでの要救護高齢者の生活の特質 ―開園から「救護法」期までの浴風園の個人記録文書分析から―

中村 律子

はじめに

　浴風園は、関東大震災を契機に創設され、その後の日本の養老事業をリードしてきた養老院である。その浴風園には開設当初から入園者全員の保護記録やその他の文書が保存されている。本論の目的は、それらの個人記録文書のなかでも、開園から「救護法」期までの史資料の分析を通して、入園してきた要救護高齢者を取り巻く社会的背景とその特質、ならびに当時の養老院、養老事業の社会的位置づけや社会的役割などを考察することである。

1．本論の課題と方法

（1）課題

　本研究の目的にもとづき、本論では、特に以下の3点の課題に限定して分析・考察を行う。

　第1は、要救護高齢者の形成過程を分析する。浴風園入園者は開園当初は関東大震災罹災高齢者であったという限定ではあるが、入園前の生活実態や入園プロセスから、家族や社会の中でどのような位置づけであったのか、さらには要救護高齢者がどのように創出されてきたのかを明らかにする。

　第2は、第1の課題とも関連するが、関東大震災当時の高齢者の生活実態については未だに十分には解明されていない側面もあるため、関東大震災当時の高齢者の生活実態の特質を明らかにする。

　第3は、血縁や地縁、さらには互助的な関係の限界や崩壊に直面していた高齢者にとって浴風園が果たした役割を明らかにし、養老院、養老事業の社会的位置づけや社会的役割などを考察する。

（2）対象と方法

　本論では、2005年～2007年にかけて収集・整理できた個人記録文書の中で、浴風園の開園（大正14年5月委託救護開始）から救護法制定期までに限定して、この時期に死亡または退園した181名の個人記録文書の分析を行った。この時期は、後述するように、関東大震災、経済恐慌から派生した社会問題により日本の

社会事業、さらには養老事業に影響を与えた時期でもある。さて、ここにいう個人記録文書とは、「救護（保護）願」「収容者台帳」「入園者概況（本人ノ来歴）」「要救護者調書」「保護経過」ならびに親族や役所などと取り交わした文書などが綴られているものである。

「救護（保護）願」は救護（保護）を浴風会へ願い出るための文書であり、本人の直筆で署名・捺印がある（1927（昭和2）年2月1日の浴風園への入園開始から、統一した内容と書式になり、活字体となっている）。

「収容者台帳」は、氏名、生年月日、宗教、性質、人相、嗜好、習癖、心身ノ状況、本籍地、住所、職業（震災当時・震災後）、入園時期・事由・経過、退園時期・事由、死亡（処置・顛末）、扶養親族、引受人、所持品などの各記入欄があり、書式B5版で1枚の台帳である（この収容者台帳は、1927（昭和2）年2月1日以降は入園者身分帳となる）。

「要救護者調書」は、入園の可否を検討するため、浴風園保護課職員が本人の入園前の居住地に出向いて本人および役所職員や方面委員などとともに聞き取りを行った内容が記述されている。聞き取った内容は、氏名、生年月日、本籍地、現住所、震災当時ノ住所、震災ノ状況程度及罹災後ニ於ケル生活ノ経路、戸主又ハ続柄、震災当時ノ職業及現在ノ作業、本人ノ来歴、家族ノ状況並扶養親族関係、心身ノ状態不具廃疾ノ程度及ノ有無、現在ノ団体ニ於テ収容セラレ居ル者ハ其ノ希望並団体ノ意向、同上収容者ニ対スル一人当費用（一日一人当　総経費金　衣食費）、備考の各欄に記入するようになっており、書式はB4版1枚である。

「入園者概況（本人ノ来歴）」は、入園した後、新入園者寮で過ごす2～3週間の間に、過去の経歴などの詳細な生活史の聞き取りや個別的な観察によって書かれているものである。聞き取りや観察した内容は、出生地、生立、職業及世帯ノ状況、親族関係、入園ノ可否、備考の各欄に記入するようになっており、書式はB4版で1枚である。

「保護経過」は、入園後退園（死亡または退園）までのいわば処遇記録となっている。他には、「死亡診断書」「埋葬許可証」もある。これらは死亡もしくは退園時期別に個人ごとに綴られ今日まで永久保存されてきたものである。

なお、本研究会[1]では、2005年より、浴風会の了解ならびに協力を得て、上記史資料の収集・整理・分析などの研究を行っている。

2．関東大震災と浴風園の創設

先述したように、浴風園は関東大震災を契機に創設された養老院である。なぜ、関東大震災を契機として浴風園が創設されなければならなかったのか、その背景

について、当時の日本の社会や経済状況や社会事業や養老事業との関係から概観しておこう。

(1) 関東大震災前後の社会的状況と社会事業

関東大震災前後の社会状況は、大正デモクラシー期とも呼ばれるが、第1次大戦（1914〜1918）後の不況で失業が増大し労働運動など社会的問題が激化していたという特徴がある。経済不況は農村にも押し寄せ、過剰労働力の受け皿として機能していた農村社会が疲弊し、その機能を果たし得なくなって貧困にあえぐ農民たちの小作争議が増加していった。都市では失業した労働者が農村に帰ることもできず都市の下層社会に沈殿していった時期でもある（池田1986：533、吉田1990：103）。1914年の労働者は3,079千人で、これらの労働者の困窮化が大きな問題となってきたともいえる。つまり、賃金に頼る労働者であるがゆえに、農村社会から切り離された「労働能力がある」困窮者が増えたともいえる状況にあったのである。そればかりではなく、底辺労働者・小農層の生活もさらに深刻となり、底辺労働者は、女工や日雇労働者となっていた（吉田1993：291、成田2007：63）。生活難は大きな問題となっていき、このような階層が、1918年の米騒動に参加し社会問題を深刻にしたともいえる。第1次大戦後の恐慌、震災、農業不振、さらには家族制度の崩壊などによって、賃金下落、失業、住宅難等を招来し、都市の下層社会が膨張した。都市の下層社会は流出農民と都市労働者や自営業者の貧困層への拡大によって形成されたといっても過言ではないだろう。

恤救規則による救済状況をみると、1906（明治39）年の恤救規則による全国総救恤者は13,896人（井上1936：189）、1920（大正9）は7,565人（日本帝国年鑑）、1924年（大正13）年では、8,111人となっており、再び救済人員が1万人を超えるのは1927（昭和2）年であり、救護法が施行された1932（昭和7）年には10万人を超えたのである。また、全国の恤救規則による被救恤者の中で、1918（大正7）年では、総数は7,556人で、その内、65歳以上の救護者は4,521人（内3,921人が居宅救護、600人が施設救護（24箇所））（大正7年度『日本社会事業年鑑』）および『全国養老事業団体調査（1935年10月）』）となっていた。

さらに、当時の東京市の救護状況をみると、「1920年9月から東京市社会局が実施した細民調査では、16万5626人を数え市人口の7.6パーセントであった」（池田1986：534）という。つまり、当時の救済対象は、恤救規則における「無告の窮民」に限定される問題ではなく労働者にひろくつながる問題として拡大し、一部の被救恤的窮民だけを対象とするのではなく広汎な労働者階級を含めた問題として提起され、このような都市の下層社会の形成への対応として社会事業や社会政策の

成立をみることができる（池田1986：536、吉田1993：291）。

　以上のような貧困層、とりわけ、東京市を中心とした都市の下層社会に大打撃を与えたのが関東大震災であった。1923（大正12）年9月1日、東京を中心に関東一円（東京府、神奈川県、埼玉県、千葉県、茨城県、山梨県及び静岡県）を襲った関東大震災では、死者約9万人、行方不明1万3千人、罹災者370万人という大災害をもたらした。緊急に救護すべき要救護者も急増し、「大正13年9月の内務省の罹災救護者調べでは、緊急の救護が必要な要救護者は654名に達し、そのうちの年齢60歳以上ノ者は586名」（『浴風会十周年記念誌』：8）であった。

　いかに、高齢者の割合が高かったかが明らかである。政府は、臨時震災救護事務局を設け、罹災者への対応として収容施設、職業紹介、簡易食堂、簡易宿泊所、日用品市場、公衆浴場、医療施設などを設置した。日比谷公園、上野公園、神社、寺院、学校、焼けた空き地にバラックが建設され、そこで罹災者は収容されていた。1924（大正13）年には、震災罹災者の居住安定や障害者の収容のため財団法人同潤会が創設されている。このように、関東大震災は、社会事業に大きく影響を与えたのである（吉田1989：477, 1993：294）

　では、罹災した高齢者にはどのような対応が取られていたのであろうか。関東大震災があった1923（大正12）年末で、全国には、養育院13か所、養老院32か所、収容人員702人だった。東京府には、東京市養育院（板橋町）、東京養老院（滝野川町）、聖ヒルダ養老院（麻布区）のみであったため、これらの施設だけでは罹災した高齢者の受け入れにも限界があり、例えば、1923（大正12）年12月13日、日本福音ルーテル教会が関東大震災の罹災者救護事業として、東京都港区のスペイン公使館敷地内（当時の麻布区）にバラックを建設し、母子と罹災した高齢者の救済にあたっている（翌1924年に日本福音ルーテル協会東京老人ホーム、1952年社会福祉法人東京老人ホームとなった）。震災被害の甚大であった神奈川県でも横浜市救護所、横浜市臨時保護所、私立玉泉寺養老院（横浜市）、横須賀救済院などが創設され、後述するように、1925（大正14）年1月浴風会が創設されるとともに、これらの施設には、同年5月から浴風会の委託収容が開始されている。また、前橋養老院（群馬県）や関西地域では神戸養老院、大阪養老院でも罹災した高齢者を自主的に受け入れていたという。この時期として特筆すべきこととしては、1925（大正14）年10月大阪養老院を会場として第1回養老事業大会が開催されたことである。このようにして、関東大震災で罹災した高齢者の収容施設として浴風園が創設され、罹災高齢者の施設保護に止まることなく、当時の社会問題や大正デモクラシー思想が与えた影響のもとで展開される社会事業の成立との関連で、養老事業が大きく転換することになる（表1参照）。

表1　浴風会の沿革（開園から救護法施行期）

	一般史	浴風会関係
大正12年	（9月）関東大震災	
大正13年		
大正14年	（10月）大阪養老院で第1回全国養老事業大会開催	（1月）財団法人浴風会設立（内務省社会局内） （5月）横浜救護所、横浜臨時保護所、私立玉泉寺養老院（横浜市）に委託保護開始 （11月）高井戸に浴風園建築着手
大正15年		（12月）浴風会事務所高井戸へ移転
昭和2年		（2月）浴風園で老齢者の収容開始 （7月）入園までの仮救護として救護費を支給（賄10銭、宿泊夜20銭、医療・薬1日10銭） ＜昭和7年5月まで＞
昭和3年		
昭和4年		
昭和5年	世界恐慌	（12月）浴風会調査研究紀要創刊
昭和6年		
昭和7年	（1月）救護法施行 （1月）全国養老事業協会結成	（12月）葵寮完成（虚弱保護、1棟30名）
昭和8年		（7月）全国養老事業協会機関誌「養老事業」創刊

【資料】：『浴風会十周年記念誌』より作成

（2）入園対象者に関する諸規定

　浴風会は「養老事業施設完備の先駆たらん」（『浴風会十周年記念誌』：8）として、建物、事務組織、職員配置が検討され、施設運営も注目すべきものであった[2]。特に、収容保護にあたって、浴風園がどのような高齢者を入園対象者としていたかについても、浴風会が「寄付行為に於ける目的及事業」に明記したことも特質すべきことである。以下、その内容をみてみよう。

　第三条　本会ハ大正十二年九月震災ニ因リ自活ノ能力ナク扶養者ナキニ至リタル年齢六十歳以上ノ老衰者及不具廃疾者ヲ救護スルヲ以テ目的トス定員ニ余裕ヲ生シタル時ハ前項ニ該当セサル年齢六十歳以上ノ老衰者及不具廃疾者ニシテ自活

ノ能力ナク扶養者ナキモノヲ救護スルコトヲ得
　第四条　本会ハ前条ノ目的ヲ達スル為左ノ事業ヲ行フ
　　一、老衰者及不具廃疾者ヲ収容救護スルコト
　　二、前号ノ外老衰者及不具廃疾者救護上必要ト認ムル事項

また、『財團法人浴風會入園規則』(大正十四、三、二〇理事會議決)では次のようである。

　第一条　本会ハ左ノ各号ノ一ニ該当スル者ヲ浴風園ニ入ラシメ保護スルモノトス
　　一、大正十二年九月震災ニ因リ自活ノ能力ナク扶養者ナキニ至リタル年齢六十歳以上ノ老衰者
　　二、大正十二年九月震災ニ因リ自活ノ能力ナク扶養者ナキニ至リタル不具及廃疾者
　第二条　浴風園ノ定員ハ五百名分園百名トス　定員ニ余裕ヲ生シタルトキハ前条ニ該当セサル年齢六十歳以上ノ老衰者及不具廃疾者ニシテ自活ノ能力ナク扶養者ナキモノヲ入園セシムルコトヲ得

　要救護にあたっては、1927(昭和2)年7月5日東京府公報の通牒には、救護資格として「イ、大正十二年九月震災ニ因リ自活ノ能力ナク扶養者ナキニ至リタル年齢六十歳以上ノ老衰者及不具廃疾者　ロ、定員ニ余裕アル場合震災ヲ原因トセサル六十歳以上ノ老衰者」となっている。また、軍事救護法、廃兵院法、結核予防法、癩豫防法、精神病監護法ニ依ル有資格者などは除外されている。その後、救護法の施行にともなって、上記の「入園規則」は一部改正され、「第二条ノ二　定員ニ余裕アルトキハ救護法ニ依リ救護ヲ受クル年齢六十五歳以上ノ老衰者及不具廃疾者ヲ市町村長ノ委託ニ依リ収容スルコトヲ得」が加えられた。

　以上みてきたように、開園当初は、関東大震災罹災者で、60歳以上の老衰者ならびに不虞廃疾者で自活することができず、かつ扶養者なき者(1927(昭和2)年から、定員に余裕がある場合は震災罹災にかかわらない)であった。救護法施行後は、65歳以上の老衰者および不虞廃疾者が加えられ、さらには、定員に余裕がある場合は、救護法に依る被救護者を市町村長の委託によって入園させることが可能となったのである。

3．浴風園における高齢者の実態

　浴風園には、どのような高齢者が入園してきたのだろうか。『浴風会十周年記念誌』(以下『十周年誌』)や『浴風会事業報告』(昭和4年度〜昭和6年度)、『入園

者概況第一輯』(昭和2年3月発行)を参照しながら、救護法施行前の入園者に関する全体像を明らかにしておこう。

(1) 委託事業時代の施設と委託人数

『十周年誌』(:30)には、「委託事業」として、1925(大正14)年5月1日から横浜市救護所など公私の委託施設で保護を開始したことが記されている。1927(昭和2)年度までの委託施設および委託人数をみると、玉泉寺養老院(私立、1925(大正14)年5月1日、合計23名)、横浜市救護所(市立、1925(大正14)年5月1日)、横浜市臨時保護所(市立、1925(大正14)年9月1日、横浜救護所と合わせて68名)、東京老人ホーム(私立、1926(大正15)年1月23日、合計13名)、横須賀救済院(私立、1926(大正15)年3月10日、合計17名)、古石場収容所(1926(大正15)年11月18日、合計4名)である。

その後、表2のように、高井戸に開設した1927(昭和2)年度では317名(男186名、女131名)と急増し、1929(昭和4)年度には450名前後に上り、各寮舎病室とも「平均して1名乃至2名の収容能力しか余裕がなかった」ため、収容現人数の基準を450名としたとのことである。1931(昭和6)年度は465名、救護法が実施された1932(昭和7)年度では、476名(男249名、女227名)となった。

表2 浴風園在園者の変化 (人)

年代	在園者総数(年度末人員) 合計	男	女	委託収容人員 合計	男	女	退園者 合計	男	女	死亡 合計	男	女	出願者 合計	男	女
大正14年	62	31	31	85	43	42	3	1	2	20	10	10	85	43	42
大正15年・昭和元年	105	59	46	69	43	26	5	3	2	21	12	9	98	59	39
昭和2年	317	186	131	278	168	110	6	4	2	60	37	23	405	252	153
昭和3年	418	239	179	222	122	100	26	17	9	95	52	43	363	191	172
昭和4年	447	242	205	157	81	76	33	24	9	95	54	41	320	162	158
昭和5年	449	241	208	117	59	58	11	6	5	104	54	50	413	189	224
昭和6年	465	245	220	117	63	54	27	19	8	74	40	34	371	182	189
昭和7年	476	249	227	96	48	48	9	7	2	76	37	39	201	111	90

【資料】:『浴風会十周年記念誌』より作成

昭和7年12月に保養寮舎の葵寮を増設したこともあり500名を通常の収容基準としたとのことである。1934(昭和9)年度末までに救護実人員は本園だけで1,341名(死亡者733名、退園者155名)である。なお、1927(昭和2)年に入園者総数が急増した理由は、他施設へ委託保護していた震災による要救護高齢者が浴風園の開設により変更になったためである。

入園者の男女別では、男性入園者が多かったことが特徴である。

(2) 入園の手続き方法

先述したように浴風園がどのような高齢者を入園対象者としていたかについては、浴風会の「寄付行為に於ける目的及事業」に規定されている。また、当初から「周到な個別調査を行ひ、それに基いて入園許否の決定」を行っていた(:74)。ただ、当時の一般の人たちにとっては養老院への理解不足もあり、入園希望者は極めて少なかった。そのため、関東大震災で罹災した高齢者で生活困窮状態に陥っている、扶養受けるべき家族親族がいないなどの状態にある高齢者は浴風園の入園対象者であるにもかかわらず、養老院を利用できるのか、またその条件を有しているのかさえも不明な高齢者は少なくなかった。さらには関係社会事業機関においても浴風園の事業内容はそれほど流布されていたわけではない。そこで、1925(大正14)年1月15日に浴風会が設立されるや速やかに、罹災した60歳以上高齢者と身寄りのない不虞廃疾者の応急措置として入園出願者の選択を行い委託施設にて収容保護してきた。また、僅かではあるが、開園当初では市町村長からの浴風会への「救護申報」により仮入園の取り扱いも行われていた[3]。

その後、浴風園では、1927(昭和2)年2月から1928(昭和3)年度末までの約2年間は、浴風園保護課職員が役所や警察署等を訪問し入園者の「発見」や「開拓」[4]を実施していた(『十周年誌』:48)。なお1933年、34年頃からは、救護法による救護の普及、浴風園入園規則の趣旨の徹底、方面事務所などによる浴風園入園資格に該当するか否かの選択による出願となっていったのである(:21)。

入園者の年齢構成をみると、当初は70歳から74歳が最も多かった。その後は65歳～74歳が6割を占めるようになり、救護法委託からは、75歳以上が増加している。なお、在園者に対する費用は、一日70銭～75銭、そのうち衣食費は40銭～48銭というものであった。

(3) 入園者の入園前の居住地、震災罹災状況

入園直前の居住地では、東京府および神奈川県、埼玉県、千葉県、茨城県、静岡県、山形県などが多い。また生活状態をみると、「自活シ居リシモノ」が2割強いるも

のの、最も多いのは、「知人ノ家ニ厄介ニナリシモノ」が約32%、次いで「家族又ハ親族ノ家ニ厄介ニナリ居リシモノ」が約2割となっている。男女別でみると、「宿屋等に止宿中自活不能に陥った」は男性が多く、「家族又は親族の扶養を受け或いは知人の許に世話になりたる」が女性に多いことである(『十年誌』:130)。このような生活状態にあって、これ以上は家族、親族、知人の厄介になれない事情であったことが推察できる。

また、入園者の関東大震災罹災した状況について、『十年誌』(:73)によると、入園当初では罹災者は入園者の85.9%(73名)、1926(大正15・昭和元)年度91.3%(63名)、1927(昭和2)年度62.2%(173名)となっており最初の2年間は罹災した入園者が多いことがわかる。1931(昭和6)年度までは平均して5割程度で推移している。1934(昭和9)年度10月末日までの総入園者(1,315名)の罹災の有無や被害状況の概略を調査した結果をみると、罹災者は771人で、全体の約6割となっている。その状況は家屋の全焼(692名)、半焼(11名)、全潰(45名)、半潰(23名)となっており、罹災者の罹災状況からは家屋の全焼などのように被害を負った者たちであることがわかる。

さらに、その771名の家族状況については、約半数の372名の者たちは「既に配偶者又は子を喪ひ、たとへその他の家族又は親族があってもそれらと分れて単身生活していた者である」と記載されており、震災による家屋焼失とともに、家族との離・死別という被害の甚大さがうかがい知れる。

(4) 在園期間、健康状態

在園期間は平均すると2年5ヶ月で、開園当初は最短で翌日という者もあったが、1931(昭和6)年頃以降は長期化している。病院を併設していたこともあり、入園するも検査入院後死亡した者もあった。退園者をみると、1925(大正14年)度では3名であったが、1929(昭和4)年度では33名に増加している。また1932(昭和7)年度では9名である。1934(昭和9)年度まででは180名となっており、主な退園理由は、「自活覚束ナキニ拘ラズ園内生活厭ヒ自由ヲ求メテ退園セルモノ」が約5割、「入園後相当労働能力恢復セル為自活ノ欲望強ク退園セルモノ」約2割、「親戚ニ引取ラレタルモノ」が1割強となっている(『十年誌』:117)。このように、自由を求めて退園した者、知人または親戚に引き取られた者、自活の道を見いだした者、無断外泊を続け説得にも応じず退園していく者などとなっている[5]。

健康状態では、『十周年誌』(:38)によると「在園者は概ねその6割は病弱者である為、互いに介護し合ひ励まし合ふことが必要であるが、それの可能なる程度を越ゆれば病室にて収容して、専ら医療看護を受くる」と記載されているように

虚弱者や入院者も多かった。特に、1931（昭和6）年頃には「入園許可に当っては救護を要する事情の最も急なる者を先とする結果となり、自然新入園者中には、老衰の度強き者が多数を占める」との事業報告もあり、病弱者の増加が問題であったことがわかる。

具体的な疾患としては、老衰、リウマチ、腎臓病、慢性腎炎などの疾病が多い。また特徴的なものとしては、老耄性痴呆などもあった。さらには、主な死亡要因としては、萎縮腎、脳出血、慢性腎臓炎などである。

4．浴風園における高齢者の実態―181名について

以上、『十周年誌』などをもとに、全体像を概観してきたが、ここからは、181名の「救護（保護）願」「収容者台帳」「入園者概況（本人ノ来歴）」「要救護者調書」、浴風園と親族や役所とで取り交わされた文書などから、浴風園に入園してきた高齢者の特質について、具体的に明らかにしよう。なお、181名については、表3を参照いただきたい。

（1）入園前住所と生活状況

入園前住所についてみると、震災直後の保護ではまず横浜が多く、1927（昭和2）年2月1日の高井戸での開園からは、東京市深川区・浅草区・本所区などとなっている。これらの地域は、震災被害が多かった地域でもある。その当時の生活状態は、他家に同居し、知人の世話になっている場合が多い。多かれ少なかれ何らかの縁故を頼っていることがわかる。また、木賃宿や公私簡易宿泊所に止宿して一日一日を過ごしながら生活している。

震災後一時期、バラックでの生活をしていた者、震災を免れた親戚や知人の家に間借りして、四畳半の長屋に不完全な家具に一家族3～5人で生活しているもの、長屋の二階に間借りしていた様子が生活史からわかる。また家族や親族、知人（仕事仲間、元の雇い主など）の家に厄介になっていたものの、その家族に資力が無い場合はこれ以上世話になれないから、内職や行商をしながら別の知人の家を転々としている。

後述するように、入園直前まで職場と居住地を転々としながら、最後は、身体虚弱、老衰などによって仕事もできず生活する糧を失い入園してきたという経緯がある。また、震災罹災者で家屋財を全焼したものへの恩賜金（12円）を拝受していた者もあった。

第Ⅳ部　個人記録に関する解題

表3　浴風園　入園者の属性（181名）について

		T.14年～S.元年	S.2～S.3	S.4～S.8			T.14年～S.元年	S.2～S.3	S.4～S.8
性別	男	25	57	25	職業	自営	5	7	7
	女	21	32	21		行商	5	9	3
生年	弘化以前	7	6	8		職人	4	23	4
	嘉永	15	21	8		人夫	8	7	3
	安政	16	25	7		人力車夫	3	4	0
	万延	2	7	2		奉公	11	17	11
	文久	3	16	8		番人・小使	4	8	3
	慶応	3	8	3		雇用人	1	3	2
	元治	0	2	3		教師	0	2	1
	明治	0	4	7		その他	2	0	1
本籍	東京市内	3	26	27		無職	1	3	2
	東京府内	9	24	5		不明	2	6	9
	横浜市	16	11	2		自営	菓子商	菓子商	菓子商
	その他	14	27	10			紙くず商	魚商	鰻や
	不明	4	1	2			下宿業	大工道具	理髪業
前住所	東京市内	0	40	33				薪炭仲介	貸家業
	東京府内	5	14	3				米仲介	産婆業
	横浜市	34	15	2				八百屋	
	神奈川県	5	6	2				文具商	
	その他の県	2	13	5		行商	飴行商	飴行商	納豆売り
	不明	0	1	1			納豆売り	青物売り	
入園時期	T.14年～S.元年	42	3	0			風船売り	新粉細工	
	S.2～S.3	0	62	14			飲食売り	かみそり研ぎ	
	S.4～S.6	0	0	22		職人	植木職人	飾り職	植木職
	S.7～	0	0	2			菓子職	彫刻職	袋物職
	不明	4	24	8				桶職	
退園時期	T.14年～S.元年	28	0	0				大工	
	S.2	0	38	0				鼈甲職	
	S.3	0	31	0	家族	あり	9	35	14
	S.4～S.8	0	0	30		なし	24	47	26
	不明	18	20	16		不明	13	7	6
退園理由	死亡	38	57	21	主な死因	萎縮腎	慢性腎臓炎	老耄性痴呆など
	退所（引取り）	4	2	5		脳血管	心臓病	
	無断外出	2	4	2		がん		
	他	2	6	8				
	不明	0	20	10				

【資料】：高齢者施設処遇史研究会作成

（2）職業歴

　転職回数は多く、入園直前、主として60歳代や70歳代で就いていた仕事をみると、自営では煙草雑貨商、せんべい屋駄菓子屋、八百屋、文具商、行商では納豆売り、風船売り、飴行商、住込みなどの職人としては、料理・調理人、炊事夫、女工、桶職、大工、植木職など、家事使用人として小使、留守番、子守、家事手伝い、さらには、人力車夫、日雇人夫、教師などである。男性は自営、行商、職人、人夫などで、女性は女中、子守などの家事手伝いや奉公などが大半である。知人の紹介などで、体力の続く限り仕事を続けざるを得なかったことや、収入は乏しくても、糊口の道として続けてきたことがわかる。しかも、それは男女問わず、入園直前まで働いていたという厳しい現実であったことも特徴である。

（3）家族歴―結婚（婚姻関係）と家族形成

　成人するまでの家族歴をみると、零細農家、商家、士族の家に生まれたものの、百姓奉公や商家への見習奉公、女中奉公などにより生家を出た後に結婚する者や独立するもののその後の生活のなかで離別死別、転職を繰り返す者なども多い。上京とともに生家の家族（親や兄弟姉妹）・親族との縁を切る者、転職・放蕩により縁を切られる者などもみられ、生家との関係も崩壊した者がみられた。

　婚姻関係についてみると、未婚者や内縁関係が多い。また、生活歴からみえてくる傾向としては、配偶者との死別、離別後、再婚または複数回婚も多いという特徴がみられた。

　また、子どもについても、「子女無し」が半数を占めている。子どもがいる場合も、「生存」している場合は男女とも1割もなく、生存していても「行方不明」の場合が多い。生活歴をみると、震災によって、妻子共に失った場合もあるが、出生後死亡や病気などで10代での死亡の割合も多いことがわかる。

　戸籍については、震災による焼失だけではなく、不明者も少なくなく、血縁や地縁から外れた家族形成をなしてきた層ともいえる。そのためか、遺骨の引き取りは稀れであり、大半が浴風園の納骨堂に納められている。ただ、保護課の職員により身元引受人の捜索により兄弟姉妹や甥や姪などが判明した場合は、兄弟姉妹や甥や姪などが引き取る場合もあるが、大半は貧困状態や離縁状態を理由に引き取りを拒否する場合が多くみられた。

5．入園者の実像－二人の高齢者

　ここでは、181名のなかから、2名の入園者の特徴について、事例的に紹介しよう。事例の記述にあたっては、住所などは特定できないようにすべて○○と表

記、人名は仮名である。なお、文書内の年号は全て元号で記載されているため、以下、原則として元号を用いる。

(1) 井戸久左衛門さん (男性、安政3 (1856) 年生)
　　　(入園時期：大正15 (1926) 年3月10日、入園時69歳))

(生活歴)：本籍地は東京府北多摩郡○○ (自称) で、「故郷ノ学校ニ入学シテ学校ヲ卒業ス　本人生家ハ農業ヲナシ　二十六才迄実家ニアリテ農事手伝ヲ為シテイタ　ソノ後、品川ニ出テ土方 (人夫稼業) ヲナスコト二年　近隣ノ土方仕事ヲシナガラ巡業・放浪シ横須賀市内ニ来リテモ土方ヲス」と。上記のように、26歳まで本籍地で農業の手伝いをしていたが、その後は品川に上京し土方の仕事をしながら横須賀市に移動してきた。家族については、「姉二人アリテ次ノ所ニ嫁入ス」と婚家先が記載され「姉ハ昨年迄ハ生存シ達者ナリシ」とも付記されている。ただし、本人の婚姻関係は「世帯を持タル事ナシ」となっている。

(震災当時の状況)：震災当時は横須賀市○○町 (木賃宿) 五木屋で生活しており、震災時は、「葬儀ノ花持ニ従事中横須賀海軍工廠前ニテ腰部ヲ負傷セシ」とあるように、67歳頃は土方 (人夫稼業) をやめて葬儀の花持、提灯持などの底辺労働をしていたところに、震災により負傷したことで、その仕事もできなくなったようである。震災後は、しばらく本籍地で養生していたようであるが、救護願を提出した当時の住所は横須賀市○○町長谷川よう方であるように、本籍地から戻って「他ノ同情ニヨリ生活セシモ老衰ノ為何ノ業務ニモ従事スル事ヲ得ズ遂ニ今日ノ境遇トナル」と、知人の世話になって生活していた状態だった。

(入園時期とその背景)：大正15 (昭和元年) 年3月10日、浴風園の委託施設である横須賀救済院に入園する。井戸さんの署名捺印のある「救護願」(大正14年12月12日) により、「自分儀大正十二年九月震火災ニ罹リ老衰ニシテ疾病心神耗弱ノ為自活ノ能力カナク且ツ扶養義務者ナク生活困難ニ依リ」と入園希望が明記され、浴風会ならびに横須賀救済院より「収容ノ資格アルモノト認ム」と入園の許可が出されている。姉は存るものの入院中であることから、扶養が困難であるということであった。ちなみに、横須賀救済院では、一日一人あたりの経費 (58銭7里、内衣食費は47銭) の費用が充当されていた。

(本人について)：「収容者台帳」には、以下のように井戸さんのプロフィールが記載されている。性質　正直、人相　身長五尺一寸五分五厘、色白、其他普通ナリ　嗜好　興行見物　習癖　菓子　身体ノ状況　老衰ニテ歩行ハ甚ダ困難ナス (疾病且ツ老衰ノ為身体衰弱心神耗弱セシイルナリ　腰部負傷)　宗教　浄土真宗

(退園時期とその理由)：大正15 (昭和元年) 年5月31日に退園している。在園

期間は2ヶ月半程度である。退園の理由は、親族（井戸さんの姉の子供＝甥・会社員）の引き取りによるものである。その経緯は、浴風会ならびに委託施設である横須賀救済院と各役所、親族（甥）との間で取り交わされた文書によると、以下のようになっている。

　入園後の4月5日に、井戸さんの入園前の住所があった神奈川県から浴風会に対し、東京府北多摩郡○○に井戸さんの戸籍があるという回答があり、かつ、甥と二女の存在が判明する。入園当時の「救護願」と本人聞き取りからは、2人の姉が存命、ただし入院中であることと「扶養義務者無シ」「世帯ヲ持タル事ナシ」となっていたこととは異なった状況になった。そのため、浴風会は、4月8日付けで、甥の現住所がある東京府荏原郡○○町長と二女の現住所がある東京府北多摩郡○○村長に対して、両者の「所在職業等調査依頼ノ件」を送付している。その結果、4月13日には東京府北多摩郡○○村長から浴風会に対して二女の現住所、二女の夫の職業（日雇人夫稼業）および収入納税額が記載された回答書が出されている。また、4月23日には、甥の現住所である東京府荏原郡○○町長から浴風会に対して、甥の住所や職業に関する回答が出されている。つまり、本籍照会とその後の家族・親族への「所在職業等調査依頼ノ件」とその回答によって、井戸さんには、甥の存在と井戸さん自身に婚姻関係があり少なくとも二人の子供がいることが判明したことになる。「救護願」（大正14年12月12日）には戸籍謄本が添付されているため、井戸さんの身元引受人の確認はできたものと考えられるが、浴風会の発足当初から85名が委託開始されるなど事務体制が十分でなかったことにより確認が十分になされなかったことが推測される。

　その後、浴風会は、東京府荏原郡○○町長を介して、甥に引き取りの意志があるかについて数回にわたって問い合わせている。例えば、東京府荏原郡○○町長から浴風会宛の「収容者引取ニ関スル件」（5月11日）によると、「・・・戸主（甥）ニ対シ御趣旨示達、・・・引取ノ儀懇諭」していることや、猶予をいただきたいという甥の返事があることが付記された回答があった。最終的には、荏原郡○○町長から浴風会へ「収容者引取ニ関スル件」（5月23日）で「・・・横須賀救済院ニ委託収容中井戸ニ就イテ、本人（甥）直接出頭ノ上相当ノ手続ヲ致ス可シトノ申出」があるという文書が出されている。この文書を受けて、浴風会から委託収容施設である横須賀救済院宛に「収容者引取ニ関スル件」（5月31日）の文書が出され「・・井戸ヲ6月1日ヨリ引取ヘキ肯同人戸主左記ノ者ヨリ申出候・・」ということになったのである。また、5月31日には「収容者取引届」が、甥の氏名・捺印により、浴風会へ提出されている。と同時に、「収容解除ノ件」が横須賀市役所宛に提出されている。

以上の文書から、井戸さんの場合は、震災による負傷および老衰（身体衰弱心神耗弱）を理由に緊急性が高く、浴風会の委託先である横須賀救済院に入園することになったのであるが、本籍照会の過程で、親族が判明し、おそらくは、その親族に扶養能力があったために、引き取りが打診され、引き取られていったというケースである。ただ、その背景は複雑である。なぜ、甥に引き取られたのか、二女への引き取りの意思確認はなされたのか、それらに関する文書や記述がないため、詳細は明らかではない。さらには、甥と井戸さんの姓が同一であることについてもその理由は不明である。井戸さんの姉は他家に嫁いでいるため、当然甥の姓は姉の姓であろうと考えられるが、甥と井戸さんの姓は同一である。さらには、井戸さんは、26歳から約40年間、本籍地を離れているものの、震災後は本籍地で養生しているなど。井戸さんにとって、家（姓）と村（本籍地）とはどのような存在であるのか。67歳という高齢にもかかわらず、再度、横須賀に戻り、知人の世話になる生活をし続け、その生活も立ち行かなくなり「救護願」が出されたのである。浴風園の職員に、「世帯を持ったことが無い」「扶養義務者はない」と答えていることから考えても、甥に引き取られた背景には、文書からだけでは見えない、複雑な家族関係にあったことが推測される。一方、農業を辞め、26歳で品川へ出て土方（人夫稼業）で各所を「巡業・放浪」し、震災当時の67歳の時は葬儀の花持・提灯持という底辺労働者となるなど、震災で負傷しなければ働き続けたかもしれないし、働かなければ生活できなかったという生活困窮状態であった。農村疲弊による農村から都市部へ流入した者たちが底辺層を形成するに至った経緯、生家へ帰農するなどが困難な状況も推察できるのである。

ちなみに、文書はすべて手書きであり、正式文書前の下書き（草案）も綴じられている。

（2）矢部ギンさん（女性、安政6（1859）年生）
（入園時期：昭和2（1927）年3月4日、入園時69歳））

（生活歴）：出生地は日本橋区○町となっているが番地不詳と「本人ノ来歴」には記載されている。生家については、家業は日本橋で魚屋を営んでいた。しかし、「矢部家ノ長女ニ生シ十二歳ノ時父ニ死別シ母ハ二十歳ノ時死亡ス　十八歳ノ時ニ夫□氏ヲ迎エ女児一人ヲ挙ゲタルモ五歳ニシテ死亡ス　夫ハ放蕩者ニシテ本人ガ二十七歳ノ時離別ス」「母ハ父ノ死去後妹ヲ連レ他ヘ再縁シタルモ両人共死亡シテナシ」とあるように、長女として誕生するが、本人が12歳の時に実父の死去後母は妹を連れて他家へ再縁したという。その母も、本人が20歳の時に死亡している。本人は18歳の時に結婚し婿養子を迎えている。一女をもうけるがその

子どもも5歳で死亡し、その後放蕩が絶えない夫とは27歳の時に離別している。その後は、「震災ノ前半年位藤田カズオ氏ト内縁関係ヲ結ビタルモ地震後間モナク別レタリ」と。震災前の大正12年8月、矢部さんが64歳の時に、この内縁の夫と内縁関係となるが、甥の次女については「戸籍ノ都合上甥ノ娘デ本年十四歳ノ者ニ姓ダケ残ス考エニテ養女トシ」「内縁関係ヲ続クニ付キ家名継承ノ為入籍」とういことで、戸籍上は、養女にしている。矢部さんは女中奉公をしながら日本橋区○○町で生活をしていたが、震災のため「主家ノ全焼ニ因リ」、内縁の夫の郷里である福井県に1ヶ月ほど同居し、都合があって本人が先に上京し、再三上京を促す手紙を夫に出すが音信不通となってしまった。家族については、両親や妹、実子とは死別、夫とは離別しているため、家族は無いが、戸籍上の養女（矢部さんの入園時には16歳）と甥（44,5歳）の親族関係はあったということである。

　また、職業歴をみると、生家の家業である魚屋を手伝っていたが、父の死去、夫と離別後は「定マリタル職業ナシ」で、「大正十二年迄ハ各所デ奉公シテ歩イテ居リマシテ」「震災当時ハ内縁ノ夫ト共ニ株式仲買店ニ奉公シテ居タリ」「多少ノ金モ有リマシタ」ということである。

　（震災当時の状況）：主家が全焼するなどの被害にあっている。「嘆願書」によると、「大震災ノ為ニ一物モ持タズ成ノ時ヨリ一文ノ貯エモナク逃ゲ出テ藤田ノ郷里福井県ヘ共ニ頼リ」、震災後は1ヶ月ほど内縁の夫の郷里で過ごしている。その後は、矢部さん一人で上京して、甥の内縁の妻宅（牛込区○○町）に「食客」していた。内縁の夫とは音信不通の状態になり、浴風園に入園するまでの3年半近くにわたって世話を受けていたことになる。

　（入園時期とその背景）：このような、甥の内縁の妻宅に「食客」することが困難になったことで、矢部さんは自筆の「嘆願書」（昭和2年2月9日）を提出して、同年3月4日に入園することになる。その経緯をみると、「嘆願書」と浴風会職員による調査によると、以下のようである。その嘆願書には、「私ハ本年六拾九歳デ中風ト子宮病ニテ只今神楽坂警察署ノ御証明ニ依リテ済生病院麹町医院ノ診察ヲ受ケテ居リマシテ・・・」「甥ガ一人アリマスガ震災ト其后商売上ノ失敗ニ依リ只今牛込区○○町ノ沢村サダ方ニ食客ノ身トナッテ居ルノデ同所ニ私モ食客シテ居リマスガ続ク不景気ノ為沢村方モ困難・・・私モ気ノ毒ニテ女中奉公ニ出タクトモ出来ズ」という。「気ノ毒トハ知リツツモ沢村方ニ食客トナリ」ということである。沢村方とは、甥の内縁関係にある内縁の妻の家であり、甥は脳神経痛、その内縁の妻も心臓病ため働くことができなかったことや、甥夫婦には子供も多く、「非常ニ困難致シテ居リマスカラ」「是非養老院エ入院出来得ル様御取計願」と、矢部さん自ら養老院へ入園したいと嘆願している。「要救護者調書」には、さらに、

甥夫婦から「近頃ハ何彼ニツケ別居ヲ迫ラレ詮方ナク警察ニ相談シタル処　区役所ヘ廻サレ区役所ヨリ又本会ヲ教ヘラレ救護方ヲ願出タリ」となっている。矢部さん自らが警察署に相談に行って、区役所へ廻され、区役所から浴風会を紹介され、「嘆願書」が書かれている。

　その後、2月16日に矢部さんから浴風会へ「保護願」が出されるが、本来なら戸籍謄本を添付しなければならないが、関東大震災により戸籍が焼失したため、その戸籍謄本のかわりに、「証明願」(昭和2年2月15日)と甥からの「添書」(昭和2年2月16日)が添付されている。この「証明願」(昭和2年2月15日)であるが、これは矢部さんの署名捺印した「証明願」であり、文面は、内縁の夫の住所であった日本橋区〇〇町と矢部さんの氏名が記載されて「前記書地ニ於テ本籍及ヒ寄留ナキ事ノ証明願」となっており、それに対して、即日、日本橋区長名で「右証明ス」但し書きとして小さく「日本橋ニ於テハ大正十二年九月一日全戸籍簿焼失後ノ既成戸籍ナシ其他ノ戸籍ハ完成未了ニ付不明」と印字された回答が出されているものである。また、甥からの「添書」には、浴風会宛に「矢部ニ対シ震災当時住居致セシ〇〇町ノ日本橋区役所ヘ来取調ベラレシモ帳簿焼失ノ為不明トノ事ニ付色々ト事情申度別紙ニ証明願ノ外致方ナキ由」ということで、一通の「添書」を差し出したと記載されている。こうして、甥には扶養能力無しとして、矢部さんは、昭和2年3月4日に入園したのである。

　(退園時期とその理由)：昭和2年3月4日に入園しその翌日の3月5日、慢性腎臓病のため死去。浴風園にて火葬され、遺骨ならびに遺留品は、甥に引き取られている。

　以上の文書から、矢部さん場合は、震災後、内縁の夫と音信不通となり親族(甥の内縁の妻宅)の世話になっていたが、甥夫婦の病弱や大家族などによって、甥夫婦からも「別居を迫られ」その世話を受けることが困難になり、自ら保護を願い出たケースである。世話の期間が3年半であることが長いか短いかの判断は別として、世話する親族もぎりぎりの生活の中での世話であったことが推察できる。また入園過程でいくつか興味深い点がある。一つは、自ら警察署に相談していることとその時の警察署の対応である。警察署から済生会病院を紹介され、矢部さんは診察・服薬していること。警察署からは役所に廻され、役所からは浴風会を紹介されている。当時は養老院の存在が一般的では無かったことが一因ではあるが、警察署が市井の人びとの相談機関となっていたこと。また矢部さん(相談者)に対する警察署、病院、役所、浴風園との「連携」のあり方を知る手がかりがあることである。第二は、浴風園に入園を願い出る場合は、浴風会へ保護願とともに戸籍謄本も提出されなければならないが、その書類が不備な場合はどうしたの

か、当時の臨機応変な対応が明確になっていることである。確かに関東大震災に
よる戸籍謄本の焼失とはイレギュラーなことではあるが、それらに代替する書類
(矢部さんの場合は、震災による戸籍謄本焼失を証明する役所からの「証明願」や
親族の「添書」)によって、入園が許可されていることである。第三は、当時の家
族規範を垣間見ることができることである。矢部さんは、64歳で内縁の夫藤田
氏と夫婦関係を結ぶにあたって「姓だけ残す」「家名継承」という理由から甥の次
女を養子としていることである。震災は与件されたことではなかったが、矢部さ
んが再度婚姻関係を結ぶことにより姓や家名が消失することや継承できないこと
は、矢部さんが18歳の時に婿養子を迎えたことから考えて、64歳でも、いや高
齢だからこそ重大なことだったと考えられる。ただ結果的には、震災により、内
縁の夫との婚姻関係や戸籍の存在は焼失していまっているため全ての文書は矢部
姓となっているが。この時代は、家規範や家族制度が変容する時代と特徴づけら
れているが、少なくとも、矢部さんのなかには、実質的な家族の存在はなかった
ものの、養子縁組をして姓を残す、家を守るという「姓」「家名」が意味する家規
範は大きな存在を占めていたということが推察される。

　以上の入園者のほかにも、高等師範学校卒業後、北海道で教師をし、上京して
裁縫業で身を立てて生活していたが、震災で全焼し、遊郭と芸妓やその知人の世
話になっていたものの、その人びとにも頼れなくなり、神田萬世橋警察署に保護
を願い出て、入園した女性。生家は果実の露天商、20歳の時鰻料理店の女中な
どをし、車夫と夜警の仕事をしていた内縁の夫ともに震災前は浅草区の知人車夫
宅の二階に間借りし帽子編みの内職をしていたが、夫死亡後雑貨行商していたと
ころ震災で家は全焼し近隣の屋敷に避難、二ヶ月後にバラックを建てて生活、老
衰とともに無職になり昭和2年から方面救護を受け、のちにその方面委員の紹介
で入園してきた女性。壮年時に玩具商、その後飲食店に奉公し、最後は飴行商を
続け、一生独身で生活してきたが、震災により、家屋全焼、家具いっさい破損し、
74歳で震災直後に横浜市臨時救護所に収容されるが、死亡後は遺骸は火葬され、
本籍紹介でも不明、親族もないため遺骨は救護所に保管された男性。とび職、労
働人夫として生活してきたが、震災後、深川小学校のバラック、知人宅での寄
食生活を続けていたのち深川区役所より毎月4円50銭の救護費を受けて、同潤
会仮設住宅で生活するも、中風による半身不随で用便も不自由になり、65歳で
浴風会の委託先である高円寺日本福音ルーテル教会東京老人ホーム(現東京老人
ホーム)へ委託収容され、その後昭和2年の開園と当時に浴風園へ入園したが、
3ヶ月後に死亡し、死亡後は火葬され遺骨は浴風園の納骨堂へ納められた男性。

第Ⅳ部　個人記録に関する解題

15歳の時に叔父を頼って上京し、20歳で家族全員を上京させ独立して洋品店を開業するも47,8歳の時に事業に失敗、妹の婚家に同居していたときに震災に遭う、妹の婚家の生活も厳しく、その後バラックでの生活を経て同潤会住宅で生活しながら帽子や靴下の行商を行うも収入の道が立たれる、未婚で家族もなく65歳の時に弟と未婚の妹と3人で入園する、弟死亡後、同園に入居している妹を気遣いながら入園して13年後に亡くなった男性。今回は紙幅の都合のため割愛したが、このように181名には、それぞれの入園に至るさまざまな背景と入園後の生活があり、それらから私たちは当時の養老施設の意味と共に、個人と地域や家族との関係をうかがい知ることができるのである。

6．まとめ
（1）近代社会における要救護高齢者の位相

入園前の生活実態や生活史から考察できたことは、近代社会とりわけ大正後半期から昭和初期における要救護高齢者の位相の一部が分析できたことである。

第1は、血縁や地縁から切り離され、要救護状態に至る高齢者が多く存在していたことである。浴風園入園者は開園当初は関東大震災罹災高齢者であったという限定ではあるが、入園前の生活実態や入園プロセスから、血縁や地縁から切り離され、要救護状態に至る高齢者の下層生活の多様な相とその創出過程が明らかとなった。例えば、百姓奉公や商家への見習奉公後に、自営、行商、職人などとなり上京し都市部で生活するものの、その仕事や生活は不安定なところに、関東大震災にあい、仕事を失う、病弱化する、さらには家族との離・死別を経験し、家と土地から浮遊し貧困化するという高齢者であった。

第2は、そうした高齢者の中には、木賃宿や簡易宿泊所、バラックを転々とする生活をしながら、自営、行商、職人、奉公時代の知人らによって、世話を受ける、寄宿させてもらう、仕事を紹介してもらう、金銭の貸し借りなどの互助的関係のなかで、ぎりぎりの生活を送ってきたという特徴もみられた。これは、当時の家や村の扶養とは異なった扶養の仕組みが存在していたのではないかという点も垣間見えた。これについては今後の更なる考察が必要である。

（2）養老院の社会的役割

このような家族や互助的関係すらも期待できない限界（極限）状態に陥った高齢者にとっての最後の生活の救済の場となったのが養老院ということがいえるだろう。救護された高齢者は、開園当初は震災罹災者ゆえに虚弱化した状態で入園してきたため在園期間が短期間であったが、開園後浴風園の事業が安定するにし

たがって、入園を契機に生活が安定する高齢者も増加してくるためか在園期間が長期化する傾向にあった。生活の救済ばかりでなく、医療が十分に受けられなかった階層にとっては、養老院の社会的役割があったと評価できよう。

　また、内務省との密接な関係があったため、入園（退園）にあたっては、要救護の有無、戸籍確認、身元引受人の有無などについて、役所職員などの行政機関や方面委員、警察署などとの連携があったことである。治安や社会防衛的意味ばかりでなく、要救護状態にある高齢者を緊急救護するという社会的性格が養老院にあったということも指摘できよう。さらには、個人記録文書が今日まで保管されていることや、身寄りのない者、引き取りを拒否された者の死後、遺骨が納骨堂に保管されていたことなどは、その人が生きてきたことへの尊厳の証ともなっているともいえよう。

（3）養老院における「個別処遇」の先駆け

　これまで「前近代的」としてみなされていた養老院のなかでも、浴風園では「個別処遇」の先駆けとして評価できることである。たとえば、新入園者寮の存在と一人ひとりの生活歴や現状を尊重した入園システムが取られていたことである。1927（昭和2）年に高井戸で開園した当初から、入園者は、病弱者は病室で看護・介護を受けるとともに、男性は清風寮、女性は常盤寮という新入園者寮で2〜3週間過ごし、寮担当の寮母らによって、生活歴の聞き取りや高齢者の身体状況、性格、知能、労働能力の有無などが個別に丁寧に把握され、記録されていた。

　とりわけ、1930年代以降の「保護経過」は詳細なケース記録となっている。このように徹底した文書記録主義を採っており、これはケース記録の先駆けであり、現在でいうところの個別アセスメントが当時から実施されていたことでもある。さらに付言すれば、浴風園の援助方法、方針は、「個別処遇」「保護（今日的には生活支援）と医療の統合的援助」「余暇における仕事・役割と心の慰安」などであり、すでに今日の高齢者施設の援助方法の課題を示唆している。

　以上のように浴風園の個人記録文書から、開園から救護法施行までの養老院の特質を考察できたが、考察内容は中間的なものでしかない。今後は、その他の文書、記録の資料収集、分析を行うとともに、他の施設に保存されている文書、記録等との比較研究を通して、養老院・養老施設・養老事業研究を精緻化するとともに、今日新たな視点で継承すべき課題の歴史的意義についても考察を加えていくことにしたい。

【注】

(1) 本研究会は、『老人福祉施設協議会五十年史』編纂に携わった小笠原祐次、岡本多喜子、中村律子によって、2002年に高齢者施設処遇研究会を発足し、2005年より、浴風会の了解ならびに協力を得て、本研究を実施している。浴風園の「入園者概況（本人の来歴）」「要救護者調書」「入園経過記録」などの文書資料をデジカメで撮影し、整理・分析を行っている。

(2) 浴風園職員は、1927（昭和2）年時点で、園長1名、主事3名、医長1名、薬剤長1名、医員2名、薬剤員1名、書記7名、看護長1名、雇員5名、看護婦及看護人を合せて40名 其の他31名となっている。(『入園者概況第二輯』昭和2年6月：3）

(3) 「震災前後措置のまだ完全でなかった当時、東京府においても府下老令窮民の迅速なる救助のため特に考慮を払い、本会も創業間もないので、関係機関との協力を促進するため、収容救護を要するものがあればまず市町村で機宣の救護をなし、本会に救護申報を発送すれば、本会はそれに基づいて調査処理し、調査決定までの救護費用は、入園の諾否にかかわらず本会が負担することとしたのである。東京府では、方面委員制度の拡充や救護法の実施で昭和7年5月には廃止されている（『浴風園六十年の歩み』：17-18）。また「東京府より管下の窮民にして入園資格ありと認めらるゝ者を急速に入園せしむる為、出願者の生活状態調査と入園許可の正式手続きに先立ち仮入園の取扱ありなど（『同上』：17）。

(4) 昭和2年1月には小石川区小石川町東京府職業紹介所内に浴風会出張所に、職員2名が出張して入園出願者の受付調査を行っていた。昭和3年には同出張所を麹町区の内務省社会局構内へ移し専任職員1名が置かれ昭和9年まで継続されている（『同上』：17）

(5) 『財團法人浴風會入園規則』第九条によると、「一、自活シ得ヘキ能力ヲ有スルモノト認ムルトキ 二、相當ノ扶養義務ヲ履行スル者アルトキ 三、戒告ヲ肯ンセス園内ノ秩序ヲ紊シ他ニ不安ヲ與フルノ行為アルトキ」が退園条件である。

【参考文献】

(1) 池田敬正（1986）『日本社会福祉史』法律文化社.
(2) 井村圭壮（2005）『日本の養老院史―「救護法」期の個別施設史を基盤に―』学文社.
(3) 今井清一（2007）『横浜の関東大震災』有隣堂.
(4) 伊藤隆監修・百瀬孝著（2000）(1990)『事典　昭和戦前期の日本制度と実態』吉川弘文館.
(5) 成田龍一（2007）『シリーズ日本近現代史④　大正デモクラシー』岩波新書.
(6) 小笠原祐次監修（1992）『老人問題研究基本文献集　解説』大空社.
(7) 岡本多喜子（2004）『養老事業から高齢者福祉への変遷』青踏社.
(8) 佐口和郎・中川清編著（2005）『福祉社会の歴史』ミネルヴァ書房.
(9) 山本啓太郎（2000）「内務省調査における「養老院」をめぐる２．３の問題」社会事業史学会『社会事業史研究』(28).
(10) 吉田久一（1989）『日本社会福祉思想史』川島書店.
　　　　　　　（1990）『改訂増補版　現代社会事業史研究』川島書店.
　　　　　　　（1993）『改訂版　日本貧困史』川島書店.

■追記：本論文は、中村律子（2008）「戦前の養老院の社会的意義について―開園から救護法期までの浴風園の史資料分析―」法政大学現代福祉研究(8)を加筆・修正したものである。

（法政大学　現代社会福祉学部）

第Ⅳ部　個人記録に関する解題

第2章　昭和初期の養老院における記録と入所者への支援に関する考察
―入所の諸要因の分析と処遇困難事例への対応―

鳥羽 美香

はじめに

本稿においては、浴風園の入所者記録の特徴を踏まえ、昭和初期における29事例の検討を通して入所の背景と生活困窮の要因について考察する。そしてさらに、同じく昭和初期に老年性精神病と診断された1事例を取り上げ、当時の養老院における精神疾患の入所者の実態の検討を行う。また、当時処遇困難とされた当事例に対し浴風園の寮母を中心とした職員が、連携・協働して処遇を行った経過の詳細な検討をする。

尚、当時の資料の中には、今日的視点からは不適切な表現も認められるが、当時の時代背景と処遇を検討する上で、必要と思われる場合は、原文のまま表記することを予めお断りしておく。

1．浴風園の入所者記録の特徴

浴風園における入所者の記録は本人ノ来歴（入園者概況）、入所者身分帳（救護法施行以前は収容者台帳と呼んでいた）と要救護者調書、保護経過、その他関係機関との文書等事務関係書類や親族からの手紙等が一つのケースファイルとして保存されている。

（1）本人ノ来歴（入園者概況）

本人ノ来歴（入園者概況）は「入園した後、新入園者寮で過ごす2～3週間の間に、過去の経歴などの詳細な生活史の聞き取りや個別的な観察によって書かれているもの」[1]であり、この新入園者寮での本人の心身状態等の把握は浴風園の処遇の特徴のひとつである。

（2）入園者身分帳の内容

入園者身分帳の内容は、以下の通りである。

氏名、戸主又は続柄、年齢、宗教、入園紹介者、出生地、本籍地、入園前の住所、入園前の住所の居住年月、親族関係、経歴並び心身状態の概要、経歴及び貧困の事由、身心状態、労務能力、不具廃疾の種類及び程度、入園当時の所持金品、処

遇上の注意事項並びに遺言、入園願出日付、入園許可日付、入園日付、親族・縁故者の氏名及び住所、退園又は死亡に関する事項

　以上のように、入園者身分帳は入園者の台帳であり、今日で言うフェースシート的なものである。

（3）要救護者調書に関して

　要救護者調書は「入園の可否を検討するため、浴風園保護課職員が本人の入園前の居住地へ出向いて本人および役所職員や方面委員などとともに聞き取りを行った内容が記述されている」[2]というものであり、現在でいう施設入所時のアセスメントシートに該当すると思われる。

　要救護者調書の内容は、以下の通りである。

　氏名、年齢、戸主又は続柄、宗教、出生地、本籍地、震災当時の住所、現住所、現住所へ移転年月日、家族の状況並びに扶養親族関係、身心の状態、不具廃疾の程度及び疾病の有無、現在他の団体に収容せられたる者は其の者の希望並びに団体の意向、同上収容者に対する一人当費用（衣服・食費費用）、震災当時の職業及び現在の作業並びに収入、教育程度、収入、趣味、嗜好、震災の為に蒙りし被害の状況程度及び罹災後に於ける生活の経路、生立及び経歴、住居の状況並びに身長の概要、賞罰、保護依頼者、備考

　これらの記録の中では、入園者身分帳と要救護者調書において、氏名、戸主又は続柄、年齢、宗教、入園紹介者、出生地、本籍地、入園前の住所、入園前の住所の居住年月、親族関係、経歴並び心身状態の概要、不具廃疾の種類及び程度など内容が重複している。岡本はこれについて、「現在は個人別にひとつのファイルに綴じられているが、当初は別の部署で使用されていたのではないかと考えられる」[3]と推測している。

　この要救護者調書の中で、生立及び経歴に関して非常に詳しく聞き取りがなされている。この項目でその入所者の生活史の概要がわかるようになっている。

　生立及び経歴は、以下の構成になっている。

　　a．両親の氏名…本人との戸籍関係、（両親の）職業、両親の死亡年齢、疾病等
　　b．出生時…幼少年時代の住所、家庭状況、教育等
　　c．職業関係…住居、生活状況の変遷等
　　d．縁事関係…子女の有無
　　e．本人の性行
　　f．特に貧窮の事由と認むべき事項

　これらのa～fの記述内容により、本人が出生時よりどのような生活を送って

きたのか、生活が困窮し、入所に至った理由等が明らかになっている。

さらに同じ要救護者調書の中で、「震災の為に蒙りし被害の状況程度及び罹災後に於ける生活の経路」の項目がある。これは、浴風園が関東大震災被害者救済の目的により創設されたためである。しかし年月が経過するにつれ、震災の罹災者ではない高齢者の受け入れもしていくことになる。

この「震災の為に・・・」の項目において老年期から震災時に被災し、入所するまでの比較的直近の生活状況が記述されている。

2．浴風園における昭和初期の29事例

昭和初期における比較的詳細な記録が残されていた29名の事例を概観し、特に前述の要救護者調書の中にある「生立並びに経歴」「震災の為に蒙りし被害の状況程度及び罹災後に於ける生活の経路」の記述の分析を通して、入所に至る背景、生活困窮の要因を考察していく。なお、事例に関してはプライバシー保護のため匿名化し、個人が特定出来ないように事例を修正して記述する（表1）。

（1）29事例の概要
・性別　男性20名、女性9名
・入所時の平均年齢　71.8歳
・最高年齢88歳、最低年齢50歳
・入所時期　昭和3年〜昭和16年

（2）入所の背景

表1にあるように、要救護者調書をもとに入所理由を分析した。入所に到る背景として主に生立及経歴と震災時の状況を中心にまとめた。背景を大きく分類すると、①関東大震災の影響、②失業、転職など就労上の問題、③疾病の影響、④家族問題などがあげられた。

① 関東大震災の影響
①としては震災により家屋が焼失するなどの事例は29事例中16事例あった。浴風園の設立目的が震災罹災者救済にあったため、罹災したかどうかに関する記録項目が置かれている。例えば、具体的に以下のような記述がみられる。
(事例2)：「家屋全焼。○○公園ニ一週間、菩提寺○○寺院ニ半ヶ月、○○方ニ半年、○○寺バラックニ収容サレシ・・中略・・○○要救助者収容所ヲ転々・・後略」

表1　入所者の概要と入所理由

入所者	性別	入所年齢	入所年月	退所年月	家族状況	入所理由	心身状況	退所理由
1	男性	77	昭和3年10月	昭和17年1月	内妻死亡。子供なし。3人の姉は生死不明。	震災により全焼。足軽頭の長男として生まれるが幼少時父母に死別。親戚の農家の養子となるが17才で家出、上京し大工奉公しその親方の周旋で○○家（現在の姓）の養子となる。機械人夫として働くも養父死亡後は親戚方に転居し製紙工場、日雇い人夫、飯炊き、鹿ノ子餅の行商、金チャン豆の行商等をしていたが老年かつ神経痛で生活困難となる。	下肢疾患	死亡
2	女性	75	昭和4年4月	昭和15年12月	息子（戸籍上は甥）無職。扶養能力無し。	元遊芸師匠。震災後公園や寺、知人方、木賃宿など転々、手伝い婦をして生活するも老衰の為働けず生活困窮する。	健康、難聴	死亡
3	男性	74	昭和5年7月	昭和9年9月	孫1人。妻、長男、次男死亡。	元鳶職。震災で家財・家屋全焼する。妻と孫を伴って野宿、その後妻の実家や知人宅、バラック、木賃宿など転々。駄菓子商なども行うが続かず生活困窮する。		死亡
4	男性	75	昭和6年3月	昭和15年9月	2回結婚（内縁関係）するも1回目は死別、2回目は離別、子供も幼少時死亡。	○○藩御用商人の家に生まれ、相当の生活をしていたが幼少時父が死亡、母が手伝婦となり辛うじて生活する。14歳で○○家（現在の姓）の養子となる。その後16才時母死亡。船頭、菓子製造販売、餅菓子製造販売などをするも生活難となり、羅宇屋となって知人同業者宅を転々とする。不況のあまりで収入減、さらに老衰の為生活困窮する。	老衰、老年性精神病	精神科病院へ送致
5	男性	72	昭和7年8月	昭和9年9月	内縁の妻と離縁後独身、子ども死亡。	元刺繍職人、荒物商などをしていた。	高血圧	死亡
6	男性	73	昭和8年2月	昭和9年9月	計5回結婚（内縁関係）するも、4回離縁（うち同じ妻と2回離縁する）、1回は死別。亡妻との間に長男、次女がいるが音信不通。	刀剣商に住込奉公、餅菓子店住込奉公、粟餅行商がうまくいかず甘酒行商を営む。震災で全焼、バラックを建て再度粟餅行商、甘酒行商、納豆行商等で生計を立てるも老衰の為生活困難となる。	老衰	退園
7	男性	80	昭和8年8月	昭和9年5月	養子がいるが定職なく、素行収まらず、扶養能力無し。	震災による被害無し。農業をしていたが妻死亡、養子（長女婿）が賭博などで働かず、本人は老衰の為生活困難となり、小作地を失い百姓や農事手伝いなどでしのぐが長女病死し、本人は右足が不自由となり、昭和7年11月より居宅救護を受けていた。しかし養子が本人に食事も与えず邪魔者扱いするなど問題があり入所となった。	リューマチ	死亡
8	女性	74	昭和8年11月	昭和9年9月	夫無し。長男死亡。次男失業の為扶養能力無し。	震災により家屋全焼。罹災後長男世帯と生活するも長男は病死、長男嫁を離縁し、孫と本人次男宅で同居。次男も花屋などをするが失業し、孫は芸妓になるが生活は楽にならず、家賃も滞納。本人は老衰のため失禁する状態にて入所となる。	老衰	死亡
9	男性	82	昭和8年11月	昭和12年10月	妻死亡、養子は行方不明。	帳場住込、遊郭住込、貸座敷業、演芸紹介業など転々とする。内縁の妻が病気となり養子宅に同居するが貧困のため生活できず、妻を残して単身で各地を貸席業などへ転々としたが収入が減り、救護法の救助で生活していた。その後養子が行方不明となり、妻病死、家財を売却する。	糖尿病、老年性精神病	精神科病院へ送致
10	男性	71	昭和9年1月	昭和9年9月	妻死亡。長男（戸籍上養子）死亡。	元錺職人。震災により家屋全焼。通勤で錺職人をしていたが、内縁の妻と長男が病死。その上、不況で給料は3分の1に減り、辞職し知人宅で錺職に従事していたが胃腸病で廃業。そのまま知人宅で厄介になるが知人も生活困窮しており、これ以上同居するに忍びず、困窮していた状態であった。	胃腸病・老衰	死亡
11	男性	50	昭和9年2月	昭和15年12月	妻死亡。養女（妹の実子）行方不明。	元呉服太物行商。震災により家屋全焼。震災後も呉服太物行商を継続するが売行不振となり、その後妹を頼るが妹も生活逼迫しており扶養困難となる。	老衰	妹が引き取る。
12	男性	61	昭和9年5月	昭和17年1月	内縁の妻は3人いたがそれぞれと離縁後独身、子供無し。妹は生死不明。	煙草行商、肉屋住込、八百屋行商、植木屋手伝、小便住込、おでん行商等をしたが丹毒となり廃業し全身老衰、行商不可能の為宣伝ビラの配り子をしていたが月5円の間代が払えず日々の食費にも窮することになった。	視力弱、両下肢疼痛、腹痛	死亡
13	男性	80	昭和10年2月	昭和15年12月	妻行方不明。長女扶養能力無し。	元土工。震災で被害なし。土工で生活していたが病気で廃業、飴行商などをするが収入激減し生活困難となる。廃業し、長女宅に同居するが長女の内縁の夫が放蕩無頼で極貧生活。その上内縁の夫が本人を虐待したため逃げ出し、知人宅に身を寄せた。	老衰・腰痛・左半身不随	死亡
14	男性	69	昭和10年7月	昭和17年2月	妻、子供なし。甥は音信不通。	震災の被害なし。父を幼くして亡くし姉婿（農家）の世話になるも義兄に冷遇されたため農家の手間取り（日雇人夫）をして転々とするが生活難のため上京し空箱仲買業の雑役住込、空箱売買等をして過ごす。その後心臓病のため廃業し入院、退院後も自活しがたく保護願出する。	心臓病	死亡
15	男性	61	昭和10年11月	昭和15年12月	内妻は別居し住込で手伝婦をする（本人の入所後妻も入所する）。甥は扶養能力無し。その他の親族も行方不明などで扶養不可能。	元印刷工。震災で家屋全焼。震災後親戚、知人宅を転々、石版業に失敗、小使い、駄菓子の行商などをするがうまくいかず知人宅にて雑業をしていたところ神経病で廃業、知人も極貧のため生活困窮した。	右足若干不自由、左手中指不自由	死亡
16	女性	61	昭和11年10月	昭和17年2月	夫あり。夫も老齢無職にて扶養能力なし。本人と同時に入園。子供なし。	震災により家屋全焼。幼少時父家出のため羊蚕屋の養女になるも8歳時養父死亡、養母は雑貨露天商となる。その為10歳で農家子守り住込、鋳物商住込、遊女屋女中住込などをして過ごす。23歳時養母病死し八百屋の夫と結婚、その後古物商に転ずる。震災のため家屋全焼し、夫は屑屋となる。その後半身不随になり生活困窮し、姪の嫁ぎ先から仕送りを受けるも姪も実母を引き取って扶養しており、仕送り困難となった。	かすみ眼、頭痛、半身不随	死亡

第Ⅳ部　個人記録に関する解題

	性別	年齢	入園	退園	家族状況	生活歴	疾病	転帰
17	男性	84	昭和11年10月	昭和17年3月	妻と同時入園。子供なし。	兄の商売（新聞雑誌売捌業）を手伝い過ごす。その後書籍商、八百屋をする。その後、古物商となるが震災で全焼、屑屋となる。妻が半身不随のため就業不能、生活困難となり、姪の嫁ぎ先の世話を受けるも姪も仕送り困難となった。	老衰	死亡
18	男性	78	昭和12年3月	昭和17年1月	妻死亡、長男死亡、長男妻子供を伴い他家へ再婚に付長女と生活するも生活困難。	震災の被害なし。材木商に奉公、鉱業所の土木の請負人をし貯金が出来る。老齢の為廃業し、姉を頼り千葉に出て古道具屋を営む。長男、長女は男工、女工として生計を立つ。その後妻死亡、長男死亡、長男妻子供を伴い他家へ再婚に付長女と2人で生活するも借金もで、生活困難となり、長女は娼妓（4か年契約500円）、本人は居宅救護を受けながら植木屋の手伝等なすも生計の途立たず、申請する。	老衰	死亡
19	男性	88	昭和12年6月	昭和15年8月	妻死亡、長男死亡、次男病気のため生活難で、本人と意見が衝突し扶養不可能。	元は農家の日雇い夫など農業に従事。震災前は水道局の常雇夫となっていたが震災のため解雇される。妻死亡、長男死亡して、その後次男と同居し農家の手伝いをしていたが次男妻死亡、次男も眼病と脳病のため生活困窮。本人と意見の衝突があり本人は昼間は家の近くの崖下の穴に住み、夜家に帰る生活を続けていた。近隣村民の同情による援助もあったが、これ以上この生活を継続するのは困難と判断された。	脳溢血	死亡
20	男性	71	昭和13年3月	昭和15年8月	妻あり。妻とともに入所。次男行方不明、長女扶養能力無し。	元荒物屋。その後下駄屋をしていたが震災により家屋全焼。震災後八百屋の帳場など転々、老齢の為辞職後は借家に移転、間貸しをして生活する。長女の夫が病気で失業し、生活困難していたため長女の夫を引き取り、旅館女中の長女から仕送りを受けていたが生活困窮のため妻と保護申し出る。	健康	次男が引き取る。
21	男性	81	昭和13年4月	昭和15年12月	内縁の妻死亡。亡内妻の前夫の子供（A子・芸妓屋）は本人の扶養の意志なくまたその妹B子は離婚して女中奉公をしており本人を扶養することは不可能。	震災による被害無し。ブリキ細工の露店、洋燈の芯の製造販売、蕎麦屋等をして生活する。老齢で廃業後は内縁の妻の前夫の子供宅に同居するがその後不仲となり、別居して雑役住込みで生活するがその後解雇され、保護出願した。	難聴	死亡
22	女性	72	昭和13年6月	昭和17年2月	夫、子どもなし。（1度目の夫と離婚、2度目の夫とは入籍しないうちに死別）姪、甥など親族も音信不通。	震災のため全焼。元武家出身の父は幼少時戦死、1度目の夫と離婚後は病院で手伝い仕事、2度目の夫と死別後は見習看護婦を経て看護婦となる。老齢で辞職後看護婦会を開設する目的で上京するも震災で全焼。派遣看護婦となる。その後病人の付添いや家事手伝等で転々とし、知人宅に世話になっていたが知人も貧困にて生活困難、入園を申請する。	胃腸病、腎臓病、弱視	死亡
23	男性	74	昭和13年6月	昭和15年12月	同じ妻と2度離縁。その後再婚するが離縁。前妻との間に子供2人いるが長女は死亡、次女はいるも扶養意志なし。さらに他に2人の娘がいるとのことであるがいずれも扶養困難。	織物仲買店に住込奉公、工員、巡査等経て結婚、温泉料理屋を開業するが放蕩のため破産、その後文書偽造詐欺にて刑務所で服役を経て、新聞社の興信部、事件屋、○○紹介の調査部等転々とする。知人を頼ったり、簡易旅館に宿泊するも宿泊料も滞納し日々の食事にも困り保護出願となる。	右手足麻痺言語不明瞭、脱腸	他園へ転園
24	男性	61	昭和14年3月	昭和17年2月	甥や姪がいる筈だが音信不通。	震災の被害なし。菓子屋住込奉公、その後相撲部屋に弟子入り興行で台湾へ渡る。その後廃業し同じく台湾で荷揚人夫、旅館の飯炊き住込等を経て上京し、簡易旅館で生活しながら飴行商するも半身不随となり廃業し生活困難となる。	半身不随、左眼失明	死亡
25	女性	74	昭和14年6月	昭和15年12月	夫死亡。子供なし。夫の庶子はいるが音信不通。	幼くして父母を亡くし祖母に育てられるが祖母の前借の為農家に奉公をして過ごす。兄は日清戦争で戦死。15才で一旦帰宅するも16才で再び祖母の借金の為住込奉公させられそうになり家出。野宿生活、乞食をする。その後、農家の夫と結婚するも祖母が認めなかった為縁切金30円を渡し祖母と縁を切る。上京し夫は手伝、本人は手伝婦となり生活する。震災で罹災しその後夫が死亡、本人は手伝をするも老齢の為廃業。家財を売り食いして辛うじて生活。	喘息、肺結核	転院
26	女性	66	昭和15年4月	昭和15年12月	夫死亡。子供無し。夫死亡後夫の甥を頼り北海道から上京したが、甥は行方不明。	震災による被害無し。亡夫は小学校教員で夫とともに学校に住み込み各地を転々としたが夫が老齢の為小学校を解雇され、北海道の夫の兄宅に同居。その後夫が死亡。夫の甥の養蚕教師を頼って上京するも甥は行方不明。手伝婦となり都内を転々と住み込みで働くも病気のため失職。生活困難となる。	心臓疾患、視力薄弱	死亡
27	女性	63	昭和15年7月	昭和15年12月	夫死亡。子供無し。	蕎麦屋、機屋に奉公後、吉原の娼妓となる。年季が明けて昆布問屋の女工、その他住込奉公を経て結婚、硝子内職をした。震災の被害は無く、その後本人は手足不自由、言語不明瞭となり、夫は病死。家財の売り食いでしのぐが転倒により手足を痛め不自由となって保護申請する。	手足不自由、言語不明瞭、転倒によりさらに悪化	死亡
28	女性	60	昭和16年7月	昭和17年2月	1回目は結婚し、2回目は内縁関係をもつもいずれも死別。妹は4人いるが扶養は困難。	銀行員と結婚するも死別し実家に戻る。金物商の内縁の妻となり本人は清元の師匠をしてすごすが内縁夫も病死したため妹達を頼って同居するも、寮母の死亡により妹A子は素人下宿をすることになり転居、妹B子が夫が死亡し家政婦になり妹C子は、夫の事業が失敗するなどもありいずれも扶養困難となったため保護出願した。	左手不随、頸に拳大の瘤あり	死亡
29	女性	75	昭和16年12月	昭和17年1月	夫死亡。子供無し。	震災により全焼。元旗本家臣の家柄。父は奉還金で辛うじて生活。本人は十代から住込女中等をして過ごす。飴行商の内縁の夫と同棲し本人は通勤女工となるも震災で罹災し本人の勤務先の工場でしばらく生活。その後バラックを建て転居。夫は飴屋、本人は女工として再度生活。その後夫が病死、老齢の為女工を辞職、間借りをして鉛筆内職、靴下工場糸繰り等をして過ごすが生活困難で知人の同情と生活扶助で生活するも物価高もあり生活困窮。	老衰	死亡

547

(事例3):「家財及家屋ハ全焼シ‥中略‥次男ハ焼死ス。妻○孫○ヲ伴ヒテ○○町ニ避難シテ二泊野宿セシガ‥中略‥妻○ノ実家ナル○○ヲ頼リテ厄介トナリシガ生活困難ニヨリ妻ヲ残シテ単身上京‥後略」
(事例6):「全焼。罹災直後○○公園ニ避難シ次女○嫁シ（原文まま）先ナル○○ノ旅館方ヲ頼リ行キシガ○扶養意志ナク事毎ニ衝突シテ永住スル事態ハザリシタメ上京シ‥後略」
(事例8):「全焼。罹災後○○ト共ニ○○坂上ニ避難シ同年○月○日同所施設○○収容サレシガ○年○月○日○○ニ伴ハレテ罹災地ニ借家移転シ‥後略」

　これらの記述にみられるように震災により家屋や家財が消失し、公園に野宿をしたり、遠方で震災の影響のない知人・親戚宅に身を寄せたりして生活を凌いだ様子があった。震災をきっかけに職や家を失い、生活困難になりそれが入所に至る直接、間接的要因となっていた。
　例えば（事例17）は、夫婦で同時期に入所となった事例（妻は事例16）であるが、震災前は八百屋、古物商を営んでいた。震災で全焼後は商売替えをし、屑屋となる。その後、妻が半身不随となって就業不能で生活困難となり、姪の嫁ぎ先の世話を受けるが姪も仕送り困難となり入所に至っている。
　また、（事例19）は、震災前は水道工事夫をしていたが、震災のため工事が中止となり、解雇されて次男とともに農家の手伝いに転業せざるを得なかったことが記述されている。
　さらに、（事例20）も、震災前は荒物屋、下駄屋をしていたが、震災で家屋全焼。妻、母を伴い転居し借家して従兄弟が営む八百屋の帳場で働く。母と従兄弟が死亡したため子使（原文まま）兼事務員をし、その後老齢で辞職して、借家に移転、間貸しをして生活する。その後長女の夫が病気で失業、長女が住み込みで女中をするようになり、長女の夫を引き取り長女から仕送りを受けていたが生活困窮のため妻と保護出願という経過である。震災により、家屋や仕事を失ったことで、さらに生活困窮していく中で、身体が動き、働けるうちは様々な仕事で収入を得ていた状況がわかる。そしてさらに主な収入を得ていた人が病死したり、病気になったりして仕送り等が受けられなくなり、どうにもならない状況で、入所に至っている。

② 失業、転職など就労上の問題
　失業、転職など、就労上の問題としては、疾病や震災などの理由で複数の職を転々としその日の生活を凌ぐという状況で生活していた者は29事例中26事例で

あった。

　例えば（事例9）は、13歳より家事手伝い、17歳時質屋の婿養子となり長男が生まれるが23歳で離縁、陸軍関係の仕事をするが32歳で単身上京、米相場に失敗し、旅館帳場住み込み、遊郭住み込み、貸座敷業など転々とする。○○座座主の内縁の夫となり演芸紹介業に転じたが内妻が病気となり、内妻の養子（鮨屋）に内妻をまかせ、本人は知人のおでん屋に間借り、ほどなく2度目の内妻と同居。しかし内妻が病気で盲目となり、以前（旅館帳場時代）に本人の養子とした下駄職の養子宅に同居するも貧困のため生活出来ず、妻を残して単身で各地を貸席業などで転々とするが収入減少、さらに歩合興行で損失を出し、廃業。養子の仕送りと救護法の援助で生活していたが、養子が行方不明になり内妻を養老院に入れたがその後病死したため家財を売却、浴風園に入所・・というように、相場の失敗や内縁関係など何度かの結婚、離婚や内妻の病気などの経過の中で、上記のように幾つもの職業を転々とし、仕送りをうけて生活したが仕送りが途絶え生活が成り立たなくなった状況がわかる。

　また、（事例23）は、次のような職歴である。織物仲買店に住み込み奉公、寺に住み込み奉公時駆け落ちするも相手は連れ戻され、その後単身上京、俳優の雇い人、工員、質商店員、巡査など経て結婚、妻の実家で温泉料理屋を開業するが、放蕩のため破産、妻と離縁し運送店住み込みなど経て前妻と再婚、巡査に戻るも賭博にて免職、その後官文変造罪により3年刑務所に入る。妻とは再度離縁し出所後髪結いの入夫になる。その後文書偽造詐欺にて刑務所に7年服役を経て新聞社の興信部、事件屋、○○紹介の調査部などを転々とする。知人、遠縁を頼ったり簡易旅館に宿泊するも宿泊料も滞納し日々の食事にも困り保護出願となる。

　以上のように、住み込み奉公→駆け落ち→上京→俳優の雇い人、工員、質商店員、巡査→温泉旅館→巡査→服役→髪結いの入夫→服役→新聞社興信部→事件屋→○○紹介調査部→簡易旅館という経過で、人生の中で結婚、再婚を繰り返しながら何度も多彩に職業を変えている。この事例は2度の服役という点で特異ではあるが職を転々とするひとつの特徴的な例である。

　29事例の職歴については、表2に一覧で具体的に挙げた。職業の特徴としては農家、子守、小使い、商店、遊郭、女中などの住み込み奉公や、青物、煙草、菓子、飴、豆、呉服などの行商関係、土木や水道、建築などの日雇い人夫などが多いことである。仕事の内容に一貫性がない事例も多く、その時々の知人、家族状況などにより手軽に開業出来る仕事や、仕事と住まいが一体的な住み込み形態が多いのが特徴である。珍しい事例としては、相撲部屋に弟子入りし台湾に興行に行っている事例24などもある。一方で一定の技術が必要な職人（事例3，5，

10）や看護婦などの専門的な仕事（事例22）なども見られるが全体的にはいわゆる貧困層における雑業従事という事例が多いのがわかる。

③ 疾病の影響

③としては疾病が入所の直接的原因になっている者が29事例中18事例あった。

入所時点の聞き取りにおいて入所の原因として把握された疾病としては神経痛（事例1, 15）、老衰（事例1, 2, 4, 6, 8, 12, 13, 17, 25）、リウマチ（事例7）、腰痛（事例13）、心臓病（事例14, 26）、半身不随（事例16, 24, 28）などがあげられる。

（事例12）は表2にもあるように煙草行商から始まり様々な職を転々としたが、最終的には全身老衰し、丹毒にも罹り、行商が不可能となり、広告配りをしたが間代も滞る状態となり、61歳で入所となっている。このように高齢になっても働けるうちは働いて生活してきたが、病気になり働けなくなって入所した事例が、多く見られる。ちなみに表1の心身状況は入所して退所までの主な疾患である。

④ 家族問題

④の家族問題としては、複雑な家族関係を背景に、充分な扶養を受けられない状況があった。内縁関係が多く、複数回の結婚、配偶者との死別・離別、家族の行方不明や扶養放棄、家族からの虐待など、家族関係が不安定で複雑、家族も貧困で充分な扶養が受けられない事例が殆どであった。

例えば（事例19）は、今日の視点からは、高齢者虐待の疑いがもたれる事例である。震災前は水道工事夫であったが、震災により工事が中断、解雇される。妻と長男が死亡し次男と同居し農家の手伝いをしていたが次男の妻が死亡、程なく次男も脳病と眼病に罹り、そのため生活が困窮する。本人は老齢のため充分働けず、本人と次男が衝突するようになる。その後、昼間は家屋の近くの崖下に穴居し、夜間は次男宅に帰るという生活となる。次男の病気は快癒せず本人は日々のものにも窮して村民の同情により穴居生活を続けたがこれ以上困難となり、保護出願となった。これは貧困、疾病が引き金となり、家族の関係が悪化した事例である。

また（事例21）は、老齢で仕事が不可能になった後は内妻の前夫の子供（A子）を頼って同居する。内妻が存命中はよかったものの、内妻が死亡後はA子が本人を邪魔扱いするようになり、別居して雑役住み込みで生活するがその後解雇され、内妻の前夫とのもう一人の子供であるB子を頼り同居する。しかしB子の夫が無収入でB子が仕事をしている状況、その上B子が眼病に罹り働けなくなって、B子の夫の前妻の子から仕送りを受けるようになり、方面委員からの救助も受けて

表2　29事例の職歴

事例番号・性別	職　業
1・男性	大工住み込み奉公、機械人夫、製紙工場、日雇人夫、富貴豆行商、酒行商、飯焚、鹿の子餅行商、金チャン豆の売り子
2・女性	手伝い婦
3・男性	鳶職、鉄道会社建築工夫、測量工夫、荒物店、鳶の手伝い、バリカン研業、手伝い夫、掃除その他手伝い、組合事務所番人、駄菓子商、実家手伝い
4・男性	船頭、菓子製造販売業、餅菓子製造販売、羅宇屋
5・男性	刺繍職人、荒物商
6・男性	刀剣商住み込み奉公、餅菓子住み込み奉公、粟餅行商、甘酒行商
7・男性	子守奉公、農業、青物行商、農事手伝い
8・女性	花屋、花壇手入れ
9・男性	質屋、陸軍関係、米相場、旅館帳場住み込み、遊郭住み込み、貸座敷業、演芸紹介業、貸席業
10・男性	錺職人
11・男性	呉服店住み込み奉公、家事手伝い、呉服太物行商、○○学院雑役夫
12・男性	煙草行商、牛肉商住み込み奉公、牛肉店帳場住み込み、八百屋行商、植木屋手伝い、掃除人夫、草除、小使い住み込み、おでん行商、広告配り
13・男性	農業、土工、浄水場公時土工、日雇い人夫、農家住み込み
14・男性	農家住み込み（日雇い）、空箱売業雑役
15・男性	印刷所の職工、印刷所の工務長、石版業、小使い、おでん・駄菓子・みつ豆の行商、雑業
16・女性	子守住み込み、鋳物商住み込み奉公、遊女屋住み込み奉公、女中住み込み奉公、遊郭住み込み奉公
17・男性	新聞雑誌売別業手伝い、料理屋手伝い、書籍商、八百屋、古物商、屑屋
18・男性	養蚕の手伝い人夫、鉱業所土木部、鉱業所土木請負人、古道具屋手伝い、植木屋手伝い
19・男性	子守住み込み、農家の住み込み手伝い、農家の日雇い夫、○○水道局の常雇夫
20・男性	荒物屋、下駄屋、八百屋帳場、子使い兼事務員、間貸し
21・男性	蝋燭店住み込み、カンテラ露天商、洋燈の芯製造販売業、煙草屋に住み込み奉公、蕎麦屋、雑役住み込み
22・女性	病院手伝い、見習看護婦、派出看護婦、病人の付き添い、家事手伝い
23・男性	織物仲買店に住み込み奉公、寺に住み込み奉公、俳優の雇い人、工具、質店店員、巡査、温泉旅館、運送店住み込み、新聞社の興信部、事件屋、○○紹介の調査部
24・男性	菓子屋住み込み奉公、相撲部屋弟子入り、荷場人夫、旅館の飯炊住み込み、飴行商
25・女性	農家奉公、手伝い婦、木炭商
26・女性	教師の夫と共に学校に住み込み、手伝い婦
27・女性	蕎麦屋、機屋、娼妓、昆布問屋の女工、住み込み奉公、硝子内職
28・女性	元清元の師匠
29・女性	機屋、住み込み女中、通勤女工、蒸し薯の行商

いたが生活困難となった。なお、Ｂ子は夫とその後離婚し、女中奉公に行くこととなった。

　このように内縁関係、しかも内妻が死亡後も内妻の前夫の子供を頼るという状況があり、またその前夫の子のＡ子は本人を邪魔扱い、もう一人のＢ子は世話をしようとするが夫が働かず、離婚、女中奉公に、という記述があった。事例全体の特徴としても、結婚関係では内縁関係が多く、また何度も離縁を繰り返すという事例もあった。扶養関係としては、実子、養子、あるいは（事例21）のように前夫の子、などの関係でも困れば頼って同居するという点では、親族扶養の意識が現在よりもある面強いといえるのではないだろうか。また頼らざるを得ない状況もあったと思われる。しかし実際はこの事例のように「邪魔扱い」などでその関係も崩壊している例もあった訳である。

　また、家族関係の特徴としては幼少年時に親と生き別れたり、あるいは死別したりという事例が比較的多かった。29事例中15事例が両親もしくはどちらか一方と生死別していた。

　例えば、（事例１）では、幼少時父母と死別し、親戚の農家の養子となるが17歳で家出、単身上京している。また、（事例４）では、○○藩の御用商人の家に生まれ、幼少時は相当な生活をしていたが、5歳時に父が死亡、母が手伝い婦となり辛うじて生活をするようになる。14歳時○○氏の養子となり、16歳時母病死、という経過であり、裕福な生活が父の死によって大きく変化し、自らも養子にいくことになった事例である。

　さらに、（事例16）では、もともと裕福ではなかったが4歳時父が家出したため本人は羊羹屋の養女となり、本人の兄は住み込み奉公に出る。しかし養父も8歳時に死亡し、養母が雑貨露天商として辛うじて生活を支えていくことになる。

　このように、親と別れてから、養子に行く事例も幾つかみられる。いずれにしても親と幼少年時に別れることで経済的、家庭的基盤を失い、それがその後の人生において様々な影響を及ぼしているといえる。

　昭和6年の浴風園横浜分園における「入園者の幼少年期に関する事件調査」においても、「實父母を失ふことは幼少年者にとつて最大の不幸であることはいうまでもない」[4]として、入園者の幼少年期の生活状況から「老齢窮民の由って来たる所以を知るため」[5]に浴風園横浜分園の入園者の調査を行っている。それによると横浜分園120名中70名が20歳未満で両親或いはその片方を失っており、それは全体の約58％に上るという。

　同調査では、幼少年期に親と別れ、家庭的基盤を失ったことで仕事や結婚などその後の生活にも影響が及び、老年期に生活困窮する事例も紹介されている。

第Ⅳ部　個人記録に関する解題

3．29事例の考察

（1）入所者の背景と生活困窮の要因

　入所者記録から入所の背景をみてきた。そこでは震災、家族の離散、疾病、失業など様々な要因があることが推測できた。また、ひとつの要因で貧困に至るのではなく、人生の経過の中で、複数の要因が複雑に関連しあって結果として生活が立ちゆかなくなっている状況がみてとれた。雑業を中心に、老齢になっても働かなければその日の生活が出来ない厳しい状況にある事例が多かった。

　例えば（事例4）では、船頭、菓子製造販売で事業失敗、餅菓子製造販売をするも生活難のため羅宇屋となって知人同業者宅を転々とする。不況のあおりで収入減のため、生活困窮といったように、75歳で浴風園に入所する直前まで働いている。老齢でも働かなければその日が暮らせない状況であることが推測出来た。

（2）処遇における入所者情報の重要性

　浴風園では生い立ちから入所に至るまでの詳細な聞き取り調査をしていたため、本稿においても、入所者の背景を具体的に分析することが出来た。これらの記録は、入所後も、保護経過記録に引き継がれ、具体的な処遇が記録されている事例も多く残っている。

　29事例においても、その高齢者の生い立ちから入所申し込み時点までの家族、住まい、仕事、友人、知人関係、疾病などが網羅されている。

　今日、高齢者福祉分野において、アセスメント、ケアプラン、モニタリングといった一連の援助の中で記録とその利用者情報の収集の重要性が指摘されているところである。しかしながら浴風園において昭和初期に記録の形態がしっかりと位置づけられ、ひとつのスタイルが出来ていたことは画期的であると思われる。

　これに関しては、昭和2年から昭和14年まで浴風園に勤務した内務省社会局嘱託小澤一（主事兼保護課長）の影響が推察される。

　小澤は、昭和9年に『救護事業指針』を著し、その中で、ケースワークにおける記録、面接調査の重要性について論じている。事件記録（ケース・レコード）として、世帯表示事項（世帯主氏名、現住所、本籍など）、世帯主及家族の一般状況、住居及近隣状況、家計概況、処置経過の叙述などの内容を詳細に紹介し、ケースワークにおける記録の重要性を論じている[6]。

　また、大正14年に雑誌『社会事業』で発表した論文「組織社会事業とその原則—オーガナイズド・チャリチーとケース・メソドの発達—」の中で、「調査は、目前の困難な状態の後ろにある原因を見出し、さうして家族状態の改善の為めに組

織的且つ永続的に働くべき基礎を定める為めである」[7]として援助の基礎に調査があり、その目的は問題の原因を見いだすためであると述べている。

このような小澤の調査に関する捉え方が、当時の浴風園の入所者調査にもいかされていたのではないかと推測出来る。

当時病院社会事業において、済生会社会部や聖路加病院社会事業部などで、記録に関してはきちんとした書式が作られていたということもあり[8]、浴風園の記録と共に、当時の社会事業において、記録の重要性が認識されつつあったことが推測される。

4．29事例に追加して、老年性精神病の1事例とその処遇を検討する
（1）事例に関して

昭和3年～昭和16年前後の事例検討をする中で、29事例の検討に加え、さらに老年性精神病と診断名のついた1事例を詳細に検討し、当時の処遇のあり方、養老院の役割について考察する。尚、当事例は表1の事例4に該当する事例である。

今日老人性認知症という病名で知られ、介護保険制度等においてもこの疾患の高齢者に対応するサービス等が実施されている状況であるが、本稿の中で、今日でいう認知症、あるいは統合失調症等と推察される高齢者の養老院における生活像が発見出来た。精神疾患の高齢者に対する処遇が非常に困難であったことが窺われ、当時の寮母や事務職、看護職、医師等がどのように協力し対処したのか等を検討し、処遇史的な振り返りをしたい。

（2）老年性精神疾患に関する昭和初期の見解

養老院においては、様々な疾患をもつ入所者が生活していた。例えば浴風園においては、各年で事業報告を実施していたが、その中で、「在園者健康調査」を行っており、表3の通り入所者を健康者、虚弱者、不具者、廃疾者、精神耗弱者、入院患者と分類していた。精神耗弱者については、ほぼ1～2％で推移していることがわかる。

戦前期において、認知症をはじめとする高齢者の精神疾患は、どのように認識されていたのであろうか。関谷によれば老耄（ろうもう）は、古くは「老い耄れ（おいぼれ）」と言われ、加齢による生理的な身体的変化全般を表す語と考えられてきたが、西欧精神医学の移入により、「老耄」が医療の対象となってきて、老耄性痴呆と称される精神疾患の一つとなったという[9]。また、大正時代頃にアルツハイマー病の概念が日本に入ってくるようになったことにより、「老年期」の初期ま

たはそれ以前に起きる「痴呆」を「初老期老耄性痴呆」もしくは「アルツハイマー病」と呼び、初老期以降の「痴呆」を「老耄性痴呆」と呼ぶようになった。さらに昭和初期頃までにはアルツハイマー病との鑑別に加え、「動脈硬化性痴呆」からも「老耄性痴呆」は区別されるようになったという[10]。

当時の東京府立松澤病院医長の渡邊[11]によれば、浴風園の高齢者に対して調査した結果、昭和7年から昭和9年の入所者の中で、精神異常者が約400余名中54名認められたという。当時の高齢者の精神疾患に関しどのような病名がついていたかに関しては、表4が参考になると思われる。

この中で数的には、1位脳動脈硬化症、2位老耄性痴呆、であった。また老耄性痴呆9例、老耄性譫妄1例、老耄性嫉妬妄想1例、老耄性被害妄想1例、老年性感動1例、老年性抑鬱症1例、単一性老耄5例を挙げている。老耄性譫妄は老耄性痴呆の1つの型で比較的軽症であり、経過が短いという。また老耄性嫉妬妄

表3　在園者健康調査（大正15年～昭和15年）

年度	在園者数	健康者	虚弱者	不具者	廃疾者	精神耗弱者	入院患者
1926（大正15）	96	57.3	25				17.7
1929（昭和4）	441	45.1	22.2	6.3	7	0	19.3
1930（昭和5）	444	44.6	24.1	5	6.3	1.1	18.9
1931（昭和6）	463	44.1	22.2	11.4	1.5	2.2	18.6
1932（昭和7）	476	42.2	20.8	13	2.7	2.9	18.3
1933（昭和8）	464	41.2	25.2	9.1	1.9	1.7	20.9
1934（昭和9）	453	47	19	9.3	3.1	1.3	20.3
1935（昭和10）	456	36.8	26.5	11	2	2.2	21.5
1936（昭和11）	463	43.6	21.8	10.2	1.3	2.1	21
1937（昭和12）	424	36.8	28.5	8.5	1.6	2.2	22.4
1938（昭和13）	445	36.4	32.1	7.4	1.6	3	19.5
1939（昭和14）	445	40.2	28.1	8.1	2.7	1.1	19.8
1940（昭和15）	407	36.9	28.3	10.8	1.2	1.7	21.1

【出典】「浴風会事業報告」（各年）より作成
【注】在園者数は人、健康者～入院患者は％表示
「健康者―園内の労働、作業に些したる支障なきもの及び寮内の家事に従事しうるもの」「虚弱者―老衰著しく園内の労務、作業又は家事上支障多く或いは全然不可能にして、然し自分用のみは足し得るもの」「不具者―盲、聾、唖乃至四肢に不随意的欠陥あるもの」「廃疾者―慢性疾患又は甚だしい老衰の為自分用すら不可能なるもの」「精神耗弱者―身体の健康なると否とを問わず精神の耗弱せるもの」（原文のまま）

想、老耄性被害妄想、老年性感動、老年性抑鬱症という病名は「通常の精神病学の教科書には書いてないもの」であるが症状として老耄の結果、判断力の衰弱を来して被害妄想を抱くとか抑鬱になるとかの症状がみられるものに対して仮の病名をつけたとのことである[12]。

渡邊によれば、老年期固有の精神病については、「人間五十歳を超えると身体にはいろいろな退行性変化が起きてくる。脳髄も同様にして年齢の進むと共に段々委縮し、その容積、重量は減少し、神経細胞には退行性変化が起こる。之がために精神界には領解力、記憶力共に衰へ自恣、怒り易く、精神作業能力が衰える。是れ即ち老耄である」[13]とその特徴について述べている。

また、老耄性痴呆については、「この病気は領解甚不良、記憶、認識力、甚不良、虚談症（事実と空想との見境ひ無く経験無き事柄を恰も現実あった事の如くに話をなし自らの誤謬を意識せぬ症状）、被害妄想、不安、事に夜間不安、刺激性、色情亢進等の症状を示すもの」[14]と定義している。この中で虚談症とは今日でい

表4　浴風園における昭和7年～昭和9年在園の精神病者

病名	現在数	死亡又は退園	計
老耄性痴呆（単一性及重症）	4	5	9
老耄性譫妄	1	0	1
老耄性嫉妬妄想	1	0	1
老耄性被害妄想	1	0	1
老年性感動	1	0	1
老年性抑鬱症	1	0	1
単一性老耄（病的なる者）	5	0	5
脳動脈硬化症（精神障碍軽き者）	13	6	19
脳動脈硬化性精神病（痴呆）	7	1	8
卒中後精神障碍	0	1	1
脳動脈硬化性癲癇	1	0	1
老耄性痴呆（脳動脈硬化）	2	1	3
脳黴毒	0	1	1
偏執病様痴呆	0	1	1
癲癇（黴毒性？）	1	0	1
計	38	16	54

【出典】：渡邊道雄「老人に来る精神異常とその取扱ひ方」『養老事業』第5号、昭和10年3月号、5頁

う「作話」のことであると思われる。

　浴風園横浜分園の医師として『長寿の科学』(昭和12年)の著書もある竹内芳衛によれば、昭和13年の著書『老人天国浴風園』[15]の中で、浴風園において93歳の女性で、死の約1年前から、「殆んど裸体のままで人前に出たり、人に悪態をついたり、いやに欲深くなって、言葉も以前のつつましやかさは何処へやら、態度も、以前の礼儀な趣きは何処へやら〜後略」という事例を紹介し、こういう現象を老人性痴呆というと解説している。

　以上のように昭和初期において、高齢者の精神疾患の中でも、「老人性(老耄性)痴呆」は認知されていたと思われるが、「痴呆」以外の要素があると思われる精神疾患については浴風園の事例をみると「老年性精神病」と病名がついているものが幾つかみられた。

5．老年性精神病の事例に関する検討

　以下の事例は老年性精神病の診断を受け、浴風園で処遇されたものである。問題状況の出現とそれに対する対処の仕方について、寮母、事務所の記録をもとに考察する。

［事例A］
・入所年月　昭和6年□月
・退所年月　昭和15年○月
・入所時年齢75歳
・生い立ち及び経歴
　○○県で父○○(○○藩の御用商人)と母(名前不詳)の長男として出生。他に妹もおり、4人家族であった。
・教育程度　無教育
　幼少時は相当な生活をしていたが5歳時に父が死亡、母が手伝い婦となり辛うじて生活をする。14歳時妹が病死し○○県の○○(現在の姓)の養子となる。16歳時母病死。20歳で船頭となり30歳時他県に渡り菓子製造販売業で成功するが49歳時事業に失敗、上京して借家し餅菓子製造販売をするも約3年で収入減少し生活困難となり羅宇屋となる。震災に遭って野宿生活や間借りでしのぎ、再び羅宇屋として知人同業者宅を転々と寄宿する。不況のあおりで収入減、さらに老衰の為生活困窮する。本人33歳時内縁関係となるも内妻が病死、2度目の内妻とは15年で離縁。1度目の内妻との間に長男がいたが幼少時死亡。
・疾病

老衰、老年性精神病
・労務能力
除草、袋張可能

　保護経過記録における処遇の経過（抜粋）を以下にみていく。
　記録においては、外出の記録として、次のような記録がある（原文のまま。カタカナとかなが混在しているがそれぞれ原文のまま記述した。固有名詞、日付等は特定出来ないよう○□等で表記）。
　（それぞれ事務所の主任の記述、寮母の記述、事務所と寮母両者同様の記述があったもの等である。また（　）内は筆者の解説である）

[問題状況１] 周囲の老人との衝突が頻繁になる
昭和10年○月○日（寮母の記録）
　○○寮母姉ノ日誌ニテ知ル。本日○○病院ノ先生ヨリ来診。「曰クトコロ、大シタ状態デハナイガ神経衰弱ノ気味アリ」ト御注意ニテ本人ニハ「御仏ニ一切ヲオマカセシテ和ヤカナ思ヒデ日常ヲ過ゴス」様キカサレタ。
昭和10年○月○日（寮母の記録）
　○○病院ノ○○先生ヨリ来診。「動脈硬化ノ病アリ」ト御注意ガアッタ。
昭和10年○月○日（寮母の記録）
　「精神異状者ナルタメ警戒ヲ要ス」トノ注意ヲ承ッテ居ルノデ現在ハ極ク平静ナレドモ只々後ノ事モアル事故、要注意者一覧ニ挙ゲテ御目ニカケル。
昭和10年○月○日（事務所、寮母両方に同様の記録あり）
　御真影ノコトニツキ○○寮より○（虚弱室）への転寮を渋り手古づらす。寮母の説得によりやうやく転寮す。
昭和10年○月○日（事務所、寮母両方に同様の記録あり）
　過日○（寮）に戻り「御真影」ヲ拝ンデ居上老人からをかしな奴ト言った風ノ事ヲ言ハレ大ヒニ奮慨。驚キ出デ大声ヲ制セントセン寮母ヲ怨シ（原文まま）数日前ハ朝早クカラ各寮ヲ廻リ戸外カラ何やら繰言メイタ事説教メイタコトヲ言ヒ居レリ。翌日ハ普通人ニ反リ昨日ハ相済マヌナドノ申上ゲマシタ等ト言訳ナシ居タルガ本日念ノ為○○病院○○医師ノ診察ヲ受ケ老人性ノ神経衰弱ニシテ今ノ処タイシタルコトナシト。

　（これらの記述にみられるように、昭和10年あたりから、本人が信奉する天皇の「御真影」の関連で、周りの老人と衝突するようになり、奇異な言動が目立っ

ていく。そこで精神科の専門医の受診をしている。昭和10年○月○日「『精神異状者ナルタメ警戒ヲ要ス』トノ注意ヲ承ッテ居ルノデ」と寮母の日誌にあるように医師、事務と寮母の連携により要注意入所者としてこのあたりから詳細な寮母の記録がされるようになる。)

昭和11年○月○日（事務所、寮母両方に同様の記録あり）
　前記ノ如ク感謝ノ日ヲ送リ居リソレデモ尚寮母トシテハコノ期節ニ如何カト案ジ居リシトコロ以前亡妻ノ弟ナル左記等へ相当尽カシアルニモ拘ハラズ亡恩ノ甚ダシキヲ思ウト安眠モ出来ズナドト言ヒ出シ寮母ヲ心配サセル。小遣い銭ニ不自由スルトコロカラソレラノ事ヲ思ヒ出シタノデアロウ。

昭和11年○月○日（事務所、寮母両方に同様の記録あり）
　強情我慢ナ一面ガアル事ハ問題デアッタガ最近入浴順席ガ違ッタトカ或世話係ガ当ッテ公認セラレテ居ルガ自分ヘノ飯ノヨソイ方（自分持ノ仏様ヘオ供ヘスル為最先ニ自分ノ茶碗ニヨソウ事）ニ反対ダカラ改メテ事ノ善悪ヲ課長ニキイテ見ルトカ汁椀ヲ出シッパナシニシテオイタラオ代リヲヨソッテ呉レナカッタガドウシタ事カトカ何デモ自分ノ意ノ通リニナラザルコトヲ憤リ興奮セリ。

昭和11年○月○日（事務所、寮母両方に同様の記録あり）
　本人ヨリ昨日ハ色々ト我儘ナコトヲ申シアゲテ相済マヌト寮母迄アヤマリ来レル由。

（亡妻の先夫との娘（すでに死亡）の夫に金の無心の手紙を書き、何回か送金してもらうが、その後「金子ハ送付仕度クモ出来難イカラ悪カラズ」と返事が来る。また亡妻の弟には「亡恩ノ甚ダシキヲ」とあるように一方的に恨みをつのらせていく。入浴順序や食事への注文など興奮するが翌日には寮母に謝りに来ている）

昭和12年○月○日（寮母の記録）
　御写真で問題を起こし易いので、取りはづして呉れとのお話がありその事を理解させ様と話せば又怒り、興奮、〜中略〜、陛下を尊ばぬやつは国賊だ、おれが警察に訴へてやると聞き入れず、出掛ける。思ひ止まらぬ氏、致し方なく放って置く。正直な面も有る氏の事とて、寮母のところへ来て寮母さん最初○○警察に参じましたところ、□□警察に行けといはれ、又□□警察に行ったところ、寮母さんより言はれた様な事を言っておられましたと、元気のない様子で言ふのであった。寮母は決して悪い事はいはぬ等を言い聞かせ、今後は決して御真影の事で争い等してはならぬ事を繰り返して話す。

（以上の記録にみられるように御真影を取り外してほしいとの他の利用者からの要求に対し、本人激怒し、警察署にまで行き、訴えている。寮母は見守り、諭している。昭和13年2月頃より目がかすみ、視力が弱くなる。また、本人が信頼している精神科医以外の大学病院の先生が出した薬は拒否するなどの記録がある）

昭和13年○月○日（寮母の記録）
　今日も早朝から寮母室に来たりて昨日の診察は大学の先生と仰せられたが私は脳病だから○○病院の先生でなくては駄目だ、大学の先生の薬は飲まない。〜中略〜私の病気は○○病院に入院仕ないと癒らない。寮母さんにずいぶん失礼な事申し大きな声を立てたり致しまして何とも申し訳ありません。許して下さい。と同じ事を四度位も繰り返し、決して私が言ったのでない、私の病気が言ったのですと〜後略。

昭和14年○月○日（寮母の記録）
　視力が乏しくなった原因を、今まで陛下陛下と皇室を拝み、掛け軸や額縁に新聞紙の皇太子様、雑誌口絵の両陛下を貼り付けて寝床の上に祀り朝夕拝んでいた事をフト思ひ出し貴重な陛下御皇族の方々を如くも不潔な部屋に祀り申し上げた事が不敬に当り、私の眼がこのようになったのだと思い込み。申し訳ない申し訳ない死んでしまいたい、どう仕様どう仕様と、両手のこぶしで蒲団を叩きながら泣きわめき。陛下は決しておとがめなき事を色々と言い聞かす。掛け軸の方も粗末にならぬ事務へ保管を願いましょうと慰めるも泣き続け、周囲の人達も気の毒に思はれた。額縁のものも取り外しなだめて漸く就床。寝付れない様子で頓服を与へる。

（以上のように、視力が弱くなった原因を掛け軸や額縁に新聞紙の皇太子様、雑誌口絵の両陛下を貼り付けて寝床の上に祀り朝夕拝んでいた事で、貴重な陛下御皇族の方々を不潔な部屋に祀り申し上げた事が不敬に当り、眼が悪くなったのだと思い込み、申し訳ない死んでしまいたい、どうしようと、泣きわめき、寮母は色々と言い聞かしたり、慰めるが本人は泣き続けるというエピソードがあった）

昭和14年○月○日（寮母の記録）
　昨日は大層穏やか有ったが今日は又、ご自身の生立、経歴等を朗読する様に話し続け、あるいは不満を持った人の攻撃を終日続けられ、〜中略〜就寝時睡眠剤を服薬なさしむ。

昭和14年○月○日（寮母の記録）
　気候の変り目は毎年多少脳の異状が有る〜中略〜寮母は周到の注意をはらい処遇に当たる
（本人への観察、処遇に関する意見が見られる）

[処遇方針1] 服薬を継続してもこうした一連の行動が改善しないので、寮母自ら精神科医師を病院まで訪ね意見を聞いている

昭和14年○月○日（事務所の記録）
　○○病院○○医師ノ来診ヲシテ一応精神状態ノ調査ヲナセリ目下ノ処精神異常者トハ言ヒ難キモ再診ノ上決定スベシトノ事ナリキ。三十日ニ至リ○○寮母ノ話ニ依レバ其ノ後○○医師ノ投薬ヲ唯一内服用セルトテ引続キ変レル言動ヲ為シ事アリト曰ク。同日○○寮母○○病院ニ○○医師ヲ訪ネ其後ノ状況ヲ報告スルト同時ニ処置法ニ付同氏ノ意見ヲ聞ク。

[問題状況2] 以下に示すように剃刀騒ぎにまで発展した事件があった
昭和14年○月○日（寮母の記録）
　皇后陛下の御写真を〜中略〜手にさげて、寮母室に来て「考えてみるとこの部屋が一等清潔だからここに軸を奉りたい。寮母さんは次の室だけで良い。又居なくても良い。陛下の思召で出来ている国であれば奉らせない事はいかん」寮母が邪魔だと言ひ、興奮させてはならないと「寮母さえいないと良いのですネ」と言へば「そうだそれで良い」「では事務へ御話仕ませう、怒ってはいけません」となだめておく。寮母不在中○○氏にも文句を吹きかけ〜中略〜言ひがかりを付け、剃刀で寝首を取ってやるとか〜中略〜怒り困って○○寮母に願い出た由。就寝後の事が案じられ、徹夜にて注意す。周囲の人達も眠られなかったと言ふ。

[処遇方針2] 精神科病院送致（以上のような事件があったため事務所との連携で以下の処遇方針がとられた）
昭和14年○月○日（事務所の記録）
　○○医師ノ意見ニ依レバ徹底的ニ威嚇シ置クノ適用ナリトノコトニ付本日○○駐在巡査ノ立合ヲ乞ヒ保護課長、○○書記ト共ニ課長室ニ於テ厳重戒告ヲ加フ一応今後ノ経過ヲ見ルコトトセリ。
昭和15年○月○日（事務所の記録）
　預ケタ写真ノ中ニ陸軍大将、海軍大将ノ写真ガアル等ダカラ一応見タイトテ寮

母ト共ニ事務所ニ来ル。依テ目ノ前ニテ保管セル写真ノ包装ヲ開キタルニ本人希望ノモノナシ。元ヨリ本人ノ記憶違ナルヲ以テ適当ニ言聞カセ帰寮セシメタリ然ルニ本来写真取扱ニ付無理ナル註文ヲナシ為過上困難ナルヲ以テ一応〇〇病院〇〇医師ノ来診ヲ乞フコトトセリ。

午後二時頃〇〇医師来診診察ノ結果脳病院ニ入院治療スルヲ適用ナリトノコトナリシヲ以テ手続キヲ取ルコトトセリ。

（このように徹底的に威嚇してこのような行動がないよう注意するが、やはり御真影に関する拘りは消えず、周囲とのトラブルが絶えなく、また精神科医の老年性精神病との診断もあり、本人は浴風園での処遇は困難と判断され、精神科病院に転院となった）

6．事例Aの考察

　事例Aは老年性精神病と診断された事例である。「病名　老年性精神病、附記　感情刺激性、偏執病様観念ヲ主張トシ、浴風園ノ如キ施設ニ於テハ看護、治療困難ナリト認ム」とある。

　Aは「御真影」などに対する偏執がみられ、現実とこだわりの対象とを関連づけて解釈し、不安に陥ったり激怒したりしている。老年性精神病と診断されている。現在の視点からみれば異なる診断名がつく可能性もあると思われる事例である。いずれにしても当時においては、非常に関わりが難しい事例であり、それらに対し、問題発覚の昭和10年から退所の昭和15年まで詳細な記録が残っており、徹底した個別処遇を行っていたことがわかる。

　また、精神疾患に関する精神科医との役割分担なども特筆できる。当時の浴風園においては「個別処遇」が重要視されており、寮母がソーシャルワーク的関わりをしていたことがこれらの事例においても推測される。

　さらに、主治医との連携であるが、[処遇方針1]の昭和14年の記録の「〇〇病院〇〇医師ノ来診ヲシテ一応精神状態ノ調査ヲナセリ目下ノ処精神異常者トハ言ヒ難キモ再診ノ上決定スベシトノ事ナリキ。三十日ニ至リ〇〇寮母ノ話ニ依レバ其ノ後〇〇医師ノ投薬ヲ唯一内服用セルトテ引続キ変レル言動ヲ為シ事アリト曰ク。同日〇〇寮母〇〇病院ニ〇〇医師ヲ訪ネ其後ノ状況ヲ報告スルト同時ニ処置法ニ付同氏ノ意見ヲ聞ク」と下線を引いた部分にあるように、寮母は医師を病院まで訪ねて状況報告とともに処置法について今でいうコンサルテーションを受けている。このように医学的対応については寮母や看護婦だけで判断つきかねる場合はきちんと他の専門職の意見を聞く姿勢をもっていたことがわかる。

また、Aの担当精神科医は、雑誌『養老事業』（昭和16年第22号）において、「老耄者の取り扱ひに就て」という講義録を掲載している。これは昭和15年9月に浴風会内で実施された第2回養老事業実務者講習会で、男女12名の実務者を対象に講義した記録である。当担当医師は当時の第一線で臨床を行っていた精神科病院の医長、医学博士である。この講義の中では、本事例と思われる実例を老年性精神病の例として取り上げ、症状の特徴や処遇について解説していることは興味深い[16]。

　当医師が提案した処遇方法についてであるが、［問題状況2］に記述したように昭和14年に剃刀騒ぎにまで発展した事件があった。そのため［処遇方針2］として事務所との連携で当医師の意見を取り入れ「徹底的ニ威嚇シ置クノ適用ナリトノコトニ付本日〇〇駐在巡査ノ立合ヲ乞ヒ保護課長、〇〇書記ト共ニ課長室ニ於テ厳重戒告ヲ加フ一応今後ノ経過ヲ見ルコトトセリ」という処遇方針が取られる。この徹底的に威嚇するという方法については、事例では巡査立合いを願い課長等と共に権威を利用する形で本人を威嚇し、説得する形で行われたが、これは当医師のアドバイスによるものであった。

　当医師はこの事例Aについて「それでなくとも困る元来の性格異常が、老年になって記銘の薄弱や追想錯誤や、頑固偏狭などを加えた」[17]非常に取り扱い困難な事例、いわゆる処遇困難事例として前述の『養老事業』で紹介をしている。そして「病的の頑固で、何か一つの屁理屈を持ち出してどうしても譲らない、といふ様な場合には、一つの試みとして非常に強い力を以て之を叩きつけるといふ事も必要な時があります。もちろん力と申しても暴力ではありません。強権を以て高圧的に命令するのであります」[18]と、この事例Aに用いた処遇方法を紹介しているが、それは用い方を間違えると危険で、奇計的な方法であると述べている[19]。

　今日的視点からみると、この時の、威嚇して黙らせるという方法については異論があると思われる。しかしこの当時としては、事務や看護職、寮母職、医師等多職種が一人の入所者に対しどのように処遇したらよいか、と試行錯誤した結果であったと思われる。

　ちなみに、Aに対してはその殆どがB寮母という寮母が担当しているが、B寮母は開設時（昭和2年）から浴風園に勤めた最古参のベテラン寮母である。また、最後の数ヶ月を担当したC寮母は女子高専中退という経歴である。浴風園の寮母には高等女学校、高等専門学校などの卒業のいわゆる当時の高学歴女性が多く、また看護婦は大学病院付属の看護婦講習所や看護婦養成所などの卒業がみられる。少なくともある程度専門的な関わりにおいては、理解力、判断力が必要であるということは間違いない事実であるから、当時の浴風園においてはこうした学

歴のあるスタッフに恵まれた点も個別処遇や記録において役立っていたと推測される。

まとめ
~昭和初期における浴風園の実践の今日的要素と先見性~ 29事例と事例Aの分析を通して

浴風園に保管された詳細な当時の記録をもとに、昭和初期の養老院入所者の入所に至る背景を29事例の分析を通して検討した。それらによれば、震災、家族の離散、疾病等の複雑な要因で生活困窮した高齢者が入所に至っていたことがわかった。入所者記録に関しては、要救護者調書において、非常に詳細な聞き取りを行って入所の可否を検討していた。今日でいうアセスメントとも通ずる内容であり、先駆的な取り組みを当時の浴風園が実践していたと判断できる。また、これらの記録は、本人の生活歴の聞き取りであり、家族の状況や本人の心身状態など詳細な項目にわたっており、こうした記録に対する姿勢が処遇にも反映されていたと推測できた。

また、事例Aに対する対応に関しては、以下の点でその特徴があると思われる。１．記録が詳細であること、２．多職種協働の処遇であること、３．精神疾患による様々な問題という処遇困難さに対し、医療との連携を非常に重視した事例であること。

今日において、改めてケース記録の重要性や、多職種協働、医療との連携の重要性等が問われているが、昭和初期において養老院で、上記の特徴をもつ実践が既に行われており、それは現代に通ずる実践内容であったことが明らかになった。

浴風園の個人記録は開設から全記録が残されている。このA事例はその中でも非常に長い記録であり、全体で30頁近い枚数になる。各職種が記録の重要さを認識していたからこそ、このような記録が残されたといえる。また、前述したように比較的高学歴の寮母や看護婦がおり、注意深く本人の様子を観察し、他の職種につなげていたことも特徴として挙げられる。

昭和初期の高齢者福祉実践において29事例はじめ、処遇困難事例がどのように援助されたかに関し検討してきた。昭和初期、今から約80数年前の実践においても非常に先見性を感じさせる実践であったと思われる。

【付記】：
本論文は以下の二つの論文をもとにそれらを大幅に加筆、修正し、再構成して執筆したものである。

鳥羽美香 (2010)「戦前の養老院における記録と入所者情報に関する考察～事例分析による入所の背景と生活困窮の要因～」『文京学院大学人間学部研究紀要』12(1)

鳥羽美香 (2013)「戦前期養老院における処遇困難事例とその対応」『文京学院大学人間学部研究紀要』(14)

【注】

(1) 中村律子 (2008)「戦前の養老院の社会的意義について」『現代福祉研究』(8)(法政大学現代福祉学部) 232.

(2) 中村律子「前掲論文」,231.

(3) 岡本多喜子 (2009)「浴風園の入所者記録の意義」『明治学院大学　社会学・社会福祉学研究』(131),86.

(4) 浴風園横浜分園 (1931)「入園者の幼少年期に関する事件調査」『浴風園調査研究紀要』3,(財団法人浴風会) 54.

(5) 浴風園横浜分園「前掲論文」48.

(6) 小澤一 (1934)『救護事業指針　救貧の理論と実際』厳松堂書店,110-111.

(7) 小澤一 (1925)「組織社会事業とその原則―オーガナイズド・チャリチーとケース・メソドの発達―」『社会事業』9 (1) ,10.

(8) 小澤一『前掲書』246-249.

(9) 関谷ゆかり (2009)「戦前日本社会における＜痴呆＞概念の分析」『ソシオロゴス』No.33,73.

(10) 関谷ゆかり「前掲論文」73-74.

(11) 渡邊道雄 (1935)「老人に来る精神異常とその取扱ひ方」『養老事業』5 (3) ,2-9.

(12) 渡邊道雄「前掲論文」5-7.

(13) 渡邊道雄「前掲論文」7.

(14) 渡邊道雄「前掲論文」7.

(15) 竹内芳衛 (1942)『老人天国浴風園』小野田喜平発行,17-18.

(16) 奥田三郎 (1941)「老耄者の取り扱ひに就て」『養老事業』(22) (1) ,20.

(17) 奥田三郎「前掲論文」20.

(18) 奥田三郎「前掲論文」22.

(19) 奥田三郎「前掲論文」22.

（文京学院大学　人間学部）

第Ⅳ部　個人記録に関する解題

第3章 戦前期の浴風園における「個人記録」を通して見える「処遇」の過程
―事例分析から―

山本 智子

1．はじめに

　本稿では、浴風園の保護記録の中から、寮母（原文では寮姆と表記されている）・看護婦の入園者保護の経過記録である「入園者身分概要」の「保護経過」をとりあげ、当時の寮母たちがどのように保護（ケア）に取り組んできたか、そのために行ってきた入園者の観察の観点について分析し、入園者への対応との関係について検討してみた。

2．検討の視点および方法

　本研究では、2013年秋までに収録した1,400余ケースの内、読み起こしケースの中でも記録が長く、生活の詳細にわたって記述してあり、特に処遇が難しかったことがうかがわれたケースについて、「入園者身分概要」の「保護経過」の内容を、気づき、トラブル、介入、外出、医療といったカテゴリーに分類し、時系列に沿って視覚化し、関係の整理を行う。また、寮母の観察観点の具体的内容について、ケースに沿って検討する。

3．入園者の保護諸記録の内容

　個人ごとの保護諸記録は、保護願い、「入園者身分帳」、「要救護者調書」、「入園者身分概要」、役所との交換文書、無断外出経過、始末書、診断書、死亡診断書、埋葬許可書、遺留金品一覧、手紙など、多種で、個人別に綴られている。

　保護記録の中心である「要救護者調書」「入園者身分概要」の記載項目は、以下の通りである。

「要救護者調書」：
生年月日・年齢、出生地、本籍地、震災当時の住所、現住所、戸主との続柄、宗教、家族状況、身心の状態、収入、震災当時及び現在の仕事、教育程度、趣味、嗜好、震災による罹災状況とその後の経過、生立ち（両親の氏名、職業、幼少時、成人期、職業、縁事関係など）、住居、保護依頼者、「保護経過」

「入園者身分概要」：
続柄、性別、氏名、生年月日、年齢、本籍地、入園前住所、家族・親族の状況、

経歴、宗教、教育、健康状態、労務能力、性情・習癖、趣味・嗜好、「保護経過」（入園時の所持金品を含む）

　このうち、「入園者身分概要」の「保護経過」では、入園者の日々の生活状態、保護・処遇の状況が書かれている。それは、寮母によって記述されており、具体的内容は、仕事・労務、世話係、園内の人間関係、喧嘩・口論、家族、外出・外泊、無断外出、訪問・来客、金銭・小遣い、行事、趣味・宗教、転寮、医療、身体状態、行動特徴、性格、態度、等多岐にわたっている。記述頻度は、人間関係や医療関係に関する記述が最も多く、次いで労務に関する記述や世話係の記述、3番目に来訪者記録や行動特徴などに関する記述、4番目に金銭・小遣いや身体状態に関する記述、5番目に外出・外泊や遠足等行事、入園者の性格に関する記述、と続く。家族や趣味などに関する記述は多くはない。

4．検討結果
a．事例の属性・入園の経緯・記録の特徴

【事例1】
・性別　　　　　男性　（No.1642　須田米吉氏）
・入園年月　　　昭和3年10月（77才）　　退園年月　　昭和17年1月（死亡）
・家族状況　　　妻死亡。子どもなし。3人の姉は行方不明
・入園理由　　　機械人夫、日雇人夫、豆行商、飯焚、餅行商など転々とし、老齢と神経痛で生活困難となった。飯焚として雇われた原胤昭の依頼により保護となった。
・心身状況　　　健康
・保護経過記録の特徴　　原胤昭からの差し入れなどの記述あり。

【事例2】
・性別　　　　　男性　（No.1478　戸田正氏）
・入園年月　　　昭和13年6月（74才）　　退園年月　　昭和15年12月（転園）
・家族状況　　　次女　実母との離縁のため扶養意思なし
　　　　　　　　妹・弟　扶養能力なし
　　　　　　　　甥・姪　音信不通
・入園理由　　　服役歴あり、出所後新聞社に住込生活していたところ、社長病死により閉社、商社の調査外交主任に雇われるが辞職、事件屋となっていたが、胃癌で入院、全快後易者となるが、盗難に遭い、妹の

　　　　　　　　婚家に行くが妹も面倒を見切れず家を出て、貧困となり入園。
・心身状況　　老衰
・保護経過記録の特徴　公文書偽造・賭博等による服役歴あり。
　　　　　　　　　　　本人の希望により東京養老院へ転出するが１ヵ月後死亡

　b．分類

　保護記録の記述内容を検討し、カテゴリーに分類したうえで、記録の日付と合わせて一覧表にした。寮母が観察を通じて本人の人柄や心情について見立てを行い、ケアを行っていく上で根拠となっていると考えられる記述を「気づき」、寮母から本人に対する働きかけを「介入」、寮母が本人の行動の背景について「気づき」をもとに推察する記述を「解釈」、本人の言動の不安定についての記述を「不穏」、趣味活動の記述を「趣味」、体調や医療に関する記述を「医療」と分類した。

　さらに、事例ごとに記載が多い内容についてカテゴリーを設定し、また、必要に応じてカテゴリーを細分化した。分類表の「趣味」「解釈」「介入」「不穏」などの欄についている○数字は、関係すると考えられる気づきの番号である。

　なお、「保護経過」の引用文中の□□□表記は、読み起しのできなかった文字である。（ママ）は、原文表記のまま、の意味である。

【例：事例１の日誌より引用】
　　気づき　　何か一つ強い怒り方をすれば暴力で処理せんとする様な単純で強かった□□、彼、庭を歩き乍ら寮姆室の窓ぎわから、私も遠足にゆきます。…この花奇麗ですね、私も花を好きです…と云ふ。本人の心境に美をよろこぶ奇麗さのある事を知る。美を愛づる事によって少しでも情的な修練を得る様に。（昭和９年10月10日）
　　趣味　　　以前の主人の家と近くの多摩川の景色を絵がいて持って来る。手がふるへて居るので、そばでは何かと、子供の絵の様だが、いい絵だ（昭和９年11月30日）
　　医療　　　寒む気がするからと就床する。熱38度１分　夕方38度２分、医者に相談し、御くすりを貰ふ。（昭和10年１月９日）
　　介入　　　…10周年記念に何かつくる様、希望を与へる
　　　　　　　（昭和10年２月22日）
　外出・面会　原たねあき氏へ外出、午後３時帰室（昭和10年４月７日）
　　解釈　　　内庭に苔のむした山をつくり、寮姆にもたのしみをもとめる。かうしたことにより情的の平和さが保持され、いい落ち着きをみせてゐ

	る。(2つのカテゴリーに及ぶため、趣味②、解釈②と分類：昭和10年5月5日)
小遣等	協同会より金20銭御小遣としていただく(昭和12年9月23日)
不穏	此頃大変静かに落ち付いて居て嬉しいと思ふ矢先今夕皆が寝仕度をして居る時○○○○○氏が床に新聞紙を敷いて寝たのががさがさするのでやかましいと云ふことから口論になりいきなり○○氏の顔をなぐりつけた…(昭和13年8月15日)

【一覧表】
事例1の一覧表は＜表1＞、事例2の一覧表は＜表2＞のとおりである。

c．保護記録に見られる気づきと処遇

【事例1】
　細かい記録は昭和9年10月から始まっている。
　昭和14年後半から、医療関係の記述や不穏・トラブルの記述が増えてくる。

(気づき)
① 何か一つ強い怒り方をすれば暴力で処理せんとする様な単純で強かった□□（昭和9年10月10日）
② 本人の心境に美をよろこぶ奇麗さのある事を知る。美を愛づる事によって少しでも情的な修練を得る様に。(昭和9年10月10日)
③ 明い良い所もある氏である (昭和14年3月11日)
④ 老体の為と気候の変化の為ではないかと思ふ (昭和14年7月13日)
⑤ 時局の事などには非常な関心あり (昭和14年9月2日)
⑥ こんな問題が心の中にあった為か (昭和14年9月20日)
⑦ どうも氏は短気で困る (昭和14年10月14日)
⑧ 単純にて短気、只花を持たせる様にしておく事、を主としておる。目をかけてあげる様にしておると平静である。(昭和15年3月5日)
⑨ 人に煽動され易く如何なる悪口でも云ふ。(昭和15年3月5日)
⑩ 我慢がなくなる (昭和16年1月20日)

　寮母は、最初の頃は②や③のような須田氏本人の強みを把握しながら、それを利用して本人が精神的に落ち着けるような働きかけや声かけをしている。
・煙草入らしいものをつくりたのしむ。10周年記念に何かつくる様、希望を

第Ⅳ部　個人記録に関する解題

表1　須田米吉氏の記録

年	昭和3	昭和9						昭和10								
月	10	10		11				12			1				2	3
日	18	10		15	16	30		6			9	10	12	13	14	22
気づき		①②														
趣味				②	②	②		②								②
不穏																
解釈						②		②								
介入																②
医療											○	○	○	○	○	
外出・面会																
小遣等																
その他	○															

年	昭和10											
月	4	5		6		7		8		9		10
日	7	5		12				17				18
気づき												
趣味		②		②								
不穏				△				○				
解釈		②		②								②
介入												
医療				○								
外出・面会	◎											
小遣等												
その他												

年	昭和10			昭和11	昭和12				
月	11	12		1	2	3		4	5
日	5		30	19	26 27	2		4	
気づき									
趣味				②				②	
不穏									
解釈				②					
介入									
医療	○		○		○○			○	
外出・面会									
小遣等		◎				◎			
その他					○○				

年	昭和12							
月	6	7	8		9	10	11	12
日	16	8 14			23			4 27
気づき								
趣味								
不穏								
解釈								
介入								
医療		○○						○
外出・面会								
小遣等						○		○
その他		○						

年	昭和13																							
月	1			2			3			4			5			6			7					
日				11	16	23	3																	
気づき																								
趣味																								
不穏																								
解釈																								
介入																								
医療				○		○	○																	
外出・面会																								
小遣等				○																				
その他																								

年	昭和13														昭和14							
月	8				9				10			11			12			1			2	
日	15	16	18								30	8										17
気づき																						
趣味																						
不穏	①																					
解釈																						
介入	①	○																				
医療			○								○	○										
外出・面会																						
小遣等	○																					
その他																						?

年	昭和14																					
月	3		4		5			6		7					8					9		
日	11	16	30	4		27		17	20	21	9	24	5	13	23	24	25	1	2	4	8	10	2	11	20
気づき	③													④									⑤		⑥
趣味				②																			②⑤	⑤	
不穏											①			④									⑦	⑥	
解釈				②																			⑦		
介入				②③									①										⑦	⑥	
医療	○	○	○			○		○	○		○		○		○	○	○	○	○	○	○	○			
外出・面会			◎					○																	
小遣等																		○							
その他																									

（気づき）
① 何か一つ強い怒り方をすれば暴力で処理せんとする様な単純で強かった□□
② 本人の心境に美をよろこぶ奇麗さのある事を知る。美を愛づる事によって少しでも情的な修練を得る様に。
③ 明い良い所もある氏である
④ 老体の為と気候の変化の為ではないかと思ふ
⑤ 時局の事などには非常な関心あり
⑥ こんな問題が心の中にあった為か
⑦ どうも氏は短気で困る
⑧ 単純にて短気、只花を持たせる様にしておく事、を主としておる。目をかけてあげる様にしておると平静である。
⑨ 人に煽動され易く如何なる悪口でも云ふ。
⑩ 我慢がなくなる
◎…原氏関係

第Ⅳ部　個人記録に関する解題

年	昭和14										昭和15																		
月	10				11				12				1				2				3				4				
日		14	19						30	7													5						
気づき		⑦																					⑧⑨						
趣味		⑤							②																				
不穏		⑦⑧								⑥													⑤⑨						
解釈																							⑤						
介入		①⑧																					⑨						
医療			○																										
外出・面会																													
小遣等																													
その他																													

年	昭和15																							
月	5				6				7				8				9				10			11
日									10					24				25						
気づき																								
趣味																				②				
不穏																								
解釈																								
介入																								
医療									○									○						
外出・面会																								
小遣等									○				○											
その他																								

年	昭和15	昭和16																							
月	12			1				2				3				4				5				6	
日	10				20									8	14				12						
気づき					⑩																				
趣味					②																				
不穏	①⑧⑨				⑧⑩										⑥										
解釈	⑧⑨				⑧										⑧										
介入															⑨⑥										
医療	○				○										○			○							
外出・面会																									
小遣等					○																				
その他																									

年	昭和16																							昭和17	
月	7				8				9					10				11			12			1	
日					15	29	2	13	16	18	28	5				10	15			8	12	13		11	
気づき																									
趣味																									
不穏							⑥	①①			⑥⑩					○				○					
解釈								①①														○			
介入							⑥	①		⑧						⑧						○			
医療								○	○		○									○	○				
外出・面会																									
小遣等					○																				
その他											○					○			○				○		

573

表2　戸田正氏の記録

年	昭和13年																			
月	6		7		8			9		10			11		12					
日	30		11	27		10				6	10	12			1	2	3	7	8	12
気づき	①②③④			⑤⑥								⑦								
趣味																				
不穏										⑥		①			①	①				
解釈											①	⑥						⑦		
介入												⑦								
医療																		○	○	○ ○ ○
金欠・無心等					○															
小遣																				
家族交流			○		○					○	○					○				
お詫び																		○		
その他				○						○										

年	昭和14年									昭和15年					
月	1		2		?		?		?		2				3
日		22		25		30	10			17	3	5	7	8	
気づき															
趣味															
不穏										○	①⑥	①	①⑥		
解釈										⑥⑦				⑦	
介入										⑥⑦		⑦			
医療	○									○					
金欠・無心等				○			○								
小遣															
家族交流							○					○			
お詫び													○		
その他			○			○									

年	昭和15年												
月	4		5		6				7	10		11	12
日	5	7			5	7	20	29		15		3	27
気づき							⑧						
趣味													
不穏	⑦				⑥		○			①⑥		①⑥	①
解釈												①⑥	
介入	⑦				⑥					⑦⑧		⑦	①
医療						○	○ ○						
金欠・無心等	○						○						
小遣		○											
家族交流													
お詫び							○						
その他													○

(気づき)
① 青年時代カラコノ方今日迄才気ニ任セテ奔放ナ経歴ヲ踏ンデ来テ居ルダケニ話ヲシテ居ルト当園デノ生活ニ危機ヲ感ジテ来ル
② 一見シタトコロデハ柔和ナ性格ニ思ヘル
③ 涙モロイ反面モアルガコレガコノ人ノ本性ト言フヨリモ現在の悲境ニ対シメランコリーニナッテ居ル為ダト思ハレル
④ 加フルニ此頃ハ頭ノ調子ガ悪イナドト自供シテ居ル点ヲモ併セテ後来精神異情ヲ来サナケレバヨイガト案ゼラレル
⑤ 一時は落着くかと不安を感じた事もあったが此頃は落着いて何事にも熱心である。
⑥ 非常に感激性に富んでゐる点極端にはしり易いところ多し
⑦ 非常に感激性に富み極端に走り易い点己を静かに止めることが必要
⑧ とにかく他の心配することなど平気…いつまでこの心がつづくやらあやしいものである

与へる。(昭和10年2月22日)
- 内庭に苔のむした山をつくり、寮姆にもたのしみをもとめる。かうしたことにより情的の平和さが保持され、いい落ち着きをみせてゐる。(昭和10年5月5日)
- 絵をたのしみ、植木をたのしむ、彼の情熱は、また昨今隣びとへきよき友情となってゐる。(昭和10年10月18日)
- 方尺大の立体の紙細工、山水を製作終って寮姆におくる。かく趣味の生活は同氏を育ててゐる。(昭和11年1月19日)
- 朝寮姆室へ可愛い花の鉢をもって来て、これを私が作ったからとかして下さる。可愛い可愛いとほめると、とても喜んでゐられた。(昭和14年4月4日)

昭和14年以降も時々こうした記述がみられ、心身の状態が悪化してもこうした視点は維持されている。
- 時々めまひは起るやうであるが、好きな庭いぢり草花いぢりは余念もなく落ち着いた日々を過してゐる。(昭和14年9月2日)
- 和歌俳句の会で、左の作品を出す。…(昭和14年11月30日)
- 1週間に一度位の割で床につく様になった。老衰が目立ってくる。庭いぢりに日を暮らす。(昭和15年9月25日)

記録が始まった当初、しばしば現れていた気づき①の暴力的な側面に対して、始めの頃は「抱きつく様にしてやっと静まらせる」(昭和14年6月)といった、その場での対応をしている。また、気づき⑦の「短気」という性質については、昭和14年9月頃からたびたびトラブルで書かれている。
- 此頃大変静かに落ち着いて居て嬉しいと思ふ矢先今夕皆が寝支度をして居る時○○○○氏が床に新聞紙を敷いて寝たのががさがさするのでやかましいと云ふことから口論になりいきなり○○氏の顔をなぐりつけたので、○○○○氏と寮姆とで引き分けて、寝に付□□□。(昭和13年8月15日)
- 平静でゐて嬉んでいた矢先、○○寮母姉が氏の恰好がおかしいとて笑ったことから急に怒り出し肩たたき棒をにぎって駆け出そうとしてきかず抱きつく様にしてやっと静まらせる。やがて済なかったとあやまりに来たが、興奮があんまりはげしかったので後気をつけ置く。(昭和14年6月24日)

昭和15年3月頃には、気づき①に気づき⑦が加わり「単純にて短気」だが、そういう須田氏の性質を前提とした「只花を持たせる様にしておく」「目をかけてあげる様にしておると平静」というトラブル予防的対応(気づき⑧)を具体化させていることが書かれており、その時点ですでにそれに基づいた処遇が行われるようになっていたことがうかがわれる。

- 単純にて短気只花を持たせる様にしておく事、を主としておる。目をかけてあげる様にしておると平静である。人にせん動され易く如何なる悪口でも云ふ。「世話掛は2銭づつ貰ふから役目だから当たり前だ」と云ふ。世話掛に相手にならぬ様注意しおく。(昭和15年3月)
- 遠足希望なれど、老体の上目は悪し、時々めまひすらするので、○○先生の御診察を願ひ中止する様話して頂く 所が不服あり大変な立腹で先生は驚かれる。貴男のおから(だ)を心配したからだと良く話しておく。(昭和14年10月19日)

気づき⑧によるトラブル予防的対応もしばらくは有効だったが、昭和16年1月頃になると気づき⑩に至り、「大切にされるので特意になって威張る」(昭和16年1月)や「一番世話を受けて居るが感謝の念無く世話されないとか口論を云ったり取組み合いをする」(昭和16年4月)といった、気づき⑧による対応の枠で徐々に追いつかなくなってくる様子も書かれている。

- 一番世話を受けて居るが感謝の念無く世話されないとか口論を云ったり取組み合いたりする事間々あるが子供に対する様に□□と云い聞かせると其の時丈はわかってはいと素直に返事して帰る。天性の単純で自分の不具的一方的考へをよしこと(と)して行動するので問題を起こし他から厭はれる。(昭和16年4月14日)

また、昭和14年9月には、気づき⑥のように、今の環境から出たい気持ちと、そこから来る不安定さについて理解された記述が見られる。一方で、人間関係の不安定さが出たい気持ちを刺激するところもあり、その両面がその後の記録に書かれる。

- 昨日寮姆の留守中世話係の○○氏と感情のもつれがあった由、常日頃どうも2人はうまく行かずゐたが、今朝になって寮姆に、園を出して頂き度いから課長様に会せてくれと言ってくる。数日来浮かぬ顔をしてゐて、寮姆からも度々どうしたかと注意をうけてゐたが、こんな問題が心の中にあった為か、はじめて○○○先生に御会ひいただく様おねがひする。(昭和14年9月20日)
- ○○氏の慰労金(退園につき)1円をあげる事から、あんな奴にやりたくないとおこりだしぶるぶるふるへて寮姆室に怒鳴ってくる。退園すると云ひ出す。(昭和14年12月7日)。
- …不具敵一方的考へをよしこと(と)して行動するので問題を起こし他から厭はれる。東室が気に入らぬからとて西室に移してくれとたのみに来たが自分の心掛次第でよくも悪くもなるので他がよいわるいは第二次的な事を云ひ聞かす。不承無承であるがうなづく。(昭和16年4月14日)。

第Ⅳ部　個人記録に関する解題

　須田氏の変化を観察することにより、様々な気づきがあり、寮母の対応も少しずつ進歩しているが、昭和16年9月以降は、認知の崩れが相当大きくなったと推察される記述が見られる。それまでの枠で対応できないトラブルが増え、観察から把握と見立てを行い新たに枠を設定しなおすにも追いつかないほど不安定さが急速に進行している。そのため、最初のようなその場その場での対応をとるようなことを余儀なくされるような事態も増えている。

- 寮姆の留守中○○氏(静かな)と口論つかみ合いしガラスを破る。氏の欠点(性質)より起ったもので子供の如く沈黙　おわびにもこない。黙って無言の叱責で様子を見る。(昭和16年9月2日)
- 夜より下痢　大便をふんだり自分の気に入らぬと起す　我がまま乱暴をする（昭和16年9月13日）

　最初の頃には性格面の記述は少ないものの、不穏やトラブルを通して気づきにつながり、気づきの内容を基にしてその後の行動を解釈したり介入したり、あるいは別のトラブルが出てきて次の気づきにつながったりという動きに富んだ記録である。対応の枠組みのない状態から、対応のパターンができるまでに、時間が必要であったことや、観察の積み重ねがたくさん必要であったことがうかがえる。

【事例2】

　細かい記録は入園当初から始まっている。
　昭和13年12月から、園の生活に不満、トラブルの記述が増える。

（気づき）
① 青年時代カラコノ方今日迄才気ニ任セテ奔放ナ経歴ヲ踏ンデ来テ居ルダケニ話ヲシテ居ルト当園デノ生活ニ危気ヲ感ジテ来ル（昭和13年6月30日）
② 一見シタトコロデハ柔和ナ性格ニ思ヘル（昭和13年6月30日）
③ 涙モロイ反面ヲモアルガコレガコノ人ノ本性ト言フヨリモ現在ノ悲境ニ対シメランコリーニナッテ居ル為ダト思ハレル（昭和13年6月30日）
④ 加フルニ此頃ハ頭ノ調子ガ悪イナドト自供シテ居ル点ヲモ併セテ後来精神異情（ママ）ヲ来サナケレバヨイガト案ゼラレル（昭和13年6月30日）
⑤ 一時は落着くかと不安を感じた事もあったが此頃は落着いて何事にも熱心である。（昭和13年7月27日）
⑥ 非常に感激性富んでゐる点極端にはしり易いところ多しと思はれる。（昭和13年7月27日）
⑦ 非常に感激性に富み極端に走り易い点　己を静かに止めることが必要である

人。(昭和13年10月12日)
⑧ とにかく他の心配することなど平気であるが、これで無断外出しませんしここで死なして貰ふ何仕事でもしますといってゐられたがいつまでこの心がつづくやらあやしいものである（昭和15年6月29日）

　気づき①〜⑥の記述を見ると、寮母が、これまでの戸田氏の経歴から、園での生活に馴染める人物かどうかというところへの危機感を持って、いろいろ憶測をしながら戸田氏とかかわっていることがうかがえる。最初は気づき②や気づき⑤といったプラス面の憶測と、気づき①や気づき⑥といったマイナス面の憶測が入り混じっている。入園後1ヶ月の気づき⑤や気づき⑥の時点では、園の生活に思ったより馴染んでいると評価する一方で、感情が激しく極端な性格が出てきているということが書かれている。
　しかし、その後の戸田氏とのかかわりの中で書かれる記録は、気づき①や気づき⑥(園の枠に収まりきらず、極端に走り易い)のマイナス面の記録が殆どであり、プラス評価は少しずつそぎ落とされ、マイナス面の評価を戸田氏本人の希望による退園までずっと引きずっている。
　寮母が園の生活枠について話して聞かせるような場面もある。
・本人は腸加答児とか言つて就床するも痔か脱腸の為と思れる。春日の仕事もおもしろくなくあきたかと思れる□□□よい事はよろしいけれど過ぎさった事や自分に何等かかわらない事は心を労せず日常生活に感謝の意で暮す事が園の暮しですと話して上げるとよく理解される。(昭和14年2月17日)
　一方で、気づき⑦と気づき⑧は、戸田氏の行動は周囲の説得などでなんとかなるものではなく、戸田氏自身の気持ちの整理や折り合いがつかないとなんともならないといった達観のような気づきである。気づき⑦の後は、戸田氏本人が現実を体験することにより自制心をもつ必要があるとの考えから、戸田氏本人が動き、自分自身の非を悟り、それに対し寮母が声かけを行うといった記録が見られるようになる。
・…翌日娘の処に立ち寄りたるもこれ又重症より面会出来ざりしに凡て自分の考への悪かった事を悟りて帰りたり…。(昭和13年12月2日)
・娘○○○○氏の許へ退園の相談にゆく(昭和15年2月7日)　帰寮してすっかり現在の社会の生活状態を見聞して、退園の心は思ひ止りましたと、謝意する。(昭和15年2月8日)
　そういったことを経て、気づき⑧では、戸田氏の変わりやすい気分を前提にした寮母の対応が書かれている。

・とにかく他の心配することなど平気であるが、これで無断外出しませんしここで死なして貰ふ何仕事でもしますといってゐられたがいつまでこの心がつづくやらあやしいものである。（昭和15年6月29日）

家族交流と無心、家族交流と園から出たい要求（気づき①）が結びついているのも、この記録の特徴である。戸田氏にとって、家族との交流が、落ち着くための情緒的交流というより、何かの要求と家族交流が結びついていることを寮母は観察しながら、時には家族側の都合を考えるように叱責している。家族間の調整をはかるうえで、戸田氏本人への働きかけを行う立場を寮母が自覚していたことを、記録からうかがうことができる。

・…娘さんは大病の由そこへそんな手紙はほんとうにどう思ふて出しますか先に無断外出してから10日しかたたないのにあの時の謝意をもう忘れられたかと少し強く注意すると頸をかしげて恐れ入ましたと退室さる（昭和15年10月15日）

最後は戸田氏本人の希望による退園で、奔放な生活暦から来る性質から、戸田氏はどうしても園に馴染みきれずに終わったのかもしれず、戸田氏の生活態度は2年半の入園期間を経ても特に変わっていないが、園のほうでは2年半を経て、戸田氏への対応に慣れてきている。

5．考察

本稿において分析対象としたのは、入園者の生活状況経過を記述した「入園者身分概要」の中の「保護経過」であり、この「保護経過」の書式と具体的な記録は、昭和9年以前のものでは見受けられない。おそらく昭和9年頃から記述されはじめ、昭和10年以降、17年頃までほとんどの入園者の記録として残されている。それは、昭和4年以降保護課長として従事していた小澤一らの指導のもとで準備され、取り組まれていったものと考えられる。

昭和4年度「浴風会事業報告」(1929)には、昭和4年2月13日に「小澤一主事に任用す」との記述がある。同事業報告中の「寮姆執務要領」において寮母は、「寮姆は保護課職員と協力して直接在園者の監督、指導と寮館の管理にあたり、特に個別的処遇に勤め且つ附帯せる事務を取扱ふ」者と位置付けられている。寮母の各業務について、「在園者の規律的生活の指導」「慰安及び訓練」「寮内の管理」「事務及び連絡」の四綱で記述されているが、このうち第二綱の「慰安及び訓練」において、寮母は、入園者を観察したり、相談や談話を行ったりすることを通して、入園者を把握する立場であるとされている。実際に寮母たちがそのことを自覚して入園者と関わっていたことは保護記録の記述からもうかがえる。

また、同「寮姆執務要領」においては、隔週1回で「座談会」が開かれるよう決められている。昭和14年の「養老事業」第15号（1939）に掲載されている寮母北村彫子氏の手記「寮姆を志す人々へ」の中では、実際に「寮姆座談会」において討議された内容のひとつとして、「処遇困難なる老人の取扱ひ方に就いて」があげられている。そして、北村氏の考えとして、「斯くお互に一つの目的に向つて検討しあつた諸問題に就いては、保護課長さん始め、事務の先生方が、充分御考慮下され又御指導も下さつた上その必要性と可能性が認められたものに就いては順次実現の運びを見るのでございます。」「寮母の仕事の源泉には、力強い信仰と適当な指導者がなければならないと思ふのであります。」と書かれている。また、北村氏は「殊に養老事業は、精神的のお仕事であって、単に老人を保護し監督するだけのものではなく、また表面に現れた問題ばかりを処理する事でもなく―老人と朝夕起居を共にしながら、境遇を異にし性格を異にする老先の短かい人達の一人一人に就いて、その精神的向上を計りながら少しでもよい生活を日々深め合ふ様に導いて行くのが根本の目的でありますから、外面的観察だけで簡単に判断の出来ない世界がたくさんにあるのであります。」と述べている。

　本稿において浴風園の保護記録を分析した結果からは、当時の寮母たちが、入園者とのかかわりを通して、入園者に対応するうえでのよりどころとする見方（気づき）を持っていたこと、あるいは持とうとしていたことが読み取れる。当時の入園者は、入園から退園まで長期に及ぶ者が相当数いるが、寮母と入園者との長期間の関わりを通して、出来事、気づき、対応、のそれぞれが相互に関係しながら、結果として寮母の対応が変化してきているものがある。このような処遇のよりどころとしての気づきは、小澤一のような指導者のもとで協議され、指導されて出来上がってきたものであるということが、北村氏の手記から推察される。

　昭和4年度「浴風会事業報告」の中で触れられているが、「新入園者に対しては特にその取扱に注意する為」、新入園者寮が特別に定められている。ここでは、「受持寮姆その他保護係員が一人々々に親しく接触して、過去の経歴を尋ね、個性を観察し、其間から園内生活の心得を授ける。」とされている。そうして、「園内生活に馴れるを待ち、約二、三週間にして他の寮館に配置する。」とされ、「入園後は速かに私物の消毒を行ひ、又精細なる健康診断其他の調査を行ひ、健康状態、労務の能、不能、人物等を判定し、処遇、療養の方針を定むる」とされている。

　このような記述から、浴風園においては、新入園者に対しては特別の配慮が必要であるということが認識されていたと考えられ、寮母の保護記録でも、新入園者時の記録には、気づきに分類される記述が多く見られる。そして、入園前の生活状況の聴取からの性格行動に関する憶測、入園時の観察、それをもとにした入

園後しばらくの気づき、その後の生活観察からの情報と本人の状態の変化に合わせた気づきと、気づきに連続した流れがあり、それが続いて行く。浴風園の保護記録は、入園当初から重篤な状態ではなく、動けなくなるまでの期間が長いケースも多いため、入園者に関して、園内での生活から得られる情報は多い。

　このような情報を含みながら、処遇方針を立てていく上で、園として一番最初に入園者に触れ、入園者が一番最初に園の生活に触れるという新入園者寮の位置づけは大きかったと考えられ、新入園者寮や、その後配置された寮において、入園後に起こった出来事への反応や、日常の生活観察から得られる情報の積み重ねによって気づきがそのまま継続したり、新しい要素があれば修正が加えられたりする。その流れは続き、浴風園の処遇においては、＜下図＞のような流れがずっと続いていたと考えられる。

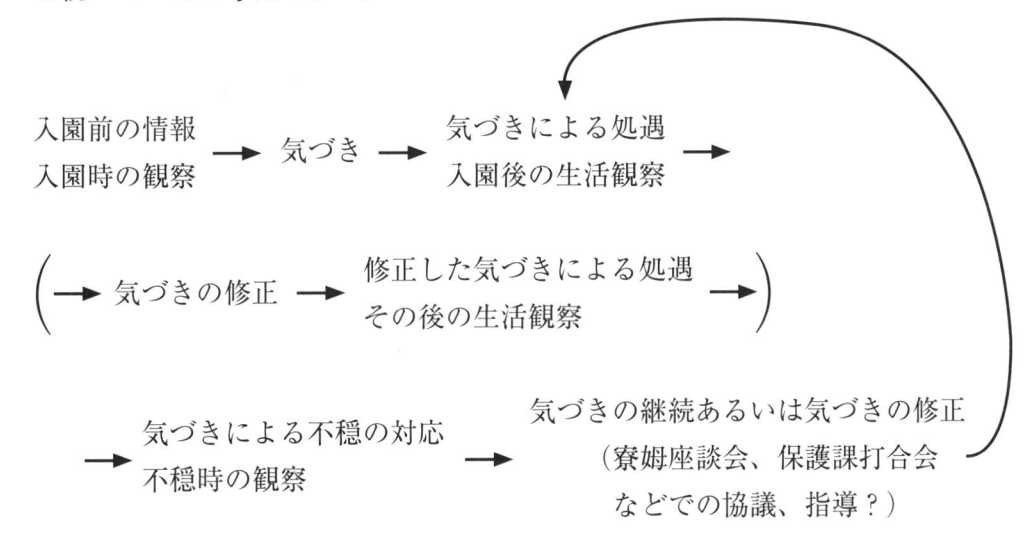

入園前の情報　　　　　　　　　　　　気づきによる処遇
入園時の観察　→　気づき　→　入園後の生活観察　→

（→　気づきの修正　→　修正した気づきによる処遇
　　　　　　　　　　　その後の生活観察　→）

　→　気づきによる不穏の対応　→　気づきの継続あるいは気づきの修正
　　　不穏時の観察　　　　　　　　（寮姆座談会、保護課打合会
　　　　　　　　　　　　　　　　　　などでの協議、指導？）

　保護記録では、入園者の不穏時などに、寮母はそれまでの気づきを根拠にした方針をもって対応しており、それによって、対応していく寮母自身もまた安定して、信念をもって関わることができていることがうかがえる。それは、当時の浴風園では、基本的に高等女学校卒業程度の学力がある女性が寮母に採用されているため、寮母自身の資質的な要因もあると考えられるが、その一方で、北村彫子氏の手記にあるように、記録にあるような寮母の気づき自体に、小澤一などの指導者による指導も大きな役割を果たしており、それが寮母自身の安定につながっていたことが推察される。新しい入園者の生活背景等の把握、寮母の観察による在園者の性格行動等の把握があり、そこで得られた情報をもとにした寮母への指導が、「寮姆座談会」など浴風園の持っていた仕組みを通して寮母に還元され、寮母による直接処遇に活かされていたのではないだろうか。

また、記録も退園間近になってくると、入園者の体調が崩れ、医療関係の記述が集中して出てくるものが多い。程度にもよるが、医療関係の記述が密になり、入園者の動きが減ってくると、生活面や性格の記述は少なくなってくる傾向がある。先述した北村氏の手記では、「殊に養老事業は…（略）…表面に現れた問題ばかりを処理する事でもなく―老人と朝夕起居を共にしながら、境遇を異にし性格を異にする老先の短かい人達の一人一人に就いて…（略）…少しでもよい生活を日々深め合ふ様に導いて行く…（略）…外面的観察だけで簡単に判断の出来ない世界がたくさんにある…（略）…」「K先生の深い御指導に依って、何もわからない私達が…（略）…」とある。寮母の気づきは、入園者の自発的な動きや外との交流の持ち方、日常生活において発せられる言葉から、入園者の性格をとらえ、入園者が持っている意向を、表面化しにくいものまでを含めてとらえる試みであったと考えられる。「保護記録」から読み取る限り、寮母の個人差は相当あったと考えられるが、浴風園では、そのような試みが、直接処遇に関わる寮母だけでは難しいことが認識されていた。そして、小澤一のような指導者も含め、「保護課」という組織的体制の中ではあったが、職種を超えてその試みが追求されていたと推察される。

【引用文献】
(1) 北村彫子 (1939)「寮姆を志す人々へ」『養老事業』(全国養老事業協会) 15,56-60.
(2) 財団法人浴風会 (1929)『昭和4年度浴風会事業報告』18,24-31.

（前岐阜県障害福祉課）

あとがき

　10年にわたる研究作業に、やっと一区切りつけることができました。
　思い起こせば2005年、当時理事長であった故板山賢治氏に御了解を得て浴風園に保存されている入園者個人記録の簿冊を見る機会が得られました。養護老人ホーム・浴風園事務室の倉庫の1列5段のスチール棚にびっしりとその簿冊群がありました。簿冊の1枚1枚の紙を繰りながら、その個人記録の中に「ケース記録」と考えられる「寮内生活（処遇）経過記録」が多数存在することが確認されたのです。このような記録は、戦前期の養老院では発見されていないものであり、この貴重な発見には驚きや喜びと共に、その所在の紹介と保存の重要さに、気持ちの引き締まる思いでした。この貴重な資料の収録と研究の必要について、板山理事長にご了解を求めました。この申し入れを快く受けて下さり、浴風会との交換文書に基づいて、個人記録を写真撮影して収録し始めたのが、2005年8月のことでした。

　当時は、「高齢者福祉史研究会（仮称）」としていましたが、30年来の高齢者福祉史研究仲間の岡本、中村、小笠原の3人からの出発で、夏季休暇を活かしながら3人で浴風園の相談室をお借りしての記録撮影を始めました。

　浴風会では、現在地に施設建物を建設する以前、大正14年5月から、震災被害高齢者への救護を行うために、横浜市救護所、玉泉寺養老院への委託保護を開始していましたが、それから昭和20年末までに、2,854人を入園者として迎えています。その内約2,600人余（現在確認している記録では、2690番台までの個人記録簿冊がありますが、途中欠番のあるものや番号無記入の記録があるなど、厳密な数字を示せる段階にはありません。）の個人記録が保管されていますので、収録作業が我々3人だけではかどるはずもありません。そこで収録ケースの検討を行い、関東大震災の影響を直接に受けた入園者である開設当初のケースから、できるだけ収録すること、救護法実施前後（昭和5、6年頃）からは、「ケース記録」と考えられる「保護経過」が記述されているケースを中心に、撮影・収録を進めました。その後、研究会メンバーも増え、岡本研究室の学生さんたちの応援も得て、2013年2月までに、1,300余を収録しました。（その後も岡本研究室の学生さんたちの助力で、収録を精力的に進め、現在では2008ケースを収録しています。）
　その間、浴風会の役員体制も変わり、板山理事長退任後、佐々木理事長、現京

極理事長へとバトンタッチされ、両理事長さんの理解もいただいて、順調に収録、研究が進んできたところです。

　個人記録の撮影・収録と並行して、2006年7月頃からは、記録内容の検討を進める上で「記録」をメンバーが読みやすくしておく必要が出てきました。「要救護者調書」などは、大量の情報が米粒のような細かな文字で記述されていたり、「入園者身分概要」の一部である「保護経過」のように、日誌様の記録では、崩し字のために読み取りにくいこともあって、現代文に「読み起し」を始めました。
　（特に入園者が生活している寮の「日々の生活記録」である「保護経過」については、住み込みの寮母が、家庭寮なら1寮24人の入園者、集団寮なら40人の入園者の日々の生活状態を1人で、日常の生活の世話をしながら記録するのですから、ゆっくり時間をかけての記述であろうはずもなく、判読困難も当然なのですが）
　全てのケースの「読み起し」には相当の時間がかかることが予測されたので、処遇上重要な記録と考えられる、「要救護者調書」と「入園者身分概要」、中でも「入園者身分概要」の記録の一部である「保護経過」（寮内生活の日々記録）が、記述されているケースを選んで、「読み起し」を進めました。
　その後「保護経過」に着目しての「読み起し」では、入退園が昭和10年頃から17年頃までにケースが集中してしまい、個人記録の時代的バランスの悪さが判明し、それぞれの時代の特徴がわかるように、年代別のバランスを考えてケースの追加、抽出を行っています。

　「読み起し」は、縦書きの文章を横書きにし、旧漢字は常用漢字に書き直すなどの「翻刻」作業としましたが、文章はできる限り「原文」の通りにすることを心掛けました。しかし、当時の漢字表記、仮名文字、その崩し字など、現在のメンバーには、読み切れない表記や文字が頻出し、写真撮影の不十分さなども含めて、読み切れない個所が相当にあり、メンバーは難渋し、1ケースで3〜5ヶ月も要することになったのです。時間がかかっただけでなく、判読困難、読み切れない個所が多く、□□□個所も多いために、せっかくの文書が活かせない惧れを感じ、近代史関係古文書の専門職の方に　読み起し文の校閲を依頼することにしたものです。
　このような手間のかかる「読み起し」作業を進めてきましたので、大学などの本務を抱えてのメンバーが6年半後の2013年2月までに完了できたのは140ケース余にすぎません。

「読み起し」作業を通じて、全文を丹念に読み進めながら記録内容の理解が深まるにつれて、メンバーはこの個人記録の重要性を強く意識するとともに、このまま研究会メンバーだけで活用するには「もったいない」思いが強くなっていきました。何とか「復刻」できないか、これが共通の思いでした。その間にも、この資料を活用して、学会報告が数例行われましたが、それなりに関心が広がったように思っています。

　そうこうするうちに、浴風会では2015年に開設90周年を迎えるにあたって、その折にこの「個人記録」の「復刻」を資料として発刊してはどうかという話になり、今日に至った次第です。その中心となっていただいた京極理事長には感謝に堪えません。

　尚、本「翻刻」版には110ケースの個人記録が収録されていますが、これは2,600余の個人記録のごく一部にすぎません。当初は、「保護経過」のある個人記録に着目したために、昭和15～17年退園の入園者に集中し、年代的なアンバランスが大きく、入園者全体の傾向を見る上では不十分な構成になってしまうことがわかりました。そこで大正14年から昭和20年までの入園、退園者数から、できるだけ年代別のバランスを考え「個人記録」を選択し、143ケースを「読み起し」ました。しかし書籍の頁数の制約から、できる限り年代バランスを考え選択した結果が、本「翻刻」版の110ケースです。それでも、「保護経過」の詳しいケースの紹介に重きを置く考えから、昭和15～17年退園者のケースが多くなっています。

　この記録からは、次のようなことがわかります。開設当初は関東大震災の直接の被害を被った入園者が多く、「災害後の状態」を読むと、大震災が庶民にどのような被害を与えたかを知ることができますが、まだ体制が整っていないために、浴風園の中での生活状態は詳しくは記述されていません。それが、徐々に処遇体制も整えられてくる昭和5～7年頃になると記述も詳細になり、書式も整ってきます。昭和10年代中頃には各寮の日々の生活記録である「保護経過」も記録されるようになり、相当詳しい園内の生活状況や保護処遇の実態がわかるようになります。しかし、昭和17年頃から先は戦争の直接の影響も大きくなってきたこともあり、記録の内容は簡単になり、記録用紙も粗悪になり、昭和20年に入ると記載内容も短くなり、入園者の生活状況も判別しがたくなっています。時代によっての違いが、鮮明に示されています。

　本書の中心は第Ⅱ部の110人の個人記録にありますが、第Ⅰ部では浴風会の成

立と経過に関する論文、「個人記録」の内容と意義についての論文で、「翻刻」全体の特徴を示しています。また第Ⅳ部では「翻刻」の内容から入園者の時代的特徴を分析した論文、「個人記録」の分析によって、戦前期の浴風園での処遇状態を明らかにする論文が掲載されています。第Ⅰ部から第Ⅳ部を通して、戦前期の浴風園の入園者状態と処遇実態を紹介する構成となっています。

　多くのみなさまの目に触れ、高齢者福祉の歴史研究の発展に資するとすればこれほど幸せなことはありません。

小笠原祐次（社会福祉法人　多摩同胞会）

　ある女性入園者と寮母さんの会話が以下のように「保護経過」に記載されています。「夕食前又無断出かけ探し歩く　作業場で見付ける　何処に行きますかと尋ねるとあまり永く御厄介になって申訳がございません　もう何も働けない弱い身体になったのですからとても御厄介にはなれません　それに自分の家が気になるものですから……（中略）　ここでは働けない身体になられたし面倒を見てくださる方がないので御気毒な方達の御面倒を見てあげるところなのです……（中略）何も遠慮する事はない　自分の最後の家ですから心を落着かせて下さいと色々とお話すると　私はまだ家があるばかりと思ってゐたものですから色々と御心配ばかりおかけして申訳ありませんでしたと深く詫びらる」。この女性入園者はその後も「お暇を下さい」「何もできずと三度の食事を頂く事は勿体なくて申訳ない」と落ち着かない状態が続くが、担当寮母さんは入居者の納得いくまで時間をかけて話をした内容が、最期を看取る日まで丁寧に記録されています。

　浴風園については、関東大震災後に設立された高齢者施設であり、戦前・戦中期そして老人福祉法制定までの戦後期の養老院・養老施設の社会的役割などに関する諸研究で明らかにされていました。浴風園の諸史料ならびに「保護経過」を読ませていただいたときに、浴風園が、開設当初から利用者全員の保護記録やその他の文書が全て保存されていること、浴風園に入園する経緯や入園後の高齢者の生活実態や処遇（ケア）が詳細に記述されていること、入園者の状況が詳細に時系列的に把握できることなどなど、処遇観、ケア観を研究できる史料として稀少であり、第一級の史料であるということをあらためて認識させられました。

　戦禍による焼失や文書保存期間の問題による散逸を免れたという稀有な史料から新たな知見を明らかにするという研究的関心もさることながら、高齢者が人として生き、その高齢者の生活や思いに寄り添いながら支えるというもっとも基本的な「尊厳」がここにあり、私たちはそれを継承する役割を与えられているとの

認識を得ました。浴風園に現存する諸史料に出合えたこと、ならびに編集に関わらせていただきましたことに、心から感謝いたします。

中村律子（法政大学）

　浴風会に利用者の記録が残っており、その記録を写真にとって研究資料として活用させていただけると小笠原祐次氏から伺ったのは、2005年のことでした。小笠原祐次氏と中村律子氏と3人で浴風園を訪問し、倉庫に保管されていた利用者記録を手に取りました。初めてみた利用者の記録は想像していた以上に内容の濃いもので、昭和初期の養老院の記録として他には存在しない、とても貴重な資料であることはすぐに理解できました。そこに書かれている利用者の経歴は、どの方の記録を読んでも第1級の原資料と言えるものでした。浴風会の個人記録の中で、初めて方面委員「カード」の実物を目にしたときの興奮は今でも忘れられない思い出の一つです。

　私たちは「高齢者処遇史研究会」として、大学の長期の休みを利用して、浴風園にお邪魔することになりました。しかし記録を写真に撮る作業は思いのほか体力が必要で、連続で3日間続けるのがやっとという状況でした。その後には撮影した貴重な記録の整理が待っています。とても3人の研究者だけでこなせるものではなく、学生をアルバイトとして雇用し、撮影や資料整理を行うことになりました。学生に支払うアルバイト賃金は、3名の研究者の個人研究費やポケットマネーで賄っていましたが、それには限界がありました。その時、故板山賢治理事長から、社会福祉事業研究開発基金の助成事業を紹介され、幸いにも助成を受けることができましたことは、感謝の言葉しかありません。

　その後、「高齢者施設処遇史研究会」と名称を新しくし、多くの施設処遇史に関心のあるメンバーを募りました。さらに2009年度〜2013年度の5年間に文部科学省の科学研究費・基盤研究（B）「養老院・養老施設における処遇（ケア）の特質に関する研究」（課題番号：21330140）の助成を得ることができましたことで、本研究はかなり進みました。浴風会のみならず、他の養老院・養老施設の原資料の収集・研究が可能となったのです。

　研究会メンバーは増えましたが、収集した資料を読み込み、当時の時代状況の中での浴風会利用者の生活を位置付けて分析する作業は、遅々として進みませんでした。その間、高齢者施設処遇史研究会のメンバーである小笠原祐次・中村律子・岡本多喜子をはじめとして、福馬健一・古屋博子・林智恵美・ジャン　ミンヨン・西田恵子・西村圭司・高橋明美・鳥羽美香・渡邉麻衣子、さらに明治学院

大学の宮本夕紀子さん・原田麻衣子さん・法亢麻由美さん・古屋誠さん・関川未果さん・牧野紘典さん・加賀谷慶さんを中心とした多くの学生たちが、在学中や卒業後も手伝ってくれました。

　今回の110ケースの翻刻に際しましては先に挙げた人々のほかに山本智子さん（前岐阜県庁）、曲田志保子さん（東雲女子大）、近藤修さん（浴風会第三南陽園）、後藤芳郎さん（特別養護老人ホーム　ビヤンカ）、桑原陽子さんが協力してくれました。また八王子近世文書研究会の新里寿子さん、小坂二十重さんには最終的な校正をお願いすることができました。

　ここにお名前は挙げませんでしたが、多くの人々の協力によってこの資料集が出来ましたことを感謝したします。

　最後に、ここまで温かく見守ってくださった浴風会の皆様、倉庫にある資料の出し入れと撮影する部屋を確保いただいた浴風園の職員の皆様、丁寧なご指摘をしてくださった川崎貞さん、特に京極髙宣理事長にはこの事例集の企画段階からご指導いただき、深く感謝いたしております。

　研究はまだ緒についたばかりです。これから、収集した各地の養老院・養老施設の資料と浴風会の資料とを検討しながら、これまで明らかになっていない昭和初期の日本の養老院での利用者の処遇（ケア）について、研究を進めていきたいと思っております。今後ともどうかよろしくお願いいたします。

　　　　　　　　　　　　　　　　　岡本多喜子（明治学院大学　社会学部）

浴風園ケース記録集
── 戦前期高齢者施設の「個人記録」110 ──

2015年9月1日　第1版第1刷発行

編　者　社会福祉法人　浴　風　会
　　　　高齢者施設処遇史研究会
発行所　株式会社　社会保険研究所
発売元　株式会社　学　文　社
〒153-0064　東京都目黒区下目黒3－6－1
電話 (03) 3715－1501 (代) 振替 00130－9－98842
http://www.gakubunsha.com

落丁・乱丁の場合は、発売元にてお取替えします　　〈検印省略〉
定価は、売上カード、カバーに表示してあります
ISBN 978-4-7620-2563-1